U0941075

中国南车年鉴

2012

《中国南车年鉴》编纂委员会

中国铁道出版社

北京

《中国南车年鉴》
（2012年）

编纂委员会

《中国南车年鉴》

（2012年）

特 约 编 委

编辑工作人员

● 6月18日，中共中央政治局常委李长春到四方股份公司视察

● 3月21日，中共中央政治局常委、国家副主席习近平到株机公司视察

● 5月7日，中共中央政治局常委、中纪委书记贺国强到株机公司视察

● 5月9日，中共中央政治局委员、广东省委书记汪洋到广东南车轨道交通车辆有限公司建设现场视察

● 5月25日，全国人大副委员长、农工党中央主席桑国卫到株机公司视察

● 5月2日，全国政协副主席、科技部部长万钢视察CRH380AL新一代高速动车组

● 11月14日，全国政协常委、中国工程院院士孙永福到株机公司视察

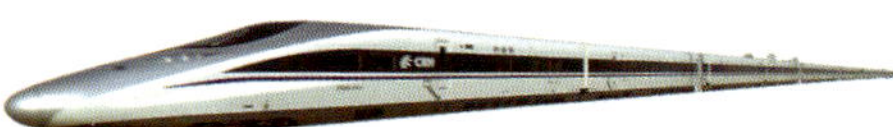

● 4月11日，国务院国资委主任王勇到中国南车总部视察

● 4月13日，甘肃省委书记陆浩、省长刘伟平到株机公司视察

● 4月28日，湖北省委书记李鸿忠、省长王国生到株机公司视察

● 7月6日，江苏省委书记罗志军、省长李学勇参观江苏省企业创新成果展戚墅堰公司展位

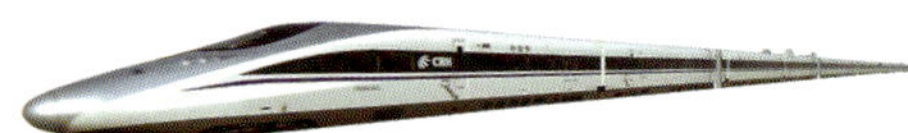

● 4月29日，江苏省委书记罗志军到戚墅堰所视察

● 11月14日，四川省委书记刘奇葆到眉山公司视察

● 7月6日，广东省长黄华华到广州南车公司视察

● 5月27日，全国人大财经委员会副主任委员储波到株机公司视察

● 7月7日，科技部副部长曹健林到四方股份公司检查指导工作

● 5月14日，中央企业创先争优活动领导小组办公室副主任、团工委书记、青联主席许高峰到株机公司检查指导工作

● 5月30日，国有重点大型企业监事会主席国一民到二七公司检查指导工作

● 11月9日，铁道部运输局副局长、装备部主任陈伯施到长江公司检查指导工作

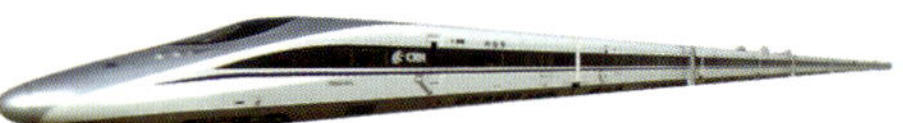

● 1月28～30日，股份公司董事长赵小刚到南车所属株洲四企业调研并慰问一线员工

● 10月21日，股份公司董事长赵小刚参观中国西部国际博览会

● 2月23日，股份公司总裁郑昌泓到北京动车客车段慰问售后服务员工

● 9月21日，股份公司总裁郑昌泓到石家庄国祥公司调研

● 2月18日，股份公司副总裁唐克林到四方有限公司调研

● 11月11日，股份公司副总裁刘化龙到南方汇通公司调研

● 1月7日，股份公司副总裁张军到浦镇公司走访慰问劳动模范和困难员工

● 2月16日，股份公司副总裁傅建国到四方有限公司调研

● 11月21～22日，股份公司副总裁、财务总监詹艳景到广机公司调研

● 9月13日，公司党委副书记、纪委书记、工会主席陈大洋到石家庄公司调研

● 12月27日，中国南车集团暨中国南车股份有限公司工作会议在北京召开

● 4月21日，中国南车创先争优活动交流推进会在洛阳召开

● 9月26日，中国南车“挑战·发展”高峰论坛在宁波举行

● 6月9日，中国南车战略和发展工作会议在青岛召开

● 4月26日，中国南车股份公司召开临时股东大会，选举产生第二届董事会、监事会成员

● 2月25日，中国南车召开人才工作会议

● 12月9日，中国南车召开BI建设启动大会

● 4月7～8日，中国南车科技大会在北京召开

● 10月21～22日，铁道部大功率机车质量工作会议在株洲召开

● 2月21～22日，中国南车货车工作会议在武汉召开

● 3月10～11日，中国南车财务工作会议在武汉召开

● 11月24日，中国南车获“最受两地投资欢迎的上市公司奖”，董事长赵小刚被评为“最具影响力领袖”

● 11月26日，中国南车获“全国先进生产力典范企业奖”，总裁郑昌泓获“全国先进生产力杰出人物奖”

● 1月16日，中国南车荣获2010年最具影响力企业

● 4月20日，中国南车获“2010中国轨道交通创新力企业TOP50大奖

● 9月19日，中国南车与湖北省政府签订战略合作框架协议

● 11月24日，中国南车与河北省政府签订战略合作框架协议

● 9月8日，中国南车与中国神华能源股份公司签订战略合作框架协议

● 5月24日，中国南车与金隅股份签订战略合作协议

● 9月20日，中国南车与机械科学研究总院签订战略合作框架协议

● 12月30日，中国南车与南宁市政府签订战略合作框架协议

● 4月2日，中国南车与石家庄市政府签订战略合作框架协议

● 11月11日，中国南车与温州市政府签订战略合作框架协议

● 6月14日，中国南车丹尼斯研发中心在英国奠基

● 5月25日，大功率半导体器件IGBT产业化基地奠基

● 8月30日，株机公司和宁波市轨道公司、鄞州区开发建设投资公司共同投资组建的宁波南车城市轨道交通装备项目开工

● 12月17日，中国南车集团贵阳新产业基地在贵阳国家高新技术产业开发区奠基

● 3月7日，南车玉柴四川发动机股份有限公司揭牌

● 11月21日，株机公司与同济大学共同组建的上海南济轨道设备科技开发有限公司在上海揭牌

● 7月29日，戚墅堰公司柴油机合资企业投产

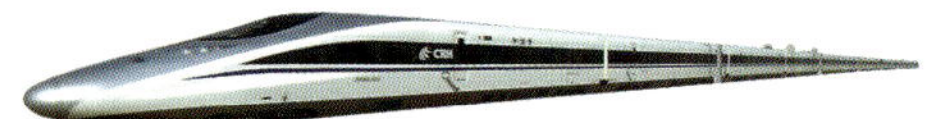

● 7月27日，浦镇公司签订南京3号线和10号线车辆采购合同

● 1月27日，株机公司签订宁波地铁1号线车辆采购合同

● 12月9日，四方股份公司签订青岛地铁一期工程车辆采购合同

● 4月11日，株洲所和中国科学院新型电力电子器件联合研发中心揭牌

● 1月18日，株机公司签订郑州轨道交通1号线一期工程地铁车辆订单

● 5月14日，株机公司、株洲所获得昆明地铁首期工程车辆订单

● 3月25日，株机公司签订武汉地铁2号线一期工程车辆订单

● 4月1日，中国南车与张家界政府签订中低速磁悬浮项目合作意向书

● 8月29日，资阳公司签署出口土库曼斯坦内燃机车及配件合同

● 7月6日，株机公司出口马来西亚城际动车下线

● 12月16日，株机公司签订埃塞俄比亚动车组装厂一期合同

● 7月22日，资阳公司出口土库曼斯坦内燃机车下线

● 7月6日，广州南车城市轨道装备有限公司首列地铁车辆下线

● 12月2日，中国首列自主知识产权直线电机地铁车辆在四方股份公司下线

● 8月10日，株机公司举行出口土耳其轻轨列车下线典礼

● 11月25日，戚墅堰公司举行出口津巴布韦机车交车仪式

● 10月18日，中国南车制造的世界最大吨位旋挖钻机亮相北京机械展

● 12月18日，南车玉柴首台NY9320大功率中速发动机下线

● 9月8日，株洲所60辆混合动力电动公交车交付株洲公交总公司

● 美国当地时间5月10日，股份公司董事长赵小刚参加中美战略与经济对话时会见美国国务卿希拉里

● 2月23日，阿根廷圣克鲁斯省政府代表团到浦镇公司访问

● 9月5日，朝鲜平壤科盟代表团到二七公司访问

● 9月28～30日，浦镇公司代表中国南车参加2011年印度国际铁路设备展览

● 4月13日，澳大利亚APT公司到长江公司考察

● 4月27日，土库曼斯坦铁路代表团到成都公司访问

● 2月14日，沙特客人到戚墅堰公司访问

● 10月11日，中国南车集团公司工会召开二届十二次全委会

● 8月25日，中国南车工会召开工作调研座谈会

● 10月16日，中国南车党委组织部、团委召开加强基层党建带团建座谈会

● 2月25日，中国南车表彰作出特殊贡献的核心技术人才

● 8月22日，中国南车新一轮后备人才领导力培训举行开班仪式

● 10月21日，中国南车第六届职业技能竞赛在四方有限公司举行

● 在纪念中国共产党建党90周年之际，二七公司党员在党旗下重温入党誓词

● 3月26日，戚墅堰公司团委举行“寻访烈士足迹”活动

● 6月30日，石家庄公司举办“党旗红，企业兴”歌咏比赛，庆祝建党90周年

● 6月29日，戚墅堰公司举办“党旗颂”员工歌咏会

● 10月27日，中国南车代表队在全路健美操比赛中再次夺冠

● 9月17日，“南车杯”毽球比赛在郑州举行

● 中国南车研制的CRH400A高速综合检测车

● 12月23日，更

● 7月1日，举世瞩目的京沪高铁正式开通运营，中国南车研制的46列CRH380A新一代高速动车组上线运营

● 中国南车研制的CRH380A新一代高速动车

试验列车在四方股份公司落成

装待发

● CRH380A新一代高速动车组驶出北京南站

● 时速120公里，功率9600千瓦的“和谐型”（HXD1）大功率交流传动电力机车

● 和谐型大功率电力机车

● DF831型内燃机车

● 和谐HX_{N5}型内燃机车

● 具有自主知识产权的广州5号线直线电机地铁车辆

● 成都2号线地铁车辆

● 广州南车城市轨道装备有限公司生产的首列地铁车辆

● 杭州1号线地铁列车

● 230吨落下孔车

● PN煤炭漏斗车

● KZ$_{70}$型石砟漏斗车

● 80吨级共用车样车

● GQ$_{70}$型轻油罐车

● 神华C$_{80}$铝合金敞车

● 新型黄磷罐车

● 出口土库曼斯坦客车

● 出口沙特内燃机车

● 研制生产的出口马来西亚城际动车

● 出口马来西亚城际动车装船启运

● 出口新加坡地铁车辆

● 出口澳大利亚敞车

● 出口塞拉利昂罐车

● 出口土耳其轻轨列车

● 磁悬浮列车

● 多功能液压传动钻机

● 出口澳大利亚矿石漏斗车

● 出口新加坡蓄电池电力工程车

● 出口塞拉利昂20吨轴重窄轨铁矿石漏斗车

● 广州地铁轨检车

● 风力发电机组并网发电

编　辑　说　明

一、《中国南车年鉴》（2012年刊）是中国南车年鉴编纂委员会编辑出版的第11部年鉴，主要记述中国南车总部及下属单位2011年1月1日至12月31日生产经营、科技进步等各项工作情况，是本年度内中国南车行政和党群各项工作活动的史册，是具有权威性和实用性的资料性工具书。

二、本年鉴设特载、专文、大事记、概况、法人治理、经营与销售、技术管理、人力资源管理、党群工作、下属单位、存续企业、合资合作经营企业、人物与荣誉、统计资料、附录等栏目，栏目下设类目、条目。条目为年鉴基本单元和记述信息数据资料的主要形式，是全书主体。本年鉴在正文前设有目录，在书后设立索引，以便读者检索。

三、本年鉴主要由中国南车总部及下属单位撰稿，经部门和单位领导审核。总部及各单位领导干部名单，以总部及各单位提供的名单为准，下属单位仅登载中国南车任命的主要领导。年鉴特约编委会成员，以各单位上报名单为准。人物荣誉栏目内的先进人物和先进集体以中国南车党政工团提供的资料为准，仅登载2011年度获得的省部级（含）以上荣誉称号。

四、为了叙述简便，中国南车集团公司、中国南车股份有限公司在文中一般简称为“中国南车”，在有必要加以区分时使用内部简称，如中国南车集团公司简称为“集团公司”，中国南车股份有限公司简称为“股份公司”。下属单位的名称除类目标题使用全称外，文中记述时一般统称为“各一级子公司”，在有必要指明时一般使用内部简称，如××公司等。

五、按照年鉴条目署名要求，本年鉴凡多个条目或类目由一个部门或一个单位撰稿，仅在最后一个条目或类目末尾注明××部门或××单位供稿。

六、本年鉴的编辑工作，得到了中国南车各级领导和总部各部门、各子公司的关心和帮助，各特邀编辑人员在文稿修改和编辑工作方面做了大量细致的工作。在出版过程中得到了中国铁道出版社和中国北车大连机车研究所有限公司的支持，谨致谢意。

七、由于编辑水平所限，本年鉴难免存在疏漏笔误之处，恳请读者指正。

目　　录

特　　载

专　　文

大　事　记

概　　况

法　人　治　理

经　营　与　销　售

技 术 管 理

人力资源管理

党群工作

下 属 单 位

存续企业

合资合作经营企业

人物与荣誉

统 计 资 料

附　　录

特载

稳增长　调结构　重质量　全面增强中央企业科学发展能力

——中共中央政治局委员、国务院副总理张德江在中央企业负责人会议上的讲话（摘要）（2011 年 12 月 19 日）

全面推进做强做优　着力提升发展质量　为国民经济平稳较快发展作出积极贡献

——国务院国有资产监督管理委员会主任王勇在中央企业负责人会议上的讲话（摘要）（2011 年 12 月 19 日）

努力开创铁路科学发展新局面　更好地为经济社会发展和人民群众服务

——铁道部党组书记、部长盛光祖在全国铁路工作会议上的报告（摘要）（2011 年 12 月 23 日）

稳增长 调结构 重质量 全面增强中央企业科学发展能力

——中共中央政治局委员、国务院副总理张德江在中央企业负责人会议上的讲话（摘要）

（2011年12月19日）

今年是国家“十二五”规划实施的第一年。面对错综复杂的国际国内形势，中央企业坚决贯彻落实党中央、国务院的各项决策部署，积极进取，开拓创新，企业活力、控制力和影响力进一步增强，为国民经济和社会发展做出了新的贡献。突出表现在：一是生产经营继续保持平稳较快增长。企业克服种种困难和挑战，积极开拓市场，加强内部管理，1—11月，实现营业收入18.4万亿元，同比增长22.6%；实现净利润8317.9亿元，同比增长3.6%；应交税金15326.5亿元，同比增长22.3%。世界500强企业中，中央企业达到38家，比去年新增8家。二是改革开放进一步深化。企业公司制股份制改革、中央企业整体或分拆改制上市工作取得新进展，建设规范董事会试点工作深入推进，企业内部三项制度改革深入开展，解决历史遗留问题取得重大进展。中央企业“走出去”步伐进一步加快，积极开展国际并购、工程承包、资源开发，国际化经营取得新成效。三是转变发展方式取得积极进展。产业升级加速推进，战略性新兴产业快速发展，节能减排力度进一步加大。企业资源联合、整合与合作步伐加快，企业重组取得新进展。科技创新能力显著提高，科技创新成果丰硕。天宫一号和神舟八号成功实现空间交会对接，航母平台成功海试，歼—20飞机试飞，“蛟龙号”载人深潜器实现5000米突破。四是履行社会责任得到切实加强。积极开展推进绿色发展。全力保障经济平稳运行和人民群众基本生活。在利比亚撤离人员、广州亚运会等特殊时期和重要活动中发挥了关键作用。继续大力开展援疆援藏和扶贫工作。总之，通过大家的奋发努力，中央企业改革发展各项工作都取得了新的成绩，实现了“十二五”时期良好开局。在十分复杂的国内外形势下，取得这样的成绩确实来之不易。

在取得成绩的同时，我们也要清醒认识自身的不足，中央企业还存在一些问题。一是产业布局结构调整还没到位，企业的核心竞争力和国际竞争力有待进一步提高。二是股份制改革还有待加强。母公司层面的股份制改革有待进一步探索和推进。部分控股上市公司规模小、效益差、涉及行业多，资源没有得到集中合理的配置。三是自主创新能力不强，研发投入不足，激励机制不健全，诸多核心关键技术尚未得到突破。四是企业内部管理粗放的局面还没有彻底改观。

做好明年的中央企业工作，首先必须把握好国际国内的总体经济形势。中央经济工作会议对此作出了科学分析和准确判断，我们一定要深刻学习领会，把思想统一到中央的判断上来。具体就中央企业而言，明年面临的国际国内形势将更趋严峻复杂。一是国际市场需求将进一步减弱。国际金融危机的影响仍在继续蔓延，世界经济下行风险明显加大。美、日、欧等主要发达国家经济复苏乏力，居民消费能力下降，企业投资趋于谨慎，政府财政紧缩压力加大，一个时期内全球市场需求将陷入低迷。二是国际产业竞争将更趋激烈。金融危机以来，发达国家加速发展新兴产业和实施以先进制造业为核心的“再工业化”，新兴经济体和发展中国家加速发展具有自身比较优势的产业和技术，谋求实现跨越式发展。我国的产业升级和新兴产业发展面临着发达国家占优势和发展中国家追赶的双重挑战。与此同时，随着世界工业化、现代化进程加快，必然带来能源资源消费需求的大量增加，全球能源资源争夺势必更加激烈。三是国际贸易保护问题将更加突出。国际上针对我国的贸易和投资保护主义明显抬头，技术、环境、劳工、安全等新的保护主义不断增加，并有政治化的倾向，我国贸易出口和投资环境将进一步恶化。四是国内经济增长存在下行压力。由于外需明显减弱、国内投资需求有所放缓、居民消费增长难度加大，明年经济增速将低于今年。特别是明年上半年，经济增速可能继续延续今年以来的下滑趋势，也不排除某个月份出现大幅回落的可能。经济增速放缓将导致部分行业产能过剩加剧，部分企业生产经营困难。五是企业要素成本上升成为常态。国内劳动力、土地、能源资源等要素价格上涨呈现长期化趋势，国际大宗商品价格总体在震荡中走高，节能减排硬约束要求企业增加投入。总之，这些国内外因素，都将对中央企业的发展产生不利影响。

与此同时，也应看到，中央企业发展有着很多有利条件。我国工业化、信息化、城镇化、国际化深入发展，人均国民收入稳步增加，经济结构转型加快，市场需求潜力巨大，科技教育整体水平提升，劳动力素质提高，基础设施日益完善，社会大局保持稳定，特别是经过多年来的改革发展，中央企业已经站在一个新的历史起点上，国际竞争力明显增强。所有这些，都为我们进一步推动中央企业实现新的发展提供了有利条件。总的来说，面对复杂严峻的国内外形势，中央企业要增强机遇意识、忧患意识，加强战略谋划，增强应对能力，扬长避短，趋利避害，不断提高企业科学发展能力。

2012年，中央企业要深入贯彻落实科学发展观，全面贯彻落实党的十七大、十七届三中、四中、五中、六中全会精神与中央经济工作会议精神，坚持以科学发展为主题、以加快转变经济发展方式为主线，坚持突出主业、把实体经济做强做优，坚持深化改革、加快推进布局结构调整，更加注重推进自主创新，更加注重提升质量效益，更加注重加强内部管理，更加注重班子队伍建设，积极实施走出去战略，积极履行社会责任，努力促进企业健康可持续发展，为确保明年经济平稳较快发展、保持社会和谐稳定发挥积极的作用。

重点抓好以下几项工作：

（一）努力实现稳定增长，在保持国民经济平稳较快发展中发挥骨干作用。中央企业是国有企业的主体，在经济发展中发挥着顶梁柱作用。中央企业发展不出大的问题，中国经济就不会出现大的问题。面对明年复杂严峻的国内外形势，中央企业要把握好稳中求进的工作总基调，把保持企业平稳较快发展作为首要任务，做好应对各种困难的准备，提前采取有效措施，坚决防止企业生产经营出现大的波动。一是要突出主业，把实体经济做强做优。中央企业的主业基本属于国家基础性战略性产业，具有较强的竞争力和发展空间。不论遇到多大困难，中央企业都要坚守主业，优化主业，壮大实体经济。二是要服务内需，增强企业发展能力。要紧紧抓住国家扩大国内需求特别是消费需求的重大机遇，积极生产适销对路的产品，发展新型消费业态，提高产品质量安全，千方百计扩大市场。三是要谋划未来，立足企业可持续发展。要积极加大对符合产业环保政策项目、战略性新兴产业、技术改造和自主创新等领域的投资，为企业长远发展奠定基础。四是要着眼全球，积极参与国际竞争。要加快推进国际化进程，稳定和扩大出口，巩固传统优势市场，积极开拓新的国际市场，努力稳住和扩大来之不易的市场份额。

（二）大力推动产业升级，在结构调整中发挥带头作用。经济结构调整是一项重大而紧迫的任务，关系我国经济能否实现更长时期、更高水平、更好质量的发展。中央企业在转变经济发展方式和推进经济结构调整中肩负着重要使命，要着眼全局、着眼长远，通过实际行动带好头、领好队。一是要大力培育发展战略性新兴产业。中央企业要充分发挥科技优势、人才优势、资金优势，选准技术突破方向，加强联合攻关，着力突破制约战略性新兴产业发展的核心关键技术。企业要根据自身优势和特点，合理配置资源，切实防止一哄而起、重复建设，在产业链低端盲目投资。二是大力改造提升传统产业。要加大企业技改投入，加大技术改造力度，切实围绕品种质量、节能降耗、淘汰落后、安全生产等重点领域，创新研发设计，改造工艺流程，提升产品质量，创建知名品牌，大力提高传统产业中先进产能比重。三是大力推进企业兼并重组。要遵循市场规律，根据企业发展需要，采取多种形式，积极推动中央企业之间、中央企业与地方国有企业之间、中央企业与其他所有制企业之间的联合重组，优化产业布局，整合产业链条。四是大力发展生产型服务业。要从制造环节为主向研发设计和销售服务等“微笑曲线”的两端延伸，从制造商向综合服务提供商转变，大力提高企业的附加值和增值率。

（三）着力推进技术创新，在建设创新型国家中发挥排头兵作用。建设创新型国家是重大的国家战略，是提高我国综合国力的关键。企业是技术创新的主体，技术创新也是企业的生命。中央企业大多处在关系国家安全和国民经济命脉的重要行业和关键领域，不仅要努力创造良好的经济效益，更要自觉承担技术创新的重任，自觉增强技术创新的能力，当好行业技术进步和国家技术创新的国家队，当好技术创新的排头兵，挑起国家自主创新的大梁。为此，一要发挥技术创新主体作用。要加快建立以企业为主体、产学研用相结合的技术创新体系，积极吸引人才、技术、资金等创新要素向企业集聚，使企业真正成为研发投入、技术创新活动和创新成果应用的主体。有条件的企业要积极参与或主持国家重大科技专项等研究开发任务和重大技术攻关。二要建立和完善支持企业自主创新的考核政策。要加快建立并积极推进考核办法，把研究开发投入视同利润，切实考虑到重大科技创新的时间周期，增加科技创新的考核权重，为企业科技创新创造良好环境。中央企业要加大研究开发投入，力争接近或达到同行业世界一流企业的投入标准，同时，国有资本预算也要加大对自主创新的支持。三要完善促进技术创新的激励制度。要按照市场化原则，建立健全促进技术创新的中长期激励制度，积极探索在股权、薪酬等方面激励办法，充分调动企业家和科技领军人才技术创新积极性，给企业技术创新注入强大的内生动力。

（四）进一步深化改革，在体制机制创新中发挥示范作用。国有企业发展取得的显著成绩，是坚定不移推进改革的结果。解决制约国有企业发展的深层次矛盾和问题，从根本上必须靠继续深化改革。要坚持以改革促发展、促稳定、促和谐，加强内部管理，规范经营秩序，降本增效。要继续推进国有经济战略性调整，健全国有资本有进有退、合理流动机制，促进国有资本向关系国家安全和国民经济命脉的重要行业和领域集中。要继续加快推进中央企业公司制、股份制改革，完善企业法人治理结构，深化规范董事会试点，积极推进董事会行使重大决策权、经营层选聘权和考核奖惩权。要逐步理顺企业不同治理机制之间的相互关系，规范治理秩序，提高治理效率。要进一步深化企业内部劳动、用工、分配等机制改革，坚持市场化的用工方向，能进能出、能上能下的用人机制，有利于调动管理层和职工积极性的分配激励机制。要抓紧解决历史遗留问题，力争在推进厂办大集体改革、分离办社会职能等方面取得积极进展。

（五）坚持推进对外开放，在“走出去”中发挥领头羊作用。加快企业“走出去”步伐，扩大我国对外投资规模，是我国对外开放新阶段的重要特征。近年来，中央企业采取直接投资、兼并收购、投资入股等多种方式“走出去”，取得了重要进展，积累了丰富的经验，在带动设备出口、劳动力输出，以及获取国内发展急需的资源等方面发挥了十分重要的作用。要抓住发达国家企业生产经营困难加重的有利时机，进一步加大“走出去”工作力度，通过并购、联合等方式，努力获得外国先进技术、知名品牌、研发人才、能源资源，增强中央企业的自主创新能力和全球配置资源能力，努力建设大型跨国公司。要建立适应国际化经营的企业组织架构，完善境外投资决策制度，强化全面风险管理。中央企业在“走出去”过程中，要加强统筹协调，密切合作，切实避免恶性竞争。在投资合作国，要坚持诚信经营，保证产品和服务质量，保护当地环境，维护员工权益，积极参与所在国公益事业，树立负责任的企业形象。这里，我要强调一下，中央企业要高度重视加强对境外企业的监督、管理和引导，提高风险防控能力，规范经营行为，切实维护企业合法权益和国家利益，维护企业对外合作关系。

（六）积极履行社会责任，在维护社会和谐稳定中发挥表率作用。积极履行社会责任是国有企业内在的重要属性，中央企业要敢于担当，发挥表率作用。要服从经济社会发展大局，在保障市场供应、稳定物价、维护经济正常运行等方面发挥重要作用。要大力推进节能减排，保护生态环境，在建设资源节约型、环境友好型社会中做出更大努力。要积极稳定和扩大就业，调动职工积极性，维护职工合法权益，加强安全生产，提高产品质量安全，在维护企业和社会稳定中承担应有责任。要切实做好定点扶贫、援疆援藏工作，为促进贫困地区发展、促进民族团结和边疆和谐稳定做出积极贡献。要进一步加强中央企业党的建设、班子建设、人才队伍建设、职工队伍建设和党风廉政建设，为全面增强中央企业科学发展能力提供坚强的政治、组织和作风保障。

这里我要专门强调一下为国有企业创造良好的政策环境和舆论环境。“国有经济，是国民经济的主导力量”。“国家保障国有经济的巩固与发展”。这是中华人民共和国宪法所规定的。公有制为主体、多种所有制共同发展是社会主义初级阶段的基本经济制度。坚定不移地巩固和发展公有制经济、发展壮大国有经济，任何时候都不能动摇。要从巩固党的执政基础和社会主义制度出发，从加快现代化、实现中华民族伟大复兴的高度出发，大力支持国有企业发展，理直气壮地为国有企业发展创造更为有利的政策环境。要理直气壮、大张旗鼓、旗帜鲜明地宣传国有企业在社会主义初级阶段的地位和作用，大力宣传国有企业的改革与发展取得的显著成果，大力宣传国有企业为经济和社会发展所作出的突出贡献。要通过舆论引导，为国有企业的发展创造一个良好的环境。

全面推进做强做优　着力提升发展质量 为国民经济平稳较快发展作出积极贡献

——国务院国有资产监督管理委员会主任王勇在中央企业负责人会议上的讲话（摘要）

（2011 年 12 月 19 日）

这次会议的主要任务是，全面贯彻落实党的十七大和十七届历次全会精神，贯彻落实中央经济工作会议精神，总结 2011 年工作，分析形势，研究部署 2012 年工作。

一、2011 年中央企业改革发展主要工作完成情况

2011 年是“十二五”的开局之年。在党中央、国务院的正确领导下，我国经济继续朝着宏观调控预期方向发展，呈现增长较快、价格趋稳、效益较好、民生改善的良好态势。中央企业认真贯彻落实党中央、国务院各项决策部署，积极应对错综复杂的国内外经济形势，克服重重困难，全力推进发展方式转变，深化企业改革，调整布局结构，强化管理创新，生产经营保持平稳运行，各项工作取得了新的成效，为经济社会发展作出了积极贡献。

（一）克服复杂经济形势带来的困难和挑战，生产经营继续保持平稳较快增长。

1—11 月，中央企业生产经营总体上保持平稳较快增长，主要经济指标创历史新高。累计实现营业收入 18.4 万亿元，同比增长 22.6%；其中实现营业收入同比增长的企业有 112 家，占 94.9%；同比增幅超过 30%的有 36 家。累计实现净利润 8317.9 亿元，同比增长 3.6%；其中实现净利润同比增长的企业有 82 家，占 69.5%；净利润超过 100 亿元的有 16 家。截至 11 月底，中央企业资产总额达到 27.8 万亿元，同比增长 16.5%；净资产 10.5 万亿元，同比增长 12.8%。

这些成绩，是中央企业面对国际国内十分复杂的经济形势，采取积极有效的应对措施，克服各种困难和挑战取得的。今年以来，国内外经济环境出现很多新情况新变化，全球经济增速放缓，市场需求下跌，成本刚性上升，通胀压力加大，金融市场震荡，信贷政策持续收紧，这些都对中央企业的生产经营带来十分不利的影响。不少企业面临资金紧缺、成本上升、订单下降、应收账款和存货增加的困难；煤电价格联动机制执行不到位、成品油和天然气价格倒挂，导致火电业务、炼油和天然气进口业务大幅亏损；铁路、汽车、水运、钢铁、机械等行业市场需求下滑，使相关企业面临更大的市场压力。面对严峻形势，中央企业保持清醒头脑，抢抓市场机遇，大力降本增效，提高资金使用效率，加强风险管控，做了大量扎实有效的工作。

一是大力开拓国内外市场，千方百计保增长。面对日益激烈的市场竞争，中央企业及时调整营销策略，优化产品结构，完善供销网络，拓展市场份额，取得积极成效。中国电科利用自身优势积极开拓新业务，总承了目前国内规模最大的城市应急防控联动系统“平安重庆”数字化建设工程，签约合同金额已超过 80 亿元。中粮集团积极完善国内

市场布局，基本建成覆盖全国的粮油食品供销网络，保持了规模和经济效益的同步增长。中国黄金拓宽经营领域，完善营销网络，强化品牌推广，投资类产品市场占有率快速提升到34%。一汽集团、东风公司等企业面对汽车市场增速下滑，及时调整产品结构，努力做强做优自主品牌，保持了产销增长。武钢紧贴市场调结构，硅钢高端市场份额大幅提高。港中旅集团成立旅游发展营销委，全面强化市场开拓和资源配置能力。南光集团积极拓展业务领域，成功举办了首届中国（澳门）国际汽车暨游艇博览会。武汉邮科院凭借自主知识产权的光传输、接入产品，成功进入国际高端市场。

二是强化降本增效，向管理要效益。面对成本上升的压力，中央企业采取一系列扎实有效措施，努力降低成本，增加效益。新兴际华集团全面推行“模拟法人运行机制”和“产供销运用快速联动机制”，降低成本2.3个百分点。上海贝尔严格控制和优化各项成本，主要产品毛利率提高2个百分点。中国航油通过优化资源配置和物流配送、压缩可控费用、加强资金集中管控等措施，降低成本费用近3亿元。中铝公司强化基础管理，实施运营转型，各项消耗指标大幅降低。航天科工对下属单位逐户测算应收账款、存货及亏损企业亏损额，并提出明确控制目标。中船重工采取切实措施减少存货占用，加速应收账款回收。中船集团对相同船型“晒成本”，采用“倒逼法”促进成本下降。中国华电深入开展每日经济利润分析，对电量、煤价、煤耗等主要指标进行分析对标。国家电网建立“三集五大”管理体系，资金归集率保持在99%以上，集中采购比例超过90%。中国石化、中化集团、宝钢等企业抓住境外资金流动性充足、利率处于历史低位的机遇，加大境外融资力度，有效降低了财务成本。

三是加强风险管控，保障企业稳定运行。中央企业紧盯市场变化，普遍加强投资管理，及时调整投资结构，适度压缩投资规模，严格控制投资风险。前三季度，中央企业固定资产投资同比增长8.2%，比全社会固定资产投资增速低16.7个百分点。中国国电优化投资结构，优先向新能源、优质煤炭开发等项目倾斜。中国水电集团、中冶集团等企业根据实际情况停止了部分计划投资项目。不少中央企业通过推进全面预算管理，优化资源配置，提高运行质量，有效降低了经营风险。中国电子董事会将全面预算定位为年度经济工作的顶层设计，发挥引领全局的作用。一些中央企业切实加强境外资产管理，有效降低了境外投资风险。中国五矿对境外企业贸易融资实行统一授信，集中管理境外自有资金和中长期融资，严格控制和管理境外企业期货等高风险业务。中央企业高度重视法律风险防范，全部建立了总法律顾问制度和法制工作机构，企业重大法律纠纷案件呈明显减少态势。中央企业普遍加强了安全稳定工作，落实责任制，强化措施，安全生产和稳定工作总体形势良好。

中央企业在全力保持生产经营持续稳定发展的同时，积极履行社会责任，为经济社会发展做出了积极贡献。一是为国家财政作出了积极贡献。国资委成立到去年底，中央企业累计上交税金6.49万亿元，今年1—11月上交税金1.52万亿元，同比增长24.8%，高于营业收入增速2.2个百分点，高于净利润增速21.2个百分点。二是落实国家宏观调控政策，全力保障市场供应。石油石化企业克服炼油业务亏损和进口天然气价格倒挂带来的经营压力，统筹协调产运销储，全力保障油气供应。发电企业火电板块承受增产增亏的压力，加强生产组织，确保供电供热稳定。电网企业加强科学调度，组织电力支援缺电地区，对缓解供电紧张发挥了重要作用。涉及粮、棉、油、肉、糖、盐等产品的中央企业努力保障市场供应，维护重要民生产品价格稳定。三是全力支持民生工程建设。电网电信企业全力投入“村村通”工程，农资企业加强“三农”服务，为新农村建设作出积极贡献。房地产企业充分发挥在规划、勘察、设计和施工等方面的雄厚实力，积极参与保障性住房的投资和建设。四是积极参与定点扶贫和援疆援藏工作。93 户中央企业定点帮扶 189 个国家扶贫工作重点县，占国家扶贫开发工作重点县全部数量的 31.9%。44 户中央企业在新疆、40 户中央企业在西藏开展了各类援助帮扶工作。被誉为“电力天路”的青藏交直流联网输电工程建成，从根本上解决了西藏缺电问题。中央企业承担的玉树灾后重建任务取得积极进展，为促进民族团结、社会和谐作出积极贡献。五是在承担急难险重任务中发挥骨干作用。在今年初利比亚撤离中，相关中央企业出动飞机 76 架次，轮船 6 艘，共撤出员工 25481 人，协助使馆撤离其他中资企业员工、留学生及外籍员工等近 8000 人，圆满完成了撤离任务。电网、电力、电信企业在保障广州亚运会、深圳大运会中发挥了重要作用。六是中央企业服务国家区域发展重大战略，加强与地方经济的对接合作，为推动区域经济发展做出积极贡献。

（二）认真落实“一五三”总体思路，在一些重点领域取得新的进展。

今年是实施中央企业“十二五”发展规划纲要的第一年，我们相继制定发布了一大目标顶层设计和五大战略实施纲要。中央企业紧紧围绕“做强做优、世界一流”的核心目标，深入研究所在行业的特点和发展规律，紧密结合自身发展实际，与国际先进企业对标找差距，提出“十二五”战略规划与目标，细化实施措施，扎实推进转型升级、科技创新、国际化经营、人才强企、和谐发展五大战略，改革发展各项工作取得新的进展。

深化改革取得新进展。一是公司制股份制改革持续推进。中国水电集团实现主营业务整体上市，6 家中央企业控股公司在境内外资本市场首次公开发行股票并上市。中国铁物、中国五矿和一汽集团完成整体改制。二是建设规范董事会试点工作取得重要进展，三家石油、两家电信、两家水运和一家军工企业进入试点，试点企业扩大到 42 家。三是企业三项制度改革深入推进。继续开展中央企业高级经营管理者公开招聘工作，一汽集团、中国电信和中国商飞的总经理实行竞争性选拔。中核集团总部拿出 48 个职位面向全社会公开招聘，中国华能在系统内公开招聘 25 名中层管理人员，中国联通运用竞争上岗方式选拔 30 名中层管理岗位后备人选，竞争性选人用人机制进一步完善。航天科技、有研总院、航天科工、中航工业和国机集团积极探索和推进分红权激励试点，取得实质性进展。四是电网主辅分离改革取得突破性进展，两家综合性电力建设集团公司正式挂牌。五是解决历史遗留问题取得重大进展。在党中央、国务院的高度重视和有关部门、地方党委政府的协同努力下，一些历史遗留问题的解决得到稳步推进。一汽集团等 5 家中央企业积极推进厂办大集体改革试点，共涉及厂办大集体 632 户，安置职工 8.9 万人。中国北车 16 家医院完成分离移交工作，2200 多名在职职工得到妥善安置。在黑龙江省政府的大力支持下，中央企业所属驻黑龙江省企业供水、供电、供热和物业管理分离移交试点工作顺利开展。

调整结构取得新进展。一是中央企业战略重组持续推进。乐凯集团并入航天科技，中商集团并入诚通集团，华星集团划入国新公司管理。中煤集团与中电投集团、大唐集团等企业相互参股推进煤电联营。中国华能以产业价值链、资本和科研开发为纽带，与上下游中央企业开展深度合作。中国移动全部退出宾馆酒店业务，所属四星级优质酒店平稳划转港中旅集团。二是产业升级步伐加快。华润集团、国药集团、中国建材等企业发挥行业排头兵引领作用，推动联合重组，淘汰落后产能，引领行业转型升级。华侨城集团通过并购重组构建数字娱乐技术平台，完善旅游文化产业链。华录集团依托蓝光高清核心技术，加快向以信息产业为基础的新型文化产业转型。中国联通面向中小企业开展信息化应用巡展，为传统产业升级和发展现代服务业提供服务。三是在发展战略性新兴产业中发挥积极作用。国家电网特高压交流输变电工程建成投运，推动我国特高压和智能电网建设走在国际前列。招商局集团推进蛇口工业区向互联网、电子商务和物联网等战略性新兴产业基地转型升级。四是内部资源整合和组织架构调整加快推进。兵器工业集团把 130 多家下属单位调整重组为 31 个专业化子集团和 11 个直管单位。国投大力收缩投资项目和非主业对外投资，全年完成销号项目 63 个，集中资金支持关键行业发展，产业布局进一步优化。国机集团推动农业机械、工程机械和汽车等业务整合，内部资源配置进一步优化。

科技创新取得新进展。天宫一号和神州八号实现空间交会对接，航母平台成功海试，“蛟龙号”载人深潜器下潜实现 5000 米突破，中央军工企业不负众望，在推动国防现代化建设中作出了突出贡献。中国海油建成“海洋石油 981”3000 米深水钻井平台，我国深水油气资源勘探开发能力和大型海洋装备建造水平跨入世界先进行列。TD—LTE 国际商用服务正式启动，在信息通信领域实现了“中国主导技术”的突破。国家核电在引进消化吸收的基础上，完成了国产 AP1000 三代核电机组的标准设计，为确保三代核电批量化建设奠定了基础。中国电科重构技术创新体系，将企业标准上升为国家标准，主导制订的《科学技术研究项目评价通则》受到国务院领导的高度评价和肯定。中央科技企业以国家项目为龙头，积极构建产学研结合的自主创新体系，创新科研管理体制机制，贴近市场开展科研工作，在许多科研领域取得了重要突破。今年初召开的国家科学技术奖励大会上，共有 53 家中央企业得到 72 项获奖项目（不含军工），其中唯一一项国家科学技术进步特等奖被中央企业获得。中央企业普遍加大研发投入，中国普天将技术投入比率指标纳入对下属企业的考核，中航工业、中国恒天等企业建立了科技创新基金。神华集团牵头 25 家企业、高校和研究机构成立产业技术创新战略联盟，推进煤炭开发技术创新。中央企业拥有专利的数量进一步提升，截止 2010 年底，累计拥有专利 10.74 万件，其中发明专利 3 万件。

国际化经营取得新进展。初步统计，1—11 月中央企业在境外（含港澳地区）营业收入 3.4 万亿元，实现利润总额 1280 亿元，同比分别增长 30.7%和 28%；中央企业海外原油权益产量 6604.3 万吨，天然气权益产量 176.3 亿立方米，海外工程新签合同额 2797.5 亿元，同比分别增长 16.9%、19.8%和 9.7%。中航工业成功收购全球第二大通用飞机制造商西锐公司，中国化工成功收购全球第六大农药企业，融入世界产业链的步伐进一步加快。不少中央企业依托技术优势，不断深化国际化经营。中材集团凭借完整的水泥工程产业链和系统集成服务能力，占据 40%国际市场份额。中国建筑合同额 19 亿美元的美国巴哈马大型海岛度假村项目正式开工，开创了中国建筑企业在北美融投资带动总承包的先河。中央企业注重联合“走出去”，遵循市场规则，发挥整体竞争优势。航天科技、中国电信发挥各自优势，合作向刚果提供通信卫星制造、发射、运营及管理服务。中铝公司、宝钢、中国铁建、中交集团等企业组成联合体，开发几内亚西芒杜铁矿项目。矿冶总院与中国有色集团等企业协同合作，发挥了“走出去”开发海外资源的央企合力。中国三峡集团整合全产业链，联合上下游企业积极开拓海外业务。中国石油加快发展海外油气合作区，如期建成海外大庆。中国联通与242个国家和地区521家运营商开通国际漫游业务，国际化程度得到提升。中广核集团以控股的香港上市公司为平台，收购境外企业，铀资源开发取得新进展。在实施“走出去”战略过程中，中央企业积极履行社会责任，得到了所在国社会各界的赞扬和认可。中国五矿在澳大利亚发布可持续发展（澳洲）报告，加强了与利益相关方的沟通。中国有色集团在赞比亚组织实施光明行活动，使100多位贫困的白内障患者重见光明。

推进节能减排取得新进展。中央企业坚持资源节约型和环境友好型发展，加大节能环保投入，积极探索低投入、低消耗、低排放和高产出的发展道路。许多企业结合自身优势业务，加强技术改造，优化生产流程，强化过程管理，实现绿色发展。东方电气集团、哈电集团从设计开始就注重产品的节能降耗，超临界、超超临界火电机组产量已超过传统的亚临界机组产量，对火力发电企业降低煤耗起到决定性作用。鞍钢钢渣处理率和利用率分别达到100%和70%，保持了世界领先水平。中铝公司加大对节能减排专项资金投入，铝冶炼企业基本实现工业废水“零排放”。中材集团充分利用纯低温余热发电技术，在全部的水泥生产线上配套建设余热发电系统。中国国电“静电除尘高频电源技术”的成功应用，可减少烟尘排放40%，节约能耗70%以上。中煤集团建立起“煤炭开采—洗选—矸石发电—建材”循环经济产业链，成效显著。国投北疆发电厂将发电项目和海水淡化有机结合，最大化提高资源利用效率，为京津冀淡水供应提供了战略保障。中国节能作为中国企业代表出席联合国气候变化大会，展示中央企业节能环保的成效。截至三季度末，中央企业中31户重点类企业万元产值综合能耗同比基本持平，二氧化碳排放同比下降5.25%，化学需氧量同比下降6.65%。

（三）深入推进创先争优，企业党的建设进一步加强。

中央企业以庆祝建党90周年为重要契机，深入推进创先争优活动，不断加强和改进企业党建工作，企业领导班子建设、高科技人才队伍建设和职工队伍建设不断加强，为提升企业核心竞争力提供有力保障。

大力宣传优秀典型，创先争优活动深入推进。召开中央企业“一先两优”表彰大会，大力宣传郭明义、吕清森、郝振山等一大批群众信服、党员佩服、组织信赖的先进典型，激励广大党员在岗位上干事创业、创先争优。中国中铁组织创建100个基层示范党委，1000个示范党支部，10000个党员示范岗，形成创先争优良好氛围。国投罗钾公司充分发挥党组织的政治核心作用，团结各族群众艰苦奋斗，在“死亡之海”罗布泊建设全世界最大规模的硫酸钾肥生产基地。中国黄金所属西藏华泰龙公司“5300党支部”，在青藏高原树起了中央企业创先争优的一面旗帜，被中宣部确定为全国创先争优典型。南航集团厦航公司被福建省树立为创先争优的典范，组织全省企业开展学厦航活动。以23家企业为重点开展“为民服务创先争优”活动，取得积极成效。南方电网成立3000多个为民服务队，深入用户，热情服务，解决实际问题。中国电信以营业场所、服务热线和网上掌上营业厅为重点改进服务，提升客户满意度。兵器装备集团开展“进百家企业、走千户家庭、访万名消费者活动”，努力提升服务效能。东航集团推出精准、精细、精致、精彩的“四精”服务，服务水平大幅提升。创先争优活动进一步促进了基层党组织建设。中国商飞把支部建在民机项目上，全力推动民机建设重大任务。中远集团坚持支部建在船上，配备专职船舶政委，充分发挥党建保障作用。中国有色集团在“走出去”过程中，推行“支部建在项目上，创先争优项目化”的做法，将党的政治优势转化为企业的核心竞争力。

“四好”领导班子和人才队伍建设不断加强。持续深入开展“四好”领导班子创建活动，适应中央企业“做强做优、世界一流”目标要求，坚持选配与管理并重，企业领导班子整体素质不断提升，成为引领中央企业加快发展的坚强核心。中央企业以科技人才队伍建设为重点，大力实施人才强企战略。今年有 12 人增选为中国工程院院士，60 人新列入中央“千人计划”，13 家企业成为新一批人才基地建设单位，以北京未来科技城为重点的人才基地建设顺利推进。航天科技、航天科工自主培养创新型科技人才的经验进一步推广。不少企业建立首席专家、工艺大师等制度，评选表彰科技英才、技能高手，加快建设高层次科技人才队伍。推广宝钢“蓝领创新”经验，深入开展岗位练兵、技能培训和技能大赛，职工队伍素质得到新提升。

宣传思想文化和群众工作进一步加强。中央企业认真学习贯彻胡锦涛总书记“七一”重要讲话和党的十七届六中全会精神，牢固树立中国特色社会主义共同理想，进一步坚定发展壮大国有经济的信心和决心。深入开展学习型党组织建设，带动建设学习型企业。中央企业以更加积极开放的心态加强与新闻媒体和社会公众的沟通交流。中国石化引入社会监督员，举办公众开放日。国家电网转变新闻理念，加强品牌建设，全力打造“责任央企”形象。中航工业主动联合主流媒体，加强品牌宣传，取得良好效果。中国南车建立品牌价值、品牌形象、品牌传播、品牌管理四大体系，实现以品牌传播引领新闻宣传。中央企业思想政治建设和企业文化建设不断加强，群众工作进一步推进，职工代表大会和厂务公开制度进一步完善，有效调动了各方面积极性。

反腐倡廉建设取得新成效。中央企业认真落实党风廉政建设责任制，深入推进以完善惩防体系为重点的反腐倡廉建设，强化廉洁风险防控，把反腐倡廉制度融入国资监管和企业经营管理，促进了企业领导人员廉洁从业。认真组织加快转变经济发展方式的监督检查，开展落实“三重一大”决策制度、廉洁从业规定等五项制度的综合检查，推进工程建设领域突出问题、商业贿赂、“小金库”、公务用车专项治理和清理规范庆典、研讨会、论坛活动，加大查办案件力度，纪检监察组织机构不断健全，为中央企业做强做优提供有力保障。国资委完成了对 12 家企业的巡视工作，正在巡视 6 家企业，40 多家企业开展了内部巡视工作，促进企业领导班子建设，推动改进工作。

二、明年工作总体要求和需要把握的几个问题

中央经济工作会议对明年形势作了全面深刻的分析。总的看，明年世界经济形势总体上仍将十分严峻复杂，世界经济复苏的不稳定性不确定性上升，国际经济环境难以明显好转；国内经济发展中不平衡、不协调、不可持续的问题仍很突出，经济运行中面临不少新情况、新问题。对明年以及未来相当长一段时期经济形势的复杂性严峻性，我们要有全面深刻的认识，要深入分析国内外形势变化对中央企业改革发展带来的各种影响，做好应对更大困难和挑战的准备。

一是要深刻认识全球经济增速减缓给企业带来的影响。当前全球性金融危机仍在继

续深化，影响不断扩大。欧洲主权债务危机持续发酵，欧元区国家财政政策全面转向紧缩，加剧了欧洲及全球经济下行的压力。美、日等主要发达国家经济增长乏力，失业率居高不下，消费不振，贸易低迷，进一步拖缓了全球经济复苏步伐。新兴经济体的增长速度也明显下降，部分国家金融市场波动加剧，系统性风险显著升高。种种迹象表明，全球经济将进入一个较长时期的低速增长期，国际市场将陷入低迷。这对企业最直接的影响是市场萎缩、需求不足，我们将可能面临较长时间的出口低速增长，对远洋运输、船舶制造、海外工程等与国际经济贸易直接相关行业的影响可能更大。

二是要深刻认识全球竞争格局变化给企业带来的影响。这次全球性经济危机带来了经济结构重大调整，主要发达经济体都在推动经济结构加速转型，加快发展新兴产业，力图抢占未来发展制高点。部分发达国家鼓励本土企业将海外公司回迁，以缓解国内就业和税收问题。美国提出“再工业化”口号，加大了对本国制造产业支持力度。一些国家提高贸易壁垒，保护国内产业。国际知名跨国企业也纷纷调整发展战略，将产业基地向资源价格和要素成本更低的国家和地区迁移。这对中央企业加快转型升级、整合产业资源、提高产业竞争能力提出了更为迫切的要求。

三是要深刻认识国际政治形势复杂给企业带来的影响。当前国际政治形势十分复杂，美国、俄罗斯等国进入选举年，国际地缘政治冲突不断升级，对全球经济的影响具有较大不确定性。一些西方国家对我国国有企业存在偏见，通过各种措施对我国国有企业进行遏制，美国明确提出将国有企业纳入中美双边对话议题，美欧以国家安全为名对国有企业海外投资并购实施严格的个案审查，通过世贸组织对我国贸易政策进行严格审议并频繁采取反倾销反补贴措施。这些对我国企业的国际化经营，特别是对中央企业“走出去”将带来十分不利的影响。

四是要深刻认识要素成本价格上涨给企业带来的影响。受美元贬值、全球流动性过剩、粮食库存下降、国际投机资本炒作等多种因素影响，能源、原材料、农产品等大宗商品价格持续高位波动。主要发达经济体通胀率达到多年来的高位。新兴市场国家资产泡沫和通胀压力也在不断加大，多数国家物价面临较大上涨压力。这种由于要素价格和资源性产品价格上升推动的物价上涨，具有一定的必然性和持久性，对企业的盈利能力带来较大影响，特别是处在产业链下游的传统制造产业将面临更大的挑战。

同时，我们也要看到有利条件和积极因素，切实增强做好明年工作的信心。我国发展仍处于重要的战略机遇期，经济社会发展的宏观环境总体上比较好，有利于中央企业科学发展、做强做优。中央企业经过多年的改革发展，体制机制发生了深刻变化，整体实力和竞争力进一步增强，应对危机、抵御风险的能力和水平有了明显提升。世界经济格局正在发生的深刻变化，给我们“走出去”在更大范围内配置资源提供了契机，有利于我们更好地利用国外资源、技术和人才。我们要善于应用这些有利条件和积极因素，继续抓住和用好重要战略机遇期，推动中央企业做强做优，培育具有国际竞争力的世界一流企业。

从中央企业自身看，虽然这几年中央企业整体保持平稳较快发展，但仍然存在许多亟待解决的突出问题。一些企业成本费用控制不力，投资决策不科学，债务规模增长过快，亏损子企业增多，经营风险不断累积；一些企业集团管控能力不足，管理层级过多，内控机制不健全甚至严重缺失，监管不到位，有规不依的问题突出；一些企业资源配置效率不高，产业协同能力不强，内部恶性竞争和重复建设现象较为严重；厂办大集体等一些长期存在的制约企业发展的历史遗留问题还没有得到真正解决。这些问题在经济形势好的时候容易被掩盖、被忽视，在经济形势不好的时候就会凸显出来，严重影响企业的健康发展，甚至会拖垮企业。中央企业要高度重视和认真分析自身存在的突出矛盾和问题，在生产经营各个环节和下属各单位、各企业进行全面排查梳理，研究制订措施，加快推进解决。

按照中央经济工作会议“稳中求进”的总体要求和对明年工作的具体部署，结合明年经济形势和中央企业实际，2012 年中央企业改革发展的总体要求是：坚持以科学发展为主题，以加快转变经济发展方式为主线，认真贯彻落实党的十七大及历次全会精神，贯彻落实中央经济工作会议的部署和要求，深入推动中央企业“十二五”改革发展“一五三”总体思想的落实，进一步深化改革，调整结构，强化管理，完善国资监管体制，加强和改进党的建设，全面推进做强做优，着力提升发展质量，全力保持企业平稳较快增长，全力保持企业和谐稳定发展，为国民经济保持平稳较快发展和社会和谐稳定作出积极贡献，以优异的成绩迎接党的十八大胜利召开。

按照这个总体要求，明年工作的重点是：“一抓”、“两保”、“三突出”。

“一抓”，就是抓落实。要抓好中央经济工作会议精神、党的十七届六中全会精神的落实，抓好中央企业“十二五”规划纲要的落实。要认真学习领会中央经济工作会议精神，全面落实中央关于明年经济工作的各项部署和要求。要结合企业实际，深入贯彻落实党的十七届六中全会作出的《中共中央关于深化文化体制改革、推动社会主义文化大发展大繁荣若干重大问题的决定》，在文化建设中发挥中央企业的积极作用。要紧紧围绕“做强做优中央企业、培育具有国际竞争力的世界一流企业”的核心目标，切实推进中央企业“十二五”发展规划纲要和“一五三”实施纲要的贯彻落实，加强组织领导，完善配套措施，细化工作方案，扎扎实实一项一项抓好落实。

“两保”，就是保增长、保稳定。保增长，既是贯彻落实中央经济工作会议精神的具体要求，也是企业自身发展的客观需要。中央经济工作会议根据国内外经济形势发展的新情况新趋势，提出明年保持经济平稳较快发展的任务，中央企业作为国民经济的骨干和中坚，必须以更加顽强的作风、更加扎实的工作、更加有效的措施，创造更加优秀的经营业绩，为实现国家宏观调控目标作出积极贡献。保稳定，就是要求中央企业在全力保持经济增长的同时，积极贯彻落实国家宏观调控政策，全力保障所涉及领域的煤电油气运以及民生产品的稳定供应，全力抓好企业安全生产和产品质量管理，全力构建和谐稳定的企业内部劳动关系，切实承担保持经济稳定运行和企业和谐稳定的责任，为迎接党的十八大胜利召开营造良好局面。保增长、保稳定是明年各项工作的重中之重，一定要全力采取措施，确保完成任务。

“三突出”，就是突出转型升级、突出降本增效、突出风险管控。一是突出转型升级。外部经济形势越复杂，对企业整体素质的要求就越高。这几年中央企业快速发展，但许多企业是依赖规模扩张的粗放式增长，企业核心竞争力不强。中央企业要把转型升级放在更加突出的位置，培育发展战略性新兴产业，改造提升传统产业，加快发展现代服务业，优化产业结构、产品结构、产权结构和组织结构，实现企业发展向内生增长、集约高效、资源节约和环境友好转型。二是突出降本增效。今年 10 月以来，受外部环境影响，企业经济效益大幅下滑。扭转效益下滑的趋势，必须眼睛向内，控制成本，开源节流，这是我们明年必须持续抓好的工作。要加强全员成本管理，建立和落实目标成本责任制，严格控制成本费用过快增长，深挖潜力，降本增效。三是突出风险管控。复杂的经济形势必然给企业带来巨大的经营风险，我们必须要有高度的风险意识。要建立健全全面风险管理体系，完善风险识别监测与防范体系，加大重大风险管控，杜绝重大资产损失。

做好明年的工作，要重点把握好几个问题。

第一，坚持突出主业，在做强做优主业上下功夫。做强做优主业是调整优化布局结构、发挥国有经济主导作用的根本要求。当前一些中央企业在快速发展的过程中，存在着涉及领域过多过广、内部产业协同效应不明显、优质资源不能有效配置在主业发展上等问题。在越来越激烈的市场竞争格局下，这种情况持续下去将会降低企业的核心竞争能力，加大企业经营风险，甚至有可能使企业陷入困境。中央企业要清醒认识自身的使命和责任，在深入分析经济发展规律、行业发展规律和企业发展规律的基础上，明确战略定位，做强做优主业，不断增强可持续发展能力。要加快从过分追求规模扩张转到注重依靠科技进步、劳动者素质提高和管理创新的内生增长，把握产业发展方向，占领产业制高点，提升我国产业在全球的竞争能力。

第二，坚持改革创新，在完善体制机制上下功夫。改革创新是企业活力的源泉。经过多年来不懈努力，中央企业改革创新取得了重大突破，为企业持续健康发展提供了有力保障。但我们也要看到，一些企业的管理体制和经营机制还不完全适应市场竞争的要求，科技创新能力与国际一流企业相比还有很大差距。中央企业要努力建设具有国际竞争力的世界一流企业，必须进一步深化改革，着力解决影响和制约企业科学发展的体制机制性问题，特别是要加快解决一些长期积累的重点难点问题；必须加快提升自主创新能力，使企业持续健康发展更多建立在科技进步和创新的基础之上。

第三，坚持从严治企，在强化管理上下功夫。管理是企业永恒的主题，没有一流的管理就没有一流的企业。当前中央企业在内部管理方面还存在不少薄弱环节和漏洞，许多企业在规模快速增长的同时并未带来效益和现金流同步增长，治理模式、组织架构、业务流程、运行机制、管控体系不能完全适应企业发展需要。一些企业有规不依、管理粗放的情况仍然存在，由此带来的违规经营、违章操作、安全事故、资产损失和腐败行为时有发生，这既严重制约企业的长远发展，也给中央企业整体形象带来负面影响。中央企业必须充分认识强化管理对促进企业健康稳定发展的重要作用，从严治企，依法治企，苦练内功，不断增强企业内在素质，夯实企业发展基础，促进企业生产经营的平稳运行。

第四，坚持文化引领，在加强品牌建设上下功夫。文化是一种软实力，是一个国家和民族价值理念、文明传承和精神追求的外在体现，对企业而言也同样如此。我国企业缺少全球知名品牌，既有产品、技术、管理、服务等方面的差距，更有在品牌经营中文化提炼和传播的差距。打造世界知名品牌，不仅要在提升硬实力上下功夫，更要在提升软实力上下功夫。要深入贯彻落实党的十七届六中全会精神，把推动社会主义文化大发展大繁荣和建设优秀企业文化结合起来，提炼、弘扬和传播企业改革发展中长期积淀形成的使命、愿景和核心价值观，塑造和提升品牌的文化形象，提高市场和社会的认同感，加快培育具有国际影响力的知名品牌。

三、2012年要着力抓好的几项工作

2012年是我国发展历程中十分重要的一年，我们将迎来党的十八大胜利召开。明年也是中央企业实现“十二五”改革发展目标承上启下的关键一年。新的形势对中央企业改革发展提出了新要求，也提供了新契机，要抓住机遇，突出重点，扎实做好各项工作。

（一）着力抓好应对复杂经济形势的各项措施，保持生产经营平稳较快增长。

明年国际国内形势相当复杂，不确定因素很多，各种突出矛盾和问题交织在一起，这些都会对企业生产经营带来影响。我们必须增强忧患意识和风险意识，认真做好应对各种困难和挑战的思想和工作准备。一是及时跟踪形势变化。国资委要坚持定期经济运行分析制度和重点企业综合分析制度，加强经济运行监测分析，及时向企业通报情况，提示风险，对企业面临的一些具有普遍性的重大问题，及时向有关方面反映，争取政策支持。中央企业也要密切关注国际国内政治经济形势的新变化和新趋势，超前做好各项应对措施和预案。二是加大市场开拓力度。欧债危机和主要发达经济体复苏乏力导致的世界经济增速下滑，国内部分行业产能过剩引发的竞争加剧，都会对市场带来影响。对市场竞争的严峻性和激烈程度，我们必须有充分的估计。企业一把手要高度关注市场，亲自调研市场，下更大的气力开拓市场。要加快调整产品结构，提高服务质量水平，创新市场营销模式，努力开拓新兴市场。要充分发挥技术、产业链等优势，大力开拓国际市场，提高市场占有份额。中央企业之间要加强战略合作，实现优势互补协作发展。三是切实保障资金链安全。要严格把握投资方向，不属于企业主业、不具备竞争优势的项目，要认真梳理，该缓建的缓建，该停止的坚决停下来。要加强成本费用管理，从紧控制各项费用支出，加大应收账款催缴力度，加快存货周转，防止成本过快增长。要加强资金管理，及时调整融资策略，采取多种方式筹措资金，通过强化资金集中管控降低财务费用，严控借贷规模和资产负债率，确保现金流安全。总之，我们要采取多种切实有效的措施，确保生产经营平稳较快增长，防止出现大起大落。

（二）着力抓好“十二五”规划的落实，全面推进做强做优。

今年我们制定印发了“一五三”总体思路的实施纲要，明年的工作重点是典型引领，重点推进。中央企业要结合自身实际，抓好组织实施。一是落实“一五三”实施纲要。结合企业发展实际和行业发展特点，制定和滚动调整企业总体发展战略和规划，明确重点突破方向和贯彻落实措施。二是积极探索具有本企业特色的战略实施路径。重点企业要配合国资委推进试点，发挥示范引领作用。其他企业也要研究提出战略实施的总体思路、目标、方向和具体措施，稳步推进。三是切实加强资源保障工作。高效调动资源，加强规划、投资、财务、人力资源等部门的协调联动，集中资源，形成合力，推动战略扎实推进，有效落地。国资委将选择实施基础较好的单位，重点指导，重点支持，着力推进中央企业做强做优，推进具备条件的企业争创世界一流。

（三）着力抓好改革调整，进一步提升企业发展质量和效益。

要继续围绕转变发展方式、提升发展质量，抓好深化改革、调整结构、节能减排等重点工作，采取有效措施，取得突破性进展。一是继续深化改革，为做强做优提供体制机制保障。重点推进以下工作：第一，分类指导公司制股份制改革。继续推动具备条件的中央企业加快主营业务整体上市。对已实现主营业务整体上市的，推动企业加快存续资

产处置。探索推动中央企业之间、中央企业内部相近业务板块之间联合重组上市。推进中央企业上市公司优化整合。第二，继续深化规范董事会试点，扩大试点范围，完善制度体系，探索规范运行模式，建立完善现代企业制度条件下党组织发挥政治核心作用的机制，积极推进下属企业建立规范的董事会。第三，进一步推动企业内部改革，深化企业人事制度改革，探索实施任期激励和非上市企业中长期激励，坚持职工薪酬水平同效益水平挂钩，完善职工收入分配调控机制，进一步规范职务消费和公务车管理。第四，抓紧解决历史遗留问题，力争在推进厂办大集体改革、分离企业办社会职能等方面有所突破。今年国务院下发了在全国范围内推进厂办大集体改革的有关政策，中央企业要抓住政策机遇，把握工作节奏，积极稳妥推进这项改革。二是加快结构优化和资源整合。根据行业和企业发展实际，明确结构调整和转型升级的思路与措施，努力向产业链高端发展，向战略性新兴产业发展。进一步突出和精干主业，加快推进企业之间和企业内部业务优化整合。国资委将继续推进中央企业之间的战略重组，指导企业深化内部资源整合，推动中央企业之间非主业、非优势业务、同类业务之间的重组整合，继续推进中央企业非主业宾馆酒店分离重组。充分发挥国新公司在推进中央企业资源联合整合合作中的平台作用。三是强化节能减排。中央企业要进一步强化节能减排组织体系建设，完善机构设置，保障资金投入，强化行业对标，完善激励约束机制，确保完成节能减排目标。国资委将进一步完善节能减排统计监测体系，继续把节能减排目标完成情况纳入业绩考核。

（四）着力抓好科技创新工作，增强企业自主创新能力。

坚持以科技创新战略为引领，加快提升自主创新能力，对中央企业保持良好发展态势，加快做强做优至关重要。一是强化创新攻关。围绕产业升级、结构调整、产品优化确定企业技术创新重点项目，集中资源、集中力量，力争突破一批关键核心技术。国资委支持中央企业参与重大技术攻关工程，开展关键核心技术前期研究。二是加大研发投入。要努力提高研发投入比重，有条件的要建立技术创新基金。加强技术研发机构建设，有条件的要建设“中央研究院”。国资委支持并推荐中央企业建设国家级研发机构。三是创新体制机制。建立科技人才的中长期激励机制，有条件的开展股权、期权、分红权等激励试点工作。创新科技人才选拔机制，建立健全科技带头人和科技专家制度，对科技人才实行分类管理。四是推进科技人才队伍建设。依托重点工程和重大科技专项，加快培养造就一批科技领军人才和创新团队，加大落实“千人计划”工作力度，积极引进海外高科技人才，继续推进人才创新创业基地和“未来科技城”建设。五是加强知识产权保护。更加重视专利申请，提高发明专利比重，提高核心技术领域的专利实施率。更加重视综合运用知识产权手段，加大知识产权的创造、应用、管理和保护力度，建立知识产权风险预警与应对机制。

（五）着力抓好管控机制建设，促进管理提升。

针对企业经营管理中的突出问题和薄弱环节，要以管控机制建设为重点，进一步强化企业管理。一是完善经营业绩考核。坚持战略引领和价值导向，深入开展经济增加值考核，提升中央企业价值管理水平和价值创造能力，加强经营业绩考核对标体系建设，深化与国际国内一流企业经营业绩的对标管理，以短板考核促管理提升。深化全员业绩考核，确保国有资产保值增值责任全覆盖。二是加快提升集团管控能力。进一步优化组织架构，压缩管理层级，缩短管理链条，规范母子公司管理体制。深化资金集中管理和物资集中采购，加强重大经营事项集中统一管理，不断提高集团总部资源配置能力和管控能力。三是加快实施全面预算管理。完善全面预算管理组织体系，加大预算工作组织力度，加强关键指标预算控制，严格制定成本费用标准，强化预算刚性约束，加强预算执行结果监督。积极探索实施滚动预算，推动资源配置效率持续改进和提高。四是健全全面风险管理体系。要建立常态化的风险评估和内控评价机制，健全重大风险预警和报告制度，完善重大风险管控、效能监察和审计监督，切实加强金融衍生品等高风险业务的风险防范，完善债务风险监测和防范机制，严控资产负债率。健全完善法律风险防范机制、企业总法律顾问制度和法律管理工作体系。五是强化境外资产监管。落实境外资产经营管理责任，加强境外投资、融资、产权、资金、合同、资产处置等重大事项管理，开展境外业务与管理状况定期审计，加强境外业务的法律风险防范。六是大力加强信息化建设，深化应用信息化手段，推动管理创新和管理精细化。明年我们将在中央企业全面开展“管理提升年”活动，集中力量推进中央企业整体管理水平的提升，夯实发展基础。

（六）着力抓好企业党的建设，把政治优势转化为企业核心竞争力。

我们要以迎接党的十八大召开为契机，以改革创新精神提高党建工作科学化水平，扎实推进企业党建各项工作。一是认真做好中央企业系统（在京）党的十八大代表选举工作，做好会议期间组团工作，深入学习贯彻党的十八大精神。二是扎实开展创先争优活动。紧紧围绕企业生产经营中心任务，突出为民服务创先争优这一重点，扎实做好中央企业创先争优各项工作，注重总结好经验好做法，建立健全长效机制，确保创先争优活动成为群众满意工程。三是进一步加强企业领导班子建设和职工队伍建设。要深化“四好”领导班子创建活动，适应培育世界一流企业的要求，组织实施企业经营管理人才素质提升工程，促进企业领导人员不断提高素质、强化能力，推动企业领导班子不断优化结构、增强整体功能。要围绕落实人才强企战略，重点抓好高技能人才队伍建设，通过开展岗位练兵、技术比武、劳动竞赛等活动，提高一线员工职业素质和岗位技能。四是加强宣传思想文化工作。认真贯彻落实党的十七届六中全会精神，弘扬社会主义核心价值体系，维护、提升、创造优秀的国企文化，引导广大干部职工树立高度的文化自觉和文化自信。要加大新闻宣传工作力度，健全新闻宣传工作体系，统筹协调内部宣传与对外宣传、品牌宣传与形象宣传，不断提高对新媒体的适应和运用能力，大力宣传中央企业取得的突出成绩，大力宣传中央企业履行社会责任的优秀案例，大力宣传中央企业改革发展中涌现出的先进人物和事迹，进一步树立中央企业的良好形象。五是加强反腐倡廉建设。严格执行党风廉政建设责任制和“三重一大”决策制度，认真解决权力过于集中又得不到有效制约的问题。规范和严格监管采购和招投标活动。以强化廉洁风险防控为切入点，健全制度，完善措施，切实抓好惩防体系建设各项任务的落实。认真做好执行中央重大决策部署和国资监管任务情况的监督检查。加强和改进巡视工作，强化对企业领导人员的监督，着力解决加强作风建设和反腐倡廉建设中职工群众反映的突出问题。严肃查办案件，遏制和减少腐败发生。继续加强纪检监察组织建设。

努力开创铁路科学发展新局面 更好地为经济社会发展和人民群众服务

——铁道部党组书记、部长盛光祖在全国铁路工作会议上的报告（摘要）

（2011年12月23日）

一、2011年铁路工作回顾

一年来，全路按照部党组关于铁路科学发展的部署，积极探索实践，扎实推进各项重点工作落实，取得了明显成效。

——铁路体制机制创新迈出重要步伐。为改变铁道部政企不分、企业市场主体缺位的状况，按照政企分开的方向，以确立铁路运输企业市场主体地位为目标，推进铁路体制机制改革。铁道部制定了加快转变铁路发展方式、确立运输企业市场主体地位的改革推进方案，出台了多元化经营、运输管理、建设管理、财务管理、劳资管理、铁路局领导班子决策“三重一大”事项等一系列规章制度和企业经营业绩考核等相关配套措施及实施办法，科学界定铁道部职能，落实企业经营权责，理顺铁道部与运输企业的管理关系，基本形成了新体制新机制的制度框架。部机关积极转变职能，健全管理制度，强化对运输企业的规范、监督、协调和指导。各运输企业积极转换经营机制，健全民主决策、市场开发、激励约束等制度，界定机关部门和岗位职责，为企业市场经营、健康发展奠定了基础。

——铁路多元化经营取得重要进展。着眼于实现铁路可持续发展，全路积极探索多元化经营的有效途径和管理方式，全方位拓展市场，推进运输业和非运输业协调发展，初步形成了多元化经营格局。强化客货运输核心业务，统筹运用新增和既有运力资源，先后三次调整列车运行图，精心安排京沪高铁、包西、太中银等新线和既有线列车开行方案，积极开发客货运输新产品，加强市场营销和运输组织，全面完成煤炭、粮食、化肥和救灾物资等重点运输任务，客货运量实现较大幅度增长。积极发展非运输业，充分利用铁路运力、设备、土地、技术、信息等资源，大力发展现代物流、旅游、广告、商贸等业务，增加了多元化经营收入。2011年，预计全国铁路完成旅客发送量18.5亿人，同比增长10.4%；货物发送量39.1亿吨，同比增长7.7%。完成多元化经营总收入8348亿元，其中，国铁及控股企业运输总收入完成5018亿元，同比增长11.7%；非运输营业收入完成3330亿元，同比增长26.3%。

——铁路服务质量不断提升。为从根本上改变铁路运输服务工作长期滞后的状况，全路把提高服务质量摆在更加突出的位置，以人民群众满意为标尺，深入开展“服务旅客创先争优”活动，强化“以服务为宗旨、待旅客如亲人”的理念，推出一系列便民利民措施，提高了铁路服务水平。优化旅客列车开行模式，按照高速、快速和普速三个速度等级，调整列车运营速度，增加列车停靠车站，较好地适应了旅客乘车需要。创新售票方式，各铁路局全部开办了电话订票业务，直通旅客列车全部实行互联网售票，动车组列车、直通快车停靠站和有始发旅客列车的客站全部实行实名制售票，京沪、京津、沪杭、沪宁、广深、武广等13条高铁的主要车站实现了旅客凭身份证直接进站上车；对学生往返票优先集中办理，给残疾人专门预留席位并搞好售票安排。改善站车环境，集中整治客车上部设施，保证站车基本服务质量。加强客户服务中心和12306网站建设，方便旅客货主信息查询，及时受理投诉，得到社会和人民群众的认可和好评。

——铁路安全工作力度不断加大。全路坚持把抓好运输安全作为重中之重，2月12日铁道部干部大会之后，集中开展安全大检查活动，狠抓安全措施的落实，圆满完成春运和全国“两会”运输任务，确保了特殊时期的运输安全稳定。“7·23”事故发生后，认真贯彻落实党中央、国务院的部署，深刻吸取事故教训，开展为期两个月的安全大检查，并积极配合国务院组织开展的高铁安全大检查，全面排查和整改安全问题。突出强化高铁安全管理，适当降低新建高铁初期运营速度，优化高铁调度台设置，加强高铁专业管理，集中整治动车组等设备质量问题，规范高铁设备准入，强化高铁人才培训，整治高铁运营环境，加强应急和防灾能力建设，提升了高铁安全管理水平。以客车安全为重点，加强现场作业控制，优化站段布局，健全完善安全责任制，加大对事故责任的追究力度。坚持人文关怀和严格管理相结合，规范职工作业行为，安全基础工作得到加强。

——铁路建设持续推进。针对近年来铁路建设中存在的规模过大、标准过高、盲目压缩工期等问题，全面梳理拟建和在建项目，对建设规模、标准、工期以及新线开通条件等进行了全面调整和规范，理顺建设管理体制，推进依法建设和标准化管理。面对铁路建设资金短缺的困难局面，在中央领导的关心支持下，积极协调国家发改委、财政部、银监会等部门，千方百计筹措铁路建设资金，维护了建设队伍稳定，保证了铁路建设持续推进。着力抓好在建重点项目，组织专门力量扎实开展工程质量安全大检查，深化工程建设领域突出问题专项治理，强化工程质量安全控制。合理配置建设资源，确保工程进度。推进科技创新，深化引进消化吸收再创新工作，进行关键技术攻关。举世瞩目的京沪高铁于6月30日顺利开通运营，广深港高铁广深段也将于本月底开通运营，哈大、京石、石武客专等重点项目进展顺利。2011年，预计完成基本建设投资4690亿元，完成新线铺轨3176公里、复线铺轨2468公里，投产新线2022公里、复线1752公里、电气化铁路2647公里。

——职工生产生活条件进一步改善。各级组织高度重视职工民生，制定规划，加大投入，提高职工物质文化生活水平。努力增加职工收入，坚持收入分配向生产一线职工倾斜，建立了运输生产一线职工岗位津贴，实行运输安全效益达标考核，2011年全路职工工资收入实现较大幅度增长。积极推进职工保障性住房建设，按照“十二五”末累计建设职工保障性住房80万套的目标，2011年新开工建设11万套、基本建成7.6万套。加强沿线行车公寓、单身宿舍、文体活动设施建设，完善新线生产生活配套设施，认真解决职工通勤、就医等问题，组织职工进行健康休养。加强离退休工作，落实老同志政治和生活待遇，为他们解决实际问题。加大对困难职工帮扶力度，全年支付救助资金9.6亿元，帮扶困难家庭9.3万户，救助患病职工21.4万人，资助困难职工子女入学2.6万人。

——政治工作发挥了重要作用。党政工团各级组织紧密围绕铁路科学发展的重点任务，深入开展以“保安全、保质量、保稳定、促发展”为主要内容的创先争优活动，充分发挥政治工作优势，促进了各项工作开展。以纪念建党90周年为契机，深入开展党史教育和铁路科学发展形势任务教育，大力选树表彰先进典型，激发了干部职工爱党爱国爱路热情。根据运输安全面临的新情况，深入开展以“坚定信心、振作精神、凝聚力量”为主题的谈心活动，形成了确保运输安全的合力。加强基层党组织建设，深化一线党支部创岗建区和党员“无违章、无违纪、无事故”活动，充分发挥党支部和广大党员在安全生产中的重要作用；组织广大党员积极投身“服务旅客创先争优”活动，争当服务标兵，带领职工群众提升服务质量。加强领导班子和人才队伍建设，部、局两级完善了领导班子集体决策制度，推进科学民主决策；铁道部对各铁路局领导班子的工作情况进行专题调研，进一步掌握了领导班子工作情况，促进了领导班子建设；以高铁运营为重点，加大了专业技术人才和高技能人才的培养力度。加强宣传和舆论引导工作，大力宣传铁路服务经济社会发展的举措和铁路职工艰苦奋斗、无私奉献的精神风貌，赢得了社会的理解支持。加强信访工作，积极化解矛盾纠纷，大力减少不稳定因素，保证了职工队伍稳定。深刻吸取铁路系统发生的腐败案件教训，加强反腐倡廉警示教育，在领导干部和关键岗位干部中实行廉政承诺制度，认真开展《廉政准则》和《廉政从业规定》专项检查，突出抓好工程建设领域专项治理，严肃查处违法违纪案件，加强路风监察工作，铁路反腐倡廉建设进一步深化。

二、推进铁路科学发展面临的形势和需要把握的重大问题

2012年，是实施“十二五”规划承上启下的重要一年。按照中央经济工作会议的部署，明年我国将继续实施积极的财政政策和稳健的货币政策，保持宏观经济政策的连续性和稳定性，增强调控的针对性、灵活性、前瞻性，继续处理好保持经济平稳较快发展、调整经济结构、管理通胀预期的关系，加快推进经济发展方式转变和经济结构调整，着力扩大国内需求，着力加强自主创新和节能减排，着力深化改革开放，着力保障和改善民生，保持经济平稳较快发展和物价总水平基本稳定，保持社会和谐稳定。做好明年的经济工作，对于巩固经济社会发展良好势头，为党的十八大召开创造良好环境，具有十分重要的意义。铁路作为国民经济大动脉、国家重要基础设施和大众化交通工具，面临着新的考验和更高要求。

在运输安全方面。安全生产事关人民群众生命财产安全，事关经济发展和社会稳定大局，事关党和政府的形象和声誉。中央经济工作会议强调，要有效防范和坚决遏制重特大事故发生。做好明年的铁路工作，最重要的是要确保运输安全稳定，这是党中央、国务院和广大人民群众对铁路工作最基本的要求，也是铁路部门必须认真履行的重大政治责任。

在铁路建设方面。无论是强化铁路运输对经济社会发展的保障能力，还是发挥铁路建设在扩大内需中的重要作用，都必须保持加快铁路发展的势头，实现铁路“十二五”规划目标。中央经济工作会议指出，明年要保持适度的投资规模，优化投资结构，重点抓好在建和续建项目，确保国家已批准开工的水利、铁路、重大装备等项目资金需求。中央的决策为铁路建设的顺利进行创造了良好的政策环境，但筹集铁路建设资金仍需做大量工作；在大规模建设阶段，确保工程质量安全的任务也很艰巨，能否科学有序推进铁路建设，面临严峻挑战。

在运输经营方面。中央经济工作会议确定，要合理增加城乡居民特别是低收入群众

收入，拓宽和开发消费领域。这对于增加铁路运输市场需求是十分有利的，但在世界经济增长放缓，国际贸易增速回落，国际金融市场剧烈动荡，各类风险明显增多的大背景下，我国发展既面临机遇，也面临挑战。明年运输市场存在一定的不确定性，一些地区可能会遇到货源不足的问题，给增运增收带来难度。同时，人工、材料、燃料、折旧和财务费用等成本刚性支出增长，铁路经营工作面临巨大压力。在铁路服务方面。随着人民群众生活水平的提升和社会公共服务体系的完善，人民群众对铁路服务质量提出更高要求。如何适应人民群众的期待，履行铁路部门服务承诺，提升服务质量，也是我们面临的新考验。

在铁路改革方面。铁路行业的特殊性决定了构建以运输企业为市场主体的管理体制，是一项十分复杂的工作，加之现行管理体制运行了几十年，改变传统的思维和管理模式，实现铁道部政企分开，把运输企业培育成为市场主体，需要做大量艰苦细致的工作。

在队伍建设方面。随着新建高铁和新技术装备大量投入使用，铁路运输一线职工队伍结构性矛盾凸显，尤其是高技能人才短缺的问题突出。同时，广大职工的思想日趋活跃，提升物质文化生活水平的愿望迫切，各种利益诉求增加，提高职工队伍整体素质，维护职工队伍稳定，面临许多新的课题。

面对新形势、新要求，全路一定要进一步统一思想，深入贯彻落实党中央、国务院的部署，坚定不移地推进铁路科学发展。部党组认为，全面按照新的体制机制运行，深入推进铁路科学发展，必须在一些重大问题上统一认识，做好工作。

第一，推进铁路科学发展的首要前提是实现安全发展。安全是铁路工作的生命线，是铁路的“饭碗工程”，安全不好是最大的失职。尽管长期以来铁路部门高度重视安全工作，取得了一定成绩，但危及安全生产的问题和隐患仍然不少，安全基础薄弱的状况始终没有得到根本解决。之所以出现这种情况，最深层次的原因是部分干部职工特别是一些领导干部安全发展的理念树的不够牢固，安全工作思路不适应新形势要求。实现运输安全长治久安，必须尊重铁路安全生产规律，确立新的安全工作思路，提高铁路安全管理的科学化水平。

铁路是一部大联动机，各种行车设备连续运行，百万职工日夜不间断地工作，社会治安环境和气候环境经常变化，影响安全的风险因素比较多，尤其在路网规模不断扩大、高铁迅速发展、新技术装备大量投入使用的情况下，安全风险问题更加凸显。部党组认为，必须强化安全风险防范意识，引入安全风险管理的方法，构建安全风险控制体系。通过对风险因素的有效控制，达到最大限度减少或消除安全风险的目的。实行安全风险管理，是在现有安全管理的基础上，对安全意识的强化、安全理念的提升、工作思路的优化，有利于安全基础工作的加强和各项措施的落实。

实行安全风险管理，前提是要强化安全风险意识。安全风险是发生事故的可能性，是铁路运输过程中的客观存在，控制好了，会向正面的方向发展，对安全工作是个加强；控制不好，会向负面的方向发展，可能引发事故。要把安全风险意识根植于干部职工的思想深处，贯穿到运输生产的全过程，增强搞好安全生产的自觉性。强化安全风险意识，必须牢固树立“三点共识”，做到任何时候都把安全作为大事来抓，任何情况下都把安全放在第一位来考虑，任何影响安全的问题都要立即解决，牢牢掌握安全工作的主动权。

实行安全风险管理，基础是要加强对安全风险的研判。各系统、各单位都要对面临的安全风险进行全面分析，突出重点领域和关键环节，明确风险点，全面准确掌控安全风险，为消除安全风险提供可靠依据。在加强研判的基础上，要明确风险管控责任，将安全风险防范工作落实到各层级、各岗位，把安全风险减少到最低限度。

实行安全风险管理，目的是要消除风险。要对各类安全风险实行分类管理，科学制定管控措施，加强对安全风险的过程管理，狠抓管控措施的落实，加强检查考核，进行闭环管理，实现良性循环，以此来强化安全管理工作。要以高铁和客车安全为重点，突出高风险环节和关键岗位的管理，落实“三个重中之重”的要求，坚持把客车安全作为铁路安全的重中之重，把加强安全管理作为安全各项工作的重中之重，把抓落实作为加强安全管理的重中之重，确保各项安全措施不折不扣地落到实处，保证高铁和客车的绝对安全。

第二，检验铁路科学发展的根本标准是人民群众满意。铁路是与人民群众生产生活密切相关的行业，服务是铁路的本质属性。推动铁路科学发展，最终目的是为经济社会发展和人民群众提供更好的服务；检验铁路发展科学不科学，最终要看人民群众满意不满意。实践告诉我们，不重视人民群众需求，不切实把服务搞上去，铁路工作就难以得到人民群众和社会认可，不仅会失去良好的发展环境，而且会失去市场空间。全路要切实把“人民群众满意”这一根本标尺立起来，全面改进铁路服务工作。

改进铁路服务工作，必须认真贯彻“以服务为宗旨，待旅客如亲人”的要求。要把这一要求作为我们的工作理念，根植于全路干部职工的思想深处，自觉把满足人民群众需求作为各项工作的出发点和落脚点，将铁路发展成果体现到为人民群众服务上；要把这一要求作为工作目标，引导广大干部职工像对待亲人那样对待旅客，想旅客之所想，做旅客之所需，解旅客之所难，积极主动地为旅客提供优质服务；要把这一要求作为我们对社会的郑重承诺，将所有公布的服务举措落实到位，让人民群众真切感受到铁路部门改进服务的决心和取得的成效。

改进铁路服务工作，必须认真解决人民群众最不满意的问题。长期以来，人民群众对铁路服务的批评主要集中在服务态度、服务环境和服务质量上，全路要围绕这三个方面，集中力量解决存在的问题，满足人民群众的期盼。

改进铁路服务工作，必须推进服务方式和手段创新。要积极适应社会的发展进步，深入研究人民群众需求和服务工作规律，实现铁路服务创新发展。

第三，推进铁路科学发展的中心任务是提高效益。铁路效益包括社会效益和经济效益。铁路作为国家的重要基础设施，必须把确保社会效益摆在首位，自觉服从服务于经济社会发展，确保关系国计民生的重点物资运输，维护人民群众利益。同时，要努力提高铁路经济效益。经济效益是铁路科学发展的必要条件，没有好的经济效益，无论是加快铁路建设、确保运输安全，还是增加职工收入，都无从谈起。当前，我国铁路正处在建设任务重、技术装备更新快、债务性融资还本付息压力加大的阶段，对增加经济效益提出了非常迫切的要求。好的经济效益取决于发展质量。近年来，我国铁路发展虽然比较快，但发展质量不够高。一方面，市场开发不力。“十一五”期间，在大量新线和新装备投入使用的情况下，铁路客货运量实现了持续增长，但在运输市场中的份额却出现了较大幅度的下滑，市场形势十分严峻。另一方面，粗放经营问题突出。重投入、轻产出的现象比较普遍，资源使用效率不高，投资效能没有得到充分发挥，浪费比较严重。

提高铁路经济效益，必须大力推进多元化经营。铁路有自己独特的优势：作为大众化、大运量的交通工具，在客货运输市场中具有较强的竞争力；铁路每天运送五、六百万名旅客，一千多万吨货物，有巨大的消费市场；铁路土地、房屋、设备等资源规模庞大，经营开发潜力巨大。实施多元化经营战略，充分利用铁路的各类资源开发市场，最大限度地增加经济效益，把“蛋糕”做大，是铁路发展战略的重大转变，是铁路实现可持续发展的必然选择。实施多元化经营战略，必须把握“多元化经营、一体化管理、全口径核算”的总体要求。“多元化经营”，就是把运输业和非运输业摆在同等重要的位置，实现同步发展。首先要做大做强客货运输核心业务，通过改进服务，延伸服务链条，扩大铁路运输市场份额。同时，要依托铁路运输优势，大力开发物流业和其它经营业务，建立运输业与非运输业相互支持、互为促进、协调发展的格局。“一体化管理”，就是打破运输业和非运输业的管理界限，按照市场规则，统筹利用企业的人力、物力和财力资源，统一规划和实施经营项目开发，实现企业效益最大化。“全口径核算”，就是将企业各类生产经营活动的收入、支出和利润纳入规范的会计核算体系，全口径反映铁路运输企业的总体盈亏，促进企业加大多元化经营的开发力度，提升整体效益。

提高铁路经济效益，必须深入推进集约化经营。铁路资产庞大，节约支出的空间巨大。要全面加强运输生产过程管理，统筹使用所有运力资源，加强和改进运输组织，提高路网的整体效率；加强人力、物资、设备等资源的管理，搞好节能减排，降低消耗，节约支出；加强财务管理，坚持精打细算，落实全面预算管理制度，严肃成本管理纪律，把成本控制在科学合理的水平。

提高铁路经济效益，必须建立实现盈亏目标的倒逼机制。铁道部对铁路局经营业绩的考核，主要是考核盈亏目标。以 2008 年—2010 年三年实际盈亏额为基础，确定各铁路局盈亏总额基数，严格按照盈亏指标完成情况进行考核，超盈归己，亏欠自负。企业要切实承担起市场主体责任，以铁路局实现盈亏目标来保证全路经营目标的实现。部机关要切实转变观念，加大为运输企业的服务力度，在坚持运输集中统一指挥的前提下，促进运输企业主动开发市场、提高效益。

第四，实现铁路科学发展的重要保证是推进体制机制创新。转变铁道部职能，解决政企不分、权力过于集中、企业市场主体缺位、经营机制不适应市场要求的问题，构建以运输企业为市场主体的管理体制和运行机制，是体制机制创新的关键。铁道部机关要按照政企分开的要求，切实转变职能，落实企业经营权责，集中精力履行好自身应该承担的职能。主要包括：履行政府监管职能，对铁路全行业实行安全监管、路网性运输组织和建设管理，保证铁路各项工作依法规范运行；履行国有资产出资人代表职能，维护国家投入铁路资本的权益，确保国有资产保值增值；履行行业管理职能，统一路网规划建设、统一运输调度指挥、统一协调市场开发、统一重要政策和标准的制定实施、统一推进铁路改革进程。转变铁道部职能，需要对铁道部管理方式进行创新，部机关要由过去事无巨细、包揽企业事务，向搞好规范、监督、协调和指导转变，综合运用指令性管理、规范性管理、经济杠杆调节等多种管理方式，提高管理和服务水平，防止一放就乱、一统就死，确保新的体制机制顺畅运行。

实施政企分开，确立运输企业市场主体地位是构建新体制新机制的重点。在市场经济条件下，只有把铁路运输企业作为市场主体，使其承担起市场主体责任，充分释放出发展活力，铁路科学发展才有坚实基础。铁道部对运输企业的权责已经作了明确界定，运输企业要认真履行赋予自己的权责，承担起安全生产、多元化经营、服务质量、职工队伍建设等主体责任。在安全生产方面，认真落实安全生产责任制，规范和加强安全管理，对安全生产全面负责。在开拓市场方面，充分利用各类资源，开发多元化经营业务，实现企业经济效益最大化。在客货运输方面，服从全路运输调度集中统一指挥，科学制定管内运输方案，开发有特色的运输产品，提高运力资源使用效率，提升服务质量。在财务管理方面，按照财务管理新机制规定，建立“收入来自市场、成本自主安排、盈亏总额考核、超盈减亏留用、资金统筹支付”的财务管理体制，科学安排财务预算，统筹财务资源，规范财会管理，保证盈亏目标实现。在劳资和人事管理方面，按照铁道部的规范标准，科学确定企业机构编制，完善劳动用工和收入分配办法，提升人力资源的管理效能。在更新改造、移动设备购置、物资采购、资产管理等方面，既要严格落实相关规定和程序，又要充分利用企业自主权，为企业生产经营创造条件。

三、2012 年铁路工作的重点任务

2012 年铁路工作的总体要求是：认真贯彻落实党的十七届六中全会和中央经济工作会议精神，以科学发展观为指导，加快转变铁路发展方式，确保运输安全稳定，全面实施多元化经营战略，科学有序推进铁路建设，加大科技创新力度，大力提升服务质量，提高职工物质文化生活水平，加强党的建设和思想政治工作，强化反腐倡廉建设，开创铁路科学发展新局面，更好地为经济社会发展和人民群众服务，以优异成绩迎接党的十八大胜利召开。

重点做好以下六个方面的工作：

（一）全面推行安全风险管理，确保运输安全稳定。全路要运用风险管理科学方法，全面推行铁路安全风险管理，提升新形势下铁路安全工作水平。2012 年要实现“三杜绝一减少”的目标：杜绝旅客死亡的客车事故和客车较大及以上责任事故，杜绝货物列车重大及以上责任事故；杜绝从业人员较大及以上责任死亡事故；大力减少路外伤亡事故。

1、加强安全风险过程控制。以高铁和客车安全风险管理为重点，建立符合铁路特点的安全风险控制体系，增强防范安全风险的能力。突出人员、设备和管理三大要素，围绕固定设备、移动设备、规章制度、职工作业、外部环境及工程质量等关键部位，科学确定安全风险点，制定和落实管控措施，实现对各种安全风险的有效控制。以落实安全管理规范化和职工作业标准化为重点，完善规章制度和各岗位的作业标准，加强对职工作业情况的跟踪检查，把风险责任和风险控制措施落实到各岗位，实现对现场作业的有效控制。

2、搞好安全风险应急处置。进一步完善非正常情况下各项安全措施，分系统、分层次、分岗位制定应急处置预案，明确处置流程、处置措施和职责分工，做到简明实用、便于操作。要有针对性地开展应急处置演练，无论是管理人员还是作业人员，都应该做到熟知内容、熟练方法。加强救援网络、救援基地和队伍建设，做到应急有备、响应及时、处置高效。

3、强化安全风险管理基础。完善铁路安全监管体制，强化铁道部安全监管职能，加大铁路局安全管理主体责任，严格落实安全生产责任制，建立权责明晰、运转高效、落实到位的铁路安全管理新体制。加强物资采购管理，建立公开透明的物资采购机制，凡是具备招标采购条件的物资，都要依法公开招标；不满足公开招标条件的，要建立严格的审批与审核前公示制度，严把质量关，并加快市场培育，创造条件实现招标采购。规范铁路专用设备准入管理，健全铁路产品技术标准，在依法实施行政许可的同时，对直接关系运输安全的铁路专用设备，推行自愿认证；对重要的专用设备，纳入国家强制认证。引入第三方认证，制定认证管理办法，积极吸纳具有相应资质条件的社会第三方机构参与铁路产品认证工作，确保设备质量可靠。严格落实新线验收标准和开通运营条件，坚决把工程质量隐患解决在运营之前。提高设备维修质量，优化检修资源配置，完善检修技术标准和作业流程，加强日常检查监测和养护维修，确保设备运行稳定可靠。加强规章制度建设，尽快完善以高铁为重点的技术标准和作业规程，健全安全分析、检查、评估、考核等制度办法，形成科学严密、规范有效的安全管理制度体系。优化主要行车工种队伍结构和劳动组织，严格落实铁路行车岗位人员准入条件，加大人员培训力度，全面提升职工队伍素质。加强安全生产法制建设，加快推进《铁路运输安全保护条例》修订工作，加大安全执法力度，净化铁路安全环境。

4、开展对安全风险管理的考核评估。依托科技和信息化手段，全面掌握安全风险管控情况，建立安全风险评估机制。对安全风险管控实行有效的监督，进行定期评审考核，对风险防控不力的，及时进行纠正；对触及风险“红线”的，尤其是可能引发严重事故的问题，严肃追究责任，提高安全风险管理的效能。

（二）落实铁路运输企业市场主体权责，确保新体制新机制顺畅运行。明年是铁路新体制新机制全面运行的第一年，要以落实铁路运输企业市场主体权责为重点，加快铁道部职能转变，加强运输企业运行机制建设，把运输企业市场主体作用充分发挥出来。

1、铁道部要把转变职能落实到位。部机关要充分认识转变铁道部职能的重要性和紧迫性，落实部党组决策，加快职能转变，为确立运输企业市场主体地位创造条件。部机关各部门要全面梳理和调整工作职责，既要把铁道部应该承担的政府监管、国有资产出资人代表和行业管理职能具体化，也要把属于铁路运输企业的权责放下去。健全部机关管理工作的责任体系，明晰各层级、各岗位的管理责任，规范办事程序，强化对运输企业的服务，做到职责明确、配合有力、推进有序。切实加强对运输企业的监督、检查和指导，加大审计工作力度，严格对运输企业的考核。要重视和加强法律法规建设，促进企业依法经营、规范管理。

2、运输企业要把市场主体权责履行到位。运输企业要强化市场主体意识，按照市场主体的职能定位，转变观念，改变“等靠要”的思维定势，对新体制下应该承担的主体责任进行深入研究，制定相关制度办法，把各项权责分解到各个部门和岗位。运输企业成为市场主体之后，责任重了，权力大了，需要建立一套科学的运行机制，保证市场主体权责的正常履行。这一运行机制的核心内容是实现“权力制衡、运行有序、合力形成、考核有效”。权力制衡，就是建立企业经营决策机制。落实“三重一大”事项领导班子集体决策制度，规范决策内容和程序，既要保证企业法人代表地位和经营管理权力的行使，又要做到民主决策、科学决策、依法决策；强化对生产经营过程的监督，使各项权力规范运行，防止发生违纪违法问题。运行有序，就是建立工作落实机制。优化内部机构设置，明确领导班子和机关各部门、各岗位管理职责，确保各项工作有序推进、高效运转。合力形成，就是建立企业发展保障机制。充分发挥党政工团各级组织优势，把职工群众作为企业发展的主体，推进企业民主管理，形成党政工团组织共同负责、职工群众尽心尽力的工作格局。考核有效，就是建立激励约束机制。突出运输企业的特点，抓住安全、服务、效益、稳定等关键性工作，以强化正面激励为主，建立完善覆盖所有层级、单位和岗位的考核体系，激发干部职工保证安全、搞好服务、增加效益的积极性。运输企业要加强与地方政府的沟通协调，争取各方面支持，为企业发展创造良好环境。

3、认真解决体制机制创新中遇到的问题。构建以运输企业为市场主体的新体制新机制，需要一个不断探索和完善的过程。铁道部要加强调查研究，认真听取运输企业的意见，及时解决新体制运行中遇到的问题，积极探索转变职能、服务企业的有效做法，完善管理制度和管理方式。铁路运输企业要解放思想，大胆实践，积累经验，改进不足，走出一条充分发挥市场主体作用、增强企业发展活动的新路子。

（三）大力开展多元化经营，努力提高铁路经济效益。2012 年要实现多元化经营大发展，全国铁路要完成旅客发送量 20.2 亿人、货物发送量 41.6 亿吨，同比分别增长 9.1%、6.4%；国铁及国铁控股企业完成运输总收入 5548 亿元，同比增长 10.6%；多元化经营总收入 9548 亿元，同比增长 14.4%。确保实现收支平衡。

1、全面开拓多元化经营市场。一是做大做强客货运输核心业务。客运方面，抓住部分新建高铁投入运营的有利时机，统筹安排新线和既有线列车开行方案，优化调整高速、快速、普速列车开行结构；创新客运营销方式，扩大网上售票、电话订票范围，增加客票代售点覆盖面，完善电子支付系统，方便旅客购票；加强春运、暑运、节假日客运组织，培育客运新的增长点，提升铁路客运市场竞争力。货运方面，充分利用新增货运能力，合理安排货物列车开行方案，更好地适应物流市场发展需要，更多地吸引货源；加强东北、华北、西南和西北等重点区域的运输组织，充分挖掘煤运通道能力，为重点物资运输提供可靠运力保证。在增加大宗货物运量的同时，开发快捷运输、集装箱运输、多式联运，开拓高端货运市场，推动铁路货运产品结构升级。

二是大力拓展铁路服务功能。拓展客运服务功能，推进站车商业和旅行服务市场开发，以高铁车站和地市级车站为重点，发展车站餐饮、购物、娱乐、VIP 候车等服务项目，形成高品质、多层次的车站商业服务体系；发挥铁路传播优势，利用站车等广告资源，发展铁路广告产业；依托铁路运输优势，发展旅游产业，打造一批具有铁路特色的旅游品牌和旅游企业；拓展旅行服务业务，适应旅客多样化、个性化需求，为旅客提供定制式服务，实现客运服务增值；推行站车商品集中采购和统一配送，推进站车商业开发网络化和连锁经营，扩大品牌效应和规模效益。加快发展铁路现代物流，大力开展“门到门”物流服务，推动铁路货运由“站到站”向全程物流转变；发挥铁路物流企业经营主体作用，争取地方政策支持，建设大型物流基地、城市配送中心、专用铁路等基础设施，优化物流网络布局和产品结构，拓展接取、装卸、仓储、包装、加工、配送等延伸服务功能；创新铁路物流经营模式，积极发展商贸、电子商务和综合配套服务等业务；推进铁路局之间、铁路局与专业运输公司之间、路内外物流企业之间的合作，大力发展跨局货运延伸服务，提升铁路运输整体效益。

三是全方位拓展其他经营业务。充分利用铁路的技术、设备、管理、人才等资源，开发地方铁路、专用线、专用铁路建设、运营、维修等市场，承揽城市轨道交通运营及设备检修，以及自备机车、车辆检修等业务。支持铁路建筑施工等企业参与建设市场竞争。利用铁路土地、设备、信息等资源，开发经营，增加企业经营效益。

2、加快构建“一体化管理，全口径核算”的运行机制。铁路局要按照一体化管理要求，进一步明确机关处室、站段和非运输企业的多元化经营管理职责，结合实际确定多元化经营的业务分工，对辖区内的经营资源、经营领域、经营项目、经营收入进行统一管理，实现业务一体化开发、资源一体化配置、人员一体化管理。规范铁路局非运输企业投资管理机构与非运输企业的投资关系和归口管理职能，形成规避市场风险的“防火墙”和开发多元化经营的协调平台。铁路局机关处室要承担起统一开发、运用本系统经营资源的职责，推动多元化经营发展。站段要负责完成铁路局下达的各项多元化经营任务，包括运输核心业务、运输延伸服务业务和其他经营业务，配合非运输企业开发市场、完成经营任务。非运输企业要承担市场开发的主体责任，拓展业务，搞好经营，提高效益。按照全口径核算的要求，铁路局对所属不同经营实体、经营业务实施规范的财务管理，通过合并报表，对各类经营业务实行统一核算，真实反映企业盈亏状况。铁路局要根据铁道部下达的盈亏总额目标，编制运输核心业务、其他业务和非运输企业收支利全口径预算，实现预算安排一体化；对所属运输站段、运输辅助单位和非运输企业下达全口径预算，不留缺口；规范各类业务核算，铁路局对各类经营业务盈亏和投资收益等汇总合并报表，形成企业总体经营成果。

3、加大节支降耗力度。加强生产过程中的成本控制，优化运力资源配置，提高机车、车辆设备运用效率，增加电力机车牵引比重，推进柴油“低烧”，完善设备修程修制，开展修旧利废，最大限度节约运用和检修成本。改进劳动组织，提高劳动效率。大力压缩一般性和非生产性支出，压缩办公费、差旅费、短途运输费、业务招待费等开支，降低企业运行成本。加强非运输企业的支出控制，提高综合效益。

4、处理好铁路局与站段的利益关系。站段既是运输生产的基层单位，也是多元化经营开发的执行部门。部党组一再强调站段不得自办或托管非运输企业，不仅有利于站段集中精力抓好安全、生产和服务，也能避免无序竞争，有利于加强路风建设，有利于非运输企业专业化、规模化、集约化发展。各铁路局要正确处理好非运输企业与站段的利益关系，建立和完善对站段的激励约束机制，理顺站段与非运输企业的经济关系，制定实施站段配合非运输企业经营开发的联挂考核办法，形成分工明确、运行有序、利益共享的长效机制，充分调动站段完成多元化经营业务的积极性。要处理好铁路局与合资铁路公司的利益关系，尊重合资铁路公司的市场主体地位，切实维护合资铁路公司及各方股东的合法权益。合资铁路公司要积极支持铁路局统一开发管内多元化经营市场。

（四）切实提升铁路服务质量，努力让人民群众满意。认真践行“以服务为宗旨，待旅客如亲人”的理念，深入开展“服务旅客创先争优”活动，一手抓服务“硬件”的改善，一手抓服务“软件”的加强，全面提升铁路服务质量。

1、加强服务“硬件”建设。长期以来，部分站车服务设备设施运用状态不稳定，是制约铁路客运服务质量的一个突出问题。要加大投入，改善站车服务设备设施。落实维修标准，完善管理制度，加强检查维护，使服务设施保持良好状态。采购一批新型客车，增加空调客车比重，提升客车质量。充分利用信息网络技术，全方位开展铁路客货运输信息化服务，不断完善服务内容，提升服务功能，扩大覆盖范围，提高铁路服务信息化水平。

2、加强服务“软件”建设。努力做到规

范服务、诚恳服务、礼貌服务。要从国情、路情的实际出发，修订完善客运服务标准，组织职工学标、对标、达标，规范岗位作业行为。教育引导职工改进服务态度，像对待亲人一样对待旅客，满腔热情地为旅客服务，展现铁路职工应有的精神风貌。要从抓好站车卫生和供水等具体工作入手，落实相关标准，满足旅客基本服务需求。搞好餐饮供应，合理确定餐饮价格，保证餐饮质量和安全。提高客车正点率，认真做好晚点客车的运行调整和旅客服务工作。

3、加强社会评价与监督。要主动接受社会监督，将其作为评价站车服务质量的重要依据。建立客运服务质量综合评价体系，聘请第三方机构对铁路客运服务进行满意度调查。要高度重视旅客投诉，认真听取意见，及时整改问题，不断改进工作。各铁路局要完善服务质量考核评价办法，加大考核力度，促进服务质量提升。

在搞好客运服务的同时，要改进货运服务工作。完善货运服务设备设施，建立货运电子商务平台，推广网上集中受理装车和物流服务等业务，实现货运服务的公开、公平、便捷、高效。

（五）科学有序推进铁路建设，保证“十二五”规划的顺利实施。根据“十二五”规划和资金情况，明年安排固定资产投资5000亿元，其中基本建设投资4000亿元，新线投产6366公里。按照中央经济工作会议精神，加大资金筹措力度，力争完成更多的建设任务。各参建单位要精心组织，攻坚克难，确保完成全年建设目标，为实现“十二五”规划奠定基础。

1、保证重点工程建设顺利进行。按照“保在建、上必需、重配套”的原则，组织好工程建设。保在建，就是对已开工的项目必须确保。科学安排投资计划，优化施工组织，保证重点工程建设进度。特别要抓好明年竣工的建设工程项目，保证如期建成开通。上必需，就是对完善路网主骨架、煤运大通道和经济社会发展亟需的项目，要争取尽早开工建设。重配套，就是搞好已建成项目的综合配套，以提高点线通过能力、固定设备和移动设备配套能力为重点，提高路网综合运输能力。部有关部门要密切配合，各参建单位和运营单位要协调行动，做好相关工作，为在建项目有序推进创造条件。

2、加强工程质量和安全管理。质量是工程的生命，是百年大计。要认真落实有关法律法规，严格执行建设程序、建设标准和施工组织设计方案，保证勘察设计的深度和质量达到要求。尊重工程建设客观规律，科学合理地确定工期，不许随意压缩工期，也不许随意推迟工期。规范工程招投标工作，将铁路工程纳入地方建设市场公共交易平台进行招投标，实现工程招投标的公开透明，规范操作。强化建设过程控制，实行标准化管理，清除包工队，推行“架子队”，健全工程质量安全保证体系，确保工程安全优质。建设管理单位要组织各参建单位认真落实质量安全责任，加强施工现场控制和队伍管理，严防偷工减料、违法分包转包工程和质量安全事故的发生。

3、加大铁路建设资金筹措和管理力度。积极争取国家有关部门支持，扩大铁路建设债券规模，加大贷款力度，充分利用各种市场化筹资工具，进一步拓宽资金筹措渠道。积极争取地方政府投资，吸引民间资本，拓展铁路建设资金来源，为铁路建设提供持续的资金支持。加强建设资金管理，强化对资金流向的实时监控，严格变更设计审批和概算清理，规范验工计价，禁止非法挤占、挪用建设资金，保证建设资金安全。

4、理顺铁路建设管理体制。科学界定铁道部、铁路局及铁路公司铁路建设管理权责。铁道部承担铁路建设的管理、监督和投资主体责任，对铁路建设项目实行统一组织管理，重点搞好快速铁路网、跨局长大干线项目的管理。铁路局要组织实施好管内既有线、枢纽、中小项目和受铁道部委托代建涉及既有线安全部分的工程项目，为铁道部管理的项目提供工程建设保障。铁路公司作为项目法人，负责项目的组织建设或委托建设，切实承担起建设项目的工程质量、安全、工期、投资控制等管理责任。各单位要按照职责定位，明确责任，抓好落实，改进和加强铁路建设管理。

5、深入推进铁路科技创新。以高铁建设、技术装备现代化为重点，加大技术创新力度。深化对引进技术的消化吸收，进一步掌握关键技术，在此基础上进行再创新。统筹产学研用等科技资源，强化基础研究，不断提高技术创新能力。健全铁路技术政策，完善铁路技术标准体系，推进知识产权保护工作，加强铁路行业国家级研究实验平台建设。大力发展铁路信息技术，推进信息系统整合，实现信息共享，提高铁路信息化水平。加强铁路对外技术交流合作，学习借鉴国外铁路先进技术和管理理念，稳步推进与周边国家铁路互联互通，发展国际铁路联运，提高口岸运输能力，提升我国铁路“走出去”水平。

（六）切实维护职工群众利益，发展铁路和谐稳定局面。广大职工是推进铁路科学发展的主体，关爱职工，改善民生，服务职工群众，是铁路党政工团各级组织的职责所在。面对艰巨繁重的改革发展任务，我们必须自觉坚持党的群众路线，维护和发展职工群众利益，充分调动各方面的积极性和创造性。

1、充分尊重和依靠广大职工。真正把职工群众作为企业的主人，尊重职工的主人翁地位，做好新形势下的群众工作，充分集纳民智，凝聚力量。各级组织要努力做到谋划发展思想向职工群众请教，查找存在问题听取职工群众意见，落实各项任务依靠职工群众努力，衡量工作业绩由职工群众评判。要加强企业民主管理，完善职工代表大会制度，深化政务公开和厂务公开，保障职工的知情权、参与权、表达权、监督权。进一步完善集体合同和工资集体协商制度，深入开展劳动关系和谐企业创建活动，依法保障职工经济效益。

2、提高职工物质文化生活水平。坚持从解决职工最关心、最直接、最现实的利益问题入手，在生产发展、效益提升的基础上，改善职工生产生活条件，让职工共享铁路发展成果。继续增加职工收入，坚持收入分配向生产一线倾斜，实现职工收入稳步较快增长。积极争取地方政策支持，大力推进职工保障性住房建设，明年新开工建设保障性住房 12 万套，建成 15 万套，进一步改善职工住房条件。加大沿线行车公寓和单身宿舍建设力度，完善沿线文体活动设施。认真解决职工通勤、子女就学、配偶探亲等实际困难，解除职工后顾之忧。关注职工身心健康，优化劳动组织，减少超劳现象。落实职工体检和带薪年休假制度，组织好职工健康休养。重视和加强离退休人员工作，落实好老干部的政治和生活待遇，支持老年体协开展好各项活动。进一步完善“三不让”帮扶救助机制，加大帮困力度，为困难职工排忧解难。

3、确保铁路职工队伍稳定。加强信访工作，认真对待职工的利益诉求，积极化解矛盾纠纷。加强对不稳定因素的排查，准确把握职工思想动态，超前做好防范工作，把问题解决在萌芽状态。提高决策的科学性，对可能引发不稳定的决策进行风险评估，从源头上减少不稳定因素。加大对非正常上访问题的处置力度，努力减少非正常上访现象，最大限度地增加和谐因素、减少不稳定因素。

四、为完成 2012 年重点任务提供坚强有

力的政治保证

铁路政治工作有良好的传统和强大的优势，党政工团各级组织要充分发挥优势和作用，适应推进铁路科学发展的新形势和新要求，加强党的建设、思想政治工作、文化建设和反腐倡廉建设，为完成重点工作任务提供有力保证。

（一）加强领导班子建设，增强领导铁路科学发展的能力。推进铁路改革发展，关键在于领导班子和领导干部的引领和带动作用。要以铁路局和站段两级领导班子为重点，以创建学习型领导班子为载体，加强领导班子的思想建设、组织建设和作风建设。坚持把思想政治建设摆在首位，通过轮训等方式，组织领导干部深入学习中国特色社会主义理论体系、党中央和国务院关于铁路工作的重要指示，深刻理解和把握部党组关于铁路科学发展的部署，增强推进铁路科学发展的自觉性和坚定性。加强领导干部对法律法规、经营管理和新技术业务知识的学习，提高业务水平和工作能力。加强民主集中制建设，认真执行“三重一大”决策制度，强化监督考核，增强民主、科学、依法决策的能力。坚持德才兼备、以德为先的选人用人标准，选好配强各级领导班子，建立对铁路局、站段领导班子定期考核制度和对铁路局领导班子定期巡视制度，加大对失职、渎职等行为的问责力度。坚持民主、公开、竞争、择优方针，深化干部人事制度改革，探索实行铁路企业领导人员任期制，逐步推进干部竞争选拔工作，为优秀人才脱颖而出创造条件。进一步规范领导干部选拔任用和管理工作，严格遵守干部选拔任用条件和程序，认真落实铁路企业选人用人责任追究制度。加强领导干部作风建设，在强调严格管理的同时，倡导文明、和谐、民主、勤奋的工作作风，进一步密切干群关系，营造风清气正、团结和谐的工作氛围。

（二）加强人才队伍建设，努力造就一支高素质人才队伍。铁路的科学发展，需要强大的人才队伍支撑。要积极实施“十二五”铁路人才发展规划，强化人才培训和实践锻炼。当前，重点要在经营管理领域、高铁运营领域、铁路建设领域，分别抓好领导干部、管理人员和专业技术人员的不同层次和相关内容的学习培训。统筹利用路内外教育培训资源，加强培训基地建设，开发培训教材，充实培训力量，创新培训方式，完善培训制度，落实培训责任，强化培训考核，提高培训质量。完善铁路人才培养开发、评价使用、流动配置、激励保障机制，推进铁路企业管理人员和专业技术人员岗位管理，健全人才评价体系，为各类人才成长创造良好环境。

（三）加强基层党组织建设，增强铁路党组织和党员队伍的战斗力。按照中央的统一部署，以迎接党的十八大胜利召开为动力，围绕落实重点任务，深化创先争优活动。以运输安全为主战场，组织一线党支部和广大党员围绕安全生产风险控制，深入开展党员“无违章、无违纪、无事故”活动，打造一批党内安全标杆和示范品牌。以提高服务质量为重点，创建党内优质服务品牌，树立党员服务标兵。以增收创效为重点，组织广大党员广泛开展“创效益、比贡献”活动，培育增收节支能手。在部、局两级机关深入开展“转变作风、深入基层、为民服务”创先争优活动，组织机关干部深入一线，密切联系群众，为民排忧解难，推动各项任务落实。全面总结铁路开展创先争优活动的经验做法，形成推进铁路党建科学化的长效机制，明年“七一”前夕，进行创先争优专项表彰，命名表彰一批先进集体、先进个人和党内优质品牌。进一步抓好工会、共青团组织的创先争优，广泛开展各种形式的劳动竞赛，创建"工人先锋号"、"青年文明号"等活动，引导广大职工为推进铁路科学发展建功立业。

（四）加强宣传思想工作，凝聚推进铁路科学发展的强大合力。以强化铁路科学发展的共同思想基础为目标，提高铁路宣传思想工作水平。深入开展社会主义核心价值体系教育，加强职工队伍思想道德建设。围绕确保安全、深化改革、搞好多元化经营等，深入开展形势任务教育，增强广大干部职工完成各项重点任务的积极性、创造性。准确把握职工思想脉博，充分运用主题谈心活动的成功经验，有针对性地做好职工思想工作，理顺情绪，凝聚力量。加强舆论宣传和引导工作，大力宣传铁路改革发展的新成就、铁路服务经济社会发展的新贡献、铁路职工队伍的新风貌，广泛争取人民群众对铁路工作的理解和支持。高度重视网络舆情工作，健全工作机制，加大正面宣传力度，及时发布准确信息，回应社会关注的热点问题，防止误解、误导和不实炒作。

（五）加强铁路文化建设，为铁路科学发展提供精神动力。认真贯彻党的十七届六中全会精神，大力培育和弘扬具有鲜明行业特色和时代特征的铁路文化，促进铁路文化事业繁荣发展。继承和发扬铁路文化传统，适应铁路科学发展的新要求，加强以安全文化、服务文化、经营文化为主要内容的铁路文化建设，充分发挥文化在引领思想观念、养成良好行为中的重要作用。开发和规范站车文化市场，为广大旅客提供高品质的文化产品和服务，培育一批站车文化标志性产品和品牌，营造良好的旅行文化环境。管好用好铁路文化体育场所和设施，开展健康向上的群众性文化艺术活动；发挥火车头体协作用，广泛开展群众性体育活动，不断满足职工群众日益增长的精神文化需求。加强铁路文艺创作队伍建设，繁荣铁路文艺创作，推出一批反映铁路发展成就、讴歌铁路职工精神风貌、具有广泛社会影响力的文艺精品。搞好铁路非时政类报刊出版单位转企改制，积极构建特色鲜明、覆盖全面、影响广泛的铁路文化工作新格局。

（六）加强反腐倡廉建设，为铁路事业健康发展提供坚强的纪律保证。认真贯彻落实党中央、国务院关于反腐倡廉建设的工作部署，深刻吸取铁路系统腐败案件教训，深入推进惩治和预防腐败体系建设。加大对工程建设、物资设备采购、车皮审批、资产资金管理、选人用人等重点领域廉政风险的防控力度，加强对领导干部权力运行的制约和监督，建立高风险岗位轮岗交流制度，构建重点明确、监控有力、预警及时、处置得当的铁路廉政风险防控管理机制，切实从源头上防治腐败。加强对各级领导干部的廉政教育，认真解决领导干部违规插手敏感事项、收受现金购物卡、利用职务影响为亲属或特定关系人谋私等方面的问题，促进领导干部廉洁从政从业。加大查办案件工作力度，严肃查办领导机关和领导干部滥用职权、贪污贿赂、腐化堕落、失职渎职等案件，查办涉及工程、物资、资金、运输等重点领域以权谋私、权钱交易等案件。认真落实党风廉政建设责任制，切实加强党委、行政对党风廉政建设的领导，增强各级领导干部和业务部门抓党风廉政建设的责任意识。各级党政主要领导要认真履行反腐倡廉建设第一责任人的责任，旗帜鲜明地支持查办案件工作。各级纪检监察组织要认真履行职责，坚持原则、敢于碰硬，坚决查处腐败分子和腐败行为，坚决纠正不正之风，保证铁路事业健康发展。

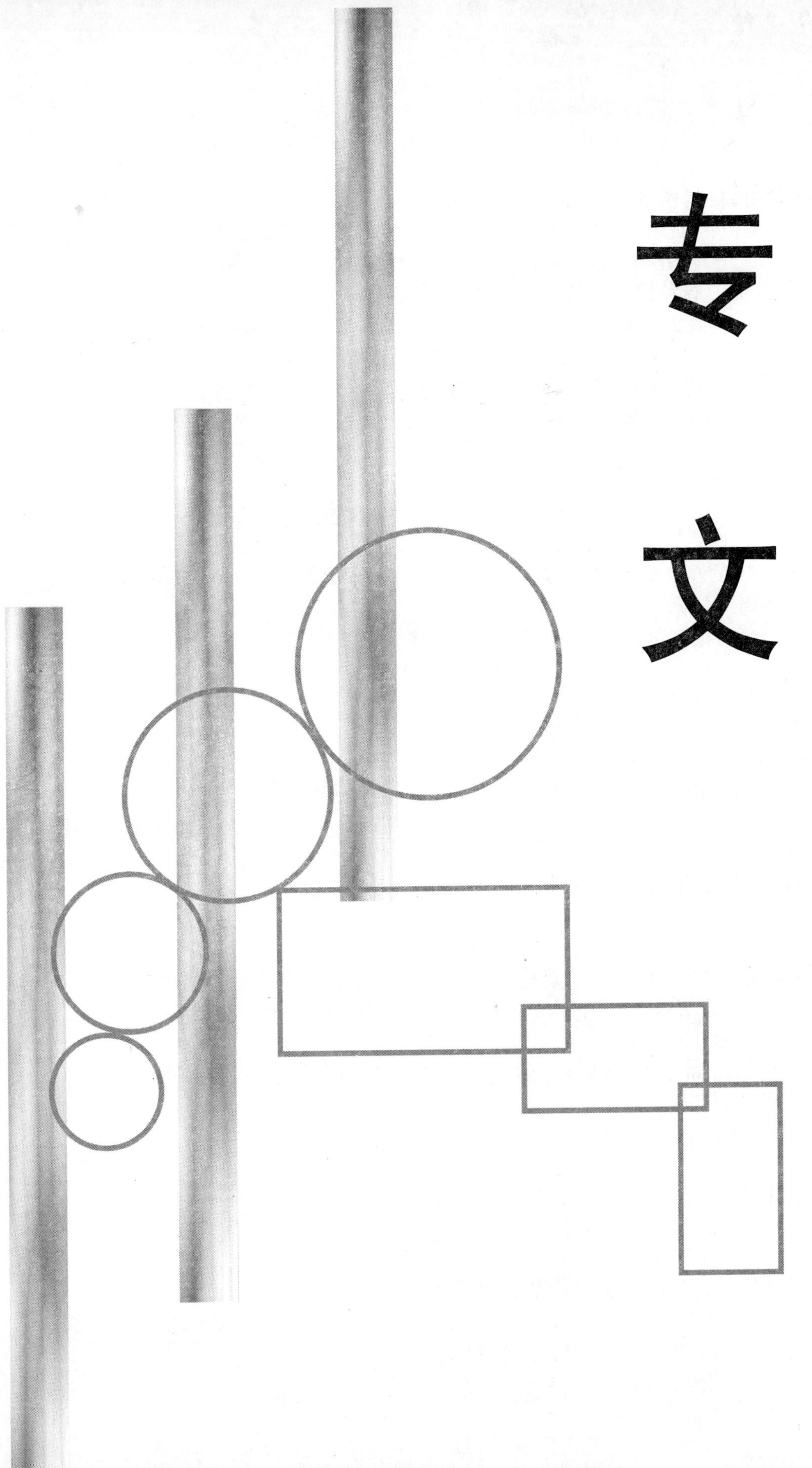

专文

如何发挥优势实现“十二五”的战略目标

——集团公司总经理，股份公司董事长、党委书记赵小刚在中国南车集团公司暨中国南车股份有限公司工作会议上的讲话（摘要）

（2010年12月28日）

即将过去的2010年让人难忘，综观整个“十一五”确实值得回味，特别是中国南车改制为公众上市公司的三年时间里，南车速度穿越大江南北，辐射海宇内外，成为中国高端制造业的代表，更是所有南车人的骄傲和自豪。今年南车的营业收入首次突破500亿的台阶，达到650亿元，据估计可以排在全球轨道交通装备业的第二位；南车技术创新的标志性产品CRH380A在12月3日京沪高铁先导段的联调联试综合试验中，跑出486.1公里的时速，刷新世界铁路运营试验最高速度；中国南车的成长性在资本市场受到投资者的青睐，股票价格不断创出新高，公司总市值已达到1030亿，列全球轨道交通装备行业第一位，公司价值超过庞巴迪、西门子等的轨道交通业务板块；中国南车CSR品牌首次被英国权威的品牌价值咨询公司评为“全球最有价值500品牌”，品牌价值20亿美元，是唯一一家中国的重大装备制造企业。目前我们已经全面完成“十一五”的各项任务，成功实现“跻身全球轨道交通装备行业前三强”的目标。整个“十一五”，中国南车建立了现代企业制度，完善了公司治理结构，抓住了轨道交通发展的机遇，形成了强大的轨道交通高端的研制能力，推进了满足用户要求的精益管理体系，完成了轨道交通和延伸产品的战略性市场布局，提升了员工技能和生活质量，为“十二五”加速发展，成为未来行业的领导者，奠定了扎实的基础。

“十二五”期间，中国南车在快速成长的同时，将更加注重全面发展、协调发展、绿色发展、共享发展，通过不断培育适应全球市场新变化的独特的核心优势和竞争力，全面超越当今轨道交通装备行业的跨国公司，真正确立行业领导者的地位，成为引领世界轨道交通装备发展潮流的排头兵。为此，经过上下一年时间的集思广益，中国南车确立了自己的“十二五”战略目标。这个目标显示了中国南车在轨道交通装备行业的现实地位和未来潜力，体现了中国南车提振高端装备制造的积极进取的企业品格，凝聚了中国南车近9万名员工的意志和追求。实现这样一个战略目标，是我们各级高管团队不可推卸的历史责任和使命。

一、中国南车已经创造了能够成为行业领导者的优势

这些年，我们只用“速度”两个字，就告诉世界：中国南车是一个具有独特优势、勇于担当社会责任的潜力无限的公众公司。这个速度，体现在数字486.1上，体现在营业收入的增长上，体现在自主创新的成果上，体现在高端产品制造的数量上，体现在市场布局的敏捷上，体现在南车CSR品牌的几何性扩散的影响上，也体现在所有南车人只争

朝夕的工作激情上。南车人用勤奋、努力、务实、坚韧，创造了适应时代要求的企业发展的独特优势，不仅跻身行业三强，更向行业第一挺进。

我们的优势在于，有一种实现发展目标的执着信念。中国南车成立以后，就放眼经济全球化的世界大格局，对自身的发展进行了全面、准确、深刻的定位，目标志向一直是清晰的、坚定的。2001 年，我们就提出要与国际全面接轨的要求，随后明确了成为“国内一流，国际知名，具有国际竞争力的轨道交通装备企业”，跻身全球行业轨道交通装备三强的奋斗目标。这期间，我们及时抓住中国铁路大发展的历史机遇，先人一步实施技术引进消化吸收和再创新，成功实现了高端产品的技术跨越，消除了实现目标最具难度的不利因素。我们分阶段实施四大发展战略，即：“整合归核”战略——通过整合重组将业务集中到资源和能力具有竞争优势的轨道交通装备领域；“借力强核”战略——借引进国外先进技术之力缩短与国际领先企业的技术差距，借资本市场之力实现管理提升和产业升级；“创新造核”战略——依靠自主创新实现技术领先，凭借精益管理、品牌塑造形成差异化优势，培育核心能力；“拓展扩核”战略——利用轨道交通装备专有技术优势，向相关产业延伸，培育未来“种子”业务。通过十年成功实践，我们探索出了一条大型轨道交通装备企业赶超世界一流企业的有效发展路径。即使在 2008 年金融危机到来之际，我们的目标也丝毫没有动摇，还从中发现了赶超跨国公司的一种机会。可以说，正是我们对目标的不懈追求和执着信念，才让我们在面对企业发展的不利环境时沉稳应对，在面对企业重大转折关头时全力以赴。这种对发展目标的执着信念，因为源自于振兴民族制造业的理想境界，所以才能把近 9 万南车人的力量凝聚在一起，迸发出不一样的激情和活力。

我们的优势在于，有一种激发企业潜能的变革力量。作为百年国企，中国南车有深厚的企业管理和文化底蕴，但我们始终自觉融入时代的洪流中，大力推动变革。按照“主机产品集约化、重要零部件专业化、一般零部件市场化、后勤辅助社会化”的思路，开展改制分流、主辅分离，实施结构调整，建立与市场经济体制相适应的运行机制，使主业更加突出，集约化经营、规模化生产、专业化分工越来越清晰，提升了企业的竞争力。特别是中国南车的整体重组改制上市，子公司的公司制改造，2007 年底成立中国南车股份有限公司，2008 年 8 月在上海和香港实现 A+H 上市，完成国有企业产权制度改革，形成产权多元化，建立起规范的法人治理结构，使南车实现了从传统、封闭的老国企向现代、开放的新公司的转变，成为南车发展最快的三年。从这里我们可以看到，一个企业制度的根本变化给企业发展带来的飞跃作用是多么巨大。同时，我们不断将党组织的政治优势与利用市场机制、依法治企有机结合，努力将政治优势转化为企业核心竞争力，从而为南车的改革发展提供了坚强的组织保障。

我们的优势在于，有一种推动技术进步的创新实力。中国南车不仅在技术引进消化吸收再创新中先人一步，取得突出成效，而且凭借长期积累的扎实技术底蕴，坚持技术引进与自主创新相结合的道路，投入大量研发费用，开展设计、产品、制造三大技术平台建设，用于技术消化吸收和自主创新。CRH380A 型高速动车组、9600 千瓦和 7200 千瓦六轴大功率电力机车、6000 马力大功率内燃机车、青藏高原客车、自主产业化 A 型地铁车辆等高端产品的相继面世并投入运营，充分表明中国南车已掌握了高速动车组、大功率交流传动机车系统集成技术、车体转向架技术、交流传动及控制技术、列车网络控制技术等核心技术，产品研发整体技术实力进入世界行业前列。我们用 6 年的时间走完了发达国家轨道交通装备企业近 40 年的发展之路。目前我们与 GE 公司在美设立合资公司已签定框架合作协议，向美国输出高铁技术即将变成现实；正在加快研制更高速度级试验动车组、CRH6 城际动车组；正在开发时速 200 公里机客车、自主知识产权地铁车辆等新产品，开展大轴重货车和配套技术的研制。这种对产品技术的不断突破和创新，让我们增强了与庞巴迪、西门子、阿尔斯通等跨国公司在国际市场上同台竞技的技术实力，也改变了中国制造的国际形象。

我们的优势在于，有一种真诚服务用户的市场能力。中国南车的高端产品在国内市场的份额已经初具优势。在我国高速铁路上运行的不同速度等级的动车组，70%以上由南车制造；大功率机车成为国内铁路货物运输的主力军；地铁产品近三年的市场份额为 64%；国际市场，南车产品已出口到 66 个国家和地区，年均增长幅度达 25%。新产业实现了快速发展，2010 年销售收入将达到 100 亿元。市场占有率的背后，体现了我们把握市场趋势、满足用户需求、真诚服务用户的独特能力。这三年来，我们与天津、河南、江苏、广东、湖南、安徽、浙江、广西等 15 个省市自治区人民政府签订了战略合作协议，与航天科工等大型中央企业集团、中国农业银行等金融机构建立了战略伙伴关系，抢先在经济发达地区等战略区域建设产业基地，初步完成了覆盖华北、华中、华南、西南、华东地区的以轨道交通装备产品为主的战略性市场布局。动车组平移取得重大进展，浦镇公司成为拥有高速动车组生产资质的新成员，增添了一支在和谐铁路产品中占据主动的有生力量。我们加快国际营销渠道建设，建立了纳米比亚售后服务中心、澳大利亚、印度、中亚、马来西亚、沙特、美国芝加哥办事处、美国研发中心、中国南车（香港）有限公司等多家海外机构，海外网点初具规模和体系。我们在市场开拓过程中的前瞻能力和应变能力，为未来中国南车从产品制造商到系统解决方案供应商转型奠定了扎实的基础。

我们的优势在于，有一个确保产品品质的精益体系。中国南车在轨道交通装备高端领域，以比较过硬的产品品质，经受住了运营考验。从 2007 年 1 月到现在，动车组已安全运行 4 年，累计安全运行达 2.3 亿公里；大功率电力机车在大秦线、大功率内燃机车在零下 40℃的东北地区都得到用户信赖；自主产业化 A 型地铁车辆在上海成功运营半年，安全运行超过 20 万公里。南车研制的高速动车组、大功率机车和城轨车辆，其性能指标、安全性指标、舒适性指标都达到了世界领先水平。这些年，我们努力适应和谐铁路和城市轨道交通高速发展要求，认真掌握提升保证产品品质的规律和特点，建立了一个确保产品品质的精益体系，成功探索出了一条满足交货周期和产品品质并重的精益生产之路，管理体系更加务实、高效。通过大力开展精益生产示范工程建设，推进生产平准化、作业标准化、管理目视化、运行高效化、改善持续化，整体管理水平得到很大提升，基本实现了从原来的粗放式管理向精细管理转变，从原来的经验管理向科学管理转变。不断夯实的管理基础，为提升产品质量，确保交通运输安全提供了保证。

我们的优势在于，有一个契合时代精神的品牌形象。我们初步形成了一个具有广泛公众认知度的南车品牌，南车已成为中国高端制造业的品牌形象。高端制造业是一个国家实力的象征，中国南车以其高速动车组等产品的制造实力和行业地位，契合了中国从“制造大国”向“制造强国”转变的时代精神，南车品牌被赋予了中国制造乃至全球制造的内涵，这就是很多地方政府、中央企业还有国际跨国公司愿意同南车合作的深层次原因，也是南车品牌很快广为社会接受的重要因素。同时，我们把“中国南车（CSR）”品牌推广作为近年来的一项重要工作，集团成立专门的班子坚定推进这项工作，特别是“品牌建设年”，从一些细节的规范入手，在统一品牌方面收到了很好的成效。今年初，中国南车被英国一家公司 Brand Finance 评为“全球最有价值 500 品牌”，说明南车品牌的价值已在国际上逐渐被人接受。未来南车品牌的价值将会在产品价格、市场开拓、用户服务、对外合作等方面得到更大的体现，成为市场竞争的利器。

到目前为止，我们许多独特的东西是主要对手竞争难以复制的，它正在演变为一种竞争的优势。

二、全面成为行业领导者是中国南车“十二五”的战略目标

这次制订的“十二五”战略目标，其中一个最重要的数量化指标是 2015 年实现营业收入 1500 亿元人民币。1500 亿不单纯是一个数量上的概念，而且有着深刻的内涵和意义。通过 1500 亿元的拉动，不仅追求增长的速度，更加注重增长的质量，力争达到一个更加合理的业务结构，做到“快中求好”、“快中求稳”，在求快和求稳之间找到平衡。稳健是企业必须秉持的“王道”，只有稳健，才能做到愿景更为清晰，对主业更为专注，对内功的修炼更为倚重，对机会的追逐更为谨慎，不断在发展中调整我们的产品架构、文化建设、管理体系和投资领域，缩小同跨国公司在高端技术、品牌、管理、经营地域、全球营销渠道、人才的差距。到 2015 年末，力争全方位达到甚至超越庞巴迪、西门子、阿尔斯通轨道交通部分，真正成为全球轨道交通装备系统的领导者。“十二五”战略目标的实质，就是成为行业领导者、实现公司从“快公司”到“稳公司”的转型。

为什么确立 1500 亿元的目标？因为这是作为一个行业领导者必须具有的规模和实力，同时也是因为我们具备了冲击这样一个目标的市场条件和现实基础。从 2010 年的 650 亿到 2015 年的 1500 亿，虽然翻了一番多，增长的绝对数额达到 850 亿，但计算下来，未来 5 年营业收入的复合增长率也仅为 19.3%。在中国高速发展的环境下，有这种成长性的企业，未来不会太少。中国南车作为高端制造业的代表，应该享受比一般企业更快的增长速度。

分析 1500 亿的构成，国内轨道交通市场大约占 800 亿，海外轨道交通市场近 300 亿，专有技术延伸产业 300 亿，资本运营的规模为 100 亿。国内轨道交通、海外轨道交通、专有技术延伸产业的复合增长率分别达到 15%、25%、25%。未来轨道交通装备，有比这个数字大得多的市场容量；我们以新能源等为主的新产业，市场空间也很广阔。所以，1500 亿的数字是有市场支撑的。资本运营是“十二五”期间要新开辟的一块业务，依托集团目前的实力，快速成长是有望实现的。“十二五”末，资本运营虽然营收占比还不高，但对利润会有较多贡献。

实现“十二五”末达到 1500 亿的主战略目标，对于我们这样身处轨道交通市场、以高端制造业为主的企业来说，发展的有利因素很多，但也存在着很多不确定因素，仍然是机遇和挑战并存。

“十二五”期间，中国南车高速发展具备的有利因素，可以概括为“消费社会、产业升级、行业繁荣”三点。

第一点，“消费社会”是我们面临的宏观大背景。近日中央的“十二五”规划建议提出了“包容性增长”的新概念，核心是提高居民可支配的收入，强调要保障和改善民

生，彻底解决民生和社保问题。这些变化，预示着“十二五”以后，我国将把发展的重点方向转向国内，由此将产生一个伟大的中国的消费时代，从而有别于以前的中国制造时代。消费社会即将形成，消费革命也即将爆发，它包括中国广大农民的初次消费升级和城市消费及东南发达地区的消费再升级。我国目前正处于工业化和城镇化加速推进阶段，转型为消费社会后能够释放多大的购买力？拉动多少产业的繁荣？消费社会，交通先行。这样的宏观大背景，为像中国南车这种提供交通运输服务的企业拓展了做强做大的无限市场空间。

第二点，“产业升级”是我们得到的政策支持。国务院在《关于加快培育和发展战略性新兴产业的决定》中明确节能环保、新一代信息技术、生物、高端装备制造、新能源、新材料、新能源汽车为战略性新兴产业，将从财税金融等方面出台一揽子政策加快培育和发展。南车在其中占据高端装备制造、新能源、新材料、新能源汽车四项。在国家加快转变经济发展方式、节能减排低碳经济的政策导向下，南车必然得到各级政府和全社会的关爱和支持，可以把宏观层面的国家竞争优势转化为微观层面的企业竞争优势。

第三点，“行业繁荣”是我们所处的市场环境。目前轨道交通行业的繁荣有目共睹，但有些人对2012年以后的情况心存疑虑，认为2012年以后中国轨道交通特别是铁路需求将出现拐点，我不太赞同这个观点。看事情要从发展的、动态的眼光去思考、去分析。轨道交通行业的繁荣应该分为两个阶段，一段是建设繁荣，一段是运营繁荣。现在处于建设繁荣的第一阶段，2012年建设高潮后期应该进入运营繁荣的第二阶段。12月7号召开的第七届世界高速铁路大会，有一个口号是“让中国13亿人坐上高铁”。未来五年，我国高速铁路建设都将维持大规模投入，投资额将保持在每年7000亿元左右，共计3.5万亿元左右。现在很多农民工一年只回一次家，春节客运就如此紧张。如果农民工今后一年回几次家，也可以带薪休假，也舍得花钱坐高铁，现在的客运专线肯定不够。

今年1～10月我国铁路货运总发运量比去年同期增长11.7%，有加快之势，前些年基本上都不到10%。说明随着客运专线开通，货运需求开始释放，但货运还是存在很大的需求瓶颈，目前国内铁路车皮请求满足率仅达到35%～40%，将来还有需求释放的高峰，真正根本解决需求瓶颈，肯定会有一个较长的时间过程。随着客运专线的快速发展，既有线路将不断释放出一部分运力用来进行货运，货车的需求将是一个逐步回升的态势。目前我国铁路用6%的营业里程完成了世界25%的工作量，一方面说明我国铁路组织有力、运营效率高，但同时也看出铁路整体负荷太重，要回归正常，铁路还有一个大发展的过程。根据统计，世界上主要国家的人均铁路里程数，美国是0.83米，俄罗斯是0.60米，德国是0.51米，法国是0.49米，日本是0.21米，而中国仅仅0.066米，不到美国的1/12，日本的1/3，因此中国铁路网的规模未来发展潜力依旧巨大。

“十二五”期间，国家将建成一个设施网络衔接、技术装备先进适用、运输服务安全可靠、管理体制协调顺畅、适应经济社会发展的综合运输体系。通俗讲，就是高铁、城际快运、地铁三网合一。到时候，人畅其行，物畅其流，将吸引更多的人使用轨道交通的方式。未来地铁线路不一定再建很多，但车辆的密度一定会不断增加。发达国家那么低的人口密度，其城市公共交通在整个城市交通中的所占比重都已经达到50%到70%，而目前我国还只占到20%到30%，可以肯定未来中国城市公共交通在整个城市交通的比例将会大幅提升，这其中节能、环保、载客量大的轨道交通还将会进一步发展。

国际方面，欧洲铁路工业联盟称，在刺激项目和环境问题的推动下，2016年世界各国在高速列车方面的投入将升至1500亿欧元（保守估计1200亿欧元），其中机车车辆购置费900亿欧元（总投资为1200亿欧元时购置费用为738亿欧元）。在738亿欧元的机车车辆市场规模中，西欧、亚洲、北美分别以221亿、187亿和129亿欧元位居前三。目前中国企业在全球铁路设备制造商中的市场份额为10%左右。随着中国高铁在全球的崛起，中国“铁路外交”初现端倪，已有50多个国家希望中国铁路给予高铁技术和建设的支持。铁路“走出去”战略取得重要突破，铁道部成立了中美、中俄、中巴、中沙、中委、中缅、中吉乌、中波、中印等境外合作项目协调组，其中中国和泰国、老挝的高铁有望在明年动工。未来中国南车有可能迎来高铁产品出口和高铁技术输出的高峰。

综观国内外情况，“十二五”期间，行业繁荣是没有问题的。行业繁荣有利于中国南车进一步提升企业参与竞争所需要的核心技能。

实现1500亿的目标，我们也存在着许多有待解决的不利因素。一是轨道交通装备市场的“天花板”问题。目前我们已经占据了国内较高的市场份额，再想大幅增加份额的可能性较小。反之，随着竞争的加剧，加之产品质量安全的严苛要求，稍有闪失，市场份额还可能下降。我们现在国内轨道交通市场800亿元的目标，已估计得比较充分，没有多少余量，顺利完成是有挑战性的。二是海外市场和新产业的不确定因素很多。由于没有一个完善的市场营销体系的支撑，海外业务和新产业两大板块，虽然发展空间很大，但我们离真正的市场突破还有一段距离。“十二五”期间，海外业务、专有技术延伸产业的复合增长率计划都是25%，绝对数额增加值都在200亿元人民币以上，总体要增长200%以上，还是有较大难度的。尽快破解市场难题，建立有效的营效模式，取得实质性的市场突破成为关键。三是资本运营的能力还有待培养。对我们来说，资本运营是一个全新的有别于制造业的金融领域，智力密集、资金密集，我们缺乏人才和经验。它能否真正在“十二五”末成为南车高端制造的有益补充，还有待检验。四是企业的软实力还有差距。随着中国南车的高速扩张和海内外业务的拓展，我们的组织结构、运营经验、系统管理能力已不能同步适应作为一个国际化大公司的规模要求，内部企业业务发展不平衡的问题日益突出，内部资源配置的效率有待提高，有效整合利用外部资源的能力不强，从而减缓了我们成为卓越公司的步伐。

“十二五”是轨道交通装备行业格局进一步定型的时期。大变化孕育着大机会。对于中国南车来说，这是一个确立成为行业领导者的重大战略机遇期。在发达国家跨国公司强大实力的夹击下，中国南车等企业在短短几年内快速强势崛起，这是跨国公司没有想到的。我们不仅安然渡过2008年以来的金融危机，而且化危为机，发展的势头更为迅猛。探究南车发展快、有竞争力的原因，一方面是得益于中国市场因素，得益于技术引进的成功模式，但更重要的一方面是南车的独特企业能力。虽然跨国公司的核心技能，如高端技术、品牌，管理复杂系统的技能、经验及对全球市场的深度了解，特别是一个具有全球覆盖能力并且在全球范围内也可以高效运作的组织机构，合格的全球型人才等，南车还不具备，但我们拥有一种在全球新型市场环境的独特的企业能力，如成本创新能力，整合能力，动态运作能力，还有一种以关系为导向的商务网络能力。在中国持续而显著的30年变革中，南车锻炼出来了高度的灵活性、快速学习能力、应对不确定性和含糊性的能力，具有愿意承担高风险的商业态度。这些独特技能与全球市场对企业的新要求可能更为契合。因为全球市场的特点发生了显著变化：一是主要需求来源于发展中国家；二是发达国家中对价格敏感而更倾向于购买价廉物美产品的用户群不断增长；三是供货商面临着长期要求降价的压力；四是更加动荡的全球市场要求企业具有更大的灵活性和对风险更大的承受力。全球市场的新变化，经过摔打磨练出来的中国南车可以比跨国公司适应得更快，应对得更自如。现在，中国企业进军全球市场已不能仅仅看成是在追赶西方大企业，而要意识到是在参与新一轮的国际竞争。这场奔向未来的竞赛，南车可以全力发挥自己独特的企业优势，形成在21世纪的全球新型市场独特的竞争力。

成为行业第一，这是很多企业的梦想。实现“十二五”战略目标，这是南车作为中央企业的性质和南车自身发展的要求所决定的。中国南车现在是高端装备制造业的一张名片，肩负着振兴装备业的历史使命，肩负着推进发展方式转变的重任。南车发展成功，确立了行业的领先地位，取得了较多的全球市场的话语权，对国家形象也是一种很好的支持。现在国务院国资委正在加快培育和发展形成30～50家拥有自主知识产权和知名品牌、具有较强国际竞争力的大公司大企业集团。国资委十分重视南车的发展，已决定给中国南车集团注入资本金，帮助我们确立在轨道交通行业中的核心地位。我们发展得好一些、快一些，就会更加巩固我们的地位，成为30～50家大公司大企业集团之一，得到国家更为有力的支持。实现“十二五”战略目标，同时也是让所有近9万南车人共享发展成果的需要。目前南车员工整体的收入水平处于央企的中间水平，未来保证全体员工的平均收入水平在当地平均水平线之上，符合中央十七届五中全会的精神，体现了中国南车作为行业领导者的地位追求，有利于建立企业、股东、员工利益的共赢格局。这一切，都需要通过发展来解决。

“十二五”的1500亿，是引导我们向行业第一的目标冲刺的一条红线。有了这条红线的牵引，我们就会静下心来，踏踏实实，摈弃浮躁，不断加大创新、研发、人才的投资，选择合适的方法和途径，认真而系统地建立起自身的独特企业优势，来保证目标的实现。

三、妥善处理事关“十二五”目标实现的重点问题

1. 深化投资理念，培育核心能力

“十二五”前两年，南车将继2008年之后进行第二轮大投资，这些投入是为了未来1500亿的顺利产出。“十二五”期间，南车至少要投入300亿资本金，这是根据1500亿营业收入目标，按照制造业的资产匹配关系，反推出来的。能否达到预期的良好投资效应，是“十二五”的一个焦点问题。

2008年我们IPO募资后的第一轮投资，把轨道交通装备高端产品的制造能力迅速提高到了一个新水平，投资方向是准的，效益是高的，取得了很好的投资效应。

新的一轮大投资也将尽早推出，但侧重点将不再以厂房、设备等固定资产为主，相当一部分将用于技术研发、渠道网络、供应链建设等软实力建设上。未来南车的投资方向主要是六个方面：一是市场需求旺盛的轨道交通装备高端产品（包括货车重载产品）的制造维修能力的优化升级。通过关键工序的填平补齐、工艺的技术改造，解决产能瓶颈问题，提高总组装能力。二是核心技术的深入研究和全面掌握，研发费用投入将进一步加大。三是整合内部资源、优化业务结构、盘活存量资产的配套投入。四是战略性新兴产业的培育性投入。包括新产业的产业基地，

渠道建设，与战略伙伴合资等，助推新产业的发展。五是资本运营的投入，包括战略布点需要的海内外并购。六是软环境建设的投入，如信息化建设、全球范围的营销网络的建设、管理能力建设、物流体系建设以及品牌传播推广等等，力图大幅拉近与跨国公司在系统整合能力、运营、品牌、管理方面的差距。

投资主要围绕培育核心能力来展开，进一步提升核心技术和产品品质保证能力，努力抢占未来发展战略制高点。南车在核心技术的掌握上，之所以成效大、进展快，关键是有较强的自主创新能力。我认为，中国应该出现轨道交通装备行业最先进的研发中心。商品生产的规律就是这样，只要是需求最旺盛的地方，就有可能最先出现新技术，最先进的技术也会最先运用在这里。中国是全球最大的市场，我们的高速动车组是最先进的，我们理应发展出世界最好的研发中心。现在南车的系统集成能力是先进的，但在整车的系统设计、性能研究、关键子系统和核心部件的研发方面还存在差距。社会上当前还有一些对中国拥有高铁核心技术的质疑的声音，对我们是一个提醒。我们要进一步加强自主创新能力，重点突破牵引、制动、网络控制等关键技术。虽然我们掌握了牵引、网络控制的一些关键技术，但运用这些技术生产的产品刚投入实际运行考验，其可靠性还需验证，还有很多方面需要我们研究和掌握。我们要建设世界最好的研发中心，就要进一步提高研发投入占销售收入的比重，达到5%-8%的水平，全面提升自主创新能力。

今后要逐步走轻资产经营的道路，逐步实现资产的轻量化。实际上，现在有一种“轻公司”的商业模式，是借鉴互联网B2C的理念发展起来的，他们没有工厂等实体，仅仅抓住产品设计和推广销售两端，就做成了几亿元甚至更高的销售额。重资产太多，随着时间推移，就会变成经营的包袱，设备和厂房要计提大量的折旧，企业的利润自然就上不去。南车现在重资产的比例非常高，因为很多人把重资产作为实力的象征。实际上真正衡量公司实力的还是技术、市场渠道等微笑曲线的两端，这在轨道交通装备行业还不十分明显，但在其他行业已很明显。像徐工等一些公司，因为有核心技术和市场渠道，所以他们甚至可以对一些企业进行零资产收购，拿来做他们的制造基地。今后我们对于增加新产能的投资会十分慎重，也将探索通过输出技术和管理，通过有限的资金投入，盘活其他企业的重资产，解决产能瓶颈。新的一轮投资后，力争把目前重资产的比例降低到一个相对合理的水平。

2．创新市场策略，实现实质突破

这一点，主要针对海外市场和延伸产业市场。这几年，海外业务和延伸产业一直给人一种意犹未尽的感觉。海外市场虽然年年在增长，但底气并不足；延伸产业除了风电产品发展具有一定规模外，其他都没有做出大的规模，和想象的有一定距离。究其原因，主要是海外市场、延伸产业市场的规律和特点和我们熟悉的大铁路不一样。对于海外业务和延伸产业，我们缺乏一个完善的市场营销体系去支撑。

为什么会出现目前这种窘境？主要是决心不大。决心不大的主要原因是对大势分析不透。今后大势是什么？整个世界经济将出现两大主流趋势：一是以低碳化为代表的新科技革命使发达国家的产业、产品、消费向高新、高效、低碳的方向发展（由上世纪90年代的高技术产业化→本世纪初叶传统产业复兴→2010年后高技术与传统产业融合的产业结构革命）；二是产业结构的调整向集约化与高质化的广度和深度拓展，大产业、大企业、大品牌和跨国生产会进一步快速发展，以横向分工一体化为主的国际分工（产品价值键分工）呈现强势渗透的态势。这种大势就是海外市场和延伸产业市场对南车的新机会。

机会难得，稍纵即逝！从现在起，我们就要下决心改变现有的市场开发策略，迅速而有力地建立符合市场特点的营销体系和机制，适应海外业务和延伸产业拓展的需要。突破口就是营销队伍和渠道建设以及激励方式的改变，从而和大铁路的营销相互补充、相得益彰。

要建立强大的营销队伍和渠道。我们十分熟悉大铁路营销模式，主要是高层沟通交流，营销人员以精干为主。用这种熟悉的模式开拓延伸产业市场就不适用。延伸产业的很多产品客户数量庞大，需要不同层面的营销人员共同做工作。玉柴集团有一千多人的营销队伍，建立了遍及全国的营销渠道，去了解用户需求，满足用户需求。还有华为公司，主要就是通过成功的营销发展起来的，世界的每个角落都能看到华为的营销人员提着箱子在跑，通过成功的市场策略成为了目前的顶尖企业。在华为，市场部门是公司投入最大的部门，员工占到了公司总数的38%，市场经费是华为最大的经营开销，市场是一切工作的核心。就南车而言，对于市场前景好、容量大的延伸产业的产品，我们下一步就要下工夫建立一支数量充足的营销队伍，舍得在营销渠道上进行大的投入，以一种完全不同于铁路营销的全新策略，真正打开市场局面。海外市场也是如此，在渠道网络建设上要倾斜更多的资源，精心规划，有序推进，加大直接投入。现在我们主要依靠产品出口，对外投资比较少。目前，我国对外直接投资存量不到荷兰的 1/5，不到英国的 1/10，不到美国的 1/20。加大对外直接投入，是我们在海外市场谋求长远发展的重要途径。

要建立更为有效的激励机制。完全市场化竞争的产品，经营层的作用显得更为突出。南方汇通的多元产业，经整合后目前主要有水处理反渗透膜、棕纤维、钢结构等三家公司，这三家公司今年发展态势迅猛，增长率都近 40%，利润情况也很好，这和他们去年改变了激励方式有很大关系。株洲所的许多新产业发展比较顺利，也和他们有一套有效的激励机制关系很大。新产业跟传统产业有很大的区别，要通过有效的激励机制，尊重、善待创业者，创造出属于新产业的发展模式，让它快速发展起来。

3．谋划资本运营，拓宽发展领域

“十二五”战略中提出，要形成轨道交通装备产业、专有技术延伸产业、资本运营“三位一体”的国际化经营格局。实施资本运营，将成为我们今后一个重要的经营策略。过去我们没有搞，现在要大张旗鼓地搞，说明现在集团强大了，有了更多的可以支配的资源，也有能力支配这些资源在更广阔的领域发展。

资本运营预示着什么？预示着我们正在从产品经营向产业经营转变，构建一种更加适应时代发展的新的商业模式。我们要抓住当前的有利环境，加快进行产品和服务结构的调整和转型：由“产品制造商”向“系统解决方案供应商”转型、由“卖产品”向“卖服务”转型、由“传统产业”向“战略性新兴产业”转型、由“本土性企业”向“全球性企业”转型。这种商业模式，从单纯关注制造而向两端延伸，比以前更加关注技术和服务的价值。我们将用既有的核心能力，依托过去那些创造利润的基础，不断地为未来做投资，找到新的核心能力。“微笑曲线”的观念，不是要放弃制造，而是利用制造的基础，一步一步地往更高附加价值的方向走。资本运营做好了，会加速向新的业务模式的转型，进而支撑集团在一些新兴产业进行战略冒险，包容部分产品的周期波动，实现整个集团的经营平衡。

每个企业的经营领域不是一成不变的。企业发展到一定规模，都会开展资本运营，努力实现产业资本与金融资本的融合。

资本运营有两个方向，融资并购和纯投资，我们应该主要做融资并购。通过融资、并购、联合等资本运营方式，不断壮大轨道交通装备主业，增加我们的竞争优势；通过合资、收购等方式，快速获得新产业发展所需的技术、市场等稀缺资源，实现新产业的快速扩张，分散企业经营风险。适度开展私募股权投资（PE 投资）。通过总部与子公司的上下联动，在供应商体系、客户体系中筛选投资对象，特别是拟上市的企业，以“市场换股权，股权换收益”的思路开展 PE 投资。

搞资本运营，我们缺乏经验、人才，现在只能是试水性质。但我们一定要迈出这一步，2011 年争取有所成效。

4．规范董事会运作，完善公司治理

国资委一直把建立董事会制度作为国有企业改革的一个重要方面。中国南车上市后，构建了由国家资本、国际资本、个人资本共同持有的多元化混合所有制企业治理结构，在公司治理结构方面与国际接轨，成为符合国际化标准的中国大公司大集团。从过去的厂长负责制、一把手负责制到现在的董事会制，这是一个巨大的历史跨越。这个跨越能否成功，不仅要看我们有没有董事会制，而且要看董事会制是否自如运行，是否达到了应有的水准和目标。

企业之争，不仅争技术、争产品、争市场，很大程度上还要争公司治理水平，这是更高层次的竞争，这种制度优势的竞争力甚至要超过技术与产品本身。当前我们建立了董事会制，就要不断推进这项工作，规范董事会运作，充分发挥外部董事、独立董事的作用，优化企业决策，提高决策质量，让规范的董事会治理成为企业发展的新引擎。一是要为外部董事进行决策提供更好的条件，真正构建一种与内部人控制相制衡的力量，实现企业决策权和执行权分开。二是要进一步加强董事会内部机制建设，通过以外部董事各专业委员会的作用，确保董事会决策的公正性，提高董事会成员的专业性，增强董事会工作的规范性。三是进一步明确董事会的职责定位，落实好董事会和董事人员的监督。四是努力实现企业党组织与董事会的有机融合。党委会对重大问题集体研究后，由进入董事会的党委成员反映党组织的意见和建议，使党组织的主张在董事会决策中得到重视和体现，并把董事会的决策结果反馈给党组织。

5．汇聚发展合力，发挥党的优势

中国南车这些年不断加强和改进党的建设，党组织有着完备的工作体系、强力的工作机制和精干的人员机构。我们的党组织是推动南车发展的优质资源和重要优势。“十二五”期间，整个南车的党组织要和在其他关键时期一样，走在时代的前列，把政治优势体现为企业的市场和经营优势。中国南车把“成为行业第一、世界 500 强，成为轨道交通装备全面解决方案供应商，引领世界轨道交通高端装备发展潮流，打造南车成为全球高知名度品牌”作为“十二五”乃至今后较长时期的历史使命，这个使命理所当然也是中国南车各级党组织的历史使命。

党组织的工作过程，大致可以分解为“动员、提升、引导、凝聚”四个环节。动员，就是宣传鼓动，摆情况、讲大势；提升，就是提高员工认识，提高队伍素质；引导，就是消除分歧，追求共同理想目标；凝聚，就是把所有的力量都汇聚到实现共同目标上来。党委书记的主要工作，就是要保证在每一个工作环节，所有分解动作都做到位，功夫都做到家，最终体现为一切积极的力量都能汇聚到一起，共同实现符合员工长远利益的企业目标。

在当今信息畅通、思想活跃、文化多元、需求多样的社会背景下，怎样把有着不同利益诉求的群体的力量都调动起来、凝聚成一股力量？那就要针对不同层次人员的状况，创新党建和思想政治工作，不断增强积极方面的影响，排除消极问题的干扰。一是在企业里充分体现党的先进性。以建党90周年为契机，开展好争创“四强”党组织活动（政治引领力强、推动发展力强、改革创新力强、凝聚保障力强）与争做“四优”共产党员活动（政治素质优、岗位技能优、工作业绩优、群众评价优），增强榜样的力量。二是完善服务员工群众的机制。党组织要把全体员工的眼前利益和长远利益很好地协调起来，每年真正为员工群众办一些实事。要重视发挥工会、团委联系群众的桥梁纽带作用，建设好联系群众的平台，营造和谐发展的氛围，增强信心和力量。三是加强反腐倡廉建设。要通过制度落实，形成廉洁文化。抓住权力运行这个关键，围绕投资决策、产权交易、资本运营、财务管理、营销采购、工程招投标、重要项目管理、劳务管理、用人管理、风险管理以及境外资产监管，切实加强对高管人员、关键岗位人员的约束监督，有效运行南车特色的惩防体系，增强正气的力量。四是推进学习型组织建设，提高员工队伍与国际化公司接轨的水平，打造一支担当国际化重任的员工队伍，增强创新的力量。

6. 加强市值管理，提升品牌价值

这几年，南车CSR品牌的影响呈几何性扩散。品牌成功的一个要素，就是我们注重品牌建设，标识具有国际表现形式和审美形式，在全系统内整齐划一，同时又有较深的价值内涵。“十二五”我们要进一步提升品牌形象，把品牌拉到国际水平，突破品牌的“天花板”，跟国际大品牌竞争。现在国际大品牌中没有中国品牌，我们高铁产品是首屈一指的，顶尖的产品应该出现国际大品牌，希望“十二五”末中国没有国际大品牌的局面能够改观。

资本市场，现在已成为一个评选和确立行业领导者的平台，也成为一个衡量品牌价值、增强品牌影响力的平台。世界500强公司有一种排序，就是按股票市值来排定的。股价的起伏波动，影响几亿股民和股民后面的家庭消费者，市值良好的上市公司，一般都有很高的品牌提及率和品牌聚焦度。

去年底南车市值600多亿，我们今年销售就是650亿；今年南车市值近期都在800亿以上，我们明年的销售也会超过800亿。市值和企业价值有一种很深的内在关系，能提前反映公司价值。但我认为，目前的股票价格还没有完全反映中国南车的公司价值，我们的公司价值还没有完全被市场发掘。现在南北车股价仅相差10%，从这个价格看，我觉得仅仅体现了南车的赢利能力，并没有包涵我们其它方面的公司价值，进行综合估价，所以南车要主动进行市值管理。

开展市值管理，是企业经营哲学和经营理念的一种深刻转变。做品牌，做市值管理，实质上是把企业管理由利润导向转变为价值导向，经营目标由利润最大化转变为价值最大化。市值主要受交易市场、行业发展、经营业绩、投资者关系、品牌溢价、法人治理、公司战略、企业领导人素质、资本结构和公司重组等十个方面的影响。通过积极做好与市场的沟通、与投资者的沟通，让市场、投资者充分了解南车的整体状况。这十个因素中很多方面对南车的股价都会起到正面、积极的作用，同时吸引更多与南车经营理念相一致的投资者成为南车的股东。

作为公司战略的一个重要组成部分，公司市值、营业收入、利润、投资、再融资是一个有机互动的整体。市值稳定增长，对企业再融资有很大的帮助，可以提升发行价格，降低融资成本，提高融资效率。市值管理的过程，能够带动技术、财务、成本、经营、品牌等管理水平的提升，同时还可以更加敏锐地掌握资本市场的周期性特征，在股价低估很多时进行增持，而在股价高估时进行增发，不断推进中国南车的价值最大化。市值延伸了品牌，增添了品牌的价值，将助推中国南车早日成为国际性品牌。

7．消除人才瓶颈，支撑目标实现

人是第一要素，是发展的基石和保证。大发展要有大人才。“十二五”期间，中国南车的很多挑战性工作都对人才提出了更高更紧迫的要求。人才工作要按照“超前储备、加速培养、优化结构、整体统筹”的思路，消除发展过程中的人才瓶颈，培育一支适应发展要求的核心骨干人才队伍。

首先是做好总体规划，超前储备。要分结构层次、分人员类别、分专业领域建设核心骨干人才队伍，动态选聘一支规模适当的高级职业经理人队伍，确保拥有一定数量国际化经营人才，选拔一定数量的高级职业经理人后备人才队伍。要培养造就一支由管理专家、管理拔尖人才和子公司管理专家组成的专业化管理核心人才团队，培养造就一支由院士、技术大师、技术专家、技术拔尖人才和子公司技术专家组成的工程技术核心人才队伍，培养造就一支由技能大师、技能专家、技能拔尖人才和子公司内部技能专家组成的高技能核心骨干人才队伍。

其次，要创新机制，优化结构。要对标国际顶尖企业，不断完善具有市场竞争力的绩效考核体系和薪酬体系，全面推进岗位绩效工资制改革，积极实施股权激励计划。要继续完善培训体系，畅通职业发展路径，做到人尽其才、才尽其用。要把“领导力开发”、“万名核心人才队伍建设工程”、“技能大师工作室”等工作按照年度工作分解到位、落实到位，切实抓出实效。要根据南车发展需求，做好人力资源的结构优化工作，加强核心骨干人才的梯队建设，确保层次科学、合理。特别要在领导班子建设上有创新、有突破，以培养全球化视野和国际化经营能力为主线，优化班子结构，提高综合素质，增强整体功能；要全面开展领导班子和领导人员综合考核评价工作，强化综合考评结果运用，进一步探索能进能出机制。

再者，要转变用人观念，充分发挥人力资源效能。要以内生与引进并重，加快对紧缺和关键人才的引进力度，特别是在海外市场开拓和新产业的发展上要适当倾斜，采取人才本土化策略，倾力打造一支业务知识精良、熟悉当地习俗的本土化人才队伍。要以提高劳动生产率为主线，做好人力资源调剂与优化配置工作，科学调控用工总量，采取多种用工方式，降低用工成本，加快实现资源共享。要促进员工关系和谐，稳定员工队伍，共享企业发展成果。

8．加强风险防范，确保科学发展

风险总是伴随着发展。在推进高速发展、开辟新的经营领域、探索新的业务模式的过程中，我们更要绷紧风险管理这根弦，把落实内控制度、保障高效运行作为一项重要工作切实抓好，重点化解决策风险、系统能力风险和行为风险。

一是化解决策风险。各子企业上报集团的“十二五”发展规划，“十二五”末营业收入的目标累加起来达2200亿元之多，扣除关联交易，也比集团确立的1500亿目标多出四、五百亿。这虽然反映了大家积极进取、不甘落后的态度，但也暗含着一种打擂台的劲头。这种急于求成的心态，就隐含着极大的决策风险。不是经过科学理性、深思熟虑定下来的目标，因为不切合实际、目标过高，对企业未来发展必然产生错误的导向，进而导致在一些项目的决策中头脑发热，贪大蛮干，甚至造成较大损失。一些子公司已经有过这方面的惨痛教训。有些决策的不合理现象，比如不考虑资本的有限性和投资回报要求，项目预期回报率很低却计划大规模投入，为追求规模扩张将从高盈利业务拿回来的钱投入到低盈利业务中，等等，也是这方面的集中反映。

每个企业都有发展的压力，但要根据企业实际，科学理性地释放这种发展压力，实事求是地把它转变为发展的动力。对于集团的现有企业，我们不会一刀切，也不要求发展速度一样快，经营效益一样高。一部分企业要加速发展，一部分企业要稳步发展，还有一部分企业要保生存以寻找机会。目前在资源、市场占优势，产品成长性好的企业要充分利用优势地位，做大做强；部分产品有特点、业务规模扩大有难度的企业，要在既有产品上精耕细作，走内涵式发展道路，做优做强；业务萎缩、生存困难的企业，则要保持稳定、等待机会，集团将通过资源整合、新业务的注入以及优势企业的帮扶，帮助解决生存问题。

二是化解系统能力风险。随着规模急速扩张，经营地域和范围的扩大，我们的系统管理能力面临着严峻考验。南车成立之初是100亿的规模，现在已到了600多亿，明年规模更大，而我们基本上还是用原来的运营管理系统支撑着集团的运转，提高系统能力刻不容缓。现在出现的一些协调机制运转不畅、效率低下的问题，就是因为原有的系统管理能力基本达到极限。当企业的管理水平与企业发展不相匹配时，必然制约企业的进一步发展，甚至导致内部失控。现在新的管理组织架构的调研工作正在进行，集团和子公司要上下互动，尽快建立适应高速发展的管理组织架构，进一步提升系统管理能力，在高速发展的同时解决好“大企业病”“企业官僚”的问题。

三是化解行为风险。特别是经理人的行为风险。随着南车的高速发展，高管人员手中可支配的资源越来越多，随之而来的诱惑也越来越多，个人的不当行为给南车造成的影响越来越大，最近这几年我们已经出过个别案例，必须引起各级高管的高度重视。企业的主要负责人，一定要严守决策程序，依靠班子集体智慧，进行集体决策，切忌个人独断专行。高管人员要加强自身道德修养，正确对待手中的权力，自觉遵守各项廉政规定，自觉做到廉洁从业。南车的发展给每个人提供了良好的发展机遇，作为职业经理人一定要恪守职业操守，珍惜事业平台，勤勉尽责工作，赢得股东信赖和社会尊重。

回顾历史 肩负使命
在党的领导下阔步前进

——集团公司总经理，股份公司董事长、党委书记赵小刚在中国南车机关党委纪念中国共产党成立90周年大会上的讲话（摘要）

（2011年6月29日）

中国共产党90年风雨征程，经历了革命战争年代，经历了共和国和平建设和改革开放的时期。随着历史前行的步伐，我们的党从50多个党员发展到8000万党员、从秘密小组成为世界上最大的执政党、从为推翻“三座大山”而奋斗到为13亿人民的福祉而开辟新的发展道路，使中华神州发生了翻天覆地的巨变。如今，在中国共产党的领导下，中国已经傲然屹立在世界的东方，中国已经成为世界第二大经济体，人民的物质文化生活有了空前的提高。中国在世界政治舞台的地位与100年相比不可同日而语。

一、没有共产党就没有新中国

历史的中国，在古代农业社会有着5000年文明，并曾以世界头号富强大国“独领风骚”千年以上。但当世界进入工业文明之后，西方列强的入侵使这个已经腐朽的庞然大物轰然坍塌。1840年鸦片战争特别是中日甲午战争以后，这个曾在世界上独占鳌头、傲视诸“夷”的“天朝上国”，迅即成为由多个帝国主义列强瓜分的积弱积贫的半殖民地半封建国家。仅仅五六十年间，几乎所有西方和东方列强都通过侵略战争，签订一个比一个苛刻的不平等条约，对中国进行疯狂掠夺。曾几何时的泱泱大国，濒临亡国灭种边缘。

1840～1900年这60年，两次鸦片战争、一次中法战争、一次中日战争，还有数百次大大小小的列强侵略战争，香港、台湾等地相继被割。半个多世纪以来，中国丧失了150多万平方公里的大好山河，相当于三个法国、五个德国、七个英国的面积！仅《马关条约》，日本从中国勒索的战争赔款和赎辽费就达到2.3亿两白银，相当于当时清政府年收入的3倍，也相当于日本年收入的4.5倍。

中华民族是个不畏强暴、酷爱独立自由、敢于反抗外敌入侵、自强不息的民族。面对国家衰败和民族危亡，100多年来多少仁人志士前仆后继，英勇奋斗，进行反对帝国主义列强和腐朽封建统治者的革命斗争，同时奔走世界，寻找强国富民的真理，求索振兴中华之路。但是，无论考察西洋还是留学东洋所获得的这个理论那个方案都不能拯救中国于水深火热之中。

——最早掀起大规模学习西方热潮的是洋务派。他们中既有朝廷官僚，也有先进思想家。洋务运动轰轰烈烈四十年，虽然开启中国现代工业的先河，但甲午战争的惨败宣告了它的破产。

——积极译介和传播西方近代思想文化的维新派，推进民族的思想解放起了重要作用。但急匆匆的“变法”不过是皇帝的道道诏书。势单力薄的一代精英在与顽固派的博弈中仓惶败阵，其维新仅仅“百日”。

——孙中山为代表的革命派，效法美法革命，通过武昌起义掀起辛亥革命风暴，推翻清王朝，结束了中国两千多年的封建专制制度，使神州大地沐浴民主共和的阳光。但是，灾难深重的中国社会没有发生任何根本性的变革，帝国主义势力支持的北洋军阀使国家更加分崩离析，国不成国。

因此，不是中国人不想学西方，而是帝国主义列强对中国的侵略、掠夺和宰割，打破了中国人学西方的迷梦。列强之间火拼的第一次世界大战也将自身的社会矛盾空前尖锐地暴露出来。这些国家的广大工人农民遭受更加残酷的剥削和压迫，贫富悬殊触目惊心，丑恶弊端比比皆是。这也使其为之炫耀的西方政治制度失去了昔日的光环。

正在这时，俄国十月革命的胜利，给求索中处于迷惘的中国进步知识分子带来新的希望。毛泽东回顾这段历史说：“中国人向西方学得很不少，但是行不通，理想总是不能实现。多次奋斗，包括辛亥革命那样全国规模的运动，都失败了。国家的情况一天一天坏，环境迫使人们活不下去。怀疑产生了，增长了，发展了。第一次世界大战震动了全世界。俄国人举行了十月革命，创立了世界上第一个社会主义国家”。它也给中国人送来了马克思主义，帮助“中国的先进分子，用无产阶级的宇宙观作为观察国家命运的工具，重新考虑自己的问题”。

俄国的情况与中国相近。中国的先进分子从俄国的政治变革中，认识到马克思主义是适合改变落后国家命运的理论，便将它作为解放我们国家的思想武器。那种夸夸其谈地认为没有马克思主义也能救中国、不进行革命武装斗争中国会进步得更快之类的言论，既无视近代中国历史实际，也太不尊重仁人志士们的思想变化历程。

中国铁路在中国近代反帝反封建运动中发挥了巨大的作用。

（1）“保路运动”直接引发了辛亥革命。1903年，四川总督锡良上书朝廷，力主中国自办川汉铁路，不让外国人染指。1904年，朝廷批复同意，并在成都岳府街挂出了“官办四川省川汉铁路总公司”的牌子。四川乡绅和老百姓积极认购该公司股票，热情空前。为什么四川省政府有如此大的号召力，为什么四川人民有如此高涨的热情？一是帝国主义自1864年以来在中国建立铁路网（美国人斯蒂芬生的计划）并在金融和铁路经营两方面获得巨大利益，这也成为清廷的一大心结。二是 1900 年前后，清政府鼓励民营铁路建设。三是受帝国主义列强的凌辱，中国民族主义火焰蔓延。四是对铁路带来的利益的向往。1911 年 5 月 18 日，清政府下文，将民营铁路收归国有，与四川铁路公司一同收归国有的还有湖北、湖南、广东的铁路公司，引发全国性的动乱。1911 年 5 月 20 日，清政府由盛宣怀与美、英、法、德四国列强签订了将四省铁路借款合同，借款600万英镑，以两湖盐税做担保，同时允许四国享有陆续借款的优先权及经济开发权。四川的铁路股民一开始还是比较冷静，只要政府将股钱退还也就算了，可是经审计铁路还未修，但很多钱下落不明，朝廷认为这部分钱不能由朝廷负担，从而引发了四川广大股民的不满，上街游行，成立保路同志会等。清廷将“路权”收归国有是假，而再转让给帝国主义从而借款为真，革命党人将此真相公布，更激起全国人民的愤怒。四川保路同志军总兵十万，与清军展开战斗。1911 年 9 月 25 日，四川荣县宣布独立；10 月 10 日，武昌新军起义，之后全国十几个省宣布独立，清朝政府轰然倒台。

（2）“还我青岛、还我胶济铁路”直接引发了“五四”运动。1914 年，第一次世界大战爆发，1917 年 8 月中国北洋政府加入协约国对德宣战。1918 年战争结束，中国作为战胜国本应该获得相应的利益，可是在巴黎和会上，协约国成员将战败国德国在中国强占的青岛和胶济铁路不是还给中国，而是转给日本，这激起中国民众的极大愤慨。巴黎和会是1919年1月18日在第一次世界大战结束后的和平会议，中国代表主张废除战争期间对中国的一切不平等条约，包括与日本签订的不平等条约和协定。日本则威胁英、法、意等国，如不同意日本的意见，将退出和会，并将把1917年日本与英、法、意等所签订的有关山东问题的密约公之于世界。这样，势必将英、法、意诸国的丑恶嘴脸暴露出来，会使他们十分难堪。日本还威胁中国代表，日本有上百万军队，正无用武之地，中国还在比邻，一旦打起仗来，欧美相隔甚远，他们纵然想帮助中国，也力不从心。帝国主义列强为了他们的自身利益，出卖了中国的利益，巴黎和会上的“三巨头”（英、法、美）最后做出弱肉强食的决定，将德国在山东及胶州湾的所有权利转让给日本，然后由日本自动交还中国，但在交还后日本仍享受以前所有的经济权利。北洋政府腐朽无能，为了从日本得到贷款，居然同意中国代表在协议上签字。在巴黎和会上，决定前不征求中国代表的意见，决定时不让中国代表发表意见，也不允许中国代表看会议记录，中国作为战胜国和战败国一样受人宰割。北洋政府将在巴黎合约上签字的消息传来，举国上下群情激奋。1919年5月4日，北京的10所院校3000多学生，高举“誓死争回青岛”等标语，在天安门广场集会，向各国驻华公使馆递交了反对巴黎和会和处理山东问题的抗议书，北京的学生运动得到了全国各地的声援。

中国共产党的成立，有着四大背景：一是近代以来，中国革命的不成功，呼唤先进的无产阶级政党产生。二是近代以来，中国工人阶级不断发展壮大，到1919年前夕，中国工人阶级队伍已经达到了200万左右，这就为中国共产党的诞生准备了雄厚的阶级基础。三是新文化运动的掀起，传播了马克思主义，解放了人们的思想。四是第一次世界大战爆发、俄国十月社会主义革命成功暴露了西方资本主义制度的矛盾和腐朽，也为我们党的创立提供了外部条件。

中国共产党的成立既是中国先进分子苦苦求索救国救民道路的必然结果，也是马克思主义和中国工人运动相结合的产物。它从诞生之日起，就担当着推翻帝国主义和封建主义的统治、实现民族独立和人民解放，彻底改变国家贫穷落后面貌、实现国家繁荣富强和人民共同富裕的两大历史任务。这是中华民族伟大复兴的必然要求。

事实上，中国共产党的90年历史大体分为革命、建设和改革三个阶段。

1. 党为实现民族独立和人民解放而进行艰苦卓绝斗争，取得了新民主主义革命胜利。

党成立后即投入迅速到来的革命洪流中。第一次国共合作本来推进了孙中山倡导的北伐革命的大好局面，但大革命后期的国民党统治集团背叛孙中山的联共政策，对党和革命人民实行疯狂的屠杀和镇压，继续维护帝国主义、封建地主阶级和买办资产阶级利益，半殖民地半封建社会的状况不仅没有改变，甚至半殖民地化的程度更加深化，封建地主阶级对农民的剥削和压榨更加厉害；民族资本主义经济虽然有所发展，但步履维艰。共产党人不得不单独地进行反帝反封建的新民主主义革命。

党领导的新民主主义革命是在异常艰难、复杂的情况下进行的。尽管党从成立之日起，就致力于马克思主义与中国具体实际相结合，但怎样结合好，实现马克思主义中国化，却并不容易。这是一个艰辛的探索过程。面对反革命武装力量的强大和残暴，革命不能不以武装斗争为主要形式。党长期处在农村，斗争环境十分艰苦，但最初并未认识到要实现工作着重点的转变。党作为共产国际的下属支部，对实际主导共产国际的苏联共产党的指导意见不能不执行，缺乏独立自主意识。处于幼年的党，对这些问题很难正确把握，在大革命后期和土地革命前期不可避免地使革命遭到严重挫折。

在这期间，中国南车所属的各子公司也涌现了许多革命先烈。一是“二七大罢工”领导人林祥谦。这是中国工人阶级的杰出代表和中国工人运动的先驱者。他用自己的鲜血谱写了为中华民族的解放事业而献身的悲壮诗篇。他高度自觉的组织纪律性，以及全心全意为劳苦大众求解放的崇高品质，为中国人民树立了光辉榜样。二是早期工人运动的带头“大哥”王荷波。他是中国共产党早期领导人之一，曾经在南车南京浦镇公司的前身——浦镇机车厂工作过。1922 年 6 月，王荷波加入中国共产党。同年秋，南京地区第一个党小组——浦口党小组成立，王荷波担任党小组组长。1923 年，他组织津浦路沿线工人举行罢工，有力地支援了京汉铁路工人的二七大罢工。他曾任临时中央政治局委员、中共北方局书记。

1935 年 1 月的遵义会议是党的历史的伟大转折点。它批判了使革命陷入绝境的“左”倾错误领导，确立了毛泽东在红军和党中央的实际核心领导地位，中国革命开始转危为安。土地革命战争后期至抗日战争后期的 10 年，以毛泽东为代表的中国共产党人，经过对中国革命正反两方面经验教训的不断总结，对中国社会的现状和历史、对中国革命的特点和规律有了比较深刻的认识，实现了马克思主义中国化的历史性飞跃。这主要表现为：一是在实践方面，探索出“农村包围城市”的中国特色革命道路。毛泽东等共产党人，率先在井冈山实行工农武装割据，创建中央苏区等 10 多个革命根据地，开辟了“农村包围城市，武装夺取政权”的中国特色革命道路。抗战时期，毛泽东进一步阐释了中国革命走这条道路的必然性、必要性和可能性，深刻地论述这条道路是中国革命胜利之路的基本经验，将统一战线、武装斗争和党的建设“三大法宝”看做中国革命道路不可或缺的基本要素。二是在理论上更为全面、系统、深入地回答了中国革命的一系列根本问题。毛泽东等领导人在《新民主主义论》等著作中，精辟地论述了“什么是新民主主义革命，怎样进行新民主主义革命”的对象、任务、领导权、动力、前途、发展阶段、总路线，以及新民主主义的经济、政治、文化的基本纲领和政策等诸多重大问题，构建了比较完整的新民主主义理论体系。党的七大，将作为集体智慧的、集马克思主义中国化第一次历史性飞跃成果之大成的毛泽东思想确立为党的指导思想。在它的指引下，党不仅为中华民族在近代第一次打败外国侵略者作出了巨大贡献，而且取得解放战争的辉煌胜利，创建了新中国。

2. 党在中国初步建立起社会主义基本制度，从根本上改变了中国人民的命运，在探索过程中经历了社会主义的胜利和曲折的双重变奏。

在中国，搞建设同干革命一样，马列主义本本里没有现成答案，其他国家的经验和过去干革命的经验不能照搬照抄，只能继续通过实践探索。这是一个比革命更为艰巨的任务。党领导人民取得了三大主要成就。一是实现新民主主义向社会主义的转变，探索出适合中国特点的社会主义改造道路，社会主义基本制度的建立意味着进入社会主义初级阶段。二是在迅速医治战争创伤恢复国民经济后，开展全面的大规模社会主义建设，初步地建立起独立的比较完整的工业体系和国民经济体系。三是通过总结领导社会主义建设的经验和教训，在政治、经济、文化、民族、国防和外交等诸多方面形成了不少正确和比较正确的理论观点和方针政策，丰富了党的指导思想。党在这个时期的成就初步改变了国家面貌。

在探索适合中国情况的社会主义建设道路过程中，除了由于特殊国情外，还由于在外部关系上面临巨大的国际压力和紧张的周边关系，在理论上对什么是社会主义和怎样建设社会主义的认识有很大局限，在制度建设上党和国家的领导体制很不健全等诸多原因。自1957年始的20年间，不断遭受曲折和挫折，特别是3年“大跃进”和10年“文化大革命”两次全局性的失误，给党、国家和各族人民造成了严重灾难。中国共产党是对中国人民和中华民族负责任的政党，既努力纠正了“大跃进”和人民公社化运动的错误，又一举粉碎“四人帮”结束了“文化大革命”，为改革开放作了诸多方面的重要准备。这一阶段尽管走了“S形”弯路，但辩证地看待这段历史，无论取得的成功还是经历的挫折，无论正面的经验还是负面的教训，都为后来的中国特色社会主义建设事业奠定了基础。

3. 党和国家进入改革开放和社会主义现代化建设新时期，神州大地发生惊世巨变，开辟了实现国家繁荣富强和人民共同富裕的光明前景。

十一届三中全会断然摒弃“以阶级斗争为纲”的指导思想，作出了把党和国家工作中心转移到经济建设上来、实行改革开放的决策。1992年初邓小平的南巡讲话和党的十四大，使党和人民对社会主义的认识经历了又一次思想大解放。这样，党和国家的路线方针和体制机制，在实现了从“两个凡是”到实事求是、从以阶级斗争为纲到以经济建设为中心、从僵化半僵化封闭半封闭到全面改革开放的三大转变之后，又开始实现从计划经济到社会主义市场经济的转变。这些转变有力地推进中国特色社会主义事业朝着持续、平稳和快速方向发展。

这期间，党实现了马克思主义中国化第二次历史性飞跃。从实践层面而言，开辟了中国特色社会主义道路，即在中国共产党领导下，立足基本国情，以经济建设为中心，坚持四项基本原则，坚持改革开放，解放和发展社会生产力，巩固和完善社会主义制度，建设社会主义市场经济、社会主义民主政治、社会主义先进文化、社会主义和谐社会，建设富强民主文明和谐的社会主义现代化国家。从理论层面看，先后创立了作为党的指导思想的邓小平理论和“三个代表”重要思想以及科学发展观等。十七大明确指出：改革开放以来我们取得一切成绩和进步的根本原因，归结起来就是：开辟了中国特色社会主义道路，形成了中国特色社会主义理论体系。因此，中国人民的面貌、社会主义中国的面貌、中国共产党的面貌发生了历史性巨变。

纵观党的90年历程，从总体上言，可以概括为：

——历史曲折。党在前两个阶段的艰辛探索有大的曲折和挫折，付出了“惨烈的代价”。但是，“艰难困苦，玉汝于成”，为两次伟大转折、走向胜利的坦途积累了经验、奠定了基础。

——道路成功。党的90年历史，可解读为领导了两次伟大的革命，实现了两次历史性飞跃，开辟出两条具有中国特色的成功道路。一条是农村包围城市、武装夺取政权的中国革命道路；再一条是以改革开放和社会主义市场经济为鲜明特征的中国特色社会主义道路。

——成就辉煌。一是建立了拥有民族独立和主权完整的新中国，雄踞亚洲东方。二是使国家由“一穷二白”变为全面建设小康社会的世界第二大经济体，向富强目标迈进。三是对香港、澳门恢复行使主权，雪洗多年丧权辱国的历史。同时，随着海峡两岸关系的改善，中华民族和平统一大业呈现新的愿景。

90 年漫漫求索，90 年奋起复兴。党领导建设中国特色社会主义，实现国家繁荣富强和人民共同富裕，取得了辉煌成就，但仍任重道远。实现中华民族伟大复兴是一个需要中华民族子孙发扬“愚公移山”精神不断奋斗的伟大工程。

二、南车作为央企应该承担的历史责任

我们党的最高理想和最终目标是实现共产主义。党的阶段目标是实现中华民族的伟大复兴。南车作为央企必须不折不扣地执行党的目标。中国要实现中华民族的伟大复兴，必须有一大批具有国际竞争力的企业，南车理应成为其中一员。

根据全球轨道交通装备制造企业各自发布的 2010 财年年报显示，中国南车已成功取代庞巴迪公司，销售收入名列全球轨道交通装备制造业的第一位，在盈利能力和资产运转方面也都排在前列。在“十一五”期间，我们确立了进入世界同行业三强的目标，这个目标在 2009 年已经实现。同样，我们全球规模第一的目标在 2010 年也已经实现。

作为中央企业的一员，中国南车从一成立，就一直牢牢把握正确的方向，成为国家战略的积极实践者，无论是在实施创新型国家的大战略，还是行业的技术创新，乃至国有企业改革与发展，中国南车都始终坚持走在前列。

1. 中国南车十年间的战略创新。自 2000 年成立以来，中国南车以振兴民族工业为己任，以赶超世界一流为目标，以打造核心竞争力为中心，以技术创新和管理创新为主线，分阶段实施四大战略，即：

“整合归核”战略。在成立之初，我们针对过去“主业不大，辅业不强，重复布局，资源分散”的状况，为实现专业化生产、规模化经营目标，提出“主机产品集约化、重要零部件专业化、一般零部件市场化、后勤辅助社会化”的方针，摒弃无关多元化发展思路，明晰主业，强力推进剥离辅业、分离社会职能改革，大手笔调整业务结构。通过调整、整合，公司一级子企业总数由组建时的 21 家减少到 19 家（含新设 4 家），三级以下企业从 2000 年底的 400 多家减至目前的 90 余家。有 222 户企业基本完成改制分流工作，安置富余人员 1.5 万余人，共组织移交中、小学校 30 所，公安机构基本完成移交；18 家企业医院中的 14 家实现了与主体企业的分离。通过“减法瘦身”，优化资源配置，将业务集中到资源和能力具有竞争优势的轨道交通装备领域，使企业能够形成一个“握紧的拳头”。

“借力强核”战略。面对技术能力不强的问题，根据国务院“引进先进技术，联合设计生产，打造中国品牌”的总方针，积极实施以引进消化吸收再创新和自主创新相结合为主要模式的中国轨道交通技术装备现代化工程。我们作为核心参与企业，高起点、系统化、成台套引进国外轨道交通装备先进技术，借国外先进技术之力，迅速缩小我国铁路装备与发达国家的技术差距。南车技术取得突破后，一方面产品急需产业化，却受制于投融资瓶颈；另一方面，传统国有企业产权单一的组织形式，已经制约了企业发展的步伐，我们下决心实施集团整体重组改制上市，建立以多元投资为特征、以产权制度为核心、以科学治理为基础的现代企业制度，同时募集资金加快新技术的产业化，借资本市场之力实现管理提升和产业升级。

“创新造核”战略。从引进国外先进技术项目启动之时，我们就清醒地认识到：技

术可以引进，自主创新能力却要靠自己培育。只有具备了这种创新能力，才能避免走“引进，落后，再引进，再落后”的覆辙。技术创新是“造核”的过程，因此，在动车组引进之初中国南车就强调，只引进时速 200～250 公里技术，时速 300 公里以上的产品要靠自己独立开发。在引进技术之初，南车在安排引进技术和自主研发这两条战线上是一套人马，研发队伍不分散，坚定走好引进和自主创新“两条腿走路”的方针。2006 年，首列国产化时速 200～250 公里的高速动车组就在青岛四方下线。在 2007 年中国铁路第 6 次大提速中，南车提供了 47 列动车组，占上线列车的 90%。随即，南车又迅速启动时速 300～350 公里动车组的自主创新，并于 2007 年 12 月顺利下线。在 2009 年开通的郑西线上，我们创造了 394.2 公里的试验新时速。代表世界高速列车最高水平的 CHR380A 型新一代动车组于 2010 年 12 月 3 日在沪杭线上创造了 486.1 公里/小时的世界最高铁路运行试验速度。另外，在原始创新领域，南车也成果卓著，大功率电力机车、高原机车、青藏客车、重载货车等一批新产品受到世界瞩目。

“拓展扩核”战略。与世界著名轨道交通装备企业对标使我们深切认识到，南车要追求更高的发展目标，仅在轨道交通装备领域谋求发展，空间还很有限，要在坚持做强、做精、做优主业的条件下，立足雄厚的轨道交通装备等制造资源配置和技术、人才优势，本着“走好两条钢轨，走出两条钢轨”的原则，努力将轨道交通装备专有技术向其他领域延伸，创造新的经济增长点，培育未来“种子”业务，打造公司新的支柱型产业。目前，我们凭借自主化专有技术，成为国内风电装备、电动汽车、大功率半导体元器件、船用发动机、工业电机等产业领域重要力量。

2. 南车发展战略的回顾感悟。

感悟之一：战略创新要有一种实现发展目标的执着信念。中国南车成立以后，就放眼经济全球化的世界大格局，对自身的发展进行了全面、准确、深刻的定位，目标志向一直是清晰的、坚定的。2001 年，我们就提出要与国际接轨的要求，随后明确了成为“国内一流，国际知名，具有国际竞争力的轨道交通装备企业”，跻身全球轨道交通装备行业三强的奋斗目标。这期间及时抓住了中国轨道交通大发展的历史机遇，始终坚持自主创新，成功实现了高端产品的技术跨越，消除了实现目标最具难度的不利因素，即使是在 2008 年金融危机到来之际，我们的目标也没有丝毫动摇。可以说正是我们对目标的不懈追求和执着信念，才让我们在面对企业发展的不利环境时沉稳应对，面对企业重大转折关头时全力以赴。

感悟之二：战略创新要始终抓住影响企业长期发展的、亟待解决的主要矛盾。南车成立之初，面临主业不大、辅业不强、重复布局、资源分散的矛盾；由计划经济迈入市场经济后，面临技术能力不强、产品性能难于满足市场需求的矛盾；在隶属关系变化后，面临从市场保护到市场竞争的矛盾、从政府投资到自筹发展资金的矛盾；引进技术之后，面临新技术产业化投融资渠道狭窄的矛盾、实现技术再创新超越竞争对手的矛盾；完成新技术的产业化和技术的新突破后，面临产业的新突破、新发展的矛盾。每个矛盾都是制约企业发展的瓶颈。但是，每解决一个矛盾，企业就迈上一个新的台阶。

感悟之三：战略创新要有一种激发企业潜能的变革力量。作为百年企业，中国南车有深厚的企业管理和文化底蕴，但我们始终自觉融入时代的洪流中，大力推动变革。青岛四方机车车辆厂（简称四方厂）是中国机车车辆的摇篮，1952 年我国首台蒸汽机车、1958 年我国首台干线内燃机车都诞生在这里。2004年，我们下定决心调整优化四方厂的产品结构，把能耗高、排放大的老型内燃机车淘汰，转而生产市场需要的新型动车组和城轨地铁车辆，抛弃几十年引以为豪的业务，对四方厂的老职工来说是难以理解的。当时整个结构调整需要分流五千多人，如何对这批人进行安置，也是改革面临的一大难题。南车决策层的思路十分清楚，有退才能进，有舍才能得，搞改革要把握好方向，更要有“壮士断腕”的决心。目前，南车青岛四方机车车辆股份公司已经发展成为全球最大、水平最先进的高速列车研发、制造基地，在这里又诞生了诸多中国的第一、世界的第一。2007年底我们发起设立中国南车股份有限公司，所有一级子企业完成公司制改造，2008年8月在上海和香港实现A+H上市，完成国有企业的产权制度改革，形成产权多元化，建立规范的法人治理结构，实现了从传统、封闭的老国企向现代、开放的新公司的转变。南车上市的三年，是南车发展最快的三年。可以看到，一个企业制度的根本变化给企业发展带来的飞跃作用是多么巨大！

*感悟之四：战略创新要谋求一种推动技术进步的创新实力。*我们不仅在引进消化吸收中取得突出成效，而且凭借长期积累的扎实技术底蕴，坚持引进技术与自主创新相结合的道路，投入大量的研发费用，开展产品、设计、制造三大技术平台建设，用于技术消化和再创新。CHR380A型高速动车组、9600千瓦和7200千瓦大功率电力机车、6000马力大功率内燃机车、青藏高原客车、自主产业化A型地铁车辆等高端产品的相继面世并投入运营，充分表明南车产品研发的整体技术实力已经进入世界行业前列。我们的新产业也呈现出喜人的局面，拥有核心技术的电动汽车、风电机组也在行业内产生积极的影响。这种对产品技术不断的突破和创新，让我们增强了与国际同业巨头在全球市场同台竞技的技术实力，也改变了中国制造的国际形象。

*感悟之五：战略创新要先人一步，速度取胜。*很多人记住了中国南车创造的486.1这个纪录数字，挖掘这个数字的形成，它是中国南车无数个“先人一步，速度取胜”的积累。我们先人一步完成结构调整、主辅分离；先人一步完成技术引进消化吸收和再创新；先人一步完成重组改制上市；先人一步完成专有技术的产业延伸。我们的速度体现在自主创新的成果上，体现在市场布局的敏捷上，同时也体现在了市场份额和营业收入的增长上。南车人用勤奋、努力、务实、坚韧，创造了适应时代要求的企业发展独特优势。不仅跻身行业三强，更向全球行业第一挺进。

*感悟之六：战略创新要有严密的执行体系支撑。*战略不是“图画”，要在执行中进行落实，在执行中检验效果。中国南车制定战略时就关注执行，因此中国南车战略称为“纲要”，强调“凝练、概括，易懂、易记、易执行”，“不追求尽善尽美，但追求执行速度和可操作性”，“在执行中完善、在完善中执行”。我们的战略执行不是单纯靠行政命令，而是强调“理解执行、分解执行、监督执行”。

3. 南车“十二五”战略的重点解析。

去年，公司制定了“十二五”战略目标，主目标是：到2015年，年营业收入突破1500亿元，实现净利润80亿元，公司市值超过1500亿元；形成轨道交通装备产业、专有技术延伸产业、资本运营“三位一体”的国际化经营格局；努力成为行业第一、世界500强企业；“中国南车”成为全球有较高知名度的品牌。这个目标，是在认真总结“十一五”发展经验的基础上，结合南车实际，经过上下征求意见，多方反复讨论沟通后形成的，切实可行。

行业第一的目标去年就实现了，但仅仅是收入上的第一，还不是内涵上的第一，我们在技术创新、国际市场开拓、管理等方面与跨国公司比还有较大差距。

2011年，将注定成为中国高铁发展史上备受瞩目的一年。年初，原铁道部部长刘志军因贪腐下台，令资本市场骤然担心起高铁预算紧缩。中国南车股价一路下滑，从最高的9.17元/股，最低跌至6.34元/股。而此后，京沪高铁动车运行时速从350公里降为时速300公里的消息，又引发民众对中国高铁发展的种种猜测。我相信总部不少员工也有同样的担心，担忧未来南车的发展，担忧“十二五”的前景。借这个机会跟大家交流一下我的看法。

看法之一：绿色低碳经济使轨道交通焕发新的生机。

前不久，纽约市场原油价格突破了100美元/桶，再次引发了人们对化石能源的担忧，世界上很多国家纷纷宣布对发展可再生能源的关注。工业革命发生在200年前的英国，信息革命发生在30年前的美国。有人说影响世界的第三次革命就是能源革命，以低碳环保著称的轨道交通将在这次能源革命中大有作为。

当前，能源与环境成本越来越受到各国政府的高度重视，节能减排已经成为包括众多国家制定经济政策时参考的重要内容。交通运输业是能耗的大户，其产生的CO_2占全球温室气体排放的30%以上，所以发展低碳交通至关重要。根据日本通产省有关数据统计，相对于公路和航空，铁路运输具有明显的节能减排优势。

受中国高铁成功运行的影响，美国、俄罗斯、英国、印度、巴西等许多国家纷纷推出高铁计划。全球铁路产业开始焕发出新的生机，铁路格局正悄然发生变化。

5月10日，在中美第三届战略与经济对话中，作为中方唯一的大型装备研发制造企业的代表，我受邀参加活动并发言。早在去年，美国GE公司就已经与CSR签署协议，引进高铁技术。美国总统奥巴马多次提到要建设美国的高速铁路，希望该项基础设施的建设给美国人民带来更多的就业。在中美第三轮对话的前一天，美国交通部长宣布投入20.2亿美元，用于发展下一代高速列车。这说明了美国政府对发展高铁高度重视。

看法之二：“十二五”期间我国轨道交通将继续快速增长。

我国是一个人口众多、煤多油少、人均资源匮乏、东西部发展不平衡的发展中国家。从国家能源安全角度考虑，以及从轨道交通装备制造业对经济全局的影响力、对国民经济发展的长久支撑力考虑，都需要坚定不移地发展轨道交通运输业这种低能耗、低排放的绿色交通运输方式。根据铁道部铁路建设规划，“十二五”期间我国铁路新线投产总规模约3万公里，2015年全国铁路营业里程将达到12万公里左右，其中快速铁路网4.5万公里左右，西部铁路5万公里左右，均较2010年底有大幅增长；2015年复线率和电气化率分别达到50%和60%。铁道部盛部长上任后，提出我国铁路建设“十二五”期间的投入为2.8万亿元，比“十一五”期间增长了41%。这些都说明中国高铁发展的步伐不会放缓，将继续保持快速发展。铁路营业里程，特别是快速铁路营业里程的大幅增加将会为轨道交通装备带来巨大的市场需求。

此外，中国城市化发展很快，6.3亿人口将为城市人口，城市的交通将成为一大难题。轨道交通占城市公共交通的比例是衡量一个大城市公共交通水平的重要指数，巴黎是70%以上，日本东京大都市圈高达86%；而中国北京为50%，上海仅仅为35%。在地铁车辆的配备上，纽约为14辆/公里，北京为7辆/公里，上海为5辆/公里，广州为3辆/公里。发展城市轨道交通，将极大地促进城市人口的高效流动，进而拉动城市的总体消费水平。还有，随着中国高铁的崛起，中国轨道交通产业“走出去”初现端倪，已有 50 多个国家希望中国给予相关技术和建设支持。未来中国南车有可能迎来轨道交通产品出口和技术输出的高峰。

看法之三：高铁发展给中国社会带来巨大变革。

2010 年底，中国高铁营业里程达到了 8358 公里，在建快速铁路 1.7 万公里，无论是路网规模还是速度等级都居世界第一。中国已经成为世界高速铁路发展最快、系统技术最全、集成能力最强、运营里程最长、运营速度最高、在建规模最大的国家。仅去年一年，就有近 3 亿人次乘坐高铁。今年保守估计将超过 6 亿人次，也就是中国有一半的人可乘坐高铁。中国的高铁为老百姓提供了一种更节能更环保的全新出行方式，也为拉动内需、促进就业、发展旅游作出了贡献。到今年年底，中国的高铁运营里程将达到 1.3 万公里，乘坐高铁出差或者旅游的人将会出现爆发式增长的势头。根据中国的铁路发展规划，“十二五”期间，北京到全国绝大部分省会城市将形成 8 小时以内的交通圈。

目前，从已经开通运营的京津、武广、郑西、沪宁、沪杭等城际高铁来看，中国高速铁路运营状况总体良好，体现在几个方面：第一，已经投入运营的高铁客流持续快速增长。第二，既有线的货运能力极大释放。第三，对经济社会发展起了重要作用。这些作用体现在四个方面：一是对推动工业化和城镇化进程作用巨大。作为全天候、大运量、安全可靠、快捷方便的现代化交通工具，对保证城镇人口流动，实现中心城市与卫星城的合理布局，发挥中心城市的辐射带动作用，强化相邻城市的同城效应，具有重要作用。二是对推动区域和城乡协调发展作用巨大。大大缩短了区域和城乡间的时空距离，对加快人才、信息等流动，促进区域和城乡优势互补、协调发展等具有重要作用。三是对推动产业结构优化升级作用巨大。高铁产业链长，覆盖面广，除拉动新兴装备制造业的发展，还促进了旅游、餐饮、商贸和现代物流的发展。四是对推进节能环保作用巨大。我国高铁大量采用“以桥代路”，比传统铁路每公里节约土地 44 亩。而且不依赖石油，没有尾气和污染排放，是世界公认的绿色环保交通工具。

中国高铁的影响力会逐步扩大到世界各国，特别是基础设施相对落后的发展中国家，未来的市场还很大。

看法之四：专有技术延伸产业厚积薄发迅猛发展，能否引领我们成为中国的西门子。

综观欧美国家的公司发展历史中，很多公司都会根据不同阶段进行专业化和多元化的整合，通过市场来确定产业链的发展。所谓专业化和多元化是一个相对的概念。GE 公司前些年还搞化工，后来又卖掉。我们专业化是站在轨道交通领域来讲，但是在这个行业里面，我们又是多元化的。比如 GE 只干内燃机，西门子是电控技术领先，而我们几乎包括了所有的品种。所以，我们就向相关性比较强、有一定技术实力的项目拓展。西门子进入轨道交通，是通过兼并收购克虏伯下面的电力机车厂实现的，此后通过奥地利等轨道交通公司的并购和整合，组建了有实力的轨道交通板块。我们为什么不能反向思维，把这个技术用到其他方面呢？所以我们要延伸产业。我希望未来南车要成为中国的西门子，而不仅仅是轨道交通行业的老大。

中国南车的新产业板块是在专有技术的基础上，前延后伸进入的产业领域，包括风电装备、电动汽车、工业电机、复合材料、船用发动机、轨道工程机械产业板块等。近 3 年，中国南车的新产业板块是 6 大产品板块成长最快的业务板块之一，几乎每年都是成倍的增长。2009 年收入为 50 亿人民币，2010 年为 100 亿，2012 年预计 200 亿，2015 年目标为 300 亿。从目前经营情况看，风电装备、工业电机、复合材料、轨道工程机械和汽车装备产业板块在新产业中占比达到 10%以上，已成为新产业的主要业务板块。在“十二五”期间，我们还会逐步培养技术延伸产业，诸如半导体（IGBT）、新能源、高效电机等，南车拥有这些领域的核心技术，这些市场其实更大。

在南车的延伸产业项目中，有很多看似与高铁并不相关的产业，但是实际上在掌握核心技术之后，都能够成为延伸的可能。这些新的产业比高铁更有吸引力，因为这些产业的市场更为广阔。这些产业犹如“种子”一样，是南车未来发展的重要支撑。在“十二五”战略中，我希望这些延伸产业能占到 20%的营业收入。而在未来，更希望传统国铁只是南车的一小部分。

总之，持续创新能力的培育和核心竞争能力的不断提升，奠定了中国南车成长为卓越制造企业的基础。南车人一直有一个信念，要当行业的排头兵，永远要争第一，而且一定是全优的第一。中国南车将坚持持续创新，打造核心能力，让公司努力成长为具有世界影响力的卓越制造企业。

高端装备制造业的发展与技术创新管理

——集团公司总经理，股份公司董事长、党委书记赵小刚在中组部“培育发展战略性新兴产业”研究班的讲课（摘要）

（2011 年 11 月 8 日）

第一部分　“7.23”事故引发的思考

一、如何看待“7.23”事故

1. 客观看待事故。中国甬温线发生特大追尾事故是非常不幸的事件。发生事故不是中国一家独有的，这是人类征服大自然过程中付出的血的代价。德国、日本、英国、意大利、美国、印度等国家都发生过特大铁路事故，都不比中国少，不比中国小。比如，1998 年 6 月 3 日，德国艾须德高速列车 ICE 出轨并撞上陆桥，造成 101 人死亡，88 人重伤，106 人轻伤；2005 年 4 月 25 日，日本 JR 福知山线列车出轨，造成 107 人死亡，555 人受伤；1963 年，日本横滨发生多列火车首尾相撞事件，导致至少 160 人死亡；1991 年 5 月 14 日两列火车在日本滋贺县信乐町附近发生严重相撞事故，造成至少 42 人死亡，527 人受伤；2008 年 9 月 13 日美国洛杉矶一列客运火车与货运火车相撞后出轨，造成 25 人死亡，130 多人受伤，多人伤势严重；1988 年在英国伦敦南部靠近克拉彭禄口的撞车事件，造成 35 人死亡……有报道说，人类历史上发生的十大火车灾难，意大利、埃及、英国、奥地利、伊朗、朝鲜、巴勒斯坦各占一席，印度占三起，且“冠亚军”都被印度拿走。

中国高铁发生事故时，全球也正是多事之秋：美国八十多天的债务违约闹剧正达到最后的高峰、欧盟日益恶化的主权债务危机又达到新的临界点——不仅一年来欧盟全力挽救的希腊不见起色，欧元区第三大经济体意大利又风声鹤唳、一向风平浪静的北欧竟然发生挪威骇人听闻的大屠杀事件、基督教世界之外的伊斯兰世界的革命仍然在血腥的内战和屠杀中挣扎。这些囊括全球的危机，任何一个都远远超过中国的动车事故。所以在这样的背景之下，温州动车相撞事故竟然能成为全球关注的焦点，确实不同寻常。我们不得不警惕有人要“唱衰中国高铁”。

2. 宽容对待高铁。前一段时间，大家也都看到了媒体上对高铁所谓降速、安全性议论纷纷，尽管我们发表了很多意见，但是公众往往都是对反面的素材比较感兴趣，对正面的东西关注度就很小，这是一个规律。反面的、小概率的事情往往叫做“新闻”，更容易引人关注，正面的东西就容易被大家所忽略。比如，关于降速问题，线路建设的标准是按 350 公里建设的，现在运行 300 公里。运行一两年以后我预计运营部门会把速度提上去。因为能开多少速度和你运行多少速度没有一个必然的关系，就像高速公路设计标准最高时速 120 公里，你跑 80 公里一样照跑。如果设计师按照 250 公里设计，那以后万一要跑 300 公里，就没有空间了。要有发展的眼光，高铁一般都是上百年的使用期，到时候想提速就不行了。因此，政府的态度要鲜明坚决，媒体舆论要宽容理解，不应该就凭这次事故来否定中国高铁的发展，更不应成为不发展的理由。中国铁路装备产业，在七大战略性新兴产业中首当其冲，定位明确。作为高端装备制造业的一部分，铁路装备产业的快速发展为中国经济发展和社会全面进步立下了汗马功劳，在今天中国高铁发展的困难时刻，应当在严厉问责和鼓励前进之间做出理性区分。媒体和舆论应该理解和宽容，对正在成长中的高铁在严格监督之余，也应该给予鼓励和支持，创造宽松的成长环境。

事实上，再安全的交通设施也存在发生事故的概率。世界航空航天业的发展历史就是一部人类的灾难史，但是人们没有因此全盘否定航空航天业的发展。对于高铁的成就，就连一向苛刻的国外媒体也都发出了由衷的赞叹，各国舆论纷纷竖起大拇指，赞叹中国高铁在短时间内从一个不起眼的追赶者变成了世人关注的领跑者。香港评论员陈九先生就说：从某种意义上说，高铁是一面旗帜，中国走向未来的旗帜。

3. 理性分析影响。“7.23”甬温线特别重大铁路交通事故后，国家决定适当降低新建高铁运营初期的速度，开展高速铁路及其在建项目安全大检查，以促进铁路健康发展。可以说，“7.23”事故给铁路装备行业的冲击是前所未有的，资本市场对铁路的疑虑，银行对铁路的惜贷，跟这个肯定有关系。南车也受影响，股价不断下滑，再融资工作被迫更改并延期。高铁降速等铁路发展政策的调整，对整个行业的影响将更为广泛和深远。这种调整，到底是中国铁路上升过程中的一个辗转的调整，还是一个持续往下走的转折点，这个要理性分析。我认为，这种调整就象人跳高一样，要先蹲下去，蹲下去就是为了跳得更高。现在的高铁应该是属于蹲下去调整的阶段。

另一方面，我们也应冷静客观的分析，当前中国高铁出现的问题，从根本上看，是局部问题还是全局问题？是方向问题还是操作问题？是技术系统问题还是管理系统问题？是指导思想问题还是工作方法问题？一句话，我们所不能容忍的，是那些不应该发生的事故、问题和敷衍塞责的作风，甚至隐藏其中的腐败行为，还是高铁本身？

二、“7.23”事故的根源到底是什么

今天我与大家交流的主题是“高端装备制造业的发展与技术创新管理”，在“7.23”甬温动车特大事故还未定论之际，以中国南车的发展案例来谈，似乎不合时宜。但无论过去、现在还是将来，服务于人类社会的工业技术及其发展前景，根本的前提就是安全。社会和公众接受与认可的，不是理论上完善的技术设计，而是现实中完善的技术表现；不是试验中丰富的安全数据，而是实践中稳定的安全性能。离开了这一点，技术的发展就失去了基本的依据和意义。关于“7.23”事故的根源，外界有很多说法，借此机会我想谈谈自己的看法。

（一）速度问题？

1. 发展速度。有人说：日本高铁用了三十年，德国高铁用了五十年，而我们只用十来年时间，太快了，冒进了。其实，中国高铁的发展，从 90 年代初论证到现在已经有 20 年的时间了，期间京沪线轮轨和磁悬浮之争更是长达 10 年。所以有媒体说中国一夜之间就搞出了高铁，这种说法是不科学的。中国高铁的发展经历了一个漫长过程：1992 年，铁道部根据高速列车的相关重要部件列出研究课题；1997 年，铁道部成立高速办及京沪铁路技术研究总体组；2000 年，研制“中华之星”高速列车正式立项成为国家项目；此后两年进行了大量的试验，积累了大量高速铁路运营的数据和经验；2004 年至 2005 年，中国南车从日本川崎重工引进技术，联合设计生产高速动车组；2007 年 4 月

18日，全国铁路实施第六次大提速，“和谐号”动车组驶入百姓的生活；2008年2月26日，铁道部和科技部签署计划，共同研发运营时速380公里的新一代高速列车；2008年8月1日，京津城际铁路通车运营；2009年12月26日，武广高速铁路开通运营；2010年2月6日，郑西高速铁路开通运营；2010年7月1日，沪宁城际高速铁路开通运营；2010年12月3日，CRH380A在京沪高铁先导段创下时速486.1公里的世界铁路运营试验最高速度；2011年6月30日，京沪线开通，中国投入运营的高速铁路接近1万公里。事实上，法国、德国的高铁也是上世纪80～90年代发展的，真正到稳定运行200多公里也只有十多年。日本最早于1964年搞高铁，运行到270公里时也只有十多年。更何况，我们是在引进技术的基础上发展的，应该说中国高铁不是“忽如一夜春风来”发展起来的，也经历了漫长的发展过程。当“陆上飞机”CRH380A成功面世时，人们震撼于它充满着力度和速度感的高速列车外形，更震撼于它诞生的艰苦历程。

2. 运营速度。大家知道，日本高铁现在的最高运营时速是300公里，法国是300公里，德国是320公里，我们的武广线、郑西线是350公里，京沪线最高时速达到380公里。从运营情况来看，我们时速200～250公里的动车列车，于2009年9月建成通车，已经安全运行了近两年；京津城际高铁是时速350公里的高速铁路，2008年8月1日通车，至今也安全运行了四年；还有武广线、郑西线都是350km/h的线路较长的高铁，开通后也没有发生过任何伤亡事故。在郑武线和郑西线运行的都是中国南车提供的动车组，到目前为止已安全运行1000多万公里，相当于绕地球250圈。

3. 极限速度。据不完全统计，中国目前已经有18条、近万公里的高速铁路，是世界上高铁运营里程最长的国家，其中运营速度在时速350公里的线路达到了1600公里，也是世界上高铁运营速度最快的国家。运营速度肯定低于列车设计的极限速度，也叫做极限失稳速度，可以在实验室做这样的试验。根据不同的速度等级的车，有些可能失稳速度在300公里、有的在500公里、有的在600公里，CRH380A动车组就是按照600公里设计的，具有很大的安全空间。

（二）技术问题？

1. 安全性指标。高速铁路的安全保障体系是一个由若干子系统组成的综合系统，包括高速列车、轨道和线路基础等。就列车安全性而言，有六大主要方面：运行安全性、气动安全性、结构安全性、制动安全性、故障导向安全性、运营维护安全性，以及防火安全性等。（1）*脱轨系数*。国际铁路联盟UIC518规定安全有一个脱轨系数，不管在什么速度等级运行，脱轨系数小于0.8就算是安全的。我们引进250km/h的动车组，通过联合设计生产，在250km/h的情况下脱轨系数是0.73；自主开发的350km/h的高速动车组，在386km/h的情况下测试出来的脱轨系数是0.34。很多人认为速度越高，安全系数越小。通过这个数据说明，速度越高，安全系数是越来越高了。尽管部分媒体和普通人对高速动车的安全性不乏担忧，但是南车可以自信地告诉大家，动车组的运行安全性是完全可以信任的，大家可以安心乘坐。（2）*平高比*。铁路运输行业通常把铁路运行的平均速度和最高速度之比称为“平高比”。以法国为例，法国的高速列车V-150在2007年4月的试验中曾跑出574.8km/h的高速，超过我国在2010年京津城际铁路试验时跑出的486km/h，甚至超过了日本的磁悬浮。但是其运营最高速定为360km/h，不仅低于我国在沪杭高铁上跑出的416km/h的运营最高时速，也低于CRH380的最高设计380km/h。

按照我国铁道部确定的300公里的平均运行时速，京沪高铁车速还有约20%的余量。这意味着，列车已留出较大的速度安全空间。（3）最大规模的科学研究试验。由中国南车研制的CRH380A动车组从2010年11月开始，在京津、武广、郑西、沪杭、京沪高铁进行了长达150余天、总试验里程72164公里的线路试验。分别进行了18大类54项型式试验，31大类126项科学研究试验，以及8大类40项车—桥—线—网—环境联调联动试验，共有27列CRH380A和CRH380AL动车组参加试运行，试验运行里程近百万公里，参与单位近百家，参与的院士就有四五十个，大专院校、科研院所和南车的科研人员共上万人，充分验证了上线动车组的运行可靠性。比如，国家安全玻璃及石英玻璃质检中心围绕玻璃进行的光学、电学、抗冲击、耐环境老化等检测就达20多个方面。（4）气动安全性。和“脱轨”相比，高速列车更需要克服向上的升力。一般而言，飞机时速达到270至280公里就可以起飞。与这种气流绕飞机机翼产生升力的原理类似，列车在高速行驶时，也会导致尾车周围产生气动升力。不同的是，对飞机而言，向上的“升力”是需要利用的，而对于“贴地飞行”的高速列车来说，却是必须予以克服的，因为它会加大列车高速行驶时的抖动，降低运行的稳定性和安全性。CRH380列车采用了一种叫做“导流槽”的设计，通过在车头两侧设置导流槽，引导气流产生向下的压力，以抵消气动升力的影响。它就像一双强有力的手，牢牢地抓住铁轨，不让火车飞起来。试验表明，CRH380A的尾车气动升力接近于零。据测算，列车运行阻力跟风速是呈三次方的关系，列车速度越高，风阻越大。速度超过200公里以后，主要的能耗90%来自于风阻。我们通过优化车体、转向架等承载结构，在重量仅增加4%的情况下，车体抵抗在通过隧道或两车交会时产生巨大空气“挤压力”的气密承载能力提高了50%，头车气动阻力比照以往车型降低了15.4%，气动噪声降低了7%。

2. 可靠性指标。（1）结构可靠性。结构可靠性就是结构承受载荷的能力和长时间运行的结构抗疲劳断裂的能力。为确保CRH380A的车体强度，设计时在正负4000帕的国际标准上，提高了50%，按照正负6000帕的抗压标准进行设计，并且充分考虑了静抗压强度和动态抗压强度。350km/h的线路试验结果表明，在隧道交会时最大承压值只有4600帕，所以安全余量还比较大。动车组“结实”的不光是车体，包括车窗玻璃和门等在内，都按照经过了20万余次的模拟试验。比如，挡风玻璃有6层，包括3层无机玻璃、2层软塑料，以及1层厚度为2～3毫米的防飞溅层。即使行驶速度达到400～500公里，遭遇重1千克的飞石撞击，也不至于出现破碎的危险。司机前方使用的球面防弹玻璃，更是不怕撞击。（2）故障率。中国的运输非常繁忙，在京广线上、京沪线这样的繁忙干线，几分钟就有一列车过去。如果产品老是出问题，老是半途停下来，就会影响一条线路的运行，所以说对列车的可靠性要求十分高。现在我们国家标准规定故障率每10万公里必须小于0.2次，但现在有些产品已经达到了10万公里0.1次，也就是100万公里只有1次可能，这个可靠性要求就十分的高。故障率就是机车在运行途中不管什么原因停下来了，哪怕是停1秒钟，那也算是故障。（3）定期检测。为保证京沪高铁的顺利通车，中国南车制造了5列检测车，其中综合检测车3列，研究性试验车2列。在武广高铁投入运营之前，这种研究性检测车已经在实际线路上跑了一年多，里程超过百万公里。而每隔10天，就会发出一列安全综合检测车，对线路进行全面“体检”，对轨道和接触网等固定设备进行不少于4小时的检查保养。在京沪高铁线路上，这种综合检测车也已经试运行了近半年。

3. 舒适性指标。人体感受的两大指标是振动和噪声，这两个值计算以后得出一个舒适性指标，国际铁路联盟的标准叫 UIC518，优秀级是小于 2.0，良好级是 2.0 到 2.5，及格是 2.5 到 3.0。我们时速 350 公里的列车现在是小于 1.8。在这背后，南车做了很多创新。比如，在 380 公里的速度下为把噪声控制在 66 到 68 分贝，仅方案就有 100 多项，每一个方案都要经过试验、优选、攻关等环节。和它相比，波音飞机的噪声是 80 分贝，奥迪轿车在时速 120 公里时噪声为 76 分贝。乘坐“欧洲之星”在车厢内行走需要扶手支撑，而南车的高速动车组以 400km/h 运行时，放在桌面上的鸡蛋不滚动，350 公里时直立的香烟不会倒。

从这三个指标来看，中国铁路是相对安全的。事实上也是这样：据统计，2000～2011 年中国铁路客运人数大约为 130 亿人次，而日本大约是 13 亿人次，期间中国的重大铁路事故死亡人数是 265 人，日本是 118 人。2011 年以来中国年每亿人次的客运量重大事故死亡人数是 0.2 人，这期间日本年每亿人次的客运量重大事故死亡人数是 0.9 人，是中国的 4.5 倍。而且中国比日本幅员辽阔，每个人次平均行使的里程要比日本长得多。这也说明，中国铁路事故的死亡率是非常低的。

（三）管理问题？

1. 铁路发展推动了管理的进步。高速铁路的安全包括技术安全性和非技术安全性。技术安全性包括车辆、线路和运行控制等方面，而非技术安全性主要依赖科学管理。很多管理学家认为火车和铁路的出现大大推动了管理的进步和发展。因为火车技术和铁路的出现对管理提出了很高的挑战：铁路是复杂的大系统，出现各种故障和事故的概率高；火车速度快，出故障时留给人们处理故障的时间少；铁路载客量大，一旦出事故危险性非常高；火车对时间精确度要求高，至今仍是时间精确度最高的交通工具；火车是各种技术的组合，对各种人员的素质要求高。这个庞大的系统就需要有效的管理。

2. “7.23”事故充分说明了管理的重要性。8 月 11 日下午，国务院“7.23”甬温线特别重大事故调查组在温州召开第三次全体会议，认定这是一起不该发生的、完全可以避免和防范的重大责任事故。可见发生这次事故的根本原因不在速度，更多的还是在管理漏洞上。之前铁道部有关管理人员也说这个事故其实就是一起旅客列车追尾事故，在过去就是管理中的一个问题。再现代化的东西，安全也必须靠人工管理来实现。譬如一名优秀的飞行员，即使在导航等设施出问题的情况下，都可以通过无线电命令把飞机安全着陆。这次“7.23”事故充分说明了管理的重要性。

1998 年 6 月 3 日，德国发生的“埃舍德”高铁事故，导致 101 人丧生，是世界高铁发展史上迄今为止唯一因列车自身问题导致重大人员伤亡的事故。调查结果表明，“埃舍德”事故是由一系列原因导致的。其导火索是列车第二节车厢的双层金属车轮表面因疲劳出现裂纹，导致行驶过程中断裂。试想，如果车轮轮毂表面的磨损能够在设计时充分考虑；如果其磨损情况在日常检查时得到了有效记录；如果磨损记录能引起运营管理部门重视；如果裂纹产生后能在第一时间被发现并及时更换；如果断裂的钢圈扎进车厢里后机车能自动报警；如果驾驶员能在接到乘客报警后及时刹车；如果脱轨后的车厢没有撞到穿过线路的路桥……也就是说，只要其中任何一个问题节点抓住了，事故就不会发生。对于这起高铁史上唯一一次因机车本身故障而发生的事故，我们感到难以理解：金属疲劳并不是瞬间产生，而是一点一滴地积累而成，所以如果能严格按照科学方法来检测，应该是完全可以避免的。自此之后，欧洲高铁发展一度放缓。但这次事故极大地促进了高速铁路安全技术的发展和运营管理水平的提升。

三、要不要继续大力发展铁路尤其是高铁

由铁道部制定、国务院批准通过的《中长期铁路网规划》表明，到2020年，中国铁路运营里程将达到12万公里以上。其中，新建高速铁里程将达到1.6万公里以上；加上其它新建铁路和既有线路提速，中国铁路快速客运网将达到4.5万公里以上，连接所有省会城市和50万人口以上城市，覆盖全中国90%以上人口。很少有一份行业规划蓝图，会如此深刻地影响和作用于一个人乃至一个国家的未来。下至衣食住行的家事，上至国计民生的国是，一次行业内的"高铁革命"，在全社会引发一连串的蝴蝶效应。在百姓眼中，高铁改变了人们的生活方式和思维方式，使异地工作、异地消费、异地置业成为可能；在企业家眼中，在高铁高端技术上每投入1元，就会带动9元的产出，它不仅是拉动经济的重点产业，也是新的财富增长点；在社会学家眼中，高铁改变的不只是距离，还改变了个人对自身局限性的认知，改变了人们对其居住的大陆的看法；在经济学家眼中，高铁影响着中国经济的运行节奏，推动着生产力布局优化调整，给经济社会持续协调发展提供着不竭动力，推动着中国经济格局进行深刻调整；在城市管理者眼中，高铁打通了"一票难求、一车难请"的经济社会发展瓶颈，拉近了城市距离，改变了经济版图，地方的资源优势、制造优势、区位优势、市场优势得以有效转化为经济优势；在决策者眼中，高铁与未来的国家整体竞争力密切相关。高铁不仅是新兴产业，也是战略性产业，更是带动性产业。中国需要高铁，而高铁的到来又深刻地改变着中国。高铁的意义在于，不仅使经济血脉畅通运转，使经济格局调整重组，也使民生结构更趋和谐，社会生态更趋良性。正如瑞典欧盟研究所研究员艾莲娜·卡尔森撰文所言，"中国发展高铁是非常明智的选择，将在找到新的经济支撑点的同时，占据未来新能源利用制高点、政治制高点……中国发展高铁，不是选择了一个交通方式，而是在谋划未来。"

我认为，铁路重载与高速的发展具有以下几方面的重要意义：

1. 战略意义。没有那一项技术体系具有铁路技术对"国土"那样强的控制力。失去对铁路体系的控制，可以说很大程度上就失去了对国土的控制。中国近代史的历程是保路权的历程，欧洲高速铁路的发展促进了欧洲经济一体化。几年前沙特一位知名企业家问我一个问题：为什么这么多年来，欧洲一直保持和平，没有纷争？随后，这位企业家给出了自己的答案：欧洲各国的铁路都是连通的。这位沙特富豪有一个理想，就是把中东各国的铁路全部连接起来。铁路与地缘政治有如此紧密的联系，这恐怕是很多人并不清楚的。中国是一个陆权大国，铁路对中国来讲至关重要。有一句俗语说得好，铁路修到哪里，国家的意志就延伸到哪里，铁路是一个国家对领土控制的最廉价手段。美国以航母为支点，在世界上建立了庞大的基地群，控制了几乎所有的海上贸易通道。如果中国也和美国一样成为海权大国，摩擦难免。所以，中国要转而回头望向深远的大陆。高铁就是升级版的丝绸之路，就是中国重回顶级强国、进而将自己的商品和思想传播出去的必由之路。我想，"高铁战略"将成为中国与周边国家经济、政治、安全、文化的多重粘合剂，中国可借此提升在东南亚国家的影响力，尽力削弱美国高调重返亚洲带给中国

的亚洲外交压力。要想保证高铁的效率高于海运，就需要一定的速度，而且效率的提高不能只比海运多一点点，必须要多很多，多到各个国家愿意放弃海运而心甘情愿地使用高铁。所以，我们不仅在国内修建铁路，还应该往西、西南、西北修建跨境高铁。这些铁路建成后，将会提升中国的地缘经济、地缘政治地位，对中国的发展非常有利。

2. 军事意义。众所周知，铁路系统在战时是兵力和战略物资投放的重要手段，同时也是战略打击力量的重要机动方式。美国退役海军上将 Hyman George Rickover 前不久说过：十艘航母也比不上一条高铁对美国的威胁大。文章分析中国高铁“威胁”到美国的航空、航海等“战略利益”。中国高铁从根本上动摇以美国为主导的海洋霸权地位并且直接损害了海外飞机制造巨头的利益。高铁如果接通全世界，飞机必然面临巨大的竞争压力。高铁不烧石油，高铁不走海路，这是最大的竞争优势。

3. 经济意义。轨道交通是中国城市化快速发展时期的首选客运方式。城市化进程的加速引发客运需求膨胀：一方面，人口迅猛流入城市，促成了大都市的形成，中心城市交通拥堵现象只有通过轨道交通进行缓解；另一方面，“珠三角”、“长三角”、“环渤海湾”、“成都平原”等地区已经形成大都市圈，城市间的高速铁路客运需求极大。中国高速铁路网络建成后将解决中国发展过程中的两大问题。*一是低能耗解决人口大流动。*中国人口流动主要有以下“五流”：旅游流、探亲流、民工流、学生流、公务流。这“五流”也是我国拉动内需、促进消费的重头戏。现在人们旅游和商务还是以火车为主，车票难求的状况依然存在。交通运输业是能耗的大户，其产生的 CO_2 占全球温室气体排放的30%以上。根据日本通产省统计：1个人公里能耗，如果铁路是 1，那么航空是 4、汽车是 6；1 个人公里 CO_2 排放，如果铁路是 1，那么航空是 6、汽车是 10。欧盟统计显示，欧盟 27 国交通运输产生的 CO_2 来源分布：公路 72%，其它 26.4%，铁路只有 1.6%（完成运量 7-10%）。相对于公路和航空，铁路运输在节能减排方面的优势十分明显，更是解决中国人口大流动首选的交通工具。我国高铁年运量是既有普速铁路的 4 至 5 倍，3 年多来，我国高铁已安全运送旅客 6 亿人次。今年上半年铁路发送旅客 90999 万人，同比增加 9879 万人，增长 12.2%。今年全国铁路暑运，累计发送旅客 3.6 亿人，同比增长 11.8%，创暑运历史新高。京沪高铁开通运营的首月，共开行动车组列车 5542 列，日均 179 列；运送旅客 525.9 万人，日均 17 万人。虽然有“7.23”事故的影响，但客运需求依然十分强劲。2010 年我国铁路旅客发送量比高速列车开行前的 2006 年增长了 33.4%。有调查显示，京津城际铁路开通后，从北京前往天津旅游的人次比高铁开通前增加了三成。武广、合武等高铁开通后，不仅使民航、公路运输纷纷降价三至五成，也大大促进了沿线人员、资源的流通，促进了城乡统筹发展。*二是低成本解决大物流。*中国物流与采购联合会发布报告指出，前三季度我国物流运行总体形势良好，但成本居高不下，社会物流总费用为 5.8 万亿元，同比增长 18.7%，占国内生产总值比重约 18%左右，比发达国家高出一倍，显示出经济运行中的物流成本依然较高。过高的物流成本导致我国很多商品价格畸高。根据有关统计，新疆煤炭的价格为 200 元/吨，运到湖南后就涨为 1200 元/吨。这中间的差价就是物流成本，成本高的主要原因就是铁路运输资源严重匮乏。一旦高速铁路网建成后，货运专线的作用和运能将最大限度发挥和释放，西部的煤炭、矿产等资源的运输成本将大大降低。根据统计，仅京津、胶济、武广、郑西、沪宁 5 条高铁运营后，释放的既有线年货运能力已达 2.3 亿吨，使全国铁路货运量同比增加 6.8%。据测算，在全社会货物运量中铁路货运比重每提高一个百分点，就可节约社会物流成本 212 亿元。尽管如此，2011 年上半年我国铁路货运能力的增幅仍然仅为 8.0%，低于国内生产总值 9.6%的增幅，货运瓶颈的约束作用还十分明显。我还算了一笔账，由南车株机公司研制生产的 HXD1 八轴 9600kW 电力机车在大秦线上可拉 10000 吨煤，这个运量用 10 吨载重量的卡车需要 1000 辆。10 吨卡车的功率是 134kW，1000 辆就是 13.4 万 kW，是 HXD1 八轴 9600kW 电力机车的 14 倍。可以说，高速重载让中国轨道交通行业具有了广阔的发展前景。

4. 科技意义。高铁并不仅仅是某个领域的单项技术，而是涉及轨道桥梁工程、电动、测控、信号、机械制造、车辆设计、高速安全等多个技术领域，是名副其实的复杂技术体系，是综合集成的技术群簇。将高铁的复杂程度与航空航天技术相提并论并不为过，即便是在发达国家也属于高技术领域。例如，法国就将自己的高铁技术、核工业技术、空中客车技术等一并视为国家实力的象征。中国自主发展这一技术体系，和仅作为“组装车间”意义完全不同，就是要让中国高铁标准成为世界标准。掌握标准就是拥有控制力，这是对“中国制造”向“中国创造”转型的巨大推动。

5. 社会意义。我国人口众多，土地资源有限，生态环境治理任务繁重。建设高速铁路，可以发挥相对节约土地、能源以及污染较小、安全性好等优势，在满足运输需求的同时，可以集约利用土地，减少交通运输的环境污染，降低全社会的运输成本，促进沿线经济社会协调发展。可以相信，高速铁路的社会效益，将在开通运营后得到充分的展示和凸显。此外，高铁是我国目前能够拿出手的名片。国内外很多媒体提出只有中国高铁才能代表中国制造，美国总统奥巴马也提到中国有三项技术领先世界，即高铁、银河计算机和深潜水，这极大提振了中国人民的自信心和自豪感。

四、中国未来的铁路如何发展

1. 铁路功能定位。铁路是国家的重要战略资源。铁路的发展建设，也理应成为国家的重要战略行为，而不是部门或地方的一般商业行为。铁路要发展，国家一定要承担责任，并要处理好社会职能与经济职能的关系。当下，中国铁路建设的高债务投入和较大规模的快速发展是否必要，应该从国家长远战略利益的角度来认识和把握。

2. 铁路发展方向。高速与重载是铁路发展的两大方向，也是我们俗语形容的“跑得快、拉得多”。速度提升了，效率就提高了，运量、运能等都会提高。高铁陆续开通以及客货分线运输，使既有铁路的货运能力得到了较大释放。这有利于释放相关通道货运能力，极大地增强铁路服务经济社会发展的能力；有利于优化车流径路，提升铁路货物运输的时效性；有利于丰富完善货运产品体系，满足不同层次市场需求。

3. 推动产业链创新。从全球看，谁掌握了产业链的主导权，谁就掌握了市场的主导权。产业链创新将推动自主创新进入一个高级阶段。如果掌握产业链竞争的优势，也就掌握了核心竞争力。比如个人电脑，以前是微软、英特尔这两个掌握了 PC 机核心技术的公司引导着 PC 机的方向。苹果公司通过圆滑超薄的平板电脑 iPad，重新定义了 PC，改变了 PC 产业，引导了整个行业的发展趋势。目前，苹果已经轻松击败可口可乐，成为全球第一大品牌，品牌价值高达 960 亿美元。轨道交通装备行业在技术引进时，一些国外公司可以把很多子公司拉到中国来提供配套，因为它在产业链上有主导权。

4. 支持采用自主创新成果。全世界的制动系统市场几乎被克诺尔占领，包括欧洲三大轨道交通制造商和GE公司。我们很多企业也在用克诺尔的制动技术，但是用户都说这是一个问题最多、服务最差的公司。司机说操作习惯不一样了，容易出安全问题。这就好像你习惯了左边驾驶，到英国去右边驾驶容易出安全问题是一回事。以前，我们跟国外签订180台电力机车订单，谈好了用自己的制动系统，外方也接受了，合同也签了，最后临时变更，铁道部说要用克诺尔的。我想随着铁路改革的到位，我们升级传统的制动系统，看能不能再回归铁路市场。感到欣慰的是，南车株机公司的研发没有停止，神华集团也一直在用我们自主研制的DK2制动系统。

5. 正确看待高铁的经济效益。大力发展轨道交通符合中国的能源安全和节能减排战略，从长远来看是降低运输和物流成本、控制PPI与CPI乃至提升整个国民经济运行效率和国际竞争力的重要保障。经济学上，有一个基本理论叫“规模经济理论”，是指企业在其他因素不变的情况下，扩大经营规模可以降低平均成本，提高利润水平。未来几年，我国以“四纵四横”为主骨架的高速铁路网建成后，高铁的“规模经济效应”将显现出来。这种效益不是简单的一条线路经营的投资收益成果，而应该包括高铁沿线的经济带动、地价提升、旅游消费的拉动等等。现在有些经济学家按照项目管理模式去算高铁线路的经济济账，当然是亏损的。高铁的经济账要向后看十年、二十年，不应急功近利。就像我们不能只用发电量创造的产值和利润来评判建造三峡大坝的得失一样。

6. 铁路与航空、公路行业及其装备的发展经验值得总结。在中国经济发展的历程中，无论是重视程度还是投入，中国铁路的发展要滞后于航空和公路的发展。中国机场和公路的建设在历次基础设施建设的投入中都优先于铁路。所以在硬件建设方面，这两者要好于铁路。但是在装备制造方面，铁路装备的发展优于大飞机和汽车的发展，这其中值得好好总结。中国第一次尝试制造国产商用飞机是在上世纪60年代，尽管80年代初期的试飞证明了“运十”的性能，但它最终没有走向商业化。直到2008年，中国商用飞机有限责任公司才成立，开始着手制造C919。可以说，中国大飞机的制造才刚刚开始，仍处于成长阶段，走向成熟还有许多路要走。我国汽车目前的现状是自主品牌汽车竞争力较弱，在研发、品牌以及发动机等关键零部件方面都处于不高的水平，陷入引进—消化吸收—再引进的怪圈，参与国际竞争依然任重道远。

第二部分 南车的技术创新管理实践

一、南车为什么不遗余力地抓技术创新

1. 一个低效益低效率的传统国企的突破之路。企业搞技术创新，关键是动机要明确。南车是一个古老的企业，所从事的是一个传统的产业，低效益、低效率是现实。怎样找到突破之路？这里有一组数据：南车目前生产一台9600千瓦电力机车的价值，差不多是原来生产蒸汽机车的15倍。但是，从运营角度来看，这种电力机车比蒸汽机车带来的效益要高得多，远远不止15倍。现在一台机车可以连续运行近2000公里，中间只换司机，一站到底；而原来的蒸汽机车，平均行驶200公里就要换机头，而且200公里左右就要设一个检修段。所以说，现在的综合效益是非常高的，这就是高技术带来的价值。

2. 一个200年传统产业改头换面的机会。铁路已经有200多年的历史了，是一个典型的传统产业。上世纪五十年代出现半导

体以后，铁路发展发生了质的变化，由过去电力牵引或者内燃牵引的直流传动转变到交流传动。直流传动，就是机车下面的牵引电机是直流电机；现在的牵引电机是交流电机。为什么要用交流电机？因为交流电机体积小、功率大、重量轻，但它的控制特性差。随着计算机技术的发展，随着功率半导体的发展，控制难题都不成问题了。然而，到上个世纪末，尽管在实验室已经做了20年的试验，我们的交流转换还是不能够产业化，原因是我们国家的有些核心技术掌握不了，特别是大功率半导体器件。这个大功率半导体器件，从上世纪50年代的二极管到可控硅，到现在的IGBT，一代一代发展上来。在这方面，中国跟不上。我们在实验室做实验，只能是通过一定的渠道到国外采购这种器件，比如晶闸管出来了，我们就买他的；等到他又开发了新一代产品GTO，我们又去买；等到这个器件又淘汰了，我们的技术又落后了，他又出现了IGBT，我们又到国外去买。国外这个器件对中国是封锁的，我们只能通过曲折的渠道才能买回来做实验，而且价格很高。中国这个基础产业差距很大，这也是我们在技术上面颠覆性变化的一个制约。在我们这个行业里面，这是一个发展方向，所以在90年代中期的时候，铁道部就提出要用10年从直流传动转化成交流传动。当时全国在线路上运用的机车大约有15000台，这15000台全部要更换成这种新的技术。这10年时间，我们认为还是非常紧迫的，但是这样一个机会如果抓不住的话，可能在这个行业里面、在全世界就会永远落后下去。所以说，这是我们面临的一个机会。

3. 央企的社会责任，为中华民族的伟大复兴打造具有国际竞争力的世界一流企业。国务院国资委对中央企业提出要求，要打造具有国际竞争力的世界一流企业。实际上南车在十年前也提出了自己的战略目标，就是要成为世界行业三强、进入全球轨道交通装备制造业的三强。这个目标，到去年年底可以说基本实现了。为什么说基本实现呢？一是从营业收入上来看，在轨道交通行业，我们已经超过了庞巴迪，成为世界第一了；二是去年年末南车的市值在行业里面居第一位；三是从规模看，中国是世界上最大的机车车辆制造国，南北车的产量加起来在全球占的比重已经非常高了，南车在中国有半壁江山，在世界上就一定是规模最大的，这是毫无疑问的。近几年，南车的研发能力发展也很快，特别是上市以后，资金大部分投入在研发能力上。所以说，从总体上讲，南车居于世界三强，但是在科技创新方面，我认为还是有一定的差距，这些都是我们要抓技术创新的一些动力。

二、怎样寻找技术创新能力建设的持续动力

1. 转换机制。技术创新不是一朝一夕的事情。国有企业技术创新的动力非常差，保持企业经久不衰的创新动力的关键是机制。谈到机制，大家首先想到的是要不要私有化，这在7、8年前还是一个很敏感的话题。国有企业确实有一定的惰性，如果机制上不创新，很难发展。曾经有一次中法国有企业研讨会，大家都在寻找怎么解决国有企业效率低下的问题，探讨的结果是都没有找到一条很好的路子，除非私有化。西方讲私有化就是上市，还有就是不通过上市途径的完全私有化。俄罗斯的做法是全民私有化，目前来看也并不是很可取。所以，国有企业效率的提升，是一个世界性的难题。

2. 管理创新对技术创新的正激励作用。单讲技术创新，是没有生命力的，是没有活力的，也不可能持续的，只是企业家的一种偏好。怎么能让企业能够持续地、一代一代地关注这种技术创新，像欧美企业一样的几

十年如一日地做？如何引导企业关注长期利益，而不完全考虑近期利益？这就是管理创新对技术创新的作用。我这里讲的管理创新是一种广义的，就是包括企业的体制创新、机制创新。换句话说，只有技术创新而没有管理创新，企业的科技创新将失去动力，不可能持续。当然，光有管理创新没有技术创新，企业的管理也将失去根基，不可能长久。所以，两者应该相互作用，才能推动企业的发展。

3. 从“孔雀东南飞”引发的三项制度改革。我曾经在南车株洲电力机车厂当过厂长，对国有企业的理解是感同身受的。我刚一上任，就遇到全国“孔雀东南飞”的时期，大量的科技骨干往深圳跑，留不住人。那时候企业年销售收入才6、7亿元，职工年收入不到一万元，而且分配比较平均，所以大量科技骨干也要求离去。怎么办？我首先想的就是加工资，先把科技人员的工资加上去。在一次职代会上，我参加一个小组的讨论，有一个劳动模范工人给我提了一个非常尖锐的问题，他说：“赵厂长，你回答我一个问题，所有的产品都是我们工人干出来的，为什么补贴不给我们，只给坐办公室的技术人员？我也会画图啊。”这就是当时国有企业职工的观念，对科技对企业的贡献的不理解。所以我觉得要解决国有企业的观念问题是迫在眉睫的。解决观念问题不在于我们每天作报告、写口号标语，而是要有实实在在的行动，让职工在灵魂上、思想上受到极大的冲击。我把握了一次机会：当时铁路改革市场化，工厂面临第一次投标。作为中国最大的电力机车工厂，技术毫无疑问是最先进的，但是，结果是居然没有中标！主要原因就是因为在标书的制作上，对标书的理解不够，以老大自居，没有认真对待表述要求，而是做出了自己主观的意见。结果，我们废标了，工厂大半年没活干。但是，职工都还来上班。没活干就应该不要上班了，开下岗工资，免得浪费能源。班组讨论时我就讲一定要下岗，否则职工对这种市场的理解不会很深刻，不会对营销人员作用有深刻的理解，不会对科技人员的贡献有所理解。只有下岗后在家呆着感到心慌，才有压力。所以，我决定实行下岗。当然，我面临的压力也很大。当时美国之音就出新闻了，说中国最大的电力机车厂工人下岗。工厂里到处写小字报。1998年，我参加全国九届人大会议，在团组讨论会上，我反映国企的一些问题，希望中央能在国企改革中，在政策上给予一些指导，在宣传舆论上给予一些支持。职工观念的转变有时要通过一些激烈的行为，否则他不会有深刻的感受。

我到南车后，抓的第一件事就是平推三项制度改革。为什么叫平推三项呢？就是说搞薪酬制度改革，如果不搞人事制度改革，人家会说干部你也能当我也能当，为什么他工资就高？我也能当工程师，为什么我就只能当工人？这就必须进行人事制度改革，所有人都公平竞争，大家公平竞争上岗，解决能出能进、能上能下、能多能少的问题。如果单独搞一项，肯定是不彻底的。南车全系统平推三项改革，起到了很好的效果。南车是第一个实行年薪制的，在十年前我们就搞年薪制，因为我们工资是由国资委决定的，工资比较少。我想光给科技人员加工资还没有形成一个体系，只给科技人员加工资，其他专业人员会有意见，这是体系问题。一个厂的厂长，他的工资没有一定的水平，那他下面的这个结构怎么形成？所以我们的子公司主要负责人，目前30%的企业工资是比我高的。当然，我们的考核体系也是比较完善的。通过这样一个转换，三项制度改革对我们企业产生了很大的影响。

接下来就是解决国企这种分离辅助剥离后勤的问题。国企的包袱很重，要把这些包袱消除掉，国家当时就出台了“859 号文件”。南车在此之前就开始朝这个方向走了。为什么要实施呢？当时南车 12 万员工，裁掉一半这些活仍然能够完成，不这样做效率上不去。这种做法不容易，但是不走这条路又不现实。所以在领导干部会上，我说要推行这项改革，要解决思想问题。你们在第一线，做了这件事后，你们可能会面临很多威胁很多非议，但是这样做对企业的长远发展有好处，等企业的效益做好了，市场做大了，我相信有一天分离出去的这些企业也能做好，甚至还可以回馈。

4. 想当市长还是当厂长。南车二级企业分布全国十多个省市，人多的有 10000 多人，人少的也有 5000 左右，企业办社会是一个普遍现象，很多厂长觉得管一个小社会也挺滋润。当时我说如果你们相当这个小社会的头儿，那我推荐你们去当市长。我与国外企业比较过，人家一个企业的负责人，100%的精力在抓市场在抓技术创新。你们只有 30%的经历在抓市场在抓技术创新，70%管吃喝拉撒睡的问题。而这些社会问题比如路灯问题、马桶堵问题、垃圾成山问题等等。分离出去给物业公司就完全可以解决，收物业费，形成相互监督机制，服务就会提升上来，就会越变越好。因此，南车下大力气剥离辅业分离社会职能。2000 年各级子公司一共 400 多家，现在并表的还剩 120 家，安置富余人员 1.5 万人，移交中小学 30 多所。公安机构基本移交完，18 家企业医院有 14 家已经与主体企业分离。

5. 重组改制上市，南车套上了一个金锁链。当时的国企改革，有两种思路：一种是自己改革，不一定要上市，全部按照现代企业制度去运作。这要求企业从上到下观念一致，领导班子齐心协力，遇到各种困难都去突破。这个难度比较大。另一种就是上市。就是用了外力，你不走也得走，资本市场有要求，有一种外力来消灭你的惰性。体制创新主要是重组改制上市，国有企业特别是大型企业，很多都是子公司独立上市，我们选择整体上市。整体上市的难度很大，但我们有前期分离辅助剥离后勤打下的基础。上市相当于在南车的脖子上套上了一个金锁链，被资本市场一只无形的手拉着你往前跑。在最后决策的时候，我与三四家上市的企业老总交流过他们对上市前后的变化和体会。我说我现在没有上市，我也是百分之百地在努力，难道上市以后我这个人就变了吗，我就会百分之两百地用力吗？为什么不上市我就做不到百分之两百的努力呢？他们说还是有很大不一样，上市以后压力和以前不一样了。很多事情是有惰性的，有些困难的事情、可做可不做的事情，可能精神上一松懈，就不一定做了，但上市公司就必须努力地去做。上市公司制度的这种巧妙可能就在这里。的确，南车从上市到现在也三年多时间了，我们也感受到了资本市场对我们的这种压力。首先企业有一个远大的目标，要发展。发展的资金从何而来？从资本市场可以不断地进行增发进行融资，但是不断增发的前提是企业的效益要不断增长，这就迫使我们无止境地追求企业的效益。效益怎么来？必须搞创新，最主要就是搞技术创新。这就是资本市场这种机制带来的一个巨大的影响力。我们的重组上市，从 2007 年初开始启动，到 2008 年 8 月份上市，历时一年零八个月的时间。如果没有上市这个关键点，可能十年也做不完。比如，各个企业的几万亩土地，真正有土地证的只有 50%。还有很多厂房，只有 50%有房产证。如果不上市，政府也不会过问，但是资产是不明晰的。通过重组上市，我们的资产、人员都清清楚楚了，政府也给办理土地证、房产证了，为今后企业的轻装上阵创造了良好的条件。

6. 品牌塑造为技术创新开疆拓土。过去我们对品牌的理解是很不深刻的，特别是 B to B 的企业，不对着公众不对着直接消费者，品牌有多大的用处呢？有一件事情对我影响很深刻：现在中国有 28 个城市在建设地铁，大家都希望用西门子的牵引系统等国外名牌。这就是品牌的作用，大家对品牌已经根深蒂固在脑子里了。但是对南车这样一个子企业分布在全国各地，而且都是“儿子”比“老子”年岁大、有名气的企业，品牌整合步履艰难。所以，我们在品牌塑造上面确实动了很多脑筋。首先要品牌整合。过去下面有子品牌，怎么打造一个品牌，开始子公司是不理解的，最后大家统一思想，又请了很多品牌咨询公司来策划。几年下来，效果还是非常好的。我们去年被英国一家品牌咨询公司评为全球 500 强品牌，品牌价值达到了 20 亿美金。现在南车统一一个品牌，各个子公司也受益了，特别是在开发新产业的时候。一个子企业开发了目前世界上最大的旋挖钻机，一个用户得知这是南车的企业、南车的产品，就毫不犹豫地签了合同。我们发现，打中国南车的牌子对开发新产业很有好处，集中一个牌子比分散牌子对我们来讲更好。特别是新技术的推广也起到了很好的推动，例如风电，我们进入这个行业才 5 年时间，现在我们已经排到全国前 10 位了。

7. 产品的海外延伸拉动技术创新。过去我们出口海外主要是零部件，近十年来以整车出口为主，90%出口都是整车，出口到 60 多个国家和地区，这为技术创新带来了拉动效应，因为全世界对机车车辆的需求和要求都是不一样的。举例来说，从雪域神舟到沙漠之舟，我们在青藏线的高原列车都是南车原始自主创新开发的产品，它在高原的戈壁上面有一整套防风沙的技术；我们出口到非洲和中东国家，大多数也是沙漠地带，但是他们那里的沙子细度比青藏高原的要细。怎样才能防风沙？空气需要过滤到什么程度？这确实拉动了我们的技术创新。这样一来，南车的车子能够在中东的市场上跑，能够在南非跑，还有撒哈拉大沙漠，那么在全世界沙漠上跑就都没有问题了。还有低温要求，比如说我们出口到哈萨克斯坦，那里是高原，对低温要求很苛刻，要在零下 50°跑，我们也做了大量的研究工作，所以在全世界低温环境下我们都没有问题了，这种技术我们已经储备了。

三、技术创新管理的实践

1. 回顾中国机车车辆技术创新，从 1949 年算起 40 年间，中国的机车车辆技术创新基本属于模仿创新。例如电力机车，1958 年第一台诞生，学习苏联，虽然是模仿创新，但跟随得比较紧。90 年代计算机进入机车控制，进入数字时代，在应用方面，我们还是比较超前的，在这里面就出现了一些自主创新的东西。

2. 引进消化吸收再创新。第一次大的引进是 1984～1990 年，从美国 GE 大面积引进内燃电力机车以及以欧洲阿尔斯通为代表的一个集团的技术。这次引进，从技术层面和经济层面上来讲，收获甚微，当时国内整体工业还处于比较低的平台，无法完成这样的技术吸收，但是思想解放巨大，我们派出了很多的技术人员和管理人员到欧洲去学习。通过这样的学习，我们直接感受到了国外的工业发展、科技发展和技术管理水平，感受到了我们的差距。从 2004 年到 2008 年，我们又进行了一次大的引进，这次引进也是全面性的，除了高速动车组、电力机车和内燃机车，这次引进收获是很大的。

南车要怎样避免引进面临的企业风险？当时我也有很多担忧。其他好多企业在引进消化时，搞合资合作，最后灭掉了自己；还有的搞合作，把自己的研发体系给消灭掉了。我们这次会不会陷入这种怪圈，是我们要思考的一个问题。需要思考的第二个问题，是核心技术能不能引进来。在艰难的谈判过程中我认为是很难引进的，我认为拿到50%就算很成了，另外50%通过我们的理解、再创新是完全可以成功的，这是通过前面的积累得到的信心。引进技术首先要评估自己在全球的这个领域里面处于什么样的阶段。当时我们的评估是有差距的，但是这个差距不是很大，通过这一轮的引进我们可以实现一个跨越式的超越，这是当时的一个基本骨架。再一个，在技术引进过程中我们也把握了这样一个关键点，就是把再创新的空间留给自己的研发团队。我们在技术引进的时候，他们给的技术肯定是早期的技术，我们就要想他们的第二期、第三期、第四期技术。从高铁来讲，200公里是一个平台，300公里是一个平台，350公里以上、380公里是一个平台。我们引进的是200～250公里的这个平台，350公里以上的平台就不引进了。当时作这个决策是有风险的，因为铁路既需要200公里也需要350公里，不仅是技术的提升，这里面的技术含量差距非常大，在这个问题上我们觉得应该给自己的研发团队一个平台去开发。这就有一个风险，万一我们研发不成功，在市场上就要推迟5年的时间去更改。我们觉得这个风险是要冒一冒的，因为我们觉得我们的差距并不是很大。后来日本人和我们讲，300公里跟他们没关系。今年年初时，我请日本方面去青岛参观，他看了以后，说我们确实做了很大的改进，和原来给我们的系统有了颠覆性的改进。

在技术引进中，选择合作伙伴至关重要。我们和日本的合作属于“自由恋爱”，是对未来技术分析的结果，合作很成功。还有，联合开发也很重要，一开始引进技术的时候一定要千方百计把我们的科技人员参与进去，进行联合开发。这种联合开发是互补的，我们吸收他的一些设计思想，他同时也从我们这里得到一些启示，这样我们在开发新产品时完全就是独立靠发了。

3. 南车真正的原始创新就两项。南车也搞了很多原始创新，最值得推崇的就是高原列车，收集数据长达三年之久，最终成功研制并青藏线安全运行；还有列车安全监控记录装置，有点类似于飞机黑匣子，但是又不同，除了记录还可以控制。我们在90年代末把全铁道部的15000多台机车都装了这个系统，当时由“两防”（防闯红灯、防超速）产生的事故下降了90%。

4. 南车相当长一段时间还是集成创新。南车在集成创新上面也做了大量工作，今后主要的创新主体还是集成创新，因为各个国家各个地区需要是不一样的。

5. 产业链的创新将成为企业产品创新的高级阶段。产业链的创新，是企业产品创新的高级阶段，如果企业掌握了产业链创新的主导权，也就在市场竞争中掌握了主导权。国际跨国公司现在都在追求产业链的创新，就是不是所有的东西都要自己做，而是向供应商提要求，这样就拉动了整体的产业链，对这个产业链有了话语权。这是企业技术创新的最高境界。

南车的“十二五”战略目标是力争迈向世界500强，在技术创新中从以往的“追随”到未来的“引领”。目前，我们已经有成果，比如利用物联网把安全技术提高到一个更加高的阶段，我们已经在全球处于领先地位。我们开发了很多种子业务，比如电动汽车、风电、船舶发动机等，不光停留在轨道交通这个行业，因为我们有许多相通的技术。通过这些产业的发展，我相信我们的这些技术在中国装备制造业里面会有很大贡献，也必将推动南车更快地迈向世界500强。

立足世界一流　引领行业潮流
开创中国南车“十二五”科学发展新局面

——集团公司党委书记，股份公司总裁郑昌泓在中国南车集团公司暨中国南车股份有限公司工作会议上的报告（摘要）

（2010 年 12 月 28 日）

这次工作会议，是在一个特殊时点召开的一次重要会议。今年既是“十一五”收官之年，也是中国南车成立十周年和南车股份成立三周年。尤为可喜的是，四方股份自主研制的 CRH380A 新一代高速动车组，继 9 月 28 日沪杭高铁试运行创下时速 416.6 公里之后，又于 12 月 3 日在京沪高铁创下了 486.1 公里的世界铁路运营试验最高时速。这不仅为南车“十一五”画上了圆满的句号，更宣告南车成为全球高速动车组技术的领跑者，标志着南车引领行业发展新时代的到来。选择这样一个特别的日子，召开年度工作会议，意义重大，影响深远。

一、开拓奋进的 2010 年和创新发展的“十一五”

2010 年，公司超额完成了各项经营指标，圆满实现了“十一五”战略目标。

（一）经营业绩再创新高。认真落实发展战略，生产经营整体运行良好，营业收入稳步增长，经营效益同比大幅提高。集团公司全年预计实现营业收入 668 亿元，同比增长 39%，已位列全球轨道交通装备行业第二名；实现利润总额 35.53 亿元，净资产收益率 12.91%，成本费用占营业收入比率 95.47%。其中，南车股份全年预计实现营业收入 649 亿元，同比增长 39.91%；实现归属母公司净利润 25.31 亿元，净资产收益率 13.84%，成本费用占营业收入比率 95.18%。各项指标均创历史最好水平，超额完成国资委的经营业绩考核指标和董事会制定目标。株机公司、四方股份营业收入分别突破 160 亿元，株洲所成为第三个营业收入超百亿的子企业，浦镇公司营业收入超过 60 亿元。

（二）市场拓展再结硕果。抓住铁路和城轨交通建设的有利时机，努力拓展轨道交通装备市场和新产业市场，目前在手订单近 1000 亿元。全年签订动车组 40 列、7200 千瓦电力机车 590 台、大功率内燃机车 300 台、客车 1733 辆、货车 17319 辆；中标成都、苏州、广州、武汉、郑州、上海、宁波等城市地铁车辆项目，合同总数量超过 1400 辆。按照战略性新兴产业重点发展方向，拓展风电装备、电动汽车、新材料、柴油机、曲轴等新产业市场，累计签订合同 127 亿元。海外市场累计签约额 10 亿美元，分别获得印度新德里地铁车辆，马来西亚城际轨道车辆，越南、伊朗、澳大利亚、沙特内燃机车，澳大利亚货车等出口合同。

（三）技术创新成果突出。“三大技术平台”建设卓有成效，重点科研项目和新产品研发工作再创佳绩。新一代高速动车组研制取得重大成果，自主研制的 CRH380A 型高速动车组年内两次刷新世界铁路运营试验最高速度纪录，成为中国高铁飞速发展的重要见证和引领世界高铁发展潮流的重要标志。目前，该车已在沪宁、沪杭、武广高铁批量投入使用。更高速度级试验动车组研制工作扎实推进，大功率电力机车自主研发能力和技术水平不断提升，大功率内燃机车引进技术国产化工作顺利完成。自主研发的国内首台混合动力内燃机车、高原电力机车通过技术评审，青藏客车制造技术成功实现平移，载重 80 吨级通用货车、100 吨级运煤专用敞车和时速 160 公里快运集装箱车完成技术优化，满足了用户需求。首列出口印度孟买地铁列车下线，填补我国 A 型地铁列车高端产品出口的空白。自主产业化 A 型地铁车辆安全运行超过 20 万公里，获国家重点新产品奖。时速 250 公里动车组高速转向架及应用获国家科学技术进步一等奖。兆瓦级双馈风力发电机顺利完成低电压穿越现场试验，具备国内领先的低电压穿越能力；电动汽车 100 千瓦功率等级永磁驱动电机驱动系统开发成功并实现装车运行考核；全球最大吨位的 TR500C 旋挖钻机成功下线。加强知识产权保护和专利申请，全年申请专利 1200 项，获得授权专利 650 项。

（四）投资项目快速推进。加快产业战略布局，快速推进重大投资项目。先后与安徽、湖南、广西、浙江、宁波、杭州、通辽等省市和中国普天、中国华能、航天科工、国家开发银行、农业银行、中国银行等签署战略合作协议，并积极落实相关合作项目。天津产业园开建，速度快效率高，其中城轨车辆年底即将出车。广州大功率电力机车基地建设快速推进。广州城轨基地和昆明城轨基地项目均已成立新公司，洛阳城轨基地项目开工，各项工作进展顺利。与辽宁曙光汽车集团合资合作，致力于打造中国最具实力的新能源客车及电驱动系统产业化基地；与中国华能建立战略合作关系，通过资本纽带关系，共同致力发展新能源产业；与广西玉柴合资合作，联手打造西部最大的发动机基地；与 GE 公司合资合作，在常州建设柴油机生产基地。广泛开展国际合作，与 GE 公司深入洽谈高铁、牵引电机、控制系统等项目，已签定框架合作协议，拟在美设立合资公司制造高速列车；开展与西门子、庞巴迪战略合作相关工作；积极推进印度电力机车、伊朗建厂等项目。在铁道部领导下，牵头组织沙特高铁项目，较好地锻炼了队伍；积极参与美国高铁项目，按要求展开了相关工作。

（五）资源整合取得成效。开展战略实施评估工作，修订南车中长期发展战略。研究产品规划布局方案，在高速增长中稳步实施业务整合。深入推进大功率电力机车业务整合，资阳平台快速形成 200 台以上产能，顺利兑现首批合同。和谐型动车组平移取得重大进展，技术平移开始实施，浦镇公司成为拥有高速动车组生产资质的新成员。电机业务整合运营良好，初步实现电机生产专业化、国产化和自我配套目标。开展修理业务整合、延伸产业发展模式、国际化公司管控模式等研究工作，持续优化资源配置，完善内部价值链和产业链，提升了南车的综合竞争实力。

（六）精益生产全面推广。落实精益生产示范工程，建设先进成熟的示范区/线。制定精益生产考核评价办法，以制度规范化、布局合理化、生产平准化、作业标准化、管理目视化、运行高效化、改善持续化为重要特征，以实施方案评估、过程控制、效果评价、结果考核为重点，建立起一套科学的评价体系，取得了较好成效。加强物资及供应链管理，加大集采力度，合理控制库存，有效降低了采购和物流成本。完善安全管理体系，落实安全生产责任制，持续提升安全管理水平，安全生产“总体稳定、有序可控”。积极开展清洁生产审核和节能监测，节能减排工作更加科学高效。

（七）财务管控扎实有效。加强财务预算管理，实施月、季调控，保证了经营的稳定性和可预期性；积极扩大筹资渠道，发行40亿3年期中期票据，为南车发展提供低成本资金保障；加快财务会计报告编制进度，全面提升公司五级109家单位报表编制速度和质量，有效提升了公司的整体管理效率。发挥多层次资本市场再融资平台的作用，完成了时代新材等增发融资工作；适时开展股权战略投资，探索产融结合途径，初步体现了资本运营效益。

（八）公司治理更加完善。严格执行上市公司规定，强化内部流程管理，信息披露严谨规范，提高了公司治理的有效性。加强投资者管理，投资者基础更加稳定。注重与独立董事日常沟通，组织开展企业调研与考察活动，独立董事作用充分发挥。出台制度汇编和内控手册，完善规章制度体系，确保制度落实到位。初步建立了总法律顾问制度，重大合同审核率100%，基本实现法制工作三年目标。加强采购、营销和投资审计，开展重大投资项目、制度建设与执行、采购管理等效能监察，管理效能进一步提升。不断健全内部控制和风险管理机制，公司内控缺陷率从上年的2.39%降至1.99%。积极推进信息化建设，企业ERP初见成效，促进了各类信息资源的有效集成，为提升集团管理效率和管控能力提供了有力支撑；加强网络信息安全管理，实施文档加密，保证了商业秘密和数据信息的安全。

（九）人才建设激发活力。以领导力建设为重点，开展高级职业经理人认证培训，推动职业经理人队伍建设科学化、制度化、规范化。加强干部选任与管理，公选30名领导干部，交流8个子公司19人。落实三大项目技术人才创新工程，选拔首席技术专家8人、技术专家30人、科技拔尖人才68人。成功试点岗位绩效工资制度改革，全员绩效管理全面推进，股权激励计划获国资委批准，人力资本不断提升。试行培训管理体系，以国际化人才、紧缺人才培养为重点，举办各类培训班30期，1180多人次受训。积极协调劳动力余缺调剂，劳动用工管理规范有序。人力资源信息系统建设有序推进，9家企业上线试运行。

（十）品牌建设系统推进。以“同一个中国南车”为主题，加速南车文化整合，广泛开展“品牌提升年”活动，建立健全品牌管理制度及流程，统一全员品牌思想，系统开展品牌传播，取得显著成效。围绕“中国南车光辉十年”开展主题活动，树立先进典型，弘扬先进文化，全体员工对南车价值观高度认同，增强了企业凝聚力和员工执行力。大力宣传新一代高速动车组、南车产品助力世博会、亚运会等重大自主创新成果，积极参与第七届世界高铁大会，极大地提升了南车的社会公众形象，南车品牌影响更加深远广泛。

（十一）党建工作再上台阶。组织开展学习实践科学发展观活动回头看活动，建立贯彻落实科学发展观的长效机制，巩固和扩大学习实践成果。坚持开展“四好”领导班子创建活动，领导班子整体合力进一步增强。认真抓好创先争优活动，加强思想政治工作，维护南车持续快速健康发展。深入推进党风廉政建设和反腐败工作，构建了具有南车特色的惩防体系。各级工会积极构建员工经济技术创新、和谐劳动关系创建和困难员工帮扶救助三大体系，融入中心，服务大局，得到了员工群众的认可。认真履行社会责任，继续做好定点扶贫工作。共青团、各协会、老干部工作等都较好地发挥了作用。

“十一五”特别是南车股份成立三年

来，成果丰硕。

——坚持产权创新，登上资本市场大舞台，勇敢挑战展示自我，极大地激发了南车发展活力。“十一五”，我们深化企业改革，开展主辅分离改制分流，实施重组改制整体上市工作，建立起了现代企业制度，并实现A+H发行上市，成为国际化的上市公司；成功实施时代新材增发、收购Dynex等重大资本运作，有效支撑了南车产业的快速发展和规模的持续扩张。产权制度变革的重大突破，资本运作平台的建立，规范运作机制的形成，释放出南车巨大的发展活力，带来了销售规模和经济效益的快速提升。股份三年，南车营业收入和利润总额年均保持30%以上的增速，经营规模突破500亿元，经营指标屡创历史新高，向股东和资本市场交出了一份满意答卷。目前，南车旗下已拥有中国南车、南方汇通、时代新材、时代电气、Dynex等多个境内外融资平台，具备了更强的发展活力。

——坚持技术创新，快速适应市场新变化，对接国际先进标准，有力地提升了南车发展实力。五年中，我们通过“三大技术平台”建设，着力提升自主创新能力，建立了高速动车组、大功率机车技术平台，产品研发整体技术实力进入世界行业前列。股份三年，我们利用后发优势，通过原始创新、集成创新和引进消化吸收再创新，走过发达国家轨道交通装备企业近30年的发展之路，实现了产品技术从“国内一流”向“国际领先”的跨越。其中，时速350公里和380公里动车组批量生产投入运营，使我国成为继日、法、德之后第四个能够独立研发制造高速动车组的国家。9600、7200千瓦大功率电力机车先后下线并批量交付用户，成为铁路运输主型机车，引领南车站上世界大功率电力机车技术的制高点。大功率内燃机车引进技术国产化顺利实施，产品性能达到国际先进水平。一批新型地铁车辆研制成功并投入各大城市运营；延伸产业技术创新取得成效，在风力发电装备、新能源汽车、新材料、工程机械等领域取得重大突破，促进产业快速发展，增强了南车持续快速发展的实力。

——坚持市场创新，准确把握市场新动向，加大市场拓展力度，有力地保障了南车发展速度。五年中，我们牢牢抓住轨道交通装备市场的高速发展机遇期，充分发挥在技术创新方面形成的比较优势，实施先人一步的市场策略，高速动车组、大功率机车等新产品均提前投放市场，成为铁路大提速和新开通客运专线、货运线的主力军。股份三年，南车国内市场总体份额占50%以上，处于相对优势地位。目前在线运行的高速动车组65%出自南车；城轨地铁产品进入15个城市，市场份额达到60%；海外市场比重逐年上升，年均增长幅度25%；延伸产业快速发展，三年增长了3.3倍，年均增长64%。同时，我们注重产业战略布局，广泛开展战略合作，积极拓展长三角、珠三角、环渤海等经济发达区域市场，借助社会资源助推企业发展。

——坚持管理创新，推进内部管控精细化，持续提升运营水平，有效地夯实了南车发展基石。五年中，我们坚持强化管理，夯实发展基础。股份三年，我们从打造核心竞争力的角度出发，全面推行精益生产，建立起涵盖生产经营全过程的精益管理体系，有效提升了效率和效益。各企业通过精益改善和系统创新，成功突破瓶颈因素，全面兑现生产合同；四方股份、株机公司、浦镇公司等创新生产组织方式，提高整体工效，如期完成繁重的生产任务，产品质量稳中有升；资阳电力机车平台通过工艺优化、布局改善、物流改善等，迅速形成大批量生产能力。公司先后有5项成果获得全国企业管理创新成果一等奖。管理能力和运营水平的提升，促进了南车产品逐步达到世界先进水平，赢得了社会各界和广大民众的广泛赞誉。

——坚持品牌创新，不断创造竞争新优势，着力培育知名品牌，极大地丰富了南车发展内涵。五年中，我们大力推进品牌建设，树立南车国际形象。股份三年，以“同一个中国南车”为主题，以文化整合为载体，积极推进品牌战略的实施，不断创造竞争新优势，推动企业快速健康发展。高速动车组、大功率机车等优秀产品形象的树立，使南车形成了善于创新、勇于改革的形象特征，有效地提升了品牌的行业影响力和社会美誉度，引起了国内外媒体的深度关注。中国南车逐步成长为全球业内知名企业，被英国品牌价值咨询公司评为“全球最有价值500品牌”，品牌价值近20亿美元，是国内唯一上榜的重大装备制造企业。

——坚持制度创新，立足现代企业新要求，切实加强公司治理，较好地控制了南车发展风险。五年中，我们着力制度创新，全力推进百年国企向现代企业跨越。股份三年，积极推进和深化公司治理，不断完善内部控制、健全规章制度、优化工作流程、强化风险监管，理顺集团管理架构，增强集团管控能力，实现了由传统经验管理向现代科学管理的转变。股东大会、董事会、监事会、经营层各司其职，实现了经营运作程序化、重大决策科学化、信息披露公开化、风险控制有效化。公司先后获得中国上市公司“金牛百强”、“价值百强”、中国证券市场“金鼎奖”、“2010香港公司管治卓越奖”等荣誉称号。

——坚持人才创新，适应战略目标新需要，全力推进团队建设，极大地增强了南车发展动力。五年中，我们着力加强人才队伍建设，围绕南车战略目标，努力做好职业经理人、技术领军人物、海外营销人才、高技能人才等团队建设，不断优化人才队伍结构。股份三年，建立健全中高层管理者任用考核制度体系，公开选拔、择优选聘65名子公司高管人员，异地交流54人，推进后备干部选拔与培养，一批善于创新、充满激情的经理人走上重要岗位。新增新世纪百千万人才工程国家级人选3人，新培养享受政府特殊津贴人才30人，荣获詹天佑科技奖8人，荣获茅以升铁道工程师奖20人，选拔聘用技能专家32人，专业技术人才比例接近员工总数30%，一支具有较高职业素养、充满活力的人才团队正在形成，较好地满足了南车快速发展的人才需求。

——坚持党建创新，着眼解放思想转观念，融入中心服务大局，较好地营造了和谐发展环境。五年中，我们不断加强和改进企业党建工作，将党组织的政治优势与利用市场机制、依法治企有机结合，为南车改革发展提供了坚强保障。股份三年，各级党组织、群团组织融入中心，服务大局，通过不断更新观念、转变机制、创新方法，探索了一条企业党建工作与生产经营有机结合的有效途径。深入开展学习实践科学发展观活动和创先争优活动，不断解放思想，梳理发展思路，明晰战略目标，努力将政治优势转化为核心竞争力，为南车应对金融危机、保持持续健康发展提供了坚强有力的保证。

我们也要看到存在的一些不容忽视的问题和不足。一是企业发展不平衡。虽然公司实现了规模和效益的同步增长，但收入和利润来源主要集中在几家企业和大铁路市场，多数企业属于微利或持平，部分企业尚处于亏损状态。特别指出的是，目前的成绩是在轨道交通装备市场需求高速增长的条件下取得的，一旦市场情况发生变化，我们将面临新的考验。二是产业结构调整和区域布局虽然得到了明显的优化，但仍不尽合理，结构调整和业务整合的任务仍很艰巨。三是各类人才短缺，特别是国际化人才明显不足。四是国际化手段相对缺乏，整合利用国际资源能力不够，抗风险能力不强。五是延伸产业发展模式较为单一，产业规模偏小，产业竞争力有待提升。六是知识产权管理有待加强；风险防范机制有待完善。

“十一五”特别是股份三年的奋斗历程，我们深刻体会到：

第一，敏锐把握机遇，超前战略部署，是中国南车持续快速健康发展的根本所在。面对国家实施自主创新战略、加快和谐铁路建设的形势，我们敏锐意识到轨道交通蕴藏的巨大市场空间，高起点确立“新南车、新发展”思路，充分利用各种有利条件，拓展市场领域，推进技术创新，深化产权改革，加快结构调整；转变发展思维模式，推进合资合作、兼并收购、海外建厂等工作，积极探索国际化经营新路子。这种超前的战略部署和扎实有效的行动，使我们在机遇来临之前有所准备，机遇来临之时有所作为，创造了南车蓬勃发展的新局面。

第二，牢记使命责任，满怀事业激情，是中国南车持续快速健康发展的强劲动力。面对复杂多变的环境，全体南车人特别是各级管理者，始终牢记“振兴装备制造业、赶超行业世界一流”的使命，满怀发展轨道交通装备事业的激情，坚定搞好国有企业的信心，一心一意谋发展，齐心协力促和谐，破解了发展中的一个又一个难题，取得了一个又一个成果。实践证明，拥有一支拼搏进取、无私奉献、激情四溢的优秀队伍，是南车在激烈市场竞争中立于不败之地的强大动力。

第三，着力技术创新，全面快速响应，是中国南车持续快速健康发展的致胜法宝。面对和谐铁路对新型移动装备的迫切需求，准确把握世界科技发展的脉搏，加速引进技术国产化步伐，大胆自主创新，先人一步推出了一批具有国际先进水平的自主化产品，服务铁路运输，成功走出了一条引进消化吸收再创新的技术创新之路，用实际行动体现了南车的价值。实践证明，加快提升自主创新能力，既是抓住世界新一轮科技革命和产业革命战略机遇的必然选择，也是彻底改变中国企业在国际竞争中的被动地位、形成长期竞争优势的有效途径。

第四，坚守精益之道，以管理促品质，是中国南车持续快速健康发展的坚实基础。高效源于管理。上市以来，为促进企业管理与国际先进水平接轨，我们全面启动了精益生产，打造管理竞争力，培育良好的精益文化和精益行为，不断提高效率、完善品质、增加效益，形成了兼顾速度、质量和效益的精益管理模式，促进了企业的生产变革和管理创新。实践证明，建设现代化南车，除了拥有现代企业的“躯体”外，更要以精益为其注入现代企业的“灵魂”。

第五，重视股东利益，提升品牌价值，是中国南车持续快速健康发展的关键因素。发展和盈利都是上市公司的硬道理。我们恪守股东利益最大化的原则，千方百计确保利润持续增长，满足了投资者的基本需求，夯实了持续发展的基础。创立品牌，培育名牌，是企业市场竞争的重要手段。通过品牌建设，履行社会责任，使我们树立了良好企业形象，获取了持续竞争优势。在南车国际化的道路上，需要我们进一步加强品牌规划与创新，持续提升南车品牌影响力，更好地发挥品牌的价值与作用。

第六，发挥政治优势，建设和谐企业，是中国南车持续快速健康发展的有力保障。作为中央企业，我们承担着坚持企业的社会主义方向，适应完善市场经济体制要求的重大政治责任。这几年，我们深入贯彻落实科学发展观，加强和改进党的建设，构建惩防体系，充分发挥国有企业的政治优势，不断将其转化为企业的管理优势、竞争优势和发展优势，增强了核心竞争力，建设了一个和谐稳定的南车。我们要以改革创新的精神，深入推进党建工作，着力团队建设和文化培育，进一步激发创造力、增强凝聚力，为南车的改革发展稳定保驾护航。

二、科学谋划战略目标，统揽“十二五”发展全局

“十二五”时期作为新中国第三个三十年和“第三次转型”的新起点，是全面建设小康社会的关键时期，是深化改革开放、加快转变经济发展方式的攻坚时期，也是我国经济发展阶段从工业化中期向后期过渡的关键时期。对于中国南车来说，顺应我国经济平稳较快发展的潮流，适应轨道交通建设快速发展的要求，“十二五”时期是一个十分难得的战略机遇期和黄金发展期。

（一）国民经济的平稳较快发展为我们创造了良好的发展环境。党的十七届五中全会明确了我国“十二五”时期的指导思想、目标任务和工作部署，提出要以科学发展为主题，以加快转变经济发展方式为主线，促进经济长期平稳较快发展。概括来说，就是“发展、和谐”四个字。宏观经济环境为轨道交通装备制造业实现高速发展提供了难得的历史机遇。一是构建扩大内需长效机制，加快建设资源节约型、环境友好型社会，走可持续发展之路，必将刺激和带动具有节能环保优势的轨道交通产业的快速发展。二是提升制造业核心竞争力，培育发展战略性新兴产业，发展拥有国际知名品牌和核心竞争力的大中型企业，有利于装备制造业在国家政策支持下，不断做强做优。三是深入实施科教兴国战略和人才强国战略，加快建设创新型国家，有利于装备制造业不断增强自主创新能力，掌握核心技术，培养优秀人才，引领行业发展潮流。四是实施“走出去”战略，逐步发展我国大型跨国公司，提高国际化经营水平，有利于装备制造企业进一步完善体制机制，加快国际化经营步伐。五是“十二五”中央企业改革发展的核心目标是“做强做优中央企业、培育具有国际竞争力的世界一流企业”，要求我们在自主创新、公司治理、品牌建设、国际化经营能力、国际同行业领先水平等方面具备更强优势，以全球行业第一的身价，进入央企 30-50 家具有国际竞争力的企业集团之列。六是加快转变经济发展方式，有利于轨道交通装备制造企业快步走上集约、集聚、技术创新、产融结合的发展道路，向全方位系统集成公司发展。要求我们必须提升现代服务，创新商业模式，在研发、设计、系统集成、工程承包、维修、租赁等环节开展增值服务，逐步实现由生产型制造向服务型制造的转变，成长为全面解决方案供应商。

（二）战略性新兴产业为我们带来了前所未有的发展机会。国务院出台的《关于加快培育和发展战略性新兴产业的决定》，明确了战略性新兴产业发展的重点方向、主要任务和扶持政策，确定了节能环保、新一代信息技术、生物、高端装备制造、新能源、新材料和新能源汽车七个战略性新兴产业，并将采取一系列扶持政策，培育成为国民经济的先导产业和支柱产业。战略性新兴产业将成为下一个蓝海，必将对包括中国南车在内的轨道交通装备制造企业的快速发展创造良好的政策环境和难得的发展机遇。我们从事的高端轨道交通装备、风力发电装备、电动汽车分别属于七大战略性新兴产业中的高端装备制造、新能源和新能源汽车产业，并同时对战略性新兴产业中的节能环保、新一代信息技术、新材料等产业起到相互促进、连带推动的协同作用，都是国家大力支持的产业，发展前景广阔。特别是大力培育发展高端装备制造业，是实现“中国制造”向“中国创造”转变的重要途径。高端装备制造业的自主创新能力在“十二五”期间将会有更大突破，并形成有独特优势的高端制造产业链，

成为“十二五”时期我国新的经济增长点和支柱产业。这对于以高铁为代表的高端装备制造业的发展十分有利，中国南车恰逢其时，具有领先一步的优势，必须牢牢抓住这个前所未有的机遇，进一步科学判断未来市场需求变化和技术发展趋势，深化自主创新，强化核心关键技术研发，切实提高战略性新兴产业的核心竞争力和经济效益。

（三）轨道交通建设力度持续加大为我们提供了广阔的市场空间。随着我国国民经济的快速发展和城市化进程加快，轨道交通以其大运量、高效率、低污染等优势，已成为世界各国及大城市解决交通问题的首要选择，轨道交通装备产业发展空间巨大。一是根据《中长期铁路网规划》，当前和今后一段时期我国铁路建设将进入高速发展期。“十二五”仍是铁路建设高峰期，铁路投资每年预计仍将有7000亿元左右，而且以地方政府为主导的投资力度也会不断加大。预计铁路每年安排机车车辆购置费1000多亿元，未来铁路装备需求将迎来一个快速增长期，新线建设将带动动车组、大功率机车、重载货车的需求，既有线改造将带动普通机车、客车和货车等既有产品的更新换代。二是我国城市轨道交通建设步伐空前加大，每年平均建设270公里，建设规模世界第一。到2015年，将有超过30个城市建设85条城轨线路，总长达2700公里以上，需求车辆20000辆，年均需求3000辆以上。三是长期来看，随着我国城市化进程的加快，铁路网、城际客运网和城轨地铁网将逐步实现“三网融合”；铁路运输实现客货分线，将使铁路货运能力得到有效释放，路网的不断优化完善，运量和运能的大幅提升，将进一步释放出对机车车辆装备和服务的更大需求。四是低碳经济的兴起，给节能环保的轨道交通带来了发展的春天，轨道交通越来越受到世界各国的青睐，世界轨道交通装备行业正步入新一轮景气周期，众多发展中国家和欧美等国陆续推出轨道交通建设计划，为南车的国际化发展带来了巨大的市场容量。而随着中国高铁在全球的崛起，我国铁路积极实施“走出去”战略，南车产品逐步成为“中国制造”的名片，已经具备参与全球业内高端产品竞争的优势和能力，将代表国家实现高端装备的出口，为南车制造走向国际创造了良好条件。

2011年，举世瞩目的京沪高铁将通车运营，哈尔滨～大连、北京～石家庄、石家庄～武汉、天津～秦皇岛、合肥～蚌埠等高铁也将建成投运，年底我国铁路营业里程达到近10万公里，其中新建高铁近万公里。全年计划完成建设投资7000亿元，新线建设规模将达到3万公里。全路投用新造动车组293组，新造大功率机车1681台，新造客车1500辆，新造货车25000辆，到年底，上线运行动车组和大功率机车分别达到770组和5281台，时速380公里新一代高速动车组将大批上线运行。对此，我们要有充分准备，更加积极主动地适应市场需求。

（四）“十二五”期间，我们也面临更加激烈的市场竞争和自我发展的严峻挑战。一是随着我国铁路现代化建设的快速发展，铁路安全特别是装备安全面临前所未有的挑战，大批新线特别是高铁集中交付运营，大量新技术装备投入使用，确保铁路安全的任务异常艰巨，用户的要求越来越高，装备产品质保期延长，质量追究和索赔力度加大，我们面临的产品质量和安全运营的压力越来越重。同时产品供求结构不均衡仍将存在，部分企业特别是修理企业仍面临较大的发展困境。二是世界经济的进一步复苏有待时日，出口产品的成本提升、价格优势下降，给轨道交通装备的出口带来不利影响，国际市场拓展仍有一定难度，履约和汇率风险仍然存在。三是后金融危机时代，发达国家重新回归重视发展高技术制造业，围绕市场、资源、人才、技术、标准等的竞争更加激烈，国际跨国公司通过技术、标准、品牌的影响力以及产融结合手段，将挤压我国轨道交通装备制造业的发展空间。四是国内外竞争对手的迅速发展和民营企业进入行业后的快速成长，将使市场格局更趋复杂，国内外竞争将越来越激烈。五是全球流动性过剩可能带来的油、水、电、钢材、有色金属等基本生产资料的价格上涨预期增大，企业成本控制难度加大。我们必须坚持以更广阔的视野，冷静分析，沉着应对，把握好发展新定位，积极创造参与国内外合作与竞争的新优势。

从南车自身来看，经过十年的积累，特别是"十一五"的快速发展，我们已经跻身全球业内三强，拥有了高起点的产品平台、可延伸的产业平台、追求精益的管理平台、多个境内外的融资平台、富有活力的公司治理平台、充满创新激情的人才队伍……具备了高速发展的基础和做强做优的优势。但着眼未来的高速发展，我们必须清醒地看到，自身还存在许多薄弱环节。一是与国内外竞争对手相比，存在基础研发薄弱、技术储备不足、全球配置资源能力不强等差距，在产能规模、营销网络、市场拓展手段等方面也有一定弱势。二是随着业务的快速扩张，带来管控模式和系统能力建设不足的问题，如何更好地兼顾质量、速度与效益，实现又好又快发展，需要我们认真思考。三是对延伸产业完全市场化的竞争认识不够，管理模式、发展机制、资源配置、人才储备和市场培育准备不足。四是实现全面解决方案供应商的目标，还需要探索新的商业模式，面临由生产型制造向服务型制造转变的重大课题。五是企业发展不平衡，如何科学发展，实现包容性增长；如何推进业务整合和资源优化配置，实现内部产业链的合理配套和有效协调，仍需下大功夫。六是如何防范投资、财务等各类风险，消化未来的过剩产能，面临较大考验。七是科研力量的整合与共享，人才队伍建设特别是顶尖领军人才和国际营销人才的引进和培养，必须加大力度。八是如何利用南车境内外多个资本市场平台搞好资本运作，通过资本运营拉动企业高速发展，还需深入探索实践。九是如何处理好企业快速发展与员工共享成果的关系，保持企业和谐稳定的发展局面，需要认真研究。我们必须科学判断和准确把握发展趋势，充分利用各种有利条件，加快解决突出矛盾和问题，努力实现企业的持续快速健康发展。

(五)深刻认识发展形势，科学制定"十二五"发展战略。通过分析，我们仍处于可以大有作为的战略机遇期和发展转型期，既面临难得的历史机遇，也面对诸多风险和挑战。我们要保持更加清醒的头脑，增强机遇意识和忧患意识，科学把握企业发展规律，主动适应市场变化，更加奋发有为地推进南车的改革与发展。为此，我们制定了"十二五"发展战略，提出了中长期奋斗目标。

——**中国南车的宗旨：**拥有一流的技术，生产一流的产品，培养一流的员工，向用户提供最有价值的绿色产品，将企业打造成最具有社会责任的行业先锋和国际化的跨国公司。

——**中国南车的愿景：**成为引领全球轨道交通装备发展的全面解决方案供应商。

——**中国南车"十二五"战略目标：**2015年营业收入突破1500亿元，实现净利润60～80亿元。形成轨道交通装备产业、专有技术延伸产业、资本运作"三位一体"的国际化经营格局。努力成为行业第一、世界500强企业。"中国南车（CSR）"成为全球高知名度品牌。

配套目标：

牢固占据国内轨道交通装备市场份额的领先地位，轨道交通装备全球市场份额高于10%。

专有技术延伸产业年营业收入达到 300 亿元。

海外业务营业额 265 亿元。

优化产业和经营结构布局，初步实现全球化配置资源，建立适应南车国际化经营发展的新业务结构体系。

引导龙头企业积极发挥带动作用，优化公司产品结构和组织结构布局，盘活存量资产，形成整体优化、协同发展的产业格局。

轨道交通装备设计、制造、产品技术处于国际领先水平。建立完善的具有国际先进水平的产品研究开发、产业发展研究体系。科技经费占销售收入比例达到 6%以上。

建立融合国际标准、涵盖全球市场的企业技术标准体系；加强产品技术平台的建设力度，进一步充实产品家族，满足国内外客户需要。

建立完备的知识产权创建和保护体制，形成完整的专有技术和专利体系，知识产权管理处于国内同行业领先地位。

建立高效先进的关键部件内部产业链及富有国际竞争力的物流与供应链管理体系。

以持续的精益管理和高水平的信息化管理，不断提高公司运营效率和效益。

充分发挥境内外融资管控平台，优化资本结构，为南车发展提供充足的低成本资金保障。

综合运用多种科学与合规的价值经营方法和手段，开展公司市值管理，加强投资者关系管理和信息披露，确保公司市值持续上升。

建设一支素质高、能力强、结构优化的国际化人才队伍，建立现代人力资源开发与管理体系，为南车发展提供坚实的人力资源保障。

全体员工共有的理想境界和人生价值观构成具有中国南车特色的企业文化。

员工收入持续平稳增长，人均工资年增长率 10～15%。

——**中国南车 2020 年愿景目标：**打造具有国际竞争力的轨道交通装备全面解决方案供应商。中国南车在世界 500 强的地位稳步提升，“中国南车（CSR）”成为全球知名品牌。

三、全面完成 2011 年的各项目标任务

2011 年工作的总体思路是：深入贯彻党的十七届五中全会精神及中央企业负责人会议和全国铁路工作会议精神，坚定不移地推进“十二五”发展战略，深入贯彻落实科学发展观，着力自主创新，推进结构调整，增强管控能力，拓展市场领域，深化品牌建设，提升国际经营水平，促进企业和谐稳定，为“十二五”发展开好头、起好步，努力开创中国南车科学发展的新局面。

2011 年的主要经营目标是：集团公司实现营业收入 820 亿元，利润总额同比增长 20%，全面完成国资委下达的各项经营业绩考核指标。其中，南车股份实现营业收入 800 亿元，净利润有较大增长，保持持续良好的经营业绩。

要重点做好以下工作：

（一）加强自主创新，引领行业发展潮流。坚持以科学发展观为指导，弘扬“勇攀科技高峰、争创世界一流”的高铁精神，坚持“高标准、讲科学、不懈怠”，坚定不移地走原始创新、集成创新和引进消化吸收再创新相结合的自主创新道路。积极推进中国南车创新型企业建设，结合业务整合与结构调整，建设若干个具有国际竞争力的整机和关键部件专业化研发机构，建立和完善优势集中、开放式合作、国际化运作的技术创新体系，持续优化三大技术平台建设，不断增强自主创新能力。加强前瞻性和基础性研究，加大科研项目经费投入，努力实现从技术追随向技术引领的转变。建立和完善具有国际

先进水平的技术标准体系，提高企业参与国际标准制定的能力。实施知识产权战略，完善知识产权管理制度，逐步实现知识产权管理的系统化、制度化、规范化；加大专利技术研究和专利申请力度，加快国外专利部署，依法保护自主创新成果。进一步推进重点科研项目。一是重点抓好 CRH380A 新一代高速动车组的批量生产，确保产品质量，确保按时交付，确保运营安全。二是加快更高速度级试验动车组的研制力度，确保按期上线试验。在我国高速铁路迅猛发展的实践中，不断提升高速动车组设计水平和制造质量，推动高速动车组制造业始终走在世界前列，在引领世界高铁发展潮流中当好排头兵。三是大力推进 CRH6 城际动车组的研制生产工作，确保技术、管理平移到位，产品质量优异，性能安全可靠。四是深入抓好时速 200 公里机客车、自主知识产权地铁车辆等新技术新产品开发；五是继续推进大功率机车再创新工作，进一步加快系列化产品平台研发，巩固和提升行业领先水平；落实好和谐型电力机车检修工作，加强新型装备全寿命管理；六是积极参与铁道部重载货车技术研究工作，加大大轴重货车及其配套技术的研发力度，不断提高在货车行业的影响力。七是继续推进低地板城轨车辆、中低速磁悬浮交通系统的研究；八是加大专有技术延伸产品的研发力度，开展插电式混合动力电动客车、乘用车插电式混合动力系统和纯电动系统、5MW 风力发电机组研制，以及大型铁路工程机械、大功率半导体器件等项目的研究开发。

（二）主动适应市场，建立健全营销网络。紧紧抓住国家扩大内需、加大铁路建设和城市轨道交通建设的有利时机，积极响应市场，加强用户沟通，努力拓展国内轨道交通装备市场。继续强化以客户为中心的营销理念，分析客户需求，健全营销网络，创新市场营销模式，完善营销管理体系，抢占市场制高点。紧跟铁路建设步伐，准确把握行业变化趋势，跟踪落实铁路机车车辆购置费的相关信息和项目，开发满足用户需求的优质产品，提供满足用户需求的优质服务。创新服务模式，在铁道部统一指导协调下，构建系统服务平台，及时有效为用户提供服务。高度关注路外市场的需求动态，做好市场细分，逐个分析研究，深入拓展市场空间。抓住城轨地铁快速增长机遇，以灵活的策略拓展市场，加强协同作战能力，保持市场优势，争取城轨地铁市场新签合同总金额占 60%以上。紧紧抓住我国加快发展战略性新兴产业的难得机遇，突出重点发展方向，发挥产业协同作用，采取以投资换市场策略，努力拓展风电装备等新能源、电动汽车、新材料、工程机械等专有技术延伸产品市场，加大高精尖产品和对南车发展有支撑作用产品的投资力度，迅速形成产业能力，成为南车“十二五”发展的支柱产业。紧紧抓住我国“走出去”战略的历史机遇，加大自主创新步伐，不断提升品牌知名度，全力开拓海外市场。积极发挥南车品牌优势及资源优势，借助我国铁路快速发展和“走出去”的战略契机，按照铁道部国际市场协调机制，突出优势产品，加快高附加值产品出口步伐，集中优势力量和精力，开拓新的市场领域。充分利用海外营销网络，加大市场调研和市场分析力度，科学细分市场，确定目标市场，完善信息共享平台和机制；紧密跟踪全球铁路建设规划，探索开展成套设备出口业务，为南车产品及延伸服务走出去创造条件；顺应低碳经济发展趋势，以国际化视野开展互补性合作，加强大型企业之间的横向合作，“借船出海”，满足多模式及多元化发展需要；开展海外本土化团队建设，在重点市场建立本土化的市场开拓、售后服务团队，加大后期服务力度。

（三）推进资源整合，加快产业战略布

局。组织宣传、贯彻和落实公司“十二五”发展战略。根据公司“十二五”发展战略要求，加强改革的顶层设计和总体规划，进一步研究和提出产业整合的重点项目，研究制订方案并组织实施。完成和谐型动车组平移工作，四方股份、浦镇公司要高标准、不折不扣地平移动车组技术，确保技术、质量百分之百过关，同时扎实推进广州城际动车组基地建设工作，确保按期竣工投产。完成株洲所收购襄牵公司股权的资源整合工作，着手研究成都隧道公司经营业务整合工作。有序推进资阳平台电力机车本地化进程，进一步扩大南车电力机车整体优势。全力推进与玉柴集团的合作，在确保合资公司正常运作的同时，扩大合作领域与内容。着手研究提升现代服务，在重视产业链前端研究开发和产品设计的同时，高度关注产业链的后端现代服务，理顺内部产业链，把修理业务作为制造企业的延伸服务，并逐步融入铁路维修体系，积极开展全寿命周期的增值服务工作。探索总包模式，逐步提高咨询、设计和服务能力，积极为客户提供全面解决方案。进一步强化战略联盟合作能力，大力推进南车天津、河南、广东、浙江、昆明、贵阳等项目，抓好广州大功率电力机车检修基地等的建设工作；继续与重点区域重点城市、相关中央企业沟通联系，进一步布局和优化南车相关产业。按照铁道部要求，积极推进参与中美高铁合资企业、中老合资铁路等重点项目的谈判和协商，做好在沙特成立合资公司、庞巴迪与浦镇公司合作等重点项目的组织和协调工作，确保项目的顺利推进。继续关注和跟踪海外并购机会，力争海外并购工作有所突破，境内外合资工作能力和管理水平显著提高。继续按照积极稳妥、控制风险的原则，抓好固定资产投资与管理；积极研究公司投资管理模式，进一步优化决策权限和业务流程。结合新一轮资产经营责任制考核管理办法，深化 EVA 理念，制定新增固定资产、在建工程的考核方案，将投资责任落实到位，逐步建立激励和约束机制，在鼓励发展的同时控制好风险；完善投资项目责任制，探讨建立项目责任书制度。

（四）深化精益生产，提升科学管理水平。深入抓好精益管理各项基础工作，完善工作机制和管理流程，实现基础管理的日常化、制度化、科学化。继续抓好人才育成工作，大力培养员工良好的行为习惯和职业素养，着力培育优秀的精益文化。继续抓好示范区（线）建设，一是做好精益生产示范区（线）的宣传，扩大影响，抓好典型；二是做好示范区（线）的细化、深化，完善措施；三是不断扩展示范区（线）的实施范围，积极建设新的示范区（线）；四是修订完善示范区（线）评价标准，更加突出南车特色。继续贯彻精益生产实施规划，实现精益生产的阶段性转型，明年要在全面实现第一阶段工作目标的基础上，实现由以现场为主的精益生产到管理提升的精益生产的转型，并以重点企业为目标，积极开展精益供应链、精益品质和精益企业的创建工作，探索建立具有南车特色的管理方式。

（五）强化质量第一意识，确保产品安全可靠。质量责任重于泰山。我们要以建设世界一流的铁路为目标，以引领世界高速铁路发展潮流为己任，抱着以对党、对国家、对人民高度负责的宗旨，始终把确保质量和安全摆在最根本、最关键、最核心的位置。全力抓好设备质量、安全管理、人员素质三大要素，确保所有产品百分之百的质量优良、安全可靠，为铁路持续安全运营奠定坚实可靠的设备质量基础。培育以精益制造理念为核心的质量文化，建立质量成本管理体系，完善供应商管理体系，建设质量管理信息平台，提升产品品质。全面提高国际采标率，形成模块化和标准化。全面推进 IRIS（国际铁路行业标准）认证，加强内部质量审核，持续完善质量管理体系。全面推进中国南车17项工艺管理标准的贯彻和落实，完善工艺管理体系；加强对关键、重要岗位操作人员的培训，强化对关键工序和特殊过程的管理，加强对关键设备、工艺装备、计量器具的管理，推动质量管理由以实物质量为主向对作业过程监控的转变。深入开展安全质量大检查大整治和“质量年”活动，形成质量整改落实的长效机制。适应用户要求，不断完善售后服务体系，抓好重大质量信息收集、分析和处置机制和闭环管理，确保售后服务工作反应灵敏、行动快速、服务及时、措施到位。明年京沪线将开通运营，我们要扎实地做好CRH380A新一代高速动车组的上线运营工作，使其成为经得起历史检验、社会检验、人民检验的精品。要进一步做好高速动车组和大功率电力、内燃机车以及城轨地铁等产品上线运营的技术支持和售后服务，以优质的产品和优良的服务，确保铁路运输安全。春运期间，各单位要配备精兵强将，全力以赴做好服务，保证春运安全。

（六）加强财务管理，提高资本运营水平。深入开展产业链各环节的价值分析，加强产业链、价值链管理，不断提高制造主业的盈利能力。统筹各子公司财税资源，增加公司整体收益。完善全面预算管理，加强预算监控和滚动预算管理，加大预算执行力度。继续加大降本增效力度，完善精细化成本管理，逐步建立覆盖主产品全生命周期的成本规划，层层分解落实成本控制责任。提高财务管控集中度，健全逐级负责、整体高效、执行有力的运行机制。推进财务公司运作，拓展融资平台，加强资金集中管理，加大内部调剂，充分用足内部资金。加强现金流管理，抓好应收账款回收，降低财务风险。加强关联交易管理，落实责任，规范操作，达到监管要求。加快实施资本运作，理顺流程和机制，适时进行战略投资，尽快形成一定规模。做好IPO募投项目的管理和收尾，及时处理存在的问题。完成南车股份、时代电气增发融资工作，并争取国家资本投入支持。加强市值管理，显化公司价值，获得投资者认可。加强股权投资，以PE投资为重点，加快推进财务类股权投资项目运作进程。建立规范的股权管理体系，实现对投资企业的有效监管和控制。

（七）落实资产经营考核，健全管控体系建设。实施新版《企业资产经营责任制考核办法》，签订2011～2013年任期《企业资产经营责任书》，出台重大经营项目单项奖励和任期特别奖励配套管理办法，进一步完善企业资产经营责任制考核工作。通过实行资产经营责任制指标考核与子公司薪酬预算管理、高层管理人员薪酬管理“三位一体”的激励约束机制，以目标设置引导子公司的成长性，加强激励，提高子公司努力度，设置经营系数体现子公司贡献率，提高子公司资产运营效率和经济效益。继续深化公司治理，加强投资者管理，抓好信息披露，规避监管风险。加强对子公司重大事项的管控，完善“三重一大”决策程序，健全重大事项、重大合同等审核流程，提高科学决策水平，增强集团控制力。认真做好运营管控工作，全面提升管控水平。抓好经营管理信息系统的运用，支撑公司经营决策和经营管控。组织制定组织架构管理的指导意见，指导子公司做好组织架构管理。继续抓好内部控制和募集资金审计，做好安全管理专项审计；落实物资采购、制度建设和投资制度执行力效能监察问题的整改工作，继续开展重大投资、工程建设等效能监察，不断提升管理效能。推进制度修订和体系建设工作，完善法律事务工作，加强重大合资合作项目的法律前期审核和过程把关，满足企业发展需要。加快物资及供应链体系建设，加大集中采购、招标采购力度，降低采购成本，防范采购风险。完善安全健康体系建设，以“三零”目标确保安全生产；推进安全、节能、环保重点项目改造，实现节能减排、清洁生产、低碳发展。继续深化信息化管理，进一步推进ERP建设，强化网络安全，落实内外网分离和文档加密工作，确保信息安全和保密工作；建立总部信息门户系统，推进各类信息管理系统的上线运用和优化完善工作，打造统一的信息化管理平台，不断提高信息化建设和管理水平。

（八）加强人才队伍建设，增强企业发展后劲。要以构建特色领导力开发体系为主线，加强高级职业经理人及后备人才队伍建设。优化领导班子建设和领导人员选拔任用及管理制度体系，完善领导班子及领导人员的绩效和综合考核评价机制，增加领导班子的整体合力。出台工资总额预算管理办法，引入城市薪酬差异系数（CDI），分层分类对各企业采取差异化调控方式，保持企业间的合理差距；理顺企业内部分配关系，稳定员工队伍。全面推进岗位绩效工资制改革，构建一体化的岗位评价和全员绩效管理体系。积极实施股权激励计划，进一步稳定和吸引核心骨干人才，保障公司业绩的长期稳健增长，提高投资者信心，使中长期激励成为员工与企业共享长期发展成果的有效手段。根据股权激励计划完成首次授予工作，追踪授予对象考核及动态信息。以选拔培养核心人才为重点，全面启动万名核心人才队伍建设工程。加强培训体系建设，结合“走出去”战略和资本运营的需要，积极引进国际国内一流人才，同时按照“十二五”发展战略需要，更多地立足内部，抓好各类人才的培养和选拔，努力造就一批能够适应南车快速发展的人才队伍。全面推广“技能大师工作室”，加大复合型技能人才的培养力度。做好人力资源调剂与优化配置工作，加快实现资源共享，最大限度地发挥人力资源效能。全面推行人力资源信息系统，深化人力资源体系建设。

（九）提升文化软实力，打造国际知名品牌。围绕南车共同的发展愿景，立足“振兴中国高端装备制造业，引领世界轨道交通发展”，培育统一的核心价值观、企业精神和工作作风。深入宣贯以“责任”为内核的文化内涵，增强员工的认同感和凝聚力，进一步引导员工主动适应时代发展要求，为实现企业和个人的共同价值不懈努力。牢固树立“同一个中国南车”意识，着力统一品牌建设，提升南车品牌价值，增强企业核心竞争力；加强品牌传播力度，提高用户和社会对南车品牌的认知，树立企业良好形象。以产品销售的全球化，带动南车品牌的全球化；以南车品牌的知名度，促进南车产品的美誉度，使“中国南车”逐步成为占据行业领先地位、有社会责任感、具备全球影响力的知名品牌，助推南车快速实现“十二五”战略目标。

（十）加强党建工作，共谋和谐发展。学习贯彻党的十七届五中全会精神，按照“围绕中心谋发展、有效切入争一流、全面深化争实效，着眼全局促和谐”的总体工作要求，着力加强和改进企业党建工作，开创科学发展、和谐稳定新局面。一是贯彻落实科学发展观，牢固树立科学发展理念，积极落实加快转变经济发展方式的决策部署，深入开展创建学习型组织活动，宣传贯彻并坚决执行中国南车“十二五”发展战略。二是落实“四好”领导班子创建考评机制，推进领导班子建设，增强领导班子和领导干部推动科学发展、促进企业和谐的能力。三是深入开展创先争优活动，增强基层党组织的活力，始终保持党员的先进性，将企业的思想政治优势转化为竞争优势和发展优势。四是围绕“十二五”改革发展稳定加强思想政治工作，确保南车持续快速健康发展。把握正确的舆论导向，努力营造健康向上的舆论氛围。健全社会责任管理体系，切实履行中央企业的社会责任。落实维稳和信访工作机制和责任制，努力消除不稳定因素，防止发生大规模群体性事件。五是进一步加强和完善惩防体系建设，促进党风廉政建设和反腐败工作不断深入。六是落实依靠方针，进一步完善以职代会为基本形式的企业民主管理制度，推进民主决策、民主管理和民主监督；继续开展“八比八创”劳动竞赛和技术创新活动；深化“三关心、三保证”工作，及时解决员工群众的合理诉求，使员工共享改革发展成果，共建和谐南车。

（十一）抓好存续工作，确保平稳有序。加强年度预算管理，落实专项工作计划，有序开展存续企业的各项工作，确保存续企业不亏损。一是继续加大存续资产处置力度，基本完成可对外处置资产的处置工作；二是推进各企业“三供”系统的改造移交；三是加快企业老旧住宅区改造工作，为员工创造和谐宜居的生活环境；四是加强主辅分离改制分流企业的后续管理，关心关注改制企业的持续发展；五是推进常铁校、四方医院、四方技校等的移交工作；六是加强各存续企业出租资产管理，开展债权清理及催收工作。

加快科技创新　提升核心动力
促进中国南车尽快实现“十二五”战略目标

——集团公司党委书记，股份公司总裁郑昌泓
在中国南车科技大会上的讲话（摘要）

（2011年4月7日）

过去五年，是中国南车奋发有为的五年，同时也是科技工作硕果累累的五年。中国南车紧紧抓住国家振兴重大装备制造业和轨道交通快速发展的良好机遇，深入贯彻科学发展观，全面落实企业发展战略，坚持走引进消化吸收再创新与自主创新相结合的道路，大力推进设计、制造、产品三大技术平台建设，积极构筑开放式的技术创新体系，不断提升高端轨道交通装备等产品的自主研制能力，成功实现了由制造型企业向创新型企业的转变。目前，中国南车掌握了高速动车组、大功率交流传动机车、城轨车辆的核心技术，产品研发的整体技术实力跨入行业前列。以高速动车组、大功率机车为代表的一批高品质产品，其技术性能达到国际领先水平，成为我国高端装备制造的标志性产品。我们在自主创新上取得的历史性突破，已向世人宣告，中国南车的综合实力跨入了世界轨道交通装备制造业的前列，我们探索出了一条装备制造业赶超世界一流、引领行业发展的成功途径。特别是CHR380A型新一代高速动车组相继在沪杭线上创造了416.6公里、在京沪线先导段创造486.1公里的世界铁路运营试验最高时速，在社会上产生巨大反响，极大地振奋了中华民族的自豪感和自信心。3月30日《人民日报》在一个长篇评论文章中这样写道：在开放中推进自主创新，我们拥有巨大的潜能。时速486.1公里！2010年12月3日，由中国南车集团研制的和谐号380A新一代高速动车组，刷新了世界铁路运营试验最高速度。从跟跑到领跑，短短5年间，中国由高铁技术的输入国一跃成为输出国，演绎了自主创新的“中国速度”、“中国标准”。从这篇文章中，大家可以体会一下，字里行间所洋溢着的一种民族的自豪感，以及对南车自主创新成就的褒奖和赞叹。

“十一五”期间，中国南车科技事业的蓬勃发展，为广大科技工作者施展才华、奉献才智提供了广阔舞台。围绕“十二五”期间科技创新如何服务于南车的战略目标，发挥核心力量，我讲几点意见。

一、科技创新是“十二五”期间中国南车实现又好又快发展的核心动力

中国南车目前确立了“十二五”发展的新目标，即到2015年实现营业收入1500亿元；形成轨道交通装备产业、专有技术延伸产业、资本运作“三位一体”的国际化经营格局；努力成为行业第一、世界500强企业。这个新目标，是宏伟的，也是艰巨的。前不久胡锦涛总书记在参观“十一五”国家重大科技成就展览时强调指出，完成“十二五”

时期经济社会发展的目标任务，在激烈的国际竞争中赢得发展的主动权，最根本的是靠科学技术，最关键的是大力提高自主创新能力。实现中国南车“十二五”的战略目标，同样如此，要真正达成目标，关键也要靠科技进步、 靠自主创新能力。

南车“十二五”的战略目标，用一句话概括，其根本实质就是要实现又好又快发展。如何实现又好又快发展？就是要做到“四个转变”：发展方式从依靠资源投入转向依靠科技进步，实现内涵式增长；业务模式从过于集中于轨道交通转向以轨道交通为轴心的绿色环保的大型装备，实现产业结构升级优化；市场覆盖从以国内为主转向全球布局，实现国际化经营；技术实力从跟随为主转向技术引领，实现技术输出。这“四个转变”都与提高自主创新能力密切相关，都需要科技人员付出百倍的努力和智慧。

“十二五”期间，南车的增长要更多地体现出内涵式增长。“十一五”我们依靠科技和资金投入，前后投入资金 187 亿元用于制造能力的扩充、技术装备的更新，取得了年均接近 20%的增长。国际上有一个标准，技术进步对经济增长的贡献度达到 70%以上，这样的国家可视为依靠技术进步实现增长，是一个创新型国家。中国目前只有不到 40%是依靠技术进步实现的，仍然主要靠资金、资源和人力投入。南车的情况也基本如此。这种资金拉动的增长，不可能长期持续。所以说，资源投入到一定程度后，必须转变到依靠科技进步的轨道上来。

“十二五”期间，科技进步对南车发展的拉动作用要体现得更明显、更充分一些，通过掌握核心技术，拥有技术优势，在竞争中占据主动，赢得可持续发展。业务模式上，目前南车的主营业务相对单一，过多地依靠轨道交通市场。这个市场的任何风吹草动，对我们的经营都有重大影响。对这个市场的过于依赖，也限制了我们资源的充分利用。“十二五”期间，我们要以轨道交通为轴心，依靠在轨道交通领域积累的核心技术和制造优势，实现前伸后延，形成以绿色环保的大型装备为主的业务结构，改变目前主营业务领域过于集中于轨道交通的状况，释放经营风险。2010 年南车风电产业实现收入约 31 亿元，占新产业的 30%强，是新产业中做得比较成功的，给我们的启示就是，绿色环保的大型装备市场广阔，我们进入的市场和技术条件也比较成熟。

从市场规模来看，2010 年我们是全球行业第二，2011 年有可能做到全球行业第一，但我们的主要市场是在国内。虽然我们的产品出口到了 64 个国家和地区，但收入规模还比较小，2010 年海外业务收入占比不到 5%，说明海外市场还有很大的空间，我们还有很多工作可以做。“十二五”期间，我们要在海外市场开拓上，力争实现根本性的突破。开拓海外市场，是一个系统性工程，其中一个关键因素就是要拥有一个全球叫得响的品牌。当今世界共有名牌商品约 8.5 万种，其中 90%以上的名牌归属于工业发达国家和亚太新兴工业国家或地区；这些世界名牌占全球品牌量不到 3%，销售额却占到 50%左右。2010 年，中国有 54 家企业进入了全球财富 500 强，却很难找到几个全球叫得响的品牌。中国的货物出口额已稳居世界第一，但所出口的商品中 90%是贴牌产品，拥有自主品牌的不足 10%。有幸的是，我们处于中国企业中的 10%的行列，拥有“南车”这个自主品牌，并且这个品牌在国内外已有了一定影响力。但我们还要看到，南车品牌还不是国际知名品牌，特别是品牌当中的科技含量还不足，直接体现在产品的价格和利润上，我们还相对处在低端。“十二五”期间，我们要进一步做响南车品牌，必须从科技入手。要在市场覆盖上实现全球布局，自主创新是最重要的推手。实际上，这方面我们已经有了一些曙光，如美国高铁等，南车正在逐步改变品牌相对低端的形象。

“十一五”期间，科技工作让人最为振奋的亮点，就是我们的科研水平正在逐步实现从技术跟随到技术引领的转变。以和谐号380A 新一代高速动车组和大功率交流传动机车为标志，我们很快从引进消化技术提升到了占领技术的制高点，初步具备了技术引领者的角色。在“十二五”，我们更要着力在若干重要领域掌握一批核心技术，拥有一批自主知识产权，真正成为轨道交通装备行业的技术引领者，进而实现技术输出，打造和确立中国南车创新型企业的形象。

能不能实现上述“四个转变”，关键在于自主创新。提高自主创新能力是我们加快实现“四个转变”的核心任务，抓住自主创新就抓住了实现“四个转变”的牛鼻子。“十一五”期间，经过广大科技工作者的辛勤努力，我们在科技工作方面积累了扎实的基础，形成了独有的特色和优势。所有这些特色和优势，为“十二五”科技工作创造了很好的条件。

坚持“自主创新、重点跨越、支撑发展、引领未来”的科技指导方针，这是胡锦涛总书记在2006年全国科技大会上提出来的，这个方针也是南车“十二五”科技工作要遵循的方针。在“十二五”期间，我们要根据《中国南车“十二五”科技发展规划》确定的思路，以全球化视野提升科技创新能力，加快构建以市场为导向、产学研相结合的技术创新体系，持续优化三大技术平台，大力推进原始创新、集成创新和引进消化吸收再创新，全力打造具有核心知识产权和高附加值的国际知名品牌，为中国南车实现又好又快发展、进入全球500强企业提供强大科技支撑。我相信，有广大科技工作者的拼搏奉献，这个任务一定会圆满实现。

二、充分发挥三大技术平台提升自主创新能力的基础支撑作用

三大技术平台建设是“十一五”期间中国南车科技工作的一大亮点和特色。“十一五”期间，我们在科技方面加大了投入，科研费用逐年增加，并且取得了两大成果：一是研制了一批具有国际一流水平的产品，二是基本建成了三大技术平台。三大技术平台在建设的过程中，对新产品的成功研制起到了关键的支撑作用。在三大技术平台上投入多、用力大的单位，他们的收获也是最丰盛的。四方股份公司之所以能不断推出不同速度等级的高速动车组，和三大技术平台的支撑关系很大。株机公司能够在半年时间内研制成功7200千瓦六轴大功率电力机车，离开三大技术平台的支撑，这是难以想象的。作为自主创新的基础手段，我们在“十一五”期间，强力推进三大技术平台建设，就是要加快提升中国南车的自主创新能力，增添企业发展后劲，确保南车的可持续发展。三大技术平台建设的好与坏，关系到南车自主创新能力强不强，发展后劲足不足，发展方式可不可持续。

目前我们的整体科研水平，和国际一流企业相比，还是存在差距和不足的，主要体现在：国际、国内技术领先的优势还不明显，对一些前瞻性、基础性、共性技术的研究重视不够、深入不够，原始创新能力缺乏；为用户提供项目整体解决方案的能力尚未形成；国际领先水平的科技创新体系尚未完全建立；国际先进水平的技术标准体系尚未形成；汲取整合国际优质科技要素，实现技术研发全球化的能力尚不具备。缩小和消除上述差距和不足，持续优化三大技术平台是主要的途径和方法。

1. 突破重大核心技术。这些重大核心技术是引进不来的，只有靠我们自己研究和掌

握。要围绕着产品先进性、经济性、可靠性、成熟性和发展性的要求，加大电传动及控制、智能交通、转向架、制动及控制、节能减排等核心关键技术的研究与掌握，减少对外技术的依存度，在战略性新兴产业的市场拓展中抢占科技先机。目前，工信部统计，我国技术自给率低，对外技术依存度达50%以上，关键技术较多依赖进口。而发达国家对外技术依存度均在30%以下，美国、日本则为5%左右。

2. 充分利用好现有科技资源。目前南车拥有变流技术国家工程中心、高速列车系统集成国家工程实验室、动车组和机车牵引与控制国家重点实验室、高速列车总成国家工程技术研究中心等4个国家级研发与实验机构、6个国家认定企业技术中心、7个经国家实验室认可委员会认可的检测实验中心、6个博士后工作站、2个院士工作站，在美国有电力电子研发中心，在英国有半导体研发中心。要充分利用好这些宝贵的科技资源，把它打造成国内领先、具有国际先进水平的国家级创新平台，并实现多种途径的资源共享。

三、不断把科研成果转化为现实生产力，巩固和提升中国南车的竞争优势

1. 形成丰富完善的产品家族。“十二五”期间，我们要继续加快适应市场需求的新产品的研发步伐，不仅在轨道交通领域重点推出一批新产品，而且在其他领域也要力争拿出几个高品质的有影响力的产品，满足用户要求，拓展新的市场空间。要高质量地完成CRH380A新一代高速动车组的批量生产和后续改进完善工作，不断提升高速动车组设计水平和制造质量；要大力推进城际动车组的研制工作，确保产品性能优异，安全可靠；要深入抓好时速200公里机客车、自主知识产权地铁车辆等新技术新产品开发工作；要积极参与铁道部重载货车技术研究工作，推出有竞争力的大轴重货车及其配套技术的研发方案；要继续推进低地板城轨车辆、中低速磁悬浮交通系统的研究。要加快插电式混合动力电动客车、乘用车插电式混合动力系统和纯电动系统、5MW风力发电机组研制，以及大型铁路工程机械、大功率半导体器件等的研究开发工作，尽早在专有技术延伸产品领域取得技术突破，形成产品优势，拓展新的市场空间，牢牢把握住国家扶持战略性新兴产业所带来的发展机遇。

2. 善于把科研成果转化为现实生产力。高附加值的产品都是用户喜爱的产品，也是充满高科技的产品。“十二五”期间，我们不仅要重视推出新产品，而且要高度重视增加已有产品的附加值，不断改进现有产品的性能、功能，完善产品谱系，把多年的技术积累运用到产品的升级换代上，把科研成果以最快、最经济的方式转化为现实的生产力。这是南车“十二五”发展的现实要求。科研人员要像市场营销一样，走进市场，贴近用户，按照用户的要求开发新技术、新工艺。要利用好我们身在市场、最知道用户需要什么的优势，用新的技术开发和改进产品，满足用户对可靠性、舒适性的要求。要利用好我们了解行业发展趋势的优势，不断采用新技术、新材料，来提高效率降低成本增加效益，增强市场竞争力。科技人员只有和市场紧密结合，才会产出源源不断的科技成果。科研成果只有不断转化为现实生产力，企业才有不竭的创新动力。

四、加强质量管控体系建设，努力提高产品质量

产品质量关乎铁路运输和人民生命财产的安全，关乎中国南车的品牌形象，是容不得半点马虎的大事。我们要抱着以对党、对国家、对人民高度负责的宗旨，始终把确保

质量和安全摆在最根本、最关键、最核心的位置。要全力抓好设备质量、安全管理、人员素质三大要素，确保所有产品百分之百的质量优良、安全可靠，为铁路持续安全运营奠定坚实可靠的设备质量基础。

要培育以精益制造理念为核心的质量文化，建立质量成本管理体系，完善供应商管理体系，建设质量管理信息平台，提升产品品质。要全面提高国际采标率，形成模块化和标准化。全面推进 IRIS（国际铁路行业标准）认证，加强内部质量审核，持续完善质量管理体系。要全面推进中国南车 17 项工艺管理标准的贯彻和落实，完善工艺管理体系；加强对关键、重要岗位操作人员的培训，强化对关键工序和特殊过程的管理，加强对关键设备、工艺装备、计量器具的管理，推动质量管理由以实物质量为主向对作业过程监控的转变。要深入开展安全质量大检查大整治和“质量年”活动，形成质量整改落实的长效机制。要适应用户要求，不断完善售后服务体系，抓好重大质量信息收集、分析和处置机制和闭环管理，确保售后服务工作反应灵敏、行动快速、服务及时、措施到位。目前重点要扎实地做好 CRH380A 新一代高速动车组的上线运营工作，使其成为经得起历史检验、社会检验、人民检验的精品。进一步做好高速动车组和大功率电力、内燃机车以及城轨地铁等产品上线运营的技术支持和售后服务，以优质的产品和优良的服务，确保铁路运输安全。

五、加强知识产权管理工作，加快实施专利战略布局

2008 年国际金融危机后，主要发达国家竞相抢占未来发展战略制高点，在国家的支持下，绝大多数跨国公司更加倚重知识产权、更加重视技术研发，加大对新能源等战略新兴产业的开发力度，以维护在全球竞争中的优势地位。现在知识产权管理水平的高低、专利技术的拥有量，已成为衡量一个企业是否是国际性企业、未来发展潜力如何的重要尺度。

2006 年以来这五年，我们高度重视专利工作，累计拥有授权专利数已达到 2274 件，居国内行业第一，其中发明专利数已超过 200 件，另申请了美日欧三方专利 9 件。2009 年有效专利数排名在中央企业排第 13 位，成绩是喜人的。但是我们与行业里的跨国公司相比，这方面的工作还是有较大差距，虽然我们生产的机车、动车组数量是全球第一，但我们拥有的核心专利技术、拥有自主知识产权产品的比重还比较低。我国有 200 多种工业产品产量居世界第一，但中国制造的产品中，真正拥有的核心专利技术、拥有自主知识产权的比重也很低。

“十二五”期间，要加强对国内、国际主要竞争对手和潜在目标市场的专利分析，制订专利战略发展规划，加快实施专利战略布局；加快推进自主创新技术的专利申请，实现核心技术、关键技术专利化、专利标准化、标准产业化，形成一批有影响力的国际、国外专利，制订一批拥有自主知识产权的国际、国家、行业技术标准；要加大对科技人员知识产权保护意识和专利申请工作的培训，健全企业专利管理制度，加强科研项目立项、成果申报等过程的专利分析和专利利用。通过对已有专利的分析建立对策、规避风险，通过对已失效专利的分析进行有效利用。要通过知识产权和专利工作的有效管理，进一步提升南车的国际竞争力和影响力。

六、加强科技人才队伍建设，为中国南车快速发展提供智力支持

人才是企业发展的基石和重要保证，我们必须毫不动摇地推进人才强企战略。要认真贯彻中国南车人才工作会议精神，科学合

理规划科技人才梯队建设。要在“悉心打造万名核心骨干”的人力资源战略目标的总体框架下，打造一支梯队结构优良、专业分布合理、技术水平一流的工程技术类创新型、国际化核心技术人才队伍。要构建两院院士、技术大师、技术专家、科技拔尖人才、子公司内部专家五个层次的核心技术人才梯队，形成产品和工艺研发、可靠性、仿真分析各专业技术人才构成的专业级人才团队。要抓好质量专业技术人员、标准化技术人员以及科技项目管理和专利事务专业人员队伍建设。要完善科技人才队伍建设保障、激励机制，加大科技人员培训、交流和多向发展，努力营造选拔、培训、考核、晋升、淘汰、激励的良好环境，为科技人才建立职业生涯发展规划和晋升通道，健全更具吸引力和激励作用的薪酬制度，充分调动科技人员的积极性、主动性和创造性。要造就一批适应市场竞争、掌握先进技术、善于经营管理、勇于开拓创新的科技和管理人才，为轨道装备制造业现代化提供强有力的智力保障。要建立以市场为导向的、灵活有效的人才引进与交流机制，不断吸纳国内外技术人才，为成熟人才的引进、应用以及人员交流提供合力保障。要不断改善科技人员的工作和生活环境，全方位构筑尊重知识、尊重人才、尊重创造的良好氛围。

总之，加强科技工作，增强发展实力，是助推中国南车快速发展的重要保证。我相信，有先进典型的榜样引路，有全南车科技工作者的共同努力，我们就一定能够在打造国际化南车、问鼎世界500强的伟大事业中，展现更大作为，取得更丰硕的成果。

持续经营和竞争力

——集团公司党委书记，股份公司总裁郑昌泓在2011中国南车高峰论坛上的演讲（摘要）

（2011年9月26日）

铁路“7.23”事故促使我对行业、对南车进行了认真思考，得到两点思考结果。思考之一，企业发展如何处理好速度、质量和效益的关系。铁路前些年跨越式发展伴生而来的问题和矛盾，以“7.23”事故这种极端方式爆发出来，给我们一种警示：企业在高速发展的同时，一定要留出时间解决伴生而来的问题和矛盾，让它缓缓释放和消逝，避免大起大落。思考之二，企业如何在急剧变动的市场中保持平稳发展。铁路投资剧降、采购停滞提醒我们：企业增长有高峰也有低谷，要做好应对低增长时期来临的后续准备工作，找到重振雄风的突破口。这两点思考，引发了我对南车未来持续发展和保持核心竞争力的关联思考。

一、持续经营是企业家的使命，也是南车当前经营的重大课题

强调持续经营这个概念，是因为南车现在到了一个经营决策的敏感期。什么是持续经营？就是企业能够超越经济周期变动和市场急剧变化，实现企业可持续的、总体不断向上的发展。今明两年，随着铁路投资额的快速下降、铁路装备采购不确定因素的增多、整个铁路产业资金链的紧张，在急剧变化的形势下，保持南车平稳持续发展已成为摆在我们面前的重要课题。

1.打造百年南车考验我们持续经营的智慧。中国机车车辆工业发展已有100多年的历史，南车旗下就有6家百年企业。但中国南车成立10年取得的成就，已经超过了中国机车车辆工业100年成就的总和。2010年底，南车的经营规模、营业收入超越主要国际竞争对手，名列全球轨道交通装备制造业的第一位；高速动车组、大功率机车等产品的技术研发和制造水平已达到或接近世界同行业先进水平；企业综合实力跨入世界轨道交通装备制造业前列。

作为“十二五”开局之年，今年前8个月情况不错，但今后强烈的经营压力已扑面而来。根据财务快报，今年1～8月份股份公司累计实现营业收入525亿元，同比增长163亿元，增幅45%，完成年度预算指标的65.68%；实现归属于母公司所有者净利润约27亿元，同比增长了92.24%，完成了年度预算指标的74.19%。除城轨地铁及其他板块外，其余主要业务板块收入普遍增长，其中动车组、客车、机车、货车板块收入同比增幅40%以上。股份公司期末手持未完工订单845亿元，未完合同板块分布情况按金额大小排序为：动车组业务板块423亿元，占比50.06%；城轨业务板块215亿元，占比25.44%；机车业务板块62亿元，占比7.34%；新产业40亿元，占比4.73%；货车业务板块40亿元，占比4.73%；客车业务板块35亿元，占比4.14%；其他业务板块28亿元，占比3.31%。

上半年动车组、客车、机车、货车板块收入同比增幅达40%，这是2010年下半年铁路投资达到高峰值后在装备领域的滞后反应。随着今年铁路投资额的不断下滑，装备行业的订单已经随之萎缩，股份公司目前手持未完工订单已低于去年同期，南车近几年迅猛的上升势头有可能就此放慢脚步。

8月份国务院高速铁路安全检查组来中国南车检查，称赞南车发展很快、势头不错、前景可观，希望和要求南车努力成为中国制造走向中国创造的一个典范，努力成为转变方式、科学发展的一名排头兵。这些希望和要求，实际上就是认为南车目前具备了一定的技术实力和管理基础，经过努力可以实现企业发展新的质的飞跃，成为一个具有国际竞争力的常青树企业。这是中央企业振兴民族工业的重大历史使命。

企业发展有顺境，也有逆境，但是企业的主要经营者有责任、也要有能力依靠经营智慧，尽力引导企业始终航行在正常的航道，达成我们的目标。2009年中国南车更名，从“中国南方机车车辆工业集团公司”改为“中国南车集团公司”，股份公司名字叫“中国南车股份有限公司”，这并不只是简单变个名字，背后的深刻含义就是要突出“南车”品牌，淡化行业特征，实现持续经营。目标就是做百年企业，成为像GE、西门子这样的受人尊敬的常青树企业。南车现在主要业务在轨道交通行业，优势也在这个行业，但30～50年以后这个行业在中国非常成熟了，没有成长空间了，南车可能也就不以这个行业为主了，而是发展其他更具优势的业务了。所以，南车改名字，淡化行业特征，就含着持续经营的意思。

2. 市场的急剧变化挑战我们持续经营的实力。今年以来，中国铁路进入了一个持续调整的时期，特别是“7.23”事故后，铁路的政策空间和市场空间的变化更加显著，高速发展的政策受到调整，旺盛的市场需求被抑制，由此带来的对装备制造业的冲击也是前所未有的。这种大变局表明，南车经营发展所依赖的经济、市场环境发生了重大变化，支撑前几年高速发展的条件和基础已经消失，正在孕育形成一种新的经济、市场环境。今明两年，作为这个新的经济、市场环境生成的过渡期，市场难免有大的波动和震荡。目前已经反映出来了“需求下降、资金链紧张、成本费用增加”这些问题。这些负面因素的累积，如果处理不当，就会导致企业经营的危机。

最近的国务院高速铁路安全大检查，就是中国铁路在历经数年发展大跃进后，迎来的一场史无前例的大检查。这场检查，有中央12个部委的深度参与，其背后或许隐藏着一场大的变局。有人推测，这次检查是未来铁路改革的一个前奏。实际上，铁路改革已经加速。日前，铁道部下发《铁路机车车辆装备购置管理办法》等三个改革文件，正式开始构建新的装备采购体系，明确除货车集采外，机客的购置主体已转移到各铁路局，各铁路局成为购置费的主要决定者。新的装备采购体系，与整个铁路的投资强度和铁路局的运营压力，将形成更加灵敏的联动关系。以此推论，今明两年，部分装备品种暂时停止采购，也不是没有可能。

铁路的投资强度正从一个高峰收缩到一个相对低位。在整个“十一五”，从2005年到2010年，中国铁路基本建设投资额年均复合增长率达到52%，投资额6年增长了8倍。2010年全国铁路固定资产投资完成8426.52亿元，几乎是“九五”和“十五”投资的总和，也比2009年增长19.6%，达到历史的顶峰。而“十二五”铁路投资规模明显收缩，最终公布的投资额度为2.8万亿元，每年的投资额约在5600亿元。今年5月，铁道部公布确定2011年的投资规模为7455亿元，其中，基本建设投资规模6000亿元。但随着一系列抓安全、促稳定的行动，加上“7.23”事故后融资紧张，铁道部今年的投资计划有可能再修改，基本建设投资将压缩到4000多亿。这也就意味着下半年铁路投资有可能将出现负增长。

伴随“十一五”铁道部高强度的投资而来的，是巨大的资金压力和债务负担。过去5年，铁道部负债增长了2.3倍，负债率达到58.53%，但营业收入仅增长六成。据北京交通大学的一份统计，2011年铁道部还本付息资金至少要比2009年增加2倍以上；而2009年、2010年大量建设的高速铁路，也将在2012年开始支付利息，2014年或2015年将迎来偿债高峰。前期巨大投入所带来的利息负担，正在恶化铁道部的财务状况。有专家分析，随着债券到期还本付息，铁道部经营压力将更大。今年铁道部经营现金流约2000亿元，而还本付息的压力则有2500亿元。

铁路巨大的资金压力和债务负担，已经直接带来南车应收账款剧增、财务成本大幅上升。2008年全球金融危机，中国南车没有遭遇到发展的阻碍和困难。但现在铁路的变局，开始让我们感到了阵阵凉意，后面等待我们的可能还有一个寒冬。能不能顺利渡过寒冬，在严寒气候中不伤筋动骨，对我们持续经营的能力和实力将是一个考验，是一个挑战。

市场变了，危机来了，关键就看谁见事早、行动快，能够积极应对。每一次市场的调整，都是对企业战略、财务、营销等等经营能力的一次大考。综合能力出众的公司，即使在市场不景气的时候也可以渡过难关，甚至获得新的发展机会；而在调整期到来时，未能及时调整策略、弥补缺陷的公司大多难以成功。当前，南车就要采取更加有效的经营策略，不仅免遭危机的伤害，而且能够借助危机得到进化，变得更有竞争力，更强大。现在我们和主要竞争企业实力相当、差距不大，而且面临着同样的危机。辨证地看，对我们来说，这也出现了一次化危为机、拉开差距的机会。

3.采取适当的经营策略夯实我们持续经营的基础。在铁路投资高峰出现拐点之后，南车的经营状态如何做到不随之快速滑落，受到最小的冲击，保持平稳发展，这是我们思考今后一段时期经营工作的基点。为此，及时调整今明两年的经营策略十分重要。

当前，在市场景气度下降、不确定因素较多的情况，我们需要选择采取“调整、巩固”的经营策略，调整发展节奏，巩固已有优势。这种整固策略，目的是利用市场的调整期，把经营基础打得更坚固、更扎实，为下一步发展积累实力。1942年中国共产党的延安整风为1949年夺取全国胜利奠定了思想基础。我们现在的整固策略，也是为南车早日成为具有国际竞争力的世界一流企业进行思想和管理的准备。

为什么采取整固策略？就是要把“拳头缩回来再打出去”，有意识地利用市场的调整期，放慢发展的步伐和节奏，休养生息，调整充实，把我们的优势打造得更加突出和明显，以便今后大踏步地前进。整固策略的核心，就是“一转向、一强化、一聚焦”，即：经营模式从高度关注营业收入和利润的增长，转向高度关注发展方式的转变和经营质量的提高，处理好速度、质量和效益的关系；工作重点放在强化内部管理，完善精益体系，加快信息化建设步伐上；市场拓展聚焦在海外业务和新产业的突破，寻求新的发展机会上。

这几年中国铁路发展的大跃进，拉动南车也出现了高速发展，规模膨胀，产能扩张，新产品快速推出，售后服务战线拉长，市场布点增多。但在欣欣向荣的背后，我们也要清醒看到，南车经营管理的很多机制、流程、风险控制并没有完善、到位，有很多要衔接、磨合的地方，创新能力、运营效率还有很大提升的空间，创新能力、管理水平并不能很好地匹配我们的发展速度。现在铁路降速了，这是一个很好的时机，我们也可以趁机静下心来，放慢脚步，针对我们的缺陷和不足加以改进和提高，强身健体，培养和构建长期发展的能力，随时出击下一次大发展的机会。

有意识地放慢发展的步伐和节奏，既有利于我们快速提高公司的适应能力，也有利于我们更迅捷地捕捉市场出现的机会。一些知名大企业在危机中能够幸存并蓬勃发展，其中十分关键的因素，就是公司的适应能力和有效的管理。公司的适应能力（有人叫企业的动态适应力），就是有效管理现有业务和同时发掘新机会的动态能力。对于南车来说，就是在铁道部政企分开、下放权力的新的市场格局下，扬长避短，灵活应对各种复杂环境，实现高效运营，做精做好轨道交通业务；同时不断发掘延伸业务，重新安排我们的业务组合和运营模式，构建通向未来的可持续能力。

中国铁路仍然存在较大的发展空间，依然是南车未来的主要市场目标。“7.23”以后铁路发展速度放缓了，但内在需求、刚性需求还十分强劲，乐观估计2012年之后铁路发展的政策和市场局面就可能出现大的改观。在中国的国情下，庞大的人口基数带来的对物流的巨大需求，是其他国家根本无法比拟的，要想真正解决交通运输的问题，根本出路还是要靠轨道交通，靠铁路和地铁。中国铁路有着十分大的增长和改善的空间。今年上半年我国GDP为204459亿元，同比增长9.6%，而铁路货运能力的增幅只有增长8.0%，低于GDP的增幅，货运瓶颈的约束作用还十分明显。今年全国铁路暑运累计发送旅客3.6亿人，同比增长11.8%，创暑运历史新高。这说明，虽然有“7.23”事故的影响，但客运需求依然十分强劲，车票难求的状况依然存在。

现在我国物流成本比世界平均水平高一两倍，物流费占GDP的比重远超发达国家。物流成本占GDP比重，是国际上比较公认的衡量一个国家或地区物流业的发展水平与运作效率的标准。今年上半年中国社会物流总费用占GDP的比率为18%，而在西方发达国家，物流成本占GDP比重一般为8%～10%左右。我国的物流成本每降低1个百分点，就相当于为企业节约出近4000亿元的效益。而铁路运输在降低物流成本、缓解当前的高物价和通货膨胀方面有着显著优势。当前整个社会物流成本高，实际上和铁路不够发达、能力不足、端到端的渠道没有畅通有着很大的关系。

虽然铁路发展的空间没有问题，但是未来铁路市场决定性的增长因素，将更加偏重在管理方面。自从英国1825年修建斯托克顿——达林顿这条世界第一条铁路以来，铁路作为复杂的大系统，出现各种故障和事故的概率高，铁路管理就对人类提出了很高的挑战。火车速度快，特别是高速铁路，出故障时留给人们处理故障的时间少；铁路载客量大，一旦出事故危险性非常高；火车对时间精确度的要求高，至今仍是时间精确度最高的交通工具；火车是各种技术的组合，对各种人员的素质要求也高。因此，管理学家们认为火车和铁路的出现大大推动了管理的进步和发展。1964年日本新干线诞生，成为世界上第一个投入商业运营的高速铁路，但后来除了日本、德国、法国少数几个国家，高速铁路并没有在全球普及推广，一个重要的因素就是整个系统的管理成本太高，抑制了其商业价值。直到21世纪，中国的高铁技术和高铁产品异军突起，迅速进入世界前沿，才又打破了高铁发展的格局。但“7.23”事故再一次敲响了铁路安全管理、科学管理的警钟。未来铁路发展的主线必然是安全第一，所有的工作都将以此为衡量判别标准。

现在我们提出采取整固的经营策略，就是要顺应未来铁路发展对安全质量管理的高标准、高要求，促进管理水平上层次、上台阶，在高标准管理中开辟出发展的新天地，使我们未来的经营更主动、更从容，打造百年基业的基础。这次事故，我们的动车组的车体结构很坚固，挽救了不少人的生命。这个事例说明，产品质量高，管理水平高，在未来发展中就会占据主动，甚至有可能拓展出更大的市场空间。

二、核心竞争力是持续经营的保障，也是夺取市场优势的根本所在。

“7.23”已成为中国铁路发展的分水岭，自此以后市场运行的基础模式将发生实质变化。这里，我还要提出一个“外力市场”和“内力市场”的概念，再进一步阐释一下这个问题。外力市场，就是市场的运行是外力起最主要的作用，市场份额多少和自身努力关系不大，与产品品质也没有很强的关联；也就是说我们的命运主要掌握在别人手中。内力市场，则是市场的格局是内力起最主要的作用，市场份额多少和自身努力关系很大，与产品品质有着极强的关联；也就是说我们的命运主要掌握在自己手中。下一步的铁路市场，正在遵循客观规律，从“外力市场”向“内力市场”演化。因为经济规律将恢复正常的功能，引导以铁路局为运输主体的经营机制的运行。过去，“外力市场”左右和影响着我们内部的管理；今后，产品品质和内部管理的高低将会在重新划分和引导外部市场上起十分突出的作用。按照这种变化趋势，企业有没有核心竞争力就显得至关重要，南车能否尽快增强核心竞争力就成为决胜未来的关键。

1. 南车具备了持续经营的较强竞争力。CHR380A是以四方股份公司为主机单位，株洲所、电机公司、戚墅堰所、浦镇公司等参与配套，集南车全力研制成功的新一代高速动车组，去年12月在京沪高铁联调联试和综合试验中以时速486.1公里创造世界铁路运营速度纪录，先后投入沪杭、沪宁、武广、海南东环高铁运营，累计安全运行里程超过1千万公里，在京沪高铁有66列CHR380A投入运营。7月份四方股份动车组的百万公里故障率1.04件，而有的公司百万公里故障率已达9.32件。目前，四方股份以品种最全、速度等级最全、交付数量最多、运行里程最长，运营安全可靠、故障率最低，已形成国内领先的动车组产品平台。CHR380A和CRH2型动车组在用户中赢得了较好的质量声誉，已成为南车产品质量的代表，实践了我们为用户提供好于、高于竞争对手的不可替代的产品、价值、服务和文化的思想和宗旨。

分析 CHR380A 研制和运用表现，可以清晰看出南车核心竞争力的六个方面：创新变革、精益生产、业务模式、内部资源整合、三大技术平台、人才团队。

——创新变革。只要市场有需求，就不断进行技术创新和管理创新，在最短的时间内提供最优性价比的系统解决方案和产品，满足客户个性化需求。南车形成了“项目明确、流程清晰、接口清楚、责任分明、输出闭环”的产品创新体系，具有不断自我超越的变革精神。

——精益生产。不仅制造装备、制造手段达到或接近世界同业先进水平，而且通过精益生产，促进流程优化、现场管理、员工素质提升，在提高质量、降低成本和提高效率方面取得明显成效。高端产品整车制造工艺接近欧洲水平，产品的性价比优势突出。

——业务模式。建立了以项目管理为龙头、以财务预算管理为中心、以部门专业管理为支撑、以流程管理为手段，贯穿于市场开发、产品设计、制造和服务全过程的项目管理体系，能够满足多项目并行执行的需要，能够快速高效地响应市场需求。

——内部资源整合。不断将核心业务集中到资源和能力具有竞争优势的轨道交通装备领域。项目研发过程中强调全面配合和协调，形成了以四方股份公司为主的高速列车产业链，以株机公司为主的大功率电力机车产业链。实施了电机、电力机车、内燃机车、货车、齿轮传动等业务的整合。目前南车产品的总体毛利率保持在17%左右，在行业里居于前列。

——三大技术平台。基本建成设计、制造、产品三大技术平台，产品设计生产基本实现了标准化、系列化、模块化。核心技术能够在系统内部进行快速平移。

——人才团队。通过自主培训与外部引进、本土化与国际化相结合的方式，基本培养起了一支充满活力、有创新力的人才团队。如四方股份公司的高速动车组技术团队，有技术大师、技术专家、科技拔尖人才等专家近300名。株机公司20%左右的核心技术人才赴境外接受培训，高级技术工人的比例高达30%以上。

在这六大核心竞争力的驱动下，南车快速成长，2010年营业收入是“十五”末的2.9倍；股份三年，营业收入和利润总额年均保持30%以上的增速；在7年时间内真正完成高速动车组、大功率电力机车的技术引进、消化吸收和再创新的过程，实现了多项看似无法完成的自主创新成果。这些核心竞争力，就是南车未来市场竞争的优势所在，也是今明两年化解压力、持续经营的有力保障。

2. 把握好进一步增强竞争力的关键时期。企业高速发展时，竞争力可以获得快速增长；而困难和危机的时候，也同样是增强竞争力的好时机，甚至可以获得超越对手的优势。就国内而言，虽然南车这几年整体竞争力相对突出，但主要体现在硬实力上，软实力提升的幅度不如硬实力。同时，南车整体竞争力的提升，也并不是意味着每个业务单元的竞争力都突出、每个子公司都有较强的竞争力。

今明两年，南车进一步提升整体竞争力的重点，主要是提升软实力，要利用业务量不饱和的时机，眼睛向内，练好内功，等待行业好转。具体来说，就是打好服务牌，不断扩大南车产品在用户群中“高端优质”的声誉。严格控制新的产能投入，资源向技术、管理、服务和信息化方面集中。我们整体还存在着产品质量不够稳定、品种技术储备不够丰富的普遍问题。解决这些问题，打好服务牌，最为核心的一点，是建立完备的产品服务体系，包括研发设计、质量品质、售后服务、市场营销等各个环节，形成一套规范的、全面的、操作性强的、信息化程度高的工作流程和标准，以最大程度地满足用户的需求。所有产品的服务半径都要有效覆盖到所有用户，收集用户的需求进行前瞻性研发设计，快速改进产品运营中暴露的问题和缺陷，主动提供维修保养、升级改造等后续服务，并以差异化的营销模式，促进产品的销售增长。要紧扣行业特点，坚持以客户需求为导向，不断优化“服务+制造+服务”业务模式，将价值链延伸到产品制造两端。四方股份公司以CHR380A和CRH2型动车组为核心的产品服务体系，已基本探索出了一套成功的作法。CHR380A和CRH2型动车组在用户中得到广泛赞誉，和这套服务体系关系很大。要把这套服务体系和管理经验在全集团铺开，把这个亮点变成所有子公司的亮点，变成整个南车的核心竞争力，变成在同业之间差异化竞争的利器。

在完善服务体系、不断提升产品品质的同时，还要根据各个业务板块的经营现状，加速提升各项业务的竞争力，寻找业务进一步突破的方向，促进竞争力转化为市场优势。**动车组业务，**要充分发挥技术成熟度高、质量稳定、售后支持系统完善、综合造价低的优势，巩固和扩大市场份额。随着运营中的频繁使用，动车组一些小的质量问题也陆续暴露，要高度重视这些问题，加强供应商的管理，进一步提高售后技术支持系统的信息化水平。根据运营情况和用户需求，做好产品的后期设计改进工作，进一步提高舒适度和可靠性，打造精品。继续做好CRH6城际动车组的研制和技术平移工作，加快广东江门基地的建设，积极布局城际动车组市场。**大功率机车业务，**形成强大竞争力的关键是机车技术储备和制造成本。要改进和完善产品设计，加强技术储备，紧盯大客户需求加快新车型的开发。要从设计源头加强产品的成本控制，提高产品的性价比。要把电力机车技术底蕴较为深厚、产品运营表现相对优异的特点，更为显著地传递给用户。进一步整合制造资源，提升资阳平台能力，增强招标采购的竞争力。**货车业务，**要针对产品质量不够稳定、核心技术的全面性和权威性不够、缺少产品技术主导权的现状，不断提高产品质量控制和技术研发水平，努力改变货车领域竞争力相对较弱的状况。**城轨地铁业务，**要充分发挥出整体技术能力略高、市场布局略微占优的优势，进一步优化市场拓展策略，巩固国内传统市场，冲击国内非传统市场，做好定点维保服务和后续订单跟踪，稳固市场份额。**海外业务，**要尽快通过国际购并和投资设厂，完善日标市场的销售网络和渠道建设，扩大销售半径，加强售后维保服务。要紧密追踪和掌握当地用户的产品偏好和运用状况，不断增加产品技术储备，提供高质量的产品和服务。要重点推进整车产品区域认证，减少国外贸易壁垒的影响，降低技术风险。要加强成本控制，减轻原材料涨价、运费上涨的冲击，保持产品性价比较高的优势。**新产业**是轨道交通主业的重要补充，近几年已在风电装备、工程机械、新材料、大功率半导体元器件、电动汽车、工业电机等领域形成了比较清晰的业务线条。要充分利用国家大力支持战略性新兴产业的有利政策，紧盯市场变化，统筹整合协同轨道交通主业雄厚的制造资源和核心技术，突破市场渠道和核心技术等两大关键性市场要素的制约，推动产业快速做强做大。

三、南车式精益体系推动南车成为有国际竞争力的跨国公司

持续经营也好，增强竞争力也好，最后都要落脚到精益管理，依靠练好内功来实现。现在提出整固策略，目的就是希望大家静心思考，眼睛向内，做好精益。

精益管理是东方智慧和西方智慧的完美结合。“上通人和、下达微物”，是我崇尚的一种管理风格。“人和”，就是企业的各种活动处于一种和谐状态，外部竞争时体现集体的力量，内部管理时化解危机和纷争。这是东方的管理思想。“微物”，就是经营过程中的“定量”、“确定性”的业务，追求细节的完美、效果的极致，体现一种西方的管理思想。实际管理过程中，只有“上通人和”，企业才能营造出蓬勃向上、势不可挡的气势；只有“下达微物”，才能关注细节，确保执行到位。精益管理既是对细节完美的追求，也是对和谐的追求。南车的管理基础是百年老企业，积淀了很深厚的东方文化，西方的管理方式和手段只有很好地结合东方文化，产生的新的管理模式才能符合南车这样的大型中央企业的实际。所以，南车提升管理水平，就要走一条“南车式精益体系”的道路。南车式精益体现一个完整、系统、永无止境的管理理念，不仅是精益现场，而且是精益设计、精益制造、精益财务、精益营销、精益服务，企业中每个人都以精益

的理念参与到管理活动中，迅速缩小我们与国际大公司在管理上的差距，使南车的软实力尽快匹配硬实力，把我们这些年硬件建设的投入早日转化为经济效益。

1. 通过实施精益，打造南车高端产品形象。南车这两年品牌知名度显著提升，CHR380A所起的作用是一个不容忽视的重要因素。作为一个集成了当今最先进的技术，经受住了运营的考验，工艺一流、时尚潮流，得到了用户和消费者的高端产品，CHR380A不仅体现了南车的实力，履行了南车为用户创造价值的承诺，而且有力证明了，对于制造企业来说，企业的立身之本、发展之本就是产品质量。

高端产品是技术先进成熟、品质恒定的产品，不只是技术一流，而关键是质量稳定、可靠性高，是精致的产品。做这样的精品不一定需要先进一流的设备厂房，但一定需要高端的管理。有些企业厂房设备是第一流的，但却难以做出高端产品。西门子、GE的厂房设备，目前整体来看，没有我们的先进，但他们的整体产品，从精致程度和可靠性上看，还是比我们要高一个层次，原因就在于管理。管理达到高端水准，不是靠花钱就能办到的，而要坚持推进精益管理。南车的精益之路已经走了三年了，我们还要坚定不移地走下去，持之以恒地建立南车式精益体系，抓紧再搞几年，促使每个子公司的管理水平都接近一个水准线上，把南车整体的管理水平也提升到高端水准。

我们的企业一般都是从低成本制造起步，至今还没有完全摆脱“低品质低成本”的影响。低品质的一个突出特征就是可靠性差，维护成本高。而实际上，这些年我们许多产品是成本在增加但品质提升不快。产生这种问题的主要根源，就是过去的市场环境是一个外力市场，企业努力的重点不在产品品质方面，而且生产组织也难以有很好的计划性，品种繁杂、批量不大、交货期紧，导致许多企业为了完成任务而“重数量轻品质”，这是客观原因，但也有内部管理不到位、质量把控不彻底的主观因素。现在市场环境已经发生变化，轨道交通制造业作为特殊行业，正在演变成为一个产品质量的高危行业，标准严苛，责任重大，整个市场呈现出变化多端、需求多样与品质持久的特点。在保持了过去品种繁杂、批量不大、交货期紧、生产组织困难的特点的同时，增加了对产品质量稳定性、可靠性的更高要求。这对我们的产能、质量控制、生产组织等相关方面是一个挑战。只有实施精益管理，才能较好解决质量和进度的冲突，较好解决市场多变性、需求多样性与品质持久性之间的冲突。南车制造了中国的高铁产品CHR380A，我们也要有雄心借此成为像美国的波音和GE、德国的西门子、日本的索尼等具有高品质象征的公司，确立产品高品质的市场地位。南车式精益体系的核心，就是瞄准市场需求，提供持久稳定的高品质产品，从过去“低品质低成本”的路子，走向“高品质低成本”的路子，站在制造业的高端，拓展百年南车的生存空间和发展空间。

走向制造业的高端，一条捷径是向先进的公司学习。过去，四方股份向日本川崎学习，株洲地区的企业向德国西门子学习，浦镇公司向阿尔斯通学习，戚机公司向GE学习，领悟和感受国外先进的管理方法和经验，并和自身的管理实际相融合，率先跳出了管理的“井底”，奋起直追国际先进水平，这才有了后来的高端制造，有了后来的快速发展。放下身段向国际大公司学习，这些相对容易做到，但不是所有的子公司都有这样的条件。现在我们要提倡各子公司既学习国际大公司，也要学习国内的好企业，包括南车内部的好企业。一个公司是否有活力、有未来，就要看它是不是学习型组织，是不是善于学习。精益的一个很重要理念，就是改善、精进，学习借鉴最先进的经验和作法，然后改进和完善自身的薄弱环节。今明两年，要推动南车内部形成“比、学、赶、帮、超”的学习热潮，缩小子公司之间的管理差距，提升整体管理的水平和层次。只要各子公司认认真真对标，踏踏实实学习，南车整体的管理水平肯定和现在大不一样。

2. 通过实施精益，化解生产经营的风险和压力。企业发展得越快，累积的风险就越多。当前，南车的经营风险主要体现质量、财务、市场、内控四个方面。

质量风险主要源自我们大量交付的产品。这些年随着营业规模扩大，我们交付用户的产品快速增加，这些产品经过一段时间的在线运行后，出现质量故障的几率在增加，这种质量风险要求我们加强与用户的沟通，加强售后服务工作，及时处理小的质量问题，以免酿成大祸。

财务风险正在不断累积。目前我们的资金链已高度紧张。应收账款持续高速增长，8月底已达338亿元，较年初98亿应收账款增长245%，较去年同期126亿元应收账款增长168%。这就导致经营活动现金流持续负增长，净流量为负的128亿元，而上年同期净流量是正的4.6亿。财务费用大幅攀升，8月末，公司累计发生财务费用5.1亿元，较上年同期增长73%。再加上铁路“7.23”事故后银行高度警惕铁路行业的债务风险，我们的融资渠道受到很大限制，资本市场再融资工作也一再推迟，导致整个集团的资金严重短缺。这种资金异常紧张的局面将严重影响今后的生产经营。集团正在积极运筹，采取各种措施，缓解当前的融资困难、资金周转不灵的困境。

市场风险主要是订单问题。目前，除货车、客车外，铁道部已暂停采购其他机车车辆品种。株机公司5月份电力机车制造单元息工停产，连带资电公司息工停产。戚机公司HXN5年底合同兑现后也将息工停产。主机企业停产同时影响到配套企业的生产。还有，修理企业受铁道部多元经营的影响，今后的生存空间将日益狭窄。机车产业链许多员工受停工影响只能发放基本生活保障费，不仅危及企业稳定，而且还将导致人才流失，影响企业的长远发展。

内控风险主要是劳资关系紧张和安全生产。在企业经营面临问题时，更要注意防范员工不稳定情绪的苗头，妥善处理好矛盾化解工作。企业快速发展时，有一些问题和矛盾被冲淡了，比如一线员工的工时定额问题、薪酬差距等。对这些问题不能等闲视之，要统筹考虑，顾及到大多数人的利益。否则，也可能对企业发展产生重大影响。安全生产也要高度关注，近几年安全生产的形势一直不很稳定，需要坚持不懈地抓好。

在复杂多变的局面下，化解这些风险，取得满意的经营成果，没有其他灵丹妙药，就是要推行精益管理。上面这些可能引发风险的问题，都与管理水平高低有密切关系。只要管理到位了，不放过任何细节和问题，把缺陷和漏洞都弥补了，质量风险、安全风险就可以避免。精益真正做起来了，内部形成了一个高效的业务流程，工作效率提高，就可以减缓财务风险，缓解各类经营要素成本上升带来的压力，提升盈利空间。2010年度国务院国资委考核南车经营业绩，考核结果为A级，这是大家共同努力的结果。但国资委同时也提出了存在的主要问题，一是成本费用总额占营业收入比重比上年上升了0.01个百分点，二是总资产周转率低于行业平均水平，应收账款、存货占用资金数额较大。集团正在专题研究努力控制费用，切实降本增效的措施。

3. 通过实施精益，释放员工的管理智慧。尊重员工的主动性是管理的基本要素。南车这些年能够实现快速发展，主要得益于高素质的员工队伍，得益于员工的创造精神。对于南车这样具有百年历史文化积淀的企业来说，尊重员工是我们多年形成的文化底蕴和管理底蕴。南车式精益体系，突出强调的就是员工的管理主动地位，引导员工参与到管理中，关心人、尊重人和培育人，达到人与管理的和谐。

精益管理最大的困难是理解和执行。我们企业的员工，长期形成的思维方式和作业习惯，和现代企业需要的一丝不苟的行为理念之间有冲突的，改变的过程是痛苦的、长期的，这中间不断反复是必然的。缩短改变的过程，关键是员工能够真正参与进来，调动员工的智慧，通过员工的视角，推动管理的进程。员工参与得越深，他对企业的理解才越深，对企业的忠诚度才越高，对工作的责任心才越强。基层是现场，现场是战场。谁对现场的浪费最了解，谁对现场的问题最清楚，那一定是基层员工。谁最渴望改善，谁最希望提高效率，降低劳动强度，也是基层员工。所以，要创造条件建立良好的参与环境，让员工的意见得以及时反映，员工的智慧有一个体现的平台。精益管理中有一个工具是看板，看板其实就是一个桥梁和载体，让管理人员和操作员工之间进行意见交流，进行互动，把问题解决在萌芽之中。看板的背后，是尊重员工，尊重他的发展、动机、不断进步的求索精神，尊重他的特殊利益和抱负。如果这样的管理渠道不畅通，员工的利益诉求、创新精神被抑制，那么他就可能通过别的方式和途径反映他的诉求和意见。

引导员工参与，关键在领导层。作为高管人员，要经常深入基层调研，沉到车间班组听取员工的意见，建立鼓励员工参与改善的工作机制，参与日常的运营作业与持续改进活动。目前，很多子公司形成了一些很有特色的鼓励员工参与精益管理的方法，有很好的成效。如株机公司将精益改善活动纳入精益专项劳动竞赛，到今年6月份，员工提案件数达到10000余件，采纳率达到85%以上，正在形成一种持续改善的氛围和行为方式。也有一些子公司实施“精益样板工程”，把一些效果显著的员工改善成果以本人名字命名，提升了员工的成就感，满足员工的精神需求，也给了其他员工很大激励。如浦镇公司有一名叫王宁的工人技师，通过设计一款简单实用的小推车，在安装客车模块化线槽时，极大地提高了工作效率，降低了劳动强度，浦镇公司就以发明人的名字命名这个改善成果，叫做“王宁推车”。

精益管理是把一般员工改造成为精益员工的艰苦的过程。只有将精益文化真正植入到员工的骨子里，南车精益管理的基础才会更加牢固，效果才会更加显著。

天行健，君子当自强不息。市场局面变化对南车的经营智慧是一个考验。身处变局，对市场环境的特殊性，竞争的残酷性，我们要做好充分的思想准备。机会是给有准备的人的，在今后一段时间里，我们准备的越充分，在管理上投入的工夫越多，我们敏锐感知并抓住机会的概率就越大，我们再次跨越的力量就越强。南车未来是美好的，未来的南车一定会越走越好。

强化意识　狠抓落实
全面做好新形势下的保密工作

——副总裁唐克林在中国南车保密工作会议上的报告（摘要）

（2011 年 11 月 15 日）

这次保密工作会议，主要任务是贯彻落实国资委保密委员会（扩大）会议和国资委系统保密工作会议精神，总结中国南车“十一五”期间保密工作，深入分析公司面临的保密形势，研究部署信息化条件下做好保密工作的思路措施，组织动员全体员工，扎实工作，开拓进取，推动南车保密工作再上新台阶。

一、突出重点，强化基础，“十一五”期间保密工作成效显著

（一）深入开展宣传教育，全员保密意识不断提升

1. 有计划地组织宣传教育活动。公司始终坚持将保密宣传教育列入总体工作计划，积极参加国资委保密办组织的各项保密宣传教育培训，严格按照上级部署精心组织各类宣传教育活动，宣讲保密形势，解读保密法规，观看保密警示片，演示保密技术。新《保密法》分布后，先后通过组织会议、编印学习材料、观看教育片等方式持续开展以新《保密法》为核心、各项配套法规规章为重点的保密法制宣传教育，全员保密意识得到了持续、有效的提升。

2. 狠抓重点教育内容的宣传。公司每年都会结合保密形势变化和公司保密实际进行调研，并在年度保密工作要点中明确保密教育工作的重点内容。公司先后确定的重点保密教育内容有：《中华人民共和国保守国家秘密法》、《科学技术保密规定》、《对外科技交流保密提醒制度》、《对外经济合作提供资料保密暂行规定》等保密法规及相关保密技术知识。

3. 创新教育宣传方式。在有计划开展会议教育、讲座宣传的同时，公司积极创新保密教育宣传方式，通过涉密人员专题教育、进出涉密岗位培训、重要节假日前教育、出国出境前教育、重大活动前教育等多种方式提高了教育宣传的针对性和实效性。2010年11月，我们邀请专业保密公司进行了15项泄密和保密技术演示，使总部员工直观而强烈地感受到了当前信息化条件下失窃泄密事件无处不在，强化了大家的保密意识。

4. 抓好保密人员培训工作。近年来，公司积极培训各类保密人员，不断提高保密工作水平。2010年8月，中国南车文档加密系统正式上线，公司先后召开了10次专题会议部署和研究该项工作。2010年9月，经过总部和部分子公司小规模验证后，公司组织了文档链路加密、外发邮件网关、文档加密系统实施方案等4次培训并在全集团推广贯彻。通过多种形式的教育培训，进一步提升了各单位保密人员的整体业务能力。

（二）持续强化日常管理，保密工作水

平稳步提高

1. 强化计算机信息系统的保密管理。在推进企业信息化建设过程中，公司始终高度重视信息安全保密工作，不断完善信息化安全保密体系。2011年，公司全面实施了图文档加密系统。在此基础上，总部率先实行内外网物理隔离，部分有条件的子公司也先后实行了内网的物理隔离。各子公司网页的制作和信息发布都按照“谁上网谁负责”的原则，坚持严格管理，消除泄密隐患。与此同时，我们强化加密系统管理，规范信息解密流程，最大程度地确保了电子信息的安全。

2. 强化重点部门、重点流程的保密管理。确定了集团公司国家秘密、企业秘密及其密级的具体范畴，明确了定密和变更密级的工作责任和程序。不断加强涉密公文的管理，切实做好公文收发、传递、借阅、清退、归档、销毁等各个环节的保密工作，科研材料、成果和各类档案材料的管理进一步强化。各单位在生产现场的秘密载体基本实现了有明显的标识，有专人负责管理。全力做好会议、外事、干部人事以及招投标等工作中有关环节的保密工作，对重要涉密人员和保密事项强化管理，执行脱密期管理制度。公司要求重点涉密部位或知悉机密级以上商业秘密的人员在签订劳动合同时签订保密协议。涉密人员调离、辞职、停薪留职或退休时，离岗前要办理移交手续，并约定其离岗后应履行的保密义务。在时速350公里动车组技术引进和再创新过程中，强化全程监督，加强安全防范，圆满完成了各项核心技术的保密任务。

3. 强化涉外环节的保密管理。随着公司海外业务的迅猛增长，我们同步加强了对出境人员和涉外商贸、科技合作、学术交流活动的保密管理。加强对驻外机构和办事人员保密教育。严格外事接待活动的审批手续，统一接待口径，明确对外提供资料的审批权限。同时，对出境人员携带的涉密载体加强管理，总部配置了出国专用笔记本电脑，专人管理，供出国人员借用。2010年6月，公司对涉密载体进行了统一清理，向国资委保密办上报了自查汇报。2011年7月，对涉外机构的保密工作进行了自查，并上报了自查报告。

（三）持续强化组织领导，保密工作责任制得到有效落实

1. 建立健全保密工作领导体系。集团公司成立之后，就组建了保密委员会，由集团公司副总经理担任主任，党委副书记和一名副总经理担任副主任，有关部门负责人担任保密委员会成员。2008年股份公司成立后，原中国南车集团公司保密委员会全部职能平移到股份公司。根据机构、人员的变化，我们先后多次调整了保密委员会和保密办公室人员。公司在总裁办内设保密和档案处，明确专人，负责处理日常保密工作。集团公司所属21个单位都成立了保密委员会和相应的工作机构，配备了专（兼）职保密人员。

2. 持续强化保密工作责任制。为切实提高保密工作水平，公司将保密工作列入企业管理工作日程，做到保密工作与业务工作、部门工作同研究、同布置、同检查。为将保密工作责任制落到实处，公司坚持“业务工作谁主管、保密工作谁负责”的原则，党政主要领导担负起保密工作领导责任，各部门领导为本部门保密工作第一责任人，保密办负责召开保密委员会会议并执行会议做出的重要决定。

3. 不断加强保密干部队伍建设。中国南车各子公司严格按照政治强、作风正、纪律严、懂业务的标准选配本企业的保密员，重点对新上岗的保密人员进行考核，符合条件的签订保密协议。目前，集团公司及所属各单位的专（兼）职保密员共计25名。根据人员变动情况，公司及时调整、补充兼职保密员，确保了保密队伍的长期稳定。通过科学、持续、全方位的强化培训，公司已经拥有一支政治素养高、懂管理、懂技术的保密干部队伍，为中国南车保密工作的顺利开展提供了有力的人才保障。

（四）持续优化工作体制，有序推进保密机构建设

1. 加快完善保密工作管理制度。2009年12月，结合新形势的要求，公司保密办组织修订了《中国南车股份有限公司商业秘密保护条例》，并以“南车股份办[2010]324号”文件下发各子公司，进一步提升了保密管理制度的体系化、规范化水平。此外，针对保密工作中存在的薄弱环节，集团公司不断完善各项保密规章制度，先后建立健全了保密教育制度、定密和密级管理制度、秘密载体管理制度、涉密人员管理制度、计算机信息网络和办公自动化保密管理制度、重大涉密活动和涉外保密管理制度、泄密事件的报告和查处制度、奖惩制度等，使保密工作真正做到有章可循、有法可依。

2. 全力确保保密制度落实。为了将各项保密制度落到实处，公司对所有涉密的业务流程制定了详细的保密规范，对文件资料、图纸、产品设备、核心技术、外事活动、通信、参观学习、宣传教育、计算机及涉密人员管理等保密关键点和关键环节制定了具体的保密措施和保密要求。根据涉密部位变动情况，重新设置了保密标识牌等标志，对已损坏、遗失及模糊不清的标识牌及时进行了更换；对保密资料的打印、复印等实行严格的审批登记；配置碎纸机，对废弃的文件资料进行粉碎处理，确保保密工作不留死角。

3. 着力抓好保密工作监督检查。公司不断加大对领导干部保密责任制执行情况和各单位保密工作开展情况的督促检查力度，重点对保密队伍建设、涉密人员管理、计算机系统技术防范、泄密事件报告制度执行、保密硬件设施的配备等核心、薄弱环节加强检查。同时，制定并下发了《中国南车集团公司保密工作要点》和《中国南车集团保密工作检查考核评分标准》。

（五）持续加大保密投入，不断加固保密技术防线。

1. 全力保障保密工作资金投入。不断完善保密经费保障机制，把保密业务经费列入公司财务预算，重点保证必要的保密技术防范设施和检查设备所需经费。据统计，集团公司和所属各单位在企业信息化建设过程中，用于计算机信息安全和文档加密系统的费用达3000多万元。

2. 不断加强保密技术研究。集团公司明确要求所属各单位要在科技项目费用中列出专项费用，用于研究、开发和应用保密技术产品。为了进一步激发广大科技人员进行保密技术研究的积极性，公司在科技立项中专题列出网络、产品数据保密安全研究课题，加快开发符合企业实际的保密安全产品。

总结公司保密工作，必须清晰看到我们的问题和薄弱环节：一是部分领导干部和员工的保密意识不强，缺乏足够的警惕性，对保密工作重视不够，尤其是对信息化条件下网络泄密的危害性认识严重不足，或多或少地存在“说起来重要，忙起来不要”的现象；二是保密制度有待进一步完善，有些部门保密制度落实不严格，保密措施不到位，保密技术手段不强，有些保密关键部门、重要流程和涉密人员的管理以及技术防范方面还有许多需要改进和完善的地方；二是信息化时代的保密工作纷繁复杂，内部计算机的防毒防泄密仍然存在漏洞，个别计算机曾被植入过木马病毒，保密的技术措施还有待深入研究；四是保密人员素质有待进一步提高，部分单位兼职保密员到岗时间不长，保密工作管理力量显得不足，保密知识和保密意识都有待进一步加强。

二、统一思想，明确共识，科学认识信息化条件下保密工作面临的新形势

（一）国内外局势纷繁复杂，政治失密和商业泄密的风险越来越大

1. 境内外窃密活动日益加剧。当今世界，国家之间、企业之间为获得竞争优势、赢得战略主动权，在信息与情报的争夺上越来越激烈。窃密主体日益多元化，窃密范围不断扩大，窃密方式更加多样，窃密手段越来越高科技化，保密与窃密的斗争异常复杂。

2. 不良社会风气对窃密活动推波助澜。随着改革开放的不断深入和市场经济的发展，各种思想文化相互激荡，一些不良风气对人们的人生观、价值观产生了极大的冲击。在这种环境中，有一部分人奉行“金钱至上”主义，不惜践踏国家保密法规，出卖国家、企业秘密，以牺牲国家和企业的利益来谋取个人利益，使得保密工作面临新的考验。

（二）计算机网络广泛应用，保密工作面临新的挑战

从近几年国务院国资委和中央企业发生的失泄密事件来看，90%以上的失泄密问题都与网络直接相关，网络窃密已成为威胁最大的窃密方式，防范网络失窃密已成为保密工作的主战场。如何确保企业生产经营信息在计算机网络系统内安全正常运转，对保密工作是新的挑战。

1. 网络窃密活动猖獗。随着我国信息化建设快速推进，办公自动化程度不断提高，涉密信息越来越多地在计算机、移动存储介质等电子载体中存储、处理和运输。这一方面极大地提高了我们的工作效率，同时也造成国家、企业秘密的可控性减弱，失密风险激增。近年来，境内外敌对势力和情报机构凭借其信息技术优势，利用木马、“后门程序”等手段，对我计算机网络实施有组织、有预谋、有重点的攻击窃密，手法花样翻新，渗透无处不在，网络窃密活动之频繁、攻击之猛烈超乎想象。

2. 网络泄密危害严重。同传统的纸质文件相比，计算机或移动存储介质存储的涉密信息数量庞大、易于复制，一旦失控，大量涉密文件资料瞬间就会被窃取，泄密后果不堪设想。从近年查处的案件来看，网络泄密动辄导致成千上万份资料被轻易窃取，危害之巨大触目惊心。

3. 保密防范难度加大。随着微电子、激光、计算机等高科技在信息领域的广泛应用，大量的涉密信息存储在计算机内，流转在网络系统中，失泄密的渠道急剧增多，保密监管的工作对象和工作量随之大幅度增加。与此同时，公司目前的保密防范工作还不能完全适应信息化快速推进的需要，不少涉密人员包括一些领导干部的网络安全防范意识还比较淡薄，保密工作方式老化，对高技术条件下的计算机网络不会管，管不好，这都使得保密防范难度大大增加。

（三）中国南车的迅猛发展，对公司保密工作提出了更高要求

1. 全力确保企业核心技术的安全。科学技术是第一生产力，也是企业的核心竞争力和生命线。“十一五”期间，中国南车通过三大技术平台建设，着力提升自主创新能力，建立了高速动车组、大功率机车技术平台，掌握了大量具有自主知识产权的核心技术。正是凭借这些核心技术，中国南车才能构筑起发展优势，在激烈的市场竞争中取得如此快速的发展。而一旦这些核心技术被窃取或泄漏，公司的竞争优势将严重丧失，甚至会威胁到企业的生存和可持续发展。“十二五”期间，中国南车将持续优化三大技术平台，所掌握的核心技术在数量、规模和种类上都会大大增加。这就要求公司保密工作必须创新思路、及时跟进，通过不断提升工作水平全力确保企业核心技术安全。

2. 全力确保涉外信息的安全。“十二五”期间，中国南车将进一步实施“走出去”战略，大力拓展海外市场。在这种情况下，涉外的接待、参观访问、项目洽谈、技术合作、学术交流等活动将会持续增多。在这些涉外活动中，相关人员必然要接触、产生和处理大量的涉密信息，因此不可避免地会成为竞争对手和有关方面窃密的重点对象。一旦在这些涉外环节中出现失泄密问题，将会严重影响公司参与国际竞争、拓展海外市场的步伐和成效。因此，保密工作部门必须不断创新工作机制，强化安全防范，努力确保涉外信息安全。

3. 全力确保企业经营信息的安全。企业经营信息包括企业的重大战略决策、投资规划、财务管理、资本运作、招投标等各方面重要信息，是企业综合竞争力的重要组成部分，直接关系到企业的发展速度和发展质量。这些信息如果被竞争对手窃取，将会导致企业在项目合作、市场竞争中处于极为不利的被动地位。“十二五”期间，中国南车将进一步加快产业战略布局，快速推进重大投资项目，强化资本运作，其中大量的企业经营信息要作为商业秘密进行保密管理。因此，各级保密部门必须强化商业秘密保护意识，规范保密工作流程，确保企业重要经营信息的安全。

4. 全力确保国家秘密的安全。从企业自身来讲，商业秘密等涉密信息是否安全，直接关系到企业能否保持竞争优势，取得快速发展。但是我们必须认识到，中央企业的特殊地位和属性决定了这些商业秘密具有鲜明的双重性，有些商业秘密随着自身发展变化会转化为国家秘密甚至是机密级或绝密级的国家秘密。因此，它既关系到企业的经济利益、经济安全，也关系到国家的政治安全、经济安全、国防安全和信息安全。所以，我们一定要从政治的高度、大局的高度来认识保密安全问题，在履行好国有资产保值增值经济责任的同时，把做好保密工作作为一项重大的政治责任，高度重视，扎实做好，为保障国家利益做出更大贡献。

面对艰巨复杂的保密工作形势，我们要树立“从零开始”的保密管理意识，从源头上、从根本上寻找各种保密问题的解决办法。要积极适应保密管理的“三个转变”，即由静态管理向动态管理的转变，由传统手段管理向科技手段管理的转变，由管好介质向管好信息的转变。要认真总结研究窃密与反窃密斗争的方向趋势，积极探索研究做好中央企业保密工作的内在规律和工作思路，不断提升保密工作的针对性和实效性。

三、尽职尽责，开拓创新，全力做好信息化条件下的保密工作

（一）进一步加强保密宣传教育培训，促进保密意识深入人心

1. 继续开展多种形式的保密宣传教育活动。要进一步增强保密宣传教育的计划性、针对性和实效性，通过系统的会议教育、专题讲座等形式不断强化领导干部、涉密人员的保密意识。要创新宣传教育方式，贴近形势、贴近工作，贴近生活，积极组织保密知识竞赛等趣味性更强、受欢迎程度更高的教育活动，提升宣传效果。要不断拓展宣传教育内涵，引导广大员工消除思想误区，正确处理保密工作与中心工作的关系，做到保密工作围绕中心、服务中心；正确处理保密工作与提高工作效率的关系，时刻紧绷保密安全这根弦；正确处理继承传统与探索创新的关系，在全公司范围内不断营造重视保密、科学保密的良好氛围。

2. 全面加强对保密人员的专题培训。要按照保密队伍专业化的要求，进一步加强政治理论学习，有计划地开展网络计算机安全保密培训、商业秘密保护培训、责任追究规

定培训等专题教育培训。特别要加强领导干部应知应会培训、保密人员上岗培训，不断提高保密队伍的整体素质。

（二）进一步抓好计算机网络保密管理工作，不断提高保密技术防范能力

1. 加大网络安全防范的设备投入和技术攻关力度。要根据公司保密实际，配备必要的现代化保密技术设备，对相关网络系统和应用软件要及时升级、更新，特别是保密关键部门和重点涉密人员。要继续按照“分级负责、建立标准、打好基础、落实到位、安全可靠”的原则，逐步推进中国南车网络、信息系统安全平台建设，在全面推动文档加密系统的基础上，组织好项目验收工作，确保系统的正常运行。要进一步加大保密技术攻关力度，各部门要加强与有关专业机构的合作和协作，形成技术攻关的合力，根据公司保密形势的变化开发出更多、更优质的保密技术产品，不断提高保密工作的技术水平。

2. 强化网络信息系统建设、运行的监督检查。要严格执行“上网不涉密、涉密不上网、电脑不混用、U 盘不乱插”的规定，加强计算机和各种移动存储介质的管理。2012年，南车各一级子公司要全部实现内外网的物理隔离。进一步规范涉密网络系统的审批程序，按照“同步建设，严格审批”的要求，提前介入，把好审批关。在公司信息化建设过程中，必须把系统保密安全放在首位，精心设计好重点部门、重要岗位的技术防护环节和程序，确保网络信息系统的建设符合保密防范要求。要对移动办公平台登陆提高密码保护等级，实施身份认证动态口令牌，不断加强对移动办公设备的统一管理。在网络系统运行过程中，要充分运用各种保密检查工具，以重要部门、关键岗位、核心人员为重点检查对象，开展经常性的保密检查。在检查内容上重点查看是否通过互联网电子邮箱发送、存储涉密文件和敏感信息，是否将涉密计算机、涉密存储设备接入互联网及其他公共信息网络，是否使用非涉密计算机和存储设备存储、处理涉密信息，全力保障网络信息安全。

3. 加强涉密载体的日常管理工作。要围绕涉密载体的清退、留存、收回、销毁等重点环节，健全完善涉密载体保密管理的有效机制。严格执行出国人员携带专用笔记本电脑出国的规定，严禁携带个人涉密笔记本电脑出国。一旦发现擅自携带个人笔记本电脑出国，或造成境外丢失电脑的，将对责任人进行处罚。要对涉密载体实行定期清理，对涉密文件材料、个人存储的涉密电子文档、未登记编号的移动存储介质，要统一纳入经常性清理范围。要加强对涉密载体的统一管理，对计算机磁盘、涉密打印机等各类涉密载体严格履行登记、签收手续，对废弃的存储介质和设备，要使用消磁或物理粉碎设备进行电子信息不可恢复性销毁处理，不断提高涉密载体管理水平。

4. 做好防范手机窃密失密工作。要充分认识手机智能化带来的保密安全隐患，认真落实保密管理措施，确保手机使用不泄密。要抓紧核定涉密人员的涉密程度，填写《涉密人员手机登记表》，按要求进行登记备案，加强手机业务办理、信息存储、使用携带等环节的保密管理。对涉密人员，要严禁在申请手机号码、注册手机邮箱或开通其他功能时填写涉密机关、单位名称和地址等信息，严禁在手机中存储核心涉密人员的单位、职务等敏感信息，严禁启用手机远程数据同步、位置服务等功能。对保密要害部门和涉密会议、活动，要严格限制手机带入、使用。明年，总部将在重要决策的会议，装备干扰器或手机存放箱，研究重大问题时，严禁使用手机，确保决策信息安全。

（三）进一步加强对保密工作的组织领导，确保各项保密工作落到实处

六月初，国资委党委办公室下发了《中央企业领导人员保密工作责任追究暂行规定》，对各中央企业领导人员没有履行或没有正确履行保密领导职责的具体情形和责任追究方式进行了明确。《规定》中指出，中央企业的主要领导人员，对本企业总部及直接管理单位的保密工作负有直接领导责任；分管保密工作的领导人员，对本单位的保密工作负有直接领导责任；分管其他工作的领导人员，对本单位分管工作范围内的保密工作承担分管领导责任。对未按规定履行保密工作领导职责的人员，将采用诫勉谈话、通报批评、党纪政纪处分的方式进行责任追究。

由此可以看出，上级保密部门对中央企业保密工作的组织领导水平非常重视，要求也非常严格。因此，各单位主要负责同志一定要高度重视保密工作，切实加强对保密管理工作的领导，而不能仅仅将重视保密工作挂在嘴上、写在纸上。只有各级领导“带头提高保密意识、带头落实保密责任、带头执行保密规定”才能形成领导率先垂范、责任层层分解、工作部署周密的保密管理良好局面，不断提升公司保密管控能力。

（四）进一步强化涉外保密工作的管理，全力杜绝失泄密事件发生

1. 加强对出境人员的保密知识培训。随着中国南车海外业务的迅速拓展，公司出境人员、人次将会不断增加。为此，要进一步加大培训力度，创新培训方式，不断强化出境人员的政治敏锐性和责任意识，确保出境人员掌握必要的保密基础知识和保密安全防范技术，把好境外保密关。

2. 加快完善对外接待保密工作管理制度。对外接待工作人员必须选派政治可靠、立场坚定、业务精通、服务热情、保密观念强的同志担任。各子公司厂区和生产现场严禁拍照和摄像。在涉外活动中，即要坚持热情友好、以礼相待，又要提高警惕，坚持“内外有别”的工作方针。未经有关部门同意，对控制开放和非开放地区不得擅自接待境外人员参观访问。接待外宾参观、访问或洽谈业务的单位应标明禁区和参观路线，明确谈判项目和洽谈范围、口径及主谈人等。此外，还要根据涉外商贸、科技合作和学术交流形式、数量的变化及时调整保密管理制度，严防失泄密事件发生。

（五）进一步健全保密工作机制，全面落实保密工作责任制

1. 以制度建设为保证，夯实保密工作基础。“没有规矩不成方圆”，要进一步完善保密工作制度，针对薄弱环节堵漏补缺，使公司的保密工作体系内容更加科学，程序更加严密，配套更加完备，进而有效覆盖所有涉密部门和涉密业务流程，严防失泄密事件发生。要进一步严格落实领导干部保密工作责任制，形成一级抓一级、层层抓落实的工作格局。根据南车发展战略，全体南车员工均应签订保密协议，并明确研发、工艺、管理、市场开发等重要岗位员工离岗后的规定期限内，不得从事相关工作。因此，要在全面清理员工劳动合同的基础上，对已签长期合同的，要补签保密协议；对新签的劳动合同，要在合同中增加保密条款。要重新梳理中国南车总部机关保密责任书和承诺书的签订，指导、督促各一级子公司做好保密责任书和承诺书签订工作，明确保密责任，强化保密意识。要加快完善商业秘密定密工作制度，结合企业实际确定商业秘密保护范围，明确密级、保密权限和知悉范围的确定标准，使定密工作常态化、规范化，形成商业秘密保护工作的长效机制。要重点抓好网络信息系统方面保密制度的制定和修订，积极研究建立保密工作与信息化建设协调共进的机制。要着力抓好信息宣传工作中的保密审查，建立健全涉密信息报送、发布审批制度，不断加强对宣传信息披露、资料汇编出版等工作的保密管理。要加快建立健全中国南车重要经济数据和敏感信息发布保密审查机制，研究建立重点工程、重要谈判、重大项目中保密安全先期进入机制，确保公司在资产核资、咨询评估、联合开发、投融资、并购重组等工作中的信息安全。

2. 以督促检查为抓手，力促各项制度落到实处。制度重在执行，工作重在落实。要加强保密制度宣传，严格按照各项制度规定实施保密管理，及时发现、解决保密管理中存在的问题，切实把各项保密制度贯穿于各部门保密管理的全过程。要继续加大保密监督检查力度，针对重点单位进行专项检查，并对保密检查的程序、内容、标准等进行改进和完善，做到系统全面、科学规范。要进一步完善保密工作责任追究制度，加大问责力度，对违反保密制度造成失泄密的，不仅要追究当事人的责任，还要追究相关领导和部门的责任，以充分体现规章制度的强制力和权威性，确保各项保密制度得到有效落实。

3. 以队伍建设为基础，加快完善保密工作机构。保密工作是一项政策性、专业性都很强的工作，对保密工作人员的政治素质和业务能力都有很高的要求。因此，各单位要进一步加强保密队伍建设，积极选拔政治素质好、工作作风过硬、懂技术、负责任、敢抓敢管的同志从事保密工作。要更加注重保密业务培训，不断提高保密人员的业务素质，使他们更好地发挥组织协调、管理监督作用。要更加关心保密工作人员的工作、生活和成长进步，使他们全身心投入工作，消除后顾之忧。要着力抓好保密机构建设，不仅要持续完善境内的保密机构体系，更要确保各境外工作机构也要配备保密人员，建立保密机构，从而消除保密盲区，确保企业秘密安全。

在新的形势下，做好保密工作任务十分艰巨。最后着重强调两方面：一方面要加强保密管理，重点抓好制度建设。尤其要适应新形势的要求，建立起劳动合同、笔记本电脑管理、存储器使用、3G手机、会议室管理、高端办公室等的保密管理制度。加强检查，尤其是总部和各子公司总部大楼原则上一年进行一次防泄密的检查。另一方面是抓好各业务领域的保密工作，尤其是在信息化建设方面加大力度。无论是哪个业务口，对相关涉秘文档都要坚持加解密的严格把关；对内外网都要进行隔离，防止网络泄露公司的商业秘密。

从事保密工作责任重大，任务艰巨，使命光荣。我们要在已取得成绩的基础上，科学分析信息化条件下保密工作面临的新形势，认真贯彻落实上级保密部门的部署和要求，结合我公司保密工作实际，恪尽职守，扎实工作，努力把公司的保密工作提升到更高水平，为南车的改革、发展和稳定做出新的、更大贡献。

勤奋务实　开拓创新
为中国南车全体员工树立榜样

——原党委副书记、纪委书记、工会主席刘化龙在中国南车机关工会第三次代表大会上的讲话（摘要）

（2011 年 6 月 17 日）

过去五年，总部机关工会在中国南车党委及总部机关党委的领导下，坚持以邓小平理论和“三个代表”重要思想为指导，树立和落实科学发展观，认真贯彻落实上级工会组织和集团公司党政及机关党委的工作部署，主动融入中国南车党政工作重心，及时服务公司改革发展稳定大局，不断增强总部广大员工的发展意识、创新意识和责任意识，总部员工整体素质、工作效率和服务水平不断提高，在建设学习型、先进型、高效型、和谐型和廉洁型的总部方面取得可喜成绩，为中国南车改革发展稳定做出了重要贡献。

年初的工作会议和中国南车“十二五”规划，对公司当前和今后的发展提出了目标和愿景，新目标鼓舞人心，新机遇前所未有，新挑战十分严峻。可以说形势喜人，形势逼人，形势催人。

——形势喜人：中国南车保持了良好的发展势头，新形势要求我们必须站在新的历史起点。中国南车组建至今，走过了十年辉煌历程，销售收入从 2000 年 106 亿元逐年攀升，2010 年达到 671 亿元。根据全球轨道交通装备制造企业各自发布的 2010 财年年报显示，中国南车成功取代庞巴迪公司，销售收入名列全球轨道交通装备制造业第一位，在盈利能力和资产运转方面也都排在前列。十年间，销售收入增长 5 倍多，提前三年实现“十一五”末 300 亿元战略目标。我们的发展成绩显著，发展势头良好。这种发展喜人的新形势，要求我们必须站在新的历史起点，保持持续增长和提高，而绝不能退步。

——形势逼人：中国南车进入了关键的发展时期，“十二五”新的发展目标要求我们必须承担新的历史使命。中国南车“十二五”规划的战略目标明确提出：2015 年营业收入突破 1500 亿元，实现净利润 60～80 亿元，逐步形成轨道交通装备产业、专业技术延伸产业、资本运作“三位一体”的国际化经营格局，成为轨道交通装备全面解决方案的供应商，“中国南车”成为全球高知名品牌，努力建设国际化公司，成为世界 500 强企业。至 2010 年底，中国南车股票市值以 135 亿美元继续位居全球轨道交通装备制造行业第一。尽管在经营规模方面中国南车全球第一的梦提前圆了，但必须清醒认识与国际同行之间的差距，我们的海外产品销售收入占比远低于他们，国际市场营销网络还比不过他们，研发水平还存在一定差距。我们的收入主要依靠中国铁路的快速发展。面对这种情况，我们必须自断后路，竭尽全力，贯彻实施中国南车“十二五”规划的宏伟目标，努力使中国南车加速成为具有自主知识产权和知名品牌、竞争力较强的国际化大公司大集团。

——形势催人：中国南车面临着严峻的历史考验，新挑战要求我们必须肩负新的历史重任。中国南车已经跻身全球业内第一，具备了高速发展的基础和做强做优的优势。但是，困难和挑战也十分严峻。当前，国际经济发展形势很不稳定，国际金融市场危机比较严重，国内经济运行中也存在一些突出矛盾和问题。这些都将引起国家财政和经济政策变化，都将对中国南车的经营带来重大影响。尤其是中国南车整体上市后，我们自身还存在许多薄弱环节，特别是新的管理体制和经营模式，都对我们是全新挑战。这些新困难和挑战，是对各项工作的严峻考验，我们必须自觉承担起处理这些矛盾和解决各种问题的历史重任。这种严峻形势，催促我们要居安思危，不断振奋精神，昂扬起开拓拼搏、奋发向上、勇往直前的意志和锐气。

针对面临的新形势，总部机关工会和总部员工必须继续坚持以“三个代表”重要思想为指导，深入贯彻落实科学发展观，紧紧围绕中国南车“十二五”发展新目标，以建设知识型、创新型、效能型和廉洁型等四型员工队伍为着力点，切实加强总部员工队伍的思想理论建设、作风建设、能力建设和廉政建设，促进总部员工综合素质进一步提高、活力进一步增强、作风进一步转变、服务质量进一步改进，促进中国南车总部机关的各项工作再上一个新的台阶。

一、统一思想认识，着力树立实现“十二五”发展目标的整体意识

中国南车“十二五”发展规划和建设国际化公众公司的目标，既是南车人的行动方向，又是鼓舞和鞭策南车人不断向前的巨大动力。当前，最重要的问题是我们的各级组织、全体南车人尤其是总部全体员工都要统一思想，着力树立为实现“十二五”规划、建设国际化公司的目标而奋斗的整体意识。

1. 加强教育，树立实现新目标的思想意识。总部员工要有追求卓越、奋发向上的精神，要把新目标作为我们实现人生价值的崇高理想境界和精神动力。总部机关工会要在教育总部广大员工牢固树立实现人生价值的崇高理想境界、提高实现新目标的整体思想意识中发挥重要作用。

2. 加强宣传，切实把实现新目标变成总部机关员工的自觉行动。工会组织要配合宣传部门大力开展为实现新目标的宣传教育活动，不断转变总部员工的思想观念，更新思维方式，使总部员工充分认识实现新目标的重大意义，明确落实实现新目标的措施，使新目标变成广大员工为之奋斗的自觉行动，增强总部员工实现新目标的紧迫感。只有新目标成为总部机关以及广大南车人的共识，成为人人为之奋斗的目标，并且一步一个脚印的付诸实施，我们的目标才能够实现。

3. 加强组织，努力形成实现新目标的强大合力。必须调动起各方面的积极性，首先要形成中国南车总部机关强大的整体合力。总部机关工会组织要全心全意依靠总部员工，充分发挥广大总部员工的聪明才智，使广大总部员工在实现“十二五”发展新目标的系统工程中发挥重要作用。总部机关工会组织要充分发挥在团结员工、凝聚力量方面的独特优势，最大限度地调动总部员工投身到这场为实现新目标而奋斗的积极性、主动性和创造性，将广大总部员工的智慧和力量凝聚起来，汇聚成实现新目标的强大合力，为中国南车的腾飞做出重要的贡献。

二、加强学习培训，着力提高总部员工的综合素质

1. 加强理论学习，提高总部员工的思想素质。加强思想理论建设，加强理论修养，提高总部员工自身思想理论素质，是总部机关建设学习型组织的重要任务。要坚持弘扬理论联系实际的学风，努力做到学以致用、用以促学。要建立理论学习制度，建立个人自学、集中学习、脱产培训“三位一体”的长效学习机制。总部机关要确定重点题目，指定具体学习内容，立足“学理论、议大事、转观念、出思路、想对策”，使总部机关学习成为总部重大问题决策前的重要工作环节。

2. 加强教育培训，提高总部员工的能力素质。要根据中国南车改革发展的要求，动员和组织总部员工积极参加总部组织的政治理论学习、业务知识学习培训，并创造条件到上级各有关培训机构组织的学习培训。要通过开展各种形式的专题学习和培训，使总部员工成为政治素质优秀、知识不断更新、专业知识能力更强的知识型员工。

3. 重视实践锻炼，增长总部员工的才干和本领。认识无止境，实战无止境，改造主观世界和改造客观世界也就无止境。总部员工要立足本职、勇挑重担，在丰富生动的实践中学习提高，在攻坚克难、应对复杂局面的磨练中锻炼成长。通过把总部员工交流到基层、艰苦单位、关键岗位进行考验等办法，加强对有潜质的总部人员的教育培养和实践锻炼，丰富总部员工的工作阅历和经历，努力在实践中增长才干和本领，着力培养提高总部员工组织协调能力、经营管理能力和处理复杂问题的能力。

三、继续解放思想，着力提升总部员工的开拓创新能力

1. 强化创新知识的积累。按照建设“站在世界舞台上的国际化公司”要求，南车总部员工必须努力使自己逐步具备宽广的世界眼光、国际化视野和深邃的战略思维能力，具有国际化经营的理念，通晓和熟悉国际经济运行规则和国际惯例，善于开展资本运作和资源优化配置方面工作。要按照建设国际化公司要求，努力加强现代企业制度，资本运作、公司治理、法律法规等知识学习。要加强市场经济知识的学习，熟悉市场运作规律，加强国际经济贸易运行规则的学习，提高熟悉处理国际化业务的能力，加强企业文化知识的学习，培育积极向上的企业文化。

2. 注重确立创新的思维。总部员工要用全面的观点来看待南车实际，力戒主观片面的思维方式；要用与时俱进的观点来看待南车实际，力戒僵化的思维方式；要用比较分析的观点看待南车实际，力戒封闭自守的思想观念。要善于做比较分析，要经常做到“三个想”，即想“三人”：自己、他人和外国人；想“三天”：昨天、今天和明天；想“三条”：破几条、立几条、干几条。既要与自己比，也要与同行相比，还要站在世界轨道交通装备业的角度与世界一流企业进行比较。换一种眼光和思维，才能真正看清差距，看清自身优势和发展潜力所在，否则就将主观片面、封闭自守、固步自封，就不可能激发创新的思维。只有做到“三个想”，才能把思想带进新领域，使思想占领新高地，想到点子上，抓到关键处。当前，我们要用全新的战略思维和创新的眼光审视中国南车的内外部环境，要站在高处看南车、跳出南车看南车、换一种眼光看南车，努力确定创新的思想，实施创新的工作措施，加快推进中国南车走向国际化的步伐。

3. 要当好改革创新的“车马炮”。温家宝总理曾经勉励高新技术企业，要像“象棋中的‘车’一样勇往直前，‘马’一样与日俱进，‘炮’一样跨越式发展”。总部员工肩负着中国南车深化改革、推进发展、保持稳定，推进“十二五”规划实施和建设国际化公司的重任，既是指挥员，又是战斗者，在工作中应该当好“车马炮”。一是要树立强烈的事业心和责任感，像“车”一样勇往直前。面对困难和艰辛，我们要“加速”，而不是“匀速”甚至慢走，要不用扬鞭自奋蹄，而不是推一步挪一步。否则，我们只能坐失良机。只要始终保持一股劲、一种精神，才能不断挑战自我，超越自我，就没有克服不了的困难。二是要有永不满足的精神，像“马”一样与日俱进。时代在发展，实践在变化。只有与日俱进，才能跟上时代发展的步伐，接受新的考验。与日俱进的核心是不断解放思想，通过解放思想，冲破不合时宜的束缚，探索和创新解决困难和矛盾的办法。与日俱进的生命在于不断创新，唯有创新才有活力，才有希望。要有永不满足的精神，不怕走弯路的意志和敢为人先的勇气。三是要有自我加压的品质，像“炮”一样跨越式发展。这种跨越，不是盲目冒进，而是一切以时间、地点、条件为转移，坚持又好又快，能快则快。古人曰：“取法乎上，得乎其中；取法乎中，仅得其下”。这就要求我们总部员工，发展定位要科学，如同摘桃子，要跳起来而不是躺下去摘；工作标准要高，要自加压力，能挑千金担，不挑九百九。只有这样，前进才有不竭动力，我们才能充分保持自己的优势，使优势更优，劣势才能转化为优势，实现发展的“撑杆跳”、“跨栏跑”。

四、维护团结和谐，着力增强总部机关的凝聚力和战斗力

团结出凝聚力，团结出生产力。实现建设国际化公司的大目标需要大团结。只有大家心往一处想、劲往一处使，中国南车人气才能更旺，凝聚力战斗力才能更强，才能使这艘巨轮驶向成功的彼岸。要做到这点，首先总部机关员工必须牢固树立“五个意识”，努力增强总部机关的整体功能和合力。

1. 牢固树立全局意识。在经济形势多变化的情况下，树立全局意识，倡导“团队精神”，形成总部机关的整体合力和市场核心竞争力十分重要。总部机关员工在考虑问题时，必须从四个角度出发：一要站在世界轨道交通装备业发展的角度考虑问题，看清差距，明确发展方向；二要站在国内轨道交通装备业的角度考虑问题，认清形势，找准市场定位；三要站在实施“十二五”发展规划，打造优质上市公司和建设国际化公司的角度考虑问题，服从全局，树立全局意识；四要站在基层企业和员工实际的角度考虑问题，立足实际，制定对策措施。既要坚持从企业实际出发，创造性地开展工作，又要注意了解南车的全局，主动服从全局、服务全局。

2. 牢固树立民主意识。“海纳百川，有容乃大”。总部机关员工既要有强烈的民主意识，善于发扬民主，又要提高正确集中的能力，在发扬民主作风上做出表率。总部各部门要善于广开言路，广纳群言。要善于听取不同意见，切实形成深入了解基层企业情绪、充分反映基层企业意愿、广泛集中基层企业智慧的民主决策机制。

3. 牢固树立责任意识。必须清楚认识到，中国南车是上市公司，我们的责任不仅包括对国有资产的责任，对下属企业、对南车广大员工的责任，而且在商品市场上还要对用户负责，在资本市场上要对全体股东和投资者负责。我们不仅要承担对国有资产保值增值、企业发展稳定、员工增收的经济责任、政治责任、社会责任，而且承担对股东回报的责任。我们面临成为良好成长性、持续盈利、稳定的股东回报的巨大压力。因此，总部员工必须以时不我待，只争朝夕的精神，切实增强责任意识。要着力推进和深化公司治理的工作，完善公司治理结构，健全各项工作制度，推进公司治理的规范运作，尤其是要优化总部职能，形成总部机关高效运转的管理体系，努力建设高效型总部。

4. 牢固树立品牌意识。要带头推进中国南车文化和品牌建设，加强品牌传播与推广，着力构建南车文化和CSR品牌的价值体系、形象体系、传播体系、管理体系，多层次、多角度、多方面建设先进的价值文化、优秀的制度文化、精细的制造文化、高尚的廉洁文化、和谐的人文文化和丰富的文体文化，使总

部机关成为南车文化的推行者和传播者。

5. 牢固树立协作意识。总部员工要切实做到大事讲原则，小事讲风格。要正确对待个人和集体利益、大集体与小集体的利益，处理好个体和群体的关系、全局与细节的关系、总部各部门与子企业的关系。在工作中，要带头倡导理解宽容的风气、合作共事的风气、精诚团结的风气。只要总部机关各部门和广大总部员工在思想上做到相互信任，在工作上相互支持、互相谅解、互相补台，不拖拉不扯皮，在生活上相互关心，以诚相待、默契配合，就能创造一个宽松和谐的共事环境和氛围，使总部机关成为具有凝聚力、亲和力、向心力和战斗力的有机整体。

五、狠抓工作落实，着力提高总部机关的执行力和操作力

落实是所有工作的基础，再好的发展目标和再好的决策也只有通过落实后才能显示其价值。制定出“十二五”规划和建设国际化公司的宏伟发展战略是十分必要的，但更重要的是要有实现“十二五”规划、建设国际化公司目标的具体措施，也就是要抓好落实。在当前面临的严峻形势下，提高总部机关员工的执行力和操作力，最重要和最紧迫的工作就是狠抓各项工作的落实。

1. 要善于抓速度打主动仗。打主动仗，就是要树立主动意识，快速行动；打主动仗，就是要做时间的主人，做到速度第一。在节奏快得惊人的时代里，快就是机会，快就是效率，快就是竞争力。再完美的决策和战略，如果没有速度做保证，也会夭折在滞留的执行部门手中。只有速度上去了，才能抓住发展机遇，最后赢得胜局。因此，总部员工都必须养成珍惜时间、节约时间、用好时间的习惯，加快速度，抢抓机遇，以只争朝夕的精神，积极贯彻执行“十二五”发展战略，主动抓好本部门和各个分管工作落实的具体措施。打主动仗，就要做到“四个破除”。即：破除“碰到问题躲着走、遇到难事绕着行”的被动思想；破除怕担责任、得过且过的消极态度；破除不求有功、但求无过的无为观念；破除跟在别人后面亦步亦趋的惰性作风。

2. 要善于提升抓细节的操作力。总部机关工作的成功与否，与总部员工抓细节的操作力强不强有很大关系。总部员工必须着力提升抓细节的操作力。要注重在每一个细节和工作过程中及时发现问题、解决问题、建立“细节优势”，树立严谨、严谨、再严谨，细致、细致、再细致的工作作风。只有这样，我们才能让细节发挥效应，提高科学决策和解决各种问题的能力，增强执行效果。

3. 要注重脚踏实地、求真务实。做工作，需要借助一定的形式，没有形式，内容表现不出来。抓落实，就要有落实各项工作的具体措施。因此，总部机关员工要注重脚踏实地，不搞形式主义，不敷衍塞责搞应付。具体来说，要重实际、讲实话、出实招、办实事、求实效，努力克服做表面文章、不深入实际、浮在表面的不良作风。要坚持勤俭节约、勤俭办事的原则，简化公务接待工作，下基层轻车简从，减少陪同和迎来送往活动。精简会议和文件，压缩会议费用，控制会议规模，提高会议质量，减少文件简报。改进会风和文风，倡导开短会、讲短话、写短文，提高工作效益。总之，我们要做事不作秀，坚持求真务实，脚踏实地地狠抓各项工作的落实。只有这样，才能产生良好的执行效果，保证总部机关各项工作任务圆满出色地完成，创造出经得起实践检验的实绩。

世上无难事，只要肯登攀。让我们牢固树立时不我待的紧迫感，增强如履薄冰的危机感，激发强烈的使命感，坚定必胜的责任感，认清形势，坚定信心，开拓创新，团结拼搏，努力抓住机遇，主动迎接挑战，战胜艰难险阻，为努力建设国际化公司，实现“十二五”目标做出新的更大的贡献。

开拓创新　做强做优南车城轨产业

——副总裁张军在中国南车城轨市场分析会议上的讲话（摘要）

（2011 年 11 月 17 日）

近几年来，中国南车城轨产业抢抓发展机遇，拓展市场领域，推进技术创新，加快结构调整，实现了长足发展，国内市场份额已占绝对优势，国际市场影响力不断增强，成为中国南车实现整体战略目标的主营业务和重要支柱之一，正以明显的后发优势和全新的面貌向世人展示着中国南车非凡的创造力和进取精神。今后一段时期，城市轨道交通建设仍将快速发展，国内国际城轨交通都蕴藏着巨大的市场空间，如何超前研究、精心布局、开拓奋进、乘势而上，把这十分难得的战略机遇期变成又一个黄金发展期，赢得南车城轨产业持续蓬勃发展的新局面，是摆在所有南车城轨人面前的一项重大课题。

一、城轨产业突飞猛进的发展以及带给我们的启示

1. 销售收入稳步增长，经营业绩再创佳绩。2008、2009、2010 年，南车城轨板块销售收入为 25.3 亿、47.1 亿、71.2 亿，分别增长了 88%、64%，其中，株机公司、四方股份、浦镇公司的收入增幅都在 50%以上。城轨产业的发展，也带动了南车配套产业链的发展。集团公司 2010 年配件销售 12.5 亿元，比 2009 年 7.1 亿元增加 66%，2009 年比 2008 年 3.5 亿元增加 103%。株洲所、戚墅堰公司、四方有限、南车电机公司等单位配件销售同比有较大增长。上海地铁 1 号线 A 型车直改交增扩编项目，其系统集成、牵引系统、制动系统、机械传动系统等核心、关键部件都是由集团公司内部株机公司、株洲所、南京海泰公司、戚墅堰所等单位自主研制并具有自主知识产权的产品，国内首创。

2. 市场拓展后来居上，份额占比遥遥领先。各单位以“群狼精神”，敢打敢拼，由弱到强，逐渐占据了有利地位，取得较大的市场份额。目前在已招标的 23 个城市中，中国南车城轨车辆先后进入了 18 个城市。2008 年、2009 年、2010 年、2011 年南车城轨整车获得招标合同金额分别为 65 亿、108 亿、114 亿、93 亿，分别占国内市场的 74%、53%、61%、67%，其中华东和南方市场占有绝对优势，南京、杭州、宁波、苏州、无锡、东莞、成都、昆明、长沙、郑州等城市目前为南车独有市场；占有上海、广州、深圳、武汉等城市大部分市场。在华北的环渤海地区以至东北地区抢占了北京、天津、沈阳等城市部分市场。

3. 产品平台全面搭建，主型产品形成优势。通过引进、消化、吸收和创新，掌握了城轨车辆的核心和关键技术，增强了自主创新能力，提高系统集成能力，研制具有自主知识产权的城轨车辆及核心、关键部件，形成模块化、标准化、系列化的产品，建立具有国际水平的设计、制造、产品三大技术平台，实现自主品牌。目前已具备覆盖 80km/h、100km/h、120km/h 多速度等级城轨车辆自主研发能力。形成以自主研发、系统配套、规

模经营的研发、制造体系和自主品牌。南车已具有A型、B型地铁车辆、直线电机车辆、轻轨车辆、磁悬浮车辆等产品，满足不同业主需要。尤其是株机公司中标的深圳地铁1号线延长线车辆项目是我国首个独立由国内企业自主承担A型地铁车辆项目，对南车城轨产业发展及占领国内高档铝合金地铁车辆技术制高点，具有划时代的意义。浦镇公司中标的深圳地铁4号线项目是国内首次将网络控制系统纳入整车厂公开招标的项目，也是在珠江三角地区首次获得地铁市场订单。此外，2008年以前，南车各单位在B型车市场上还没有形成优势，而在2008年通过大家共同努力已使北车在其传统强势转弱，各自在B型车市场取得了较大的突破并独立地赢得了B型车市场，使B型车成为南车的主型产品之一，遍布大江南北。四方股份公司通过北京地铁八通线项目自主研发的基础上，经过多年的经验积累，完成了北京、成都、天津、沈阳等城市地铁项目研制，建立了B型不锈钢车辆平台，在B型不锈钢车型上占有绝对优势。

4. 战略布局更加合理，制造能力国际一流。南车始终高度注重产业战略布局，加快推进与地方政府开展广泛合作，先后与安徽、湖南、湖北、河南、河北、广西、浙江、宁波、杭州、昆明、广州、贵州等省市签署战略协议。快速推进重大投资项目，积极拓展长三角、珠三角、环渤海等经济发达区域市场。与此同时，南车通过大量投入，推动株机公司、浦镇公司、四方股份公司建立了城轨车辆铝合金车体、不锈钢车体、转向架制造、城轨车辆总组装、试验、研发基地，形成年产3000辆以上整车能力，南车整体制造能力和工艺水平达到国际一流。

回顾中国南车近年来城轨产业发展不寻常的历程，还有许多东西值得总结、回味，它们不断开阔我们的思路，坚定我们前进的信心和鼓舞着我们再攀高峰的勇气。

一是坚持“同一个中国南车”，致力形成统一城轨市场拓展模式，确立经久不衰的品牌影响力和市场形象。面对复杂多变的环境，大家始终牢记“振兴装备制造业、赶超行业世界一流”的使命，尤其在“同一个中国南车”思想之下，各单位充分发挥团队精神，加强了技术交流与商务协调，实现资源、人才等方面的优势互补；团结协作，通过各种优势的组合提升集团整体的市场竞争力，共同形成了对城轨市场统一拓展模式。通过多次投标的成功经验，各自取得了较大的业绩，并对保证集团公司利益最大化达成共识，树立了良好的市场形象。例如浦镇公司在设计、生产印度孟买地铁时，四方股份在不锈钢车体的焊接方面提供了多方面的支持和帮助，并掌握不锈钢车体相关技术。近年来，南车以文化整合为载体，积极推进品牌战略的实施，大力推进品牌建设，不断创造竞争新优势，善于创新、勇于改革的形象特征时时彰显，有效地提升了品牌的行业影响力和社会美誉度，引起了国内外媒体的深度关注，CSR品牌在国际上初步享有盛名，有力推动了城轨产业快速健康发展。

二是坚持持续优化“三大技术平台”建设，致力于不断提升自主创新能力，才能拥有核心竞争力，变追随者为领跑者。各单位按照“提前谋划、自主创新、系统集成、突破关键”的科技发展思路，采取“先人一步”的策略，建成了设计、制造、产品“三大技术平台”，尤其是通过引进消化吸收再创新，掌握了核心技术，并推出了规模化、系列化、多元化的产品，中国南车科技创新能力显著增强，整体研发水平达到国际一流水平。实践证明，坚持原始创新、集成创新和引进消化吸收再创新相结合的自主创新道路，加快提升自主创新能力，是彻底改变中国企业在国际竞争中的被动地位、形成长期竞争优势的有效途径。南车目前已掌握了铝合金、不锈钢车体制造技术以及转向架、列车牵引控制、牵引变流器、牵引电机等关键技术，并实现了自主研发和产业化。浦镇公司出口印度孟买地铁列车下线，填补南车A型地铁列车高端产品出口的空白；四方股份公司出口新加坡铝合金地铁车辆成功交付，标志了南车产品进入世界地铁技术标准最高的国家之一；获国家重点新产品奖的株机公司自主产业化A型地铁车辆安全运行超过30万公里。所有这些，都是南车城轨产品技术提升的重要标志。在2008年招标项目当中，南车还只有广州机场线一个项目技术分比竞争对手稍处于优势；到2009年，南车中标的深圳地铁4、5号线、苏州地铁1号线、上海地铁13号线、北京地铁8号线、昌平线、大兴线、成都地铁2号线等项目技术分均超过对手；2010年，南车中标的昆明、长沙、宁波、上海等项目技术分均以绝对优势处于领先地位，这表明价格已不是主要竞争手段，标志着我们在国内由后来者变为领跑者。

三是坚持“国际化南车”理念，致力于全球视野和全局眼光，才能以忧深思远奋起直追的胸襟逐步实现国际领先。南车城轨产业利用后发优势，通过原始创新、集成创新和引进消化吸收再创新，开始实现产品技术从“国内一流”向“国际领先”的发展。株机公司、浦镇公司、四方股份公司、株洲所、戚墅堰所等单位在设计流程、手段、规范、标准、试验验证等各个方面，全面实现与国际同行业水平接轨；各单位不仅完善了中国南车城轨技术标准体系，而且在国际标准制订工作中取得重大突破，制订并主导了IEC两项国际标准，推行了IRIS国际标准，积极拓展国外市场，实现了市场和产品拓展的双突破。株机公司中标土耳其轻轨车辆，打开了通往欧洲的大门；四方股份公司中标新加坡铝合金地铁车辆，是中国南车在国际地铁市场与世界地铁车辆先进企业的首次成功合作，进入世界地铁技术标准最高的国家之一，通过项目的履行及管理，进一步提升公司了项目管理能力及技术标准；浦镇公司成功交付了印度孟买地铁，实现南车城轨产品出口的历史突破，打破了欧美在该区域的传统垄断性地位，实现了市场拓展及产品拓展双重突破。同时，各单位按照南车统一要求和部署，汲取全球管理精华，开始全面推行精益生产，逐步建立涵盖生产经营全过程的精益管理体系，有效提升了效率和效益，全面兑现生产合同，为形成“多品种、小批量、更加柔性化”的产品制造能力积累了宝贵的实践经验；四方股份、株机公司、浦镇公司等创新生产组织方式，提高整体工效，如期完成繁重的生产任务，产品质量稳中有升；管理能力和运营水平的提升，促进了南车产品逐步达到世界先进水平，赢得了社会各界和广大民众的广泛赞誉。

二、正确认识南车城轨面临的新形势

1. 国家宏观政策为我们带来了前所未有的发展机会。一是《国务院关于加快培育和发展战略性新兴产业的决定》确定了包括高端装备制造在内的七个战略性新兴产业，并将采取一系列扶持政策，培育成为国民经济的先导产业和支柱产业。相信高端装备制造业的自主创新能力在“十二五”期间将有更大突破，并形成有独特优势的高端制造产业链，成为我国新的经济增长点和支柱产业。二是国家鼓励大型企业的发展。国务院国资委提出“十二五”中央企业改革发展的核心目标是“做强做优中央企业、培育具有国际竞争力的世界一流企业”，要求我们在自主创新、公司治理、品牌建设、国际化经营能力、国际同行业领先水平等方面具备更强优势，以全球行业第一的身价，进入央企30～50家具有国际竞争力的企业集团之列。因此，我们必须牢牢抓住这个前所未有的机遇，进一步科学判断未来市场需求变化和技术发展趋势，深化自主创新，强化核心关键技术研发，切实提高中国南车的价值。

2. 国民经济的平稳较快发展为我们创造了良好的发展环境。中央一直强调要以科学发展为主题，以加快转变经济发展方式为主线，促进经济长期平稳较快发展，这也为城市轨道交通装备制造业实现高速发展提供了难得的历史机遇。即便当前在经济增速放缓、外需下降等复杂形势下，中央依然决定实施积极的财政政策和稳健的货币政策，保持宏观经济政策的连续性和稳定性。一是构建扩大内需长效机制，加快建设资源节约型、环境友好型社会，走可持续发展之路，必将刺激和带动具有节能环保优势的城市轨道交通产业的快速发展。二是提升制造业核心竞争力，培育发展战略性新兴产业，发展拥有国际知名品牌和核心竞争力的大中型企业，有利于装备制造业在国家政策支持下，不断做强做优。三是深入实施科教兴国战略和人才强国战略，加快建设创新型国家，有利于装备制造业不断增强自主创新能力，掌握核心技术，培养优秀人才，引领行业发展潮流。四是加快转变经济发展方式，有利于轨道交通装备制造企业快步走上集约、集聚、技术创新、产融结合的发展道路，向全方位系统集成公司发展。我们必须提升现代服务，创新商业模式，在研发、设计、系统集成、工程承包、维修、租赁等环节开展增值服务，逐步实现由生产型制造向服务型制造的转变，成长为全面解决方案供应商。

3. 轨道交通建设力度持续加大为我们提供了广阔的市场空间。轨道交通以其大运量、高效率、低污染等优势，已成为世界各国及大城市解决交通问题的首要选择。随着我国国民经济的快速发展和城市化进程加快，城市轨道交通建设步伐空前加大，建设规模世界第一。目前，全国有 36 个城市正在规划建设地铁，已经获批 28 个城市。按照现状规划，2010 年至 2015 年地铁建设投资达 1.16 万亿，未来 30 年，将是我国城市轨道交通建设快速发展期。到 2015 年建成地铁 93 条，总公里 2500 公里，需求车辆大约 20000 辆，年均需求 3000 辆左右；到 2020 年，建成 173 条，总里程 6200 公里；到 2050 年建成地铁 289 条，总里程 1.17 万公里。届时，我国地铁将占世界地铁总里程一半以上。

4. 中国南车的国际化为城轨“走出去”提供了有利条件。低碳经济的兴起，给节能环保的城市轨道交通带来了发展的春天，轨道交通越来越受到世界各国的青睐，世界轨道交通装备行业正步入新一轮景气周期。发达国家以极低的人口密度，其城市公共交通在整个城市交通中的所占比重却达 50%到 70%，而目前我国还只占到 20%到 30%，可以肯定未来中国城市公共交通在整个城市交通的比例将会大幅提升，这其中，节能、环保、载客量大的轨道交通还将会进一步发展，这为南车制造走向国际创造了良好条件。中国南车城轨技术开发已形成一定的实力和规模，产品先进性、成熟度和可靠性不断提高，为成为具有国际竞争力的国际化南车提供了基础。我国城轨发展取得的显著成就，在国际上产业了极大的影响，国际地位明显提升，与许多国家合作更加紧密，这对于提高城轨对外开放水平，加快城轨“走出去”步伐非常有利。我们要紧紧抓住经济全球化带来的发展机遇，充分利用国家政策，不断强化服务意识，扎实开展各项工作，积极开拓国际市场。目前，中国南车的产品已遍及全球 60 多个国家和地区，“中国南车”的品牌影响力逐步扩大，知名度和美誉度也在不断提升，为城轨市场进一步发展创造了有利条件。

同时，我们也要看到所面临的诸多竞争。

一是全球轨道交通同质化竞争日趋严重，发达国家重新回归重视发展高技术制造业，围绕市场、资源、人才、技术、标准等的竞争更加激烈，国际跨国公司通过技术、标准、品牌的影响力以及产融结合手段，将挤压我国轨道交通装备制造业的发展空间，而我们的差异化优势还不能满足战略需要。二是全球资源类产品价格、人民币汇率、人工成本上升趋势明显，企业成本控制难度加大，价格优势下降，对南车整体盈利能力和国际市场竞争力产生不利影响。三是国内外竞争对手的迅速发展，将使市场格局更趋复杂，国内外竞争将越来越激烈。

此外，我们在以下几方面存有明显的薄弱环节。一是与国外一流竞争对手相比，由于起步较晚，中国南车仍然存在基础研发积淀不厚、技术储备相对不足、全球配置资源能力不强等差距，在营销网络、市场拓展手段等方面也相对处于弱势。二是随着业务的快速扩张，带来管控模式和系统能力建设不足的问题，如何更好地兼顾质量、速度与效益，实现又好又快发展，需要我们认真思考。三是实现全面解决方案供应商的目标，还需要探索新的商业模式，面临由生产型制造向服务型制造转变的重大课题。四是南车品牌建设体系刚刚建立，在国际重要市场的影响力与集团实力不相匹配，作为南车发展重要推力的作用还没有充分体现。五是企业的软实力还有差距。随着中国南车的高速扩张和海内外业务的拓展，我们的组织结构、运营经验、系统管理能力已不能同步适应作为一个国际化大公司的规模要求。

全球化的世界，是强者的天下。成绩只能代表过去，奋斗成就未来。南车城轨新的辉煌需要我们更加科学判断和准确把握发展趋势，充分利用各种有利条件，不断消除薄弱环节和短板，形成更为突出的优势，努力实现城轨产业的持续快速健康发展。一是加强事关城轨产业全局和长远发展问题的研究，尽快形成同行业全局性、系统性的研究机制；二是进一步提高服务水平，形成完善的服务机制，具备适应用户需求的新变化的响应能力；三是在产品、技术、人才、经营理念、观念上向国际知名公司看齐、全面接轨；四是完善国际化手段，迅速改变经营方式相对单一的局面，努力提升南车品牌在国际重要市场的影响力，进一步提高产品市场份额；五是建立并不断完善国际领先水平的科技创新体系和国际先进水平的技术标准体系，加大对前瞻性、基础性、共性技术的研究力度，提高原始创新能力，早日形成为用户提供项目全面解决方案的能力。

三、再接再厉，科学制定“十二五”城轨发展战略，争做全球范围行业发展的领跑者

1. 业务发展战略。到 2015 年，城轨业务营业收入达到 225 亿元，其中：国内业务收入 185 亿元，海外业务收入 40 亿元；保持国内城轨市场年占有率超过 55%，力争 60% 以上。城轨车辆产品系列化、多元化。大力发展不锈钢和铝合金 A、B 型车，适当开发单轨车、直线电机、低速磁悬浮列车、轻轨车、低地板车、储能轻轨车等多元化产品。“中国南车”成为全球有较高知名度的品牌。

2. 城轨产品业务结构调整发展战略规划。根据产业政策和市场需要，在长三角、珠三角、环渤海及其他区域和海外谋划产业布局。**城轨车辆：**年生产能力 3000 辆。要以市场为导向，新建组装维修基地，优化产业布局，提升整体产能。加快科技创新步伐，健全自主化发展格局，完善以铝合金、不锈钢等车体技术和不同速度等级转向架技术为基础的各型城轨车辆技术平台，加强协作配套，实现资源共享，打造世界一流的城轨车辆研发、试验和制造基地。**城轨车辆修理：**

以市场需求为导向，整体谋划，统筹布局，规划建立天津、广州、昆明、洛阳、杭州、宁波、贵阳等城轨地铁车辆维修服务基地。探索和发展轨道交通装备服务新模式，加快向服务业转型，始终以客户为中心，不断延伸服务产品，丰富服务内涵，提升服务价值，提高客户满意度，努力以全寿命管理模式打造南车服务利润链，并赢得持续的订单。**核心、关键零部件：**以牵引系统、制动系统、机械传动系统、信号系统、空调系统、信息系统、牵引供电系统等为重点发展目标，通过整合资源、优化结构，高起点进入，掌握核心技术，提升研发水平和系统集成能力，实现产业化发展，同时为南车形成轨道交通项目总承包能力提供支撑。坚持主机产品集约化、关键零部件专业化原则，以提升核心竞争力和价值创造能力为目标，优化南车内部产业链，形成优势集中、结构优化、互补配套的产业格局。**国际化经营：**以全球化配置资源（研制、制造、营销、服务、物流、资金、人力资源等）为主要内涵，构建中国南车国际化经营发展架构。依托“走出去”战略，综合运用产品销售、合资合作、兼并重组、项目总包、产业链融资等多种形式，创新国际化经营模式，推动南车城轨产品、技术、维修服务进入国际市场。到2015年，通过并购、合资等多种方式增加海外经营运作公司的数量和规模，在关键目标市场和区域设立办事机构，巩固和发展与国际同行中重要公司和合作。

四、开拓创新，做强做优，实现南车城轨产业更大辉煌

1. 以科学务实的规划指导城轨产业发展。科学发展，规划先行。要增强大局意识和整体观念，进一步理顺总部和各子公司、同一板块不同子公司、国内业务和国际业务等方面的市场关系，大力培育“战略一致、业务协同、团结合作、资源共享”的协同机制，相互配合、相互支持，协调行动，努力实现统分结合、市场研究策划和营销工作高度协同的大集团、大市场、大营销局面。完善战略管控型母子公司管理体制，强化战略规划与管理、经营决策与协调、投融资策划与操作、资源配置与运作、风险管理与控制等五大职能，通过发挥整体合力，确保集团利益的最大化。要特别注意提前研究、同步完成各项经济活动的风险管理工作，规避可能的风险。

2. 以敏锐的市场洞察统筹城轨产业发展。一是紧盯国内市场。必须紧抓国家城市轨道交通建设的有利时机，认真研究国家加快城市轨道交通装备产业发展的有关政策，争取国家和相关部门给予有针对性的政策支持，跟进潜在市场的动态变化，从而良好把握国内城轨市场急速扩大的市场机遇。二是拓展国际市场。要紧紧抓住我国“走出去”战略的历史机遇，集中优势力量和精力，开拓新的海外市场领域。要注重构建国际化的技术标准体系，在城轨车辆等轨道交通装备重点产品领域，制定一批具有国际领先水平的技术标准，形成具有国际先进水平的企业技术标准体系。

3. 以创新的业务模式引领城轨产业发展。一是要创新商业模式。要抓住当前城轨产业高速发展的良好机遇，实现商业模式的六个转变，即：从单一制造产品到制造产品＋运营服务的转变、从单一向用户销售产品到产品销售＋租赁业务的转变、从单一分包方到分包方＋总包商的转变、从单一制造商向制造商＋战略联盟的转变、从资产经营到资产经营＋资本运营的转变、从系统集成管控向系统集成＋全供应链管控的转变。国内市场方面，要加强协同作战，发挥整体优势，采取战略合作、合资建设组装、检修基地等灵活策略，继续推进与地方政府和区域性客

户主体的战略联盟，争取地方政府在政策导向和市场运作上的支持，形成覆盖更广区域的组装、维修和服务网络，把区域性战略联盟优势转变为可持续发展的市场份额胜势；要继续与重点区域、重点城市、相关中央企业沟通联系，进一步布局和优化南车城轨产业。国际市场方面，既可出口整车，又可散件出口，还可以输出技术，或在境外设立独资或合资企业。二是通过加大系统集成技术研究，实现项目总包能力的突破。项目总包是指包括对项目勘察、设计、设备采购、施工、试运行（竣工验收）等全过程的承包，是国际经济一体化和市场经济发展的必然趋势。要努力提升项目总包能力，向用户提供全面解决方案，实现中国南车发展战略目标。项目总包不是业务链的简单延伸，其实质是要拓展技术的宽度和深度，增加服务的层次和内容，不仅向用户提供系列化的装备产品和技术服务，同时向用户提供包括通信信号、供电技术、工程建设、运营管理、系统维护等在内的全过程技术和服务。要加快以上相关领域研究，力争有所突破，有所作为。要充分利用外部资源，积极寻求有实力的工程设计及建设单位，建立战略合作伙伴关系，结成以我为主、优势互补、风险共担的联合体，以项目为中心，快速形成全面解决方案的能力，由提供单一装备和服务，成为向用户提供全面解决方案的供应商。

4. 以多样化的产品组合保障城轨产业发展。持续优化三大技术平台，建立完善和多样化的产品家族。满足轨道交通装备市场新的个性化需求，需要我们加大自主创新力度，在核心技术产品上取得重大突破，有效形成差异化的竞争优势。要大力发展低碳经济，加快自主创新步伐，加大前瞻性、基础性和共用技术的研究开发，构建战略性新兴产业核心技术和关键技术领先优势，实现由技术跟随向技术引领的转变。要围绕主流市场和特定市场用户进行产品设计和产品规划，坚持生产一代、开发一代、预研一代，全面满足国内外用户需求。要持续提高产品标准化、系列化、模块化水平，持续优化产品技术平台，构建国际领先水平的产品平台。

5. 以自主的技术创新推动城轨产业发展。自主创新是做强城轨产业增实力的关键，是引领城轨产业持续发展、占据未来竞争制高点的强大动力。要坚持“创新不止、领跑不息”方针，坚持科技兴企、领先一步的原则，坚定不移地走原始创新、集成创新和引进消化吸收再创新相结合的自主创新道路，遵循自主研发与开放合作相结合的原则，建立和完善优势集中、开放式合作、国际化运作的技术创新体系。要建设若干个具有国际竞争力的整机和关键部件专业化研发机构，进一步提高核心竞争力。要始终通过核心技术的创新和系统集成能力的提高来促进产业领域的有效拓展，不断增强自主创新能力，引领产业成长，确保行业地位和竞争优势。

6. 以一流的质量和服务保证城轨产业发展。安全无小事，责任大如天；服务无止境，真诚到永远。特别在全国轨道交通领域安全形势不容乐观、以人为本的观念深入人心的当前形势下，要始终把确保质量和安全摆在最根本、最关键、最核心的位置。要全力抓好设备质量、安全管理、人员素质三大要素，确保所有产品百分之百的质量优良、安全可靠，为城市道交通持续安全运营奠定坚实可靠的设备质量基础。要加强对关键、重要岗位操作人员的培训，强化对关键工序和特殊过程的管理，加强对关键设备、工艺装备、计量器具的管理，推动质量管理由以实物质量为主向对作业过程监控的转变。要适应用户要求，不断完善售后服务体系，抓好重大质量信息收集、分析和处置机制和闭环管理，确保售后服务工作反应灵敏、行动快速、服务及时、措施到位。要进一步做好城轨产品上线运营的技术支持和售后服务，以优质的产品和优良的服务确保运输安全。要把精益生产作为强化产品质量的重要抓手，全面推行精益生产，建立起涵盖生产经营全过程的精益管理体系，深入抓好精益管理各项基础工作，完善工作机制和管理流程，实现基础管理的日常化、制度化、科学化。要大力培养员工良好的行为习惯和职业素养，着力培育优秀的精益文化，以精益的产品、精益的现场、精益的流程、精益的文化来保证产品质量的可靠性。

7. 以完善的供应链优化城轨产业发展。要加快物资供应链体系建设，加大集中采购、招标采购力度，降低采购成本，防范采购风险。要进一步推进 ERP 建设，提高效率，尽量集中采购，配套消化，通过专业化和规模化降低成本，创造产品成本比较优势。要以整车产品集约化、关键零部件专业化、普通零部件社会化为目标，构建内部产业链、关键部件及原材料的供应商体系，与重要供应商建立战略联盟。要建立整机企业和部件权责清晰、利益共享、风险共担、快速市场需求的内部供应链运作体制。要继续强化株洲所的牵引系统、南京海泰制动公司的制动系统、戚墅堰所的齿轮箱、石家庄国祥公司空调系统、联诚公司铝合金零部件、四方有限公司不锈钢零部件等配套产业的发展，形成南车独立的零部件供应体系。

8. 以强大的人才队伍支撑城轨产业发展。要按照“超前储备、加速培养、优化结构、整体统筹”的思路，消除发展过程中的人才瓶颈，培育一支适应城轨业务发展要求的核心骨干人才队伍。要按照国际化发展要求，加强培训体系建设，结合“走出去”战略，积极引进国际国内一流人才。同时，要立足内部，抓好高科技、市场营销、项目管理、技能专家、复合型高技能等各类人才的培养和选拔，努力构建系统化、一体化、规范化的南车人力资源管理体系，建设一支良好素质的员工队伍，努力造就一批能够适应南车持续发展的人才队伍。要培养造就一支由技能大师、技能专家、技能拔尖人才和子公司内部技能专家组成的高技能核心骨干人才队伍。全面推广“技能大师工作室”，加大复合型技能人才的培养力度，做好人力资源调剂与优化配置工作，加快实现资源共享，最大限度地发挥人力资源效能。

9. 以响亮的品牌优势深化城轨产业发展。要牢固树立“同一个中国南车”意识，着力统一品牌建设，提升南车品牌价值，增强企业核心竞争力；加强品牌传播力度，提高用户和社会对南车品牌的认知，树立企业良好形象。要以城轨产品销售的全球化，带动南车品牌的全球化；以南车品牌的知名度，促进南车产品的美誉度，使“中国南车”逐步成为占据行业领先地位、有社会责任感、具备全球影响力的知名品牌。同时，特别注重培育员工同一的核心价值观、企业精神和工作作风。深入宣贯以“责任”为内核的文化内涵，增强城轨产业员工的认同感和凝聚力。

10. 以统一的目标合力实现城轨产业发展。同一个南车之下，各企业要坚决贯彻和执行市场弹性分工策略，内联外争，精心组织，全力以赴。主机单位要充分发挥整车市场投标主体的作用，部件单位要积极予以配合，共同做好市场规划、分析、预测、投标等各项准备工作。要团结协作，通过各种优势的组合提升集团整体的市场竞争力，做到资源配置、产品研发、市场开拓优先，努力扩大南车城轨市场。

锁定规划目标　接轨国际一流
以持续务实的精神谋求精益管理的新突破

——副总裁傅建国在中国南车精益生产工作会议上的讲话（摘要）

（2011 年 3 月 10 日）

中国南车的精益生产已经跨入第 4 个年头，我们也是第 4 次以如此大的规模、如此多的人员、如此高的规格来研讨和谋划中国南车的精益生产。

一、收获精益——精益生产回顾

自 2008 年 6 月启动精益生产以来，集团和各子公司认真思考、周密策划、审慎决策、创新实践，做了大量探索性和创新性工作，在全面提升企业管理水平、解决生产经营中的突出问题方面，特别是围绕品质、效率和效益开展工作，取得显著成效。

——理解了意义。一是对精益生产的概念和内涵的理解在逐渐深入，对精益生产工具和方法应用的理解在逐渐明晰，精益生产、5S、TPM、改善、工位、拉动、目视化等概念在我们的企业都已不再陌生；二是对中国南车实施精益生产的必要性和重要意义的认识更加深入，在各子公司的行政工作报告中，对实施精益生产都有比较详细的阐述，精益生产工作普遍列为了全年的重点工作内容；“精益不是精益办的精益而是全员精益”的观念在逐渐得到理解、认同和实践；精益已成为交流的话题和平台。

——明确了目标。这几年我们的精益生产走过了一条“摸索——实践——提升”的道路，并从模糊到清晰。通过 2009 年的大规模调研，我们把握了工作现状；通过两级精益生产实施规划的编制，我们确立了分阶段的实施策略；“总体规划、试点突破”的工作原则得到验证；确定了阶段目标、实施步骤和实施方法等，阐明了具体实施重点；把“品质、效率、效益”作为各项工作的导向，工作目标更加明确。

——组建了队伍。从集团到各子公司，自工作开始就成立精益生产管理委员会（或领导小组）、精益生产推进办公室、精益生产实施小组等三级工作组织。领导小组决定精益生产实施方式、整体方案、目标、推进计划等重要事项；精益办制定阶段性工作计划，组织指导、检查、督促精益生产实施，扮演了精益变革的发动机角色；精益生产实施小组负责具体的项目推进。通过集团和子公司两级培训，育成了一批初步掌握精益理念和精益工具的人才队伍，涌现了一批崇尚精益、实践精益的骨干人才。目前，大部分的精益培训项目都可以由集团内部的培训师完成。而且实践证明，培训效果很好，也很受欢迎。此外，党群团各级组织共同推进精益生产的局面也在初步形成，成为推进精益生产的重要力量。

——搭建了机制。从启动精益生产开始，我们就始终致力于总结和探索符合企业特色的工作方法，建立标准化的工作机制、工作流程和工作方法。目前，精益生产的工作机制逐渐建立，制度及标准化文件初步形成。集团通过每年一次的精益生产工作会议，统一思想，明确年度工作任务；季度组织召开领导小组会议，听取精益办的汇报，并邀请2～3家子公司报告工作情况，实现了过程管控，强化了集团与子公司的沟通；每月的精益生产工作简报，实现了子公司信息的及时沟通和子公司间的信息共享。实施规划、精益生产考核评价办法、示范区（线）评价标准等，一定程度上促进了精益生产的标准化、规范化。围绕集团要求，各子公司创新思路，在工作机制和制度化建设方面也作出了积极而富有成效的探索。

——找到了突破口。一是始终瞄准品质、效率、效益，抓住精益生产的核心要素，紧紧把握以保证产品质量为首要任务，在努力提升产品质量的同时，又以关注生产现场为主，提高生产效率和企业效益。二是实施工位制节拍化生产改善是有效切入点。工位制节拍化生产方式以流程导向为核心进行体质性改善，实现了从“部门”和“批量”到“生产团队”和“流动”，在流动和拉动中创造价值的根本性转化，打破了传统的单一集群式生产以及按技能类别组织生产的低效模式。在以满足客户需求为导向、以生产计划指令为指向、以工艺流程设定生产节拍的过程中，达到人、机、料、法、环、测的自动化、准时化，并紧紧的把所有与生产有关的职能部门以及供应商串联起来，实现基础管理融合。工位制节拍化生产解决了传统生产方式管理效率低下、因生产线不平衡造成大量在制和存货等缺陷，并在机车、客车、货车、城轨地铁、动车组和专有技术延伸产品生产方面有了很好的实践和成效。三是快速建设精益生产示范区（线）是实施精益生产的有效途径。以提高品质、效率、效益和消除浪费为目标，通过示范区（线）建设，形成了具有中国南车特色的精益生产工作“典范”，让员工切实感受到什么是精益，并成为精益变革的实例教材。

二、审视精益——差距与不足

——工作机制不够健全。一是部分企业还没有探索建立有效的工作机制，主要反映在实行总分结构或事业部制组织架构的企业，容易受到领导分工、组织层级等因素的影响。二是在子公司内部进行系统性评价的体系尚未完全建立，评价工作更多是在局部或某些项点展开，评价机制需要进一步完善。由于评价机制不完备，导致各项工作的考评和积极性严重不足，做和没做、做好和做差对员工评价的影响不大，直接影响了精益生产工作的良好氛围，特别是影响精益生产推进的积极性和热情。

——工作进展不够平衡。主要反映在以下两个方面：一是企业之间的不平衡现象。部分企业已经掉队，跟不上集团总体工作步伐，一定程度上影响到企业的发展，当发展机会来临之际，无法用更加有效的方法实现管理上的突破和效率上的提升，仍然采用人海战术和加班加点组织生产的工作模式。二是企业内部的不平衡，不同单位之间的差距在加大。由于还有相当多的部门和员工对精益生产的认识不到位，没有真正理解和接受精益思想，他们还在观望、应付甚至抵触，更缺乏参与热情和工作激情。内部工作难以协调，甚至步伐不一致，影响到精益生产总体目标的达成。

——工作改善不够持续。改善作为精益生产理论体系核心内容之一，被誉为TPS的精髓，也是日本企业最为称道的文化特产。目前，集团内部对于精益工具进行了有效实践，而改善的目标导向、实施力度、内涵理解、全员参与和工作机制还需要进一步加强，改善氛围和改善机制尚待完善。一是对改善的理解需要加强。改善不仅仅是操作员工的小改小革，不能只依靠员工用传统的思想理解来发掘，要引导员工从TPS的角度理解改善，学会思考，学会发现问题，学会主动、持续改善。二是改善机制需要完善。目前，有的子公司建立了小团队改善活动办法，大部分子公司也建立了员工改善提案制度，但要形成改善的文化和氛围，要渗透到每一位员工的日常工作中，做到全员参与，主动改善，就需要从多方面完善改善机制，营造改善氛围。三是重大课题型改善的组织和管理尚需加强。表现在大型的、组织性的、跨部门的改善较少，原因是对于TPS团队协作的观念落实不够，面对问题，部门之间存在推诿现象；没有相关的机制来约束，难以确定谁来牵头或组织重点课题的改善；没有找到重点课题改善的源头和开展方法。四是改善的持续性动力不足。表现在部分企业有搞运动的倾向，有些企业只是作为阶段性的工作在抓，热一阵冷一阵。五是职能部室参与改善的氛围没有形成。主要表现在职能部室的提案数量占比重不高；围绕品质、效率、效益的高质量改善较少，提案质量待提高；以前讲过的改善资源配置不足；缺乏改善费用等制约因素依然存在。

——工具应用不够深入。工具应用一直是推进精益生产的重点内容之一，包括5S、TPM、目视化管理、拉动式生产、班组建设、标准作业、看板管理等。尽管各项工具在各子公司均进行了不同程度的应用，取得了初步成效，但需要通过持续的细化、深化和拓展，形成工作标准。一是工具应用还比较浅显和表面化，需要系统的标准支持。比如，5S不仅是对现场环境的改善，更深层次是改善现场存放的期量，加快制造周期，同时培养员工发现问题的能力和良好的行为习惯。还比如标准作业，我们只是进行了初步尝试，距离实现真正意义上的标准化作业和以标准作业为基础的改善还远远不够。二是精益生产工具的应用只在部分区域开展，需要尽快形成标准。主要原因是还没有总结形成可借鉴、可推广的标准。比如看板的管理，精益研发、价值流的分析应用，精益供应链、精益品质等尚未系统展开，较多集中在示范区（线）的试点开展和初步尝试，需要通过进一步细化和深化，形成标准进行拓展。三是部分精益工具应用没有突破性进展，还没有成熟的现场实践，没有形成标准化的制度和文件，如精益企业的理解和标准的探讨，供应链的模式探索等。

精益工作遇有着各种各样的困难和问题。如果用悲观的心态来对待，那么都是难题，都是迷茫；如果用客观的心态来对待，都不是什么劫难，都不是什么无解的死结；如果用乐观的心态来看待，这只不过是正常的变化过程而已，无需大惊小怪。

三、定位精益——形势与任务

按照“十二五”发展战略要求，我们修订完善了精益生产实施规划，提出了分阶段的实施策略。第一阶段（2009～2010年）：完成精益示范区运行，建设精益现场。第二阶段（2011～2012年）：完成精益生产全面推进工作，强化精益管理，建设精益工厂。第三阶段（2013～2015年）：完成精益战略体系构筑工作，建设精益企业。

2011年是“十二五”的开局之年，也是中国南车精益生产实施规划第二阶段的第一年。第二阶段该如何做？目标该如何定位？我围绕6个字与大家交流：责任、目标、路径。

——责任：就是通过实施精益生产提升软实力，这对中国南车“十二五”期间实现快速健康发展意义重大。在目前国际经济发展仍不稳定、中国经济宏观调控进一步加强的经济形势下，集团实现快速发展的机遇与风险并存。一方面，有良好的战略发展机遇。“十二五”期间，我国将坚持扩大内需战略，保持经济平稳较快发展，提出发展现代产业体系，提高核心竞争力，其中代表核心竞争力的七大战略性新兴产业所包括的节能环保、高端装备制造、新材料、新能源汽车等方面，均与中国南车的业务有密切联系，铁路重载货物运输方面的明确，带来了货车产品的技术升级，高速动车组、大功率机车、电动汽车、新材料等均属国家重点发展的产业，必将在国家扩大内需，实施“走出去”的战略中，得到有力支持。另一方面，南车的发展也面临着严峻的挑战。比如，如何转变经济增长方式，适应全球经济发展的结构性变化，增强抵御风险的能力？推行精益生产，就是要转变思维观念，通过减少浪费，增强企业应对市场的变化能力。我们还应该看到，南车在实现快速发展的过程中，积累的发展风险也会越来越大，如何保持可持续、稳健发展，越来越成为长远发展的大计。集团在做强做大目标指引下，如何在实施“走出去”的战略性步骤中保持持续健康的发展，是南车走向国际化必将面临的重大课题。

要提升管理，增强企业的内在软实力，提升企业的管理水平，向管理要效益，必须靠掌握一套行之有效的管理方法，才能够经得起国内外经济形势的严峻考验。因此，将精益生产作为提升管理水平的手段，不断运用精益的思想理念，学习丰田人抵御风险的能力，是公司保持持续、稳定的有效途径，3年来的工作成效也证明了选择精益生产平台的正确性。我们已经做出了以精益生产为主线提升企业管理水平的战略选择，这种选择要求我们必须致力于长期努力，专注于中国南车制造方式的升级和管理理念的突破，探索并建立具有中国南车特色的、兼顾发展速度、质量和效益的精益生产模式。大势不可逆转，信心决不能动摇。

——目标：锁定规划目标，实现精益管理新突破任重道远。精益管理是指精益理念由最初在生产系统的成功实践，逐步延伸到企业的各项管理业务，由最初的具体业务管理方法，上升为战略管理理念。它能够通过提高顾客满意度、降低成本、提高质量、加快流程速度和改善资本投入，使股东价值实现最大化。精益管理的内涵，是要求企业的各项活动都必须运用“精益思维”（Lean Thinking）。“精益思维”的核心就是以最小资源的投入创造出尽可能多的价值，为顾客提供新产品和及时的服务。实施规划中提出的要建立中国南车精益管理模式并稳定运行，就是要以精益生产为主线，促进品质、效率和效益全面提升，通过全面实施精益制造和系统开展精益研发、精益品质、精益供应链等精益管理工作，将精益生产向纵深发展，真正实现企业在为顾客提供满意的产品与服务的同时，把浪费降到最低程度的精益管理目标。要实现这些目标，还有许多工作要做。首先，要将精益生产进行拓展，真正将精益的管理理念和方法融入到日常工作中，形成日常工作就是精益化的模式，重点在于学精益、用精益、做精益，全面促进精益管理开展。其次，在加强精益生产成果的巩固和推广方面，对于我们尝试和实践应用取得良好成效的精益工具和管理方法，要做好总结分析，巩固成果，特别目前示范区（线）的建设。各子公司需要扩展示范区（线）的良好效应，持续建设示范区（线），加强精益示范区（线）的管理，坚持持续改善的工作原则，坚持精益生产只有开始没有结束的理念。再次，要总结提炼南车行之有效的精益生产工作方法和工作经验，总结提炼轨道交通装备行业实施精益管理的途径。就目前来看，各子公司均在不同层面，运用不同的工具方法全面有效开展了精益生产工作，同时，在各个阶段，各个企业均有不同的表现和特点，如何将实践经验转化为理论方法，提高到管理层面，形成机制和制度，并在集团公司内部进行推广，相互学习，相互促进，形成统一的管理标准，上升到“道”的层面，“形而上者为道，形而下者为器”，需要我们认真思考。

——路径：坚持工作原则、实施途径和实施方法，走有南车特色兼顾速度、质量和效益的精益之道。我概括为“6 个坚持”：一是坚持“五项原则”：总体规划、分步实施；对标世界一流企业；追求可衡量财务收益；持续改善重在基础；以人为本、全员参与。二是坚持“四项基础”：5S、TPM、改善提案、班组建设，夯实基础管理。三是坚持“三大目标”：品质、效率、效益，立足解决制约企业经营的瓶颈问题。四是坚持分阶段实施策略，扎扎实实，实事求是，不急躁，不懈怠，不搞运动，不走形式。五是坚持快速建设精益生产示范区（线）。六是坚持组织体系建设，包括集团和子公司两级工作组织、子公司交流分享机制、人才育成机制等。

四、展望精益——2011 年工作要点

2011 年精益生产工作思路是：以中国南车“十二五”发展战略为指导，以贯彻落实精益生产实施规划为主线，锁定三大目标：品质、效率、效益；夯实四项基础：5S、TPM、改善提案、班组建设；完善三大体系：精益生产工作及评价体系、精益生产示范区（线）建设体系、精益生产人才育成体系；抓实两层培训：精益专职、管理层；实现一个提升：精益现场向精益管理。

1. 以贯彻落实精益生产实施规划为主线，完善工作机制。

一要加强精益生产实施规划的贯彻落实。根据集团精益生产实施规划修订的情况，组织开展各子公司精益规划评审工作，形成规划实施的督导机制。各子公司要加强规划对标，确保阶段性工作目标的兑现。步伐缓慢的企业要加强学习和交流，采取针对性措施，力争实现集团工作一盘棋的格局。各子公司要着力解决内部不平衡、不统一的工作局面。

二要强化精益生产年度工作计划的制定和落实。各单位要制定年度工作计划，明确工作目标，完善工作措施。要继续完善精益生产评价考核机制，努力形成一套形之有效、稳定的工作方法。要继续加强月度工作动态报送。各企业要开展多种形式的专题会议，形成浓厚的工作氛围。集团要加强与子公司的沟通交流，及时掌握子公司工作动态。

三是继续加强精益生产工作机制建设。通过这几年的推进实施，很多企业做了很多工作，也取得了一定成效，但从目前反映的情况的看，问题依然突出，如部分员工和职能部门依旧停留在不研究、不积极的状态，语言上说要动，但行动迟缓，甚至还在应付；还存在内部职能协调困难、互推互扯等问题。这些问题必须通过继续强化精益生产工作机制建设来有效解决。各子公司要加强工作目标责任体系建设，通过高层领导分系统专题讲座，职能部室主导实施精益改善，精益方针目标展开等多种形式和方法，迅速扭转这种局面，形成全员参与、全面改善的工作局面。

四是继续加强职能部门的服务和支撑作用。职能部门既是精益现场成果巩固的重要支撑，更是精益管理工作的承担者，在精益生产工具在现场深入应用中非常关键，是将精益生产融入日常工作的重要保障。精益生产实施过程中，生产、质量、物流、供应链等环节已经成为影响精益生产系统运行的重要因素，是制约准时化、均衡化生产的重要原因，需要提升职能部门的服务意识、加强职能部门的“三现主义”。要通过培训和完善机制来加强职能部门参与精益生产的力

度，从整个流程上持续改善，做真精益，真做精益。

五是继续做好精益生产相关指标的管理。各单位要进一步细化考核指标的过程管理，提高管理的针对性和有效性。要加强对存货结构的分解，突出重点企业和重点环节的改进与管理。继续加大对大宗物资集采的工作力度，促进集采率的提高，要通过第三方物流配送和异地仓储，降低本单位库存成本。积极开展对标管理，优化代表产品的工艺标准定额，重点围绕工艺标准与流程、重要外购零部件价格开展对标，降低产品的制造成本。企业内部要适当增加一些体现过程改进的非财务指标，如产量指标、质量指标、单车定额消耗指标、单车定额工时指标等，反映精益生产改善情况。

2. 推进精益现场向精益管理提升，试点开展精益品质、精益供应链、精益物流、精益研发等工作。

一要做好精益生产成果的保持和巩固，形成可推广的管理标准。要不断完善工位制节拍化生产模式，形成南车的工位制节拍化生产组织方式。要突出工艺设计、生产组织等要素的研究。从近几年实践来看，工艺是基础是前提，工艺设计确定了定置、期量标准，才会有生产组织方式的改变，才能不断优化工位制节拍化拉动生产。要持续完善能够暴露异常问题的现场生产管理系统，把问题暴露出来，把人与人之间的关系转化为公开透明的团队行为。

二是稳步开展精益品质管理工作。精益品质工作要以“稳”字当先，不能急于求成，急于求效；要理解质量管理和品质管理的不同点，质量是自己对符合标准的要求，而品质是用户和下工序对产品和服务的一种感受。要从提高产品实物质量和提高产品过程质量控制两方面有序开展。产品的实物质量与顾客满意度息息相关，提高产品实物质量是提高顾客满意度的首要方法。加强产品制造过程的质量控制，一要全面认识“三检”制度，区分“三检”的不同作用和意义，明确“三检”不是重复性的浪费作业；二要引入5W1H和统计分析的工具方法，形成自我分析、自我改进、彻底解决问题的良好习惯，从发现问题中学习，从解决问题中提高，如班组质量问题统计表，质量月度信息通报等；三要积极推进质量管理的重心由事后整改向事中控制、事前预防的转变。

三是突破性开展精益供应链工作。要从解决实际问题做起，运用精益品质理念，加强供应商管理，如向下工序交付合格的产品，加强自检的力度，实施质量控制点前移等，全面提升供方产品质量保证能力。要有效保证供应商对供货计划的执行，包括供货时间，制造周期，生产能力的把握等。要加强供应商的培训和培育，使其按照主机厂的生产节拍进行定量定时配送、储运一体化配送、直送工位配送等。要组织制订南车供应链体系及标准，并组织实施。

四是大力推进精益物流建设。准时化的物流配送可以减少现场作业人员的等待浪费，增强生产组织的稳定性，从而提升生产作业效率。物流配送是制约各子公司生产组织变革的主要问题之一。物流配送的改善，一要加强物流配送方案的设计；二要推进物流配送看板管理的应用；三要积极实施物流人员的标准作业。

五是逐步开展精益研发工作。研发是产品质量保证的源头，做好精益研发，可直接见效于制造过程、成本控制等。精益研发要从标准化、模块化做起，加强国际标准的采用，保证产品性能的同时，要兼顾经济性，实用性。精益研发是改善的源头，如果说现场改善对品质、效率、效益提高是加法关系，工艺改进对品质、效率、效益提高是乘法关系，那么设计改进对品质、效率、效益的提高将是指数关系。

3. 牢牢抓住四项基础工作，持续提升基础管理水平。

一是持续夯实 5S 管理。要通过细化物料三定、目视化等内容，营造员工“5S 从心开始”的工作理念。要通过点检与班组内部自主管理相结合的方式，有效贯彻点检机制和评价标准，实现现场管理的规范化，提升班组、工段的基础管理水平，培养员工良好的工作习惯，在做实基础工作的同时，挖掘其深层次内在的涵义，控制生产在制品，创造有利于工作的现场，创建能够自主管理的生产组织系统。

二是持续推进 TPM 工作。要加强宣传，明确自主保全的意义和目的，建立自主保全体系。要建立各种点检、润滑、清扫、紧固的标准，并且目视化使全体员工掌握，提升操作人员发现问题的能力。要从设备的清扫、润滑、紧固、点检等基础改善抓起，充分发挥设备可动效率。要建立以班组（工区）为单位的 TPM 小组，开展主题改善活动，消灭微缺陷，并定期进行 OPL 教育。要做好计划性维护、保全技能提高、设备劣化改良等专业保全改善活动。

三是以打造精益班组为抓手，提高班组管理水平。班组是企业的细胞、各项工作的落脚点，没有班组的精益，企业的精益便是无源之水、无本之木。所以要全力将精益理念宣贯到班组，按照精益生产的要求，抓好班组基础管理、安全工作、生产管理、质量管理、现场管理、设备保全、班组核算等七大基本任务，切实打造精益班组。打造精益班组是一项系统工程，也是一项深入、持久的经常性工作，要建立健全精益班组建设与管理工作机制，将班组七大任务管理纳入相关绩效考核范围，使之向着目标明确、体系规范、管理科学、制度健全、运行有效的管理模式发展，以不断适应企业组织变动和企业提高精益管理水平对班组的要求；引导班组创新管理手段，努力实现目视化管理，积极开展改善活动，不断提高班组建设管理水平，以精益班组建设夯实企业精益化管理基础。

四是进一步夯实改善的基础工作。改善提案作为全员参与的一项活动，是营造精益企业氛围、创建精益企业文化必不可少的基础工具。要正确认识改善，改善是标准化到标准化的过程，改善的前提是标准化，唯有标准化才能持续改进。以一线员工为主，更好开展改善提案工作。特别要采取措施，激发职能部室如质量管理、采购、物流、研发等员工开展改善。要运用多种手段和方法，提升改善提案的数量和质量。

4. 继续抓好精益生产示范区（线）建设，努力实现精益生产示范区（线）的纵向深化和横向拓展。

一要加强示范区（线）建设的宣传。集团公司已经对一年来各子公司精益生产示范区（线）的建设情况进行评价，表扬优秀示范区（线），推介示范区（线）的工作经验，展示优秀的示范区（线），共享各子公司精益示范区（线）建设的工作总结。二要持续深化和细化示范区（线）建设的成果，通过僵化、固化、再优化，巩固成果，维护保持示范区（线）有效持久的运行。集团将定期对示范区（线）运营情况进行点检评价，重点考评其持续运行的效果。三要努力拓展示范区（线）建设的广度和深度。要拓展示范区（线）建设的面，以全面示范区（线）建设促进现场基础管理水平不断提升；要将示范区（线）建设迅速拓展到产业链的系统建设上，形成整个产业链的大节拍均衡高效生产方式，发挥整体综合拉动效益。要扩展示范区（线）的实施范围，将示范区（线）分别向上、下工序拓展，提出示范区（线）推广的工作计划，建设更多的示范区（线），最终形成整体的精益生产模式。四要进一步完善示范区（线）的评价标准。要结合集团公司示范区（线）评价的工作经验，总结成绩和存在问题，针对各子公司在示范区（线）建设上特点和差异，修订示范区（线）评价标准和方法，细化评价内容，保持示范区（线）评价的实效性，达到示范区（线）建设的阶段要求，并遵循精益“改善无止境”的思想进行持续推进。持续开展示范区（线）建设评价工作，形成持续改善的考核激励机制。

5. 继续做好培训和交流，努力培育精益人才和精益文化。

一要培养精益人才，引导员工加强改善和学习。首先是精益领导层的培养，持续组织子公司领导层赴日本进行精益研修，学习领悟丰田的生产方式和文化内涵；子公司可结合实际，组织精益专职人员及相关同志开展境外精益研修，拓宽视野，鼓励各子公司联合开展该项工作，集团起到信息传递、联络和组织的作用。其次是精益办人才培育，加强学习和人员交流。可让更多同志到精益办锻炼，同时，鼓励建立精益办人员走向其它工作岗位的轮换制度。再次是精益执行层人员的培育，中层管理人员的培养，车间主任的培养，基层班组长的培养，育成懂精益、做精益的中坚力量。二要加强精益生产内训师建设，深入开展精益培训工作。要组织好培训课件的系统整理，形成南车精益生产课件库。要组建一支具有专业水平的内部培训师队伍，通过组织推荐、课程试讲、课件制作等，形成初步的集团内训师队伍。三要组织内部工作交流，形成内部交流的工作机制。要加强基层车间主任的培训与交流，及时推广各子公司优秀的做法和成果。要组织好集中性培训，结合重点工作的开展，聘请有较高知名度的精益咨询专家、企业推进专家、子公司优秀的内训师和示范区（线）的负责人等，定期进行交流培训。四要加强精益文化的引领和宣传。精益生产方式要真正落根于企业，不仅仅是工具方法的应用，更为核心的是对精益生产文化的理解和贯彻。要做好改善提案的组织工作，创建改善的企业文化。要注重标准的统一性，体现南车的文化内涵，如现场管理、标准作业、目视化管理等。要把宣贯精益理念作为南车文化建设的重要内容，作好引领和宣传，发动全员参与，使精益理念成为南车企业文化的重要内容。要发挥党政工团的积极作用，形成党政工团齐抓共管精益生产的工作局面。

科学谋划 扎实工作
努力实现“十二五”奋斗目标

——副总裁、财务总监詹艳景在中国南车财务工作会议上的报告（摘要）

（2011 年 3 月 10 日）

2011 年是“十二五”开局之年，承上启下，认真做好“十一五”工作总结，科学谋划“十二五”，全力以赴完成 2011 年重点工作，对实现中国南车“十二五”宏图伟业具有重要历史意义。

一、“十一五”财务工作回顾

（一）经营业绩快速提升

五年的时间，集团销售收入从 2005 年末的 180 亿元快速增长到了 2010 年末的 670 亿元，实现了 30%的年平均增长速度，3 倍于 GDP 增速，出色地履行了央企的历史责任；盈利能力不断增强，净利润从 2.43 亿元增长到 32.94 亿元，收入利润率从 0.76%提高到了 5.65%，总资产报酬率从 1.53%增长到了 4.72%，各项主要指标均领先于同业主要竞争对手。

通过 5 年的努力，公司收入结构不断改善，2005 年轨道装备产品收入占 95.51%，非轨道装备产品收入占 4.49%；国家铁路收入占集团收入的 92.61%，地铁收入占总收入的 2.9%，海外收入占总收入的 6.45%。2010 年轨道装备产品收入占 79.45%，非轨道装备产品收入占 20.55%；国家铁路收入占集团收入的 57.6%，地铁收入占总收入的 11.08%，海外收入占总收入的 3.61%。2005 年一级子公司最高收入为 22.74 亿元，2010 年，四方股份、株机公司、株所等三家子公司超过了百亿元收入，四方股份和株机公司更是超过了 160 亿。

（二）国有资本控制力显著增强

“十一五”期间，集团总资产快速从 285 亿增长到 646 亿，国有资本权益从 70 亿增长到 193 亿。“十五”末，国有资本控制资本比例为 1:1.3，控制总资产比例为 1:3.7；到“十一五”末，国有资本控制力显著增强，国有资本控制资本比例为 1:2.1，控制总资产比例为 1:5.6。

“十一五”期间，公司努力探索实践产权结构的变革，通过改制重组上市，于 2008 年成功登陆上海证券交易所和香港联交所，搭建了境内外两个资本融资平台，筹集资本金 100 余亿元人民币，打开了制约公司发展的资本瓶颈。2010 年时代新材成功完成增发，募集资金 8 亿。2008 年时代电气在加拿大多伦多证券交易所成功收购 Dynex 公司，实现了国际资本市场的并购，通过并购实现了大踏步进入国际市场。2008 年上市之初，南车集团持有国有资本市值为 235 亿元，2010 年末达到 492 亿元，是“十五”末的 7.5 倍，实现了国有资本的增值。

（三）集团财务管控模式成功转型

“十一五”期间，集团财务管控模式成功实现了向集中管控和资源配置型的转变，实现了资金、预算、财务总监等财务管理三个核心要素的集团集中管控，实现了全部一级子公司和重点二级子公司的资金集中管理。集团战略引领下投资的集中管控，集团层级的全面预算管理和日常的协调制度，一级子公司财务总监的集中管理和委派制，财务管控模式的成功转型，为实现“十一五”战略目标发挥了重要作用。“十一五”期间，全面预算管理得到有效实施，预算管理完成了从单一财务预算向全面预算的成功升级。从集团总部到各级子公司，健全了制度，建立了组织体系。建立和完善了集团集中管控、上下协同、逐级负责的全面预算编制和日常监管调度运作模式。坚持月度全集团经营预算运转调度会制度，及时发现和解决问题。坚持滚动预算管理制度，及时根据形势变化修正预算，确保预算目标的实现。

（四）精细化成本管理扎实推进

在产品价格不断下调和原材料价格逐步上涨趋势下，各级子公司通过不断的产品创新，扎实精细化成本管理，确保了产品毛利率的稳定增长。各单位精细化成本管理坚持从产品研发设计源头抓起，株机公司、四方股份、浦镇公司、二七公司、眉山公司等主产品新造企业，制定设计成本目标；成都公司、四方有限、石家庄公司等检修企业，从分解确检就开始制定成本目标。各单位借助信息化手段，不断细化成本核算对象和责任主体，不断完善成本核算模式，有效地提高了成本核算的准确性和及时性。精细化成本管理不断在降成本上下功夫，通过改进设计、改进工艺来降低产品的设计成本和制造成本，通过集中招标采购降低采购成本，通过南车租赁公司集中采购的大宗原材料已达到全集团的5.17%，通过5年的不懈努力，百元收入成本费用从98.5元降到了94.8元。

（五）资金保障有力效益显著

“十一五”是中国南车成立以来发展最快的5年、收入增长最快的5年、投资最大的5年、资金需求最多的5年，集团公司以多渠道、低成本筹集资金保证了公司的稳健发展。建立了集中头寸、集中融资、内部调剂、限额留存的资金集中管理模式，实现了全部一级子公司和重点二级子公司的资金集中管理。通过充分利用内部集中资金解决了集团发展所需50%以上的资金需求，极大地降低了资金成本。通过集中管理，以规模优势，整合各种金融资源，广泛采用低成本融资方式，开出银行票据、发行短期融资券、发行中期票据、争取政策性低息贷款成为集团公司的主要融资方式。5年中，累计发行短期融资券和中期票据70亿元，开出无保证金银行承兑汇票近500亿，获得政策性贷款50亿，利用内部集中资金160亿，共计节约财务费用30多亿。随着海外业务的拓展，公司不断探索外汇管理方式，株机公司、株所等单位积极稳健尝试外汇避险操作，避免了汇率波动损失，获得了一定收益。电机公司针对主要原材料为有色金属以及有色金属价格波动较大的特点，积极探索利用有色金属期货市场锁定远期价格，降低采购成本，取得了很好的成效。

（六）会计基础工作水平大幅提升

南车快速发展的五年，也是公司建立和完善国际认同的规范化公司治理结构的五年，是主动接受严格监管快速提升财务会计基础管理的五年。2007年中国南车整体股份制改制伊始，各级子公司就按照现代企业制度要求，以先进公司为标杆，树立依法治企的理念，搭建公司制度体系，规范业务流程，搭建规范化的运营环境，为股份公司后续发展奠定了坚实的基础。对企业财务工作而言，股份制改造最大的变化就是适应会计制度不同体系的变化，以及监管部门严格的法规要求。为完成第一份股份公司年度报表的编制，面对沪港两地监管法规要求和国内、国际两种不同会计准则，南车财务人以极大的历史责任感勇敢地迎接挑战，克服重重困难，出色地完成了财务报告的编制任务。2010年，更是克服合并层级多、户数多、适用多地准则等困难，将半年报披露时间缩短11天、年报披露时间缩短1个月。不仅如此，报表质量也不断提高，在上交所各项信息披露评比中，屡获殊荣。制度建设和报表编制是会计基础工作的集中体现，南车财务人这两项基础工作都交出了圆满的答卷。财务信息化加快，财务与业务一体化依靠信息化手段的提升在“十一五”得以实现，各级子公司全部实现了从单一财务软件升级到ERP系统，并实现了全集团报表数据和资金、担保管理的纵向一体化，系统提供实时管理服务，极大地提高了财务工作效率。

（七）风险管控得到有效加强

财务工作始终把财务风险控制作为重中之重的工作来抓，不断优化改善资本结构和资产结构，做到资产负债长短期合理匹配，资产负债率有效控制在70%以内，有效地防范了财务风险。2007年，集团公司开始引入全面风险管理，将风险防范和控制从单一财务控制开始延伸到各项业务流程中，将风险管控扩展到公司业务的各环节。集团公司重组改制成立股份公司后，对集团总部及所有子公司进行了全面风险梳理，有针对性地补充、完善控制流程。针对业务发展需求，重点加强了担保风险管理，相继出台了担保及保函管理办法，建立了两级授权、多级审批的管理机制。针对上市公司监管要求，重点加强了关联交易规范化管理，建立了上限额度审批及预算管理机制，有效防范和化解违规风险。

（八）财会队伍素质得到全面提高

这几年能够从容应对各项挑战、全面完成“十一五”各项任务，很大程度上得益于我们有一支高素质的财会队伍。总部及各级子公司高度重视财会队伍素质的提高，通过脱产培训和岗位培养相结合，专业化培训和综合培训相结合，不断地在学习中、实践中锻炼人才、培养人才，财会队伍素质、结构得到了显著改善。拥有高级职称的占全体财务人员的 6.62%，拥有中级职称的占全体财务人员的 35.9%，有7人被提拔到总会计师岗位，22人被提拔到财务部长岗位，并有部分优秀财务骨干被输送到非财务领导岗位。

总结“十一五”，我们也还存在着许多不足。主要有：一是资产效率不高，总资产周转率、固定资产周转率和存货周转率等主要指标与国际先进企业存在差距，反映出我们投资与生产管理观念有待改变。占有资产过多不仅是浪费，也是风险，如何发挥公司整合资源能力，实现轻资产运作是大家需要考虑的课题。二企业效益参差不齐，发展不均衡，龙头企业快速发展与部分企业停滞不前形成了级差，有可能会影响到公司整体发展的可持续性，需要整体规划。三是随着海外市场的发展、进出口业务量的快速增长，外汇风险逐年加大，急需探索一条在目前政策环境下有效管理外汇风险的路子。四是财会队伍参与决策的意识和能力有待加强，个别单位人才流失严重。

二、科学谋划“十二五”，从“管理现在”迈向“引领未来”

进入“十二五”，经济总体趋势向好。美国等发达国家经济开始复苏，欧洲债务危机也得到了有效缓解，新兴经济体增长势头强劲，我国以调整经济结构、转变经济增长方式为主的发展模式依然处于高增长期，我们的核心产业轨道装备制造业、风电产业、电动汽车和复合材料等是国家“十二五”重点支持发展的产业。在低碳经济大背景下，高速铁路的发展正给全球交通运输业带来一场革命，许多国家开始着手发展高速铁路。

按照“十二五”铁路发展规划和各大城市地铁发展规划，动车组、地铁城轨、大功率机车、重载货车等高端轨道装备需求旺盛，前期投入市场的这些产品也陆续进入维修期。

我们也要清醒地认识到面临的挑战：一是未来几年全球通胀趋势明显，原材料价格上涨将是我们面临的主要难题；二是全球主要货币汇率波动加剧，人民币升值趋势显著，以外币计价的资产面临汇兑损失风险；三是铁道部以转变政府职能、转换铁路局经营机制为核心的改革正在展开，铁路局以突出市场主体地位、企业法人责任和提高经济效益为核心的改革正在深化，改革将对中国铁路发展带来积极深远的影响，也将对装备制造业带来机遇和挑战；四是南车的快速发展势必带来业务的快速扩张、资产的快速增长、子公司数量的快速增加，我们的财务资源、管理能力将面临挑战。

（一）财务战略目标

——*经营业绩快速增长*。到2015年实现销售收入1500亿元，净利润80亿元，净资产收益率达到12%以上，总资产收益率达到3.5%以上。

——*经营效率持续改进*。到2015年生产经营性总资产周转率达到1.1次，应收账款周转率达到6次，存货周转率达到4.5次，固定资产周转率达到4.5次。

——*合理适度控制风险水平*。资产负债率控制在70%以内，流动比率达到1.1次，速动比率达到0.7次，经营活动流入流出比超过1.1。

（二）财务战略措施

1. 创新盈利模式。深入开展产业链各环节的价值分析，加强产业链、价值链管理，通过技术创新、精益管理、提升品牌、整合资源，不断提高制造主业盈利能力的同时，创新盈利模式，推动产融结合，拓展盈利空间，持续提升南车盈利能力。统筹各子公司财税资源，系统筹划免、抵、减等税收优惠及纳税，实现公司税务协同，增加公司整体收益。统筹境内外财税资源，系统研究境内外税收、汇率、利率等政策差异，缜密筹划，内外、上下联动，实现境内外业务协同，增加收益。

2. 打造财务管控新模式。健全集分集合、逐级负责、整体高效、执行有力的运行机制。总部更多地是规划、计划全局性、前瞻性、政策性的工作和跨子企业的资源配置，如财务会计政策、系统性财务会计制度、预算管理、融资、投资管理以及一级子公司财务总监等重大财务事项。子公司则要重点做好本企业各项具体工作，如核算、成本控制、业务分析及过程控制等。研究各业务板块企业财务管控模式，建立一套具有南车特色、符合业务板块发展要求的可输出、可移植的业务板块财务管控模式，为公司扩张提供管理支撑。

3. 开展经济增加值管理。优化公司及各级子公司两个层面的资本结构，以风险适度为原则，优化有息负债和权益资本结构，降低综合资本成本。发挥资源杠杆效应，通过兼并、收购、联营等形式以较少的资源投入获取较大的经营规模和回报，提高资产收益和增值。固定资产投入以提高投资收益率为重要原则，并且要显著提高周转效率。最大限度减少存货，实现精益生产下的精益存货管理，存货周转率显著提高，优化资产占用，提高资产质量。

4. 加强全面预算管理。实现全面预算管理在资源配置、运营管理的全覆盖，实现总体预算与基层主体执行计划的有效衔接。以保障战略有效实施为目标，在对既有资源配置与战略目标匹配性进行科学评估的基础上，在各板块间、子公司间，合理、高效配置适用资源，调配存量资源，发挥资源最大效用。资源配置预算以实现经济增加值最大化为指导，与业务规划紧密结合，通过外包、租赁、联合体等多种形式，充分利用市场化资源，减少非核心业务资源投入。制定新业务准入毛利率标准，指导、规范新业务的开展、新产业的进入，尝试既有非核心业务的退出，保证整体经营目标的实现。

5. 完善精细化成本管理。建立覆盖主产品全生命周期的成本规划，优化产品研发、设计、制造、运用、检修、服务等各生命环节的成本分布，优化产品成本与价格关系。将预算目标、成本责任落实到每一项基础零部件、每一个直接责任主体，实现精细化成本管理与预算管理的无缝对接；实施产品成本的价、量分开管理，强化设计、工艺、制造等责任主体对物耗量的责任，强化采购、外包等部门对价格的责任，切实提高主产品毛利率。建立健全主产品零部件、组件、模块等标准部件的成本数据库，统一标准部件的标准成本，实现成本数据库的共享和主产品成本的模块化管理。提高成本管理的信息化水平，实现成本管理系统与产品研发、设计、工艺、制造、采购、物流、服务等系统的整合、协同，实现成本核算与产品生产进程同步。

6. 拓展融资平台。依据战略目标，科学分析资金需求，总体规划，综合平衡，制定阶段性融资计划和实施方案，为战略实施提供低成本资金保障。用好境内外两个融资管控平台，境内组建财务公司，成为人民币融资管控平台；境外以香港公司为外币融资管控平台，将融资平台与经营母体隔离，控制金融风险，通过香港公司，集中外币资金业务管理，降低汇率风险。积极探索项目融资，发挥资金杠杆作用，扩大公司合作领域。围绕战略目标，重点针对轨道交通装备产业、国家重点支持的新能源、低碳等战略性新兴产业，利用 A 股、H 股实施股票再融资，为企业快速发展提供资金支持。

7. 深化资本运作。根据公司发展战略对权益资本的需求，结合境内、境外两个资本市场的表现和公司投资项目，积极争取国有资本投入，适时开展资本市场再融资工作，并积极引进其它股权资本，合计资本性融资规模高于 200 亿元，保证公司战略所需资本规模。以资本运营重点项目为切入点，通过并购重组、培育新业务资源参与拟上市企业发起人投资、一级市场战略投资、PE 私募投资等多种资本运作方式，逐步积累投资性资产达到总资产的 10～20%，从而增强资产弹性，提高财务灵活性和安全性，实现财务类股权投资收益，成为生产经营的有效补充。研究资本市场投资产品，注重品牌资本价值，选择有规模和实力的专业投资机构建立合作联盟，共同研究和开发资本市场投资项目。统筹考虑南车集团实际控制权，借助委托机构，通过大宗交易平台，依托证券市场，开展股票市值管理，实现公司价值最大化。加快推进国际资本市场战略扩张，选择估值较低且与中国南车核心业务有较大关联的企业实施股权并购、重组，探索通过上下游产业链建立投资关系、银行等金融机构提供信贷支持的国内外企业联盟，提高中国南车国际影响力，快速扩张企业规模。

8. 深化财务信息管理。完善南车重大资金管控信息化平台。通过实时和历史数据的采集，提供方便快捷的图形化数据分析工具，提高信息共享平台在预算管理方面的应用。建立风险预警管理信息化平台，实现重要信息瓶颈点的自动预警，为公司各级领导和管理人员提供决策支持。推动财务系统与业务系统数据的高度集成，以信息化提升财务管理的精细化水平。实现财务与业务数据的高度共享和实时监控。建立健全财务管理信息化方面的制度、流程和控制标准，财务信息化基础管理工作实现流程化、规范化。

9. 加强风险管理。继续深化全面风险管理，以制度的落实和完善为重点，将全面风险管理贯穿各级子公司，提升公司整体风险管理控制水平。健全风险信息收集机制，建立风险信息数据库。继续开展定期风险辨识、评估工作。高度关注运营风险，加强担保、保函、金融衍生工具及关联交易的管理，通过制度落实、流程控制，规范操作，降低风险。加强汇率和利率监控，探索运用金融工具有效对冲、规避汇率及利率风险，减少损失，提高收益。加强股权投资监管，进一步完善股权监管的制度体系，防范股权投资风险，有效防范和规避境外项目运营的政治、税务、经济、法律、政策等风险。加强对财务管理、会计信息及其披露情况的审计监督，促进各项内部控制制度健全，执行有效，有效防范财务管理和控制风险。

三、扎实工作，全面完成 2011 年各项目标

（一）工作思路：以“十二五”发展战略为指导，全面贯彻中国南车工作会议精神，以实现全年经营目标为核心，重点抓好资金保障，深化财务精益管理，加强预算引领作用，积极稳健开展资本运营，进一步规范会计基础工作，加强队伍建设，增强发展后劲。

（二）主要任务：

1. 全力以赴确保经营目标。今年的收入目标是完成 820 亿元。各单位要紧密追踪市场变化，加强内部沟通协调，制定应对措施，及时拓宽产品市场，调整收入结构，确保年度收入预算的实现。同时要优化盈利结构，在原材料成本和资金成本不断上升的情况下，对外要积极争取好的销售价格，对内要挖潜增效，通过优化供应商降低零部件采购成本，提高主产品贡献毛利率水平。

2. 进一步深化财务管理的精益水平。要以精益理念抓好财务工作，将精益理念贯彻到每一个工作细节，进一步提升财务工作水平。年内财务精益要着力抓好四项工作：一是以“十二五”成为全球行业第一、进入全球五百强的目标为标准，搞一次对标。每个单位找出 5 项主要财务和成本费用指标进行全球对标，向行业最高水平看齐，制定逐年缩小差距的目标和措施。二是抓好精益成本费用管理，在精细化的基础上进一步向成本要效益，以提高产品贡献毛利率和降低百元收入管理费为目标，从产品性价比分析入手，平衡设计、采购、工艺制造、质量保证、售后维护等全流程各环节的成本投入，制定各环节的改善目标，实现持续改进。三是要实施精益投资。“十二五”末要实现总资产周转率 1.1 次和固定资产周转率 4.5 次的目标，我们要走的是一条资产轻量化、资产精益化发展之路，从现在开始就要把它作为重要目标去努力实现，不管更新改造还是新上项目，或是兼并收购，首先要对本单位既有资产、能力分析评估，对集团内资源能力利用情况了解分析，对社会可利用资源进行调研，能利旧的就利旧，能共享的就共享，能外包的就外包，原则上最大限度地降低新增固定资产投资。四是提高存货周转率，提高存货质量。精益制造的最直接体现就是存货周转率的提高。年内各单位存货周转率要在上年基础上提高 10%。

3. 进一步发挥预算管理的引领作用。今年目标增长幅度大，不确定因素多，做好预算管理尤显重要。今年要重点做好四方面的预算工作：一是要进一步优化完善预算管理运行机制，提高集团整体的快速反应和快速联动速度。纳入预算管理的户数多，合并汇总层级多，单户规模越来越大，牵一发而动全身，任何一单户的重要变化都要求以最快的速度反映到集团总部，以便评估对整体的影响，做出应对措施。二是要进一步做好滚动预算，滚动预算的过程就是采取措施、消化问题、保目标的过程，滚动预算要有市场、

采购、研发、生产等部门的积极参与，要有预见性，要有必要的准确性。三是要进一步扩大预算覆盖范围,发挥预算协调平衡作用。从预算主体上不能留空白，要将现金流、投资等纳入预算，尤其是投资预算，不但要管投资总量，还要平衡新增投资与既有能力、产品的关系,一定要落实资金来源才能开工,预算要体现前瞻作用和引导作用，要引导投资投向有效益的项目。四是严格规范预算的控制作用，严格预算运作，严格执行预算各项要求和规定，坚决杜绝无预算和任意调整预算的行为，预算措施要落实。

4. 进一步提升资金管理水平。今年以来，央行连续上调存款准备金率和人民币存贷款利率，并采取了更为严格的信贷额度控制，各金融机构资金异常紧张，放贷额度非常有限。受此影响，大多数企业资金严重吃紧，特别是以债务融资为主要资金来源的铁路相关行业更加明显，业主融资受限，制造企业货款回笼受到严重影响。面对严峻的形势，要采取积极措施，确保公司运营顺畅。一要认真跟踪、研判当前金融形势，充分评估资金紧缩对公司生产经营带来的影响，牢固树立现金为王的理念，制定应对预案；二要加强现金流管理，按照量入为出的原则编制资金计划，力求计划的准确性，严格落实计划的执行；三要坚持资金调度会机制，资金供应部门、资金需求部门和生产调度部门充分沟通协调，按照轻重缓急协调配置资金，保证生产经营和投资的正常开展；四要密切关注上下游企业的资金风险，积极应对；五要进一步加大货款回收工作力度，把货款回收工作摆在今年各项工作的重中之重来抓，特别是以路外市场为主的单位，更要以历史的最高强度来抓；六要严格控制资金流出，根据资金和市场形势调整付款节奏，有保、有压、有限、有停，优先安排集团内的支付，资金相对充裕的单位更是要站在集团大局的高度严格管理现金支付；七要在支付方式上合理配置现金和票据支付结构，在降低资金成本的同时，充分考虑未来的兑付能力，保证资金安全。

今年全集团预计进口采购额将达 100 亿人民币，出口收汇将达 65 亿人民币，按目前外汇监管政策，我们能够实现收付汇对冲的超不过 10%，能够实现同币种对冲的更是微乎其微，超过 90%的收付汇都要通过银行结售汇完成。同时，面对境内人民币融资成本高、额度有限的现实形势，人民币有着强烈的升值预期。要充分利用香港外汇资金相对充裕、融资成本低的比较优势，节约财务费用，降低人民币融资压力。要先把部分外币支付集中起来，各单位要积极与外管、海关沟通，及时有预见性地解决资金问题。

5. 积极稳健开展资本运营。根据中国南车“十二五”发展战略，“十二五”期间，中国南车资本性融资规模将高于 200 亿元，逐步积累投资性资产达到总资产的 10-20%。因此，要以资本融资、并购重组、股权投资为重点，开展好资本运作工作。资本融资方面，要组织完成中国南车 A 股增发融资不低于 80 亿元，时代电气 H 股增发融资 15-20 亿元，累计资本融资超过 100 亿元。为确保集团控股比例不稀释，集团公司要参与南车 A 股增发，必须多渠道筹集资金，尤其是密切跟踪国有资本投入 20 亿元的资金下拨。并购重组方面，要力争在国际并购方面有所突破。股权投资方面，要积极利用好集团投资管理公司这个资本平台，论证并完成设立基金管理公司和发起设立股权投资基金，开展市场化、专业化、利益共享的运作机制，充分调动龙头企业在供应链体系中挖掘优质供应商。

6. 进一步规范会计基础工作。一是要巩固 2010 年缩短财务报告周期所取得的成绩。要进一步深化缩短财务报告对各项工作的推动作用，不仅能体现在财务报表编制相关环节，要通过改进管理水平来缩短业务周期，形成从业务到报表输出全链条的改进，形成稳固的基础，达到常态化。二是要以落实整改监事会专项检查问题作为契机，全面提升会计基础工作，坚决杜绝制度规定明确的各种会计错误行为，尤其是要彻底消灭小金库。要从制度上、业务流程上堵住产生小金库的薄弱环节，疏导规范业务部门的需求。要从思想上、意识上铲除小金库的概念。要重点规范工资奖金的二次分配方式和采购招标、市场投标等过程各项经费的使用管理，该列预算的要列预算，坚决不能坐支。三是要进一步完善制度，要将“三重一大”的大额资金管理落地，因地制宜地落实到具体操作中，规范大额费用支付审批流程，做到有可操作性制度、有流程，促进经营的健康发展。四是要进一步提高信息化手段，建设内部关联方对账网络平台。

7. 进一步完善内控和风险管理。今年是内控年，公司上市之初着力建立了较完善的法人治理结构，完善了制度体系和风险控制机制，进入“十二五”，又是一个高速增长期，各项业务量均有较大增长，新业务也不断出现，需要不断地完善和加强内部控制来应对新的变化。要充分发挥财务的监督作用。一是要加强在资产重组和资本运营中的内部控制。二是要建立和完善新设子公司的内部控制配套管理工作。这几年与各地方政府合作新设子公司的速度是前所未有的，而且是各层级子公司同步进行，今年还将持续，内控和监督要从决策阶段就要开始介入，直至公司设立，这一阶段的责任主体是投资方，公司设立后作为大股东、控股方要协助、指导其建立完备的内控制度和体系，公司设立之日就是内控到位之时。三是要加强固定资产投资的内控和监督，从方案设计、决策流程、工程预算、物资设备采购、验工计价、资金付款等各环节加强内部控制，不能用事后审计代替过程控制，控制关口要前移，至少要同步。四是加强海外业务的内部控制，对海外市场业务的风险管控显得更为复杂，国家风险、经济风险、金融风险、自然灾害等众多风险错综复杂。我们目前的海外业务依然以产品出口为主，风险控制重点主要集中在对方合同的履行能力、保函风险、货款回收风险以及汇率风险等方面，单靠哪一个部门来控制是不现实的，需要专业化部门共同分担，必要时还要聘请专家中介或风险外包。

8. 进一步加强队伍建设增强发展后劲。工作在各个财会岗位上的业务骨干是我们事业的脊梁，是我们取得今天成绩的核心力量，是不可多得的优秀人才。在财会队伍建设方面要突出做好四件事：一是要在普遍提高基本业务能力基础上，进一步提高专业技能，培养某一专业领域的专家。每家一级子公司都要在成本、预算、决算、资金、内控等主要领域上至少培养一名专家级人才，发挥带头人作用。二是要进一步培养业务骨干的综合业务能力，要在专才的基础上培养通才，提高跨专业、跨组织的协调沟通能力，要成为懂业务、懂管理、懂财务的复合型人才。三是要加强后备干部的培养和锻炼，提拔重用年轻人，形成梯队，要后继有人。四是龙头企业要采取培养与引进相结合的方式，着力打造国际化财会人才，要为开展国际业务和企业走出去做好人才储备。

以文化建设为核心　努力控制企业风险

——党委副书记、纪委书记、工会主席陈大洋
在2011中国南车高峰论坛上的演讲（摘要）

（2011年9月27日）

市场经济条件下，企业作为竞争主体，与竞争对手之间呈现越来越明显的“同质化”趋势，硬件已经不相上下，真正能够拉开差距的是软件，也就是软实力。软实力的内涵很丰富，文化、品牌和风险控制能力，都是其中的重要方面。良好的企业文化能够铸就过硬的企业品牌，过硬的企业品牌能够有效抵御危机。企业在实现目标的道路上，机遇与风险并存。始终能保持竞争力的企业，是那些拥有良好的内部控制机制与风险防范的企业。南车上市以后，在文化、品牌建设和风险管理上开展了大量实践，在不断发现问题、研究问题、解决问题的过程中，有经验，有思考，有成效，也有不足。

一、回顾总结内控成绩，明确目标防范风险

风险控制在南车开展的时间并不长。2008年南车上市以后，从基础的内部控制和风险管理环节入手，健全了机构，明确了职责，逐步建立了风险管控体系，取得了初步成效。

——内部审计、内部控制和风险管理三项职能实现融合。公司将这三项职能放在审计和风险部，使这三项互相关联的职能互相辅助，互相融合。其中，内部控制以风险为出发点，风险管理以内控措施作为落脚点，内部审计以风险为导向，以内控测试为主线。三项职能互相促进，发挥了显著成效。

——搭建了内控和风险管理组织架构。公司成立了以董事会为核心，以审计与风险管理委员会为监督，以总裁负责实施的内控、风险管理组织构架，并在公司建立了若干个风险管理小组、审计和风险部负责具体的内部控制和风险管理业务。各子公司也搭建起了自己的内控和风险管理机构，并配备了专业人员开展工作。

——完善了制度体系。2008年以来，公司陆续搭建了内部审计、风险管理和内部控制三大制度体系，编制了《内部审计制度手册》、《风险管理手册》、《内部控制手册》和《内部控制评价手册》四本手册，并根据南车实际情况制定了《南车内控指引》，现已发布第1号—招议标和第2号—供应链。这些制度、手册、指引和模板构成了南车内控和风险管理制度体系，为开展这项工作奠定了坚实的制度基础。

公司开展内控和风险管理工作3年来，取得了初步成效。株机公司的内控体系构建、浦镇公司的项目风险管理，都取得了理想的效果，有效地控制了企业的风险。他们将风险管理运用到项目管理中的经验很有代表性。南车内部控制制度进一步健全，内部控制缺陷率连续3年保持在3%以下的较低水平，处于整体内控较为健全的水平。公司内控建设还得到了国资委、证监会等监管机构

的认可和高度评价，今年 8 月，在证监会公布的上市公司内控指数排名中，中国南车以总分 968.28 的得分入选所有 2105 家上市公司内部控制排名前十强，综合排名名列第 7 位，在机械设备仪表行业类排名列第 1 位。这是对中国南车内控和风险管理工作的认可。

2011 年是南车进行内部控制推广建设的一年，内控建设是公司 2011 年度管理中的一项重要任务。集团公司决定将株机公司作为内控推广工作的试点单位，总结提炼了工作经验，为在其他单位顺利推广奠定了基础。

二、整合业务打造品牌，强化管理控制风险

中国南车近年来品牌影响力大增，树立起了善于创新、勇于改革、富有责任感的公众形象。这背后，文化与品牌建设发挥了巨大的作用。株洲所的文化整合、浦镇公司的文化管理、四方股份公司的品牌传播都给了我们很好的启示。

按照集团“十二五”战略，多业务、跨区域的扩张和重组是必然的，这就涉及到不同文化与品牌的整合。株洲所的经验提示我们，业务整合的成败在文化，文化整合的关键在策划与执行。整合工作的策划，一定要有通盘考虑：一是整合的目标，要注重战略协同；二是整合的策略，要具体情况具体分析；三是整合的内容，要追求文化共性、尊重文化个性；四是整合的方式，要融入制度和行为。

——要统一品牌管理。要在倡导统一的核心价值观的基础上，进一步完善统一品牌管理，维护统一品牌管理，将企业文化与品牌管理纳入整体管理体系，实现规范化、常态化。

——要大力推进“品牌全员化”。按照集团整体部署，完善 BI（行为识别）系统，建立知行合一的品牌行为规范，实现品牌的内化于心、外化于行，形成人人建品牌，人人成为品牌形象大使的良好局面。

——要加大品牌整合传播力度，积极推进“品牌国际化”。通过新闻宣传、公关活动、展览展会等各种方式，不断强化中国南车的“领跑者”形象，使中国南车的综合实力与话语权匹配起来、南车产品的功能价值与情感价值匹配起来、企业强烈的发展欲望和责任意识与对社会公众的影响力和感召力匹配起来。

——要加强对新课题的研究和实践探索。包括企业重组并购中的文化整合问题、新产业和新市场的品牌推广问题、品牌价值的评估与提升问题、品牌风险防范问题等等。

文化管理是企业管理的高境界、高层次。浦镇公司抓住“责任”这一中国南车文化核心，做到五个结合，最值得肯定的是将科学管理与文化管理结合起来。浦镇公司的实践提示我们，文化不是简单的喊口号，而要将价值取向、经营理念、行为准则真正渗透到关键管理环节，才能真正成就企业发展。四方股份公司为中国南车品牌传播所做的贡献，大家有目共睹，并得到了公认。他们之所以能取得这样的成绩，关键在于抓住了品牌建设的本质，抓住了品牌传播的“道”与“术”。品牌传播之“道”是什么？就是要注重品牌的本质——品质、实力、商誉。品牌传播的“术”是什么？就是策略、渠道、方法的整合。二者结合起来才能真正叫响品牌，创出名牌。

必须注意的是，整合的关键要看执行，要贯彻始终，要抓住“人”这一关键因素，要与制度的设计和行为模式的倡导紧密结合。

三、提高品牌风险意识，做好品牌危机公关

品牌风险对企业的影响是巨大的、不可估量的，我们必须高度重视品牌的风险管理，控制好企业风险。从2009以来，我们开始系统建设“中国南车”统一品牌，经过9万名员工的共同努力，“中国南车”品牌的知名度和美誉度在短时间内得到了大幅度提升，但品牌风险也随之而来。“7.23”危机事件告诉我们，舆论风险是我们当前面临的主要品牌风险。面对重大品牌危机事件，尽管我们多方努力，力图将减少危机影响，但与理想预期仍有差距。这个差距是我们今后工作的改进空间。具体说来，就是要做好以下工作。

1. 提升危机意识。特别是各级管理人员要对品牌危机有专业认识，要懂得处理公共关系的恰当方法。

2. 规范应急工作机制。应急处理是一种跨部门的联合行动。今后要重点解决两个问题：一是规范危机处理的组织机构和处理程序。危机发生时，至少要有一名公司级领导牵头危机处理，及时进行危机识别，制订应对策略。二是建立信息沟通渠道，健全信息沟通机制。包括总部部门间的横向沟通和总部与子公司之间的纵向沟通。

3. 掌握正确的危机应对策略和方法。要遵循危机处理的一般原则和规律，做到态度明确、反应迅速、直面问题、沟通积极、引导有力。要提炼形成一套有效的实操方法和工具，树立负责任、有担当的大企业形象。

4. 重视新媒体。进入微博时代，预防、预警、疏导的意义远大于应对。除了要加强监测外，还要善于根据新媒体受众的特点与喜好进行信息发布和舆论引导。要发展自己的新媒体舆论阵地，利用新媒体搭建舆论沟通新渠道。要建立南车“网军”，主动掌握话语权。

5. 善用外部资源。危机应对是一种非常态下的公众沟通和资源综合运用，应对的“资本”要靠日常积累，功夫要下在平时。一方面平时的媒体公关要执行到位，另一方面要保持与政府相关部门的联系沟通，争取他们的理解支持。此外，还要团结一批对我友好的行业专家、法律专家、财经专家，关键时刻能够说得上话，出得了力。

6. 维护企业稳定。任何时候，稳定是基础。企业稳定了，才能发展，也才有处理危机的余力。特别在统一品牌情况下，一个局部的不稳定可能影响到整个品牌维护的大局。目前中国南车受行业影响，经营发展面临挑战，在这种情况下，更要绷紧维稳这根弦，及时掌握员工思想动态，发挥党政工团合力，消除不稳定因素。

四、营造企业风险文化，强化内控降低风险

伴随着中国铁路建设政策的调整，以及国内外宏观经济严峻形势加剧，未来几年南车面临的风险因素将会增加，有产品订单的风险、产品质量的风险、资金回笼的风险、投资回报的风险、企业品牌的风险，等等。但是，我们也要看到，任何事物总是具有两面性，风险同时孕育着“危”与“机”。对于竞争对手和整个行业而言，风险都是相同的，不同的是应对风险的态度和措施。因此，只要应对得当，也可能从风险中找出企业发展的机遇。同时，要树立一种对风险管理的正确理念，即“风险管理不是回避一切风险，而是对风险进行有效管理”，要树立一种积极的“风险观”，以一种积极的心态去面对消极的风险，这是进行有效风险管理的前提。

1. 规范制度是提高风险管控能力的基础。在这方面，台塑的管理经验尤其值得我们学习和借鉴。他们的管理经验其实很简单，归纳起来就三句话：“制度流程化、流程表单化、表单信息化”。这三句话其实是制度建设的三重境界。首先，要将制度变成可行

的流程，要让制度“活动”起来；其次，要让制度演变成一个个具体的可见的“表单”，让制度履行过程变成一种填表打勾的具体行为；最后，也是最难的，就是要将这些表单植入到信息系统中，要让系统来自动进行控制，这才是内控的最高境界。我们可以比较一下，我们的公司处于哪个层次。我们的内控工作要朝着这样一条路径努力迈进。

2. 内控和风险评估是核心工具。内控和风险工作离不开各种评估工具。公司每年都要进行例行的年度风险评估和年度内控评估，这就相当于每年为身体做的“体检”。这样的体检能确保及时发现身体的变化，查找疾病的根源，从而排除隐患，确保身体的健康。我们应该看到，我们的评估在内容的深度和广度上还要加强，在评估的方法上还需要不断创新。只有查得深，查得透，才能做出正确的判断。

3. 建立风险信息管理系统。公司已具备相当规模的信息化手段，风险管理和内控工作需要收集、整理和分析各种信息。这就要求公司要有一个管理风险和内控信息的渠道。风险人员可以从这个渠道获取各种宏观、微观信息，通过设置风险指标，对企业各种运营数据进行分析，及时预警报告，就能使风险管理和内控工作做到信息化和自动化。这是风险管理和内控管理的发展趋势。

4. 正确定位内控和风险管理。内控和风险管理要为企业决策服务，要当好企业决策者的参谋。具体来说，要做好以下几件事：一是要收集好各种风险信息，为内控和风险管理做好信息准备；二是要及时评估企业运营发展和各项决策的潜在风险；三是要能够捕捉到企业的重大风险，并及时反馈；四是要做到日常监控，随时监控企业的运转状况，发出预警，做好风险应对。

中国南车的企业文化内核是“责任”，内控和风险管理秉持的根本也是“责任”。当我们投身于中国南车战略发展的宏大历史进程中，当我们全心全意为世界级的中国南车贡献力量时，在激情满怀的同时，更要用理性务实的行动，来诠释“责任”、担当“责任”。要用文化的力量、品牌的力量、管理的力量、团队的力量，用软实力的全面提升，助推中国南车“十二五”战略蓝图的全面实现。

大事记

2011年大事记

2011年大事记

1 月

9 日 中国南车获第六届中国企业社会责任国际论坛“2010最具责任感企业”。

13 日 股份公司总裁郑昌泓在南宁会见广西壮族自治区主席马飚。广西壮族自治区副主席杨道喜、林念修，铁道部运输局副局长兼装备部主任陈伯施、南宁铁路局局长张千里，股份公司副总裁傅建国参加会见。

14 日 中共中央、国务院在北京举行国家科学技术奖励大会。株洲所“特大功率电力电子器件技术研发及推广应用”和“大型企业综合电气节能关键技术及应用”两个项目荣获国家科学技术进步二等奖。

16 日 中国南车荣获“2010年度最具影响力企业”称号。

21～22 日 中国南车安全生产工作会议在株洲召开。

24 日 广州电力机车有限公司召开创立大会并正式运营。该公司由中国南车、广州铁路（集团）公司和广州交通投资集团有限公司共同出资设立，为中国南车一级子公司。

26 日 中国南车与常州市政府在公司总部签订战略合作框架协议。

27 日 中国南车宁波产业基地投资建设签约与揭牌暨宁波轨道交通1号线一期工程车辆采购合同签约仪式在宁波举行。

30 日 股份公司董事长赵小刚在长沙会见湖南省委书记周强。双方就下一步投资合作事宜进行沟通。

1 月 由中国南车制造的40列和谐号CRH380A新一代高速动车组在沪杭、沪宁、武广高铁投入运营，以高速度、高安全、高可靠、高节能的优势赢得赞誉。

1 月 全国企业管理现代化创新成果审定委员会发布第十七届国家级管理现代化创新成果，中国南车《大型轨道交通装备企业打造核心竞争力的战略决策与实施》荣获一等奖，四方股份公司《轨道交通装备制造企业节拍化拉动式精益生产管理》荣获二等奖。

2 月

16 日 股份公司董事长赵小刚在公司总部会见汇丰环球银行常务总监 Russell Julius。

17 日 中央电视台《新闻联播》栏目播出“十一五”回顾栏目湖南专题，介绍株机公司、株洲所提升自主创新能力的先进事迹。

18 日 股份公司董事长赵小刚在总部会见GE副董事长兼GE全球（海外）市场CEO John Rice，双方就加快开拓美国高铁市场达成共识。股份公司副总裁张军、GE中国区总裁兼CEO Mark Norbom参加会见。

18 日 四方股份公司在“中国高速列车关键技术研究以及装备研制”中成绩突出，荣获“十一五”国家科技计划执行优秀团队奖。

21～22 日 中国南车货车工作座谈会在武汉召开。

22 日 中共中央政策研究室在中南海召开“加快发展我国装备制造业”座谈会。股份公司董事长赵小刚应邀出席会议并发表讲话。

25～26 日 中国南车首次人才工作会在北京召开，会上正式发布中国南车《“十二五”万名核心人才队伍建设实施纲要》。

2 月 四方股份公司被国家科技部正式批准建设国家高速动车组总成工程技术研究中心，成为国家轨道交通装备制造领域内唯一拥有高速动车组工程研究中心的企业。

3 月

1～2 日 中国南车反腐倡廉建设工作会议在南京召开。

3 日 四方股份公司研制的 CRH400A 高速综合检测车正式下线。

4 日 股份公司总裁郑昌泓陪同铁道部部长盛光祖会见美国通用电气公司副董事长莱斯。

7 日 由中国南车、广西玉柴机器集团、四川南骏汽车集团共同出资组建的南车玉柴四川发动机股份有限公司在北京举行揭牌仪式。股份公司总裁郑昌泓出席揭牌仪式并致辞。

10～11 日 中国南车精益生产工作会议在四方股份公司召开。

10～11 日 中国南车 2011 年度财务工作会议在武汉召开。

11 日 中国南车与宝山钢铁股份有限公司在公司总部签订战略合作框架协议。

14 日 广东省委、省政府在北京钓鱼台国宾馆举行“广东省与中央企业战略合作座谈会暨签约仪式”。股份公司董事长赵小刚、总裁郑昌泓出席座谈会和签约仪式。股份公司董事长赵小刚还与深圳市市长许勤签订《深圳市人民政府与中国南车股份有限公司合作协议书》。

21 日 中共中央政治局常委、中央书记处书记、国家副主席习近平到株机公司、株洲所视察。

26 日 由中国企业联合会、国资委、工信部主办的 2011 年全国企业管理创新大会在钓鱼台国宾馆召开。中国企业联合会会长、中国企业家协会会长王忠禹，国务院国资委会副主任邵宁，工信部总工程师朱宏任，以及 600 位企业家出席大会。中国南车《大型轨道交通装备企业打造核心竞争力的战略决策与实施》荣获第十七届国家级管理现代化创新成果一等奖，四方股份公司《轨道交通装备制造企业节拍化拉动式精益生产管理》荣获二等奖。股份公司董事长赵小刚作为公司创新成果企业的主要领导人应邀参会并作主题演讲。

31 日 中国南车在湖北襄阳举行襄樊牵引电机有限公司资产重组签约仪式。

3 月 国家体育总局表彰 2010 年全民健身活动优秀组织单位，中国南车荣获“全国全民健身活动优秀组织奖”称号。

4 月

1 日 股份公司总裁郑昌泓在长沙会见湖南省委书记周强，并出席中国南车与张家界市政府、中国中铁股份有限公司、湖南省铁路投资集团有限公司共同签署张家界中低速磁悬浮项目合作意向书的签约仪式。

2 日 中国南车与石家庄市政府签署战略合作框架协议。

6 日 “2010 中国 CFO 年度人物颁奖典礼暨第七届中国 CFO 高峰论坛”在北京举办。股份公司副总裁、财务总监詹艳景荣获“2010 年中国 CFO 年度人物”称号。

7 日 股份公司总裁郑昌泓在公司总部会见庞巴迪运输集团总裁那瓦利。

7～8 日 中国南车科技大会在北京召开。

10 日 株机公司获得广州市 1、2、3、8 号线 4 条线路近 26 亿元地铁车辆订单。

11 日 国务院国资委主任王勇到中国南车视察。集团公司总经理赵小刚、党委书记郑昌泓分别汇报了中国南车基本情况、2011 年经营情况和惩防体系建设情况。

12 日 中国南车工会在北京召开二届十一次全委（扩大）会暨工会目标管理推进会。

14～15 日 中国南车在香港举办 2010 年度企业推介会。

19 日 股份公司总裁郑昌泓在公司总部会见法国劳尔公司总裁 Robert LORH。

19 日　中国南车与中国节能环保集团签署战略合作框架协议。

20 日　“2010 中国轨道交通创新力企业 TOP50（RT TOP50）”评价活动榜单发布暨颁奖典礼在北京举行。中国南车荣登 2010 中国轨道交通创新力企业 TOP50 榜，股份公司总裁郑昌泓荣获 2010 轨道交通行业最具创新力十大人物奖，中国南车制造的 CRH380A 高速动车组荣获 2010 轨道交通行业十大创新产品奖。

21 日　中国南车创先争优活动交流推进会在河南洛阳召开。

22 日　中国南车物资与供应链管理座谈会在北京召开。

25 日　株洲南车时代电气、美国西屋制动公司在美国宾夕法尼亚州签约合作制动系统项目。约定共同投资 4600 万人民币，在湖南长沙注册成立湖南南车西屋轨道交通技术有限公司，从事城市轨道交通车辆制动系统的应用工程、开发、生产、销售、售后服务及整修服务。

25 日　中国南车与马鞍山钢铁股份有限公司签署战略合作框架协议。

26 日　股份公司召开 2011 年第一次临时股东大会，选举产生第二届董事会成员、监事会成员。赵小刚、郑昌泓、唐克林、刘化龙为公司执行董事，赵吉斌、杨育中、陈永宽、戴德明、蔡大维为独立董事，王研、孙克为公司第二届监事会股东代表监事。根据选举结果，股份公司召开第二届董事会第一次、二次会议和第二届监事会第一次会议，选举赵小刚为董事长、郑昌泓为副董事长、王研为监事会主席，聘任郑昌泓为总裁，唐克林、张军、傅建国为副总裁，詹艳景为副总裁、财务总监，聘任邵仁强为公司董事会秘书，刘化龙、王佳欣为公司授权代表。

4 月　中国南车总经理赵小刚入选《财富》杂志中文版“2011 年中国最具影响力的商界领袖”榜单。

4 月　《福布斯》发布“2011 全球上市公司 2000 强”，中国南车居 1148 位。

5　月

7 日　中共中央政治局常委、中央纪委书记贺国强到株机公司视察。

7 日　“中国上市公司董事会金圆桌论坛暨第七届金圆桌奖”在北京颁奖。中国南车获“优秀董事会”奖，股份公司董事会秘书邵仁强获“最具创新力董秘”。

9 日　中共中央政治局委员、广东省委书记汪洋率领省委、省政府、省人大、省政协有关领导视察广东南车轨道交通车辆有限公司建设现场。

10 日　股份公司董事长赵小刚应邀参加在美国华盛顿布莱尔国宾馆举行的第三轮中美战略与经济对话“两国元首代表共见企业家活动”，并作为轨道交通装备制造领军企业负责人发言。中国国务院副总理王岐山、国务委员戴秉国和美国国务卿希拉里、财长盖特纳共同会见中美双方 12 位企业家。

10 日　全国职业技能鉴定工作座谈会在上海召开。中国南车作为唯一的中央企业代表在会上做主题发言。

19 日　股份公司董事长赵小刚、重庆市副市长童小平分别代表中国南车、重庆市政府在重庆签订双方战略合作框架协议。

20 日　全国政协副主席、科技部部长万钢添乘四方股份公司研制的 CRH380AL 新一代高速动车组，视察京沪高铁试运行工作。铁道部副部长卢春房，股份公司董事长赵小刚陪同视察。

22 日　第三届中日韩工商峰会在日本东京举办。中国国务院总理温家宝、日本首相菅直人和韩国总统李明博出席峰会并发表演讲。股份公司副总裁张军应邀参加峰会。

23～26 日　中国工程院院士、铁道部原部长、全国人大财经委员会主任委员傅志寰到株机公司、株洲所、电机公司、浦镇公司、戚墅堰公司、戚墅堰所、四方股份公司、四方有限公司考察。股份公司董事长赵小刚、总裁郑昌泓、副总裁张军分别陪同考察。

24 日 中国南车与金隅股份在北京签署战略合作协议。

24 日 股份公司总裁郑昌泓在公司总部会见美国西屋制动（集团）公司总裁兼首席执行官艾尔·纽帕瓦尔。

25 日 中国首条 8 英寸大功率 IGBT 芯片生产线项目在株洲所启动。项目设计年产 8 英寸芯片 12 万片、IGBT 模块 100 万只。

25 日 南车电气技术与材料工程研究院在株洲所成立。

28 日 股份公司董事长赵小刚应邀出席在韩国济洲岛举办的第六届济洲论坛并发表演讲。

30 日 股份公司在北京召开 2010 年度股东大会。

5 月 中国南车被国资委评为“十一五”节能减排优秀企业。

5 月 2010 年中国南车发行的“10 南车 MTN1”三年期中期票据荣获第五届新财富最佳债券项目第一名。

6 月

3 日 股份公司董事长赵小刚在广东江门会见香港特别行政区行政长官曾荫权。

9 日 中国南车战略和发展工作会议在青岛召开。

9～10 日 中国南车培训工作会议在长沙召开。

10～11 日 中国南车维稳信访工作会议在眉山召开。

14 日 中国南车下属企业丹尼克斯公司在英国林肯市举行六英寸 IGBT 芯片线达产暨功率半导体研发中心办公楼奠基庆祝仪式。股份公司总裁郑昌泓、林肯市市长博斯维尔及英国贸易投资总署（UKTI）亚洲司司长萨维尔等出席仪式。

18 日 中共中央政治局常委李长春到四方股份公司视察。

18 日 第四届世界环保大会“国际碳金奖”评选结果在青岛揭晓。中国南车荣获“碳金创新价值奖”。

21 日 中国南车石家庄产业园开工奠基仪式在石家庄装备制造基地举行。

24 日 中国南车召开纪念中国共产党成立九十周年暨“创先争优”和党风廉政建设、纪检监察工作表彰大会。

25 日 中国南车被评为 2010 年度金牛中国上市公司百强公司，总排名第 7 位。

28 日 世界品牌实验室在世界品牌大会上发布 2011 年中国 500 最具价值品牌排行榜。排行榜显示，中国南车品牌价值达到 171.26 亿元，在机械业品牌中排名第二，也是轨道交通装备制造业唯一入选品牌。

30 日 第二批 44 辆出口加蓬共和国铁路通用敞车在长江公司常州分公司下线。

30 日 京沪高铁正式开通，造型酷似“火箭”的 46 列新一代 CRH380A 高速动车组投入运营，达到上线时速 300 公里动车组总量的 53%。由中国南车研制、具有完全自主知识产权的新型动车组，连同世界上运营里程最长、建造标准最高的京沪高速铁路，成为“中国智造”的代言人。

30 日 股份公司董事长、党委书记赵小刚，党委副书记、纪委书记刘化龙，总工程师张新宁慰问南车驻北京南动车段客户服务队，并就动车组客服工作与北京铁路局有关领导进行交流。

30 日 股份公司总裁郑昌泓添乘担任上海至北京首发任务的 G2 次列车，并到四方股份公司上海、南京售后服务站检查京沪高铁开通准备工作，看望慰问售后服务人员。

6月 总量达75台的中国南车第三批出口土库曼斯坦机车合同生效。至此，中国南车出口土国机车总计达到179台，成为中国在土库曼斯坦经贸领域的最大项目。

7 月

1 日 在中共中央召开的庆祝中国共产党成立90周年大会上，株洲所党委被授予“全国先进基层党组织”荣誉称号。

1 日 上交所和中证指数有限公司正式发布上证基本面指数系列，即上证基本面200指数、上证基本面300指数和上证基本面500指数。中国南车凭借上市以来优良的表现入选上证基本面200指数和500指数。

2 日 资阳公司与哈萨克斯坦机车股份公司签订35台机车供货合同。

4 日 云南省委常委、昆明市委书记仇和率昆明市委工作会全体会议代表，到昆明公司制造基地现场观摩。

4 日 国家“863”现代交通技术领域“节能与新能源汽车”项目验收会召开。由株洲所承担的“车用驱动电机系统产业化集成技术研究”课题通过国家科技部验收。

6 日 广州南车城市轨道装备有限公司首列地铁车辆下线仪式在广州番禺举行。

7 日 股份公司总裁郑昌泓会见英维斯总裁韦恩（Wayne Edmunds）、高级副总裁安迪（Andrew King）。

13 日 《财富》连续第二年发布中国企业500强，中国南车排名第51位，在机械设备制造行业中排名第一。

19 日 中国南车首次科技管理创新座谈会在贵阳召开。

22 日 中国南车2011年度节能减排工作会议在戚墅堰所召开。

25 日 中国南车召开产品质量安全视频会。会议由股份公司副总裁傅建国主持。股份公司总裁郑昌泓发表重要讲话。7·23铁路事故发生后，郑昌泓在第一时间赶到铁道部调度指挥中心，代表中国南车听从铁道部统一部署，并积极响应铁道部“立即组织足够力量，尽最大努力，以最快速度抢救伤员，把伤亡降至最低程度”的要求，派员参与营救救援工作。赵小刚、郑昌泓、刘化龙、傅建国、詹艳景等领导于23日晚及24日多次开会讨论事故情况，关注事故进展，研究应急措施，要求相关子公司全力配合铁道部开展事故救援、事故分析等工作，并对公司安全质量工作提出更高要求。

25 日 中国南车与中国专利技术开发公司签订“推进自主知识产权优势战略合作框架协议”。

25～29 日 中国南车在GE上海培训中心举办人力资源中高层领导力培训。来自总部及16家子公司的中高层人力资源管理人员共51人参加培训。

27 日 浦镇公司南京3号线和10号线地铁车辆签约仪式在南京举行，合同金额达31.26亿元。

7 月 美国媒体专业联盟（LACP）2010年年度报告“远见奖”（2010 Vision Awawrds Annual Report Competition）评选揭晓。中国南车在综合排名中列第74位，并获得交通运输物流行业白金奖（第一名），以及亚太区年报50强、中国年报20强、最佳机构奖之亚太区银奖。

7 月 一款3兆瓦高适应性水冷双馈风力发电机在南车电机公司研制成功。

8 月

9 日 “迪博·中国上市公司内部控制指数”发布会在北京举行，中国南车以总分968.28分的指数得分进入2105家上市公司内部控制排名前十强，综合排名名列第7位，在机械设备仪表行业类排名中列第1位。

17 日 由国务院国资委副主任黄淑和

率领的国务院高速铁路安全检查第 12 组到公司总部，开展对高速铁路设备制造厂家的安全检查工作。检查组采取听汇报、查资料、座谈、暗访、抽查、现场检测等方式，主要从技术和管理两大方面检查薄弱环节，提出改进意见。通过检查，检查组对中国南车的安全质量和改革发展工作给予充分肯定，同时也提出了具体要求。

17 日 广东省委常委、常务副省长朱小丹率领有关方面负责人到广东南车轨道交通车辆修造基地项目现场检查指导工作。

17 日 株洲所与清华大学电机工程与应用电子技术系在北京签订《联合创新平台战略合作框架协议》。

18 日 株机公司中标武汉地铁 4 号线一期车辆订单。

20～21 日 国务院高速铁路安全检查组到四方股份公司进行质量安全大检查。

22 日 四方股份公司为成都地铁 2 号线精心打造的首列地铁车辆竣工出厂。

23～25 日 CRTS CHINA 2011 国际轨道交通展暨第七届中国国际轨道交通技术展览会在上海举行。中国南车以 CRH380A 动车和城轨车辆为代表，向世界展示中国南车品牌形象。

25～26 日 中国南车首次法律事务工作会在海口召开。

25～27 日 中国南车核心技术人才评审会在四川召开。经过严格评审，通过了中国南车核心技术人才人选 247 名，其中，首席技术专家人选 8 名，技术专家人选 68 名，科技拔尖人才人选 171 名。

30 日 宁波南车城市轨道交通装备有限公司奠基动工。基地选址宁波市鄞州区，主要从事城市轨道交通车辆组装、销售、维修及相关延伸服务。

31 日 股份公司董事长赵小刚在公司总部会见美国大陆集团董事长梅策纳（David Metzner）。

8 月 在国资委公布的 2010 年度中央企业经营业绩考核中，中国南车获评业绩考核 A 级企业，排名第 35 位，是轨道装备制造业唯一进入 A 级的企业。

8 月 资阳公司中标土库曼斯坦铁道交通部第四批内燃机车项目，中标金额约 5.8 亿人民币。

8 月 浦镇公司获中东地区（2.8 亿欧元）地铁订单。

9 月

2～3 日 股份公司总裁郑昌泓参加第二届天津市与中央企业恳谈交流会，并与中共中央政治局委员、天津市委书记张高丽，天津市委副书记、市长黄兴国，天津市副市长王治平举行会谈。期间，郑昌泓还向国务院国资委主任王勇、副主任黄丹华汇报了中国南车近期工作情况。

3 日 “2011 中国企业 500 强榜单”发布，中国南车列第 120 位，比上年提高 11 位。同时发布的 2011 中国制造业企业 500 强榜单中，中国南车列第 50 位。

8 日 中国南车与中国神华股份有限公司在公司总部签署战略合作框架协议。

14～15 日 中国南车“目前市场形势下经营策略”研讨会在南京召开。股份公司总裁郑昌泓、副总裁刘化龙、张军出席会议。

15 日 股份公司董事长赵小刚、副总裁唐克林在公司总部会见日本三菱电机执行董事久木田崇彰。

15 日 长江公司首批 44 辆出口加蓬矿石敞车在加蓬交付。

19 日 中国南车与湖北省政府签订战略合作框架协议。

20 日 中国南车与机械科学研究总院签订战略合作框架协议。

20 日 浦镇公司获喀麦隆国家铁路公

司 38 辆客车项目订单。

9 月 “2011 亚洲品牌 500 强排行榜”在香港揭晓，中国南车位列亚洲企业第 73 位，中国大陆企业第 18 位。股份公司董事长赵小刚荣获“亚洲品牌年度人物”大奖。

9 月 中国南车中标 240 辆阿联酋 Etihad 公司 240 辆硫磺漏斗车项目合同。

9 月 株机公司荣获 2010 年度全国“安康杯”竞赛优胜单位。

9 月 2010 年度“茅以升铁道工程师奖”评选结果揭晓，四方股份公司副总工程师丁叁叁、电机公司副总工程师成熹、戚墅堰公司产品设计部副主任设计师杨勇军、株机公司技术中心经理李希宁等 4 人获此殊荣。截至目前，中国南车获此殊荣的工程技术人员已达 34 人。

10 月

11 日 中国南车集团公司工会第二届委员会第十二次全体会议在北京召开。

11 日 股份公司总裁郑昌泓会见新任西门子亚洲基础设施及交运总裁雅其山（Muslum Yakisan）。

21 日 中国南车与成都市政府签署《战略合作协议》。

21～25 日 中国南车第六届职业技能竞赛在四方有限公司举行。

28 日 国务院国资委在北京召开中央企业业务合作暨内部招商会议。会议期间，股份公司总裁郑昌泓代表中国南车与神华集团签订《大功率交流传动电力机车采购意向书》，与中国普天签订有关建设信息网络的《项目合作协议》，与中国中铁签订《委内瑞拉铁路动车组采购框架协议》。

11 月

7 日 中国南车召开 2011 年第二次临时股东大会。本次股东大会采用现场投票和网络投票相结合的方式召开，公司通过上海证券交易所交易系统向公司 A 股股东提供网络形式的投票平台，亦通过上海证券交易所指定的融资融券业务会员投票系统向 A 股融资融券试点券商提供网络形式的投票平台。会议通过了《关于公司非公开发行 A 股股票方案的议案》等 10 项议案。中国南车总额 90 亿元的再融资方案获股东大会通过。

8 日 股份公司董事长赵小刚应邀赴大连高级经理人学院，为中共中央组织部主办的“培育发展战略性新兴产业”研究班学员作题为《高端装备制造业的技术管理创新》的专题案例讲课，并与学员进行交流。

8～10 日 2011 年第十四届巴西铁路工业展览会在巴西圣保罗举行。中国南车以“CSR FOR WORLD”全新亮相巴西展会，引起关注。

10 日 2011 年中国创意设计红星奖颁奖典礼在北京举行。由四方股份公司设计制造的 CRH380A 高速动车组获得 2011 年度中国创新设计红星奖至尊金奖，四方股份公司工业设计团队获 2011 年中国创新设计红星奖最佳团队奖。

11 日 中国南车与温州市政府签署《战略合作框架协议》。

16 日 由中国生产力学会主办的“第七届全国先进生产力理论与实践成果奖”评选活动在北京揭晓。股份公司荣获“全国先进生产力典范企业奖”，股份公司总裁郑昌泓荣获“全国先进生产力杰出人物奖”。

20 日 重约 5.375 吨、长约 6.735 米、装机功率 9000 千瓦的国内首支最大全纤维钢曲轴—18V32/40 曲轴在资阳公司下线。

21 日 股份公司总裁郑昌泓在北京会见随同土库曼斯坦总统访华的主管铁路交通的副总理沙古利耶夫 Н.Ш.和铁道交通部长谢伊特古雷耶夫 Р.Б.。

24 日 由大公报主办，香港中国企业协会、香港证券业协会、中国证券业协会、中国企业联合会联合主办的“2011 中国证券金紫荆奖评选”活动颁奖盛典在香港举行。中国南车获“最受两地投资者欢迎的上市公司”奖，董事长赵小刚被评为“最具影响力领袖”。

24～25 日 股份公司总裁郑昌泓应河北省委、省政府邀请出席“央企走近河北战略合作恳谈会”，并代表中国南车与河北省签署战略合作框架协议。期间，郑昌泓与河北省委书记张庆黎，省委副书记、代省长张庆伟，省委常委、常务副省长赵勇等就合作事宜进行交流。

29～30 日 中国南车召开经营工作座谈会，研究 2012 年经营工作。股份公司总裁郑昌泓、副总裁刘化龙、张军、詹艳景等参加会议。

12 月

2 日 国资委在中国南车召开综合分析通报会议。

2 日 中国首列自主知识产权直线电机车辆在四方股份公司竣工下线。

8 日 中国南车荣获香港上市公司商会授予的“公司管治卓越奖”。

8 日 中国工程院公布 2011 年新增院士名单，中国南车株洲所执行董事、总经理丁荣军光荣当选。

8 日 中国南车在全国定点扶贫工作会上获“全国定点扶贫开发先进集体” 称号。

9 日 四方股份公司与青岛市地下铁道公司签署青岛地铁一期工程（3 号线）车辆采购合同，共 24 列 144 辆。

15 日 中国南车保密工作会议在北京召开。

15 日 戚墅堰所通过德国 TUV（莱茵）公司 EN473 无损检测人员资格鉴定与认证审核，成为德国 TUV（莱茵）公司在中国认证的唯一一家 EN473 无损检测人员培训及考试机构。

22 日 株机公司与马来西亚交通部在吉隆坡签署金额达 2.7 亿元人民币的马来西亚动车组维保项目合同。

23 日 中国南车与中广核集团在公司总部签署《战略合作框架协议》。

23 日 更高速度试验列车在四方股份公司落成。

26 日 股份公司总裁郑昌泓在杭州出席国务院国资委与浙江省战略合作备忘录签署仪式暨浙江与中央企业合作洽谈会。郑昌泓与浙江省委书记赵洪祝、代省长夏宝龙、杭州市市长邵占雄等就浙江省、杭州市轨道交通建设发展情况进行交流，并商讨拓展中国南车在杭州、宁波、温州的合作等事宜。中国南车旗下相关子公司分别与浙江省当地政府、企业签约 5 个合作项目。

27～28 日 中国南车集团公司暨中国南车股份有限公司工作会议在北京召开。

28 日 “2011 年中国自主创新年会”在北京人民大会堂举行。中国南车荣膺“中国十大创新型企业”。

30 日 中国南车与南宁市政府在南宁签署战略合作框架协议书。

12 月 世界最高能效比（11.7）、最大功率等级（400 千瓦）商用空调“高速永磁同步直驱”变频电机在电机公司研制成功。

12 月 人力资源和社会保障部对 2011 年评选出的国家级技能大师工作室进行授牌。中国南车首位“中华技能大奖”获得者、中国南车首届 12 名技能大师中唯一女员工、洛阳公司钳工张素丽申报的“张素丽技能大师工作室”获得授牌，成为首批 50 个“国家级技能大师工作室”建设项目之一。

（总裁办　供稿）

概况

行政工作概述

党群工作概述

行政工作概述

【概述】 年内，中国南车积极应对市场变化，及时调整经营策略。加大机车车辆市场开拓力度，市场占有率得到进一步提升。积极进入新兴市场，风电装备、电动汽车、工程机械、新材料等行业取得新业绩。海外市场取得较大突破，中国南车品牌影响进一步扩大。各项经营指标超额完成，实现“十二五”发展开门红。

科技投入不断加大，全年科技经费投入占营业收入比例达到6.6%。加强知识产权保护和专利申请，全年股份公司申请专利1820件，其中发明专利534件；获得授权专利1308件，其中发明专利185件；5项专利获2011年第十三届中国专利优秀奖。公司有8个项目获得2011年度中国铁道学会科学技术奖，CRH380A高速动车组获得2011年度中国创新设计红星奖至尊金奖。中国南车被评为“全国十大创新企业”。

全力确保京沪高铁动车组顺利开行，认真做好CRH380A新一代动车组批量交付、联调联试、运行试验、技术支持和售后服务工作。中国南车有46列CRH380A动车组投入京沪高铁运营，占当时上线动车组的53%。CRH380B动车组召回后，铁道部又调集20列CRH380A上线运营，中国南车生产的动车组承担了京沪高铁全部运营任务。高度重视动车组运营质量和持续跟踪与改进工作，组织600多人参与售后服务和技术支持工作，建立标准化的售后服务体系，确保京沪高铁动车组安全运行。据统计，中国南车投入运营的动车组总体运行情况较好，正点率接近100%，百万公里故障率约0.5次（铁道部标准为2次），可靠性达到世界先进水平。

【经营业绩】 认真落实发展战略，加强运营管控，生产经营整体运行良好，营业收入稳步增长，经营效益同比大幅提高。集团公司全年实现营业收入826.31亿元，较上年增长23.2%；实现利润总额53.98亿元，净资产收益率16.1%，成本费用占营业收入比率94.22%。其中，股份公司全年实现营业收入807.1亿元，较上年增长23.92%；实现归属上市公司股东的净利润38.64亿元，较上年增长52.96%。加权平均净资产收益率16.96%，成本费用占营业收入比率94.1%；完成国资委经营业绩考核指标和董事会制定的目标。四方股份公司营业收入突破200亿元，株机公司、株洲所营业收入均超过100亿元，浦镇公司、戚墅堰公司、长江公司营业收入分别超过50亿元。长江公司渡过企业重组整合磨合期，达到货车业务整合做强的初步目标。在国资委2010年度经营业绩考核中，中国南车获评A级企业，实现集团公司成立以来的首次突破。

【市场拓展】 积极适应市场变化，充分发挥协同效应，加大市场开拓力度，取得较好成果。全年市场新签合同合计711亿元，其中机车、客车、货车、动车组新造和修理合同合计400亿元。先后签订郑州、宁波、广州、武汉、昆明、长沙、北京、成都、青岛等城市城轨车辆合同93亿元，占整个市场份额67%。积极开拓风电装备、电动汽车、工程机械、新材料等新兴市场，新产业累计签订合同120亿元。海外市场取得较大突破，先后获得格鲁吉亚铁路动车组，阿联酋、澳大利亚货车，喀麦隆客车，澳大利亚、土库曼斯坦、哈萨克斯坦、伊朗、苏丹、沙特内燃机车等订单，出口收入近70亿元人民币，占公司营业收入约9%。出口收入占营业收入比重超过10%的子公司有4家，株机公司、资阳公司先后进入发达国家城轨、机车市场，并拓展海外维保服务，中国南车品牌影响进一步扩大。

【技术创新】 加快自主创新步伐，持续优化、重点提升三大技术平台建设工作。国家高速动车组总成工程技术研究中心落户四方股份公司，成为国内行业唯一拥有国家工程实验室、国家工程技术研究中心、国家级博士后工作站、国家级企业技术中心等4个国家级创新平台的企业。新一代更高速度级试验列车下线，中国南车由技术跟随向技术引领转变迈出重要一步。CRH6型城际动车组项目顺利实施，动车组技术平移工作有序推进，时速200公里城际动车组设计完毕，产品进入试制阶段。积极推进混合动力交流传动机车实验验证和持续改进工作，时速200公里机车、客车正在研制中，重载80吨级通用货车设计方案、时速160公里快速货车转向架和制动系统等通过铁道部验收评审。出口澳大利亚内燃机车下线，是中国具有自主知识产权，采用交流传动技术的内燃机车首次出口发达国家。出口马来西亚城际动车下线，是国内自主研制的高技术城际动车首次批量出口。出口土耳其轻轨列车下线，是中国首个出口欧盟市场的轨道交通整车产品。首列自主知识产权直线电机地铁车辆下线，国产化率达到90%以上，自主化研制水平迈进世界先进行列。试制成功中低磁悬浮列车核心部件单模块悬浮架，中低磁悬浮列车样车将实现下线。2.5MW风电机组研制成功并实现自动并网发电，中国南车已完全掌握和拥有2.5MW高速永磁风力发电机的整机集成技术和整套电气、变流系统核心技术。光伏并网逆变器通过低电压穿越认证实验。成功研制增程式电动城市客车，并在中国（昆明）新能源公交客车大赛中获得冠军。成功研制纯电动乘用车永磁电机驱动系统样机，完成电机驱动系统地面联调试验，各项指标均达到整车厂要求。国内首条8英寸IGBT芯片生产线项目正式启动，中国南车成为国内唯一掌握IGBT芯片设计—芯片制造—模块封装—系统应用完整产业链的企业，填补了国内相关技术领域的空白。

【质量管理】 深刻吸取“7·23”甬温铁路重大事故教训，认真落实国务院、铁道部一系列指示精神，全力抓好高铁安全大检查工作，坚持把确保产品质量和行车安全摆在最根本、最核心位置，牢固树立产品质量第一的意识，致力为铁路和城轨交通提供性能优良、安全可靠的装备产品。在国务院高速铁路安全大检查中，中国南车及所属企业管理水平和产品质量得到国务院检查组认可。同时，不断深化质量安全大检查活动，在内部分层次、分系统地开展各类安全检查工作，夯实质量安全基础，增强全体员工的危机意识、忧患意识和安全意识。加强质量管理体系建设，中国南车所有主机和关键零部件生产企业全部通过IRIS认证和国际焊接质量体系（EN15085）认证。

【产业布局】 根据经营环境和市场形势变化，加快产业战略布局，进一步提升市场竞争能力。先后与湖北、河北、重庆、常州、襄阳、宁波、成都、温州、南宁等省市签署了战略合作协议，共同发展城轨车辆和新产业项目。先后与中国神华、中国普天、中国节能、中广核、机械研究总院、中国专利技术总公司等中央企业签订战略合作协议，积极推进央企间的交流合作。南车杭州、宁波等产业园揭牌，城轨车辆维修和新产业基地陆续开工。加强中央企业电动车联盟整车及零部件厂际间合作开发，分别与一汽、长安签署合作开发2个平台车型和3个过渡车型的研发责任书，牵头或独立承担中央企业电动车联盟纯电动乘用车电驱动系统领域共性课题8项，发挥中国南车电传动技术优势，提升电动汽车核心技术。株洲所与曙光汽车集团“联姻”，打造中国新能源客车龙头企业。中国南车与玉柴集团强强联合打造中国西部最大的发动机研发制造基地，组建南车玉柴发动机公司并实现投产，已生产发动机34000台。积极推进石家庄公司整体搬迁和产业升级工作，南车石家庄产业园开工奠基。研究机车车辆修理企业的发展问题，向铁道部反映情况努力解决机车车辆检修生产力布局问题。推进物流基地建设，物流公司注册成立。加快推进国际合作与交流进程，根据国资委中央企业"走出去"战略部署，跟踪和落实相关国际并购与合资合作项目，促进中国南车国际化发展步伐。

【公司治理】 积极宣贯中国南车"十二五"发展战略，全面推进战略实施工作。以建立现代企业制度和世界一流公司为目标，不断完善公司治理，努力打造一流的管控治理模式。严格执行上市公司规定，加强投资者关系维护、市值管理和信息披露工作，维护股东权益。中国南车被香港上市公司商会评为2011年"公司管治卓越奖"，并获得"最受两地投资者欢迎公司"金紫荆奖。推动精益现场向精益管理提升，组织编制工位制节拍化生产工作指南，促进生产组织方式转型。扎实做好精益生产示范区（线）建设，推进精益生产全面深化。积极开展精益供应链、精益品质和精益企业创建工作，中国南车获"全国先进生产力典范企业奖"。进一步加强总法律顾问制度建设，完善法律工作管理措施，规章制度、经济合同和重要决策审核把关率达到100%，全面完成法制工作第二个三年目标。开展"三重一大"制度建设监督检查和非公开招标采购物资配件、物资配件采购价格管理和降本增效等效能监察，管理效能进一步提升。加强内部控制、募集资金和安全管理等审计，加快审计职能转变，体现审计咨询"增值"功能。开展内控建设专项工作，建立较为完整的内控制度体系，内部控制和风险管理水平不断提高，中国南车入选上市公司内部控制指数前十强。健全安全生产标准化建设，开展隐患治理和安全检查，安全生产持续可控。加强污染治理和能源替代，大力推进清洁生产，节能减排工作扎实有效。加强网络信息安全管理及制度建设，实施总部内外网隔离工程和图文档加密系统，保障数据信息安全可控。推进总部门户系统建设和安全质量信息系统建设，逐步搭建统一的信息共享和管理平台。

【财务管理】 在国家货币政策紧缩形势下，加强资金筹措和调配力度，克服应收货款延迟滞付困难，千方百计筹措资金，发挥资金集中管理优势确保经营平稳。全年负债融资超过265亿元，开出承兑汇票181亿元，有效缓解资金压力。强化资金风险管理，规范关联交易和担保管理，加大货款回笼力度，加强与铁道部及非国铁客户沟通，积极清收应收账款，保障资金需求。研究国家相关政策，获得国家重大技术装备进口税收优惠9.87亿元，进口贴息476万元。进一步完善全面预算管理和月度滚动预算管理，强化预算执行力度，调控平衡整体经营状况。股份公司再融资发行方案获股东大会通过，正积极推进证监会相关审批工作。落实中央国有资本金预算事项，20亿元资金年内到位。完成株洲所收购襄牵公司股权工作，优化资源配置。建立资本运营平台和机制，进一步规范财务类股权投资管理和决策流程。

【人力资源工作】 加强领导班子和领导人员管理，抓好新一轮后备人才储备，开展领导力培训，推动职业经理人队伍建设科学化、制度化、规范化。株洲所丁荣军当选中国工程院院士，中国南车拥有2位院士，突出了中国南车在行业中的技术领先地位。开展首届核心人才选拔，评选出首席技术专家、技术专家、科技拔尖人才、管理专家、管理拔尖人才和技能大师、技能专家、技能拔尖人才共 531 人。强化培训战略导向和投入力度，开展国际化人才重点培训，实施内部企业随岗培训和校企联合培养等模式，加快培养国际化人才和高技能人才。全年完成各类国际化培训 435 人、后备干部培训 215 人次、随岗培训 121 人、技能人才培训 350 人、专项培训 215 人。全面推进以岗位绩效工资制为基础的薪酬分配制度改革，调动员工积极性。实施股权激励计划，激励和稳定核心骨干人才。调控用工总量，规范用工管理，形成灵活的用工机制。e-HR 系统实现全面上线运行，业务支撑能力不断升级，基本实现全模块、全业务、全员应用，为更好发挥规范管理、加强管控、提升效率、支持决策的系统功能奠定良好基础。

【品牌建设】 深入宣贯以“责任”为内核的文化内涵，进一步增强员工的认同感和凝聚力。启动员工品牌行为识别 BI 建设工作，推动以“同一个中国南车”为核心的品牌建设工作向深层发展。开展品牌准入审核和品牌贡献率考核，品牌管理不断规范并取得良好成效。实施品牌整合传播，围绕京沪高铁开通、自主创新成果展示、再融资等重要事件，扩大品牌传播范围，提高品牌美誉度。做好重大突发事件应对工作，维护中国南车品牌形象。根据世界品牌实验室 2011 年发布的最新数据，中国南车品牌价值已超过 170 亿元人民币，品牌影响力评定为“世界性”。

【党群工作】 深入贯彻落实科学发展观，探索党建新思路和新方法。各级党组织、群团组织融入中心，服务大局，更新观念，创新方法，有力保障中国南车持续快速健康发展。坚持把创先争优活动作为加强基层党建工作、提高党建科学化水平、建设高素质党员队伍、实现企业科学发展的有力抓手和重要平台，落实中央企业“为民服务、创先争优”活动，开展创先争优献礼建党 90 周年等活动，推动创先争优活动向深度和广度发展。召开纪念建党 90 周年暨七一表彰大会，所属各企业以“两优一先”评选活动为契机，普遍开展“以争创四强党组织、争当四优共产党员”为主题的评选表彰活动，营造共谋发展、共建和谐的良好氛围。充分发挥各级党组织政治核心作用，党支部战斗堡垒作用和共产党员先锋模范作用，抓好“四好”领导班子创建活动，领导团队引领作用充分发挥。围绕生产经营重点、难点和热点，增强思想政治工作的针对性和实效性，统一员工思想认识。妥善解决历史遗留问题，化解各种矛盾纠纷，维护企业稳定。认真落实党风廉政建设责任制，贯彻《廉洁从业若干规定》，积极推进惩防体系建设，党风廉政建设和反腐败工作不断加强，得到国资委惩防体系建设检查组好评。工会积极履行四项基本职能，以目标管理为抓手，有效推进“八比八创”劳动竞赛，“三关心三保证”帮扶救助活动取得新成效，员工素质提升出现新突破。依法维护员工合法权益，极大地调动了广大员工的积极性、主动性、创造性，中国南车工会获“全国模范职工之家”称号。认真履行社会责任，连续两年获国家颁发的“最具责任感企业”称号。扎实做好定点扶贫工作，中国南车获“全国定点扶贫开发先进集体”称号，对中国南车十年来定点扶贫工作的肯定。共青团、各协会、老干部工作等都较好地发挥了作用。

（总裁办　供稿）

党群工作概述

【概述】 中国南车党委在国资委党委的领导下，深入贯彻落实科学发展观，坚持“融入中心谋发展、有效切入争一流、全面深化重实效、着眼全局促和谐”的工作方针，抓住纪念建党 90 周年重大契机，深入开展“创先争优”活动，全面提升党组织的引领力和党员的战斗力。参与重大决策，努力实现企业党组织与公司法人治理结构有机融合。围绕主题主线，推动创先争优活动向广度和深度发展。践行人才优先发展理念，抓好人才工作，实施“十二五”人力资源战略。推进南车文化战略，扩大南车文化品牌影响力。发挥群团组织作用，营造和谐稳定发展环境，为开创中国南车“十二五”科学发展新局面、实现持续快速健康发展提供强有力的保证。

【重大决策参与】 积极做好党的方针政策和上级决议、指示的传达和贯彻工作，先后传达和学习党的十七届六中全会精神、中央企业负责人会议精神、中央经济工作会议精神、全路工作会议精神、中央企业负责人紧急会议精神、中央企业维稳信访工作会议精神、中央企业信访专题工作会议精神、中央企业科技人才工作会议精神，通报了国资委惩防体系建设座谈会和对口支援新疆座谈会精神、铁道部全路电视电话会议精神，保证党和国家方针政策在公司的贯彻执行。努力实现企业党组织与公司法人治理结构有机融合，坚持和完善“双向进入、交叉任职”的领导体制。

全年召开常委会议17次，集体讨论研究49项议题。审议2010年总部部门考评结果和员工绩效工资建议方案、2010年度子公司高管年薪清算方案、中国南车核心技术人才选拔与管理办法、中国南车核心管理人才选拔与管理办法、中国南车核心技能人才选拔与管理办法、总部中层以上管理人员选拔管理补充规定，听取“四好”班子考评情况、中高层管理人员后备人才选拔情况、核心技术管理技能人才评选结果汇报，研究干部任免调整及领导分工调整等事宜。推荐股份公司第二届董事会四个专业委员会委员、主席和经营管理层、董事会秘书、授权代表、联席公司秘书、证券事务代表的人选。

审议党委、纪委、工会、团委年度工作要点，先进基层党组织、优秀共产党员和优秀党务工作者评选情况，中国南车保密委员会调整意见，中国南车维稳工作领导小组调整意见，听取中国南车矛盾纠纷排查情况汇报，研究维稳信访工作。听取党风廉政建设纪检监察工作先进集体和先进个人评选情况汇报，审议《中国南车股份有限公司“十二五”反腐倡廉建设规划》、《中国南车股份有限公司“十二五”廉洁文化建设规划》、《关于加强和改进纪检监察组织建设的实施意见》。

在公司重大决策方面，审议中国南车与GE公司合资项目相关事宜、中老铁路合资项目相关事宜、2011年经营计划方案、2011年财务预算、股份公司发行50亿短期融资券方案、2010年度及2008～2010年任期子公司资产经营责任制考核情况及结果、2011年经营业绩考核目标建议值方案、2011年固定资产投资预算、进一步开展市值管理的建议、2010年度财务决算、投资航天精工项目、集团公司为贷款提供担保事项、集团公司增加20亿注册资本金事项、公司季报、年度工作报告，听取再融资方案汇报、非公开增发有关情况汇报、集团公司及投资管理公司持有中国南车限售股继续承诺限售建议、与中国华电开展资本合作有关情况汇报、集团公司为成都隧道公司提供担保调整方案汇报，通报中国南车资金情况、“7·23”甬温铁路重大事故情况。

【创先争优】 坚持把创先争优活动作为加强基层党建工作、提高党建科学水平、建设高素质党员队伍、实现企业科学发展的有力抓手和重要平台，推动活动向广度和深度发展。年内，先后召开创先争优活动交流推进会、纪念建党90周年暨七一表彰大会、创先争优活动视频推进会，并对活动开展进行调研。中央有关领导和湖南省委领导到株机公司、株洲所调研指导，对中国南车所属企业党建和创先争优活动给予高度评价。在创先争优活动进入第三阶段时，围绕贯彻落实中央和国资委为民服务创先争优活动要求，推动基层党组织和党员争创优秀业绩，迎接党的十八大召开，推进创先争优活动深入开展。

融入中心，注重实效。各级党组织围绕企业科学发展，将创先争优活动与重大项目、重大工程、重要工作、重大节点紧密结合起来，广泛开展“创先争优献礼建党 90 周年”、“两诺三评”“先锋先行”“创先争优在岗位”“立足岗位、降本增效”“精益在我心中，岗位我当先锋”“促发展当先锋、强技能做标兵”等主题活动。各子公司结合各自承担的生产经营、科技创新等方面任务，提出献礼活动 48 项，完成率 100%。基层党组织普遍成立党员突击队、党员先锋岗，开展“比学习、比质量、比业绩”、“创先争优树旗帜、争创四优当先锋”、“凝心聚力增干劲，创先争优促发展”、“党员名师带徒”等党内立功竞赛活动，涌现了国家级“张素丽技能大师工作室”、株洲市“文照辉工作室”和以党员命名的“王宁推车”、“胡炎吊索具”、“施晓芳低压箱统型方案”、“陈龙标准流程化培训法”等，扎实推进创先争优活动，确保各项任务完成。

【人才开发与培养】 践行人才优先发展理念，实施“十二五”人力资源战略。召开中国南车首次人才工作会议，全面部署“十二五”人才工作，提出人才“3351”目标和“6115”举措。创新培训开发体系，实施国际化人才培训重点项目。编制中国南车“十二五”人才培训开发规划，组织高级职业经理人 GE 培训、台塑培训、国际营销人才培训、国际贸易实务培训、国际项目管理师培训等。实施股票期权激励计划，中国南车 327 人被授予股票期权，对核心骨干员工进行中长期激励。专家人才建设取得新成效，丁荣军当选中国工程院院士，周俊入选全国会计领军（后备）人才，11 人获得国务院政府特殊津贴，2 人获得詹天佑科技奖青年奖，4 人获得茅以升铁道工程师奖。搭建技能人才作用发挥平台，组织绝招绝技申报推荐，推广“技能大师工作室”，开展技能专家任期届满考核评价和承担攻关课题评审，总结依托攻关课题发挥高端人才引领作用的经验和做法。

推进万名核心人才队伍建设工程，启动三支核心人才队伍首届评选，产生首席技术专家、技术专家、科技拔尖人才、管理专家、管理拔尖人才、技能大师、技能专家、技能拔尖人才共 531 名。新培养教授级高级工程师 46 人，高级工程师 207 人，高级会计师 19 人，高级经济师 13 人，高级政工师 9 人。推广“技能大师工作室”，抓好技能竞赛活动。洛阳公司“张素丽技能大师工作室”获国家级授牌，举办中国南车第六届职业技能竞赛，新培养高级技师 257 人，技师 762 人，复合型技能人才 800 余人。抓好新一轮后备人才储备，确定 17 家子公司 221 名后备人才，举办 4 期领导力培训班，有针对性地采取轮岗锻炼等措施，加大后备人才岗位培养力度。

【领导班子建设】 强化领导班子和领导人员管理，抓好“四好”领导班子创建活动。对一级子公司及基层创建活动进行总结、考核和评比。抓好任期与日常考核，完成常铁校主要领导调整，完成戚墅堰公司、常铁校副职任期届满考评和 10 家子公司 34 名试用期满新提拔人员考核。对交流与新提拔的主要负责人一年来的履职情况进行考察，完成 2010 年度子公司高管年度绩效考评。制定 2011 年度班子副职分管领域绩效指标。抓好择优选拔与任用，完成武昌、江岸、襄樊存续企业厂长调整。以公开竞选方式补充 6 名子公司领导班子成员，企业间交流 2 人，行政与党群岗位交流 3 人。抓好制度完善，制定《总部中层以上管理人员选拔管理的补充规定》，完成总部 11 个部门 20 名中层管理岗位任职人选选聘。

【党建工作】 完善企业党建工作大格局，落实党建工作责任制，及时解决发现的各种问题。坚持经济组织调整同时，优化党组织设置。结合实际情况成立了联合党支部、临时党支部、境外党支部，配齐配强专兼职党支部书记，实现党组织和党建工作全覆盖。各单位普遍结合企业新的机构运转模式，对党建工作制度进行修订和完善，进一步规范党建工作。导入“精益”“绩效”理念和方法，对党建工作实施“精益双目标”管理，实现党建工作的量化管理。

强化党的基层组织建设，开展以争创“四强”党组织为主要内容的创先争优活动。加强活动调研、指导和总结表彰，7 个一级子公司党委和 45 个分党委或党支部受到表彰。以加强和谐班子建设为重点，做好子公司党委换届改选指导。年内，电机公司、戚墅堰所、常铁校、洛阳公司召开党代会完成党委换届改选工作。组织召开领导班子民主生活会，11 月召开“坚持以人为本执政为民理念、发扬密切联系群众优良作风”为主题的集团公司领导班子民主生活会。10 月初至 11 月底，17 个单位按照中国南车党委要求召开领导班子民主生活会，集团公司党委常委分别参加会议并进行指导，提高民主生活会质量，增强班子的凝聚力和战斗力。

加强党员队伍建设，开展争创“四优”共产党员活动，发挥党员先锋模范作用。以“两优一先”评选活动为契机，开展“以争当‘四优’共产党员”为主题的评选表彰活动，表彰优秀共产党员 91 名、优秀党务工作者 45 名。开展党性教育活动，坚定企业科学发展信念。以学习胡锦涛总书记“七一”重要讲话精神为契机，开展形式多样的党性教育活动，增强广大党员知党、爱党、兴党的意识。组织观看《郭明义》、《杨善洲》等影片，进一步激发各级党组织和广大党员创先争优内在动力。严把党员发展质量，改善党员队伍结构。全年发展党员 809 名，其中生产和经营一线党员 592 名，占发展总数的 73.18%；专业技术和管理人员 405 名，占发展总数的 50.06%；35 岁以下青年党员 503 名，占发展总数的 62.18%。

【廉政建设】 加强反腐倡廉教育，筑牢思想道德防线，构建具有中国南车特色的惩防体系。年内，中国南车党委常委结合各一级子公司领导班子民主生活会，对 36 名党政正职进行廉政谈话教育。各级领导人员讲授党课和反腐倡廉专题报告 168 人次，受教育人数 26331 人次。组织学习 260 场次，参加人数 40481 人次，开展警示、案例教育 57 场次，受教育人数 20436 人次。对 385 名领导人员进行任职谈话教育，对 63 名领导人员进行诫勉谈话教育，57 人次上缴礼品、礼金、礼券和有价证券共计 27.52 万元。落实党风责任制，加强目标管理，中国南车及所属企业签订党风廉政建设责任书 853 份，责任追究 21 人，其中纪律处分 5 人，减扣薪酬和经济处罚 22 人。贯彻廉洁从业规定，加强领导人员监管，落实领导人员述廉议廉制度，开展领导人员护照管理清查统计工作。各级领导人员述廉议廉 2040 人次，廉洁承诺 2392 人次。开展自检自查工作，推进惩防体系建设，组织总部和一级子公司开展惩防体系建设自检自查工作，总结中国南车在构建工作机制、发挥组织保障作用方面的主要情况，得到国资委惩防体系建设检查组好评。加强业务培训，提升纪检监察队伍素质和能力，纪检监察业务培训21场次，培训748人次。

【文化品牌建设】 推进“中国南车十二五战略”宣贯工作，在OA开辟《学习参考》专刊，在企业报刊设立专版专栏，通过“我说十二五”征文等活动，形成学习“十二五”发展战略，共谋科学发展的学习氛围。开展迎接建党90周年宣传教育活动，宣传英烈人物和中国南车先进人物事迹，组织集团公司党委中心组成员和总部青年员工到八宝山祭奠革命先烈王荷波，邀请有关人员开办讲座，进一步增强员工的认同感和凝聚力。

加大中国南车文化战略推进力度，制定品牌年度计划，下发《品牌贡献率考核办法》和《对外新闻报道考核细则》，完成新版中国南车宣传片制作、BI调研访谈、品牌准入审核。中国南车品牌建设工作经验在国资委新闻宣传工作会议上介绍并在中央企业负责人会议上介绍了南车品牌建设做法。

加大南车品牌传播力度，积极开展“事件营销”和“新闻营销”。围绕京沪高铁开通持续做好深度报道，取得较好形象宣传效果。与网络媒体建立有效沟通，加强海外媒体联系，充分利用地方媒体资源，有效推进南车品牌传播。围绕再融资、中国南车自主创新形象维护和品牌形象维护，做好相关工作。参加社会权威评奖，获最具责任感企业、中企联最具影响力企业奖、《轨道交通》2010年创新人物和创新产品、联合国“碳金奖”及“中国轨道交通创新力50强”等殊荣。2011年，世界品牌实验室“中国品牌500强”认定中国南车为“世界影响”品牌，品牌价值172亿，世界排名第55位。

做好品牌形象风险管理，定期召开品牌执行委员会会议，讨论品牌危机事件的处理和管理改进。认真对待媒体报道，积极应对媒体询问，努力消除负面影响，维护南车品牌形象。下发《媒体公关处理的通知》和《做好应急处理的通知》，及时总结“7·23”甬温铁路重大事故品牌危机和眉山事件应急处理等，改进品牌危机处理工作机制。组织子公司持续做好新兴媒体监控和媒体公关，加强宣传应对及控制。

【群团工作】 实施工会“精品工程”，营造和谐稳定发展环境。各级工会组织进一步完善以职代会为基本形式的企业民主管理制度，积极深化员工素质工程，广泛开展以“八比八创”劳动竞赛为主要内容的群众性经济技术创新活动和“三关心三保证”活动。走访慰问困难员工19865人，发放慰问金1531万元。投入资金近200万元，分批走访慰问高铁售后服务人员。集团公司工会获“全国模范职工之家”称号。

创新共青团工作，各级共青团组织围绕生产经营中心，以创先争优活动为主线，加强团员青年思想教育和团的基层组织建设，做好服务青年人才成长工作。先后开展“我与祖国共奋进”形势政策教育活动、“学党史、知党情、跟党走”主题教育活动、“争做青年先锋，向建党90周年献礼”劳动竞赛、精益生产和质量提升活动，开展高铁售后服务青年员工走访慰问活动。

抓好统战和维稳信访工作，加大对统战工作的指导和督促，支持企协、科协、体协等群众组织依法依章创造性地开展工作。积极履行企业社会责任，稳妥应对信访问题。

（党办　供稿）

中国南车集团公司行政组织机构图

（2011.12.31）

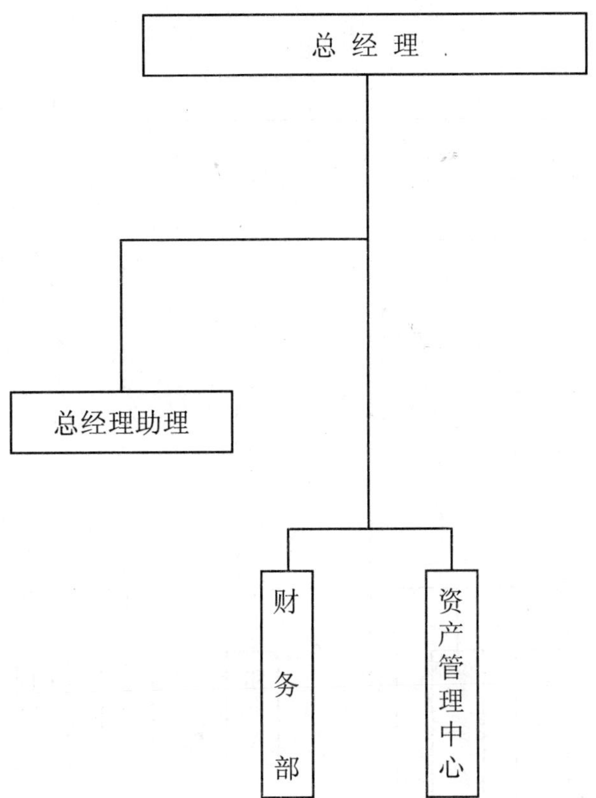

中国南车集团公司党群组织机构图

（2011.12.31）

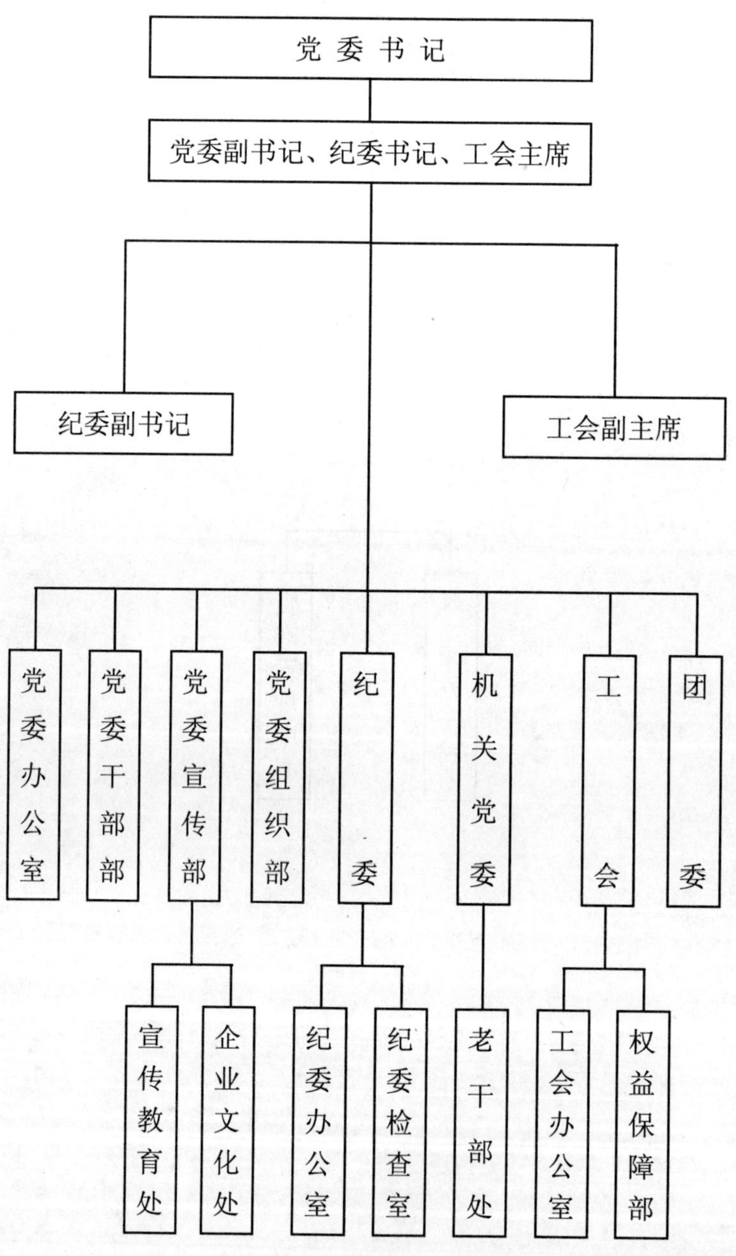

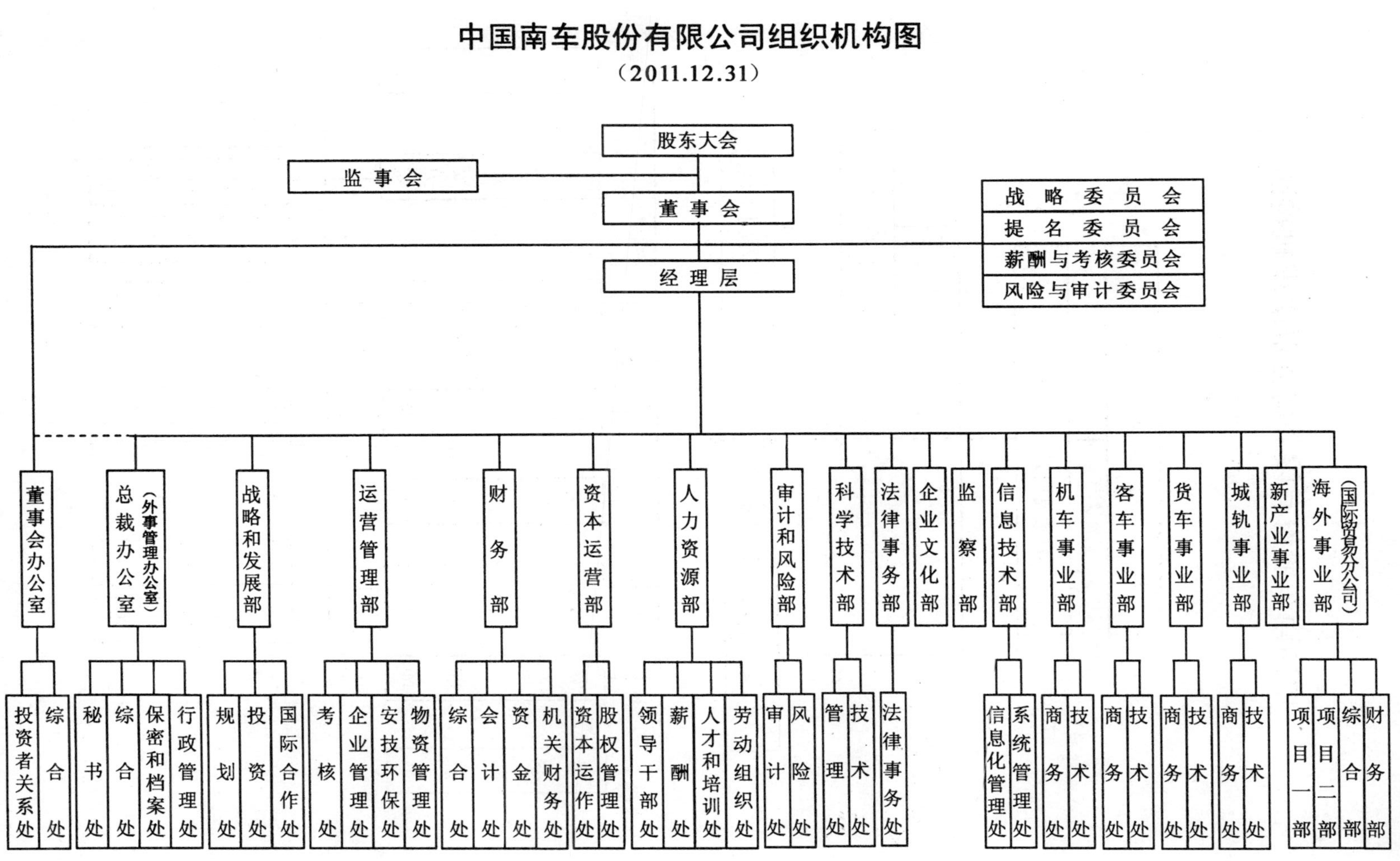
中国南车股份有限公司组织机构图
（2011.12.31）
股东大会
监事会
董事会
战略委员会
提名委员会
薪酬与考核委员会
风险与审计委员会
经理层
董事会办公室
投资者关系处
综合处
总裁办公室（外事管理办公室）
秘书处
综合处
保密和档案处
行政管理处
战略和发展部
规划处
投资处
国际合作处
运营管理部
考核处
企业管理处
安技环保处
物资管理处
财务部
综合处
会计处
资金处
机关财务处
资本运营部
资本运作处
股权管理处
人力资源部
领导干部处
薪酬处
人才和培训处
劳动组织处
审计和风险部
审计处
风险处
科学技术部
管理处
技术处
法律事务部
法律事务处
企业文化部
监察部
信息技术部
信息化管理处
系统管理处
机车事业部
商务处
技术处
客车事业部
商务处
技术处
货车事业部
商务处
技术处
城轨事业部
商务处
技术处
新产业事业部
海外事业部（国际贸易分公司）
项目一部
项目二部
综合部
财务部

中国南车股份有限公司党群组织机构图

（2011.12.31）

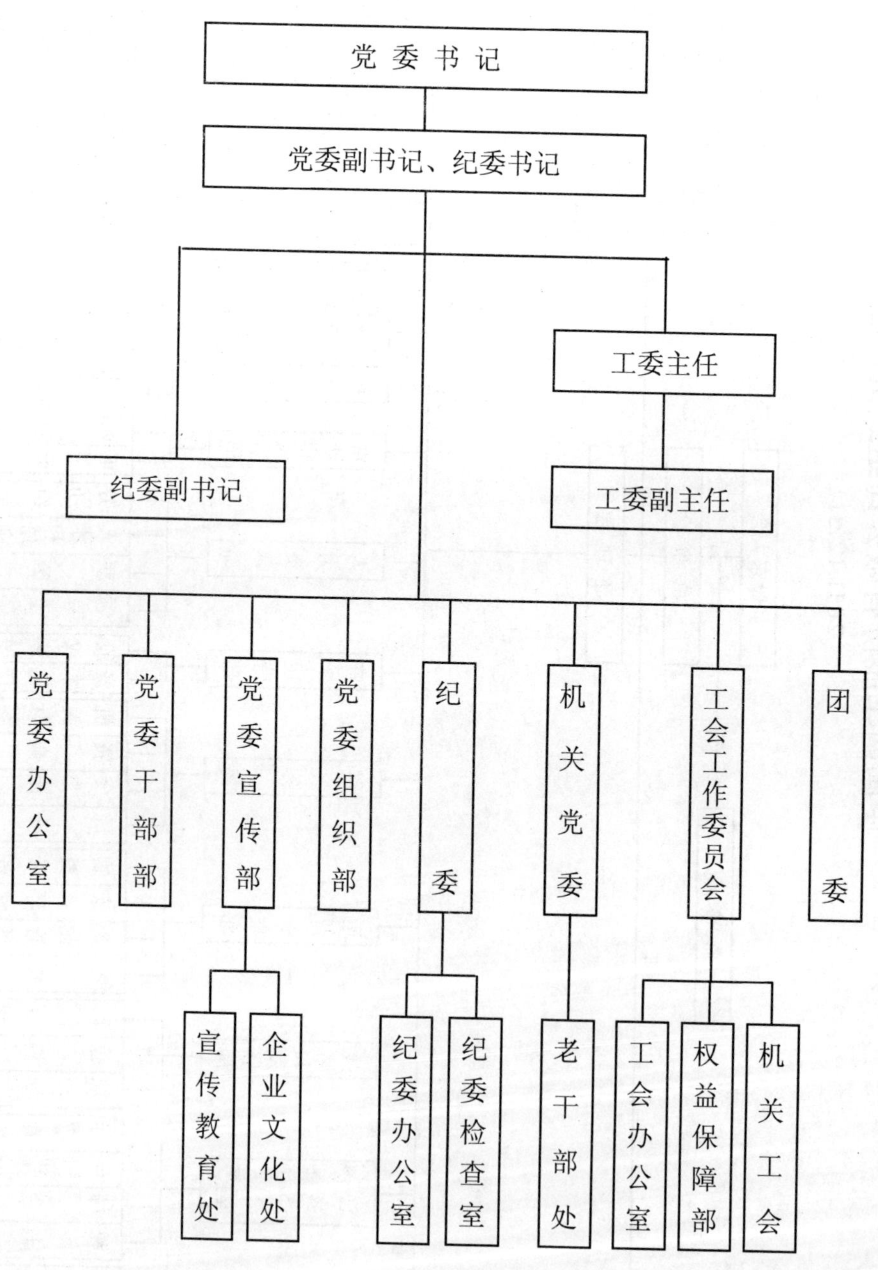

中国南车集团公司
总经理、党委、纪委、工会主席人员名单

总　经　理　赵小刚
党委书记　郑昌泓
党委副书记　赵小刚　刘化龙（8月免）　陈大洋（8月任）
党委常委　赵小刚　郑昌泓　刘化龙　唐克林　张　军　傅建国
詹艳景　陈大洋（8月任）
纪委书记　刘化龙（兼，8月免）　陈大洋（兼，8月任）
工会主席　刘化龙（兼，8月免）　陈大洋（兼，8月任）

中国南车集团公司总经理助理名单

总经理助理　王　研

中国南车集团公司纪委副书记、机关党委书记、工会副主席名单

纪委副书记　谷大存
机关党委书记　王家骐
工会副主席　郭炳强（常务，10月任）　邱　伟（10月任）

中国南车集团公司
总部部门负责人名单

（2011.12）

财务部

部长　陈　雄

资产管理中心

主任　王　研（兼）
副主任　赵　蔚（兼）
　　　　李国勇

党委办公室

主任　何树高
副主任　牛卫东
秘书处处长　刘国岩
秘书处副处长　杨英武
综合处处长　牛卫东(兼)
行政管理处处长　王富启
保密和档案处副处长　周秀梅

党委干部部

部长　薛　松
副部长　刘惠云(9月退休)
领导干部处处长　薛　松（兼，6月免）
　　　　郝晓龙（6月任）
人才和培训处处长　吴新林
薪酬处副处长　曲　涛
劳动组织处处长　刘惠云（兼，9月退休）
劳动组织处副处长　黄登启（6月任）

党委组织部

部长　王家骐
组织员　熊纯浩

党委宣传部

部长　曹钢材
副部长　王义明
宣传教育处处长　王义明（兼）
企业文化处处长　李　敏（6月任）

纪委

办公室主任　赵跃洲（兼）
检查室主任　盛同浩（兼）
纪检监察员　魏海臣

工会

办公室主任　李　昕（7月退休）
权益保障部部长　沙金红
权益保障部副部长　王伯友

团委

书记　何明新
副书记　王　刚

机关党委

书记　王家骐
副书记　冯秋生（9月退休）
老干部处处长　王家骐（兼）

机关工会

主席　沙金红
副主席　姜　静

中国南车股份有限公司
第二届董事会、监事会、经理层组成人员名单

一、董事会

董事长　赵小刚
副董事长　郑昌泓
执行董事　赵小刚　郑昌泓　唐克林　刘化龙
独立非执行董事　赵吉斌　杨育中　陈永宽　戴德明　蔡大维
董事会秘书　邵仁强

二、监事会

监事会主席　王　研
监事　王　研　李建国　邱　伟

三、经理层

总裁　郑昌泓
副总裁　唐克林　刘化龙（9月任）　张　军　傅建国
副总裁、财务总监　詹艳景

中国南车股份有限公司
党委、纪委组成人员名单

党委书记　赵小刚
党委副书记　郑昌泓　刘化龙（8月免）　陈大洋（8月任）
党委常委　赵小刚　郑昌泓　刘化龙　唐克林　张　军　傅建国
詹艳景　陈大洋
纪委书记　刘化龙（兼，8月免）　陈大洋（兼，8月任）

中国南车股份有限公司 总工程师、总法律顾问、总裁助理、安全生产总监、工委主任名单

总工程师　张新宁
总法律顾问　吴建兴
总裁助理　郭炳强（兼，10月任）　李志轩　江　靖
安全生产总监　苗永纯
工委主任　郭炳强

中国南车股份有限公司 副总工程师、副总经济师、副总会计师、纪委副书记、机关党委书记、工委副主任名单

副总工程师　王松文　孙学军　朱龙驹　黄十周
副总经济师　肖孝州　王　宪　孙　克
副总会计师　徐伟锋
纪委副书记　谷大存
机关党委书记　王家骐
工委副主任　邱　伟

中国南车股份有限公司 授权代表、联席公司秘书、合资格会计师、新闻发言人、证券事务代表名单

授权代表　刘化龙（兼）　王佳欣
联席公司秘书　邵仁强（兼）　王佳欣
合资格会计师　王佳欣
新闻发言人　邵仁强（兼）
证券事务代表　郑　胜

中国南车股份有限公司
总部部门负责人名单

董事会办公室

副主任 郑 胜
综合处处长 梁 军（6月任）
投资者关系处副处长 刘宏伟（6月任）

总裁办公室（党委办公室、外事管理办公室）

主任 何树高
副主任 牛卫东
秘书处处长 刘国岩
秘书处副处长 杨英武
综合处处长 牛卫东（兼）
行政管理处处长 王富启
保密和档案处副处长 周秀梅

战略和发展部

部长 孙学军（兼）
副部长 赵明德 何恩广
规划处处长 赵明德（兼，6月免）
周志勇（6月任）
规划处副处长 王永志（6月任）
投资处处长 贾 薇
投资处副处长 钟和军（6月任）
国际合作处处长 何恩广（兼，6月免）
刘文华（6月任）
国际合作处副处长 马 颖（6月任）

运营管理部

部长 阴明月光
副部长 周建华（国资委挂职12月免）
考核处处长 常 红（6月任）
企业管理处处长 闫卫华（6月任）
安技环保处处长 向 欣（6月任）
物资管理处副处长 阎利捷

财务部

部长 徐伟锋（兼）
副部长 陈 雄（兼）
综合处处长 贾春亮（6月任）
资金处处长 郝志军（6月任）
会计处副处长 朱曙珍 朱晓东

资本运营部

部长 刘 江
股权管理处副处长 白亦兵（6月任）

人力资源部（党委干部部）

部长 薛 松
副部长 刘惠云（9月退休）
领导干部处处长 薛 松（兼，6月免）
郝晓龙（6月任）
人才和培训处处长 吴新林
薪酬处副处长 曲 涛
劳动组织处处长 刘惠云（兼，9月退休）
劳动组织处副处长 黄登启（6月任）

审计和风险部

部长 孙 克（兼）
副部长 熊锐华（12月免）
审计处处长 熊锐华（兼，12月免）
风险处处长 陈震晗

监察部

部长 谷大存（兼）
副部长 赵跃洲 盛同浩

纪检监察员　魏海臣

科学技术部

部长　陈笃
副部长　王全乐
管理处处长　王全乐（兼）
管理处副处长　谭绍军（6月任）

法律事务部

部长　张慈宏
法律事务处副处长　唐龙刚

信息技术部

部长　符刚
副部长　李万程
信息化管理处处长　李万程（兼）
系统管理处处长　杜林明（6月任）

机车事业部

总经理　索建国（12月免）
　　　　杨志华（12月任）
副总经理　李国强
商务处处长　杨燕安
技术处处长　李国强（兼）

客车事业部

总经理　王松文（兼）
副总经理　周广华
商务处处长　周广华（兼）
技术处处长　徐循元

货车事业部

总经理　黄十周（兼）

城轨事业部

总经理　徐洪春
商务处副处长　唐飞龙
技术处处长　徐洪春（兼）

新产业事业部

总经理　林田
副总经理　张涛

海外事业部（国际贸易分公司）

总经理　沈家骏
书记兼副总经理　王宪（兼）
副总经理　时圣林
　　　　武岩（6月任）
项目一部部长　时圣林（兼）
项目二部部长　武岩（兼）
综合部部长　何政
综合部副部长　刘玉蓉
财务部副部长　邱慧

党委组织部

部长　王家骐（兼）
组织员　熊纯浩

党委宣传部（企业文化部）

部长　曹钢材
副部长　王义明
宣传教育处处长　王义明（兼）
企业文化处处长　李敏（6月任）

纪委

办公室主任　赵跃洲（兼）
检查室主任　盛同浩（兼）
纪检监察员　魏海臣

工会工作委员会

办公室主任　李昕（7月退休）
权益保障部部长　沙金红
权益保障部副部长　王伯友

团委

书记　何明新
副书记　王刚

机关党委

书记　王家骐
副书记　冯秋生（9月退休）
老干部处处长　王家骐（兼）

机关工会

主席　沙金红
副主席　姜静

法人治理

董事会工作

监事会工作

董事会工作

【概述】 股份公司董事会由股东大会选举产生，是股份公司的最高决策机构，负责审议及批准公司重大事项，包括经营策略、重大投资等。董事会由9名成员组成，对股东大会负责。年内，董事会经历换届，由第一届换届为第二届。第一届董事会董事组成为：董事长兼执行董事赵小刚、副董事长兼执行董事郑昌泓，执行董事唐克林、刘化龙，独立非执行董事赵吉斌、杨育中、陈永宽、戴德明、蔡大维。4月26日，董事会换届为第二届，上述人员继续留任各自职务。董事会下设战略委员会、审计与风险管理委员会、薪酬与考核委员会、提名委员会等4个专门委员会。

年内，公司不断健全完善制度，明确董事会职责，规范董事会程序，完善董事会决策机制。董事会认真履行《公司法》等法律、法规和公司《章程》赋予的职责，充分发挥战略导向、重大决策等作用，协同经营层开展各项工作。4 月，被《福布斯》杂志列入 2011 全球上市公司 2000 强，居 1148 位；5 月，获《董事会》杂志评选的“优秀董事会”奖；6 月，被评为年度金牛上市公司百强；7 月，在美国专业联盟 LACP2010 年年度报告“远见奖”综合排名中列第 74 位并获交通运输物流行业白金奖（第一名），获 2011《财富》中国 500 强机械行业第一名；8 月，获中国上市公司内部控制指数第 7 位；9 月，列 2011 亚洲品牌 500 强第 73 位；11 月，获《大公报》最受两地投资者欢迎的上市公司奖。

【董事会会议】 年内，董事会共召开 15 次会议，审议相关议案。其中，第一届董事会召开第 23～26 次共 4 次会议，第二届董事会召开第 1～11 次共 11 次会议。

第一届第二十三次会议于 3 月 7 日在北京召开，审议通过关于《公司股票期权计划（草案修订稿）》的议案、关于《公司股票期权计划激励对象绩效考核办法》的议案、关于调整公司 H 股募集资金使用比例的议案、关于公司发行不超过 50 亿元人民币短期融资券的议案、关于公司 2011 年度授信额度的议案等 6 项议案。

第一届第二十四次会议于 3 月 29 日在北京召开，审议通过关于《公司首届董事会及 2010 年度董事会工作报告》的议案、关于《公司 2010 年度总裁工作报告》的议案、关于《公司 2010 年年度报告》的议案、关于《公司 2010 年度财务决算》的议案、关于《公司 2010 年度利润分配预案》的议案等 19 项议案，听取公司 2010 年度独立董事述职报告、公司 2011 年度股东会、董事会及工作机构、监事会工作计划汇报。

第一届第二十五次会议于 4 月 12 日在北京召开，审议通过关于公司续聘 2011 年度会计师事务所并决定其酬金确定方式的议案。

第一届第二十六次会议于 4 月 22 日在北京召开，审议通过关于《公司 2011 年第一季度报告》的议案、关于批准公司组织机构的议案。

第二届第一次会议于 4 月 26 日在北京召开，审议通过关于选举公司第二届董事会董事长、副董事长的议案和关于选举公司第二届董事会专门委员会成员的议案。会议选举赵小刚为董事长、郑昌泓为副董事长，选举产生公司董事会战略委员会、提名委员会、薪酬与考核委员会、审计与风险管理委员会相关成员。战略委员会由赵小刚、郑昌泓、杨育中、赵吉斌、唐克林、刘化龙组成，赵小刚任主席，杨育中任副主席。提名委员会由赵吉斌、杨育中、陈永宽、赵小刚、刘化龙组成，赵吉斌任主席。薪酬与考核委员会由陈永宽、戴德明、蔡大维组成，陈永宽任主席。审计与风险管理委员会由戴德明、杨育中、蔡大维组成，戴德明任主席。

第二届第二次会议于4月27日在北京召开，审议通过《关于聘任公司总裁》《关于聘任公司副总裁（含财务总监）》《关于聘任公司第二届董事会秘书》《关于聘任公司授权代表、联席公司秘书》《关于聘任公司证券事务代表》等议案。

第二届第三次会议于4月27日在北京召开，审议通过关于调整《公司股票期权计划》中激励对象的议案、关于确定《公司股票期权计划》中期权授予日的议案、关于修订《公司董事会秘书工作规则》的议案。

第二届第四次会议于5月24日在北京召开，审议通过关于《株洲所大功率 IGBT 产业化建设项目的议案》。

第二届第五次会议于6月14日在北京召开，审议通过公司非公开发行 A 股股票的相关议案。

第二届第六次会议于 8 月 2 日在北京召开，审议通过关于延期召开 2011 年第二次临时股东大会的议案。

第二届第七次会议于 8 月 5 日在北京召开，审议通过关于《公司 2011 年半年度报告》的议案、关于《公司 2011 年上半年 A 股募集资金存放与实际使用情况的专项报告》的议案、关于公司聘用 2011 年度内部控制审计会计师事务所并决定其酬金确定方式的议案、关于制定《公司关联方资金往来管理制度》的议案、关于南车石家庄车辆有限公司整体搬迁涉及的有关事项的议案等 6 项议案，听取 2011 年上半年总裁工作报告、公司 2011 年度经营计划（含投资计划）上半年执行情况汇报、公司 2011 年上半年预算完成情况汇报、公司 2011 年上半年募集资金使用情况审计报告、关于公司 2011 年关联交易半年情况的汇报等 7 项书面汇报。

第二届第八次会议于9月16日在北京召开，审议通过关于终止实施原非公开发行 A 股股票的相关议案、关于本次非公开发行 A 股股票方案的相关议案。

第二届第九次会议于9月22～23日在北京召开，审议通过关于聘任刘化龙为公司副总裁的议案。

第二届董事会第十次会议于 10 月 28 日在北京召开，审议通过关于《公司 2011 年第三季度报告》的议案。

第二届第十一次会议于 12 月 26 日在北京召开，审议通过关于 2011 年度会计师事务所酬金及聘用条款的议案、关于修订《公司募集资金使用管理办法》的议案、关于修订《公司内幕信息知情人管理制度》的议案。

【董事会战略委员会】 董事会战略委员会主要以会议形式履行职责，对公司发展战略、重大投资决策等进行研究并提出建议，年内共召开 9 次会议。3 月 7 日，召开第一届第十四次会议，审议通过关于调整公司 H 股募集资金使用比例的议案、关于公司发行不超过 50 亿元人民币短期融资券的议案。3 月 29 日，召开第一届第十五次会议，审议通过关于《公司 2010 年度财务决算》的议案、关于《公司 2010 年度利润分配预案的议案、关于《公司 2010 年 A 股募集资金存放与实际使用情况的专项报告》的议案、关于《公司 2010 年度社会责任报告》的议案、关于《公司 2011 年度经营计划》的议案等 7 项议案，听取关于 A 股募投项目实施进度情况的通报。4 月 22 日，召开第一届第十六次会议，审议通过关于批准公司组织机构的议案，听取广州大功率电力机车项目情况汇报。5 月 24 日，召开第二届第一次会议，审议通过关于株洲所大功率 IGBT 产业化建设项目的议案。6 月 14 日，召开第二届第二次会议，审议通过关于公司非公开发行A股股票条件的相关议案和公司前次募集资金使用情况报告的议案。8

月 5 日，召开第二届第三次会议，审议通过关于《公司 2011 年上半年 A 股募集资金存放与实际使用情况的专项报告》的议案、关于南车石家庄车辆有限公司整体搬迁涉及的有关事项的议案，听取公司近期部分投资项目情况汇报。9 月 16 日，召开第二届第四次会议，审议通过关于终止实施原非公开发行 A 股股票的相关议案、关于本次非公开发行 A 股股票方案的相关议案。10 月 28 日，召开第二届第五次会议，听取关于公司近期重大事项的汇报。12 月 26 日，召开第二届第六次会议，审议通过关于修订《公司募集资金使用管理办法》的议案、关于修订《公司内幕信息知情人管理制度》的议案，听取关于 2011 年主要经营目标预计完成情况及 2012 年主要经营目标制定的通报。

【董事会审计与风险管理委员会】 董事会审计与风险管理委员会负责监督公司外部审计程序和质量，监督内部审计制度及其实施，审核公司财务信息及其披露，并审查公司内控制度。年内共召开 13 次会议。1 月 27 日，召开第一届第十八次会议，审议通过关于《公司 2011 年度审计工作计划》的议案，听取公司 2010 年主要经济技术指标汇报、公司财务会计报表汇报。3 月 7 日，召开第一届第十九次会议，审议通过关于公司 2011 年度授信额度的议案。3 月 16 日，召开第一届第二十次会议，听取公司 2010 年度财务会计报表汇报，安永会计师汇报年报审计情况。3 月 29 日，召开第一届第二十一次会议，审议通过关于《公司 2010 年年度报告》的议案、关于《公司及子公司 2011 年对外担保情况》的议案、关于《公司 2011 年度 A 股关联交易有关事项》的议案、关于《公司 2010-2011 年度 H 股关连交易有关事项》的议案、关于《公司 2010 年度募集资金使用情况审计的报告》的议案等 8 项议案。4 月 7 日，召开第一届第二十二次会议，审议通过关于公司续聘 2011 年度会计师事务所并决定其酬金确定方式的议案。4 月 19 日召开第一届第二十三次会议，审议通过关于《公司 2011 年第一季度报告》的议案。6 月 14 日，召开第二届第一次会议，审议通过关于非公开发行股票涉及关联交易事项的议案。8 月 1 日，召开第二届第二次会议，听取公司 2011 年半年度财务会计报表汇报。8 月 5 日，召开第二届第三次会议，审议通过关于《公司 2011 年半年度报告》的议案、关于公司聘用 2011 年度内部控制审计会计师事务所并决定其酬金确定方式的议案、关于制定《公司关联方资金往来管理制度》的议案、关于香港公司担保事项的议案，听取公司 2011 年上半年募集资金使用情况审计报告、关于对安永会计师事务所 2010 年报审计质量的评价情况的汇报。9 月 16，召开第二届第四次会议，审议通过关于本次非公开发行涉及关联交易事项以及公司与中国南车集团公司签署《附条件生效的非公开发行股份认购协议》的议案、关于委任独立财务顾问的议案。10 月 24 日，召开第二届第五次会议，听取公司 2011 年第三季度财务会计报表汇报。10 月 28 日，召开第二届第六次会议，审议通过关于《公司 2011 年第三季度报告》的议案。12 月 26 日，召开第二届第七次会议，审议通过关于 2011 年度会计师事务所酬金及聘用条款的议案、关于公司 2011 年度财务报告审计工作时间安排的议案、关于公司内部控制规范实施工作总结的议案。

【董事会薪酬与考核委员会】 董事会薪酬与考核委员会年内共召开 3 次会议，审议有关议案。3 月 7 日，召开第一届第九次会议，审议通过关于《公司股票期权计划（草案修订稿）》的议案、关于《公司股票期权计划激励对象绩效考核办法》的议案。3 月 29 日召开第一届第十次会议，审议通过关于公司高级管理人员 2010 年度薪酬及福利缴费的议案、关于公司董事、监事 2010 年度薪酬及福利缴费的议案。4 月 26 日，召开第二届第一次会议，审议通过关于调整《公司股票期权计划》中激励对象的议案、关于确定《公司股票期权计划》中期权授予日的议案。

【董事会提名委员会】 董事会提名委员会年内共召开 2 次会议。4 月 26 日，召开第二届第一次会议，审议通过《关于推荐公司总裁、副总裁（含财务总监）候选人》《关于推荐公司第二届董事会秘书候选人》《关于推荐公司授权代表、联席公司秘书候选人》《关于推荐公司证券事务代表候选人》等议案。9 月 22～23 日，召开第二届第二次会议，审议通过关于聘任刘化龙为公司副总裁的议案。

【信息披露】 年内，组织做好各种对外披露信息的准备、整理等工作，按照上交所和联交所的要求及时披露信息。制定公司《内幕信息知情人管理制度》，完成审议批准并发布实施。全年在香港联交所发布临时公告 144 个，定期报告 4 个，业绩公告 2 个；在上交所发布临时公告 77 个，定期报告 4 个，定期报告摘要 2 个。

【投资者关系管理】 组织开展 1 次年报和 2 次配合再融资的境内外路演、2 次业绩推介会，促进产品市场与资本市场的互动。利用每次与投资者交流的机会，了解投资者所关注的问题。对股东情况进行动态跟踪分析，了解股东状况，评估和分析股东变动原因，使投资者交流工作更具针对性。通过电子邮件、电话、总部接待、子公司调研等方式，多渠道、多层次与投资者进行沟通。全年有 360 家（次）机构提出调研意向，接待 105 批次投资者总部拜访，召开 51 次电话会议，安排 27 批投资者到子公司参观考察，在公司 OA 网络公布研究报告 51 篇。

【独立董事调研】 组织独立董事参观调研石家庄公司、洛阳公司、襄樊分公司以及襄牵公司。在相应会议召开期间，除必须的议案之外，还通报公司重大投资、研发项目、市场开拓等事项，实现“议”与“决”的结合，让独立董事掌握更多信息。邀请独立董事参加公司工作会议、高峰论坛等重要会议，让独立董事进一步了解公司经营情况。邀请非委员独立董事参加战略委员会，让所有独立董事了解公司战略发展规划。内外董事实现理念趋同、信息对称、沟通顺畅和议决有效结合。年内召开独立董事定期报告沟通会议 3 次，报送日常信息 12 次。

【股东大会决议执行情况】 年内，股份公司召开五次股东大会，4 月 26 日分别召开 2011 年第一次临时股东大会、2011 年第一次 A 股类别股东大会、2011 年第一次 H 股类别股东大会，5 月 30 日召开 2010 年度股东大会，11 月 7 日召开 2011 年第二次临时股东大会。公司董事会按照股东大会和《公司章程》所赋予的职权执行股东大会各项决议，其中涉及授权的事项如下：

关于公司续聘 2011 年度会计师事务所及聘用内部控制审计会计师事务所并决定其酬金确定方式的两个议案，授权董事会决定 2011 年度会计师事务所及内部控制审计会计师事务所报酬等有关事宜。股份公司第二届董事会第十一次会议审议通过了《关于 2011 年度会计师事务所酬金及聘用条款的议案》。

关于提请股东大会授权董事会办理公司股票期权计划相关事项的议案，授权董事会负责此次公司股票期权计划的实施和管理。股份公司第二届董事会第三次会议审议通过《关于确 定〈股票期权计划〉中期权授予日的议案》，确定此次股票期权计划授予日为2011年4月27日。

关于公司2010年度利润分配预案的议案，股东大会审议并批准股份公司利润分配预案并授权董事小组具体实施分配事宜。股份公司2010年度利润分配于2011年7月实施完毕。

关于提请股东大会授予董事会增发公司A股、H股股份一般授权的议案，授予公司董事会无条件和一般授权，根据市场情况和公司需要增发A股、H股。股份公司非公开发行事项于2012年3月完成。

关于提请公司股东大会授权董事会办理此次非公开发行A股股票相关事宜的议案，授权董事会（或于可行的情况下授权董事长）在有关法律法规范围内办理此次非公开发行A股股票的相关宜。

（董事会办公室　供稿）

监事会工作

【概述】　股份公司监事会由公司股东大会选举产生，是公司的监督机构，由3名成员组成，对股东大会负责，对公司经营情况、财务状况以及公司董事、高级管理人员履行职责情况的合法合规性进行监督。年内，监事会经历换届，由第一届换届为第二届。第一届监事会监事组成为：主席王研，监事李建国，职工监事邱伟。4月26日，公司2011年第一次临时股东大会选举王研、孙克为公司第二届监事会股东代表监事，与此前经公司职工代表大会选举产生的职工代表监事邱伟共同组成第二届监事会。经第二届监事会第一次会议选举，王研当选为第二届监事会主席。2011年，监事会履行章程赋予的各项工作职能，加强监督力度、改进监督方式，监督公司经营运作。

【监事会会议】　监事会根据公司章程规定，结合公司经营实际召开监事会会议，监督公司经营。全年召开9次监事会会议，其中，第一届3次，第二届6次。

第一届第十六次会议于3月7日在北京召开，审议通过关于〈公司股票期权计划（草案修订稿）〉的议案。

第一届第十七次会议于3月28日在北京召开，审议通过关于《公司首届监事会及2010年度监事会工作报告》《公司2010年年度报告》《公司2010年度财务决算》《公司2010年度利润分配预案》《公司2011年A股关联交易有关事项》《公司2010-2011年度H股关连交易有关事项》《公司董事会关于公司内部控制的自我评估报告》《公司2010年度募集资金使用情况的审计报告》《公司2010年度社会责任报告》《公司2010年度A股募集资金存放与实际使用情况的专项报告》及《关于对公司董事、高级管理人员履职评价情况的报告》等11项议案，并听取公司A股募投项目实施进度情况通报。

第一届第十八次会议于4月22日在北京召开，审议通过关于《公司2011年第一季度报告》的议案。

第二届第一次会议于4月26日在北京召开，审议通过关于选举公司第二届监事会主席的议案，选举王研为第二届监事会主席。

第二届第二次会议于4月26日在北京召开，审议通过关于调整《公司股票期权计划》中激励对象的议案、关于确定《公司股票期权计划》中期权授予日的议案。

第二届第三次会议于6月14日在北京召开，审议通过关于公司非公开发行A股股票的相关议案。

第二届第四次会议于8月4日在北京召开，审议通过关于《公司2011年半年度报告》的议案、关于《公司2011年上半年A股募集资金存放与实际使用情况的专项报告》的议案、关于公司聘用2011年度内部控制审计会计师事务所并决定其酬金确定方式的议案、关于制定《公司关联方资金往来管理制度》的议案、关于香港公司担保事项的议案，并听取公司2011年上半年募集资金使用情况审计报告、2011年上半年关联交易情况汇报、公司及子公司2011年上半年对外担保情况汇报。

第二届第五次会议于9月16日在北京召开，审议通过关于终止实施原非公开发行A股股票的相关议案、关于本次非公开发行A股股票方案的相关议案。

第二届第六次会议于10月28日在北京召开，审议通过关于《公司2011年第三季度报告》的议案。

【监事会对公司有关事项发表的意见】公司依法运作情况的独立意见。监事会对公司董事会会议召开程序、决议事项、董事会对股东大会决议的执行情况、公司高级管理人员依法履行职务情况、公司内部管理制度的建立健全及贯彻执行等情况进行有效监督和检查。监事会认为，公司董事会、公司高级管理人员能严格按照《公司法》和《公司章程》及上市地其它法规和制度进行规范运作，本着诚信和勤勉态度履行自己的职责，执行股东大会的各项决议和授权，各项经营活动和决策符合法律法规及《公司章程》的规定。监事会在检查公司财务情况、监督公司董事及高级管理人员履行职责情况时，未发现有损害公司利益和股东权益的行为，亦未发现有违反法律法规、《公司章程》及各项规章制度的行为。

公司财务情况的独立意见。监事会对公司财务制度和财务状况进行了监督检查，并认真审议了公司《2010年年度报告》《2010年度利润分配预案》《2011年第一季度报告》《2011年半年度报告》《2011年第三季度报告》，出具了书面审核意见。监事会认为，公司财务体系完善，财务制度健全。公司的财务报告真实、公允、完整地反映了公司的财务状况和经营成果。年度财务报告经安永华明会计师事务所和安永会计师事务所审计，均出具了标准无保留意见的审计报告。

公司募集资金使用情况的独立意见。公司按招股说明书中的承诺使用募集资金。监事会认为，募集资金的使用符合国家有关法律、法规和《公司章程》的规定，不存在损害公司和股东利益的行为。公司监事会将继续监督检查项目的进展情况。

公司收购、出售资产情况的独立意见。监事会未发现公司收购、出售资产中有内幕交易、损害股东权益或造成公司资产流失的情况。

公司关联交易情况的独立意见。监事会对公司关联交易的审议、表决、披露和履行情况进行了监督，监事会认为，公司2011年度关联交易的审议、表决、披露和履行符合相关法律法规和《公司章程》的相关规定，关联交易的实施是在公平、公正的原则下进行的，未发现有损害公司和股东利益的行为。

公司内部控制自我评价报告的审阅情况及意见。监事会审阅了公司内部控制自我评价报告，对该报告无异议。

（董事会办公室　供稿）

经营与销售

企业管理

销售工作

规划与投资

财务管理

资本运营

审计与风险管理

信息化建设

企业管理

【概述】 年内，围绕“突出一个中心，抓住一条主线，完善四大体系，实现五个深化，即：进一步突出运营管控中心，抓住精益生产主线，完善运营管控体系、业绩考核目标导向体系、物资供应链管理体系、安全环保责任管理体系，不断深化经营目标管理、运营监控管理、精益生产管理、安全环保管理及物资与供应链管理”的工作目标，扎实做好各项工作。

深化经营目标管理，确保中国南车经营计划目标实现。以经营计划为中心完善运营管控体系，组织编制好两级经营计划，加强过程中预测、分析，组织好月度经营工作联席会议、季度经营分析与调度会议。加强企业资产经营责任制考核，强化经营目标管理。完成2010年度和2008～2010年任期资产经营责任制考核工作，总结年度经营业绩，落实国资委考核目标。中国南车2010年度经营业绩考核得分132.9分，在中央企业中排名35位，考核结果为A级。做好统计和经营分析，按时完成国资委、国家和地方统计部门日常统计报表填报，定期发布中国南车主要生产经营指标完成情况、订单签约与完成情况，开展经济活动分析，撰写分析报告，开展对标工作。做好中国南车经营管理信息系统建设，完善管控手段，经营管理信息系统初具规模，数据展示查询及功能模块运行。

深化精益生产，创新企业管理。以落实精益生产实施规划为主线，在全面实现第一阶段工作目标基础上，及时推进精益现场向精益管理转型，并以重点企业为依托，积极开展精益供应链、精益品质和精益企业等创建工作。围绕“深化、拓展”思路，扎实做好精益生产示范区（线）建设。持续夯实四项基础，继续抓好人才育成和两级培训，完善培训体系建设，形成标准化的内部培训课件。完成精益物流、防错法应用、创意改善、精益班组建设、工位制节拍化生产等课件编制，加强内部交流和培训。以管理创新成果评审为手段，推进企业管理创新，做好组织架构管理工作。

深化安全生产和节能减排工作，创建安全生产与节能减排新局面。抓关键、找重点，以安全生产标准化建设推进安全生产持续可控。调结构、保增长，以污染治理和能源替代实现节能减排优秀企业，中国南车被国资委评为“十一五”节能减排优秀企业。在第四届世界环保大会上，中国南车获“碳金创新价值奖”。努力做好设备设施，房屋土地等实物资产管理。

深化物资与供应链管理，构建新型供应链体系。以“建立高效先进的关键部件内部产业链及富有国际竞争力的物资与供应链管理体系”为目标，明确物资与供应链管理总体工作思路。进一步完善价格信息平台，提高信息服务专业水平。加强对物资业务数据统计分析，为相关经营决策提供可靠依据。加强供应商管理，通过集中采购业务密切与大宗原材料、关键零部件重要供应商的合作关系。加强采购管理，针对货币从紧政策，能源、原材料等大宗物资市场价格上扬情况，采取措施规避价格波动和资源供应风险。加强物流管理，提高集团公司整体资源利用效率，降低费用和运营成本。

【资产经营责任制】 2010年度和2008～2010年任期资产经营责任制考核情况和结果经中国南车2011年第2次总裁办公会讨论通过，并形成文件下发。2010年资产经营责任制综合考核，四方股份公司、浦镇公司、株洲所、株机公司、四方有限公司、戚墅堰公司、南方汇通公司等7家子公司考评结果为A级，电机公司、租赁公司、石家庄公司、成都公司、眉山公司、香港公司、投资公司等7家子公司考评结果为B级，洛阳公司、戚墅堰所2家子公司考评结果为C级，资阳公司、二七公司、长江公司、常铁校等4家子公司考评结果为D级。

2008～2010年任期资产经营责任制考核，四方股份公司、株机公司、株洲所、浦镇公司等4家子公司任期考评结果为A级，戚墅堰公司、四方有限公司、戚墅堰所、洛阳公司、石家庄公司、成都公司、资阳公司、南方汇通公司、眉山公司、租赁公司等10家子公司任期考评结果为B级，二七公司、长江公司、投资公司等3家子公司任期考评结果为C级，常铁校考评为D级，电机公司、香港公司作为任期考核期间新设立的子公司本任期不作考核评价。

【年度经营计划】 落实“十二五”发展战略和年度工作会议，着力管理创新，进一步突出运营管控为中心，完善运营管控体系。根据《中国南车股份有限公司经营计划管理办法（试行）》并结合上年度经营情况和各子公司反馈意见，在认真分析和判断经济形势前提下，编制《中国南车2011年度经营计划》。2011年经营计划包括八个方面内容，即：指导思想、主要经营目标、分业务板块营业收入目标、分业务板块主要产品产量、主要经济技术指标、固定资产投资计划、主要科技研发计划、主要对策措施等。经营计划下发后，组织子公司召开计划管理座谈会，跟踪子公司经营计划编制工作，了解计划分解落实情况，跟踪督促子公司全面完成中国南车下达的各项经营计划目标任务，落实对子公司计划管控要求。年初编写《关于中国南车2010年及2011年经营情况的预测分析报告》，对2011年度总体经营情况进行预测分析，三季度撰写《中国南车2011年经营计划上半年执行情况的分析报告》。按照经营计划管理办法，加强子公司经营计划执行情况滚动管理和监控，子公司按月上报计划完成情况。组织公司层面月度经营工作联系会议、下发会议纪要，分析子公司经营指标滚动变化和存在问题。按季度召开经营分析与调度会议，对经营情况和财务状况进行全面分析，掌握变动趋势。

【经营业绩考评】 在2010年度中央企业经营业绩考核中，中国南车获评业绩考核A级企业。2010年纳入国资委考核范围的121户中央企业中，评定为A级企业的有47家，B级和C级企业分别为51家和21家，被评为D级企业2家。中国南车在所有企业中排名第35位，是轨道装备制造业唯一进入A级的企业。

国资委从2010年开始推行经济增加值考核，中央企业业绩考核工作进入以价值管理为主的阶段。按照国资委要求完成《中国南车集团公司2010年度经营业绩考核总结分析报告》和《中国南车集团公司2011年度中央企业负责人经营业绩考核目标建议值报告》上报工作，分解和落实国资委对中国南车经营业绩考核目标，并进行滚动监控。

【企业管理创新】 以精益管理实施规划为纲领，持续深化精益管理，推动精益现场向精益管理提升，打造中国南车特色的精益管理模式。编制工位制节拍化生产工作指南，促进生产组织方式转型，深化、拓展精益生产示范区（线）建设，提升基础管理水平。组织精益管理工作评价，评定25个年度中国南车精益生产示范区（线）。开展精益供应链、精益品质和精益企业创建工作，实现由点到线到面的整体效益。持续完善精益生产指标体系和评价体系，形成良性循环的激励机制。根据企业面临经营形势和经营环境，围绕中国南车发展战略，本着“创新、开源、提升、增效”原则，组织推进企业管理创新评审活动，创新管理模式，优化管理流程，推动企业转型，提升企业管理水平。利用企业协会和管理创新评审平台，通过集团公司《改革与管理》期刊选登管理创新成果和经验，促进整体管理能力和运营水平提升。完成2011年度中国南车第四届管理创新成果评审，评出特别奖1名，一等奖4名，二等奖8名，三等奖9名。积极参加中国企业联合会管理创新成果评审活动，申报的《基于国际化经营的跨国并购整合管理》成果获第十八届国家级企业管理现代化成果一等奖。

【安全生产】 贯彻落实中国南车年度安全生产工作会议精神，全年无责任重伤事故、无重大火灾事故、无重大责任交通事故、无新增（发）职业病发生。发生死亡事故1起，可记录轻伤事故72起，轻伤率为0.9‰，与上年相比，轻伤事故起数、轻伤事故频率分别下降5起和6.49%。安全指标全部控制在标准范围之内，安全生产形势总体稳定。所有生产型企业全部通过职业健康安全管理体系认证，株机公司、戚墅堰公司等10家企业通过安全生产标准化一级达标，其余90%企业均通过二级企业考评。各一级子公司职业危害申报率100%,职业危害检测合格率超过86%，应急救援预案备案率100%，新员工三级安全教育率100%，企业安全主要负责人、安全管理人员及特种（设备）作业人员持证率100%，各项安全生产工作指标全面完成。各级领导“一岗双责”安全主体意识增强，专业管理部门履行“分线负责”意识和员工安全自我保护、自我管理意识逐步增强。履行法律责任，全面做好职业危害告知和职业健康检查工作。各单位加大职业健康监护和有毒有害作业点检测力度，提高保健标准，切实维护员工身心健康。各单位制定年度安全生产目标和事故控制指标，逐级、逐层次、逐岗位分解落实到每个员工，将事故控制指标纳入年度经营指标考评。

积极配合国务院高速铁路安全检查，以高效、务实、严密、细致的精神，认真落实各项检查内容，进一步做好安全自查互查，突出源头控制，突出设备设施安全管理，突出职业健康监护管理,突出相关方安全管理，突出现场安全环境治理，突出异地控制，突出事故和应急控制，圆满完成国务院高速铁路安全检查组对中国南车总部和四方股份公司的安全质量大检查，国务院检查组对中国南车安全工作给予肯定。结合实际认真梳理、举一反三，针对重点问题和薄弱环节，制定工作方案，提出切实可行的配套措施。先后组织开展货车系统、涂装作业场所、起重安全等专项治理活动，开展中国南车安全管理信息平台建设。

安全管理标准化成绩显著，初步建立一体化安全管理模式，将中国南车十大体系整合串联成一个环环相扣的运行机制，并与职业健康安全管理体系、安全生产标准化有效对接。作业行为标准化不断规范，在完善安全技术操作规程基础上，采取岗位准入制、“三确制”、KYT、5S等活动，不断规范员工行为和员工作业外部环境。班组安全管理标准化活动不断深入，通过制定标准化安全班组实施方案和达标验收标准，在班前站队、安全讲话基础上进一步开展班组安全点检、岗位安全教育、班组安全活动、目视化管理看板、员工情绪挂牌、危险预知训练、班组安全日历、班组安全警示等活动。安全检查标准化不断提高，增强安全检查策划能力，不断细化检查标准，完善检查过程，全面落实检查整改。

“一本三化”理念深入人心，安全教育培训规范有效，形成以公司级、车间（分厂）、班组（岗位）三级安全教育为基础的9种安全教育形式。开展安全生产月、百问百查知识竞赛、“安全警示日”等各种活动，积极创建省市安全文化示范企业，统一中国南车工装，以新的视觉、安全的服饰打造“同一个南车”品牌。

【物资管理】 加强物资和供应链管理体系建设，以“建立高效先进的关键部件内部产业链及富有国际竞争力的物资与供应链管理体系”为目标，明确物资与供应链管理总体工作思路，从总部和子公司两个层面，探索建立优质、高效、富有竞争力的供应链管理体系的具体方案。编制《中国南车物资与供应链管理实施规划》，提出《南车集团物资与供应链业务分析与规划建议书》，系统谋划体系建设方案。下发《中国南车物资与供应链管理工作的指导意见》从组织机构、管理职责、管理内容、队伍建设、绩效评价等方面进行规范，起草“中国南车供应商管理办法”，各子公司结合本企业实际情况和业务需要，建立和完善多项工作标准、流程和制度，逐步推进管理的程序化、规范化、系统化。

进一步完善价格信息平台，提高信息服务专业水平。与中国钢铁联合网合作，利用专业网站收集市场价格及相关信息，发布钢材、有色等大宗物资价格分析周报、周刊及月报，从宏观经济形势、国际国内市场动态、供求关系、成本变化等角度，分析主要原材料价格走势。开展货车主要用料价格对标，制定并不断优化对标方案，按季度、半年对货车修造企业主要用料的平均价格进行汇总和对比分析，编写价格对标分析报告，在实现价格信息资料共享的同时，有效促进各子公司降低采购成本、提高管理水平。建立废钢资源及价格信息平台，发布各子公司废钢月度资源量和购销价格，在内部实现信息共享，促进各子公司加强对废钢采购、销售业务的管理，积极探讨内部调剂合作模式，不断提高废钢资源利用效率。

加强物资业务数据统计分析，为相关经营决策提供可靠依据。对2010年年末物资大清查的四个专项报表进行汇总，从采购金额、库存水平、库存结构、周转速度、仓储能力、供应商构成、采购额分布等方面进行分析，全面掌握整体情况，及时提出管理建议，促进各企业不断优化供应链活动，降低采购、物流成本，提高物资与供应链管理水平。对进口物资、轴承、废钢等进行专项统计，开展针对性地分析研究，为相关经营决策提供依据和参考意见。

加强供应商管理，通过集中采购业务密切与大宗原材料、关键零部件重要供应商的合作关系，开展高层访谈，增进企业间相互了解和信任，充分发挥各自优势，不断扩大合作领域。开展集中采购供应商年度评价，组织子公司分品种，从产品性能、产品质量、新产品研发、合同履约、售后服务等10个方面对主要供应商进行评价打分，并针对存在的问题，提出意见和建议，由租赁公司统一与供应商进行沟通，督促不断改善。

加强物流管理，为提高集团公司整体资源利用效率，降低建设费用和运营成本，提升核心竞争力，集团公司决定建设株洲地区物流中心。召开项目启动大会，成立项目领导小组、筹备组和株洲南车物流有限公司，在发展现代物流业方面做出大胆尝试和重要措施。

【法律事务】 按照国资委对中央企业法制工作的要求和集团公司下发的法制第二个3年工作计划，督促、指导子公司按照要求开展总法律顾问制度建设工作，在建立独立的法律事务机构基础上，做好法制工作第二个3年总结，改正存在问题。经过逐项对照，按照实事求是原则，全面落实第二个3年目标并已通过国资委验收。完成国家普法办“五五”普法工作总结，部署中国南车“六五”普法工作计划。召开中国南车首次法律事务工作会议，总结中国南车法制工作经验，对相关工作进行部署。

全面开展规章制度修订工作，部署各子公司开展制度清查和规范工作，按照中国南车有关规章制度要求全面修订本企业的规章制度，防止母子公司制度不匹配或出现矛盾的现象，确保中国南车规章制度落地执行。组织中国南车各职能部门对口指导各子公司职能部门开展规章制度清查和规范工作，进一步完善规章制度体系。根据中国南车下属企业章程制定指引要求，对各子公司章程进行会诊，进一步完善公司法人治理结构。完成制度标准启动工作，做好新版制度汇编工作。

完成再融资法律审核事项，按计划完成尽职调查和报告起草工作，保障再融资及变更融资项目工作开展。落实合同管理相关规定，全面审核总部合同，继续组织律师团队开展公司涉外合同审核。以中国南车牵头的海外大项目为重心，通过与涉外律师合作进行事先策划和参与，并与一些有经验、可靠的涉外律师机构加强联系，建立长期合作关系，确保重要决策的法律审核把关达到100%。参与 GE 项目、中老项目谈判，UGL 项目后期法律处理，玉柴项目合资谈判及其他投资项目，联合外聘律师提供专业审核意见。

注重重大法律案件及时处理和有效指导，重大合资合作项目法律前期审核和过程把关，重要事项事先参与和策划，为企业发展提供法律保障。根据贵阳问题进展和各相关方的变化，进一步加强与地方政府及相关方沟通，完善相关资产处置细节，掌握相关情况及时采取应对措施，尽力减少可能带来的负面影响。针对戚墅堰公司知识产权纠纷，督促戚墅堰公司组织国际团队运用多种方法，做好应诉工作。

继续做好海外商标注册工作，在美国、加拿大、南非获得注册基础上又获得阿根廷“CSR”注册，在印度和巴西也获得部分商品注册。提交“CSR”著名商标申请，解决注册过程中遇到的各种各样问题，开展中国南车注册商标授权使用工作。牵头做好中国南车知识产权工作，参与铁道部中国高速列车关键技术研究及装备研制重大项目动车知识产权和中载货车知识产权工作，逐步完善知识产权管理体系。

（运营管理部、法律事务部　供稿）

销售工作

【概述】　年内，公司根据国内外复杂的经济环境和多变的市场需求，制定“以变致胜”的经营策略，充分发挥多元化业务组合的聚集力量，运用前瞻性的管理、营商思维，依靠创新型的研制专长，发挥轨道交通核心业务领域优势，加速新市场、新产业的培育和突破。在巩固传统国铁市场的基础上，积极跟踪国内外市场需求信息，大力开拓自备车、城轨地铁、新产业及海外市场，主要经营指标创历史新高。

机车板块在地方铁路机车市场销售取得突破，铁道部对已签合同的路外机车进行配属增加 129 台，同时完成铁道部修理机车投标工作，全面推进和谐型机车检修工作。全年机车实现销售收入 179 亿元，同比减少 1.25%。

货车板块相继参与 40 多项次货车造修投标，国内货车新增订单合同总额 132 亿元。其中货车新造新增订单 22752 辆，合同总额 100 亿元，市场占有率 37.5%，同比增加 2 个百分点；货车检修新增订单 32331 辆（含自备车），合同总额 16 亿元，市场占有率 52%，略高于上年；货车配件新增合同 16 亿元，与上年相当。

客车板块尽管高速动车组需求急剧减少，但全年动车组及客车仍实现销售收入大幅增加。其中动车组交付96列(含BST公司),完成销售收入 211.07 亿元,同比增长 43.74%;客车完成销售收入 63.78 亿元,同比增长 50.57%。

城轨地铁板块市场需求持续上升,先后签订郑州、宁波、广州、武汉、昆明、长沙、北京、成都、青岛等城市城轨地铁车辆合同,销售增长迅速,全年销售收入 82.55 亿元,比上年增长 14.8%,占国内市场份额近 70%。

新产业板块在风电设备、电动汽车、工程机械、复合材料、发动机、电气及元器件等市场取得新突破,经营稳步增长,全年销售收入 125.59 亿元,同比增长 28.73%(其中股份公司销售收入 116.82 亿元,同比增长 35.36%),风电、复合材料和工程机械三大产业板块快速增长,销售收入分别超过 30 亿元和 20 亿元(其中风电装备 38.19 亿元、工程机械 21.11 亿元、复合材料 20.55 亿元),成为主要新产业板块。

海外业务板块,先后获得格鲁吉亚铁路动车组,阿联酋和澳大利亚货车,喀麦隆客车,澳大利亚、土库曼斯坦、哈萨克斯坦、沙特阿拉伯机车等订单,机车和城轨地铁车辆成功进入发达国家市场,并拓展了海外维保服务。全年出口收入同比增長 162%。

【机车销售】 全年,新造机车 973 台,修理各型机车 1021 台。其中,修理各型电力机车 282 台,各型内燃机车 739 台。机车配件约 21 亿元,同比增长 23%。

电力机车方面,HXD1C 型 6 轴 7200kW 电力机车已累计交付 990 台,经性能优化提升后,产品质量日趋稳定,整体性能媲美引进机车。HXD1B 型 6 轴 9600kW 电力机车分阶段完成 150 台车交付,国产化产品质量达到原装同等水平。全年生产交付各型电力机车 599 台,其中,HXD1B 机车 131 台、HXD1C 机车 274 台。株机公司在出口哈萨克斯坦 6 轴客运电力机车基础上,重新研发全新一代电力机车,攻克减重、防寒两大难题,全年出口电力机车 22 台。

内燃机车方面,新造内燃机车 374 台。在首批 300 台 HXN5 型内燃机车全部交付后又生产交付 HXN5 型内燃机车 277 台,成为国内铁路干线货运主型内燃机车。出口澳大利亚 SDA1 型机车是首个批量出口到发达国家的交流传动内燃机车,前期 6 台机车完成出厂调试及各项型式试验交付用户,为开拓海外市场奠定坚实基础。戚墅堰公司出口沙特的两台内燃机车已在沙特完成项目试验并交付。

积极推动非国铁机车市场销售,7 月铁道部对已签合同的路外机车进行配属,较年初预算的 242 台上调到 371 台。铁道部 2011 年安排修理机车 1370 台,中国南车投标获得 728 台,占总量的 53%。

【客货车销售】 客车方面,新造各型客车 1749 辆。全年铁道部进行 2 次 25G 型客车新造招标,共计采购车辆 1900 辆,金额约 44.7 亿元。浦镇公司中标 1307 辆,金额约 30.7 亿元,分别占招标总数量的 68.79%和总金额的 75.42%。厂修客车铁道部组织 3 次招标,共计 3724 辆,总金额约 24.70 亿元。浦镇公司、四方有限公司、成都公司 3 家共中标 1333 辆,中标金额约 9.27 亿元,分别占招标总数量及总金额的 35.79%和 37.53%。全年修理各型客车 1745 辆。

货车方面,在国内铁路货车市场需求旺盛背景下及时掌握市场需求动态,加强用户联系,组织各货车企业先后参与 40 多项/次铁路货车造修投标。由于货运能力提升,货车新造市场明显好于上年,全年铁道部新造货车招标约 6 万辆,国铁通用货车厂修招标 6.2 万辆。货车新造累计完成 21939 辆(股份公司 20660 辆),较上年同期多 4704 辆。货车修理累计完成 33509 辆，比上年同期多 4600 辆。其中铁道部招标通用货车修理完成 30331 辆，全年货车造修合同全部按要求兑现交付。铁路货车及配件销往澳洲、美洲、非洲、中东及东南亚等国家和地区。

【城轨车辆销售】 发挥技术和市场优势，增强整体合力，在国内 8 个城市 13 个城轨地铁整车招议标项目中中国南车获得 9 个项目，并进入首次开展城轨地铁车辆招标的青岛和无锡两城市。其中，新造城轨车辆 1296 辆，销售收入 63 亿，占总销售收入 82%。配件销售 14 亿，占总销售收入 18%。签订 14 个地铁项目车辆合同 2184 辆，金额 145.98 亿元人民币（含牵引系统）。昆明地铁 1 号线、杭州地铁 1 号线、成都地铁 2 号线、广州地铁 5 号线国产化直线电机车辆及出口土耳其轻轨等项目车辆成功下线，株机公司广州城轨基地首列城轨车辆落车，杭州南车城市轨道交通车辆有限公司成立，宁波城轨基地举行奠基仪式。城轨产业发展带动了中国南车相关配套产业发展，株洲所的牵引系统、南京海泰公司、株洲所的制动系统、戚墅堰所的机械传动系统、石家庄国祥公司的空调系统、电机公司的电机、四方有限公司的不锈钢零部件等。自主研制的核心和关键零部件，为主机配套提供强有力的保障。

全年，国内城轨车辆招、议标的有广州、无锡、成都、北京、青岛、南京、重庆、苏州等 8 个城市，共计 13 个整车招、议标项目，其中 6 个新线项目（北京地铁 14 号线分 A、B 包）和 7 个增购项目，车辆总数 1945 辆。中国南车获 6 个新线项目（北京地铁 14 号线分 B 包）和 3 个增购项目共计 1333 辆，市场占有率为 68.5%。四方股份公司中标 4 个项目 522 辆，金额 35.01 亿元人民币。浦镇公司中标 3 个项目 517 辆，金额 38.4 亿元人民币。株机公司中标 2 个项目 294 辆，金额 19.98 亿元人民币。在天津、洛阳、昆明、广州、杭州、宁波、成都等城市建立城轨车辆组装、检修基地，推进地方项目合作事宜。广州、天津、洛阳、昆明基地已建成，杭州、宁波、成都等城轨基地正在建设中。

株机公司交付城轨车辆 356 辆，新签城轨车辆与轨道工程车 8 个项目 1236 辆车，昆明地铁列车、新加坡地铁工程维护车、出口土耳其城轨车辆等新品下线。分别与郑州、宁波、武汉、广州市、昆明、长沙等签订地铁车辆订单。

四方股份公司完成北京地铁 1 号线增购、天津地铁 3 号线、成都地铁 2 号线 1 期、广州地铁 6 号线、沈阳地铁 2 号线、新加坡地铁等 8 个项目 706 辆车交付，新造城轨车辆同比增长 54.8%，创造多项目并行和年交付数量新纪录。中标北京地铁 1 号线增购、成都地铁 2 号线二期、青岛地铁 3 号线、北京地铁 14 号线等地铁项目共计 522 辆，年度市场占有率达 26.7%。出口新加坡的 22 列 A 型地铁车辆交付并投入运营，为后续市场开拓和订单获取奠定良好基础。

浦镇公司交付城轨车辆 336 辆，有南京地铁 1 号线南延线 12 辆、南京地铁 2 号线东延线 48 辆、上海地铁 2 号东线 24 辆、上海地铁 10 号线 18 辆、深圳地铁 4 号线 68 辆、苏州地铁 1 号线 80 辆、杭州地铁 1 号线 54 辆、自主集成四列车 24 辆及孟买地铁 8 辆。中标南京地铁 3 号线、10 号线和苏州地铁 2 号线项目，伊朗 315 辆地铁车辆项目合同 8 月正式生效。

株洲所牵引系统业务已跃升国内自主企业领军地位，时代电气公司相继与美国西屋公司、广州地铁设计院、浙江铁投合资合作，联合开拓国内城轨市场。

戚墅堰所市场延伸开拓取得新突破，城轨车辆用齿轮传动系统已取得西安、成都、伊朗德黑兰等国内外多个城市新订单，销售同比增长 74.5%。

【动车组销售】 全年新造动车 964 辆（含 BST 公司），其中：短编组 50 列、长编组 46 列，合计标准编组 142 组；时速 200～250 公里的 CRH1A 型动车组 22 列、CRH2A 型动车组 28 列，新一代 CRH380AL 型高速动车组 46 列。至 2011 年底，全路共交付使用动车组 668 列（即 852 组标准编组），其中，中国南车交付 393 列（即 505 组标准编组，含 BST 公司），市场占有率为 58.83%。修理动车组 1768 辆。

【新产业市场销售】 注重产业规模效益和核心竞争力同步提升，加快技术创新步伐，积极布局重点产业，努力开拓市场经营，经营业绩和产业竞争力取得较大提升，全年新产业签订销售合同 130 亿元。风电产业实现逆势增长，风电整机完成 325 台，实现销售收入 20.1 亿元，同比增长 58%。风力发电机实现销售收入 14.1 亿元，风电叶片产能突破 600 套，增长 50%以上，实现收入 2.2 亿元，进入行业内前十。风电弹性支撑实现收入 1.5 亿元，同比增长 60%，市场份额维持在 90%。电动汽车产业实现平稳增长，电动汽车整车销售 633 台，传统整车实现销售 86 台，电驱动系统实现批量销售 250 套以上，全年实现销售收入 5.3 亿元。复合材料产业增幅较大，全年完成销售收入 20.55 亿元，比上年增长 4.31 亿元，同比增长 26.54%。工程机械产业平稳发展，轨道工程机械产业实现销售收入 12.69 亿元，与上年基本持平。民用工程机械产业，实现收入 8.42 亿元，同比增长 19.26%。

【海外市场销售】 在市场开发方面，实现从广泛布局向市场深度开发转变，一些优势区域已经形成。澳大利亚市场，除传统货车和配件产品外，具有完全自主知识产权的交流传动内燃机车产品成功进入澳洲市场，出口澳大利亚内燃机车已实现交付。伊朗市场，在电力机车、客车和地铁产品出口基础上，实现内燃机车出口新突破，电力机车和内燃机车项目都获得 3 个以上连续订单。中东市场，继上年沙特货车和内燃机车项目后，中国南车又在阿联酋获得硫磺漏斗车项目。中国南车产品和品牌得到客户进一步认可，交流传动内燃机车首次出口澳大利亚进入发达国家，阿联酋硫磺漏斗车要求在 ECP 系统中集成脱轨检测及轴温报警等功能，中国南车国际竞争力不断加强。

加强出口项目科学化管理，项目履约能力、危机处理能力和产品质量受到用户好评。中国自主研制的首列出口欧洲高端轻轨列车抵达土耳其伊兹密尔市，该型轻轨列车按照欧洲标准研制，重要部件通过欧洲标准核查认证。株机公司研制的马来西亚城际动车组实现首列交付，并在当地进行一系列运营试验，是中国机车车辆产品单笔出口合同金额最大的项目之一，开创了中国城际动车组首次批量出口的先河。戚墅堰公司出口沙特的内燃机车在沙特达曼与利雅得之间进行长途重载牵引试验成功，受到沙特方面好评。

全年实现出口收入 61.29856 亿人民币，出口签约 8.96 亿美元。出口销售收入占营业收入 10%以上的子公司达到 4 家，海外市场拓展工作比重明显加大。主要出口产品有动车组 20 辆，内燃机车 213 台、客车 79 辆、货车 1274 辆。出口签约地区（含配件），欧洲 4990.63 万美元，澳洲 6029.67 万美元，美洲 11789.29 万美元，非洲 17759.92 万美元，亚洲 49083.09 万美元。

【售后服务】 自京沪高铁开通以来，共设立 2 个区域售后服务中心、5 个售后服务站和 3 个售后服务点及供应商组成的联合工作团队，计 601 人，为高铁运营提供技术支持和售后服务工作，确保动车组运行安全可靠。

根据各货车造修企业签订的铁路货车售后服务公约和行业相关要求，中国南车成立货车售后服务中心，建立统一的铁路货车售后服务平台，统筹协调铁路货车售后服务工作。指导并督促子公司建立货车售后服务体系，修订和完善售后服务制度，建立统一机制和售后服务工作标准。年内，在华北、华南和西南等地区设立 18 个全国铁路货车用户售后服务联保站，在规定时间为用户提供服务，深得用户好评。加速向延伸产业及新产业市场服务领域布局，向轨道交通运营服务领域拓展。在传统出口产品及质保服务基础上，资阳公司与苏丹客户签署内燃机车延保服务。株机公司在马来西亚正式设立中国南车吉隆坡维保中心，从事出口产品当地售后、维保及市场拓展等义务。

（机车、客车、货车、城轨、海外、新产业事业部　供稿）

规划与投资

【概述】 加强企业战略规划与研究，加快企业产品结构调整步伐，完善投资项目管理机制，积极开展国际合作与交流，开拓创新，努力打造行业一流、世界知名，具有国际竞争力的轨道交通装备系统集成和全面解决方案供应商。跟踪国家产业政策发展变化趋势，促进中国南车相关产业发展。与湖北、河北、重庆、常州、襄阳、宁波、成都、温州、南宁等省市签署战略合作协议，与中国神华、中国普天、中广核等中央企业签订战略合作协议。根据中国南车发展战略要求，推进对外交流与合作，加快中国南车国际化进程，陆续启动和开展多个对外合作项目。

【战略与规划】 制定《中国南车“十二五”发展战略纲要》，并依据《中国南车“十二五”发展战略纲要》组织子公司编制各自企业的发展规划，积极予以贯彻落实。对各子公司上报的“十二五”发展规划组织审核，并及时反馈审核意见便于修改和调整。密切跟踪国际铁路运输行业最新发展动态，及时做好全球高速铁路发展信息收集和战略研究工作。召开中国南车战略和发展工作会议，下发《中国南车“十二五”战略和发展工作指导意见》。公司战略决策与实施成果，获得第十七届国家级企业管理现代化创新成果一等奖。

【结构调整与产业布局】 积极推进石家庄公司退城进郊工作，批复石家庄公司整体搬迁规划和建设铁路货车修造基地项目立项。研究中国南车机车车辆检修企业发展情况，与有关单位联合向铁道部上报《关于机车车辆修理产业发展的请示》，努力解决铁路机车车辆检修生产力布局问题。召开南车株洲物流基地项目启动会议和项目推进会议，对成立南车株洲物流有限公司进行批复，新公司已完成注册。研究广机公司发展问题，分析广州电力机车公司发展前景，形成《关于广机公司前景分析及策略建议》、《关于近期广州大功率电力机车项目及和谐机车检修业务相关情况的汇报》及《关于广州大功率电力机车修造基地项目情况及建议》等材料。积极推进区域产业布局和基地建设，天津、广州基地已建成投产，洛阳基地建设已完工，昆明基地已基本建设完工，杭州、宁波基地公司已注册成立项目正在建设之中，江门基地正在建设中，成都基地项目正在筹备。

【项目投资】 固定资产投资预算方面，完成 2011 年度固定资产投资预算审核编制和调整工作，完成国家发改委、财政部、工信部、国资委各月中央建设投资预算执行进度暨扩大内需落实情况进度报表，召开 2012 年度预算工作会议。重点投资项目审查方面，对四方股份公司时速 380 公里高速动车组产业化建设项目、眉山公司提升紧固件制造能力项目、浦镇公司和谐号城际动车组技术平移项目、资阳南车传动有限公司购置齿轮检测仪项目等30多个项目进行审查，其中组织专家组评审11个。对已完工项目组织竣工验收，完成重点投资项目台账更新。对公司2010年1月～2011年8月批准实施的重点投资项目进行清理和排查，填报工程治理排查情况统计表。

【项目管理】 IPO募集资金投资项目管理方面，根据中国南车监事会检查情况，督促、指导有关子公司编制《总结报告》和《竣工报告》，完善项目管理台账和项目可行性研究报告，对29个项目进行梳理和总结，编制《关于A股募投项目建设进度情况的通报》，向总裁办公会、董事会通报。再融资项目方面，根据总裁办公会和再融资整体工作进度要求，指导、督促承担本次再融资募投项目的11家子公司编制16个投资项目可行性研究报告、办理备案和环评批复，落实土地情况等文件材料。根据证监会近期审核要求，为确保公司本次再融资工作进度和质量，会同有关部门对本次再融资募投项目拟使用募集资金额度进行调整、优化。会同中介机构，完成《公司增发预案》关于本次募集资金使用可行性分析（初稿）编制工作。制度建设方面，制定《中国南车股份有限公司工程建设项目招标管理办法（讨论稿）》，起草《中国南车股份有限公司“十二五”投资工作指南（讨论稿）》《中国南车股份有限公司投资项目责任制管理试行办法（讨论稿）》。

【项目申报】 根据国家发改委《关于做好新能源汽车、高端装备制造、新材料等战略性新兴产业专项2012年中央投资项目申报有关工作的通知》，与国家发改委、国资委、工信部、铁道部等部委积极沟通，提出新一轮申报国家资金支持项目。国家发改委、工信部2011年中央预算内投资批复中国南车《关于申请高速动车组和城轨核心部件技术提升及检修服务建设》等7个项目，共获得国家中央预算资金11343万元（含子公司申请资金共计1.27亿元）。完成四方股份公司提升高速动车组制造水平和延伸服务能力建设项目引进设备免税确认书办理工作，项目用汇1320万美元，免税额度850万元。上报四方股份公司国家工程实验室免税材料，与国家发改委沟通进口设备事宜，取得四方股份公司产品虚拟现实中心建设项目延长执行年限批复。积极利用国家政策，向国家发改委申请办理株机公司不锈钢城轨车辆建设项目确认，按照《国家鼓励发展的内外资项目确认书》要求，项目用汇额度1798万美元，可免税约1200万元。

【合资合作】 至12月底，中国南车有16家正常经营的中外合资企业，2011年销售收入约100亿元，利润19.8亿元。其中南车青岛四方庞巴迪铁路运输设备有限公司营业收入42.6亿元，净利润12.04亿元。

积极推进对外合作与交流，根据铁道部“走出去”战略部署，组织并参与了多轮中国南车与美国GE公司合作洽谈事宜，参与铁道部组织的中老铁路建设项目工作。积极做好重点国际合作项目跟踪，组织和参与多个对外技术、资本合作项目，与国际同行、中介和相关机构进行充分有效的沟通和交流。利用多种渠道寻找海外并购机会，收集项目相关信息，通过分析和比对筛选重点项目积极推进。对子公司合资合作及在海外成立分支机构事宜进行研究和批复，完成株洲所与美国西屋制动公司设立合资公司、时代新材公司收购澳大利亚代尔克公司、时代电气公司在澳大利亚和巴西设立子公司等项目的审查和批复工作。

【产业政策调研】 按照国资委关于对部分

中央企业开展战略性新兴产业调研总结的要求，参加国家发改委、工信部组织的《战略性新兴产业规划》中高端制造业——轨道交通装备产业部分内容编制和讨论。按照国家发改委和工信部要求，开展中国南车重点产业振兴和技术改造专项投资项目自查工作，起草国家发改委和工信部《中国南车重点产业振兴和技术改造专项投资项目监督检查报告》。参加工信部召开的轨道交通装备产业发展规划专家评审会，国资委举办的中央企业内部重组整合工作会议。按照国家发改委、工信部《高端装备制造业规划》提报资料要求，组织有关单位进行编制和上报。完成国资委《关于重组整合情况的调研报告》、《关于中央企业之间通过股份制实施同类业务重组整合意向有关情况的报告》、《中国南车集团公司对外合作招商项目报告》、《关于“做强做优中央企业、培育具有国际竞争力世界一流企业的工作思路研究”的反馈意见》、《中国南车集团公司关于推进“做强做优培育世界一流中央企业指导意见”的反馈意见函》等材料编制和上报工作。

（战略和发展部　供稿）

财务管理

【概述】　年内，面对复杂的宏观经济政策和紧缩的货币信贷政策，在集团公司统一部署下，按照年初工作会议及财务工作会议确定的工作目标，围绕年度行政及财务重点工作，扎实推进在筹融资、资金集中管理、预算管理、风险管理等方面工作，全面完成各项任务指标。全年集团公司实现营业收入826.31亿元，实现利润总额53.98亿元。其中股份公司全年实现营业收入807.11亿元，同比增长23.92%；实现归属母公司净利润38.64亿元，较上年增长52.96%；加权平均净资产收益率16.96%，同比增加3.14个百分点；基本每股收益0.33元，同比增长52.96%；资产总额927.86亿元，同比增长25.79%。集团公司规模及盈利能力持续提高，主要财务指标状况好于往年。

【税务筹划】　在集团公司组织下各子公司积极争取税收优惠和财政补贴政策，明确项目，将指标落实到部门和个人，为企业创造效益。充分利用高新技术企业优惠税率、技术开发费加计扣除、积极申报重大和自主技术创新及产业化项目，直接获得税收减免约7.9亿元，获得政府补贴3.6亿元。向财政部关税司、工业和信息化部、海关总署上报2011年免税进口申报材料，获得免税进口额度7.1亿美元（折合人民币45.3亿元），较上年增长37.41%。全年享受减免关税及增值税9.9亿元，较上年增长44%。株机公司经过近3年努力，争取铁道部税收补偿在2011年度取得实质进展，签订税收补偿协议，可取得铁道部4.93亿元税收补偿。

【预算管理】　密切关注市场形势变化，组织有关部门根据新的市场形势对后期经营情况进行测算，对不确定事项进行分析披露，积极采取措施，消除受外部经济环境变化和国铁机车年内未进行招标所带来的影响，确保中国南车各项经营指标完成。通过预算分解，将经营压力层层传递给各部门、子公司。各子公司通过对比预算找问题，对照同业找差距，分析数据找原因，动态掌握预算执行情况及存在的问题，及时纠正预算执行偏差，坚决杜绝无预算和超预算支出，做到预算执行有力，确保预算管理和经济运行始终处于受控状态下，保证年度收入利润目标实现。

坚持月度经营例会制度，在分析各单位经营状况基础上，制定各季度滚动预算目标，按月编制滚动预算分析报告，并将相关业务数据分析资料提供给各事业部，做好对各单位预算执行情况的监控。各子公司加强滚动预算的均衡控制，进一步完善滚动预算上报审核流程，保证预算上报的及时性。滚动预算编制水平得到进一步提高，滚动预算与月度决算编报工作联系更紧密，数据偏差率逐步降低，预算偏差率基本控制在3%以内。株机公司、长江公司、电机公司等每季度召开有财务、运营、技术、物流、生产等部门参加的经济活动分析会，对各项预算指标执行过程中的问题进行分析，提出改进建议并落实到责任部门，实现了公司各部门资源共享。

【成本管控】 年内，各子公司通过一系列措施，不断优化成本管控体系，降本增效成果显著。成都公司在电机新造业务中充分利用ERP系统，将每一种电机设计、工艺、采购、外包、制造等环节的成本分解细化，做到成本“价”、“量”分开管理。完善、优化18类电机产品物料消耗定额，实时将各类电机物料的实际消耗与定额消耗标准进行对比分析，进一步细化、优化物料消耗标准，提高物料利用率，落实电机生产按定额发料、限额领料、余料退库制度，确保电机产品成本核算的精细化和规范化。株机公司通过公式化定价控制产品价格，HX_D1B型、HX_D1C型机车电线电缆实际成本平均下降10%左右。发挥批量优势，实施项目打包采购，降低项目采购成本。长江公司针对PN煤炭漏斗车产量大、售价低、盈利弱的情况，通过“解剖麻雀”方式，对产品进行单个项目成本分析，寻求降本节支突破口，从提高设计工艺成本意识，预防关键零部件被垄断，对产品发运实行公开竞标方式，提高出口产品外汇汇率和收汇风险意识等方面提出多项降低成本的措施。

【内控及风险管理】 优化和改善资本结构、资产结构，资产负债率控制在70%以内，应收账款占当年销售收入的比例控制在14%以内，有效防范财务风险。各子公司将风险防范和控制从单一财务控制延伸到采购、生产、销售等各项业务流程中，通过前期合同谈判及时向业务部门提示主要税务、财务风险，风险控制由事后转为事前，将各种风险消除在萌芽之中。在巩固上年“小金库”专项治理工作基础上，按照“力度不减、机构不撤、队伍不散”要求继续深化治理工作，集团公司组织各子公司开展“小金库”复查工作，复查面达到100%。认真总结“小金库”专项治理工作开展以来的工作成果和工作内容，按照国资委要求进行上报。各子公司针对内部控制测试和审计发现的相关问题，及时进行整改，并制定新的制度和流程，财务内部控制体系不断完善。四方股份公司组织各业务部门编制下发了公司内控制度及内控手册，以问卷调查和访谈的方式开展2011年度风险评估，确定最终风险评估结果，提出应对措施，有效防范各类潜在风险。

【产权工作】 召开资产评估报告专家评审会，完成长江公司等18个项目资产评估报告备案工作。通过资产评估项目备案管理，集团公司及时、准确了解国有资产产权发生变动时是否依法进行评估情况，有效监督和防止国有资产流失，全面掌握国有资产评估开展状况和资产评估后国有资产价值的增减变化情况。

根据国务院国资委要求，集团公司对2010年度国有资产评估工作开展情况进行全面分析，完成《中国南车集团公司关于2010年度国有资产评估项目统计分析的报告》上报国资委工作。完成南方汇通公司等6个项目产权交易挂牌工作。

【资金集中管理】 受金融紧缩及“7·23”甬温铁路重大事故影响，产业链资金异常紧张，通过集团公司与子公司上下联动，通力协作，科学谋划，多方筹资，保障了公司的平稳运营，全年筹集资金235亿元，各子公司开立140亿免保证金银行承兑汇票，为运营资金需求提供保障。各子公司严抓货款回收，多次召开应收账款清欠会落实清收目标。严格执行应收账款定期通报制度，实行专人负责清收制，关注与跟踪铁道部机车款回款情况。加大考核力度，对未按期回款及影响回款的责任部门严格考核追究责任，力求做到应收尽收。同时，为缓解集团公司内部供应链上游子公司资金紧张局面，组织两次内部清欠活动，有效保障各子公司正常经营。

进一步加强资金预算管理，完善计划，紧缩支出，严控费用。在资金困难时期，按日对各子公司到期贷款、承兑等刚性支出进行监控，确保资金支付，防范违约风险。各子公司每周上报资金周报，及时、准确反映子公司资金状况。持续深化理财，在防范汇率风险前提下抢抓海外项目收款，利用金融机构同业竞争，比选合作银行，实现在基准兑换汇率基础上获得最大收益。研判外汇走势，适时开展外汇保值展期理财操作，努力降低收汇时间不确定带来的风险。

【会计基础工作】 围绕规范财务核算基础，加快财务报告进度，加强财务信息化等方面开展工作。严格按照会计准则规定和国资委、财政部要求组织会计核算，针对国资委监事会集中重点检查和2010年度财务决算批复、审计管理建议书等外部监管机构提出的资金管理、产权转让、关联交易、会计核算、小金库、资产出租等方面，组织业务自查和督促整改，核算基础工作得到进一步规范，会计信息质量持续提高。

深化“加快财务报告编制进度”专项工作，认真梳理关键因素，优化工作流程，改进工作方法，切实提高会计报告编制进度。2010年年报披露时间较以前提前23天，2011年半年报又较上年再提前3天。财务快报稳定在次月7日之内完成，财务决算组织工作明显提升。将财务信息化作为规范企业财务核算、提高会计信息质量的有效手段，各子公司财务部门在企业信息化工作当中，尤其是推进ERP建设过程中主动参与、积极配合，基本建立物流、生产、财务一体化管理模式，实现信息集成、业务共享、集中控制的信息化管理要求。为加强关联方管理和解决内部对账管理瓶颈，通过调研、招标等程序，启动“久其关联方管理系统”实施工作，采用网络化管理工具解决关联方数据实时采集、核对、差异处理、统计、预警等问题，促进关联方管理规范化。

【财务制度建设】 通过整章建制不断加强基础管理，理顺业务关系，进一步规范会计工作，提升公司财务管理水平。为加强总部与子公司及与关联方间资金往来管理，强化应收账款收款责任及降低资金风险，规范总部财务支出预算管理和对海外投资资产、产权管理，集团公司分别制定《中国南车总部资金收支管理办法》《中国南车关联方资金往来管理制度》《中国南车应收账款月度考核管理办法》《中国南车总部财务支出预算管理办法》《中国南车境外资产监督管理办法》和《中国南车境外产权管理办法》。戚墅堰所按照上市公司对子企业管控要求，结合IRIS体系建设，对公司财务会计制度和流程进行梳理，全年累计修订和制定《资金管理办法》《应收账款管理办法》《不良资产管理办法》《关联交易管理办法》《财务报告管理实施细则》等10余项规章制度。电机公司组织6个课题小组，提炼公司财务管理经验和方法，完成《公司财务精细化管理手册》编制，为公司财务和业务的协同管理，提供工作指南。

【财务队伍建设】 坚持把财务人员学历教

育和职称考评作为素质提高的重要手段，鼓励和支持参加自学考试、在职研究生、国家会计学院总会班、英语知识培训学习等，提升财务人员队伍整体素质。2011年集团公司财务人员中有硕士以上学历或学位的78人，当年13人被评为高级会计师，1人获财政部国家会计领军人才（后备）资格。

开展财务与审计论文交流活动，内容涉及财务管理、审计和风险管理、会计核算、管理信息化等多个专业方向，这些论文既有工作经验提炼，又有理论钻研心得，为今后工作提供较好指导。株洲所择优选取14篇论文进行交流评审，通过论文交流提升财务人员专业知识学习和业务钻研的积极性。做好人才选拔和储备工作，对子公司部分优秀财务人员选聘为集团层面的专家和拔尖人才。

【财务重要会议】 1月在集团公司总部召开2010年度财务负责人述职考评会议，2月在北京召开2010年度财务决算和薪酬决算集中验审会议，3月在武汉召开2011年度财务工作会议，10月分别在北京和成都召开2012年度预算启动视频会议和2012年度预算布置会议，11月在戚墅堰召开2011年度决算布置会议。（财务部　供稿）

资本运营

【概述】 行使股权管理和资本运营职能，在股票融资、股权投资、资源整合、体系建设等方面继续扎实推进，并取得实质进展。进一步优化公司股权结构，减少和压缩股权管理层级，发挥资本运营平台作用，建立项目运营管理机制，完成年初确定的资本运营重点工作，为实现中国南车“十二五”战略目标奠定基础。

【资本市场融资】 按照中国南车融资计划，4月20日启动非公开发行A股股票（以下简称“再融资”）项目，成立项目领导小组和工作组，聘请中介机构，签订保密协议。工作小组建立每周例会工作机制，每周发布工作动态和下周工作计划，按计划组织实施，及时沟通和解决问题。6月14日中国南车召开第二届董事会第五次会议，审议通过再融资方案，6月24日中国南车获得国务院国资委关于再融资的批复。由于受世界经济下滑和“7·23”甬温铁路重大事故影响，9月中旬中国南车股价已低于原再融资方案中的锁定价，原方案已不能执行。因此，再融资小组对原方案进行了调整，制定新的再融资方案。9月16日中国南车召开第二届董事会第八次会议，审议通过新的再融资方案，10月25日国务院国资委对新的再融资方案进行了批复。11月7日中国南车召开2011年第二次临时股东大会，审议通过新方案。11月8日再融资方案上报中国证监会，11月14日取得证监会受理通知书。

【国有资本预算资金】 立足轨道交通装备制造及专有技术延伸产业，加快发展高端装备制造、新能源、新能源汽车、新材料等产业领域，抓住国家大力发展战略性新兴产业的机遇，集团公司向国务院国资委上报有关数据资料申请国有资本经营预算资金。经审核国务院国资委下发《关于中国南车集团公司2011年国有资本经营预算有关问题的批复》，财政部下发了《财政部关于下达中国南车集团公司2011年中央国有资本经营预算（拨款）的通知》。12月19日集团公司收到财政部下拨的20亿元国有资本经营预算资金，全部用于补充国有资本。完成集团公司产权登记变更和工商登记变更，集团公司注册资本由705549.4万元变更为926182.2万元。集团公司将通过认购中国南车非公开发行A股股票的方式，将本次国有资本经营预算资金转为国有股权。

【股权投资】 初步建立集团公司、股份公司、子公司三个层次的资本运营体系，形成中国南车集团投资管理公司、南车创业投资公司等若干资本运营平台。规范财务类股权投资管理和决策流程，多次召开资本运营专题会议，审核贵州航天精工、华能新能源H股投资、南车股权投资基金、飞鹿涂料等多个股权投资项目。香港公司参与华能新能源H股上市战略投资，成为华能新能源基石投资者。南车投资公司参与贵州航天精工和飞鹿涂料两个项目的股权投资，将持续跟踪项目运行情况，确保投资资金安全。

【资源整合】 在上年启动并实施株洲所收购襄牵公司股权工作基础上，3月31日在襄阳市举行株洲所收购襄牵公司股权签字仪式，办理了股权转让和工商变更登记手续，完成股权收购工作。襄牵公司成为股份公司间接控股子公司，由株洲所对襄牵公司实施资源整合，发挥株洲所的资源优势，实现资源优化配置，进一步优化产业布局，整合后的襄牵公司名称变更为襄阳南车电机技术有限公司。

【子公司股权监管】 进一步加强子公司的股权监管，规范操作流程，下发《中国南车集团国有产权协议转让暂行办法》，对子公司股权协议转让的适用条件、操作程序、审批环节等作出规定，在子公司股权协议转让方面做到有据可依。通过派出人员履职尽责，对子公司"三会"召开情况加强指导和审核。召开广州电力机车有限公司创立大会、董事会、监事会，对会议材料进行审核。对南方汇通、四方股份公司、资阳公司召开的董事会、股东（大）会议案进行审核并反馈意见，做好派出董事监事服务工作，通过派出董事监事行使权利，维护公司股东利益。

年内，根据部门职责，对子公司及其所属企业的股权结构调整方案进行审核和批复，优化子公司股权结构。先后批复株洲所变流中心增资、株机公司收购九方公司和荣电气公司股权、戚墅堰所瑞泰公司和乐泰增公司增资、南方汇通公司挂牌转让万达客车公司股权、二七公司物流产业整合及增资、株洲所和戚墅堰公司增资、株洲所收购中铁宏吉公司股权、资阳晨风电气和晨风精密两公司整合等方案。继续清理子公司持有的非控股股权，按照进场交易、挂牌转让原则，实施股权转让，控制风险，确保国有权益保值增值。

【利润分配】 年内，与董事会办公室、财务部共同策划并完成中国南车2010年度利润分配工作。起草股份公司2010年度利润分配方案，经股份公司总裁办公会、董事会、股东大会审议通过后，6月7日发布分红派息公告，以总股本118.4亿股为基数，每股派发现金红利人民币0.04元（含税）。与董事会办公室、财务部一起就分红派息、扣税等问题与税务机关、香港中央证券公司、全国社会保障基金理事会等进行沟通，顺利完成中国南车2010年度分红派息工作。6月29日，完成A股和H股的股息资金到账。根据国家税收政策变化，完成香港H股个人股东股息税款代扣和退还工作。

【市值管理】 2010年7月1日集团公司首次增持中国南车股票，至2011年6月30日增持期满共增持中国南车股票280万股。根据监管部门要求，7月1日中国南车发布集团公司增持计划实施期满公告，并对内幕信息知情人在集团公司增持股票期间从事股票买卖的情况进行调查，由北京市嘉源律师事务所出具了法律意见书。集团公司向中国证监会上报了关于豁免要约收购申报材料，8月11日收到中国证监会关于集团公司豁免履行要约收购义务的批复，8月13日对外进行公告。

2011年8月18日，集团公司及南车集团投资管理公司持有的中国南车股票限售期满可以上市流通。为树立中国南车良好形象，提升投资者信心，根据招股说明书承诺决定集团公司和南车集团投资管理公司持有的中国南车股票自解禁之日起，自愿继续锁定3年，锁定期限至2014年8月17日。

（资本运营部　供稿）

审计与风险管理

【概述】 中国南车各级审计和风险管理部门以实现公司经营目标为中心，以风险为导向，以公司治理为目标，以加强内控管理体系为主线，着力开展内部控制制度梳理和体系建设，落实和完善制度模板，改进审计工作方法，推进风险管理，建设审计队伍，实现中国南车内部审计、风险管理和内部控制工作的新发展。

全年，中国南车及所属企业审计部门完成内部审计项目240项，提出审计整改建议1156条；工程项目审计2753项，审计工程预决算金额56.564亿元，核减工程投资额1.62亿元，平均审减率为2.86%；审计经济合同91682份，合同标的350.21亿元，修订合同条款2210条，合同审减1.0053亿元；参加招议标项目1476项，审核招议标金额101.42亿元，降低招议标费用0.6783亿元。通过加强内部控制，提高内控水平，中国南车内控缺陷率从2009年的2.39%下降到2011年的1.97%，2011年8月中国南车入选首届“中国上市公司内部控制指数排名”前十强，在2105家上市公司内控指数综合排名中名列第7位，在机械设备仪表行业排名第1位。

继续深化风险管理，组织各单位开展风险辨识和评估，对公司3个层面、18个主要内控业务环节的269个风险控制点及6个外部风险进行梳理，共梳理确认风险事件102条，为中国南车制定2011年度风险管理策略和应对措施提供依据。所属各子公司审计部门在日常工作中，坚持以风险为导向，在工作中努力做到内部审计、内部控制和风险管理工作三者融合，运用风险管理手段评估企业风险，运用内部控制方法应对风险，以加强内部审计方式提高风险管理效果。洛阳公司运用内控审计方式和方法编制风险控制矩阵，促进企业进一步完善内部控制，降低经营风险。戚墅堰所公司通过开展内部审计，跟踪问题整改情况，确保措施认真落实，缺陷整改到位。株洲所为强化企业质量管理、规避企业价格风险分别开展质量风险审计和价格风险审计，为企业经营提供系统保证。

【内部审计】 开展企业安全管理专项审计，对员工生产和生活环境、职业健康、安全防护、环境保护，公司重要房屋建筑、机器设备、货币资金、存货等实物资产的安全，以及危险品存放、消防和避险物资安全，公司重要信息保密、信息系统管理和信息传输过程中的安全保护等安全管理内部控制及风险进行专项审计。审计揭示了中国南车当前在安全管理环节存在的风险和缺陷，并提出相应改进建议，为全面提高安全管理水平、避免重、特大安全风险事故发生发挥了积极作用。对募集资金使用情况开展两次审计，促使企业更加规范使用募集资金，投资项目管理水平也得到进一步提升。完成对眉山公司、成都公司、戚墅堰所、四方有限公司原总经理等4项离任经济责任审计和二七公司总经理任期经济责任审计，并先后完成6个专项审计调研。在对海南鑫源酒店开展的内部控制咨询项目中，咨询组不但提交了《内部控制咨询报告》、《管理建议书》等，还编辑一部涵盖酒店所有部门和重要业务流程的

《内部控制制度汇编》，为完善内控，整章建制提供解决方案。

各级审计部门不断创新审计工作理念，不断提升审计效果。长江公司全面推行审计委派制，完善长江公司总分型审计管理体制，充分发挥审计监督职能。戚墅堰公司坚持“增值型服务”理念，创新审计技术方法，促进内部审计工作转型。四方有限公司制定委托审计规定，借助外脑加强第三方审计监督。洛阳公司整合洛阳、襄樊两地审计资源，齐抓共管，确保监督到位。浦镇公司加强物资采购价格审核，努力提高企业经营效益。眉山公司采用“过程跟综审计”方式，加强对重点工程项目过程管理。成都公司开展废旧物资管理情况专项审计，加强废旧物资竞卖监督。石家庄公司开展细录预算管理成本控制审计，降低企业成本。电机公司重点对委外加工产品及价格进行审计，为公司带来较大经济效益。株洲所针对异地工程项目，围绕基建管理的11个关键控制环节确定审计介入时点，对建设程序、招投标管理、施工合同、预算审计等方面进行全程现场跟踪审计。

【内部控制】 贯彻实施《企业内部控制基本规范》和《企业内部控制配套指引》，开展为期1年的内控建设专项工作。修订《中国南车内部控制手册》，制定《中国南车内部控制评估手册》《中国南车内部控制指引》，不断完善内部控制制度基础。完成中国南车内部控制自我评价，按照《企业内部控制评价指引》要求，在前两次自我评价基础上进一步规范评价测试方法，并向董事会提交高质量的内部控制自我评价报告。

中国南车所属各单位以内控为抓手，通过全面、系统地开展内部控制体系建设，全面提升企业管理水平。株机公司将内控评价重点放在企业高风险领域，通过开展内控评价，规范内控抽样和加大测试力度，督促相关单位开展多轮整改规避企业运营风险。株洲所在一、二级内控体系全面搭建情况下，主抓三级内控体系建设。同时针对并购与合资企业开展内控诊断，实施内控对接，实现内控体系全面覆盖。戚墅堰公司加快推进内部控制指引实施，以规范内部控制流程为载体，创建企业内部控制新体制，提升企业管理水平。电机公司推行精益管理方法，进一步加强内部控制，为公司提供效益增值服务。

【风险管理】 根据中国南车风险管理工作计划，按照《中国南车股份有限公司全面风险管理制度》和《全面风险管理手册》要求，组织总部及16家一级子公司开展年度风险辨识和评估。按照国资委要求，对2010年度风险管理工作情况进行总结，按照国资委下发的规定格式和要求完成《中国南车2011年度风险管理工作报告》。

公司各子公司进一步推进风险管理“常态化”，形成风险管理长效机制。株机公司在日常经营活动中加强外汇风险研究，合理运用衍生金融工具有效应对外汇风险，实现外汇收款保值增值。浦镇公司结合风险与内控体系建设，明确公司风险管理职责框架，规范风险管理制度流程，编制工作表单和模板，推进风险管理在各业务层面展开。眉山公司将风险管理与企业日常内部控制活动相结合，对出口业务进行风险动态管理，做好销售合同风险评估和过程监控。株洲所立足于产业规划与企业发展战略，编制《株洲所投资风险管理指引》，建立投资风险管理规范，全面推动企业投资过程风险控制工作。资阳公司针对孟加拉电站工程项目在履约进度、工程质量等诸多方面存在的不确定性进行风险分析与评估，为公司及时发现风险、化解风险提供有价值的分析资料。浦镇公司在重大项目风险管理上，主动参与和主动服务，重点跟踪和监督好在伊朗、突尼斯、格鲁吉亚等重点海外项目的风险管理工作，确保项目按期完成。二七公司推动风险管理融入公司重大经营活动，实现重大项目管理过程中的风险识别、量化和控制的全过程管理。四方股份公司参与部分海外项目的投标文件评审及标书制作，将风险管理融入其中。

【工作交流】 通过搭建信息交流和沟通平台进行专业理念宣贯、方法介绍、经验推广，不断提升中国南车整体业务工作水平。在上年基础上继续编辑《南车审计与风险管理工作通讯》电子刊物，已出刊6期。通过刊物分享信息，交流经验，进一步开拓思路，提高管理水平和工作能力，促进整体工作素质进一步提高。

为适应快速发展要求，中国南车各级审计部门采取多种措施，加强审计队伍培训和建设，不断提高审计人员业务技能和工作水平。戚墅堰公司、洛阳公司、株洲所结合审计人员工作实践，积极鼓励审计人员撰写论文，提高业务人员理论水平。南方汇通公司秉承“在工作中学习，在学习中工作”的理念，不断提高审计人员综合素质。四方股份公司实行5S管理，加强团队建设，创建和谐氛围，提高审计队伍凝聚力。

（审计和风险部　供稿）

信息化建设

【概述】 中国南车信息化建设按照公司战略和发展规划，认真落实国资委信息工作要求，完成“十二五”规划、企业资源计划ERP建设、产品研发信息化、网络及安全基础设施建设和IT治理等各项工作目标。先后建立中国南车信息化预算管理、信息化年度统计报表、IT年度报告等管理制度，进一步加强子公司的信息化管理。落实中国南车品牌管理战略，保护CSR品牌资源，加强因特网域名有效注册和管理，下发《关于统一因特网域管理的通知》，对中国南车因特网域统一规划和管理，有效保护品牌资源。结合国资委信息化工作要求和中国南车信息化现状，制定中国南车信息化建设水平评价对标办法，完成第一次信息化对标检查，对13家子公司信息化组织领导力、基础设施、信息化应用、信息化运维等方面进行评价和打分，进一步促进中国南车信息化建设。按照国资委网站绩效评估要求，组织完成网站构架调整，加强了网站运维、信息发布等系统管理工作，网站综合能力和管理水平大幅提升。国资委发布的2011年互联网网站绩效评估结果，中国南车网站达到A级水平。

召开中国南车信息化工作会议，提升信息化软实力，创建数字化中国南车。打造具有中国南车特色的信息化管理体系，建立具有国内先进水平、符合国家安全要求的综合信息网络设施，形成支撑集团管控、运营分析的两级信息系统平台和支撑三大技术平台的产品数据管理、协同仿真公共服务平台，为持续管理创新、技术创新提供新动力，为中国南车“十二五”发展战略提供有力支持。制定《中国南车“十二五”信息化发展规划纲要》、《中国南车关于开展信息化建设水平登高计划的指导意见》，进一步统一思想，明确信息化工作目标和方向。

【人力资源系统验收】 e-HR系统项目自2009年11月启动以来，经过近2年努力，全面完成总部及16家一级子公司的实施工作。项目按照“系统化、一体化、规范化”的人力资源管理整体要求，涵盖组织岗位、人员配置、薪资、绩效、培训、招聘等14个管理模块，搭建了中国南车一体化的人力资源管理信息化平台，为逐步落实公司人力资源战略和规划、创新人才管理体系和机制奠定基础，有效提升中国南车人力资源整体管理水平。9月29日，人力资源系统（e-HR）通过验收评审，中国南车人力资源信息化建设取得阶段性成果。

【经营管理系统】 经营管理系统自1月1日起，采用手工报表与系统填报并行方式上线运行。16家一级子公司全面完成数据核对，基本保证了与手工填报数据一致。经营管理系统已成为中国南车主要产品订单、产量、销售收入数据采集和统计分析的平台。

【图文档加密系统验收】 12月23日，中国南车图文档加密系统通过总体验收。图文档加密系统覆盖了中国南车总部及17家一级子公司，系统采用统一规划、统一策划、分级管理的方式搭建了中国南车电子图文档加密平台，充实电子信息保护体系，有效地保护电子信息资产。

【子公司企业资源计划系统建设】 长江公司规范和深化ERP应用，通过现场指导、培训、检查及考核等措施，保证系统有效应用。同时，完成包括铜陵分公司的铸造生产系统、仓库正品与不良品分账处理系统、“五步三审核”领料程序、材料核算系统，武汉分部和常州分公司的成本分析系统、质量缺陷管理系统、项目预算系统、产品报价系统等多个子系统运行实施。

株机公司ERP项目建设方案通过集团公司评审，完成EAS平台升级，财务、物流、设备等业务在EAS平台稳定运行。完成昆明地铁车辆，广州1、2、8号线地铁车辆，广州3号线增购车辆，马来西亚地铁车辆，9600千瓦电力机车等产品的BOM基础数据准备，机车、城轨、转向架MRP II与采购、物流已统一在新ERP系统平台，实现物流、生产信息的集成。

戚墅堰公司ERP系统1月上线运行，完成了财务、物流、生产、质量等模块的实施，实现总账管理、存货核算、实际成本、应收管理、应付管理、固定资产、采购管理、仓库管理、销售管理、主需求管理、主生产计划、物料需求计划、生产任务、车间作业、修造管理、质量管理、工作流、电子看板和集成制造系统（CIMS）接口的实施。

四方有限公司深化奥联ERP系统应用，转向架分厂奥联ERP系统应用范围进一步延伸，业务范围由原来转向架检修、轮对新造、检修和配件新造延伸到出口构架、端部底架以及配件新造业务，营销订单由原来国内订单延伸到了国外订单，用户扩展到公司技术工艺、进出口、采购、财务、营销等相关部门。9月对系统进行全面升级，为公司顺利完成生产任务做出贡献。

石家庄公司ERP项目通过集团公司验收，继续实施质量、成本和设备子系统。5月组织召开ERP项目推进会，下达车间在制管理办法、质量系统管理规范等，建立系统运行监控台账，设计开发采购、生产、财务、仓库四大类18项监控指标。进行数据仓库与决策支持系统设计、开发和实施工作，完成财务类6项、营运能力5项、盈利能力2项、发展能力3项、资产状况和经营状况各1项等25项指标开发。

戚墅堰所汽车配件事业部ANDON系统上线运行，通过声光多媒体设备及时反映生产线质量、故障、物料状态，有利管理人员及时发现和处理现场异常。同时，状态数据自动在数据库中进行记录统计，为分析物流、质量、设备和相关区域因素潜在影响提供帮助，持续改进系统存在问题，确保物流和生产的“准时化、自动化”提高现场管理水平和效率。通过实施现场智能管理（ANDON）系统，汽车配件事业部产品质量不良率下降30%，车间生产周期缩短10%，资金周转率加快30%，生产率及设备可动率提高10%，每年可减少1000万元左右的损失。

株洲所继续推广 ERP 系统，先后完成昆明时代公司 ERP 系统实施、PCB PM（印制电路板设备管理信息系统）实施应用、售后 A5 修业务管理实施、电力电子成本管理优化实施，研究院 SAP 项目和时代电气公司 ERP 项目三期通过验收，北京时代公司、时代新材公司、时代电动汽车公司 SAP 项目上线，宝鸡时代公司 K3 上线应用。

【产品研发信息化】 戚墅堰公司是中国南车内燃机车三维工程化研究与应用试点单位，年内先后完成调研、需求分析、技术方案制定、公司内部项目评审等工作，5 月内燃机车三维工程化应用可行性研究报告通过中国南车评审。株机公司实施 PDM 升级改造，进行性能优化和流程优化，重点解决原有系统中流程任务签审速度慢、基础数据不准确、支持设计更改流程、签字转换速度等问题，系统效率和稳定性有了极大提高。已完成马来西亚动车组设计项目，正在系统进行的项目有宁波地铁 1 号线、武汉地铁 2 号线、长沙地铁 2 号线、郑州地铁 1 号线等项目。资阳公司三维设计完成上线实施，PDM 系统完成各项基础准备和历史数据迁移，开发了 CAPP 集成接口。

【信息化与精益生产整合项目】 戚墅堰公司精益物流配送平台上线运行，实现物流管理从领送制到配送制的转变。年内完成配送作业 7600 余项，物品运输 12800 余次，产生出入门记录 3230 余条。精益物流配送平台运行不仅提升管理效益，还带来显著经济效益，每年可节省资金 52 万余元，节省物资堆放场地 150 多平方米和交接、收票等人员 12 名。成都公司配合精益管理要求，在电机制造业务深入推进 ERP 应用，实施 ERP 二期工程（车间工序作业系统），强化 ERP 与精益生产深度结合。该系统通过准时化作业计划（任务计划级和工序计划级）排程、现场数字化作业，实现准时化生产、物料配送、生产动态电子看板监控、异常处理等信息化与精益生产的融合。

【服务器虚拟化推广】 戚墅堰公司应用 TSM 等技术对 OA、ERP、PDM、CAPP 等重要数据库和文件进行备份，并运用光纤和 NAS 存储技术，实现 PDM、ERP 和协同仿真平台等主要业务信息系统和数据的镜像存储，保证数据安全与连续运行。建立稳定高效的服务器虚拟化应用，可有效降低应用成本，提高系统安全性和可用性，改善管理灵活性。浦镇公司为保证各业务系统稳定、安全、可持续性运行，对公司网络系统实施虚拟技术。通过网络异地桌面办公和实现服务器使用效率的资源整合，达到中心机房服务器安全、高效管理，为将来逐步建立和实现虚拟化的数据存储奠定基础。

【IT 运行维护与认证】 长江公司搭建 IT 运维管理平台，建立事件、问题、知识、变更、发布、配置和服务流程，提供更加及时有效的业务持续性服务，提高用户满意度，逐步提升 IT 运维水平和服务质量，为公司业务运作提供更好地技术支持。株洲所按照 ISO20000 标准要求，结合公司 IT 服务实际情况构建 IT 服务体系，规范 IT 服务管理 13 个流程。完成 ISO20000 差距分析、体系建设、体系试运行，组织 2 次内审和 1 次管理评审，通过首次 ISO20000 体系外审和现场认证审核。ITSM 系统实施，实现了事件、问题、变更、配置等流程的平台落地。

（信息技术部　供稿）

技术管理

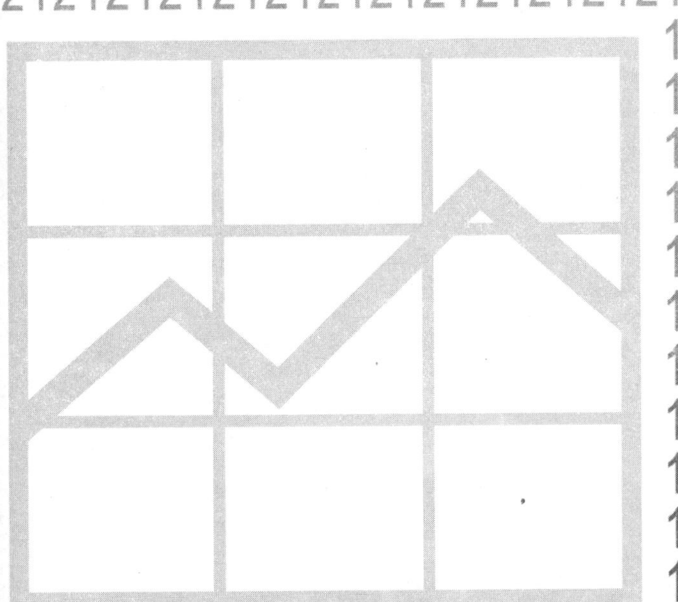

科技发展与管理

质量管理与通用技术

机车生产与技术开发

动车组生产与技术开发

城轨车辆生产与技术开发

客车生产与技术开发

货车生产与技术开发

新产业生产与技术开发

能源管理与环境保护

科技发展与管理

【概述】 加快自主创新步伐，着眼创新能力建设，持续优化、重点提升三大技术平台建设工作。随着高速动车组总成国家工程技术研究中心落户四方股份公司，中国南车成为国内轨道交通装备制造领域唯一拥有变流技术国家工程中心、高速列车系统集成国家工程实验室、动车组和机车牵引与控制国家重点实验室、高速动车组总成国家工程技术研究中心4个国家级研究与实验机构的企业。这些研究与实验机构和6个博士后工作站、6个国家认定企业技术中心、2个海外研发机构构成中国南车强大的研发平台。新一代更高速度试验列车等一批新产品问世，进一步确定中国南车在国内铁路运输装备制造业的领跑者地位。在经历“7·23”甬温铁路重大事故给铁路运输企业带来严峻考验，感受外部经营环境巨大压力的同时，又体会到CRH380A动车组独自担当京沪高铁运营的无尚荣光和分享中国南车获评“中国十大创新型企业”、丁荣军当选中国工程院院士以及更高速度级试验列车顺利下线的无比喜悦。结合《国家“十二五”科技发展战略纲要》和《中央企业科技创新工作指导意见》，发布《中国南车“十二五”科技发展规划》，编发中国南车《“十二五”三大技术平台持续优化和重点提升工作纲要》《中国南车“十二五”质量工作规划》《中国南车“十二五”技术标准化工作规划》，谋划中国南车“十二五”科技工作。

【三大技术平台建设】 对各子公司编制的“十二五”期间三大技术平台建设项目计划书，组织评审和专项评审。指导各子公司进一步完善三大技术平台建设项目计划书，保障三大技术平台持续优化和重点提升工作深入开展。组织株机公司、戚墅堰公司、四方股份公司、浦镇公司、眉山公司、二七公司、株洲所、戚墅堰所8家单位，成立6个成果平移项目组，制定《中国南车三维标准件模型库平移管理办法》，发布两项平移成果，共享“十一五”期间三大技术平台建设成果。召开试验验证体系建设专题座谈会，成立中国南车试验验证体系建设专家组，审核各子公司上报项目，完成项目建设报告和审核报告编制，初步拟定“十二五”期间新建项目。制定《中国南车17项工艺管理标准执行表单类明细》，通过检查指导，督促各子公司加强17项工艺管理标准执行表单转化实施工作。下发《中国南车“十二五”协同仿真设计模板开发项目汇总表》，并纳入年度科技项目计划组织实施，完成6个仿真模板开发，协同仿真公共服务平台建设方案通过中国南车评审。确定株机公司、戚墅堰公司和四方股份公司为三维工程化试点单位，组织专家对试点单位的三维工程化建设方案评审，编制项目可行性研究报告报中国南车审批。建立知识管理程序和相关体系，株机公司、戚墅堰公司、二七公司、株洲所制定工作方案，明确企业自身需求、工作目标和实施路线，具有一定的示范作用。

【科研项目管理】 完成中国南车科技管理信息系统建设，将科技统计、科技项目立项、过程管理、结题管理、成果管理、专利管理等纳入网络管理，初步搭建了科技管理信息化建设的平台。完成中国南车科技成果审定，颁发科技成果审定证书。召开中国南车首次科技管理创新研讨会，落实国务院国资委关于中央企业科技管理创新会议精神。科技投入不断加大，投入科技经费44.81亿元，占营业收入的5.6%，年内新立科技研发项目549项，延续科技研发项目349项。

【科技成果评奖】 四方股份公司设计制造的CRH380A高速动车组，获2011年中国创新设计红星奖至尊金奖和最佳团队奖。株洲所承担的“供用电系统谐波的有源抑制技术及应用”，获2011年国家科技进步二等奖。获省部级科技奖20项，其中，长江公司、眉山公司、戚墅堰所、二七公司承担的“整体芯B+级钢摇枕、侧架制造技术”项目，获2011年度中国铁道学会科学技术一等奖。

【标准化工作】 发布《中国南车标准化信息系统管理办法》，完成标准化信息系统升级，实现各子公司标准资源共享。发布《中国南车技术标准化管理办法》，提出技术标准化工作评价指标。制定和修订国际标准 8 项，其中株洲所主导起草的 IEC 62621《轨道交通 地面装置 电力牵引 复合绝缘子的特殊要求》，于 6 月 29 日发布为国际标准。主持制定和修订国家标准 7 项、行业标准 42 项，参与制定和修订国家和行业标准 91 项，发布 6 项中国南车三维建模标准和 18 项货车探伤工艺规程。四方股份公司、时代电气公司获国家 AAAA 级标准化良好行为企业确认。

【专利申报】 全年申请国家专利 1820 项，其中发明专利 534 项；获得国家专利授权 1308 件，其中发明专利 185 件。5 项专利获 2011 年第十三届中国专利优秀奖，长江公司、眉山公司分别获得澳大利亚、美国 1 项专利授权。

【科技工作会议】 撰写科技大会工作报告、三大技术平台建设工作专项报告，召开 2011 年中国南车科技大会。评审 2010 年中国南车科技进步奖项目、第二届“科技论坛”优秀科技论文，评选专利工作先进单位、三大技术平台建设先进单位、“十一五”先进科技工作者、专利工作先进个人和三大技术平台建设先进个人，并在会议期间进行表彰奖励。

（科学技术部 供稿）

质量管理与通用技术

【概述】 年内认真落实国务院、铁道部一系列指示精神，精心部署“质量年”和安全生产大检查活动，深入开展安全质量大检查大整治活动，高度重视产品质量全过程管理，努力提高质量安全防控能力，确保产品质量安全持续稳定。在大量新造机车车辆上线运行情况下，行车质量责任事故发生率较上年有较大幅度下降，全年质量指标完成情况总体较好。全面推进国际铁路行业标准（IRIS）贯标和认证工作，11 家子公司通过 IRIS 第三方认证或监督审核。下发《中国南车计量理化工作管理办法》，制定《中国南车出口产品管理办法》，成立中国南车焊接技术委员会和无损检测技术委员会，制定技术委员会章程。加强新产业、出口项目质量审核，组织四方有限公司风电配套铸造产品、戚墅堰所风电齿轮箱、株机公司土耳其轻轨车辆、戚墅堰公司出口沙特机车、长江公司出口加蓬敞车等项目的质量专项审核。

【安全质量检查】 根据铁道部统一部署，下发《关于深入开展机车车辆安全生产大检查工作的通知》，组织安全生产大检查，结合质量检查、质量审核，督查相关子公司的实施情况。“7·23”甬温铁路重大事故后，下发《关于立即开展安全质量大检查工作的通知》，做好国务院高速铁路安全生产大检查准备。专门成立工作领导组和由秘书处成员组成的质量检查组，督查四方股份公司、戚墅堰公司、浦镇公司等企业质量安全大检查自查工作，督导相关活动开展，检查问题项点整改落实情况。

【QC 小组活动】 获得国家优秀质量管理小组 1 个、铁道部优秀质量管理小组 17 个、中国南车优秀质量管理小组 42 个。

【通用技术研究与交流】 调研中国南车焊接技术情况，召开中国南车焊接技术委员会技术交流会，出版中国南车焊接技术交流会论文集。召开中国南车焊接技术工作座谈会，组织焊接技术委员会专家，分赴北京南车时代机车车辆机械有限公司、宝鸡南车时代工程机械有限公司，对焊接规范、流程建立等工作进行指导，协助制定整改措施和计划。组办中国南车首期设计、工艺及检查人员无损检测培训班，召开无损检测技术人员经验交流会，特邀全国无损检测学会和美国 GE 公司专家进行专题技术讲课。举办理化检验一、二级新考证人员和 10 年到期人员复审考核班。加强各子公司出口产品包装防护工作，举办一期工业包装技术培训班，专题讲授包装方式、防护方法等。

（科学技术部 供稿）

机车生产与技术开发

【概述】 在国家经济紧缩政策及铁路投资调减形势的影响下，铁路机制体制改革逐步深入，市场需求大幅下降，企业生产经营极为严峻。机车造修企业克服铁路新造机车订单不足、机车修理订单萎缩的困难，加大市场开拓力度，为图谋后续发展积蓄力量，着力技术创新与自主研发，加快新产品开发和科技成果转化，不断提升工艺制造水平和产品质量。年内，完成国产化八轴货运电力机车电传动系统方案的技术评审，召开神华集团新八轴、十二轴大功率交流传动电力机车合作项目交流会和设计联络会，协调电力机车新产品开发工作。召开“280 柴油机暨内燃机车产品研讨座谈会”，达成包括建立 280 柴油机暨内燃机车信息沟通、定期会晤机制和加强技术方案评审参与及深化程度在内的十点共识。组织创新型国产化 HX_N5 型内燃机车技术设计方案（双司机室和单拉杆转向架）技术评审，为技术方案实施和运用考核创造条件。组织戚墅堰公司和资阳公司完成 HX_N5 型内燃机车曲轴国产化合作，解决 HX_N5 内燃机车新造和维修备品配件有关技术和商务问题。加强出口机车产品技术管理工作，组成中国南车专项质量协调工作组，对戚墅堰公司试制的出口沙特内燃机车进行制造质量和技术状态专项检查和协调。在资阳公司召开出口澳大利亚 SDA_1 型内燃机车、出口乌兹别克斯坦 SDD_{19} 型内燃机车和 280 系列柴油机批量出口技术方案评审会。召开 HX_N5 型内燃机车项目协调会，推进 HX_N5 型内燃机车专项质量整治工作，推进 HX_N5 型内燃机车技术转让考核验收工作。组织戚墅堰公司、资阳公司、成都公司和株洲所，完成内燃机车功率等级暨技术平台研究，为内燃机车产业发展提供有益技术支撑和借鉴。受铁道部委托组织有关单位和技术专家，对成都公司 7200 千瓦电力机车牵引电机生产资质暨制造技术平移及生产技术保障能力进行评审并通过评审。

在核心技术支撑下，成功研制出多种不同轴式、不同牵引力等级的大功率机车系列产品，满足多元化需求，顺应世界铁路重载牵引动力发展趋势。HX_D1 型八轴 9600 千瓦电力机车是迄今世界功率最大的交流传动电力机车，成功实现双机重联牵引 2 万吨。HX_D1B 型六轴 9600 千瓦电力机车是世界首创单机功率最大的交流传动电力机车，单机能满足长交路、长大坡道上牵引 6 千吨货运需要。HX_D1C 型六轴 7200 千瓦电力机车创造世界铁路机车研制周期最短的记录，单机能满足长交路、长大坡道上牵引 5 千吨货运需要。HX_N5 型大功率内燃机车是世界单机功率最大的内燃机车之一，采用模块化设计，以其重载牵引动力和节能环保性能，成为中国铁路干线的货运主型机车。

株机公司年内完成5种电力机车整车研发。完成时速160公里六轴客运电力机车首台产品试制、地面组合试验和例行试验，正在进行型式试验。完成时速200公里六轴客运电车力机车产品试制及相关验证试验，其关键技术和部件产品全部自主研发，在运输能力及经济效益方面具有明显优势，更加符合中国铁路客运市场需求。完成7200千瓦高海拔货运电力机车样车试制，掌握高原电力机车系统集成、电气绝缘技术、通风冷却等多项关键技术，为实现高原电力机车标准化、系列化设计奠定基础。完成新八轴大功率交流传动电力机车施工图设计，在HXD1型电力机车技术集成和消化吸收的基础上，采用国产化主变流系统和微机控制系统，新增6A安全防护系统，构建深度国产化的新型大功率交流传动重载货运电力机车技术平台。采用与用户联合设计，合作开发打造神华集团新八轴、十二轴大功率交流传动电力机车。在出口哈萨克斯坦六轴客运电力机车基础上，研发全新一代电力机车。采用原出口电力机车、和谐型电力机车成功经验，成功攻克减重、防寒二大难题。

资阳公司充分发挥制造优势，从株机公司平移HXD1B型9600千瓦和HXD1C型7200千瓦大功率交流传动电力机车车体和转向架等基础部件全套技术，进行全面技术改造，新增工艺装备292台，改建扩建厂房2.9万平方米，打造具有国际先进水平的电力机车生产基地，具备年生产200台交流传动大功率电力机车能力。同时，所完成主要车型的车架和构架焊接、转向架组装和车体涂装等制造技术平移工作在出口澳大利亚、乌兹别克斯坦等内燃机车新产品上全面实现，稳步提升内燃机车制造质量。成功研制出口澳大利亚大功率交流传动内燃机车，首批内燃机车如期交付，开创中国自主品牌内燃机车进入发达国家高端市场的先河。成功研制出口乌兹别克斯坦八轴重载货运内燃机车，国内率先掌握单节八轴机车技术，丰富出口机车型谱。

戚墅堰公司成功搭建起具有国际先进水平的技术平台和制造平台，培养了一支高素质的专业人才队伍，系统地掌握大功率交流传动内燃机车关键技术、系统集成技术和相关配套技术，形成大功率交流传动内燃机车批量制造能力。加强技术引进消化吸收和再创新工作，加快产品结构调整，开展2000马力、4000马力、6000马力内燃机车平台建设，全方位拓展产品市场，形成大功率内燃机车持续研发和制造的完整体系。完成创新型国产化HXN5型内燃机车（暂称为HXN5B型）研制，通过铁道部国产化项目成果审定，为后续HXN5B型内燃机车生产打下基础。完成HXN5B型内燃机车样车试制，动力学性能得到明显改善，彻底解决HXN5型内燃机车轮缘磨耗严重及机车单方向运行问题，为后续系列内燃机车开发创造条件。适时启动大功率交流传动调车内燃机车研发，完成机车技术规范编制和柴油机样机试制，同时与成都公司和株洲所进行机车电机及牵引控制系统的合作。SDD20型干线内燃机车技术设计方案通过中国南车评审，用于援坦赞铁路客、货列车牵引。完成在沙特进行出口沙特内燃机车样车试验项目并交付用户。完成出口澳大利亚SDD17型内燃机车的发运，具有自主知识产权、采用交流传动技术的内燃机车首次进入发达国家。出口津巴布韦SDD6型内燃机车和首次采用中国成熟标准的几内亚SDD16型内燃机车已交付用户。

【机车关键部件研制】 资阳公司成功研制6280ZJ、12V280ZJ机车柴油机并实现量产，完善280机车柴油机系列。YC320柴油机竣工下线，大功率船用柴油机开发取得突破。完成280系列重油柴油机方案设计，开展

12V240 发动机低浓度燃气应用开发及可靠性提升研究，燃气机关键技术研究向纵深推进。大型曲轴新产品开发扎实推进，EMD265 柴油机曲轴实现量产；成功实现 18V32/40 曲轴国产化，成为国内唯一从锻造、热处理到机械加工均能制造 L 型和 V 型 32/40 曲轴的企业。

戚墅堰公司开发 280 柴油机系列化产品，进一步提高 280 柴油机技术性能指标和可靠性，与国外著名柴油机咨询公司和主要部件供应商进行技术合作交流，初步确定 280 柴油机改进的技术框架和技术路线及预期开发目标。HX_N5 型交流传动内燃机车用 GEVO16 型柴油机曲轴国产化取得重大突破，自主生产的 GEVO16 型柴油机曲轴通过 700 小时 VV 试验，并通过首件评审，为实现机车国产化排除障碍。

成都公司完成出口土库曼斯坦机车直流牵引电机、出口澳大利亚机车主发电机和直流启动发电机、出口乌兹别克斯坦机车主发电机开发试制；完成出口沙特机车主发电机、散热器冷却风扇电机等产品开发试制，组织 4400 马力大功率交流传动内燃机车主发电机、交流牵引电机、散热器冷却风扇电机的设计开发；完成红柠地方铁路内燃机车无刷励磁主发电机，CDJD105 石油钻井交流电机的开发试制。

电机公司完成出口澳大利亚 SCT 内燃机车用牵引电机的研制与批量交付，时速 160 公里六轴交流传动客运机车、时速 200 公里六轴交流传动客运机车、7200 千瓦高原机车用牵引电机、牵引变压器等产品的开发、样机试制和地面系统联调试验。

株洲所完成 HX_D1B 型六轴 9600 千瓦电力机车牵引变流器功率模块 PM、TCU&CCU 等关键部件的技术引进及国产化，交付 150 台车，国产化产品质量达到西门子原装同等水平。基于 6500 伏高压 IGBT 建立自主变流技术平台，交付六轴 9600 千瓦客运电力机车全套电气系统并装车，完成国家支撑计划项目并结题。攻克六轴 7200 千瓦高原货运电力机车高原气候带来的散热、绝缘等技术难题，完成电气系统研制、交付及整车调试。完成八轴 9600 千瓦货运电力机车主辅一体化变流器、网络控制系统的研制和地面试验。完成交流传动机车用 DC600V 装置研制，累计交付 250 套。完成交直机车控制平台在 SS_3B 型重联电力机车、SS_7E 型电力机车的应用。承担具有完全自主知识产权的电气牵引系统开发，与资阳厂合作完成出口澳大利亚 SDA_1 型内燃机车出厂调试及各项型式试验，交付 6 台车；与戚墅堰公司合作完成 4400 马力交流传动内燃机车电气牵引系统部件施工设计、利用逆变器起动柴油机的试验及相控整流调压试验。交付 HX_N5 内燃机车国产化牵引变流器 570 余台车，完成完全自主知识产权 IGBT 模块的对等开发、产品运用考核。

戚墅堰所研制的神华货运内燃机车用制动盘进入试制，年内完成大功率交流传动电力机车和内燃机车牵引齿轮、内燃机车活塞和活塞环的批量生产，国内铁路市场处于垄断地位。在专有技术延伸领域不断开拓，完成 DAIHATSU、MAN 等公司船用柴油机 18KU30A、G300、G320、220、玉柴 200、32/40 活塞环组的研制，相继研发出船用柴油机活塞、燃气活塞等新产品。

【机车修理】 年内，国铁机车大修政策调整和市场投放机车数量减少。修理企业完善既有承修车型结构，提高技术能力和工艺水平，实施内部挖潜；着力开拓市场，开展新型大功率交流传动机车检修业务，积极拓展路外市场。检修新型大功率交流传动机车，积极探索和创新检修模式，引入造修一体化理念，以制造技术为支撑，带动修理企业快速实现批量检修能力。组织洛阳公司、戚墅堰公司、株机公司、电机公司和株洲所等单位全面推进和谐型机车检修工作，和谐型机车二年检工作取得显著进展。株机公司完成HX_D1B型电力机车二年检试修。戚墅堰公司完成HX_N5型内燃机车二年检试修。成都公司完成DF_8B型内燃机车中修、DF_5型内燃机车中修、SS_4G型电力机车中修、DF_5改型内燃机车大修产品的开发，取得铁道部SS_7E电力机车资质并具备批量生产能力。洛阳公司和谐型大功率交流传动电力机车二年检业务，实现当年试修、当年达到批量检修HX_D1型电力机车的能力，完成HX_D1B型电力机车二年检试修和HX_D1C型电力机车检修技术准备。

（机车事业部　供稿）

动车组生产与技术开发

【概述】 依托持续创新集成领先优势，成功搭建高速动车组研发平台，形成完整的基础理论、设计制造、试验评估、运用维修于一体的高速列车技术体系，构建高速列车完善的产业链。致力于研制不同速度等级、编组形式的城际动车，未来将满足庞大城际动车组市场需求。同时探索制造服务一体化的业务模式，为客户提供产品全寿命周期服务，不断探索降低产品全寿命成本的途径、产业链延伸至维护保养等环节，实现从单纯的制造型向制造加服务型转变。7月1日京沪高铁开通运营，四方股份公司研制的46列CRH380A高速动车组上线运营，其中短编组CRH380A型动车组26列、长编组CRH380AL型动车组20列，占京沪高铁上线动车组53%。8月中旬起，铁道部又陆续调集20列CRH380A高速动车组上线运营，在后续近四个月内，CRH380A高速动车组独自承担京沪高铁运营全部任务。7月28日新造5列CRH380AL型动车组配属武汉铁路局，承担武广高铁运营任务。据统计，中国南车投入运营的动车组总体运行情况良好，正点率接近100%，百万公里故障率约0.5次。CRH380A高速动车组稳定运营，得到外界高度评价，树立中国南车高端品牌形象。为深刻吸取“7·23”甬温铁路重大事故教训，国务院从8月中旬开始开展高速铁路安全大检查。8月27日国资委副主任黄淑和率国务院高速铁路安全检查组到中国南车检查，国资委牵头的检查组到中国南车多家子公司现场检查，对中国南车安全质量状况给予充分肯定，作出“发展很快、势头不错、前景可观”的总体评价。依靠自主创新，高端城际动车组首次“走出国门”，株机公司研制的200多辆高品质城际动车组出口马来西亚，成功实现吉隆坡维保服务布局。召开CRH_6型城际动车组项目推进会议，四方股份公司和浦镇公司组成联合项目组，开展产品研制和技术平移工作，自主研制的时速160公里和时速200公里速度等级城际动车组进入生产试制阶段。

【CRH380A高速动车组技术创新】 四方股份公司研制CRH380A高速动车组具有高速度、高安全、高舒适、高节能四大优势：持续运营时速350公里，最高运营时速380公里，最高试验时速超过400公里；脱轨系数小于0.1，临界速度时速550公里，轮轴横向力、构架轴向加速度和车体振动加速度等指标远低于限度标准；在时速350公里时，车内燥声小于68分贝（安），车内压力变化200帕/秒，运行平稳性和舒适度均在优级范围内；轻量化和低运行阻力、再生制动，人均百公里能耗仅4.6千瓦时。CRH380A高速动车组研制采用十大系统创新：低阻力流线头型、振动模态系统匹配、高气密强度和气密性车体、安全可靠的高速转向架、先进的噪声控制技术、高性能的牵引系统、高速双弓受流性能、安全环保的制动系统、人性化的旅客界面、控制诊断监视智能化。

【CRH400A高速综合检测车交付使用】 2月22日，CRH400A高速综合检测车在四方股份公司竣工出厂，可实现时速350公里及以上持续运营的综合检测。先后在铁科院环行道安装检测设备、调试和试验准备，京沪线徐州东至蚌埠南区段进行型式试验，参加京沪高铁联调联试，对京沪高铁线路状态进行系列检测，确保京沪高铁安全可靠运营。

【更高速度试验列车下线】 12月23日，更高速度试验列车在四方股份公司下线，标志着国内高速列车前瞻性研究取得阶段性重大成果，对于完善中国高速列车技术体系，在高速铁路领域拥有更大话语权，推动世界高速列车技术发展有着重要意义。该试验列车以CRH380A创新成果为基础，以更高速条件下安全、可靠运行为首要目标，从高速列车关键力学问题、关键系统的结构可靠性，以及新材料、新技术的验证和综合舒适度、噪声等方面进行前瞻性研究；围绕提升临界速度、牵引能力，降低阻值等，对系统集成、头型、车体、转向架、牵引、制动等系统进行全面创新，关键技术实现自主化和产业化。车体采用轻量化、等强度设计理念，在重量减小情况下，刚度提高22.7%，列车牵引总功率可到达22800千瓦。

【动车组关键部件研制】 株洲所研制的“机芯”产品（牵引变流器和网络控制系统），装载更高速度试验列车。戚墅堰所首创米轨动车组轮盘制动系统，完成CRH380A动车组用齿轮传动系统零部件国产化并实现批量装车，CRH_2、CRH_3型动车组用齿轮传动系统国产化项目完成试制及相关试验，时速350公里动车组用基础制动系统完成主要零部件试制及相关试验，CRH_2型动车组用锻钢制动盘进入试制。

【动车组检修】 四方股份公司动车组检修业务大幅增长，逐步探索由提供产品向提供产品及全寿命周期解决方案转变，动车组检修业务得到铁道部和路局用户高度评价。成立武汉维保中心和北京、上海动车基地检修项目组，建立异地项目组检修模式，强化动车组检修服务。检修技术创新成效显著，系统掌握动车组齿轮箱检修、高速动车组国产化轮对退卸、压装等关键核心技术，积极推进动车组检修技术研究。

（客车事业部　供稿）

城轨车辆生产与技术开发

【概述】 凭借自主核心技术，研制城轨地铁高端产品，拥有整车系统集成能力，具备牵引传动系统等核心部件配套能力。建立时速80公里、100公里、120公里多速度等级城轨车辆产品平台，城轨地铁产品系列齐全、产品链完整。建成铝合金车体、不锈钢车体、转向架制造，城轨地铁车辆总组装、试验、研发基地。不断开发先进成熟、绿色节能的新型产品，提供全面系统解决方案，满足不同城市、区域用户多样化需求。自主知识产权的A型地铁车辆、城轨铰接式车辆等高端产品出口欧洲、东南亚等地区。围绕“抓研发、抓质量”，通过产品研发、质量、运用考核、售后服务等工作的监督检查，增强安全和质量控制，通过技术审查等形式，严把出口项目设计质量关。各子公司推行IRIS国际标准，实现国外市场和产品拓展双突破。株机公司完成印度新德里DLH地铁项目设计，四方股份公司完成新加坡地铁项目交付，浦镇公司获得伊朗地铁车辆项目。

株机公司完成上海轨道交通11号线南

段工程车辆、土耳其伊兹密尔轻轨车辆项目、广州地铁3号线增购项目车辆、广州轨道交通1号、2号、8号线工程车辆、昆明地铁首期工程、宁波市轨道交通1号线一期工程、武汉地铁2号、4号线、印度古尔冈RMGL地铁、郑州地铁1号线一期工程车辆、长沙市轨道交通2号线城轨车辆项目的研发，完成无锡市轨道交通 1 号线工程车辆、APM（Automated People Mover）胶轮车、100%低地板有轨电车项目、新加坡蓄电池电力工程车、深圳地铁2号线工程检测车组、双源制电力机车、广州南车蓄电池电力工程车、宁波蓄电池电力工程车、昆明蓄电池电力工程车工程车辆及新能源车的开发。在马来西亚动车组研制成功的基础上，自主创新研发通勤动车组。出口土耳其轻轨列车运抵欧洲，中国高端地铁产品首次登陆欧洲大地。大力倡导“零差错、零缺陷、零故障”质量要求和管理理念，持续增强全员质量意识，落实质量责任。优化供应商管控模式，培育和发展战略供应商。不断创新质量管控模式和方法，加强质量信息建设，完善售后服务机制，全面提升质量问题的系统预防和解决能力。服务网点布达上海、广州、深圳、武汉和昆明等地，以高性能的车辆和高水平的售后服务赢得业主一致好评。

四方股份公司整合世界先进的城轨地铁车辆配套技术，不断提升地铁车辆产品的技术驾驭能力。完成广州地铁5号线牵引系统、制动系统和转向架等关键核心技术的研发，整车国产化率达90%以上。广州地铁6号线高性能轻量化直线电机车辆实现全新设计突破。自主研制的城轨车辆网络控制系统通过装车评审。开展A型地铁车辆研发，储备电阻焊及激光焊不锈钢车体技术、搅拌摩擦焊铝合金车体技术，向自主研制地铁A型车领域迈进。完善提升B型不锈钢地铁车辆设计水平，构建模块化、标准化产品系列。推进低地板地铁车辆、城轨市域车的产品研究，不断完善城轨地铁产品技术平台，丰富地铁产品系列，快速应对市场需求。全面推行“硬件配置模块化、现场作业标准化、日常管理规范化”的标准化售后服务体系建设，打造一支专业化的服务团队，形成高效优质的服务保障和应急反应机制，圆满完成全年售后服务保障任务。

浦镇公司三大技术平台建设稳步推进。设计技术平台持续改进提高，规范流程、强化节点，设计控制水平又有新提升；制造平台不断完善，完成城轨全焊接铝合金生产线建设，形成日产2辆车能力，苏州、杭州项目B型车、孟买地铁等项目研制进展顺利并批量交付。完成上海地铁13号线项目设计，A型地铁转向架通过中国交通运输协会城市轨道交通专业委员会专家评审，新型铝合金车体试制成功，获得用户好评。杭州项目B23型转向架通过动力学性能试验。完成搅拌摩擦焊生产线建设方案以及部件工装图纸设计、大部件试制工装方案评审及生产线建设，完成采用该项技术的上海地铁 13 号线项目首列车试制。加强全焊接铝合金B型车车体焊接保护气体更换工艺研究，大大降低制造成本。积极开展全焊铝合金A型车体工艺研究，以及地铁车辆三维布线研究和温湿度对地板布施工影响的研究应用。

【昆明地铁车辆项目】 5月25日，株机公司获得昆明地铁 1 号线、2 号线首批共 240 辆B型地铁车辆订单，成为昆明地铁首选车辆供应商。10 月 28 日，首列昆明地铁列车成功下线。列车设计时速100公里， 6辆编组，最大载客量1870人，参照欧洲EN 61133标准，安全性堪称中国安全型地铁车辆的五星级。自主化率高达90%，发挥株洲本部完整配套的产业链优势，充分利用昆明南车基地，用“4S”店的理念，保障车辆的维护，解除车辆运行维保的后顾之忧。

【出口土耳其轻轨列车项目】 8月10日，株机公司自主研制的新型轻轨列车成功下线，9月24日首列轻轨列车起运交付用户，年末发运2列轻轨列车到土耳其现场运行。中国轻轨列车首次出口欧洲、跻身欧洲高端市场，该列车完全按照欧洲标准研制，车内上万个零部件均通过欧洲标准严格认证，内装材料遵循全球最高的BS 6853环保标准。

【磁悬浮列车研制】 株机公司按照国际技术标准，联合西南交通大学、株洲所、电机公司、中铁二院等一流团队，领衔打造高端中低速磁悬浮交通系统解决方案。国内首台商用新型绿色交通中低速磁悬浮列车下线，标志着我国装备制造科技创新能力步入世界前沿。磁悬浮车辆采用直线电机驱动，有利于通过大坡道（最大坡度可达60‰～80‰）和小半径曲线（最小半径为50米）的线路。列车最高运行时速100公里，每列车最大载客量约600人，能适应风沙、雨雪天气运营。中低速磁浮列车无粘着驱动运行，与轨道无摩擦、低噪声、无粉尘排放，能满足城市内、短途城际间、旅游景区、观光区等高环保交通要求。

【直线电机地铁车辆竣工下线】 12月2日，四方股份公司研制的国内首列自主知识产权直线电机地铁车辆竣工下线。该列车用于广州地铁5号线、6辆编组，比原有5号线地铁列车每列重量减轻3吨、降低能耗。其核心技术、关键技术完全实现自主化，整车国产化率达到90%以上。它的问世，打破国外技术垄断，极大降低列车制造、运用维护成本，标志着中国直线电机地铁列车的自主研制水平迈进世界先进水平。

【城轨车辆关键部件研制】 株洲所永磁驱动控制系统顺利装车考核，基于以太网的新一代网络控制系统相关核心技术研发实现阶段性突破，同步实现设计、制造与试验平台的完整打造。戚墅堰所启动城市轨道交通基础制动装置的研发，完成轻轨闸片、制动盘的首件鉴定，轻轨制动闸片于11月在长春1号、2号线上投入装车试验并取得突破；完成大连地铁202、昆明地铁首期工程、西安地铁1号线三个项目的研发工作，完成开罗地铁1号线、青岛地铁3号线、北京地铁14号线项目技术规格书等投标文件的编制，完成重庆地铁6号线、北京地铁昌平线、北京地铁8号线以及昆明地铁首期工程客户培训资料的编写和培训工作。

（城轨事业部　供稿）

客车生产与技术开发

【概述】 中国铁路运营模式的多样化已经成为发展趋势，对不同时速普通客车的需求，将再次激发传统客车市场的新活力。面临市场环境变化，围绕重点项目，积极推进新产品研发，进一步改善客车产品结构，做好客车生产组织的协调与服务工作。组织新造企业及各配套厂家做好生产技术准备，按时完成新造客车生产任务。与铁道部有关司局沟通联系，走访调研相关企业客车修理情况，落实厂修计划及入厂计划，发现问题及时解决，克服困难，确保春运用车顺利出厂，实现春运客车无检修目标。

【时速200公里客车研制】 时速200公里客车研制工作进展顺利，增强中国南车在传统客车市场的竞争力。组织时速200公里客车总体技术方案的制定，完成技术方案的分析、优化、完善和时速200公里客车不锈钢车体试制及模型车制作。该型客车运用国际先进的模块化、人性化设计理念，将高端产品的制造技术平移到普通客车研制中，提高车辆的舒适性、安全性和节能环保性。

【时速160公里青藏线旅游观光客车】 适用于青藏铁路的高原客车是国内目前技术含量和制造标准最高的客车产品，由中国南车独家提供。该型客车由四方股份公司研制，运行在上海-拉萨区间，穿越海拔5072米的世界铁路最高点。车辆实现车内整体内装高档化，整车电气模块化，在车体密封、内装、制氧、防寒、防风沙等方面性能优良，完全满足高原地区特有的低气压、强紫外线、多风沙、多雷电和冻土带等恶劣气候条件下的安全绿色运行。

（客车事业部　供稿）

货车生产与技术开发

【概述】 全面采用国际先进手段进行产品研发，具有符合国际标准的产品试验和验证能力。进一步完善产品组合，研制出多款新型产品，促进市场广度和深度的开掘。拥有敞、棚、平、灌、漏斗五大系列通用铁路货车和长大货车、特种铁路货车、专用铁路货车等系列产品。研制70吨级通用货车，推出国内载重量最大的 C_{80} 型货车，系统掌握时速120公里提速货车、大轴重货车货车的关键技术。在深耕国内市场的基础上，积极拓展国际市场。在ECP系统中集成脱轨检测及轴温报警等功能的货车，出口阿联酋。积极参与铁路重载货车研发工作，提出满足中国铁路开行重载货车的大轴重转向架和多种新型货车方案。长江公司、眉山公司、二七公司提出的载重80吨级通用敞车及专用敞车、棚车、平车和矿物/石砟漏斗车设计方案，参加行业主管部门组织的方案比选，均获得专家评审组好评。各货车子公司积极参与铁路货车行业技术管理和既有货车惯性故障攻关工作，总结出口海外市场货车项目经验教训，结合中国南车和铁道部组织的质量安全检查活动，持续开展多种形式的质量提升工作，稳步提高货车造修产品质量水平。

【货车生产质量认证】 长江公司、眉山公司、二七公司、石家庄公司和南方汇通公司均顺利通过 $C_{70}E$ 型通用敞车生产质量认证。长江公司常州分公司顺利通过 GQ_{70} 型清油罐车、KM_{70} 型煤炭漏斗车、KZ_{70} 型石砟漏斗车及 $NX_{70}A$ 型共用车生产质量认证，长江公司铜陵分公司顺利通过16型、17型钩体及车钩组成等重要零部件生产质量认证。长江公司武汉分部和二七公司、石家庄公司分别通过 $D_{26}B$ 型长大货物车、$U_{60}WK$ 型水泥罐车、$P_{64}GK$ 型棚车、$X_{1}K$ 型集装箱专用车以及 NX_{70}（H）型共用车的厂修生产质量认证。

（货车事业部　供稿）

新产业生产与技术开发

【概述】 在轨道交通产业的基础上，凭借雄厚势力和深度技术积累，延伸风电设备、电动汽车、工程机械、复合材料、发动机、电气及元器件等新兴产业。工程机械产业形成轨道和民用工程机械产业双轨并行，实现桩工机械产品系列化。利用专有技术和研制体系优势，在工业电机、新材料开发、工业内燃机、电气及元器件等方面均有不俗表现。

【风电设备产业】 风电设备形成完善的产业链，具有年产近千台整机产品的能力。完成2.5兆瓦风电机组和关键部件研制，2.5兆瓦风电机组顺利吊装、实现并网发电，进入参数检测和优化阶段，标志着中国南车完全掌握 2.5 兆瓦高速永磁风机的整机集成和整套电气、变流系统核心技术。召开“2.5 兆瓦风电机组研制项目阶段总结暨 5 兆瓦风电机组研制联合项目组成立及项目启动会”，推进 5 兆瓦风电机组研制，实现整机与关键部件研制同步。1.65 兆瓦风电齿轮箱通过国际权威认证机构德国“GL 船级社”和国内权威认证机构“鉴衡”认证、批量交付客户。

【电动汽车产业】 原有的技术开发成果得以产业化应用，成为国内重要的电动客车制造商和最大的电动汽车关键零部件供应商之一。完成增程式混合动力系统、纯电动乘用车电机系统、驱动电机与变速箱一体化系统三大技术平台预研储备。开发纯电动乘用车永磁电机驱动系统样机，完成电机驱动系统地面联调试验，各项指标均已达到整车厂要求。开发纯电动客车用直驱水冷永磁电机驱动系统，全年完成 10 个电驱动系统方面的专利申请。全面提升整车设计能力，完善整车产品型谱，完成 24 个新车型公告发布，其中 8 个车型进入新能源车推荐目录。在中国昆明新能源公交客车大赛中，TEG6129PEV 增程式城市客车获得冠军。

【轨道工程机械产业】 自主研制的时速 160 公里交流传动快速轨道车完成了静态、动态调试试验。参与铁道部接触网多功能作业车技术规格书的编制，争取铁道部批准接触网多功能作业车的研制。

【民用工程机械产业】 完成 32 吨级水陆二栖挖掘机整机组装，推出世界最大吨位旋挖钻机 TR550C，完成 TR160D、 TR300D 等型号样机的研制。完成 CQUY1500 型履带吊、TG50 型连续墙液压抓斗、CHY500 型强夯机、TSLW340 型二栖挖机等的研制。

【复合材料产业】 系统融合多学科理论和成果，研发橡胶减振弹性元件、桥梁减振支座、风电叶片、绝缘材料及涂料、特种工程塑料、建筑减隔振产品等系统技术与产品，建立集材料微观结构、力学性能、热学性能、环境性能、流变性能于一体的高分子材料系统检测平台，构建完善的高分子材料及制品数值仿真分析平台。从事高分子减振降噪产品、高分子复合改性材料和特种涂料及新型绝缘材料三大系列产品的研制。各类橡胶弹性元件广泛应用于机车、车辆的一、二系悬挂减振系统，主要产品有轴箱弹簧、V 型弹簧、轴箱定位器、弹性定位套、轴箱拉杆、各种橡胶减振垫、橡胶旁承、中心销定位器、横向止档等。各类轨道线路领域产品广泛应用于中国铁路客运专线和城际线路，主要有轨道减振器、高速道岔用橡胶铁垫板、CA 砂浆、高速铁路用各类扣件、防滑垫、防水涂料、系列桥梁支座产品和伸缩缝等。

【工业电机产业】 完成中航技公司载重 220～240 吨矿用电动车国产化配套项目的 6 台电动机、2 台发电机试制；开展格力中央空调 400 千瓦离心机电机与 150 千瓦螺杆机电机研究；用于垃圾填埋热气机发电系统的 YX–W200L–4 高效户外型三相异步发电机项目，完成研发设计、正在进行样机试制。

【电气元器件产业】 在绝缘栅双极型晶体管（IGBT）领域取得重大突破，启动中国首条 8 英寸 IGBT 芯片生产线项目，成为国内唯一掌握 IGBT 芯片设计 - 芯片制造 - 模块封装 - 系统应用完整产业链的企业，填补国内相关技术领域的空白，打破国外的垄断供应。IGBT 模块封装线投入批量生产，研制出 3000 安/6000 伏 IGCT，完成配套快恢复二极管样品的研制。研发并量产具有世界水平的 6 英寸 5000 安/7200 伏特大功率晶闸管。完成 150 千安、200 千安/13 千伏脉冲功率组件研发，建立脉冲功率晶闸管测试平台。完成

300千安/45千伏脉冲功率组件试制。

（新产业事业部　供稿）

能源管理与环境保护

【概述】 落实国务院国资委节能减排要求，万元工业增加值综合能耗（可比价）0.4吨标煤/万元，较“十五”末降低48.23%，累计节能88.7万吨标准煤（折合人民币约5.6亿元）；二氧化硫和化学需氧量两项主要污染物排放量分别为499吨和509吨，较“十五”末分别降低64.58%和13.86%，超额完成国资委下达的“十一五”节能减排指标。中国南车被国资委评为“十一五”节能减排优秀企业，在第四届世界环保大会上获“碳金创新价值奖”。

【节能减排】 召开中国南车节能减排会议，明确“十二五”节能减排目标，提出节能减排重点工作要求。印发《中国南车节能减排“十二五”规划》，结合新形势、新任务，以新增节能减排指标为关注点，提出工作思路与重点要求，为实现“十二五”节能减排目标奠定基础。加强工作调研，完成节能减排专题调研。推进节能减排贯彻落实，加快企业节能减排体系建设。加快调整能源结构，淘汰落后产能和高耗能设备，以清洁能源替代传统燃煤，提高能源利用率。淘汰部分企业燃煤锅炉，企业燃煤总量在“十一五”期间减少45500吨，下降30%，二氧化硫减排超过65%。推进清洁生产，开展“两型企业”建设。年内，株机公司和洛阳襄樊分公司通过清洁生产审核，四方股份公司获得地方政府授予的“绿色企业”称号。推进节能减排“四新”技术应用，加快高耗能、高污染项目技术改造。完成绿色照明和戚墅堰公司、南方汇通公司等单位变压器淘汰更新节能技改。推进生产企业污水处理及再利用，株机公司加快实施污水处理工程。夯实节能减排基础建设，汇总2005年～2010年节能减排指标数据，建立“十一五”节能减排数据档案，进行节能减排指标分析和趋势预测。下发《关于加强节能减排数据分析，做好对新增指标摸底监测的通知》，开展节能减排新增指标摸底监测，为“十二五”节能减排再上台阶做好必备的基础工作。编制《中国南车节能减排检查评价标准草案》（征求意见稿），为节能减排检查评价提供依据。

【环境保护】 开展节能宣传周和“六•五”世界环境日的宣传教育活动，落实国资委、环保部各项活动措施，宣传节能减排意识，提高员工节能减排的积极性、主动性。完成中国南车铁道环保奖申报工作，南车洛阳襄樊分公司张祖斌荣获2011年铁道环保奖。

（运营管理部　供稿）

人力资源管理

人事管理

劳动工资管理

技能培训

人事管理

【概述】 坚持“夯实基础，优化体系，创新目标，引领发展”的方针，积极转变人才理念，有效创新专业管理，持续提升管控能力，切实增强整体合力。召开人才工作大会，统筹部署“十二五”人力资源战略目标和举措。发布万名核心人才工程制度体系，评选首届核心技术、管理、技能人才。持续推进“四好”领导班子建设，优化班子结构，选拔新一轮后备人才。出台 “十二五”人才培训开发规划，加大领导力开发和国际化人才培养力度。完善人力资源信息化建设，e-HR系统实现全业务、全员上线运行。

【员工构成】 2011 年末，集团公司有员工91538 人（其中股份公司 86058 人），与上年同期相比增加 1894 人。其中在岗员工 85580人，非在岗员工 5958 人。年内新增员工 7643人，其中农村和城镇招收 1265 人，接收复转军人 107 人，录用大学毕业生 3501 人、中专毕业生 99 人、技校毕业生 319 人，其他新增2352 人。年内减少员工 5749 人，其中退休、退职 2210 人，解除合同 2703 人（含改制分流 578 人），终止劳动合同 100 人，除名、开除、辞退 13 人，其他减少 723 人。

员工学历结构。本科及以上学历 20983 人，占员工总数 22.92%，较上年上升 3.18 个百分点，其中博士生 87 人，较上年末增加 5 人，硕士生 2289 人，较上年末增加 644 人；大专学历 20624 人，占 22.53%；中专学历 6070 人，占 6.63%；高中技校学历 26396 人，占 28.84%；初中及以下学历 17465 人，占 19.08%。高学历层次员工比例较上年有所提高。

员工年龄结构。25 岁及以下 16111 人，占员工总数 17.60%；26～35 岁 21137 人，占23.09%；36～45 岁 27084 人，占 29.59%；46～50 岁 14075 人，占 15.38%；51～55 岁7300 人，占 7.97%；56 岁以上 5820 人，占6.36%。员工平均年龄 37.79 岁，较上年下降0.23 岁。年龄结构成纺锤型。

员工岗位结构。在岗员工占员工总数的93.49%，其中生产人员 51017 人、技术人员14864 人、管理人员 13764 人、服务人员 4739人、其他人员 1196 人；非在岗员工占员工总数的 6.51%，其中内部退养 3954 人，因病因伤长期休假 1083 人，集体外出劳务 146 人，其他 775 人。

【领导班子建设】 完成股份公司第二届董事会、监事会及董事会四个专业委员会的换届选举，董事会重新聘任高级管理人员。新一届董事会由 9 名董事组成，其中执行董事4 名，独立董事 5 名。监事会由 3 名监事组成，其中股东代表监事 2 名，职工代表监事1 名。董事会聘任总裁、副总裁（财务总监）、董事会秘书等 7 名高级管理人员。国资委根据有关规定和公司发展需要，增配公司一名副职领导，公司领导班子重新调整分工。根据企业发展和优化班子结构的需要，完成常铁校主要负责人和武昌、江岸、株辆、襄樊等 4 个存续企业厂长的调整，南车投资公司补充 1 名副职。完成戚机公司、常铁校领导班子副职任期届满考评及班子整体履职情况考核，对通过竞争上岗的副职重新办理聘任（用）手续。组织对长江、株机、资阳、四方、浦镇、洛阳、石家庄、株所、戚所、电机等 10 家子公司 34 名一年试用期满人员进行考核，并办理继续任职手续。 组织长江公司、眉山公司、戚机公司、常铁校以公开竞选方式补充 6 名副职进领导班子，指导长江公司以竞选方式补充 2 名分公司副职。年内，新提拔 6 人进子公司班子，其中具备硕士学位 5 人，教授级高工 2 人，新生力量的补充优化了班子的年龄、知识和专业结构。有 6人达到或超过任职年龄退出领导岗位，其中

5人改任调研员，1名到龄退休。在领导干部的调整和选拔任用中，有3人进行企业间交流，其中正职1人；有3人进行行政与党群岗位的交流。

【四好领导班子创建】 为使创建活动的考评内容更能客观地反映当期工作，修改完善《“四好”领导班子考核评价实施细则》的部分内容。按修改后考评细则，从班子自评、员工代表满意度测评、组织考评、公司领导评价四个层面和创建措施、成效等六个维度对上年度子公司“四好”领导班子创建活动情况进行总结、考核、评比，有10家子公司受到表彰，1家子公司受到表扬，37家基层单位受表彰。

【后备干部管理】 在综合分析上年中高层管理岗位后备人才测评结果和征求企业意见的基础上，按择优、注重发展潜质等原则，确定17家子公司共221名运营、经营、党群、技术和财务等五类中高层管理岗位的后备人才，并就后续管理与培养作出安排、提出要求。入选后备干部人员平均年龄39.5岁，其中40岁及以下的有121人，占54.75%，有68人具备硕士学位或研究生学历。截止年末，已有8人提拔到子公司和分公司领导岗位，2人安排到总部挂职交流。

【人才工作大会】 2月25～26日，中国南车人才工作大会在北京召开。股份公司董事长赵小刚就“如何打造一支引领国际化中国南车发展的高端人才队伍”讲话。股份公司总裁郑昌泓以“落实人才发展规划，打造高端人才队伍，为建设具有较强国际竞争力的中国南车提供强大人才保障”为题讲话。会上，株机公司、四方股份公司、浦镇公司、株洲所等单位分别就在产业扩张过程中人力资源整合、依托项目培育人才、精益育人和多维职业发展体系等当前热点、重点问题作经验交流。股份公司党委副书记、纪委书记刘化龙作总结讲话，要求与会代表准确把握会议精神，进一步提升人力资源管理“系统化、一体化、规范化”水平，增强合力，全力打造万名核心人才队伍，认真落实人力资源战略规划，严格执行大会要求，推进人才工作上台阶。此次会议还表彰了中国南车“三大项目”首席技术专家。

【人才队伍建设】 构建起由《中国南车“十二五”万名核心人才队伍建设实施纲要》和核心技术、管理、技能人才选拔与管理暂行办法为主体的制度体系，创新评价标准，将人才优先的理念付诸实践。经过严格程序和层层选拔，评选出首届核心技术人才247名，其中首席技术专家8名、技术专家68名、科技拔尖人才231名；核心管理人才69名，其中管理专家20名，管理拔尖人才49名；核心技能人才215名，其中技能大师12名，技能专家42名，技能拔尖人才161名。兑现核心人才奖励800余万元，并提高岗位薪资待遇，核心人才队伍初具规模。中国南车拥有两位院士，增强了核心技术人才队伍的引领力量。1人通过笔试和面试成功入选财政部全国会计领军(后备)人才(企业类)。

【人才培训开发】 系统部署“十二五”人才培训开发工作，召开首届培训工作会议，并印发《中国南车“十二五”人才培训开发规划》。经过深入调研，根据公司发展需要和培训发展趋势，培训开发规划确立“经营人才、服务发展，日标导向、机制保障，突出核心、覆盖全员，深度挖掘、知识管理”的总体原则，系统提出投入目标、量能目标、效果目标和行动目标，并统筹策划“5106”工程，明晰了“十二五”人才培育的态势。“5106”工程整体构思未来五年在培训体系平台、人才培育专项和实施保障措施方面的主要任务和目标。其中，“5”是着力建设培训管理体系、培训课程体系、培训讲师体系、培训实施体系、网络学习体系等五大体系平台；“10”是指重点实施职业经理人、接班人、核心管理人才、核心技术人才、核心技能人才、国际化人才、战略型人才、新员工、班组长、全员胜任力等十大人才培育专项工程；“6”是指积极落实深化理念变革、细化责任主体、活化培训方式、强化培训管理、聚化资源优势、优化队伍建设等六大保障措施。

【员工培训】 突出国际化人才培训，组织中高层人员GE、台塑等境外培训项目，拓宽中高层人员国际化视野；举办国际营销人才、国际贸易实务、国际项目管理师等培训，提升国际化人才专业技能。以提升效果为导向，创新培训形式，协助株机公司、四方股份公司承办洛阳、浦镇公司的技术、管理、技能人员随岗培养。实施技能人才脱产理论培训与企业岗位实践相结合的校企联合模式，7家子公司承担9期技能培训岗位实践。全年共举办经营管理、科技人才、技能人才等方面培训25项34期，培训1567人次，其中举办经营管理培训21期、培训991人次，举办科技人才培训4期、培训226人次，举办技能人才培训9期、培训350人次；举办境外培训6项10期、参加培训人员371人次，举办境内培训19项24期、培训1196人次。

【校园招聘与人才引进】 组织春季和秋季两轮校园招聘工作。以2012年毕业生为目标对象的秋季校园招聘，组建华北、华中、东北、西部四个招聘团组，集团17家单位全部派出招聘人员参加，于10月中下旬分别用15天左右时间密集前往26所目标高校进行招聘。校园招聘严格规范流程，制定下发《中国南车大学毕业生薪酬待遇指导意见》。完善人才测评系统应用方案，招聘人员的专业形象和中国南车的雇主品牌获得广泛认同。全年引进23名博士（含博士后科研工作站等协议引进人才），628名硕士研究生。部分子公司在高端人才引进上实现突破，株洲地区企业成功引进多名德籍、法籍、伊朗籍专业人才，迈出专家人才队伍国际化新步伐。

【专业职务评审】 优化和完善职称量化评审制度，将申报人员取得科技奖励、创新成果奖励、专利发明、制订（修订、转化）标准情况和发表论文情况与评审工作挂钩。开展工程（教授级高级工程师和高级工程师）、政工、会计、经济等四个系列五个高级评委会。各单位共申报350人参加中国南车组织的职称评审，人数较上年增加12.2%，其中申报高级331人（含教授级高工51人）、申报中级19人。经过各系列高级专业职务任职资格评委会评审，46人取得教授级高级工程师任职资格，248人取得高级专业技术职务（高级工程师207人，高级会计师19人，高级经济师13人，高级政工师9人）。

【班组建设】 以打造精益班组为载体，稳步推进班组建设管理工作，全年编发《中国南车班组建设管理工作简报》4期。各子公司按照“先试点、再局部、后推广”三个阶段整体部署并积极推进班组建设管理工作。建立健全领导与工作机构，对班组长实行准入制与任期制，推行竞争上岗，在试点和局部建设中组织制定考核标准，使班组建设七大基本任务、民主建设、文化建设等工作齐头并进。长江公司、四方股份公司、浦镇公司、戚墅堰所等单位分别在班组绩效考核、部门联动、目视化管理、示范班组评选等方面取得较好成效。戚墅堰公司积极开展新进厂大学生担任班组负责人工作，提升班组建设管理水平，使新进厂大学生得到全方位锤炼。继续推行班组长岗位管理能力资格认证远程培训，浦镇公司、株机公司两期共计60名班组长分别参加由国务院国资委和清华大学联合组织的认证考试，其中浦镇公司20

名班组长一次全部达到良好以上，有 3 名最佳管理员、1 名优秀管理员、5 名优秀学员受到国资委表彰。

【总部员工管理】 按国资委提高选人用人工作满意度的要求，制订《总部中层以上管理人员选拔管理的补充规定》，并根据总部全员聘用管理办法及补充规定的要求，履行民主推荐、民主测评、党委讨论决定和公示等程序，完成总部 11 个部门共 20 名中层管理岗位任职人选的选聘工作，其中新提拔部门副职 1 人，二级机构负责人 19 人（处长 12 人，副处长 7 人）。根据工作和干部交流需要及中层领导人员到龄退休等情况，调整中层管理人员岗位 9 人，其中新增集团公司工会副主席 2 人、股份公司总裁助理 1 人，部门正副职岗位调整 4 人，部门正副职到龄退休 3 人。制订《总部员工招聘管理暂行办法》，进一步明确录用人员的基本条件和招聘渠道、程序等相关要求。结合 e-HR 的应用，修改完善《总部休假考勤管理办法》，实施员工上下班刷卡考勤制度和员工休假、出差、绩效计划制定与考核及招聘的线上审批，建立员工可查询的工资发放台账，开展员工工作写实工作。按照北京市社保等部门要求，做好员工社保信息核对，办理 6 名到龄退休、16 名调入员工的相关手续。积极争取进京户口指标，为总部和在京企业 7 人办理进京户口相关手续。

【人力资源信息化建设】 所有一级子公司 e-HR 系统实施上线运行，项目达成既定目标，9 月底顺利通过结题验收。其间，先后组织 3.11、4.11 推进会议，共召开项目电话例会 36 次，下发简报 39 期，编制通用培训课件 20 多套，组织培训 8500 余人次。e-HR 系统建设使人力资源管理基础平台得到优化升级，人力资源信息化人才队伍得到锻炼，为更好地发挥信息系统的作用奠定良好基础。同时，大力促进系统全面应用，抓住业务驱动系统建设这个关键，做好系统技术升级和业务运行评价工作，基本实现 e-HR 系统的全模块、全业务、全员应用，构建“做全、做实、做优、做长”四个维度 27 项系统应用评价指标。对各子公司信息系统建设工作进行系统评价，并将评价结果定期公布在简报上，促进基础数据的完善，业务运行正常化。 （人力资源部　供稿）

劳动工资管理

【概述】 年内，全面完成薪酬改革，员工收入实现稳步增长，人均创效水平再获提升。工业总产值劳动生产率达到 990923 元/人，比上年的 893454 元/人提高 10.9%；工业增加值劳动生产率达到 213149 元/人，比上年的 173092 元/人提高 23.1%。实际发放工资总额增长低于效益增长，员工人均工资增幅低于劳动生产率增幅。从集团整体看，工资提取与发放符合“两低于”原则。加强人工成本管理，有效控制销售收入工资含量水平，全年销售收入工资含量为 6.6%，与上年基本持平。

【劳动用工管理】 加大对用工总量的管控力度，建立用工总量审核备案制度。印发《关于下达 2011 年用工总量计划的通知》，加强对用工总量的调控，绝大多数单位制定了控制用工总量增长的有效措施，公司年度新增从业人员总数低于年度控制指标，部分单位从业人员数量实现负增长，用工总量控制初见成效。探索灵活用工机制，制定《中国南车劳务派遣用工管理暂行规定》，引入劳务派遣机构，开展劳务派遣机构评价工作，初步建立劳务派遣机构动态评价机制，规范签订劳务派遣协议，妥善处理劳务派遣用工与劳动合同制用工同工同酬的问题，建立劳务派遣人员择优聘用为劳动合同制员工的激励机制，规范劳务派遣用工管理，有效防范用工风险。开展劳动用工情况检查，印发《关于开展劳动用工检查工作的通知》，开展对各子公司劳动用工情况检查，着力防范用工风险。印发《关于劳动用工检查情况的通报 》并进行整改，全面摸清公司劳动用工管理现状，查找各子公司劳动用工管理方面的薄弱环节，指导各子公司按要求完成整改工作，为建立“系统化、一体化、规范化”的劳动用工管理体系、有效防范用工风险奠定坚实的基础。印发《关于中国南车人员分类及员工人数统计等有关问题的意见》，规范人员分类和员工人数统计口径，确保分类标准统一、统计口径一致、信息维护准确、及时。

【薪酬管理】 创新分配制度，推进薪酬分配制度改革，建立、实施股权激励计划，深入推行子公司高层管理人员年薪制，组织召开首次劳资工作会议。16 家子公司中有 15 家单位按照《中国南车实施岗位绩效工资制的指导意见及实施办法》和《中国南车实施全员绩效管理的指导意见》文件精神完成薪酬改革工作。通过实施薪酬改革，中国南车岗位体系、工资结构、分配方式基本达到“系统化、一体化、规范化”的管控要求，宽带薪酬体系实现横向晋升，为员工提供更宽广的价值认可空间。岗位价值体系趋于优化，内部分配关系进一步理顺。建立实施股权激励计划。经过两年半的不懈努力，股票期权计划终获国务院国资委审核通过，并经中国证监会备案无异议，于 4 月 26 日召开公司本年第一次临时股东大会及 4 月 27 日第二届董事会第三次会议审核通过。编印 327 人股票期权授予通知书、协议及计划，及时完成授予工作，制订下发股票期权计划宣传材料。完成上年度子公司高管年薪的清算工作及年薪台账的动态维护工作，下发《关于加强子公司高管薪酬管理有关事项的通知》，对子公司高管奖励、兼职取酬、职务消费、年薪外收入等做进一步明确。

【薪酬预算管理】 通过薪酬预算管理，调控企业提取工资费用和工资总额的发放。完成上年度公司对国资委工效挂钩清算和对子公司结算工作，提报国资委上年度工资总额清算分解情况汇报和本年度工资总额预算报告。按照公司预算管理委员会的工作要求和从紧原则，引入城市薪酬差异系数（CDI），合理分配指标资源，完成本年公司薪酬及工资总额预算审核、编制、汇报及下达工作。年中，根据预算调整原则，结合子公司经营状况，对相关单位预算进行调整。为规范工资及支付管理，组织全部企业开展工资管理专项检查，逐一下发整改通知。对各月薪酬统计提出更高的要求，下发《中国南车 2011 年 1～4 月薪酬及工资总额发放情况通报》，完成薪酬统计月快报、季报、年快报及年报的审核汇总工作，定期做出统计分析报告，供领导决策参考。根据 e-HR 系统建设情况，7 月份起启动系统上报薪酬报表工作。完成国资委职位薪酬调查表、福利调查表的统计填报工作。开展上年度、本年 1～7 月及本年度三个时段薪酬及员工收入情况调查，进行全面比较，起草《中国南车全部人员工资发放情况分析报告》。组织开展工程技术人员职位薪酬情况、应收账款对工资支付影响等调查，形成调查报告提报公司领导，供决策参考。

【主要劳动工资指标】 全年集团公司实发工资总额为 564344 万元（其中股份 539843 万元），比上年增长 25.7%（股份增长 26.6%），实发员工工资总额为 540292 万元（其中股份 517905 万元），比上年增长 26.7%（股份增长 25.9%）。集团员工平均工资为 59180 元/人（其中股份 60420 元/人），比 2010 年增长

21.0%（股份增长 19.3%），比上年增幅减少了 5.6 个百分点。

【两个确保与稳定工作】 加强精算管理业务指导，完成 20101231 和 20111231 评估时点的精算工作。沟通解决四方有限公司离休干部待遇调整、株机公司医保费用精算费用问题。完成中国南车 2010 年度企业年金运行情况报告以及 2011 年各季度报告，开展中国南车企业年金运营模式调研。通过加强与国务院国资委、企业所在地政府部门、子公司以及同类企业的沟通联系，分类指导，防患于未然，做好各群体的稳定工作。组织加快推进国有企业职教幼教退休教师待遇问题，指导有关子公司积极落实《关于妥善解决国有企业职教幼教退休教师待遇有关问题的通知》、《财政部关于中央财政解决国有企业职教幼教退休教师待遇专项补助资金管理办法》以及国资委专题座谈会精神。

（人力资源部　供稿）

技能培训

【概述】 年内，举办第六届职业技能竞赛，加强劳务派遣用工管理和用工总量控制，班组建设有序推进，加大高技能人才和复合型技能人才培养力度。全年参加职业技能鉴定人数达到 9383 人，参加技师、高级技师考评的人数达到 2365 人。有 257 人取得高级技师任职资格，762 人取得技师任职资格，新培养掌握第二技能的复合型技能人才 800 余名。高技能人才占技术工种技能员工的比例达到 52.79%。

【技能人才与职业技能鉴定】 印发《关于建立核心技能人才工作室的指导意见》。洛阳公司“张素丽技能大师工作室”获国家授牌，成为中国首批 50 个“国家级技能大师工作室”之一；戚墅堰公司“张忠技能大师工作室”成为首批 10 个“江苏省技能大师工作室”之一。组织开展 2008 年聘用的技能专家任期届满考核评价和攻关课题评审工作，全面总结依托攻关课题发挥高端人才引领作用的经验和做法。组织参加“嘉克杯”国际焊接大赛，2 人获得欧标 287-1 PF 焊接证书，2 名优胜选手和 1 名特别奖获得者均被授予“中央企业技术能手”。组织开展职业技能考核站质量管理评估工作，与各考核站签订《中国南车职业技能鉴定质量管理责任书》，推荐 8 家模范职业技能考核站参加示范评估；组织开展职业技能鉴定质量督导员换证工作，有 28 人通过换证审核；选派 9 人参加人社部职业技能鉴定指导中心组织的管理人员和高级考评员培训班，充实鉴定人员队伍。

【职业技能竞赛】 在青岛举办第六届职业技能竞赛，竞赛由四方有限公司承办。竞赛立足创新突破，首次设立三个职业（工种），参赛人数达到了 129 人。首次举行开幕式，人社部、国资委的领导亲临现场指导。竞赛职业（工种）的选择紧贴轨道交通装备制造技术的发展要求，突出前瞻性和导向性，加赛第二技能，推动公司复合型技能人才培养，竞赛的组织工作完全按照国家级二类竞赛的标准和要求进行，组织开展国家级竞赛裁判员培训，聘请外部专家承担全部命题工作。通过竞赛，9 人获“中国南车技术标兵”，18 人获“中国南车技术能手”，有 9 人被国家人力资源和社会保障部授予“全国技术能手”荣誉称号，12 人被国务院国资委授予“中央企业技术能手”荣誉称号。竞赛营造了尊重劳动、崇尚技能、鼓励创造的良好氛围，搭建起技能人才切磋技艺、展示才能、开阔视野的舞台。

（人力资源部　供稿）

党群工作

组织工作

宣传工作

纪检监察工作

工会工作

共青团工作

机关党务工作与老干部管理

学会·协会

组织工作

【概述】 中国南车党委会有党委委员 23 人，其中党委常委 8 人，设党委书记 1 人，党委副书记 2 人。下属 18 个党委，其中一级子公司党委 16 个、学校党委 1 个、总部机关党委 1 个。有党员 40881 人，其中正式党员 39106 人，预备党员 1775 人。在岗员工党员 27784 人，离退休党员 13036 人，其他党员 61 名。在岗党员占员工总数的 28.7%，女党员 8428 人。基层党组织 930 个，其中党委 57 个、党总支部 62 个、党支部 811 个。

各级党组织以邓小平理论、“三个代表”重要思想和科学发展观为指导，认真学习贯彻党的十七届五中全会和中国南车年度工作会议精神，围绕实施中国南车“十二五”发展战略，坚持融入中心、服务大局、凝聚力量，以改革创新精神抓好领导班子、基层党组织、党员队伍和人才队伍“四项建设”，更好地发挥党委的政治核心、党支部的战斗堡垒、党员领导人员的示范表率和广大党员先锋模范“四项作用”，为中国南车科学发展提供思想保证、政治保证和组织保证。

【创先争优活动】 按照中央企业创先争优活动领导小组的总体部署，年初至“七一”前，以加强党支部建设为重点、结合学习贯彻五中全会精神和纪念建党 90 周年，深入开展创先争优活动。7 月开始，以加强企业总部机关党的建设和建立健全企业科学发展的长效机制为重点，围绕落实“十二五”规划，推动企业基层党组织和广大党员争创优秀业绩，深入开展创先争优活动，迎接党的十八大召开。3 月，下发《关于深入开展创先争优献礼建党 90 周年活动的通知》，各单位以迎接建党 90 周年为主线，以献礼活动为载体，按照“深入动员、掀起热潮，公开承诺、接受监督，丰富载体、积极创建，强化检查、强力推进”四个方面的要求，积极开展创先争优活动，一是围绕“十二五”发展战略实施、京沪高铁开通、CRH6 动车生产等重点项目，结合各自承担的生产经营、科技创新等方面的任务，研究制定详细的献礼计划，分层次分阶段在各级基层单位广泛开展献礼活动，各一级子公司共提出 48 个献礼项目，计划 7 月前完成的 35 个项目全部完成，完成率 100%；二是以“两优一先”评选活动为契机，开展以“争创‘四强’党组织、争当‘四优’共产党员”为主题的“十大车城先锋”“党员之星”“党员示范岗”“党员先锋岗”等形式多样、内容新颖的评选表彰活动；三是以深化创先争优活动为主题，召开以“奉献南车、创优争先锋”为主要内容的基层组织生活会；四是积极开展选树先进典型活动，通过表彰会、媒体宣传等方式，集中宣传一批先进基层党组织和优秀个人。组织观看《郭明义》《杨善洲》等影片，有效发挥先进典型的示范引领作用，进一步激发各级党组织和广大党员创先争优的内在动力。

为推动创先争优活动向深度和广度发展，4 月 21 日在洛阳召开中国南车创先争优活动交流推进会，股份公司董事长赵小刚作《求真务实、突出特色，借力创先争优助推中国南车科学快速发展》主题报告，戚墅堰公司、浦镇公司、株机公司、洛阳公司、长江公司、株洲所、电机公司、眉山公司、四方股份公司等 9 个单位作经验交流。9 月 22 日，召开中国南车创先争优活动推进会视频会议，对创先争优第三阶段工作作出安排。

【民主生活会】 加强领导班子思想政治建设，不断提高党员领导干部民主生活会质量。按照中央纪委等部门《关于以坚持“以人为本执政为民理念发扬密切联系群众优良作风”为主题开好年度县以上党和国家机关党员领导干部民主生活会通知》和国资委企干二局关于召开领导班子专题民主生活会的有关要求，中国南车党委在广泛听取子公司党委和总部机关部室意见基础上，结合国资委年度考核结果和反馈情况，开展党性分析，查找问题，分析原因，制定整改措施。11月9日召开“以人为本执政为民理念发扬密切联系群众优良作风”为主题的民主生活会，国务院国资委有关到会指导。10月初～12月中旬，各一级子公司和总部机关党委按照中国南车党委《关于以“改进作风、解放思想、创先争优、加速发展”为主题开好2011年领导班子民主生活会的通知》要求，陆续召开领导班子民主生活会，中国南车党委常委和党委部门负责人分别参加各单位的民主生活会，进行具体指导。

【党委换届选举】 认真贯彻执行《中国共产党基层组织选举工作暂行条例》和中国南车《党代表大会换届选举工作程序规定》，中国南车党委以深入分析形势、提出改革发展总体目标、营造企业科学发展的良好氛围为重点，加强对党代会代表选举、党委纪委候选人酝酿提名、党委纪委工作报告起草、党代会召开等工作加强指导，党代会的质量得到提高。任期届满的6个单位党委，除四方股份公司、四方有限公司经同意推迟召开外，电机公司、戚墅堰所、洛阳公司分别于4月28日、9月29日和12月2日召开党员代表大会，常铁校于11月28日召开党员大会，完成党委换届选举工作。

【表彰先进】 为推动创先争优活动向深度和广度发展，调动和激发广大党员履职尽责创先进、立足岗位争优秀的内在动力。6月24日，中国南车召开纪念建党90周年暨“七一”表彰大会，表彰52个“先进基层党组织”、91名“优秀共产党员”和45名“优秀党务工作者”。在国资委召开的纪念“七一”表彰大会上，浦镇公司党委、眉山公司党委、长江公司株洲分公司台车车间党支部被授予“中央企业先进基层党组织”称号，株机公司党委书记刘宁、四方股份公司检修服务事业部党支部书记张瑞亭被授予“中央企业优秀党务工作者”称号，株洲所时代电气技术中心荣智林和戚墅堰公司高级技师、十七大代表吴淑玄被授予“中央企业优秀共产党员”称号。株洲所党委被中组部、中央创先争优活动领导小组评为“广州亚运会创先争优先进基层党组织”。

【党组织建设】 各单位注重坚持“三同时”（新建经济组织的同时建立党组织，调整经营管理组织的同时调整党组织设置，配备经营管理人员的同时配备党务工作人员），加强工作调研，积极探索异地建厂、海外并购和外部劳务党建工作的方式方法，本着精干、高效、协调和有利于加强党的工作的原则，及时调整企业党组织内部机构，确保企业党组织正常开展活动。批复成立广机公司临时党委，并加强党建等工作的指导。

【发展新党员】 贯彻落实《中共中央组织部关于进一步做好新形势下发展党员工作的意见》，坚持党员发展工作方针，加强入党积极分子的教育培养。全年发展新党员934名，其中，生产工作一线党员719名，占发展总数的77%；工人党员417名，占发展总数的44.6%；35岁以下青年党员602名，占发展总数的64.5%；高中以上文化程度的党员889名，占发展总数的95.2%。发展优秀团员入党192名，经团组织“推优”的192名，“推优”率为100%。

【党员教育管理】 各级党组织注重从完善党内民主制度，加强党内民主建设入手，强化党员教育管理工作。探索扩大党内民主的多种途径，贯彻中国南车党委《关于推行党务公开的指导意见》，修订完善本单位党务公开工作细则，将党组织的决议决策、党内制度、评选评优等内容向党内外公开，增加党组织工作的透明度和党内外监督力度。落实党员的知情权、参与权、选举权和监督权，党员教育管理的工作水平得到提升。

【党内统计工作培训】 中组部对党内统计软件《系统 2005》进行全面修订并发布《全国党员管理信息系统（基层版）》，对党内统计工作提出新要求。为此，党委组织部会同老干部部在桂林召开本年度党内统计和老干部统计年报布置暨培训工作会议，传达和学习中央企业党内统计工作会议精神，对更新后的党内统计软件使用和年度报表填写进行专门培训，党委组织部有关人员、子公司负责党内统计和老干部统计的人员共 45 人参加培训。（党委组织部　供稿）

宣传工作

【概述】 围绕中国南车发展目标和经营工作中心，做好企业文化与品牌建设工作。强化管理意识和制度建设，精心策划，突出中国南车整体资源挖掘。围绕京沪高铁开通、再融资、自主创新形象维护和品牌形象维护，认真做好工作，体现文化与品牌建设成效，提升文化与品牌建设水平，形成中国南车品牌形象传播基础，为中国南车战略推进发挥积极作用。

【对外宣传】 积极做好中央媒体深度宣传中国南车自主创新采访报道工作，给新华社、《人民日报》等 260 余家媒体提供素材，完成《南方日报》《南华早报》《科学时报》《中国企业报》等 110 余家媒体采访工作，在中央媒体头版发布各类报道 310 余篇。与海外媒体建立联系沟通平台，联系和安排马耳他传媒公司（节目提供 CNBC）、法国《费加罗报》、英国 BBC、德国《镜报》、美国《华尔街时报》等海外媒体采访。安排《中国南车要做世界行业第一》、新华网《国企老总面对面》、英国《IRJ》《轨道交通 RT》《城市轨道交通网》《证券市场周刊》就 CRH380A 核心技术优势进行专访 53 次。建立“中国南车通讯群”“中国南车品牌建设群”及南车微博网群，形成网络媒体沟通新渠道，运用新媒体渠道宣传中国南车。

【思想宣传工作】 组织党委中心组学习，多次邀请专家学者举办讲座，在 OA 上开辟《学习参考》专刊。会同党委组织部完成“推进创先争优工作会议（洛阳）”相关会议资料准备工作。开展庆祝建党 90 周年宣传工作，在《中国南车》报开辟 “喜迎建党 90 周年”专栏，宣传建党史上的英烈人物和中国南车先进人物事迹。组织中国南车“十二五”战略宣贯工作，完成多次重大会议宣传工作，并完成全国文明单位推报工作。

【品牌建设】 制定品牌年度计划，分解年度工作任务。下发《品牌贡献率考核办法》和《对外新闻报道考核细则》文件，加强品牌建设日常制度化工作。定期召开品牌执行委员会会议，开展品牌准入审核，研究品牌准入的相关事项。研究品牌危机事件处理和管理改进工作，明确总部相关部门品牌管理职能，开展品牌检查督导工作。完成新版中国南车宣传片并下发各子公司，提出使用规范要求，新版中国南车宣传片获得各方好评。完成 BI 调研（包括问卷设计及人员策划），召开启动 BI 建设工作会议。完成第二批品牌准入工作，品牌准入审核基本完成。对南车玉柴、广机公司及中国南车西屋合资公司等有关品牌问题，提出处理建议并提请品牌执行委员会决策。中国南车品牌建设工作受到国资委表扬，中国南车作为 6 个大会交流单位，在国资委新闻宣传工作会议上介绍新闻宣传助推品牌传播工作经验。

【品牌形象风险处理】 针对媒体不实报道，积极应对媒体询问，消除负面影响。及时统一宣传口径，组织子公司持续加强新兴媒体监控和媒体公关，强化宣传应对及控制。完善网络监控，及时与有关部门和单位联系，采取措施，迅速应对。根据品牌形象维护应急预案，启动“7·23”甬温铁路重大事故品牌形象维护工作，先后下发《媒体公关处理的通知》和《做好应急处理的通知》，妥善应对媒体、维护稳定，并以此为契机，改进品牌危机处理工作机制。

【京沪高铁开通宣传】 加强与北京、上海等地方媒体沟通，做好宣传报道前期工作及开通后的持续深度报道。期间，各大中央媒体广泛开展四方股份公司 CRH380A 自主创新报道，中央电视台、中央广播电台在《新闻联播》和《新闻与报纸摘要》栏目中播出专题新闻，新华社发布通稿，《经济日报》、《科技日报》头版头条刊发自采文章，《人民日报》、《光明日报》等媒体也在重要版面刊发报道。《科技日报》推出高铁自主创新系列报道，株洲所“中国芯”报道在头版头条刊出。《光明日报》推出宣传自主知识产权报道，中央电视台《我爱发明》栏目播出动车组 40 分钟专题科普节目。此外，还组织了中央电视台《走进科学》、纪录片《工程奇迹》、国务院新闻办公室《人民中国》、美国《国家地理》杂志的采访协调工作。

【再融资宣传】 按照再融资工作需要，参与信息披露工作，制定相关宣传计划，有针对性地开展对外宣传，维护中国南车企业形象。加大与中央及其他媒体联系，注重日常沟通，抓好协调策划，突出配合联动，保证媒体对中国南车的持续关注正面宣传，维护资本市场的中国南车形象，助推资本市场充分认识中国南车投资价值。配合董事会办公室完成香港新闻发布会（年报业绩报告）活动。

【展会及评奖参与】 开展展会设计指导书设计和 2012 年柏林展会策划及启动相关准备工作，完成上海国际轨道交通展、印度新德里展会参展、北京交通轨道展、巴西圣保罗展、澳大利亚展等工作。参加社会权威评奖，中国南车获最具责任感企业、中企联最具影响力企业奖、中国轨道交通 2010 年十大创新人物和十大创新产品、“亚洲品牌 500 强”、世界品牌实验室“中国品牌 500 强”、联合国有关组织颁发的“碳金奖”及“中国轨道交通创新力 50 强”等荣誉。世界品牌实验室“中国品牌 500 强”认定中国南车为“世界影响”，品牌价值为 172 亿元，排名 55 位。

【内部新闻】 制定月度新闻发布计划，对各子公司外宣工作加强指导。做好 OA 网新闻编发工作，OA 网更新稿件 740 篇，其中图文稿件 261 篇，外网更新公司新闻、行业新闻、媒体视点、图片新闻等稿件 240 余篇。向国资委网站报送中国南车稿件 133 篇，及时更新 OA 网创先争优专栏宣传。

（党委宣传部　供稿）

纪检监察工作

【概述】 各级纪检监察组织坚持以邓小平理论和科学发展观为指导，围绕实现中国南车发展战略目标，坚持标本兼治、综合治理、惩防并举、注重预防的方针，以深化惩防体系建设为主线，全面推进企业党风建设和反腐倡廉建设，为推进企业和谐稳定发展提供强有力的保障。

【反腐倡廉会议】 3 月 1～2 日，中国南车反腐倡廉建设工作会议在江苏南京召开，股份公司董事长、党委书记赵小刚作题为《融入企业发展中心，推动反腐倡廉建设，为开创中国南车“十二五”改革发展新局面而努力奋斗》的重要讲话，党委副书记、纪委书记刘化龙作题为《深化惩防体系建设，创新纪检监察工作，为中国南车“十二五”战略目标提供坚强保证》的工作报告。会上，株机公司、资阳公司、戚墅堰公司、四方股份公司、浦镇公司、眉山公司、株洲所和南方汇通公司围绕反腐倡廉和惩防体系建设，就“三重一大”集体决策、纪检监察工作目标管理、工程招标管理、物流管理、廉洁文化建设、内控管理、重要岗位人员廉洁评价等进行大会经验交流。会议就如何围绕中国南车“十二五”发展战略，进一步深化反腐倡廉建设、企业廉洁文化建设和纪检监察工作，突出物流管理效能监察重点立项及实施方案，为实现中国南车“十二五”发展战略目标提供重要保障等方面进行了研究讨论。

【惩防体系建设】 按照国资委部署和要求，认真落实党风廉政建设责任制，坚持把反腐倡廉和惩防体系建设目标任务层层分解落实，形成“一级抓一级、层层抓落实”的目标管理机制。结合中国南车实际，深入调研，总结经验和理论探索，完成“加强廉洁文化建设，助推企业科学发展”、“惩防体系建设中的实践与探索”和“加强对党政领导干部监督的实践与思考”等课题的专题研究和理论探索。制定《中国南车“十二五”反腐倡廉建设工作规划》和《中国南车“十二五”廉洁文化建设工作规划》，开展惩防体系建设自检自查和党风廉政建设责任制等“五项”制度综合检查，总结贯彻落实制度方面的做法和成效，提出推进惩防体系建设持续发展的工作思路，制定加强和改进的具体措施，在建立和完善惩防体系长效机制方面发挥重要作用，受到国资委惩防体系建设检查组好评。年内，中国南车及所属企业共签订党风廉政建设责任书 853 份，检查所属单位 536 个，考核单位 132 个；责任追究 21 人，其中纪律处分 5 人，减扣薪酬和经济处罚 22 人。

【党风宣传教育】 坚持以各级领导人员、重要岗位人员为重点，深入开展主题思想教育、案例警示教育和廉政谈话、任职谈话、诫勉谈话、述廉议廉、廉洁承诺等多种形式的教育活动，不断加强反腐倡廉和党风廉政宣传教育。年内，结合各一级子公司领导班子民主生活会，党委常委先后与 36 名党政正职进行廉政谈话教育。总部及各一级子公司开展讲党课、作反腐倡廉专题报告 168 场次，组织党纪法规专题学习研讨 260 场次，进行警示案例教育 57 场次，受教育人数 87248 人次。对 385 名领导人员进行任职谈话教育，对 63 名领导人员进行诫勉谈话教育。各级领导人员中有 2392 人次进行述廉议廉和廉洁承诺，57 人次上缴礼品、礼金和有价证券。

【纪检工作调研】 坚持把调查研究、理论探索和经验总结作为推进反腐倡廉建设和纪检监察工作的重要措施。根据中央纪委和国资委要求，以“总结和创新”为主题，围绕党的十七大以来国有企业反腐倡廉建设、惩防体系建设、廉洁文化建设、企业领导人员监督管理和纪检监察工作等课题，深入进行调查研究和理论探索，形成《加强廉洁文化建设，助推企业科学发展》《惩防体系建设中的实践与探索》和《加强对党政领导干部监督的实践与思考》等调研报告、理论文章或相关材料，提出新形势下加强体制机制和阵地建设、创新活动载体和方式方法等建议及措施，为解决企业反腐倡廉建设实践中的突出问题发挥了积极作用。

【专项监督检查】 根据国资委关于开展“五项制度”贯彻执行情况专项监督检查的部署要求，成立“五项制度”专项督查工作领导小组和工作机构，对“五项制度”综合督查工作进行部署。在总部及一级子公司开展自检自查基础上，组织专门力量对部分一级子公司进行重点督查。通过自检自查和重点检查，总结中国南车在贯彻落实“五项制度”方面的做法和成效。坚持贯彻落实党风廉政建设责任制，形成齐抓共管的责任机制，在推进反腐倡廉和惩防体系建设中发挥积极作用。坚持把宣传贯彻《廉政准则》和《廉洁从业规定》作为加强领导人员廉洁自律和监督检查的重点工作，有力带动和推进企业反腐倡廉建设。坚持不断加强“三重一大”制度建设，基本实现“三重一大”决策的制度化和规范化，在推进改革发展和反腐倡廉建设中发挥重要作用。贯彻落实中央《若干意见》和国资委党委《通知》精神，把纪检监察队伍作为企业家重要人力资源和人才队伍来抓，注重在企业经营管理和改革发展中体现应有价值，发挥重要作用。针对“五项制度”建设存在的主要问题，制定并实施了加强和改进的具体措施。

【效能监察】 根据国资委部署，制定实施《中国南车 2011 年效能监察指导意见》和《实施方案》，重点开展 “五项”效能监察。通过加快转变经济发展方式效能监察，发现和纠正存在问题 36 个，建立健全相关制度 17 项。通过“三重一大” 制度建设效能监察，针对存在的共性问题，提出整改建议及实施措施，有效推进“三重一大”制度落实。通过非公开招标采购物资配件效能监察，针对非公开招标采购数额大、采购渠道控制不规范等问题，强化采购渠道和采购价格内控管理。通过物资配件价格管理效能监察，针对存在的 86 项管理问题，提出 65 项监察建议并跟踪整改，促进管理制度和操作流程完善。通过物资配件采购降本增效效能监察，降低采购成本 13.7 亿元，扣除价格上涨因素实际降低采购成本 3.8 亿元，与上年度采购总额相比，降低采购成本比率分别为 2.34%、0.65%。年内，开展效能监察 192 项，提出监察建议 419 条，下达监察决定 41 个，整章建制 38 个。

【案件查处】 根据中央纪委和国资委纪委关于案件查办工作要求，认真贯彻惩治和预防两手抓、两手都要硬的方针，坚持以重大投资、产权交易、工程建设、物资设备采购、营销活动中违纪违法的案件，特别是领导人员违反“三重一大”和廉洁从业规定等案件为重点，加大查办力度。年内，各级纪检监察组织受理群众信访举报 34 件次，立案 6 件，结案 6 件。党政纪处分 8 人，刑事处理 2 人，责任追究 3 人，挽回经济损失 70 多万元，全年信访举报核查兑现率、信访举报处理兑现率、领导交办重大案件责任追究完成兑现率均达 100%。通过“一案一整改、一案两报告、一案三反思”等措施，认真剖析案例，研究案发原因，查找生产经营管理中的漏洞和薄弱环节，提出完善管理意见并督促整改，发挥查办案件的综合治本功能。

【纪检组织建设】 坚持把思想、作风和素质建设作为纪检监察组织建设的首要任务，开展“做党的忠诚卫士，当群众的贴心人”和“树典型、学先进、创佳绩”等主题教育活动，不断增强纪检监察人员的政治意识、大局意识、责任意识，促进纪检监察队伍思想作风建设。采取上下结合、内外结合等多种形式，开展纪检监察人员招投标管理、财务管理、纪检监察等业务培训 21 场次，培训人员 748 人次。编发《南车纪检监察信息汇编》43 期，总结、交流和推广纪检监察工作典型经验，不断提高纪检监察人员的业务水平和综合素质。根据中央关于加强和改进纪检监察组织建设《若干意见》和国资委党委《通知》精神，对纪检监察组织现状进行专题调研，提出加强和改进的意见和建议，奠定纪检监察组织建设基础。

（纪委监察部 供稿）

工会工作

【概述】 以年度工作目标为主轴，围绕中国南车工作全局，全面推进工会四个“精品工程”，融入中心、服务大局，找准切入点、着力点，推动工会各项工作的全面开展，维护员工的合法权益及劳动关系的和谐，促进中国南车稳定发展。中国南车工会获“全国模范职工之家”称号。年末，中国南车下属工会组织18个，其中一级子公司工会16个，院校工会1个，总部机关1个，有工会会员91535名。

【劳动竞赛】 各级工会组织把融入中心、服务大局作为第一要务，把企业党政关注的焦点、发展的重点、管理的难点作为劳动竞赛的主攻方向，主动创新方式方法，深化开展以“八比八创”劳动竞赛为主要内容的群众性经济技术创新活动。各单位工会在组织竞赛过程中，通过重心下移、重点突破，充分调动各个层面的积极性和主动性，以竞赛促精益生产，以竞赛促安全生产，以竞赛促技术质量，以竞赛促成本效益，掀起人人为中国南车“十二五”发展开门红做贡献的热潮，促进企业年度各项经营指标完成。同时，以推进员工安全生产为重心，选树典型，采取上下联手、与行政联手的方式，组织员工开展安全教育培训和“安康杯”主题劳动竞赛，坚持“班组安全讲话”，进一步健全劳动保护机制，提高企业安全生产水平。

【劳模先进选树】 弘扬中国南车劳模精神，宣传劳动模范和先进集体的时代风采、奉献精神和先进事迹，关心劳模的工作、学习和生活。全年，拨付专项资金，用于走访慰问劳模先进人物。组织两批共44名劳模到欧洲进行为期15天的考察、学习。大力开展争优创模活动，不断鼓励员工为公司发展再立新功。年内向中华全国铁路总工会推报36名“火车头奖章”、6个“火车头奖杯”、2个“工人先锋号”，推报“全国五一劳动奖章”1名、奖杯1个。

【民主管理】 认真落实职代会职权，坚持企业生产经营，特别是有关改革的重大决定和涉及员工切身利益的重大事项必须提交职代会审议，不断完善民主监督机制。各一级子公司认真抓好职代会民主评议企业领导人员工作，开展职代会专门工作检查、职工代表提案等日常民主管理活动。加强厂务公开工作的制度化和规范化建设，不断完善厂务公开三级网络，着力在规范操作、落实责任、监督制约上取得新进展。年底召开中国南车一届五次职代会，讨论、审议通过总裁年度工作报告和集体合同。在该次会议上首轮《中国南车集体合同》顺利签订，标志着稳定企业劳动关系、维护员工合法权益、促进企业和谐发展的重要机制得以建立与完善，员工合法权益从总体上得到进一步维护。

【创争活动】 引导员工积极投身“创建学习型组织，争做知识型员工”活动，推动“创争”活动深入开展。实施员工素质工程，开展创建“工人先锋号”等群众性建功立业活动。开展员工技能大赛，促进企业解决生产经营重点、难点和关键问题。协助行政做好技能人才培养，通过开展员工岗位练兵、技术比武、技能竞赛等活动，不断提高员工的技术业务素质。在青岛举办中国南车第六届技能大赛，三个职业（工种）共130名选手参加比赛，83个绝招绝技参加展示。有9名选手被授予“全国技术能手”称号，12名选手被授予“中央企业技术能手”称号。在常铁校举办第五期劳模（高技能人才）综合素质提升班，共有42名各类劳模参加为期1个月的培训。

【文化体育】 按照“同一个中国南车”要求，围绕建党90周年和全民健身活动主题，结合企业文化的特色与特点，利用有效资源，开展丰富多彩、健康向上的文化体育活动，不断丰富员工精神文化生活，提高员工精神文化生活品位，提升中国南车的美誉度和知名度。贯彻《全民健身条例》，组织了气排球比赛、第二届“南车杯”毽球比赛和“社会体育指导员暨大众健美操培训班”等活动。组队参加上级体育赛事，参加火车头杯围棋比赛并取得好成绩，获全路健美操比赛冠军、国民体质测试比赛团体一等奖。

【帮困救助】 结合单位实际，本着合理扩大范围、适当提高标准的原则，积极消化沉淀资金。开展“两节”送温暖活动，以“情满南车”为主线，开展“冬送温暖”、“爱在金秋”等主题走访慰问活动，加大员工突发的、临时的救助慰问工作。重视和关心弱势群体、困难员工、生产一线员工和先进模范人物的工作和生活，切实为他们办实事、做好事。在“两节”送温暖活动中，中国南车党政工领导走访下属17个子公司和6个分公司，共走访慰问困难员工19865人，两级公司共发放慰问金1531万元(其中股份公司投入300万元)。重视员工心理健康，探索开展心理咨询、心理调适活动，引导员工树立健康、积极的生活态度和生活方式。

【服务高铁】 为鼓舞和激励服务在高铁运营线路上的售后服务人员，京沪高铁开通期间，两级公司工会先后投入资金近200万元，分批走访慰问京沪高铁售后服务人员，并专程赴沪宁、武广、郑西、沪杭等高铁线，走访慰问售后服务人员。在中秋、国庆之际，中国南车工委发文要求在此期间，对高铁售后服务人员开展慰问活动。工会投入30万元专项资金用于“双节”高铁售后服务人员慰问活动的补助，并发出《慰问信》，对辛勤工作在高铁售后服务一线的中国南车员工表示问候，有效促进高铁的优质安全运营。

【女工工作】 各级女职工组织围绕企业改革发展中心任务，组织开展“巾帼立功”竞赛和女员工素质提升工程，庆“三八”等系列活动，不断提高女员工素质，增强女员工自我维护意识，展现女工精神风貌。切实推行女员工权益保护专项集体合同工作，并对各单位“专项协议”执行情况进行督促检查，有效维护女员工的特殊利益和合法权益。召开中国南车二届五次女职委会议，总结和交流工作经验，并部署年度女工工作。

【目标管理】 下发中国南车工会重点工作目标管理责任，各级工会完善和全面推进工会工作目标管理，分解、细化工会各项重点工作，保证年度工作有目标、季度工作有重点、月度工作有亮点。同时，各一级子公司工会将基层分(支)会纳入目标管理体系，将目标管理工作向基层工会和委员延伸。加大对目标管理的指导推进、跟踪考核，评选出2010年度目标管理优秀单位7个、2011年上半年优秀单位7个。

【组织建设】 各单位工会积极适应企业发展需要，因地、因时、因企制宜做好工会组建工作。按照中华全国铁路总工会要求，组织劳务派遣工加入工会，进一步壮大工会组织。开展会员评家工作，扎实推进小家建设。召开二届十二次全委会，增补集团公司工会主席、常务副主席、副主席。指导株机公司、资阳公司、四方股份公司、四方有限公司、长江公司株洲分公司、戚墅堰所和总部机关等单位工会进行换届改选工作。组织一级子公司工会主席赴境外进行为期 15 天的培训学习，开阔了视野，提升了能力。各单位坚持开展模范职工之家评选活动，涌现大批工会工作先进集体，中国南车工会、长江公司和株洲所时代新材等单位获“全国模范职工之家”，2 个小家获全国模范职工小家，1 人获全国优秀工会工作者。切实加强工会信息管理，各单位积极报送工会信息，全年编发《南车工会信息》155 期。

【财务经审】 按中华铁路总工会要求，在试点基础上，对各一级子公司工会财务会计规范化建设全面进行对标考核和评审，16 个一级子公司工会通过达标，眉山公司工会获“全国市级工会财务工作先进单位”，中国南车工会获全路工会财务竞赛一等奖，并通过全路会计基础工作规范化建设达标。对各单位工会留成基金、财务专用基金使用与管理进行检查，有效推进工会财务工作规范化建设，提高工会财务工作水平。加强工会经审工作，严格经费收、管、用，对成都公司、南方汇通公司进行任期经济责任审计，对戚墅堰所、常铁校进行工会主席离任审计，发挥经审工作的监督作用。

【机关工会】 总部机关工会以“融入中心、服务大局”为前提，本着“和谐、卓越”的工作目标和“求合拍、现活力”及服务员工的工作原则，开展机关各项活动。年内，组织机关工会换届改选工作，制定总部员工“大病特困保障资金”使用管理办法，并组织运行。组织总部员工及家属开展一次秋游活动，同时开展一系列有益身心健康的文化体育活动等。（工会办公室　供稿）

共青团工作

【概述】 年内，面对新形势新任务，认真贯彻中国南车工作会议和中央企业团工委工作会议精神，围绕中心工作以创先争优活动为主线，着力加强团员青年的思想教育和团的基层组织建设，做好服务青年人才成长工作，团组织的吸引力、凝聚力和战斗力得到进一步增强，为实现中国南车全年目标发挥作用。

针对京沪高铁开通运营后的形势，中秋节期间组织对中国南车高铁售后服务主机厂和配套企业青年员工的慰问活动。活动由各有关企业团委就近组织实施，7 个一级子公司团委组成慰问团，分别到中国南车驻北京、济南、青岛、南京、上海、郑州、武汉等城市的 11 个动车所售后服务站点，对中国南车售后服务和动车所团员青年进行慰问，开展交流学习及适合青年特点的各种活动。活动促进各单位团员青年以及中国南车和用户团员青年之间的互相学习交流，了解用户需求和中国南车产品运用情况，提高对售后服务工作重要性的认识。

【青年思想引导】 组织各单位团委开展内容丰富、形式多样、富有意义的思想教育活动。开展“我与祖国共奋进”形势政策教育活动，以报告会、专题讲座和座谈交流会为主要形式，帮助青年提高思想认识，坚定青年与企业同发展的信念。开展“学党史、知党情、跟党走”主题教育活动，各单位团委根据中国南车团委统一安排，结合青年特点，注重寓教于乐，提高活动效果。开展革命传统教育活动，总部团委组织团员青年参加党委中心组祭扫王荷波等革命烈士墓活动，各企业开展“重寻革命先烈足迹”、清明公祭革命烈士大会、“缅怀先烈，继承传统”祭扫革命烈士墓等活动。结合团中央下发的《关于在全团开展分类引导青年工作的实施意见》，针对不同青年群体，深入开展青年思想教育引导，使思想引导工作广泛覆盖到中国南车各条战线上的团员青年。

【共青团创先争优】 下发《关于开展“争做青年先锋,献礼建党90周年”活动的通知》文件，组织各一级子公司团委围绕企业党组织向建党90周年献礼项目,在广大团员青年中开展劳动竞赛等立功献礼活动，确保实现“时间过半、任务过半”的工作目标。针对长江公司在总—分型运营模式下实行两级团委设置管理的情况，中央企业共青团创先争优活动领导小组办公室和中国南车团委共同对长江公司共青团创先争优活动进行调研，并重点就如何跨区域、跨单位开展创先争优活动进行指导。对资阳公司、眉山公司、成都公司等企业进行实地调研指导，积极推进基层共青团创先争优活动。编发《南车团讯》“共青团组织深入开展创先争优活动”专刊13期，宣传和交流各级团组织创先争优活动情况，促进活动深入开展。

【党建带团建】 贯彻落实中央组织部、共青团中央、国务院国资委党委联合印发的《关于印发〈关于进一步加强和改进中央企业共青团工作的意见〉的通知》文件精神，了解各一级子公司对文件贯彻落实的具体情况，总结和分析贯彻落实过程中的经验和问题，对突出问题提出整改措施和计划，督促各一级子公司深入贯彻落实文件精神。开展各企业基层单位党建带团建工作问卷调查，在此基础上召开基层单位党建带团建工作座谈会，邀请各企业党支部书记、分厂长（车间主任）、部室领导就加强基层党建带团建工作进行研讨，明确今后的工作方向。指导戚墅堰所、成都公司、长江公司、二七公司等单位开好团代会，强化基层团组织建设。加强对基层团建工作的宣传交流，全年编发《南车团讯》74期，信息数量达600余条，各企业撰写共青团和青年工作调研报告13篇。

【混合制经济体团建】 针对中国南车快速发展、扩张经营的新形势，加强对非公企业和混合制企业团建工作指导。对株洲所时菱公司（中外合资）、戚墅堰所新北基地（含1个全资子企业、1个民营资本合资企业、2个中外合资企业）、石家庄国祥公司（南车与台湾合资）、南车玉柴发动机有限公司（南车与玉柴集团合作）等企业的团建情况进行工作调研，形成对于混合制经济体团建工作的“三个特点”、“七个基本认识”和“四个工作切入点”的调研成果。

【共青团手册编写】 为提高基层团组织独立开展活动的能力，开展精益生产活动、迎接新入企员工活动和团的特色活动三个方面工作的指导手册编写工作，深入挖掘和共享各单位团组织在开展活动方面的好做法好经验，通过收集、整理、编写规范的活动案例，以“指导手册”的形式，充分体现活动的创意构思、主要内容、组织运作和活动效果，为各级团干部学习借鉴经验、拓展工作思路、组织开展活动提供具有较强指导性、针对性和可操作性的参考工具书。加强中国南车学习型团组织建设，挖掘工作亮点，总结交流经验，提高干部素质，增强基层活力。

（团委 供稿）

机关党务工作

【概述】 机关党委认真贯彻中国南车工作会议精神，围绕全年中心和重点工作，结合总部机关工作实际，深入开展理论宣传教育，不断加强组织和思想作建设，完善老干部管理，着力打造“四型”员工队伍，有效调动总部机关全体员工的积极性和创造性，为中国南车改革、发展、稳定，实现全年经营目标作出贡献。

【思想政治工作】 积极开展员工思想政治工作，与员工进行广泛的沟通和交流。关心和支持群团组织工作，组织各运动队和员工参加锻炼和比赛，活跃总部员工生活。关爱困难员工和生病住院员工，有效落实三关心三保证工作。加强廉政建设，落实惩防体系，坚持经常性的廉政勤政教育和主题实践活动，杜绝了违纪问题的出现。

机关党委组织4场专题报告，股份公司董事长、党委书记赵小刚在总部机关纪念建党90周年大会上为全体员工讲七一党课，股份公司总裁郑昌泓作了中国南车经营情况报告，企业文化部有关领导作了关于党的十七届六中全会精神解读，中国工程院院士刘友梅、丁荣军作了科技报告。

【党建工作】 按照中国南车创先争优活动总体安排和要求，结合总部机关实际，召开党委会制定详细的活动计划，下发各支部并对全体员工进行动员，以支部为单位，深入开展创先争优活动。结合纪念建党90周年，召开表彰大会，组织新党员宣誓、老党员重温入党誓词，表彰了先进基层党组织、优秀共产党员、优秀党务工作者和党风廉政建设先进集体和个人。

坚持党要管党，切实抓好自身建设。定期召开党委会，集体讨论和决定重大问题。注重抓好组织建设，根据机构和人员变化，及时调整书记、委员和支部。坚持标准，确保质量，按照程序，全年发展新党员1名，转正6名，转入14名，转出2名党员，新培养积极分子3名。调整党费缴纳标准，公示了党费收支情况。召开各支部民主生活会，开展批评与自我批评，不断提升党员领导干部的政治素质和业务能力。

【老干部管理】 不断改进和完善离退休老干部管理工作。举办2011年老干部团拜会，组织开展老干部春秋游、参观毛泽东生平展、观看文艺演出等活动，并完成老干部体检工作，体现组织上对老同志的重视和关爱。同时，结合建党90周年，表彰16名离退休优秀共产党员。

（机关党委　供稿）

学会·协会

【中国南车党建思想政治工作暨企业文化研究会】 认真落实中央企业党建思想政治工作研究会及中国南车党委的工作部署，围绕中国南车“十二五”规划发展目标，开展以推进党建思想政治工作和建设企业文化为重点的专题研究。加强政研会的思想理论、能力作风及自身组织建设，努力为中国南车“十二五”发展开好头、起好步，为开创中国南车科学发展的新局面，提供良好企业文化氛围和思想政治动力。

贯彻党的十七届五中、六中全会精神及党中央、国务院和国资委重要文件，加强思想理论建设。通过理论研究，贯彻落实中国南车“十二五”规划，引导广大员工牢固树立科学发展理念，增强员工执行中国南车发展战略的积极性和主动性，为中国南车战略目标的实现提供精神动力。组织各单位政研会紧密联系本单位实际，围绕开展争创“四强”党组织和争做“四优”共产党员活动，撰写有较高水平的文章在《南车文化研究》刊登。

按照“围绕中心谋发展、有效切入争一流、全面深化争实效、着眼全局促和谐”的总体工作要求，开展加强和改进企业党建思想政治工作的专题研究。重点围绕“十二五”改革发展稳定，确保中国南车持续快速健康发展，加强和改进企业党建思想工作和企业文化建设开展研究，组织各单位选报专题研究论文。按照中央企业政研会2011～2012

年立项课题研究的安排，组织有关单位开展立项、调研、撰稿等工作。

及时调整中国南车政研会机构和组成人员进行，确保政研活动正常开展。组织各单位围绕如何推进学习型组织建设，打造一支担当国际化重任的员工队伍，如何提升文化软实力，打造国际知名品牌进行调研。改进办刊思路和方法，提高办刊质量，为中国南车所属各单位及广大党建思想政治工作和企业文化研究人员以及广大会员提供学习交流平台，全年编发《南车文化研究》4 期。

（党建政研会　供稿）

【中国南车企业协会】 着力办好《改革与管理》杂志，提高杂志核心价值，使其成为反映中国南车改革、管理动态的窗口，理论研讨和经验交流的平台，传播和提升中国南车的品牌和文化。

年内，《改革与管理》杂志主要以落实“十二五”规划为重点，结合重大事件和重要工作，从不同层面、不同角度刊登文章，发表评论，引导读者正确理解核心内容，使公司员工和广大读者明确奋斗目标和岗位责任，增强信念和信心。杂志第一期围绕“十二五”规划，刊发了股份公司董事长赵小刚《发挥原优势，创造新优势，实现“十二五”战略目标》和股份公司总裁郑昌泓《立足世界一流，引领行业潮流》的文章，并发表特约评论员文章《解读南车‘十二五’战略目标》，指出到2015年实现营业收入1500亿人民币，不仅追求数量增长，更加注重质量增长，力争全方位达到甚至超越庞巴迪，西门子，阿尔斯通轨道交通部分，真正成为全球轨道交通装备系统的领导者。此后数期杂志，紧扣公司中心工作连续刊登公司领导的重要讲话和文章，如“打造一支引领国际化中国南车发展的高端人才队伍”“中国南车人才战略基因解码”“健全内部控制，迈向现代化管理”等，并以答记者问等形式活跃版面，增强杂志可读性。杂志第五期集中报道中国南车高峰论坛会议内容，针对“7·23”甬温铁路重大事故后，中国铁路体制、政策出现重大调整和变化。向读者阐述，追求高增长而形成的惯性思维，已不能适应新时期的竞争，反而会成为衰落的致命因素。明确提出中国南车经营战略、战术、市场的商业思维，需要全方位系统更新。

编辑特别增刊，突出反映中国南车实施精益生产的变革和转型之路，出版《精益生产论文专集》，收集各子公司全面推行精益生产，按照精益生产理论对生产管理、技术设计、物流采购等系统开展研究、改善和创新的经验结晶，推动精益生产工作深入开展。

组织开展管理创新成果评审工作，全年上报管理创新成果 39 项，内容与企业生产经营联系紧密，涉及战略并购、人力资源管理、财务管理、供应链建设、精益生产、知识产权等诸多方面。经过初审、预审和审定委员会最终审定，株洲所《基于实现技术升级和产业链提升的跨国并购与整合》评为特别奖，总部人力资源部、财务部、四方股份和南方汇通公司的 4 项成果评为一等奖，其余 8 项评为二等奖、9 项评为三等奖。获奖成果将通过“改革与管理”杂志、现场会等形式进行交流和推广。

（企协　供稿）

【中国南车科学技术协会】 组织编辑《中国南车“讲理想、比贡献”活动十周年纪实》宣传图册，宣传“讲理想、比贡献”活动项目成果和先进事迹，发挥典型示范作用，带动更多的企业和科技工作者参与“讲、比”活动。“讲、比”活动是科技工作者寓理想于科研生产实践，引导科技工作者把创新才能，实现自身价值同企业发展，国家振兴结合起来，激发了创新热情和创造活力。征集到的优秀成果，均为围绕企业发展，科技创新和提高效益的实际问题，选题立项以项目为载体，通过承包个人或学组的努力，切实解决了生产经营中的关键问题。宣传图册宣传图册力求做到内容丰富、事迹清楚、图文并茂、可读性强，达到较好的宣传效果。限于篇幅图册选登19项优秀成果和部分“讲、比”活动先进集体、科技标兵和优秀组织者的事迹，反映了中国南车科协在促进自主创新、营造氛围上发挥的重要作用。图册印刷2000册，其中1000册赠送交流给钢铁、造船、石化、航空等行业重点企业科协。

应邀参加中国科协厂矿科协协作中心在沈阳举办的理论研讨会。中国科协、中科院科技政策及管理科学所和辽宁省科协宣读“讲、比”活动课题调研报告。报告回顾了“讲、比”活动的历史和经验总结，充分肯定“讲、比”活动多年来作为企业科协的主线工作，在建设创新型企业、培养创新型人才、营造创新环境、架设产学研相结合桥梁和有效调动科技工作者积极性等方面所发挥的作用。在分析“讲、比”活动在新形势下面临的机遇和挑战时，指出各级企业科协应不断探索新时期“讲、比”活动的内涵、方式和覆盖面，着力研究如何进一步丰富和创新，联系工作实际，以研究促学习，促工作，促创新。

在海口召开年度秘书长工作会议。会议主题是通报编辑《中国南车“讲理想、比贡献”活动十周年纪实》宣传图册的情况，总结经验，继续推动“讲、比”活动。回顾近两年中国南车科协开展科普工作情况，初步研究加强科普工作的意见。会议认为，通过编辑宣传图册，可以看到“讲、比”活动作为企业科协工作的主要抓手，有着完善的活动形式和内容，并凝结出实实在在的精神和物质成果，因而适应企业发展和市场经济的需要，它由原来单一群众性竞赛活动逐步演变成一种有效调节科技工作者积极性的企业行为，构成现代企业文化的一种特定形式，这一形式与时俱进，不断创新，大力弘扬科技工作者严谨的科学态度和迎难而上的精神，是企业两个文明建设的重要内容之一。

（科协　供稿）

【中国南车人力资源研究会】　深入研究和探索新形势下研究会工作的着力点和突破口，圆满完成研究会年度工作目标和计划，为促进年度人才重点工作任务的全面完成，提供有力的舆论导向和理论支持。编辑发行《南车人才开发》会刊5期，刊发图文稿件306篇，比上年增加5%。至年底，《南车人才开发》已定期编发14期，印发总量达24000余份，为专兼职人力资源管理工作者提供理论研讨和工作交流的平台。年内，先后在国家级刊物发表论文和经验文章6篇。报中国职协参评论文20篇，全部获奖，其中一等奖1项、二等奖8项、三等奖7项、优秀奖4项。同时，在获表彰的12家年度优秀科研单位奖中，中国南车位居榜首，连续3年夺得此项集体荣誉。

（人力资源研究会　供稿）

【中国南车体协】　全面贯彻国务院《全民健身计划》、中国南车工作会议精神及工会工作的目标要求，坚持“三服务”原则，紧密结合企业中心工作，开展形式多样的体育健身活动，丰富和活跃员工体育文化生活，为增强员工身体素质，推动企业发展，构建和谐企业，发挥重要作用。

各级体协以体育竞赛、员工健身活动为平台，组织参与多项体育活动和体育竞赛，取得优异成绩。由资阳公司6名运动员组成的中国南车代表队参加在乌鲁木齐铁路局举行的全国铁路职工网球比赛，获男子团体B组第7名、女子双打第6名，并双获赛会优胜奖。长江公司株洲分公司气排球队代表中国南车参加全路首届职工气排球比赛，获第7名。由电机公司员工组成的中国南车健美操队代表队，参加全国铁路大众健美操比赛暨2011年“浩沙杯”全国万人健美操大赛(火车头赛区)，夺得职工组规定动作五级操第1名，蝉联该项目冠军，并代表火车头体育协会参加全国健美操大赛总决赛，取得该项目比赛一等奖。由株机公司组成的中国南车代表队，参加全国铁路第6届普通人群体育锻炼标准测试赛，获非铁路局单位男、女团体第1名，男子个人前3名，女子个人2～4名。由长江公司4名员工组成的中国南车围棋代表队，参加全国铁路2011年围棋大赛，取得较好成绩。戚墅堰公司拔河队参加全国拔河新星系列赛江苏站比赛暨江苏省拔河比赛，获公开组600公斤级第2名和体育道德风尚奖，并参加“2011年全国拔河精英赛暨全国拔河新星系列赛总决赛”。资阳公司代表队参加四川省首届职工健（排）舞比赛获一等奖。

本着“锻炼队伍，加强交流，促进团结”宗旨，组织中国南车内部体育竞赛。8月，体协第一体育工作区在南方汇通公司举办“南车杯”气排球比赛，8个代表队80余名运动员、教练员、裁判员参加，长江公司一队获冠军，株机公司获亚军，株洲所获季军，浦镇公司、长江公司二队获“体育道德风尚奖”。9月，“南车杯”毽球比赛在郑州举行，体协第二工作区11支代表队近百名运动员、教练员、裁判员参加比赛，洛阳公司一队、四方股份公司、资阳公司、四方有限公司、眉山公司、二七公司、成都公司和戚墅堰所代表队分获混合男女团体前8名，北京时代公司、洛阳公司二队、南方汇通公司代表队获“体育道德风尚奖”。

开展多层次培训，培育体育骨干队伍。5月，体协在安徽举办“社会体育指导员暨大众健美操培训班”，下属一级子公司（分公司）22个单位的体协秘书长和体育骨干40余人参加培训活动，考试和考核成绩合格的学员被授予“社会体育指导员”一级证书。12月，选派2名体协秘书长和专职体育干部，参加全路一级社会体育指导员培训学习。

年内，各级体协把体育竞赛活动作为增进用户、业务合作单位沟通了解的桥梁和纽带，借助体育活动“开展体育营销”，为企业生产经营注入新的动力。营造全员健身氛围，展示“南车人”文明、健康、时尚的精神风采，增强企业的团队凝聚力、竞争力和影响力。发挥体协组织和单项协会作用，将员工日常体育活动和专项竞赛、纪念日活动相结合，员工体育健身活动和基层、社区体育活动相结合，常年开展员工和家属喜闻乐见的气排球、羽毛球、乒乓球、象棋、足球、篮球、健美操、毽球、广场健身操表演和水上趣味比赛等系列体育健身活动，做到年有计划、月有比赛、日有活动，营造健康、向上的全民健身氛围。因地制宜举办多层次、多类型体育运动会，开展竞技性、大众性、趣味性、小型多样的体育健身活动100多项次，参与员工数达10万多人次，参加体育健身的员工达60%以上。长江公司受到国家体育总局表彰，获“2011年全国全民健身活动先进单位”。（体协　供稿）

下属单位

南车长江车辆有限公司

南车株洲电力机车有限公司

南车资阳机车有限公司

南车戚墅堰机车有限公司

南车青岛四方机车车辆股份有限公司

南车四方车辆有限公司

南车南京浦镇车辆有限公司

南车眉山车辆有限公司

南车成都机车车辆有限公司

南车洛阳机车有限公司

南车二七车辆有限公司

南车石家庄车辆有限公司

南车株洲电力机车研究所有限公司

南车戚墅堰机车车辆工艺研究所有限公司

南车株洲电机有限公司

广州电力机车有限公司

南车投资租赁有限公司

中国南车（香港）有限公司

南方汇通股份有限公司（中国南车集团贵阳车辆厂）

常州铁道高等职业技术学校

中国南车集团投资管理公司

南车长江车辆有限公司

CSR YANGTZE CO., LTD.

● 11月1日，股份公司董事长赵小刚到东风汽车公司考察

● 2月11日，武汉市市长唐良智到长江公司考察

● 5月24日，澳大利亚力拓公司客人到长江公司进行商务考察

● 1月17～19日，中国人民解放军总装备部对公司进行承制单位资格审查

● 3月8日，公司总部机关举办庆“三八”纪念活动

● 底架校正胎

出口塞拉利昂罐车

● C70E新造车

80吨敞车

● X1K平车

● 龙门数控镗铣床

● 香港道砟车吊装启运

南车株洲电力机车有限公司

CSR ZHUZHOU ELECTRIC LOCOMOTIVE CO., LTD.

● 1月30日，股份公司董事长赵小刚到公司调研

● 5月23日，铁道部原部长、全国人大财经委员会原主任委员傅志寰到公司调研

● 1月27日，中国南车宁波产业基地揭牌

● 7月6日，马来西亚交通部部长江作汉、湖南省长徐守盛到公司参观

● 6月10日，长沙轨道交通集团与公司签订长沙地铁2号线一期工程车辆购销合同

● 12月22日，公司与马来西亚交通部在吉隆坡签署马来西亚动车组维保项目合同

10月28日，公司为昆明地铁生产的首期地铁车辆下线

● 昆明地铁列车

● 公司研制的出口土耳其轻轨列车

5月25日，公司举办庆祝建党90周年书法长卷书写活动

● 公司生产的“和谐号”电力机车整装待发

7月1日，公司举办合唱艺术活动庆祝党的生日

● 公司生产的大功率电力机车

南车资阳机车有限公司

CSR ZIYNG CO., LTD.

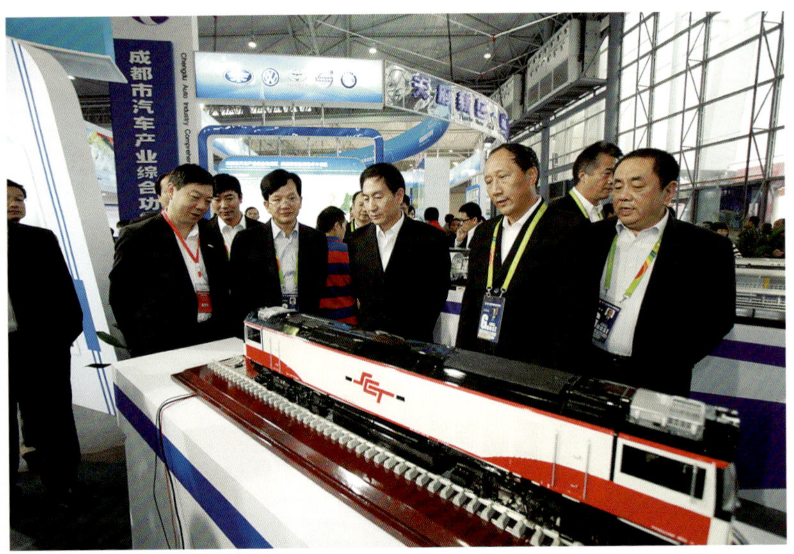

● 10月21日，股份公司董事长赵小刚参观西博会，观摩公司出口澳大利亚机车模型

● 3月7日，南车玉柴四川发动机股份有限公司

● 7月1日，公司举行庆祝建党90周年歌咏演唱会

● 11月24日，孟加拉国总理哈西娜视察公司承建的孟加拉K场电站工程项目

● 中国首支最大全纤维钢曲轴——18V3240曲轴

● 南车玉柴公司自主研制的9320发动机

● 公司首台国产化9L3240曼机进行台位试验

● 公司生产的南京地铁盾构机

● 首批出口澳大利亚机车装船发运

南车戚墅堰机车有限公司

CSR QISHUYAN CO., LTD.

● 1月17日，股份公司总裁郑昌泓到公司调研

● 10月17日，伊朗SASB高层代表团到公司访问

● 10月21日，坦赞铁路代表团到公司访问

● 精益生产示范线

● 精益生产示范线

● 内燃机车生产组装线

6月15日，公司举行出口沙特机车交车仪式

HXN5型内燃机车运行在东北林区

HXN5型内燃机车组装

HXN5型内燃机车

HXN5型内燃机车运行在南疆

南车青岛四方机车车辆股份有限公司

CSR QINGDAO SIFANG CO., LTD.

● 11月16日，公司设计制造的CRH380A高速动车组荣获2011年中国创新设计红星奖至尊金奖

● 12月20日，在全国精神文明建设工作表彰大会上，公司荣膺“全国文明单位”称号

● 2月11日，股份公司总裁郑昌泓到公司调研

● 6月7日，公司召开科技创新大会

● 8月20日，国务院高速铁路安全检查组到公司进行质量安全工作大检查

● 公司研发制造的CRH380A新一代高速动车组在京

公司研制的更高速度试验列车

● 3月8日，“十一五”国家重大科技成就展在北京开幕，公司CRH380A新一代高速动车组备受关注

● 公司研制的北京8号线地铁车辆

● 公司研制的广州6号线直线电机地铁车辆

当重任

● 驰骋在京沪高速铁路上的CRH380A新一代高速动车组

南车四方车辆有限公司 CSR SIFANG CO., LTD.

● 7月10日，股份公司董事长赵小刚到公司调研

● 2月11日，股份公司总裁郑昌泓到公司调研

● 12月23日，中国南车四方“南车小镇”奠基

● 10月21日，中国南车第六届职业技能竞赛在公司举行

● 公司举办“登高望远，凝心聚力”登山活动

● 6月24日，公司举办纪念建党90周年大合唱比赛

1月20日，公司召开工作会议暨二届一次职代会

● 7月1日，公司召开庆祝建党90周年暨七一表彰大会

动车组入厂修理

● 6月2日，公司首辆新造客车回送车下线

公司出口土库曼斯坦客车

● 公司客车生产线

南车南京浦镇车辆有限公司

CSR NANJING PUZHEN CO., LTD.

● 2月28日，股份公司董事长赵小刚到公司调研

● 8月24日，股份公司总裁郑昌泓到公司调研

● 2月18日，公司召开创先争优再动员大会

● 1月19日，公司召开第二届二次职工代表大会

● 10月26日，非洲国家高级审计研讨班成员到公司访问

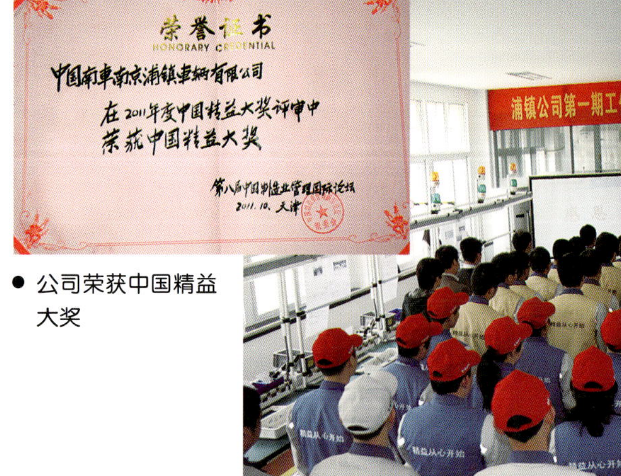

荣誉证书

HONORARY CREDENTIAL

中国南車南京浦鎮車輛有限公司

在2011年度中国精益大奖评审中

荣获中国精益大奖

第八届中国制造业管理国际论坛

2011.10. 天津

● 公司荣获中国精益大奖

● 4月12日，精益管理道场第一期工区

10月26日，集团公司党委副书记、纪委书记、工会主席陈大洋到公司调研

● 8月17日，广东省委常委、常务副省长朱小丹到广东南车轨道交通车辆修造基地考察

11月1日，公司参加北京国际城市轨道交通装备展

● 12月8日，香港、深圳五家媒体记者到公司采访

l开班仪式

● 4月15日，公司自主研发的杭州1号线地铁列车下线

南京眉山车辆有限公司

CRS MENSHAN CO., LTD.

● 9月2日，股份公司董事长赵小刚到公司调研

● 3月1日，股份公司总裁郑昌泓到公司调研

● CLOOSE 弧焊机器手

● 车钩连续式热处理线

● DCF—3000型荧光磁粉探伤机

● 等离子切割机

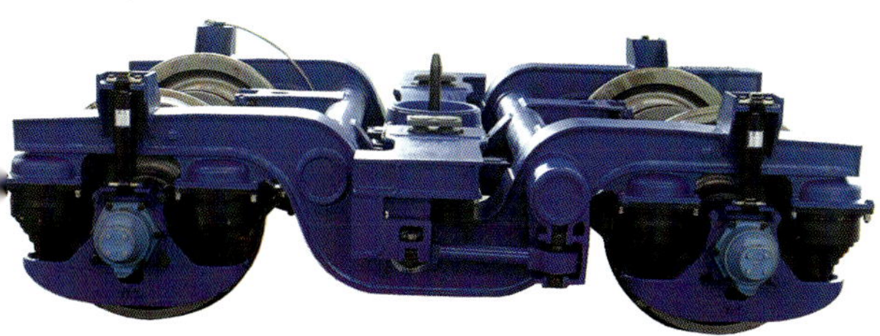

● 160公里快速货车转向架

● 27吨转向架

自主研发的焦炭运输专用车

● 出口坦赞铁路米轨平车

自动下芯线

● 双机联动数控折弯机

南车成都机车车辆有限公司

CSR CHENGDU CO., LTD.

● 10月21日，在出席四川成都天府新区投资说明会暨项目签约仪式上，股份公司董事长赵小刚接受记者采访

● 12月23日，公司与重庆大学电气工程学院签订战略合作协议

● 客车轮饼立式车床

● 10月21日，四方股份公司、成都公司与成都工业投资集团有限公司三方签署设立成都南车轨道车辆有限公司合作框架协议

2月21日，公司召开科技工作会议

● 3月16日，公司召开精益生产推进大会

ZD109C-TK直流牵引电动机

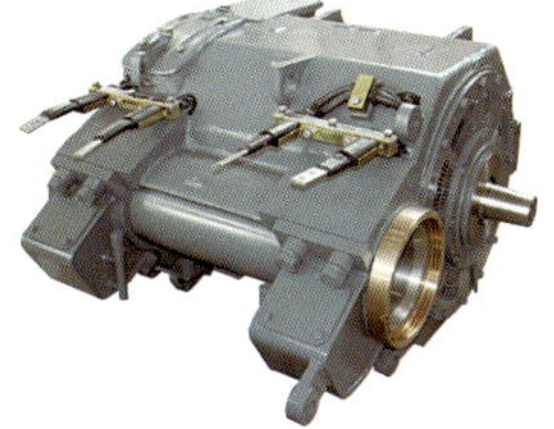

● ZQDR410-TK直流牵引电动机

● CDJD401散热器冷却风扇电机

韶山$_{7E}$型电力机车

● YW$_{25G}$型硬卧车

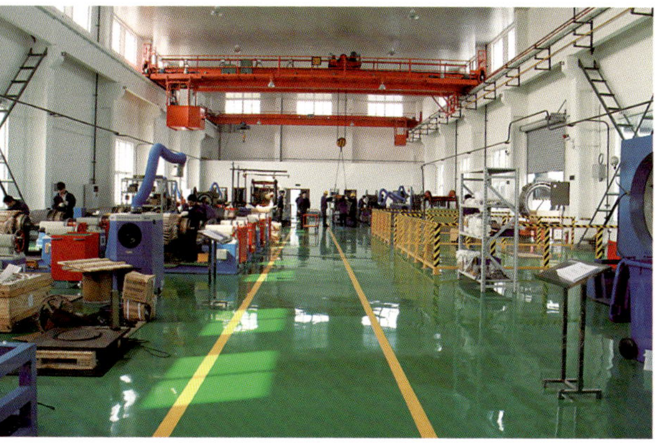

电机嵌线组

● 电机轴承清洗机

南车洛阳机车有限公司

CSR LUOYANG CO., LTD.

● 12月2日，公司召开第一次党员代表大会

● 5月19日，中国南车独立董事蔡大维、戴德明、陈永宽在副总裁刘化龙陪同下到公司检查指导工作

● 和谐机车服务站揭牌仪式

● ACCS2011融冰行动

● 和谐机车四必保签订仪式

● 公司检修的首台HXD1B机车二年检落车

9月22日，铁道部和谐机车二年检会议在公司召开

● 1月28日，公司举行和谐机车二年检首台机车竣工仪式

公司制造的新型转向架

● 襄樊分公司延伸产品事业部进行转向架组装现场评审

● 公司实现和谐机车批量检修

南车二七车辆有限公司

CSR ERQI CO., LTD.

● 1月21日，股份公司董事长赵小刚陪同国务院国资委纪委书记强卫东到公司慰问困难员工

● 2月9日，股份公司总裁郑昌泓到公司调研

● 11月8日，公司通过国家一级安全生产标准化企业新标准复评审核

IRIS Certification

CERTIFICATE

awarded to

CSR Erqi Co., Ltd.
No. A1, zhangguozhuang, Fengtai District
100072 Beijing
China

TÜV Rheinland Italia S.r.l.

confirms, as an IRIS approved certification body, that the Management System of the above organization has been assessed and found to be in accordance with the

International Railway Industry Standard (IRIS)
Revision 02, May 2009

for the activity of Manufacturing & Design and development & Maintenance

for the scopes of certification 18 (Rolling stock) and 20 (Single railway components)

for the products of Freight Wagons and Related Auxiliary Fittings

Date of the audit: 04.11.2011
Date of issue of the certificate: 02.12.2011
Certificate valid until: 01.12.2014

Current date: 02.12.2011
Certificate-Register-No.: 39 10 002 1104

this document has been produced by the Audit-tool V3.2.0.8 licensed to TÜV RHEINLAND ITALIA
© 2011 UNIFE. All rights reserved

www.tuv.com

TÜVRheinland®

● 公司获国际铁路行业标准证书

● 4月20日，公司举办QC成果评审发表会

● 2月22日，铁道部检查组对公司轮轴组装检修资质及造修质量进行检查

1月16日，高楼应急群体救生装置落户公司

● 4月7日，公司研制的可拆卸式卷钢座架获专利权和唯一生产厂家制造权

9月15日，公司通过IRIS管理体系审核

● 10月27日，X_{1K}车加装电线防护管座和手制动机改造通过部级审查

● 8月15日，EN15085轨道车辆焊接质量体系通过复审

● SQ_6生产现场

南车石家庄车辆有限公司

CSR SHIJIAZHUANG CO., LTD.

● 5月16～18日，股份公司董事长赵小刚和独立董事到公司调研

● 4月14日，股份公司总裁郑昌泓会见河北省常务副省长赵勇

● 8月25日，公司与石家庄市人民检察院签署中国南车石家庄产业园建设共同预防职务犯罪工作方案

● 6月21日，中国南车石家庄产业园开工奠基仪式在石家庄装备制造基地举行

● 6月30日，公司举行纪念建党90周年"党旗红、企业兴"歌咏比赛

● 9月29日，公司举办"我与公司共奋进"建厂纪念联欢会

● TQ50型履带式起重机

● 12月30日，公司举行TQ50、TQ80型履带式起重机首台下线仪式

● TQ80型履带式起重机

● 2月10日，石家庄国祥公司出口马来西亚动车空调装车启运

● 9月28日，公司召开建言献策论坛论文发布会

● 3月22～30日，公司党委组织党员和入党积极分子开展生产突击活动

● 9月28日，公司举办安全生产趣味运动会

南方汇通股份有限公司

SOUTH HUITONG CO., LTD.

● 12月17日，中国南车集团贵阳新产业基地在贵阳国家高新技术产业区奠基

● 11月21日，公司举行高峰论坛

● 6月28日，公司一批产品通过铁道部质量认证

● 12月2日，钢结构院士工作站在公司揭牌

2月23日，股份公司总裁郑昌泓到公司调研

● 8月23日，公司开展安全宣誓活动

● 铸造机器人

● 轮轴加工

12月23日，公司举行修造产量突破12000辆庆祝活动

● 自动焊接机

南车株洲电力机车研究所有限公司

CSR ZHUZHOU INSTITUTE CO., LTD.

● 7月21日，公司与西南交大共同建立研究生联合培养基地

● 5月25日，南车电气技术与材料工程研究院成立

● 4月25日，南车时代电气与美国西屋制动公司制动系统项目合资经营合同举行签字仪式

● 1月10日，南车时代新材收购澳大利亚代尔克公司

● 9月9日，公司举行第四届“十大杰出青年”颁奖典礼

● 1月28日，公司举行销售收入过百亿庆典

1月11日，公司召开十届六次职工代表大会

11月17日，大型交电复合材料 "国家地方联合工程中心" 获国家发改委批复

3月31日，公司重组整合襄樊牵引电机有限公司

2月25日，内蒙古一机集团力克橡塑增资扩股协议签约仪式

1月10日，南车时代电动TEG6119SHEV串联式混合动力城市客车获 "2011年度中国市场推荐客车奖"

公司自主研制的首台GTI–500光伏并网逆变器在青海锡铁山中广核一期光伏电站并网发电

2.5兆瓦风机并网运行

南车戚墅堰机车车辆工艺研究所有限公司

CSR ZHUZHOU INSTITUTE CO., LTD.

● 10月25日，股份公司董事长赵小刚到公司调研

● 9月29日，股份公司总裁郑昌泓到公司调研

● 12月5日，公司召开人才工作会议暨首届中国南车核心人才表彰大会

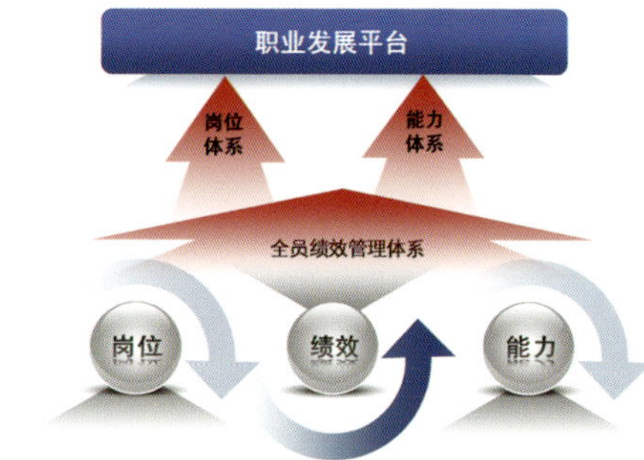

● 公司创新设计的“岗位、能力、绩效”三位一体职业发展平台

● 风电齿轮箱取得装机突破，实现并网发电

● 9月28日，公司组织员工参观新落成的公司展示厅

● 高速列车齿轮传动装置生产线

9月29日，公司召开第一次党员代表大会

● 6月21日，公司召开工会第一次代表大会

● 公司生产的CRH380A动车组用关键零部件产品

5月6日，公司产业化基地二期工程无箱铸造生产线建成投产

● 2200吨电动螺旋压力机锻造生产线

中国南车

南车株洲电机有限公司

CSR ZHUZHOU ELECTRIC MOTOR CO., LTD.

● 4月28日，公司召开第一次党员代表大会

● 8月15日，公司首个员工工作室“文照辉工作室”揭牌

● 12月25日，公司检测试验站通过国家实验室评审

● 1月15日，北京南车电机销售有限公司举行开业庆典

● 10月16日，江苏南车电机有限公司主体工程落成庆典

● 5月22日，公司举行首届“爱意无限，情满电机”集体婚礼

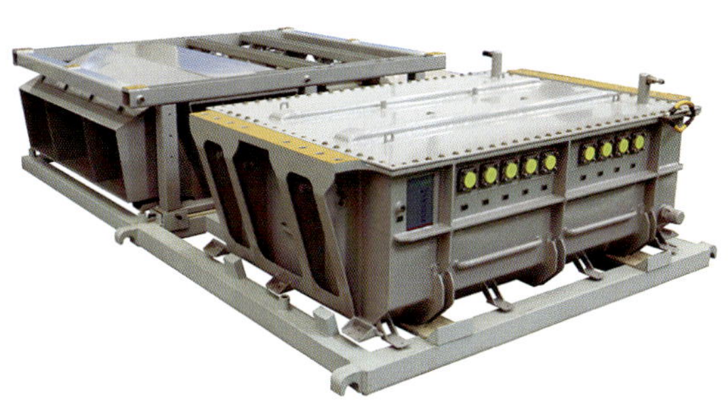

● 更高速度试验列车牵引变压器

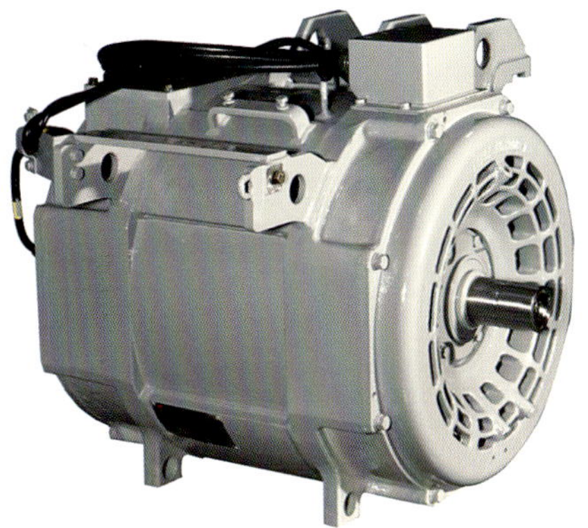

● 更高速度试验列车牵引电机

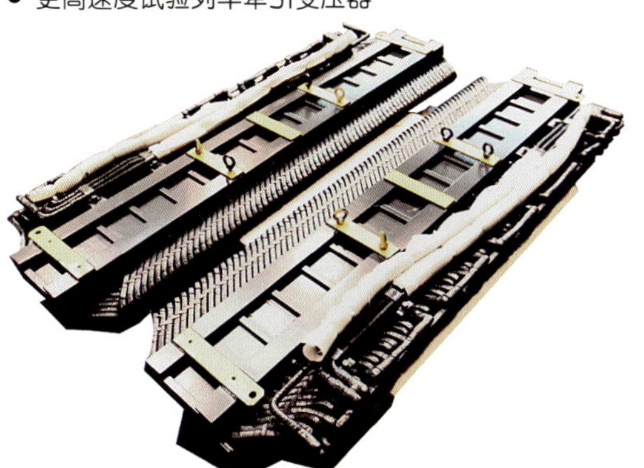

磁浮列车直线电机

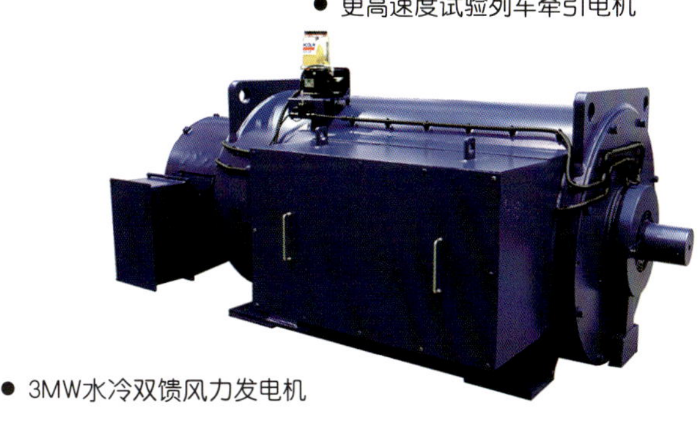

● 3MW水冷双馈风力发电机

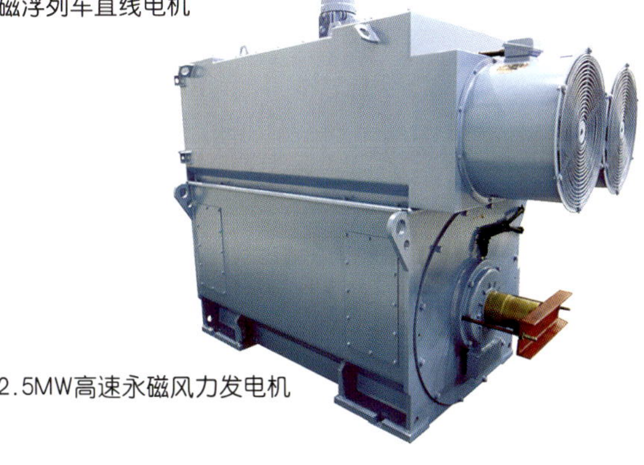

2.5MW高速永磁风力发电机

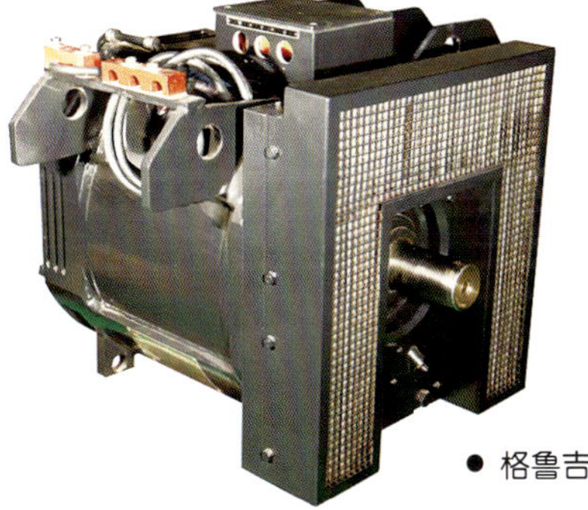

● 格鲁吉亚动车组牵引电机

精益示范线——牵引电机线圈制作现场

● 精益示范线——动车牵引变压器组装现场

广州电力机车有限公司

GUANGZHOU ELECTRIC LOCOMOTIVE CO., LTD.

● 12月8日，股份公司董事长赵小刚到公司调研

● 1月24日，公司召开创立大会

● 6月23日，广州市委书记张广宁到公司调研

● 1月24日，公司召开第一次董事会、监事会

● 公司鸟瞰图

● 10月23日，股份公司董事长赵小刚到学校调研

● 11月28日，学校召开第二次党员代表大会

● 3月12日，学校召开三届四次教代会

● 10月26日，学校召开2011年招生工作恳谈会

● 12月6日，江苏省教育厅高职视导组来校检查指导工作

● 9月9日，学校召开庆祝教师节暨表彰大会

● 3月28日，江苏省职业学校焊接技能大赛在学校举办

● 10月20日，学校召开常州铁道分院十二五规划论证会

中国南车下属子公司分布图

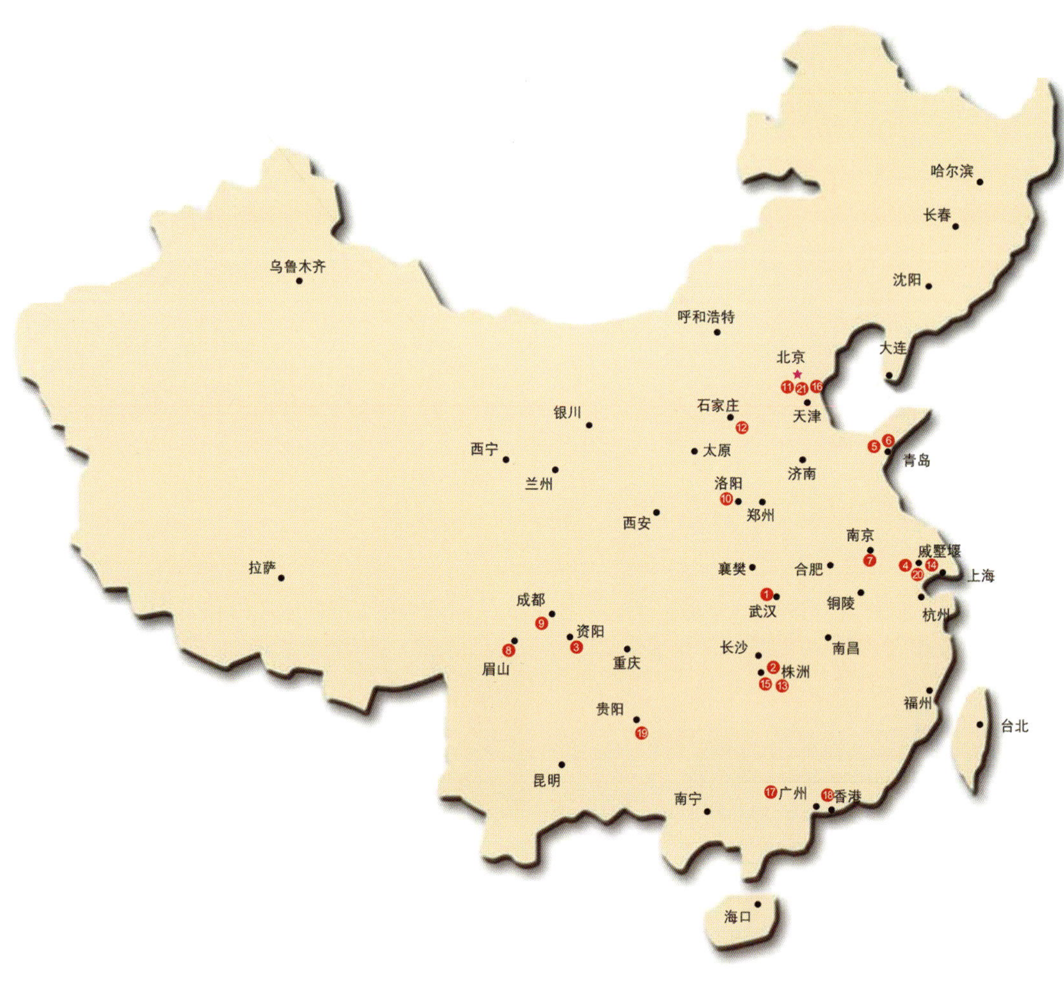

1. 南车长江车辆有限公司
2. 南车株洲电力机车有限公司
3. 南车资阳机车有限公司
4. 南车戚墅堰机车有限公司
5. 南车青岛四方机车车辆股份有限公司
6. 南车四方车辆有限公司
7. 南车南京浦镇车辆有限公司
8. 南车眉山车辆有限公司
9. 南车成都机车车辆有限公司
10. 南车洛阳机车有限公司
11. 南车二七车辆有限公司
12. 南车石家庄车辆有限公司
13. 南车株洲电力机车研究所有限公司
14. 南车戚墅堰机车车辆工艺研究所有限公司
15. 南车株洲电机有限公司
16. 南车投资租赁有限公司
17. 广州电力机车有限公司
18. 中国南车（香港）有限公司
19. 南方汇通股份有限公司
20. 常州铁道高等职业技术学校
21. 中国南车投资管理公司

南车长江车辆有限公司

（工商登记营业执照编号：420115000003429）

董事长　张　作

总经理　胡海平

党委书记　桂祖康

【概况】　2011 年末，长江公司员工总数 13844 人，其中在册员工 13280 人，其他从业人员 604 人，具有高级专业技术职称 268 人，中级职称 736 人，高级工人技师 173 人，中级技师 598 人。在册员工中，在岗员工 11151 人，占在册员工 83.97%，女员工 3245 人，占在册员工 24.4%。公司总占地面积 212.91 万平方米，总建筑面积 67.1 万平方米，拥有各类设备 12482 台（套），固定资产原值 29.4 亿元（本部），净值 22.3 亿元（本部）。公司运营架构主要为总、分模式，总部设置 19 个职能部门，下辖 4 个分公司，另有 1 个合资合作企业。全年新造货车 10590 辆，修理货车 9007 辆，实现销售收入 50.39 亿元、利润 1.5 亿元（其中专项利润 1.2 亿元）。

【发展规划】　根据国际化发展战略的要求，组织编制“十二五”海外业务规划以及“十二五”国际投资、并购规划草案。开展宏观基本面与行业趋势研究，收集市场竞争情报，定期编制相关分析与研究信息简报，为高层决策提供参考。持续跟踪国际铁路货车市场动态，积极寻求进入国际市场的机会，与俄罗斯 OVZ 公司就建立合资公司并通过合资公司向俄罗斯出口车辆配件，达成一致意见并拟定《谅解备忘录》，对合资公司的注册地、合资形式、出资额、董事会成员组成及合资双方的主要责任进行初步界定。为解决客户后顾之忧，培育长期稳定客户，启动成立澳大利亚维保公司工作，着手制定项目建议方案。根据出口阿联酋车辆项目要求，开展在阿联酋成立长江公司分公司的项目策划及建议书编制工作。

【改革改制】　优化公司管控模式，调整管理职责。制定铜陵分公司调整为全资子公司的方案，拟将铜陵分公司治理结构调整为全资子公司模式进行运作，并将营销、研发等职能下放，促其成为中国南车铁路货车关键零部件的研发和生产基地。成立项目管理部，确保公司新产品试制以及出口产品合同履约顺利实施。成立售后服务部，加强和规范国内铁路货车产品售后服务工作，提高应变能力。实行审计派驻制，撤消分公司（分部）审计监察处，设立审计处，明确总部与分公司（分部）的行政监察职能。优化工艺工作职责，将公司定型成熟产品包括探伤工艺在内的工艺职责从总部工艺研究所调整到分公司（分部）工艺制造处，促进各分公司现场优势的发挥。稳妥推进厂办大集体企业改革改制，完成基础数据、政策文件等相关准备以及改革改制方案起草。制定岗位绩效工资制方案，采取统一模式、二级职代会审议、分单位实施的方式，推行薪酬制度改革。

【经营管理】 强化全面预算管理，以经营预算目标为核心，统领薪酬预算、技术开发费预算等专业预算，统一调配各项资源，建立“归口管理、权责结合、逐级保障”的预算管理责任网络，将预算指标全部转化为绩效指标并加强考核，并在ERP系统中建立全面预算系统，实现预算系统与总账系统对接，达到预算管理手段前移，为预算分析和监控提供有效数据支持，从而提高预算管理效率。按照全员绩效管理要求，制定组织绩效管理评价办法，同时对原绩效指标体系的内容、评价方法、周期进行优化，并根据组织机构调整情况，研究制定项目管理部绩效指标和售后服务部绩效指标，调整应收账款和存货绩效指标，不断完善全员绩效管理体系。优化资金管理，充分利用国家产业政策和出口信贷政策，筹集低利率贷款，全年节约财务费用872万元，同时合理利用武汉存续企业暂时闲置的土地补偿款，并策划武汉市土地整理储备中心“四亿元委托贷款”，每月节省财务成本240.5万元，缓解资金链断裂风险，减轻后期融资成本压力。有效掌握国家税收政策，加强税收筹划，全年享受所得税优惠总额1826万元。结合公司产品品种多、协作流程复杂、定价结算繁重且滞后的特点，重新定位协作定义，实行分类管理，推出全面实行吨价计价的快速定价模式，并且借助行业采购价格对标平台，及时查找与行业先进的差距，拿出改进措施有效降低采购成本。

【科技创新】 完成大轴重货车整体技术条件研究，提出中国新一代80吨级通用货车和30吨轴重专用货车技术条件。进行80吨级通用敞车、载重100吨级运煤专用敞车、载重100吨级煤炭漏斗车等车型外观设计，提出中国新一代大轴重货车外观设计要求。完成载重100吨级煤炭漏斗车车体轻量化和可靠性优化设计以及开闭机构可靠性的模拟试验研究、80吨级氧化铝粉罐车和80吨级水泥罐车方案设计及工作图设计。完成粉状介质罐车流态化技术研究，指导粉状介质罐车流化床参数选取及结构设计，提高货物卸净率。开展液类罐车容积计量智能化、时速160公里快运棚车、公铁两用车、摆式转向架摇动座与摇动座支承非金属摩擦副及变摩擦控制型减振器技术、铁路货车新型制动管及密封装置、重载列车制动智能化控制技术、两级刚度缓冲器、重载铁路货车车钩技术研究。

完成80吨级通用敞车、80吨级石砟漏斗车、80吨级矿物漏斗车、K16A型矿石漏斗车、PN窄轨煤炭漏斗车、塞拉利昂窄轨矿石漏斗车、香港集装箱平车和道渣车、加蓬矿石敞车及配套转向架和缅甸转向架研制设计。完成STZ型集成制动装置研制，其液力增压技术属国际领先水平。完成F型锻造钩舌研制，疲劳寿命比同型铸造钩舌提高3倍以上。开展了塞拉利昂柴油罐车、纳米比亚敞车、FMG道砟车、TP9型特种车、TP64GK型棚车样机试制以及JB7-1型发电乘务车/货物车、PN准轨煤炭漏斗车、阿联酋硫磺漏斗车和哈萨克斯坦转向架设计工作。

全年申报专利105项，授权专利78项，11项中国南车重点科技项目按计划完成。试验研究中心通过CNAS评审，成为“国家认可试验研究中心”。公司“整体芯B+级钢摇枕、侧架工艺”项目和“脱轨自动制动阀”项目分别获得2011年度铁道学会科学技术一等奖和二等奖。

【市场营销】 根据各区域资源分布特点，确定以铁道部为核心，以西北、华北、东北等地区为战略重点，以神华集团、中石油、中石化、中铁集等资源物流型公司为主要目标客户的营销策略，并及时关注、把握相关政策变化，分析对企业自备车购置的政策性影响因素，主动调整营销策略，有针对性开展营销工作，年内，与内蒙古华远焦化、华远现代、中石油西北分公司、中石化华东分公司、神华集团、中铁集公司等大客户成功签订市场产品销售合同。加强客户关系维护，实施区域负责制，加大对石油化工、煤炭电力、粮食及物流运输等重点企业交流及调研，广泛收集、分析企业相关信息进行动态管理，同时，实施项目负责制，对购车信息和拟购车辆项目责任到人，及时全面掌控项目进展，保证既有项目的顺利完成和潜在项目的跟踪管理。全年国内铁路货车市场投标31次，其中货车新造投标13次、货车修理及改造投标3次、配件新造及修理投标15次，货车新造合同总量为10240辆，货车修理及改造合同9179辆，车轴新造合同总数为42771根。

【国际贸易】 制定国际营销管理办法和出口产品售后服务管理办法，理顺国际营销工作各个环节，建立规范流程，提高项目执行效率。海外市场实行分区管理，划分澳洲、亚非、欧美三个市场区域，设置区域主管，实行分区负责制，有效管理海外市场。建立项目动态管理，定期收集项目动态信息，编制项目周动态报表和项目月动态报表，监控项目进展信息，及时督促项目执行，有效保证合同按期履行。巩固老市场、开辟新市场，国际市场业务不断扩展，重点与澳大利亚PN、FMG、非洲矿业、阿联酋铁路等公司进行合作，并进一步稳固与美国GDS公司的战略伙伴关系。年内，新签7个整车项目订单833辆，合同金额57263万元，GDS配件订单1483组份，合同金额12489万元，弹簧托板订单金额406万元，其它配件订单金额1815万元。全年国际贸易实现收入8.5亿元，占全年总收入17%，其中出口整车998辆，收入5.2亿元，配件出口1.45亿元，斯威公司出口配件收入1.83亿元。出口签约额和出口收汇额两项指标均居中国南车第2位。

【人力资源管理】 结合公司发展战略，完善下发“十二五”人力资源职能规划，并制定人力资源招聘、调配、培训、开发及发展计划等方面的具体实施方案和措施。制定核心人才队伍建设规划和实施方案，年内选拔评审出6名技术专家、7名科技拔尖人才、3名管理拔尖人才、1名技能大师、5名技能专家、25名技能拔尖人才，并与中南大学、华中科技大学合作，首次开展技术和管理硕士研究生培养，推进核心人才建设。制定《南车长江车辆有限公司领导人员选拔任用管理办法》，完善领导人员管理体系，细化各管理环节，并明确领导人员退出机制，对退出人员的相关政策和待遇做出规定。制定《人才引进管理办法》，加大力度引进公司紧缺、成熟人才，全年引进成熟人才8人。

强化培训管理基础，制订《长江公司关键工序和特殊过程作业人员管理办法》《人力资源控制程序》《知识管理程序》，从培训需求、培训策划、组织实施到效果评估、培训资料的建立等均按照中国南车体系程序文件和相关管理办法实施。开展项目管理系列培训，提高公司核心竞争力，共有163人次参加培训，第1批7人通过IPMP中国认证委员会统一认证考试，取得C级证书和资格。强化岗位培训，重点开展e-HR系统操作、知识管理、IRIS和军标内审员、内训师、安全员、内控配套指引、公文写等知识培训，提高管理人员岗位适应和胜任能力。完善绩效管理，借助 e-HR 平台优化全员绩效管理流程，年内实现全员绩效管理各程序上线运行和操作，全公司 112 个绩效管理方案，75.4%技管岗位员工的绩效实现上线管理。

【基建与技改】 全面启动长江公司员工生活区暨南车花园（武汉）建设项目，完成规划设计工作，确定建设方案，并完成现场施工前期准备。实施铜陵分公司一期技改“填平补齐”项目，一期技改总投资由 29976 万元调整为 51502.28 万元，至年末，一期技改已开工实施项目 46877.13 万元，占调整后总投资 91%，年内车钩获得铁道部批量投产资质许可，具备年产 4800 辆份/年能力，摇枕、侧架年产能力可达 6000 辆份/年。后续市场产品拓展项目，确定实施车轴扩能改造，总投资额 12540 万元。常州分公司技改项目总概算 10494 万元，至年末，开工实施项目 10191 万元，占总概算 97%，完成厂房更新改造、油漆线、轴承压装间等工程以及新增装备的采购、安装、调试、验收，综合科技楼、木工组装厂房业开工，轴承检修楼、存车线通过招标。针对货车修理现有存车能力不足、需增加 70T 检修线配置、轴承选配系统、小批量多品种新造车的配套设施等，后续尚有 1780 万元项目需实施，技改投资总额将达 11971 万元。株洲分公司技改项目年内通过竣工验收，总投资为 10477 万元，至年末，实际完成投资 10777.82 万元，超支 2.9%，通过对油漆涂装系统、制动组装和整车交验生产线、备料件生产、车体钢结构生产和转向架制造等五个瓶颈环节的工艺优化和工艺装备技术提升，具备 6200 辆/年生产能力。

【精益生产】 以持续推进 6S、TPM、班组建设、改善提案等基础模块为保障，以示范区（线）建设引领突破和逐步推广，提升现场管理水平，同时，各分公司（分部）结合生产经营难题和发展需要，找准课题，通过深入应用精益理念和工具，在试点中寻求品质、效率和效益方面的突破。优化考评体系，在内容上增加帐实相符率、库房定置率等指标，管理板有效应用率调整为班组建设综合考评指标（含基础工作、试点进度及质量等），权重上强化对 6S、TPM 等基础指标的控制，考评周期由年度考评调整为季度考评，提高对基础工作的引导、考核和奖励力度。建立专项考评机制，具体项点整改闭环和指标综合提升并举，增强考评结果和中层干部绩效连挂力度。创新作业方式，发挥标杆作用，全面推动示范线（区）建设，公司上报株洲分公司摇枕、侧架示范线、组装车间中梁、底架生产示范线、板料精益示范区、制动组装示范线，铜陵分公司车轴精轴加工示范线、铸造造型示范线，武汉分部轮对压装示范线、钩缓检修组装示范线等 8 条示范线作为中国南车示范线创建目标，其中确定参评 6 条，株洲分公司备料车间生产区、武汉分部钩缓检修线、铜陵分公司大件造型生产线获中国南车 2011 年二星级示范区（线）表彰。

【质量管理】 以抓质量保安全为主线，深入开展质量年活动，针对沙特车质量问题给公司带来的严重影响，围绕“质量是企业生命”，开展质量大反思、大讨论活动，不断强化员工质量意识。以货车“八防”为重点，加强货车造修关键工序和货车关键部位质量隐患控制，进一步完善货车安全质量防控体系。以推进“精益生产”模式和 IRIS 标准体系为契机，深化质量管理体系建设，对成熟产品工艺职责进行调整，建立内部监造队伍，培育“零缺陷”质量文化，提高质量管理水平。完善售后服务基础管理和制度建设，改进售后服务方式，建立公司铁路货车售后服务联合保障体系。全年实现无 D 类及以上行车责任事故、无批量返厂修事故以及一次交验拒收率新造<7%、修理<5%的质量目标，

在铁道部组织的质量保证能力评价中，株洲分公司被评为一级，武汉分部、常州分公司被评为二级。

【企业文化建设】 编制《“十二五”长江公司企业文化建设发展规划纲要》和《2011—2013年长江公司企业文化建设三年滚动计划》，把品牌建设融入到公司战略体系中，形成全员战略行为。开展“中国南车”品牌建设，全面导入并规范使用中国南车VI视觉识别系统。下发《长江公司品牌建设管理办法》，建立和完善品牌建设管理制度，并采取多种形式，利用OA网、《通讯》、广播、电子显示屏、道旗、横幅等宣传载体，对中国南车的愿景、文化内核、核心价值观及标识含义等内容进行全面阐释，积极宣贯文化理念。同时，强化中国南车VI应用，推进品牌建设，基本完成车间宣传栏、班组管理看板、车间各类标识（指示）牌、企业大门，厂区外观标识、工作服等品牌标识重点项目的整改。开展班组文化建设，推进企业文化落地，在各分公司（分部）选择8个生产一线班组开展文化建设试点，各分公司（分部）结合实际，以“班前会模块、班组内务模块、员工行为模块、班组学习模块、班组建设点检模块”五个模块建设、“同心协力”“穿针引线”文体活动、“强化班组学习、建设班组园地、规范班前喊话”方面和开展班组文化建设标准评比活动等方式，推进班组文化建设。

【党群工作】 开展以“两服务、三突出”为主要内容的创先争优活动，倡导公司各部室（车间）在服务基层上、组织（支部）在服务员工上创先争优，激励广大党员在“质量安全突出、行为规范突出、工作效率突出”方面创先争优活动，各分公司（分部）围绕实现“双1万辆”目标，确定创先争优目标承诺内容27项。开展“精益在我心中，岗位我当先锋”党内主题实践活动，有效推进各分公司（分部）精益生产工作。开展季评“党员之星”活动，使党内评选表彰活动常态化，营造学习先进、崇尚先进、争当先进的氛围，全年评出“党员之星”先进个人32人。健全中心组学习制度，制定《党委中心组2011年度理论学习计划》，全年公司党委中心组集中学习研讨13次，并坚持每月组织自学。持续推进学习型组织建设，各分公司（分部）对《推进学习型党组织建设活动实施意见》进行梳理，细化，并专门为中层以上领导及党支部委员配发学习导读、学习读本等书籍，在2011年全民终身学习活动周全国总开幕式上，公司党委作为“武汉市学习型党组织创建工作先进单位”受到表彰。实行外宣目标责任制，加强对外宣传工作，宣传和树立公司形象，全年组织发表对外稿件（不含中国南车媒体）35篇，其中省级以上新闻媒体采用13篇。

工会以创建“全国模范职工之家”为总体目标，主动融入中心，服务发展大局。对照“全国模范职工之家”标准，建立健全各项工作制度和流程，不断加强工会自身建设，为构建和谐企业、促进公司发展作了大量工作，公司工会被评为“全国模范职工之家”。构筑立新功创伟业平台，在“八比八创”竞赛活动中突出重点，体现特色，从各单位申报竞赛项目中，确立10个竞赛项目为公司级跟踪考评项目，并成立专项检查组进行跟踪检查，及时了解和掌握竞赛项目开展情况，提出整改和推进意见。构筑维权关爱平台，修订下发《长江公司厂务公开控制程序》，加强职工民主管理和民主监督；签订《集体合同》《女职工专项集体合同》，从源头上维护员工合法权益和特殊利益。构筑帮扶救助平台，开展帮扶救助活动，发放送温暖资金173万余元；开展金秋助学活动，发放助学资金28万余元。构筑员工发展平台，举办公司第二届职业技能竞赛，19人获“技能明星”称号，14 人获“技能竞赛优胜选手”称号。

团委开展一系列思想性、技能性、生产性、文化性的工作和主题实践活动，凝聚和引领团员青年在长江公司快速发展中奉献智慧和力量。以“学党史、知党情、跟党走”系列活动为主要内容，开展建党 90 周年系列学习竞赛活动，引导团员青年坚定理想信念、提高思想政治素质。组织“与祖国共奋进，与企业同发展”形势任务教育活动，开展形势政策教育宣讲会 5 次，主题团课 4 次，故事会 1 次，引领团员青年坚定信心、服务发展。开展“强化质量意识，我为质量尽责”“质量提升，青年先行”等主题实践活动，组织质量专题团课、质量大讨论活动、质量辩论赛等 9 次。深化“抓精益促成长”主题实践活动，把引导和要求团员青年参与合理化建议和改善提案活动作为重点，持续加强青年员工尤其是新入职员工和预就业员工的精益知识培训。组织召开公司第一次团代会，选举产生第一届共青团委员会。

【株洲分公司】 年末，在职员工 2697 人，占地面积 60 万平方米，拥有资产总额 16.45 亿元。全年共完成新造货车 5433 辆，实现产值 24.7 亿元，同比增长 51.8%。

不断完善财务管理职能，推进成本管理由核算型会计向管理型会计转变，全年目标成本节约率 1.03%，节约目标成本 903 万元。优化存货管理，坚持月度抽查和定期分析制度，并根据各物资归口管理部门的存货管理状况进行考核，同时定期编制存货资产分析报告，对期末存货构成、存货资产管理现状及存在问题进行分析，制定针对性存货资产管理措施，促进物资管理水平提高。

加强人才队伍建设，创新劳动用工模式，动态优化绩效指标设置，组织实施全员绩效管理和工资制度改革。初步构建中高层管理人员、工艺技术人员和班组长“每月一讲、每月一主题”的培训机制，开展关特工序工种人员岗位验证达标培训、E-HR 系统培训、会计人员继续教育、全员安全培训、调度员培训等各类内部培训班 66 期，培训员工 7589 人次，实施委外培训 166 人次。从班组基础管理、安全管理、生产管理、质量管理、现场管理、设备保全、班组核算、民主管理、文化建设入手，建立班组建设标准化目标。

围绕现场 5S、设备 TPM、改善提案、班组建设四大基础模块全面推进精益生产，有效提升效益、效率、品质。细化车间、库房定置管理，整体提升分公司现场管理水平，现场定置率达到 83%。完善 TPM 目标管理，提升自主保全素养，固化设备保全活动及现场例行检查机制，关键设备自主保全实施率达到 82.4%。开展备料、台车、组装车间示范线建设，备料车间获中国南车“二星级精益示范区”。

加大技改力度，切实提升生产能力。完成出口车整车抛丸室、旧油漆喷涂线投、PN 煤车铝合金厂房及恒温恒湿除尘系统安装等项目改造投用，完成铜陵轮对压装机安装投用和一组装回龙道、二组装水平道米轨线新建，出口车生产能力提高。新增西班牙数控镗床、数控高压水切割机、中梁永久性标志刻打机、315 吨油压机、弹性旁承拆装检测机、铝合金专用焊机、等离子切割机等重点设备，满足分公司多品种大批量生产。

制定完善 16 项质量管理办法，细化管理，规范流程，形成质量管理长效机制。完善“八防”措施内容，扩大实施范围，确保有效落实。加强供应商管理，对协作件公司进行质量保证能力体系审核评价，确保源头质量控制。建立工艺人员、质检人员绩效评价机制，完善关键工序干部质量包保制度，开展员工实物质量抽查考评，落实《互检工作实施细则》，狠抓来料合格确认，切实提升工作质量和产品实物质量。开展 IRIS 管理体系建设，按照管理体系文件认真组织实施，顺利通过外部审核认证。制定下发商品化交验和交检计划，逐步推行商品化交验和交检，促进各项质量指标有效完成。全年新造车整车一次交验拒收率累计为 1.53%，无批量返厂修和一般 D 类及以上责任事故，在铁道部铁路货车造修企业质量保证能力审核评价检查中得分 90.77 分，评价为一级。

【常州分公司】 年末，有员工 1169 名，占地面积 19.9 万平方米，固定资产 9491 余万元。全年修理货车 4973 辆，出口加蓬矿石敞车 88 辆，实现销售收入 4.14 亿，同比增长 57.9%，扭亏为盈。

年内，调整完善生产结构，取得C76型敞车及RE2B型轮轴、MT-2型、MT-3型缓冲器检修生产资质和KF60型、NX70型取得检修资质，并恢复取得GQ70、KM70、KZ70、NX70A四种车型新造生产资质。不断拓展经营渠道，完成1444根机车车轴加工、681对米轨轮对加工、238对地铁轮对检修以及2000套大秦轮对检修，实现第二板块业务翻番，同时首次实现加蓬矿石敞车出口，并进行了出口塞拉利昂罐车的试制和生产。

加大技术改造和重点项目投入力度，完成所有厂房更新改造、资产划转、油漆线、轴承压装间等工程，新增装备的采购、安装、调试、验收工作基本完成，综合科技楼、木工组装厂房正式开工，轴承检修楼、存车线通过招标。不断推进信息化建设，与京天威公司签订技术协议，启动新版轮轴工位系统建设，并完成AEI设备中修任务、OA系统优化与升级、人力资源信息（e-HR）系统建设、文档加密系统建设、上网行为审计和链路加密系统实施，铁路信息系统（包括HMIS、AEI、YMIS、货车标签编程、MQ报文接受等系统）代码变更等工作，信息主干网络构架基本形成。完善分公司ERP管理系统建设，重点构建全面预算管理子系统，对预算执行情况进行实时监控。

开展安全质量大检查活动，全面整改质量管理隐患，顺利通过铁道部、中国南车、铁南办组织的各项安全质量专项检查。坚持厂验联手，开展“车轴、转向架、钩缓专项检查”及“实物对标”活动，切实提高产品质量。推行“达标工位”建设，不断提升质量管控能力。针对厂外风制动典型故障以及整车交验过程中风制动故障较多的情况，采用重奖重罚措施，加强风制动质量问题的控制，确保一次交验拒收率指标完成。完善供应商管理，不定期对外协厂原材料进行抽查，同时对进厂配件进行实物抽样检测，强化质量源头控制。顺利通过 IRIS 国际铁路行业标准体系认证。

【铜陵分公司】 年末，有在册员工 2265 人，在岗员工 2063 人。占地面积 34.45 万平方米，固定资产原值 5.5540 亿元，净值 4.478 亿元。全年实现营业收入 33234 万元，利润总额亏损 8795 万元。

立足精益现场，运用精益理念、方法和工具来促进生产、强化管理、提升产品质量。以抓质量保安全为主线，深入开展质量月和安全质量大检查大整改活动。以货车“八防”为重点，强化关键工序和特殊过程质量控制，深入推进安全质量防控体系和“工位达标”建设。开展安全质量“星级班组”“星级员工”评选活动，增强员工质量意识，促进工作质量和产品质量有效提升。开展精益培训及理念宣传，推动员工从看精益、知精益向学精益、行精益转变，初步形成精益文化氛围。完善“6S、TPM、班组建设和改善提案”四大基础管理模块，改善提案共征集有效提案 880 件，实施 652 件，实施率 74.1%。开展体系建设，F 级车轴通过 AAR 认证，IRIS 体系通过法国贝尔认证公司审核，测量管理体系通过国家 3A 级现场复审。全年车轴一次交验拒收率＜3%，铸造件实现一次交验拒收率＜4%质量目标。重伤、死亡事故均为零，无新增职业病例，轻伤年频率为 4.8‰。铸造车间大件造型精益生产示范线中国南车被评定为精益生产二星级示范区（线）。

配合精益生产，深化 ERP 管理，铸造生产系统、材料核算系统成功上线运行。实施文档加密系统，保障企业数据信息安全。强化成本费用预算管理，建立“五步三审”制领料出库流程，确保费用发生有序可控，同时开展行业对标活动，加强应收账款、存货等关键指标的控制。建立经济活动分析会制度，开展预算执行监控和分析工作，采取措施节支降耗，K6 摇枕侧架边际贡献率由上半年的 9.17%上升到 16%，。

加大基建与技改扩能力度，完成长江公司投资的 48693 万元基建技改项目，新建摇枕侧架铸造、整理、加工生产线，改扩建车轴生产线，总建筑面积 79939.5 平方米，新置各类设备及资本化工装 768 台（套），形成摇枕、侧架年产 10000 辆份，车钩 14000 辆份，车轴 9000 辆份的生产能力。根据长江公司《关于实施铜陵分公司一期技改“填平补齐”项目的通知》要求，启动一期技改“填平补齐”项目，为摇枕、侧架和车钩生产全面达产创造条件。稳步推进车钩技改和试制工作，首次试制的 16/17 型车钩通过中铁铁路产品认证中心（CRCC）现场审核，并获得铁道部认证批文。

开展技术创新活动，不断优化产品制造技术，改进侧架中央方框芯芯盒结构，解决尺寸不稳定、三乙胺泄露难题。设计制作冷铁挂砂脚，解决浇注过程中冷铁易掉落问题，降低铸造废品率。合理设计铸件出气孔出排气路线，改变铸件出气孔开设理念，控制出气孔落砂形成铸件夹砂缺陷。改变侧架小导框砂芯激冷方式，解决侧架 A 部位内腔毛细裂纹的弊端。开发摇枕、侧架连续热处理炉通用挂具，避免空钩现象出现，实现铸件同炉同窑热处理。对车轴粗车专用数控机床实施三径圆弧过渡加工工艺改进，为成品车轴生产能力提升提供工艺储备。全年设计制作各类产品用检测器具 28 项，铆焊工装 63 项、专用吊具 23 项，申报实用新型专利 4 项，其中侧架整体芯制造技术获得专利。

【武汉分部】 年末，有员工 4533 人，占地面积 50 余万平方米，固定资产 14.2 亿元，各类设备 4830 余台（套）。全年货车新造 5069 辆，货车修理 4049 辆，GDS 出口配件完成 1347 组份。

年内，武汉分部以促进“三合一”体系有效运行为抓手，认真完善基础管理，积极推行精益生产，加快管理机制改革，促进各项管理水平稳步提升。强化工艺纪律，在新造或试修前，对新产品进行详细工艺分析和技术准备，编制详细试制计划，科学安排新产品的试制工作，在试制中尽可能利用原有的工装和设备，降低试制工装成本，有效地组织生产。C_{70E} 生产实现上门梁组成与上侧梁连接焊缝的自动焊。侧吸式自动焊小车推广到侧墙反面焊与整车翻转焊，全面实现整车长直焊缝的自动焊。制定油漆线清洁标准，确保油漆喷涂环境符合要求。

结合中国南车安全大检查和铁道部质量保证体系检查，切实做好装备技术状态和保养状态的自查整改和专项整改工作，完成罐车、沙特磷酸盐漏斗车、道碴车等车型试制、工艺调整和批量生产的技术支持、电焊机配置和布线及其配套电气调整改造工作，并实施分解车间 2 条磨料水射流生产线的技术改造工作和磨料水射流高压泵的委外维修及备件准备工作，有效地降低设备运行故障率。

切实加强质量管理，对涉及货车“八防”的工序和相关部件进行重新识别，并结合《武汉区域2011年度厂验质量工作共同文件》相关要求，对《武汉分部货车造修关键件全数记名检查管理办法》进行修订和完善，扩大货车记名造修、记名检范围。开展质检人员“工艺一口清、操作一手精”活动，促进检查员业务技能的提高。严格把控外购件质量，从源头上杜绝质量问题。全年新造一次交验拒收率平均3.74%（目标值7%），货修一次交验拒收率平均2.46%（目标值5%）。

以台一车间、备料车间两试点单位和两条申报中国南车精益示范线为重点，明确精益生产与管理部门职能的工作结合点，全方位推进精益生产。制定26项制度文件，建立精益生产相关制度体系。6S工作以台一、落车车间作为试点，优化工艺布局，细化定置要求，形成全员抓现场的工作局面，TPM和物流工作取得成效。武汉分部落车车间钩缓检修组装示范线通过中国南车复评。

【重要纪事】 1月12日，美国安捷达铁路公司运营总裁和国际事务总裁考察铜陵分公司铸造和车轴生产情况。2月21～22日，中国南车货车工作座谈会在武汉召开。6月17日，长江公司第一次团员代表大会召开，76名代表、6名列席代表参加大会。6月29日，公司召开纪念建党九十周年暨创先争优表彰大会，总部中层以上领导、党团员代表、受表彰“两优一先”代表在主会场参加大会。7月22日，公司第二届职业技能竞赛在武汉开幕，总经理胡海平等领导以及各分公司（分部）五个代表队98名参赛选手、全体裁判员、相关工作人员参加开幕式。11月9日，铁道部运输局副局长、装备部主任陈伯施到公司考察，并结合铁路发展新形势，对长江公司提高货车质量、产品研发和发展方向等提出希望和要求。12月12～13日，公司2012年经营工作务虚会召开，会议对2011年各项工作进行全面总结，并就来年经营目标、提高员工收入、探索和实践管控新模式、加强人才队伍建设等重点进行研讨，会议提出2012年发展目标、工作思路和落实措施。

【企业主要领导】

董事长	张　作
总经理	胡海平
副总经理	桂祖康（兼） 刘建华 刘　涛 何朝阳 吴晓东 姚国胜 郭　杰 周东海 王红卫（4月任）
总工程师	姜强俊
党委书记	桂祖康
党委副书记	沈绍泉 张　作（兼） 胡海平（兼）
纪委书记 监事会主席	沈绍泉（兼）
工会主席	孙玉昌
株洲厂厂长	姚建云
武昌厂厂长 江岸厂厂长	司　同
铜陵厂厂长	成　光

（长江公司　供稿）

地　址　湖北省武汉市江夏经济开发区大桥新区
邮　编　430212
电　话　027-51170122
传　真　027-81942011
网　址　www. csrcj.com/
电子邮箱　office@csrcj.com

南车株洲电力机车有限公司

（工商登记营业执照编号：4302001004949）

执行董事、总经理　徐宗祥

党委书记　刘　宁

【概述】　2011年，株机公司根据中国南车新战略布局，重新定位发展目标，编制完成“十二五”发展规划和国际投资并购规划纲要，开启第三次创业。加快产业结构调整步伐，打造“3+X”产业格局，全面推进实施磁浮试运线、城际动车组、不锈钢城轨以及外部城轨基地建设等项目，并开启系统集成试验验证体系、制动系统研制基地等项目建设，全年完成投资107618.6万元。

推进管理规范化、标准化建设，全年修订和新增各类制度54项、工作流程6项。完善计划和组织绩效管理，加大对子公司、新产业项目的绩效考核力度，强化对子公司的管控及产权管理。大力推行精益生产，组织完成中国南车17项工艺标准执行表单40多个标准表单模板的制定。坚持以“市场、项目、产业”为导向，以“系统化、专业化、规范化、绩效化”标准为指导，持续推动人力资源管理变革，加强人力资源引进与平衡，逐步完善薪酬分配和绩效评价体系，扎实推进人才队伍建设，为公司持续稳步发展提供人力资源支持和保障。坚持“分级管理，分线负责，全员参与，全程受控”的安全格局，全面落实安全生产责任制，实现连续安全生产4196天，被国家安监总局授予“安全生产标准化一级企业（机械）”称号。

全面推进并如期完成时速200公里电力机车、时速160公里电力机车、八轴机车、双源制机车、新加坡地铁工程维护车、昆明地铁列车、出口马来西亚城际动车、出口土耳其城轨列车等新产品试制。年内，公司机车新签订单11.809亿元，城轨车辆与轨道工程车新中标8个项目合同共计1236辆车。新签订海外订单总额约6.86亿元，其中马来西亚动车组维保合同2.7亿元，马来西亚动车组维保战略备件合同0.8亿元，埃塞俄比亚机车动车组组装厂一期合同3.09亿元，配件销售0.27亿元。全年新造交付电力机车606台、城轨车辆356辆、动车组60辆，实现销售收入140.5亿元、利润3.5亿元。

【基建与技改】　年内，公司各重点项目建设如期完工。城际动车组落车及调试基地建设厂房、城轨不锈钢车体厂房4月完成竣工验收，九方公寓第三期工程8月全面交付使用，研发综合大楼主体工程年底完成主体封顶，中低速磁悬浮试验线项目完成前期配套工作。新增试运铁路线长度2500米，可满足机车和马来西亚动车组进行户外动调试验。此外，完成土耳其伊兹密尔轻轨系统试验线、机车事业部车体铆焊厂房辅助间老楼改造、转向架办公楼加层、X射线探伤室、制造服务中心运输车间调度楼、城轨物流库房西侧雨棚、城轨事业部叉车库、地铁动调试运线三轨受流线路延长等建设工程。全年签订设备合同199个，金额达10109余万元，至年底，公司各类设备总数9739台（套），设备完好率上升到96.9%。

【科技创新】 年内，安排科研项目191项，实际完成80%。成功申报中央国有资本经营预算重大技术创新项目研发补助项目4项、国家科技部十二五“863计划”主题项目1项、国际合作项目1项、铁道部科技研究开发计划项目3项（其中招标项目2项）、湖南省科技重大专项1项、中国南车科技计划项目14项。全年专利申请全年完成162件，其中发明专利50件，实用新型专利104件，外观设计专利8件。

开展5项电力机车整车研发，其中时速160公里6轴客运电力机车、新八轴大功率交流传动机车完成全部施工图设计，时速200公里六轴客运电力机车完成落车，7200千瓦高海拔货运电力机车完成2台样车试制，神华集团新八轴、十二轴机车大功率交流传动机车完成技术方案设计。完成11项城轨车辆研发，主要有上海轨道交通11号线南段工程车辆，土耳其伊兹密尔轻轨项目车辆，广三增购项目车辆，广州轨道交通1、2、8号线工程车辆，昆明地铁首期工程车辆，宁波市轨道交通1号线一期工程车辆，武汉市2号线地铁车辆，武汉4号线地铁车辆，印度古尔冈RMGL地铁车辆，郑州市轨道交通1号线一期工程车辆、长沙市轨道交通2号线车辆等。完成9项工程车辆及新能源车辆研发，包括无锡市轨道交通1号线工程车辆、APM（Automated People Mover）胶轮车、100%低地板有轨电车项目、新加坡蓄电池电力工程车、深圳地铁2号线工程检测车组、双源制电力机车、广州南车蓄电池电力工程车、宁波蓄电池电力工程车、昆明蓄电池电力工程车。完成1项马来西亚动车组车辆研发生产，并交付客户使用，在此基础上自主创新研发了通勤动车组项目车辆。开展1项磁悬浮车辆研发，完成中低速磁浮列车施工设计并进行试制。

【质量管理】 公司以确保轨道交通产品质量安全为宗旨，以开展“质量年”活动为契机，深入执行国际铁路行业标准，大力倡导“零差错、零缺陷、零故障”的质量要求和管理理念，持续增强全员质量意识，落实质量责任。不断完善技术标准体系，深入构建公司RAMS/LCC体系。以中国南车17项工艺管理标准和公司工艺管理要求为指南，持续推行精益生产，夯实工艺管理基础，强化过程质量控制。优化供应商管控模式，培育和发展战略供应商，强化源头质量控制。不断创新质量管控模式和方法，加强质量信息建设，完善售后服务机制，制定174条保证措施、26项年度质量目标和67项关键绩效指标，形成反映产品质量状况的公司质量目标测量、分析、监控和改进系统，全面提升质量问题的系统预防和解决能力。国际铁路行业标准（IRIS）通过复评审核，电力机车、地铁车辆车体、转向架焊接质量体系通过EN15085年度监督审核，计量理化室通过ISO17025国家实验室认可和ISO10012:2003测量管理体系年度监督审核。积极追踪产品质量信息，健全售后服务网络，电力机车涉及8个铁路局、8个路外公司、3个出口国，共设有22个服务站及33个卫星服务网点，城轨车辆服务网点布达上海、广州、深圳、武汉和昆明等地，年内，公司三包期内的机车总机破率为0.19件/10万公里、公司责任机破率为0.03件/10万公里，铁道部、中国南车产品质量监督抽查合格率100%，顾客满意平均指数CSI为86.6分。

【党群工作】 公司党委围绕发展新产业和开拓海外市场两条主线，发挥“引领思想观念、参与重大决策、组织宣传动员、培育优良文化、实施监督保障”功能，把党的政治优势转化为发展优势、竞争优势，为企业发展提供政治保障、思想动力和组织资源。制定并实施公司创先争优活动，激励各级党组织和广大党员坚定发展信心，全力投身公司第三次创业。根据公司组织机构变化的实际，对基层党组织进行同步调整和组建，并利用创先争优活动契机，加强党建基础工作建设、检查和考核。进行党务公开和基层党员、党组织双重评议工作，组织召开公司两级领导班子民主生活会，进一步促进党建工作与公司生产经营的融合。组织各级党组织开展“党员公开承诺”“党员示范岗”“彰显先进性，创业立新功”先进事迹展、“开展创先争优，推进第三次创业”征文、《激情梦想》主题读书活动等特色活动，向建党90周年献礼。开展“三比”竞赛活动，有效提升党员“六个能力”。公司创先争优活动经验先后在中国南车、中央企业团工委及省市交流，并获得“中央企业党建带团建工作先进单位”。倡导变革意识，开展第三次学习型组织论坛活动，引发“对标先进企业，我们还有哪些差距”“企业利益是工作的最高准则”的群体思辨与认同。广泛开展形势任务教育，宣传报道典型团队和个人先进事迹，不断提升员工的责任感、使命感及对企业的认同感、归属感。确定公司“承载中国南车品牌文化，建设具有鲜明现代工业文明特征的特色企业文化”思路，积极落实中国南车品牌文化战略，切实推进中国南车BI建设，并且以学习型组织论坛为载体，展开企业文化建设集体大反思、大讨论，提升员工思想意识和精神面貌，同时大力推广精益文化，改善员工作业习惯，增强责任意识显。实施“事件营销”“新闻营销”策略，展示企业文化特色，提升企业形象，公司第三次被评为“全国文明单位”。全面落实两级惩防体系责任分解，切实履行“一岗双责”，做好教育、督查、预防、惩处和制度建设等工作，注重纪检工作两手抓，即一手抓党风廉政和惩防体系制度建设，一手抓工程建设、物资采购、异地投资、资产处置等重点项目监察，并将监察工作延伸到基层小额、小批量物资采购项目。群团组织致力于和谐企业建设，将关爱员工的理念落实到具体工作中，构建起员工与企业共同进步、共同发展的工作格局。开展形式多样文体活动和劳动竞赛，丰富员工文化生活，同时努力改善员工薪酬福利，持续提升员工满意度和幸福指数，保持员工队伍稳定和社区和谐。

【中央领导到公司视察】 3月21日，中共中央政治局常委、中央书记处书记、国家副主席习近平在湖南调研期间，就加快经济转型科学发展，加大自主创新培育战略性新兴产业，加强改进党的建设推进创先争优等方面工作，专程到公司视察和调研。习近平听取工作汇报，察看生产现场，了解生产经营情况，看望一线员工，肯定公司依靠高新技术改造提升装备制造业所取得的成绩，同时期望公司将科学发展这个主题和加快转变发展方式这条主线贯穿于发展全过程和各领域，将自主创新与培育发展战略性新兴产业有机结合起来。在考察公司创先争优基层党建工作时，要求公司以改革创新精神谋划好基层党组织建设，进一步夯实基层党组织的组织基础和工作基础，用创先争优的实际行动当好中国轨道交通装备行业、湖南省的示范和表率。

5 月 7 日，中共中央政治局常委、中央纪委书记贺国强就加快转变经济发展方式、加强基层党风廉政建设等方面工作到公司视察，贺国强肯定公司近年来在转方式调结构促发展中取得的成就和良好发展态势，同时期望公司“抓住发展机遇，加快方式转变，实现产业又好又快发展”。

【昆明地铁车辆项目】 5 月 25 日，公司获得昆明地铁 1、2 号线首批共 240 辆 B 型地铁车辆订单，成为昆明地铁首选车辆供应商。公司根据客户需求和城市特点，迅速组织研制。10 月 28 日，首列昆明地铁列车成功下线。昆明市市长张祖林、株洲市委书记陈君文、中国南车副总裁张军等领导出席下线典礼，并共同按下激光球，启动列车运行。该地铁车辆设计时速 100 公里，采用 6 辆编组，最大载客量为 1870 人，全面参照欧洲 EN61133 标准，安全性属中国安全型地铁车辆的五星级，其自主化率高达 90%，不仅可发挥株洲本部完整配套的产业链优势，还能充分利用昆明南车基地，用“4S”店理念保障车辆维护，解决车辆运行维保后顾之忧。

【出口马来西亚城际动车项目】 7 月 6 日，中国首批出口马来西亚城际动车在公司成功下线。马来西亚交通部部长江作汉、湖南省省长徐守盛出席下线典礼并分别致辞。该款动车按照马来西亚 1 米轨距设计，集成了低碳节能、电传动、网络控制、轻量降噪等最新技术，首创米轨动车组轮盘制动系统，最高时速 140 公里，将投入马来西亚首都吉隆坡最繁忙的南北城际线运行。公司出口马来西亚动车组总共 228 辆，年内生产 28 列车。

【双能源地铁工程车研制】 7 月 21 日，两款不烧油、不冒烟、低噪声的电力、蓄电池双能源地铁工程车在公司研制成功。双能源地铁工程车具有绿色环保安全、高可靠性通用性等优势，将有效拉动我国该领域高能蓄电池、牵引传动、网络控制同步发展。此两款双能源地铁工程车，一款应用于深圳地铁，另一款出口新加坡。

【出口土耳其轻轨列车项目】 8 月 10 日，公司自主研发生产并出口土耳其的新型轻轨列车成功下线，土耳其伊兹密尔市长艾则孜·括扎沃鲁、中国南车总裁郑昌泓等出席下线典礼，并一同启动机车下线仪式。这是中国轻轨列车首次出口欧洲，该列车完全按照欧洲标准研制，其所有零部件全部通过欧洲标准严格认证，内装材料遵循目前世界上最严格的 BS6853 环保标准，年底发运两列车到土耳其现场运行。

【下属子公司】 株机公司下属子公司有北京北九方科贸有限公司、资阳南车电力机车有限责任公司、广州南车城市轨道装备有限公司、宁波市江北九方和荣电气有限公司、昆明南车城市轨道车辆有限公司、洛阳南车城市轨道车辆有限公司、宁波南车城市轨道交通装备有限公司、南济轨道设备科技开发有限公司、南车吉隆坡维保有限公司。

北京北九方科贸有限公司。2001 年成立，是株机公司在北京注册的全资子公司，主营业务为销售和维修电力机车配件与高速动车产品。2011 年，该公司参照执行其总公司各项规章制度，强化内控管理和资金管理，防范运营风险，全年实现销售收入 4489.4 万元、利润总额 195.2 万元。

资阳南车电力机车有限责任公司。在册人数 233 人，资产 2.5 亿元。年内，该公司通过 IRIS 管理体系认证，并完成 ISO9001 质量管理体系、ISO14001 环境管理体系、

OHSAS18001 职业健康安全管理体系复审。全年生产 HXD1B 型电力机车 85 台，实现销售收入 10.18 亿元。因下半年受铁道部停止机车采购订单影响，该公司处于全面停工状态，利润总额亏损 148 万元。

广州南车城市轨道装备有限公司。2011 年，完成建筑面积 65336 平方米、试运线 1200 多米的工程建设，顺利通过 ISO9000 质量管理体系认证外部评审，并启动 IRIS 国际铁路行业标准体系建设，中心工作由建设期转为试制期，成为中国南车在国内新一轮发展城市轨道装备投资最大、南拓战略投产最快、业务发展最看好的子公司。7 月上旬，该公司生产的首列地铁车辆成功下线，正式投入批量生产。

宁波市江北九方和荣电气有限公司。年内，由宁波市环城北路西段 198 弄 16 号搬迁至宁波市江北区洪塘工业园区 C 区长阳路 866 号。该公司通过国家发改委电动汽车电容器项目立项审批，成为美国 GE 公司的电容器重要供货商，并销售 P6 电容器产品 12500 台，P4 电容器产品 5500 台，全年实现销售收入 6076 万元，利润 154 万元。

洛阳南车城市轨道车辆有限公司。以郑州和洛阳等区域为工作重心，全力配合株机公司做好市场开拓工作，成功获得郑州市轨道交通 1 号线一期工程地铁车辆订单，并积极为该公司后续批量生产和开展车辆维保业务做好相应工作。同时，协助株机公司成功收购河南金马重机，打开进军煤机市场突破口。年内，该公司项目建设各项工作全面完工，并实现净利润 50 万元，超额完成株机公司下达的经营指标。

昆明南车城市轨道车辆有限公司。2011 年全面筹建，基地 4 月正式动工，年内，联合厂房车体组焊、组装、静调工序基本达到投产状态。有效推进总公司技术平移，为来年投产和后续批量生产奠定技术力量。积极与昆明市政府、昆明轨道公司沟通对接，争取昆明首期工程车辆维保业务，年底实现维保合同小签。严格按计划组织实施招聘工作，共招聘技管、技能人员 135 人。全年盈利 22 万元，比年度预算减亏近 700 万元。

宁波南车城市轨道交通装备有限公司。2011 年 4 月 27 日成立，由株机公司、宁波市轨道交通集团有限公司和宁波市鄞州开发建设投资有限公司共同投资组建，三方出资比例分别为 70%、20%和 10%。主要从事城市轨道交通车辆的组装、销售、维修及相关产业。公司选址宁波市鄞州区五乡镇明伦村，一期征地面积约 450 亩，将形成年产 150 辆城轨车辆的生产能力，年内计划固定资产投资 8614 万元，已签订合同 8228 万元。8 月 30 日，项目基地正式开工建设。

南车吉隆坡维保有限公司。2011 年 8 月 17 日获得马来西亚公司委员会核准后正式注册成立，是株机公司的全资子公司，主基地位于吉隆坡车辆段。12 月 22 日，株机公司与马来西亚交通部在吉隆坡签署马来西亚动车组维保项目合同，合同金额达 2.7 亿元人民币，此是中国首次获得国外轨道交通车辆维保项目合同，标志着中国轨道交通装备制造企业开始由制造型向制造加服务型转变。至年底，该维保公司仍处于筹备期，尚未正式运营。

南济轨道设备科技开发有限公司。是株机公司与同济大学为推进双方在轨道交通领域产学研结合，携手开发轨道交通装备新技术而共同组建，2011 年 11 月 21 日在上海正式揭牌成立。年内，该公司整合各方面优势资源，进行磁悬浮专项技术研究，并与德国德累斯顿工业大学轻量化及复合材料研究院开展智能电缆相关技术研究。

【重要纪事】 2 月 14～15 日，公司召开“十二五”改革发展研讨会暨 2011 年党委务虑会，研讨全面落实公司“十二五”规划的方法、途径。2月20日，公司第一次工会会员代表大会暨第一次职工代表大会召开。3月21日，中共中央政治局常委、中央书记处书记、国家副主席习近平到公司视察。4月9～10日，公司研制的两个新型电力、蓄电池双能源地铁轨道工程车项目—新加坡地铁工程维护车和深圳地铁综合检测车组相继落成。4月14日，公司与佛山市政府签订战略合作框架协议，双方将在机车新产品研发、产业配套等方面合作。5月7日，中共中央政治局常委、中央纪委书记贺国强到公司视察。7月6日，中国首批出口马来西亚城际动车成功下线。同日，公司控股子公司——广州南车城市轨道装备有限公司生产的首列地铁车辆成功下线。8月10日，公司自主研发生产的出口土耳其新型轻轨列车成功下线。8月30日，由公司和宁波市轨道公司、鄞州区开发建设投资公司共同投资组建的宁波南车城市轨道交通装备项目奠基动工。9月6日，公司自主研制的首节不锈钢车体成功下线。10月28日，公司研制的首列昆明地铁列车成功下线。11月4日，公司拥有完全自主知识产权的升级版DK2型电空制动机研发成功。11月21日，公司与同济大学共同组建的南济轨道设备科技开发有限公司、同济—南车株机轨道车辆技术研发中心在上海揭牌。12月9日，公司第一架功能完整、具有完全自主知识产权的新型城轨用电动受电弓研制成功。12月16日，公司与北方国际合作股份有限公司签署《埃塞俄比亚机车制造基地一期项目合同》，公司机车产业由出售产品开始向输出技术升级。12月22日，公司与马来西亚交通部在吉隆坡签署马来西亚动车组维保项目合同，合同金额达2.7亿元人民币。12月30日，公司与广西南南铝加工有限责任公司签署铝材精细加工合资协议，双方共同出资成立南宁南车铝材精密加工有限责任公司。

【企业主要领导】

执行董事 总经理　徐宗祥
副总经理　刘宁（兼）
马克湘　周清和
陈又专　傅成骏
肖高华　张洪权
罗崇甫　李铁生
索建国
杨志华（挂职）
财务总监　李铁生（兼）
总工程师　索建国（兼）
杨志华（兼，挂职）

党委书记　刘宁
党委副书记　徐宗祥（兼）
郭鹏飞
纪委书记　郭鹏飞（兼）
工会主席　郭鹏飞（兼）

株机厂厂长　马克湘

（株机公司　供稿）

地　址　湖南省株洲市田心
邮　编　412001
电　话　0731-28441266
传　真　0731-28432399

南车资阳机车有限公司

（工商登记营业执照编号：512000000001009）

董事长　罗燕鸣

总经理　　向 军

党委书记　姚卫东

【概述】　2011 年，资阳公司新造各型机车 186 台，新造 4 台南京地铁盾构机，实现异地组装，成品曲轴 1000 余支，营业收入首次突破 35 亿元，实现归属母公司净利润 500 万元。

制定实施公司“十二五”发展规划纲要，机车基地项目被四川省列为战略性新兴产业项目。年内，孟加拉电站完成设计工作，项目建设全面实施。乌海煤矿燃气电站完成设计和设备安装，进入调试试验阶段。加快电气连接器国产化步伐，北京地铁和成都地铁电连接器通过首件鉴定，大连轻轨电连接器完成样品试制。与广西玉柴机器集团有限公司合资合作，创建南车玉柴四川发动机股份有限公司，新公司集中速和高速发动机于一身，产品涉及船舶、机车、汽车、发电领域，功率覆盖 58～9000 千瓦，在行业内独具优势，全年产销中速机 230 余台、高速机 35000 余台。坚持精细管理，修订完善营销、财务、采购等方面 45 个管理制度。推进安全标准化建设，公司通过国家二级安全生产标准化企业达标考评。

【市场营销】创新营销模式，持续巩固国内市场份额，新签路外机车及配件合同金额 6.8 亿元人民币，新签 DF8B 型机车数量创近 5 年最好成绩。签订 2 亿元的小型曲轴订单，全面形成大、中、小型曲轴市场格局。巩固中亚、东南亚、非洲等传统市场，积极拓展发达国家高端市场，公司内燃机车产品首次打进澳大利亚市场，全年新签出口合同金额 2.85 亿美金，创历年出口机车签单数量最高纪录。签订苏丹国家铁路机车 3 年期延伸服务合同，开启境外延伸服务市场。

【科技创新】　全年专利申请受理 91 件，获得专利授权 69 件，其中发明专利 3 件。

完成出口澳大利亚大功率交流传动内燃机车研制，首批 6 台机车如期交付，中国自主品牌机内燃车首入发达国家高端市场。完成出口乌兹别克斯坦八轴重载货运内燃机车研制，在国内率先掌握单节 8 轴机车技术，丰富出口机车型谱。完成大、中、小功率交流传动调车内燃机车总体方案设计和低成本广州地铁调车机车设计，产品市场领域进一步拓展。完成 6280ZJ 型、12V280ZJ 型机车柴油机研制并实现量产，进一步完善 280 机车柴油机系列。YC320 型柴油机竣工下线，大功率船用柴油机开发取得突破。完成 280 系列重油柴油机方案设计，开展 12V240 型发动机低浓度燃气应用开发及可靠性提升研究，燃气机关键技术研究向纵深推进。开展复合地层土压平衡盾构机自主研发，研制出中国首台具备超前地质预报、围岩注浆、管棚施工和地下水排放等功能的全液压传动大型钻机。推进大型曲轴新产品开发，EMD265 型柴油机曲轴实现量产， 18V32/40 型曲轴实现国产化，公司成为中国唯一从锻造、热处理到机械加工都可制造 L 型和 V 型 32/40 曲轴的企业。

【工艺工作】 内燃机车移植 7200 千瓦六轴电力机车制造技术，在出口澳大利亚、乌兹别克斯坦等机车新产品上全面实现，完成主要车型的车架和构架焊接、转向架组装和车体涂装等制造技术平移工作，内燃机车制造质量稳步提升。高起点开展工艺策划，继续深入贯彻南车 17 项工艺标准，积极创建企业新工艺标准 16 项，推广应用可视化和可操作性高的作业指导书。“四轴电传动调车机车研制”“大中型船用柴油机曲轴制造工艺开发”“曲轴热处理控时淬火技术应用研究”和“RR 曲轴镦锻装置精化曲轴锻件工艺研究”四项成果通过四川省科技成果鉴定。

【质量管理】 吸取“7·23”甬温铁路事故教训，全面开展机车质量安全大检查，扎实推进“和谐车质量年” 活动。启动并通过国际铁路行业标准 IRIS 认证，通过 EN15085 轨道车辆及其部件焊接认证复审、检测/校准国家实验室认可监督评审，质量、环境/职业安全健康体系、测量管理体系和 TS16949 汽车行业质量体系通过换证审核，大型曲轴船检认可范围进一步扩大，公司管理体系运行持续有效。抓好出口机车过轨安全控制，确保年内出口哈萨克斯坦、土库曼斯坦、澳大利亚等机车的过轨运输安全。

【人力资源管理】 抓好人才队伍建设，全面贯彻南车“十二五”人才规划，加强核心、骨干人才培养。40 人被评为中国南车管理、技术、技能核心人才。强化人力资源管理信息化建设，e-HR 系统上线运行。平稳推行岗位绩效工资制，试行部门绩效和个人绩效考核。优化领导干部结构，公开选拔 30 名后备干部，调整 135 名领导干部。实施择优竞岗，109 人次公开竞聘 51 个管理岗位，人才结构比例有效优化。组织开展第四届职工技术运动会，切实提升职工技能素质。

【精益生产】 完善精益制度，细化精益工作标准和流程，推进“两精”管理。深化精益生产线建设，电力机车车体组焊生产线通过可中国南车复评，曲轴加工生产线建成中国南车星级精益生产示范区（线），曲轴平均生产周期缩短 20%，平均在制品数量降低 15%，成品曲轴产能提高 67%，月产量突破 100 支。电气连接器生产线形成工位制生产格局，350 公里长编电连接器单列组装生产周期缩短 30%，存货同比降低 24.25%，产品一次交验合格率达到 100%。探索建立适合公司实际的 TPM 设备管理模式，在曲轴加工作业区试点推进 TPM 自主保全、专业保全、个别改善和教育活动的全流程实践，设备平均故障修理时间（MTTR）降低 300%，设备平均故障间隔时间（MTBF）延长 90%。深化现场管理，建成 61 个公司级 5S 达标班组/区域。加强班组建设，建成 13 个公司级精益达标班组。开展全员改善提案活动，征集改善提案 5639 件。全面推广标准化作业，公司关键工序、重点产品及产品制造主要过程全部实现目视化管理。建立异常问题处理机制，提高各系统、部门对现场的响应速度。

【党群工作】 公司党委围绕“融入中心、完善机制、留住人才、精益党建”主题，将各项工作与目标绩效考核工作结合起来，制定《公司党群部门月度重点工作目标管理考核评比办法》和《分党委党群工作目标管理考核评比办法》，实现党群工作内容标准化、程序流程化、考核数字化、结果绩效化。结合庆祝建党90周年和公司生产经营实际，深入开展创先争优活动。通过读经典活动开展，进一步传承几千年中华文明道德，继承革命优良传统，充实文化底蕴增强奋斗信心。组织唱红歌活动，传承革命精神，汲取奋斗力量，增强信心，促进公司健康发展。围绕重点抓党建，充分发挥优秀党员和骨干的先锋模范作用，带领广大员工推动公司稳定健康发展。强化惩防体系建设，丰富廉政教育形式，加强源头防范工作，推进公司廉政建设。深化文化品牌建设，围绕公司重点项目，加大对外宣传力度，提升公司影响力。

工会以创建“工人先锋号”为载体，以“八比八创”为抓手，开展多形式、多领域、多层次，覆盖全员、贯穿全年的群众性建功立业竞赛活动，全公司共有3名职工荣获中华全国铁路总工会火车头奖章。深化“三关心三保证”工作，“两节”期间走访慰问生活困难职工、生活困难遗属、住院职工、劳模、节日加班职工1347人次，发放慰问金54.48万元。团委深化服务意识，以“精益青春”活动为主线，开展青年岗位改善提案征集评比活动，促进青年成才。以“一封家书”形式，开展青年关爱活动，提升青年凝聚力。

【重要纪事】 3月7日，公司与广西玉柴机器集团有限公司合资合作，组建成立南车玉柴四川发动机股份有限公司。7月22日，公司举行首台出口澳大利亚交流传动内燃机车下线、出口土库曼斯坦机车发运暨出口哈萨克斯坦机车签约仪式。11月15日，公司通过国际铁路行业标准（IRIS）认证。11月26日，公司自主研发的中国首台单节八轴交直流电传动内燃机车出口乌兹别克斯坦。12月26日，公司达标国家二级安全生产标准化企业。

【企业主要领导】

董事长 罗燕鸣
总经理 向军
副总经理 温晓听 熊建平
许德祥 李权
陈勇
总工程师 许德祥（兼）
财务总监 陈勇（兼）

党委书记 姚卫东
党委副书记 罗燕鸣（兼）
向军（兼）
马旭
纪委书记 马旭（兼）
工会主席 马旭（兼）

资阳厂厂长 张贵明

（资阳公司 供稿）

地址 四川省资阳市晨风路6号
邮编 641300
传真 028－26653416
网址 http：//www.zyloco.com
商务热线 4008899431

南车戚墅堰机车有限公司

（工商登记营业执照编号：13716142—X）

执行董事、总经理　王洪年

党委书记　刘岱华

【概述】　2011 年，戚墅堰公司积极拓展产品市场，机车修理和新造市场份额上升。全方位、多层次拓宽营销渠道，海外市场取得新的突破，内燃机车批量出口澳洲、中东、南美等市场，重要配件摇枕侧架批量出口美国，全年外贸出口较上年有大幅增长，全面完成中国南车下达的各项经营指标。

完善信息化建设和管理，以产品数据管理（PDM）为起点，推进内燃机车三维工程化研究与应用，完善产品研发、制造信息化平台，通过 PDM、CAPP、ERP 系统集成应用，实现设计、工艺与产品制造信息共享和工作协同，并结合中国南车专网高性能仿真计算公共平台建设和内燃机车仿真分析模板开发，积极推进协同仿真平台应用。深化 e-HR 系统应用，实施系统升级和功能开发，完善薪资、绩效、培训等模块功能，提高人力资源信息化管理水平。全面推广 ERP 项目建设，ERP 系统 1 月正式上线投入运行，初步建立内燃机车新造系统 ERP 管理模式。

进一步夯实产品研发平台，加大与高校和科研机构合作，持续抓好三大技术平台提升和重点优化工作，公司通过国家认定企业技术中心年度评审和江苏省高新技术企业复审。加强国际合作，拓宽经营渠道，与美国通用电气公司合资组建常州南车通用电气柴油机有限公司，项目建设一期工程年内竣工并实现投产。

加快精益生产技术推广应用，借鉴内燃机车总组装精益生产线成功经验，实施修理机车精益线提升工程，建成一条“虚拟模块”工位化作业模式的修理机车精益示范线，修车产量和产品质量均得以提高。

【科技创新】　加大研发投入，开展新型 $HX_{N}5$ 型双司机室交流传动内燃机车、4400 马力调车机车、桥梁检修车和出口沙特阿拉伯、坦桑尼亚、赞比亚内燃机车，马达加斯加动车等产品设计开发。完成出口沙特阿拉伯、津巴布韦内燃机车制造和交付，出口沙特阿拉伯内燃机车在首次长途重载试验中取得成功。公司研制“东风$_{8}$系列（再制造）大功率货运内燃机车”“东风$_{11}$系列（重造）准高速客运内燃机车”两类产品被常州市科技局认定为常州市高新技术产品。推进技术引进消化吸收和再创新，GEVO16 型柴油机曲轴国产化取得重大突破，自主生产的 GEVO16 型柴油机曲轴成功完成 700 小时 VV 试验并通过首件评审，为实现机车国产化奠定基础。

年内，公司被受理的专利 151 件，PCT 国际专利申请受理 1 件，实现国际专利申请受理零突破，公司获中国南车专利工作先进单位和常州市年度知识产权创新型企业。

【质量管理】 贯彻铁道部和中国南车质量工作会议精神，全面开展质量年活动、安全质量大检查活动和质量精细化活动，并且狠抓质量整改工作，切实提高工作质量和产品质量，铁道部、中国南车、铁南办组织的各项质量安全专项检查公司均获通过。开发内燃机车安全质量防控信息化平台，有效提高质量管控能力。抓好厂外质量问题处理和售后服务工作，建立公司质量整改简报制度，定期向铁道部和各路局用户反馈公司质量问题处理进度，不断提升客户满意度。

制定《IRIS 国际铁路行业标准认证推进计划》及 IRIS 质量管理体系质量手册和程序文件，先后完成《外包管理控制程序》《项目管理控制程序》《技术状态控制程序》《RAMS 控制程序》《LCC 控制程序》等 28 个程序文件编制，部分程序文件作了多次变更和修订，并按照程序文件要求抓好各项工作。年内，公司通过法国标准协会贝尔国际验证机构组织的 IRIS 国际铁路行业标准体系认证。

【企业文化建设】 全面推进南车文化战略，通过媒体宣传、宣传栏公示及其他形式，提高员工对企业的忠诚度、认同感和归属感，提高企业的文化软实力。加强品牌传播力度，通过重点项目策划重点宣传中国南车和公司的良好形象。加强思想政治工作和精神文明创建活动，把握正确的舆论导向，注重舆论阵地建设，加强宣传思想队伍建设，营造健康向上的舆论氛围。开展“文明职工”、“文明单位”评比活动，提升企业文明素质，为实现公司战略目标提供强有力的文化支撑和精神动力。

【党群工作】 坚持“融入中心谋发展，有效切入争一流，全面深化重实效，着眼全局促和谐”的工作要求，深入推进创先争优活动，努力创新和改进党建、企业文化、思想政治工作，为开创公司发展新局面提供思想、政治和组织保证。

推进学习型组织建设，强化党委中心组学习，探索学以致用、学用相长的新形式，构建开放的学习体系，优化知识结构，开阔工作思路，以战略眼光积极思考公司改革发展中全局性问题，增强工作的主动性、前瞻性和创造性，促进领导班子素质持续提高。规范学习内容，创新学习形式，不断加强领导干部和广大党员理论教育，营造干部、党员和员工主动学习、善于思考的氛围。加强班子和人才队伍建设，推进领导班子建设和管理工作科学化。将“四好”领导班子创建活动与争创“四强”党组织活动相结合，完善领导班子创建及综合考核评价体系，增强领导班子的整体功能与合力。完善公开选拔领导干部竞争机制、组织考察与公开选拔干部相结合的选人用人机制，加大中层干部公开竞聘力度，提高选人用人公信度。完善领导人员绩效和综合考核评价机制，推进业绩与行为、定量与定性、年度与任期的多维度测评综合考核评价方式，强化领导人员的大局意识与岗位责任。深入开展以争创“四强”党组织、争做“四优”共产党员为主要内容的创先争优活动，将思想政治优势转化为竞争优势和发展优势。依托各种载体，采取多种方式，开展党员“双培养”活动，确保各项措施落实到位，党员在骨干人才队伍中和关键岗位上的比例明显增加，党员队伍结构得到进一步优化。

加强惩防体系建设。将构建惩防体系融入公司发展战略、全面风险管理及经营管理体系之中，形成党委统一领导、党政齐抓共管、纪委组织协调、部门各负其责的惩防体系建设工作运行机制。落实各级党风廉政建设责任制，推动各级领导班子和领导干部按照“一岗双责”要求，切实担负起抓好生产经营和党风廉政建设的双重责任。全面建立企业与地方检察机关预防职务犯罪共建机制，充分发挥源头防腐作用。认真贯彻《国有企业领导人员廉洁从业若干规定》，通过开展廉洁从业和法纪法规教育，进一步提高党员和领导干部自警自律意识，增强廉洁从业的自觉性和坚定性。

公司工会主动融入中心，服务发展大局，履行维护责职，努力打造“八比八创”、“三关心、三保证”、“素质提升”、“目标管理”四个精品工程。开展多种形式的劳动竞赛，动员广大员工争当劳动模范、岗位带头人、创新能手，积极投身多形式、多领域、多层次的群众性建功立业活动。拓展竞赛内容，丰富竞赛方法，采用按课题或项目与高技能人员领衔完成相结合，年度立项与随时立项相结合等多种方法，发挥好首席技术工人、岗位带头人等高技能人才在创新活动中的核心作用。维护员工合法权益，发挥工会支柱作用。以“集群智、聚群力、促发展”为主题，深化企业民主管理，扎实推进厂务公开工作。完善帮扶救助机制，拓展帮扶范围，适时开展各种走访慰问活动，做好“暖人心”工作。发挥工会组织优势，多举措并举实施素质工程。开展“创建学习型组织、争当知识型员工”活动，引导员工向劳模学习，立足岗位争先创优，努力培养一批高技能、多技能人才队伍。

公司团委以公司重点工作为目标，引导团员青年在生产经营等工作中建功立业。及时了解和掌握青年思想动态，进一步增强团组织服务能力。不断创新工作方式方法，积极探索适应现代企业制度的共青团工作运行机制。积极开展“党建带团建，团建学党建”活动，抓好团干部队伍建设，培养团的中坚力量。加强青年员工文化素养培养，激励青年学习新知识，掌握新技能的紧迫性，提高青年员工健康心理和人格素质，为增强企业活力和竞争力提供合格青年人才。

【HXN5 型内燃机车改进设计】 按照铁道部要求，公司在引进 HXN5 型内燃机车制造技术基础上，结合运用中出现的问题和用户提出的技术改进要求，进行机车改进设计，进一步优化机车性能。车体部分对司机室钢结构进行加强，单司机室改为双司机室双向牵引，机车外走廊扶栏加装横杆增加安全性，机车端头照明灯采用真空灯加氙灯方案。制动系统部分空气管路及相关接头改为不锈钢材质，机车增加防寒保温装置，并在两侧增加停放制动显示器、断路保护器。转向架部分进行牵引梁、侧梁、构架局部改进设计，提高机车使用安全性能。

【SDD6 型内燃机车交付用户】 11 月 25 日，公司出口津巴布韦内燃机车交付用户。该型机车采用 1067 毫米窄轨设计，交直流电传动系统和微机控制系统，机车标称功率为 1640 千瓦，最大运用速度 100 千米/小时。根据当地风砂多、湿度高和温差大等气候特点，在防风沙、防腐蚀、耐高温方面进行加强设计，并充分考虑用户使用环境和小曲线半径通过线路等特点，进一步优化设计方案，采用大量成熟可靠的技术，主要零部件质量得到提升，系统技术得到改进。机车采用交直流辅机电传动和康明斯 QSK60-L1 型柴油机，轴式为 C_0—C_0 径向转向架，轴重 16 吨，双机重联控制，机车性能和可靠性提高，在降低机车能耗、噪音等绿色环保方面表现突出。

【RT266 车钩出口澳大利亚】 澳大利亚车钩和尾框为非标件专线用车钩，内腔结构复杂技术要求高，给公司开发试制工作带来难度。在反复研究确定工艺方案后，先后攻克下造型射芯难成型技术难关，完成主要零件和钩舌坭芯制作，设计和制作机加工工装提高工效。首批 80 套车钩、30 只尾框交付客户，获得客户认可，为进入澳大利亚市场奠定基础。

【SDD17 型内燃机车研制】 该机车是为出口沙特而研制，按照合同公司向该国提供 10 台干线内燃机车，是国内机车制造商首次向中东地区出口内燃机车产品。机车装用具有电喷控制技术的 12V280ZJ 型柴油机、JF208A 主发电机、ZD109FE 牵引电机、三轴滚抱式转向架，机车具有双机重联功能，并采用完整微机逻辑控制技术。机车传动方式为交直流电传动，柴油机最大运用功率为 2760 千瓦，机车速度 100 千米/时。针对沙特气温高、风沙大等恶劣气候条件，在设计中对机车模块化、耐高温、通风、冷却、防风沙、防盐雾等项点进行重点攻关，进一步提高机车性能和可靠性，设计方案通过中国南车技术评审。同时，为积极做好出口沙特机车质量控制，实施机车零部件优质专用，对机车合格零部件实行挂牌流转制度，所有主要零部件均粘贴专用合格证标志才能装用，对 24 项关键零部件实行首件评审制度，确保机车制造质量。首批 2 台内燃机车在 6 月 15 日通过上海港发运至沙特阿拉伯进行先期试验性运用。

【东风8BI 型内燃机车研制】 该机车是为出口伊朗而研制，公司在 5 月～7 月先后与伊朗 RWT 公司、NRG 公司签订 40 台内燃机车销售合同。在东风8B 型内燃机车基础上根据伊朗用户要求进行改进设计，改进设计项目经过 RWT 公司和 NRG 公司确认。机车运用要适应最高气温 50℃、最低气温-30℃，运用区间最高海拔高度 2400 米，机车传动方式为交直流电传动，标称功率为 3100 千瓦（UIC 工况下），最大运用速度为 100 千米/时。

【SDD16 型内燃机车研制】 该机车是为出口几内亚而研制，按照合同由公司向该国提供 5 台内燃机车。机车装用 16V280ZJA 型柴油机，柴油机最大运用功率为 3680 千瓦，具备全微机控制、双机重联、火灾报警及全方位保护等功能，机车最大运行速度为 100 千米/时，在机车电气室独立进风系统、电器柜通风散热系统及机车整体起吊装置等项点进行了创新设计。5 台机车通过买方代表验收后经上海港发运，6 月中旬运抵几内亚交付用户运用。至年底，5 台机车在几内亚运用整体情况良好，用户满意。从客户反映及机车运行情况来看，首个采用中国成熟标准的内燃机车项目运作成功。

【SDD20 型内燃机车研制】 该机车是按照公司与中国土木工程集团有限公司签署的援坦赞铁路第十四期技术合作项目合同，由公司负责机车设计和制造，并向坦赞铁路提供 6 台干线内燃机车用于客、货列车牵引。为更好满足坦赞铁路运用和用户需求，针对坦赞铁路小曲线、坡道多等特点，对关键零部件技术进行提升，采用大量成熟可靠的零配件和经过实践检验的先进工艺技术。12 月 30 日，中国南车评审组对机车总体方案、机车设计技术创新、自主研制零部件等进行审核，认定机车技术设计方案满足了合同技术规范要求，机车性能可靠性强，机车技术设计方案通过设计评审。

【重要纪事】 3 月 14 日，公司召开出口沙特机车项目推进会，贯彻中国南车沙特项目推进工作要求，确保沙特项目投标和前 10 台机车试制工作顺利实施。5 月 16～9 日，美国 AAR 审核组来公司就 M-1003 质量保证体系运行情况和 M-210、M211 技术标准执行情况进行年度审核，通过现场审核，认定公司建立的 M-1003 质量保证体系运行正常有效，M-210、M-211 技术标准执行良好，扩项认证产品尾框满足标准，通过评审。6 月 15 日，公司举行出口沙特机车首批 2 台机车厂内交车签字仪式，按照合同公司将向沙特铁路提供 10 台干线机车。7 月 15 日，GEVO16 曲轴通过公司首检检查认证，该型曲轴是 GE 公司非技术转让项目，由于自带焊接平衡块及结构复杂给国产化带来巨大难度，项目历时 4 年，从毛坯制造、加工到粗精磨攻克了重重难关，取得曲轴加工工艺新突破。9 月 27 日，中国南车在常州召开 HXN5 型内燃机车改进方案技术评审会，公司 HXN5 型双向牵引内燃机车技术设计方案通过中国南车评审。10 月 11 日，首台二年检 HXN5 型 0004 号内燃机车解体，进入实际检修阶段。11 月 25 日，公司举行出口津巴布韦 SDD6 型电传动内燃机车交车仪式，津巴布韦驻华大使，中国国际基金有限公司代表、芬兰 transtech 公司董事长和总经理出席交车典礼。11 月 30 日，公司通过法国标准协会贝尔国际验证机构 IRIS 体系认证。

【企业主要领导】

执行董事 总经理	王洪年
副总经理	刘岱华（兼） 徐　俊 陈　笃（6 月免） 刘春阳（6 月免） 秦　辉　王卫平 徐世保（6 月任） 沈永平（6 月任） 张力强 许人华（6 月任）
财务总监	张力强（兼）
总工程师	许人华（兼，6 月任）
党委书记	刘岱华
党委副书记	王洪年（兼） 史小余 刘春阳（6 月任）
纪委书记	史小余（兼，4 月免） 刘春阳（兼，6 月任）
工会主席	史小余（兼）
戚墅堰厂厂长	史小余（兼）

（戚墅堰公司　供稿）

地　　址　江苏省常州市戚墅堰延陵东路 358 号
邮　　编　213011
电　　话　0519－85060114
传　　真　0519－88770358
电子信箱　qs@qscn.sina.ne

南车青岛四方机车车辆股份有限公司

（工商登记营业执照编号：370200018079774）

董事长、党委书记　江　靖

副董事长、总经理　王　军

【概述】 2011年，四方股份公司立足科学发展，坚持自主创新，强化企业内部管理，经营业绩再创新高，完成中国南车下达的各项经营指标。全年新造高速动车组67列（113组）、销售不锈钢车体88辆，转向架54辆，新造地铁车辆706辆，检修高速动车组164列（183组），检修专运客车33辆，新造客车113辆。高速动车组、城轨地铁新造同比增长22.8%和54.8%，检修数量同比增长35.8%。实现销售收入243.5亿元，净利润14.8亿元，同比增长46.82%和101.9%，净资产收益率35.6%。

根据中国南车总体发展战略和对国内外轨道交通市场的前瞻分析和预判，结合公司实际，制定并实施公司"十二五"发展规划。不断提升技术创新实力，高速列车持续研发取得新成果，46列和谐号新一代高速动车组在京沪高铁正式开通时投入运营，其中8编组的CRH380A动车组26列，16编组的CRH380AL动车组20列，占京沪上线运营新一代高速动车组总量的五成以上。更高速度试验列车顺利落成，高速列车前瞻性研究取得阶段性成果，技术体系日臻完善。首列自主知识产权直线电机车辆竣工下线，直线电机地铁列车研制水平迈入世界领先行列。开展产品运维信息管理平台建设，逐步探索由提供产品向提供产品及全寿命周期解决方案的转变。加强检修技术创新，系统掌握动车组齿轮箱检修、高速动车组国产化轮对退卸、压装等关键核心技术。充实优化北京、上海动车基地检修项目资源，初步建立异地项目组检修模式。

公司获"全国文明单位""山东省最具幸福感企业"和"十一五"国家科技计划执行优秀团队奖。公司研制的CRH380A型和谐号高速动车组获中国创新设计红星奖至尊金奖，设计团队获红星奖最佳团队奖。时速350公里动车组研制项目获山东省"金桥工程"优秀项目一等奖。

【改革与管理】 根据业务发展和生产经营需要，在保持组织机构总体框架不变的基础上，实施行政组织机构的局部调整，成立美国公司、南非办事处、国际合作部，加快国际市场拓展和国际化经营步伐。成立武汉维保中心、分解检查室和北京、上海基地检修项目组等，强化动车组检修服务，确保行车安全。成立国家工程研究中心，与国家工程实验室一起构筑公司高速动车组更高的研发平台，提高公司核心竞争力。撤销机械厂和14个项目机构，调整技术中心、国家工程实验室、城轨事业部内部机构设置，对班组管理职责进行调整明确，组织机构和职责分工进一步明晰，实现资源整合，提高整体效能。

制定《公司绩效考评管理办法》，建立各单位组织绩效指标库，首年度推行组织绩效考评。完善管理制度体系，新增、修订并评审通过80项管理标准。开展管控模式研究，初步确定国家工程研究中心管理模式。深化全面预算管理，强化预算过程管控和执行力度，实现预算管理体系与绩效指标体系的高度融合。加强资金筹划，拓展融资平台，满足经营需要。缩小成本管理单元，实施精细化成本管理。利用国家财税支持政策，获得地方政府专项补贴资金、进口关税减免、所得税减免和地方附加税减免，充分提高公司获利水平。开展暂估冲销、货款回笼和冗余资金清理，切实降低公司经营风险。

【人力资源管理】 制定《“十二五”人力资源规划》，优化人力资源管理。全面推进E-HR项目建设，人力资源信息化管理水平得到提升。合理控制用工总量，着力打造高素质员工队伍，构建核心技术、核心技能、核心管理人才队伍，切实提高劳动效率。加强和规范劳务用工管理，发挥劳务用工作用。全力推进班组建设，班组管理工作初见成效。贯彻变革培训思想，在车体分厂建立焊接实训基地，完善员工技能培训体系。参加青岛市第十一届职业技能大赛，公司参赛选手夺得四个通用工种状元。参加中国南车第六届职业技能竞赛，公司获得团体总分第一名。

【科技创新】 完成CRH380A高速动车组型式试验、科学研究试验和平面布置优化工作，CRH380A新一代高速动车组技术不断完善。落实以过程参数量化为载体的“精调”工作，系统开展动车组长期科学跟踪试验，通过科学组织、系统实施，提升动车组安全性、可靠性和舒适性。以CRH380A创新成果为基础，围绕提升临界速度、牵引能力、降低阻力等技术课题，完成更高速度试验列车自主研制，对系统集成、头型、车体、转向架、牵引、制动等进行全面创新，实现列车关键技术自主化和产业化。根据用户需求，完成CRH380A—001时速400公里高速综合检测车研制，满足京沪高铁联调联试、科学试验以及运营后线路日常综合检测的需要。推进高速列车系列产品研发和性能持续提升，完成智能化列车的方案、技术和施工设计，并开展永磁电机牵引传动系统高速列车、时速250公里定型动车组、动车组检修技术研究、高速列车谱系化标准研究和车型研制工作。开展城际和市域列车研发，完成CRH6型城际动车组设计开发、斯里兰卡内燃动车组研发以及温州市域车技术方案和用户技术需求建议书编制。开展城轨地铁研发，广州地铁5号线牵引系统、制动系统和转向架等关键核心技术实现全国产（整车国产化率达90%以上），广州地铁6号线高性能轻量化直线电机车辆实现全新设计突破，城轨车辆网络控制系统通过装车评审，储备电阻焊及激光焊不锈钢车体技术、搅拌摩擦焊铝合金车体技术向自主研制地铁A型车领域迈进。完善提升B型不锈钢地铁车辆设计水平，构建模块化、标准化产品系列。组织推进低地板地铁车辆、城轨市域车的产品研究，完善城轨地铁产品技术平台，丰富地铁产品系列。

【销售与服务】 国铁市场，完成交付46列16编组CRH380A新一代高速动车组、20

列时速250公里动车组、1列400公里综合检测动车组，动车组市场占有率达35%，在线运营动车组占全国总量42%；新签时速250公里动车组10列，动车组周转转向架54辆。城轨地铁市场，完成北京地铁1号线增购、天津3号线、成都2号线1期、广州6号线、沈阳2号线和新加坡地铁等8个项目706辆车的生产交付；获得北京1号线增购、成都2号线二期、青岛3号线、北京地铁14号线等地铁项目订单，共计522辆，年度市场占有率达26.7%。动车组检修业务大幅增长，完成动车组高级检修164列（183组）。海外市场，完成出口新加坡22列A型地铁车辆和土库曼斯坦113辆客车交付并投入运营，新加坡151A新增13列地铁项目生效启动，广深港、土耳其高速动车组，阿根廷、巴西地铁，澳大利亚、南非电动车组及新加坡地铁后续项目持续跟进。

全面推行“硬件配置模块化、现场作业标准化、日常管理规范化”的标准化售后服务体系建设，打造专业化服务团队，形成高效优质的服务保障和应急反应机制。年内克服品种多、数量大、分布广、运营环境复杂等困难，圆满完成售后服务保障任务。

【基建与技改】 按照要求推进09-11技改扩能项目实施，新厂区交车联合厂房及迁车台大棚（建筑面积23190平方米）、铝合金车体厂房（建筑面积16200平方米）、动车组检修组装厂房（建筑面积16200平方米）、车体下料联合厂房及辅助楼（建筑面积30870平方米）、转向架检修厂房及辅助楼（建筑面积10710平方米）、调试厂房工程（建筑面积5250平方米）、X1铁路试验线工程（总长1200米）等工程竣工并投入使用，高速动车组生产能力由150列/年扩大到180列/年，并且具备年检修动车组150列的生产能力。城轨地铁生产能力由650辆/年扩大到800辆/年。天津城轨基地项目和武汉维保中心项目建设相继按计划竣工投产。

【工艺提升】 以提升数字化制造平台技术水平为目标，完善工艺研发体系，实施工艺规划和工艺创新。完成TCM工艺设计平台搭建并推广应用，通过铝合金（车体）、不锈钢（车体）、碳钢（转向架）EN15085焊接企业CL1（最高级别）资格认证。完成不锈钢激光电弧复合焊的前瞻性研究，完成不锈钢侧墙单元激光焊接设备的安装调试，并自主开发多套激光焊接配套工装，具备激光焊A型不锈钢车体试制的工艺条件。加强工艺系统基础管理，完善工艺设计数据库，工艺管理、工艺设计和工艺布局水平持续提升。整合优势资源，完善检修工艺体系建设和工艺管理体系建设，提升动车组检修水平，为市场开拓提供技术支持与保障。

【精益生产】 按照中国南车精益生产要求，完成节拍拉动生产方式由动车组新造生产线向地铁生产线和动车组检修生产线的推广。深化目视化管理、标准化作业等精益工具应用，拓展标准化班组建设，完善班组管理标准，提高基层管理水平。在供应商管理基础上，探索实践精益供应链建设，初步形成精益供应链建设工作思路，节拍拉动生产方式开始向供应商延伸。开展员工改善提案活动，形成自主改善的良好氛围，培育“学精益、用精益”的员工队伍，搭建起自我完善的内部管理运营机制。

【质量管理】 深刻吸取“7·23”事故教训，围绕项目管理、产品设计、工艺、质量、制造、采购、检验、人员培训、售后服务和维护检修等工作，全方位开展自查，共梳理资料和文件记录16120余件，发现问题148项，同时制定措施狠抓整改落实，及时消除质量隐患。贯彻落实铁道部“八防”及“达标工位”要求，新造动车组生产线151个关键工序（位）全部达标。关键工序影像化质量确认技术从新造动车组向检修动车组平移，实现关键工序质量责任实名制追溯。不断强化供方产品进货检验、首件鉴定、监督监造、国产化审核、供方交班和质量索赔等工作，并进一步规范三大动车检修基地质量控制流程。年内，公司顺利通过莱茵公司ISO9001质量管理体系、贝尔公司IRIS体系以及中启公司ISO10012测量体系的年度监督审核，全年一次交检合格率均超过95%控制指标，动车组百万公里故障数为0.96次，未发生C类及以上等级质量责任事故，D类质量责任事故低于控制指标。

【企业文化建设】 围绕创先争优、京沪高铁开通以及质量攻关、技术攻坚和素质提升等任务，开展形势任务教育活动和学先进、树典型活动，鼓舞士气，凝聚力量。针对“7·23”事故和北车380BL高速动车组召回事件，开展“从怎么看到怎么干”全员思想大讨论和质量警示、案例教育活动，强化员工的质量意识、责任意识和危机意识，并推进以“创新、精益、高速”为内核的企业文化建设，为公司质量安全大检查大整改深入落实奠定思想基础。突出重点、把握亮点，高密度、多层次地在中央媒体及地方媒体深度宣传报道企业经营成果，展示企业品牌形象，提升公司社会知名度和美誉度，增强企业发展软实力。

【党群工作】 公司党委不断加强和改进党的建设，围绕公司中心工作，发挥党组织的政治核心作用、党支部战斗堡垒作用和党员先锋模范作用，推进企业持续稳健发展，将党组织的政治优势转化为企业发展优势，为公司实现持续稳健发展提供强有力保证。以创先争优活动为平台，以科学发展为主线，探索党建工作的新思路新方法，开展“四强、四优”实践活动和迎接建党90周年专项活动，营造组织创先进、党员争优秀的浓厚氛围。认真抓好“四好”领导班子创建活动，提升各级领导班子的领导力和战斗力。围绕生产经营重点、难点和热点，增强思想政治工作的针对性和实效性，统一员工思想认识。认真落实党风廉政建设责任制，贯彻《廉洁从业若干规定》，推进惩防体系建设，党风廉政工作不断加强。

工会坚持以人为本，深化和谐理念，积极履行四项基本职能。加强以职代会为主要内容的厂务公开民主管理工作，47项提案全部落实，维护了员工权益。深化“三关心、三保证”和“送温暖”，加大对困难员工帮扶救助力度，全年发放助学金、补助金、慰问金和救助款等82万元，为员工解除了后顾之忧。深入开展以“八比八创”为主要内容的劳动竞赛活动，营造“创先争优”的氛围。加强劳模选树，激发员工拼搏奉献热情，公司有8人、5个集体分别获得全国五一劳动奖章、火车头奖章、富民兴鲁奖章等称号。弘扬劳模精神，落实劳各项政策待遇，组织公司劳模、标兵、核心骨干员工近1300人参加健康疗养活动，健康疗养费用200余万元。开展丰富多彩的文体活动，拓展新形式、增加新内容，丰富员工精神文化生活。

【南车（天津）地铁车辆有限公司】 四方股份公司第一家全资子公司，2010年3月9日注册成立，注册资本3亿元。天津公司有员工148人，总占地面积361.85亩，总建筑面积24336.44平方米，具备年产150辆车的生产能力。主营城市轨道交通设备（城轨地铁车辆、城际列车、轻轨）的制造、修理销售及配件的制造、修理、销售；经营本企业进料加工和“三来一补”业务。

年内，根据国内外经济形势和行业发展趋势，完成“十二五”发展规划的制定，确立积极稳妥的奋斗目标。加强制度体系建设，新编管理制度118项，修订管理制度14项，建立了主制度、次级制度的层级化体系以及管理制度责任主体机制。完成平衡计分卡战略绩效管理平台搭建，全面推行以绩效为评价标准的宽带化工资制度。制定运营管理指标体系，确保运营质量能够得到全面评价和监控。推行精益生产，全面实施单元式作业，菜单式配料的拉动式精益生产组织模式，深化5S定置化管理和设备PTM管理，优化工作环境， 提高作业效率，全年组织精益生产培训4期，培训60余人次。自主开发集物流、生产、质检、工时、财务于一体的生产运营管理系统-MRPⅡ，初步完成 MRPⅡ系统的可视化管理。制定《成本费用管理办法》和《工作号管理办法》，结合公司产品成本构成着重对消耗性材料进行定额控制，并制定《节约创效奖励办法》，营造全员节约的良好氛围。强化安全管理，全年组织召开安委会 4次，发布公司职业健康安全管理方案4项，组织三级安全教育45人次，检查发现安全隐患345处，整改率100%。制定《安全质量标准化考评工作实施方案》，打造安全管理的长效机制。确立“质量立业、质量优先、顾客满意”的质量方针，制定《质量专项奖励实施办法》《生产过程质量控制及质量责任追究管理规定》等办法，引导员工关注质量、关心质量、提升质量。城轨项目一期工程全面竣工，铁路线收尾工作和厂区绿化全部完成，分别通过质量验收、安全验收和环境验收。

推进市场开发，分别承接北京昌平线、天津3号线售后服务工作以及参与广州地铁5号线转向架改造工作，并稳步开展地铁检修及维保业务、配件销售业务等市场开发。推行标准化服务站建设，编制“4S”售后服务手册，与天津北海通讯技术有限公司、石家庄国祥运输设备有限公司等五家重要供货商签订《地铁车辆维保检修战略合作框架协议》。在北京4号线四惠车辆检修中心培养首批车辆架修人才，并编制完整的车辆架修资料，为实现车辆维保检修业务拓展奠定基础。

【中国南车美国有限责任公司】 1月13日，四方股份公司决定成立中国南车美国有限责任公司，（CSR America，Incorporated)，注册资本为200万美元，注册地为美国伊利诺伊州芝加哥市，四方股份公司为其唯一股东。主要业务包括负责中国南车及公司在美市场合作、合资项目的调研、沟通和协调、推进工作；负责与美国及地方政府的有关部门和客户建立友好关系，开辟联系沟通渠道；负责收集美国和周边国家及地区的市场信息，开展市场及投资环境调研，推介中国南车品牌；负责组织和协调中国南车各子公司在美出口的技术交流和售后服务等工作。

年内，先后组织并参加拉美铁路论坛、芝加哥美国高铁论坛、沙漠快线项目交流及跟踪、波士顿美国高铁标准讨论会、与美国GE 公司合资合作交流以及与美国当地律师事务所及合作伙伴进行交流等重要工作。同时，按照中国南车四方股份公司相关规定对南车美国公司进行日常经营管理。制定员工出差、业务招待、财务管理、执行董事和总经理工作细则、安全告知等内部管理制度，保证公司正常运转。迅速与中国南车四方股份公司财务部、企划部以及美国当地政府和银行部门沟通与协调，完成银行帐户办理、注册资金到位等工作，并与当地会计师事务所签订日常收支财务记账和纳税申报协议，使公司按照正常财务管理程序运行。根据美国税法和相关法律规定，完成南车美国公司纳税申报和保险资金支付，2011-2012年保险费用降低4521美元。

【武汉南车四方维保中心有限责任公司】 由武汉铁路局与中国南车商定，四方股份公司在武汉出资建设 CRH2 型动车组维保中心，维保中心使用武汉铁路局武汉动车段已建成的厂房和配件库，双方合作开展各项业务。1月13日，武汉南车维保中心有限责任公司（简称武汉维保中心）成立，2月22日，武汉维保中心在武汉市正式注册，注册资金5000万元，占地面积14831平方米，建筑面积7600平方米，现有员工18人（属地化员工6人）。主要业务包括动车组、铁路客车及零配件的检修、销售、技术咨询。

年内，招聘录用6名属地化员工，并完成纳税申报、子公司一般纳税人审批和银行账户办理、子公司会计核算系统设置，开通金蝶K3帐套，构建了规范的财务管理和核算体系。结合当地政策法规及子公司业务开展需要，制定首批管理制度66个，其中包括管理基础、人力资源管理、综合管理、财务管理、工艺管理、生产管理、安全与职业健康卫生管理、采购及物资管理标准等。

根据武汉动车段工艺布局，编制武汉维保中心四级修工艺方案，新编和借用检修工艺文件共218份，配置144项专用设备和工装工具，并且不断优化作业指导书，确保动车组四级检修顺利实施。针对武汉动车段检修工艺流程特点，修订完善检修工艺文件，保证异地动车组检修工艺文件的有效性。严格落实“三检一验”制度，定期组织工艺纪律检查，严把检修产品质量关，确保检修出厂动车组运行安全可靠。结合武汉维保中心实际情况，编制物流管理制度，规范配件管理流程。组织开展危险源识别活动，确定预防措施，协调武汉动车段解决配件库存在的安全隐患。明确配件库安全管理工作的内容，规范作业标准，从源头上有效控制和消除危险源。成立安全生产委员会，与武汉动车段签订安全管理协议，制定安全生产责任制，逐级签订安全生产责任状，指定兼职安全员进行安全管理，并与动车段建立员工安全培训渠道，员工岗前安全培训率达100%，全年无安全事故发生。建立生产组织管理模式，生产推进采用计划管理与会议协调、调度相结合的方式，生产计划管理逐步引入“精益生产”的管理理念，按照0.5辆车/天的节拍制订生产推移表，推行节拍式生产拉动，全年完成动车组三级检修21组，四级检修3组，实现销售收入5400万元。

【李长春到公司视察】 6月18日，中共中央政治局常委李长春到公司视察，中共山东省委书记姜异康、山东省省长姜大明以及中共青岛市委书记李群、青岛市长夏耕等陪同。李长春在公司视察了高速动车组总成工程技术研发中心、高速列车系统集成国家工程实验室和动车组总装生产线，仔细了解高速转向架技术创新，登车体验CRH380A新一代高速动车组车内设施。

李长春发表重要讲话指出，四方股份公司走过了一条很好的技术引进消化吸收再创新道路，为国家高速铁路发展做出了重要贡献，成为自主创新的先锋。同时，要求四方股份继续加快自主创新步伐，继续当好自主创新的先锋，不断占领世界先进技术的制高点，进一步引领世界高速铁路的发展。

【高速动车组投入京沪高铁开通运营】 6月30日下午，京沪高速铁路开通仪式在北京南站举行，国务院总理温家宝出席开通仪式并发表重要讲话。公司副总经理马云双等参加开通仪式，并受到温家宝接见。下午3时，公司CRH380AL-6050高速动车组在上海虹桥担当上海至北京首发任务。

7月1日，京沪高铁正式开通运营，公司研制的46列和谐号新一代高速动车组投入运营，其中8编组的CRH380A动车组26列，16编组的CRH380AL动车组20列。该高速动车组占京沪上线运营新一代高速动车组总量的五成以上。同时，公司还有20列时速200至250公里动车组在京沪高铁投入运营，分别为8辆编组座车、16辆编组座车和卧铺动车组。

【国务院高速铁路安全大检查】 “7・23”甬温铁路事故后，国务院决定从8月中旬开始开展高速铁路安全大检查。8月20～21日，国务院高速铁路安全检查组到公司进行质量安全工作大检查，检查组由副组长、北京交通大学副校长孙守光带队，成员包括国资委、安监总局、铁道部相关司局的领导和国内知名科研院校的专家。检查采取听取汇报、查阅资料、现场考察、座谈、暗访、抽查等方式，围绕产品技术和管理两大方面展开。检查组主要从高速动车组技术和管理两大方面，对公司设计、工艺、质量体系、管理制度、人力资源等方面的资料进行查询，与相关人员进行座谈和交流，并且对国家高速动车组总成工程技术研究中心和高速列车系统集成国家工程实验室、高速动车组铝合金车体生产线，高速转向架焊接、加工和组装生产线，高速动车组总组装生产线和动车组检修生产线等进行现场检查。

检查组认为四方股份管理规范严密、研发流程科学完备、质量控制严格到位，对供应商的延伸管理扎实有效，显示出世界一流企业的水平，并对公司近年来的发展和在高速动车组研发制造上取得的成绩给予充分肯定。同时，希望公司要深刻汲取这次高铁事故和380BL召回事件的教训，警钟长鸣，毫不松懈地把安全质量工作做得更好，进一步促进企业发展方式的转变，做从中国制造到中国创造的典范。

【首列自主知识产权直线电机地铁车辆竣工下线】 12月2日，公司举行中国首列自主知识产权直线电机地铁车辆竣工下线仪式。该车将应用于广州地铁5号线，采用6辆编组形式，比原有5号线地铁列车每列重量减轻3吨，降低了能耗。车内的CCTV监视、信息显示、烟火报警等系统一应俱全。该车核心技术、关键技术完全实现自主化，整车国产化率达到90%以上。它的问世，打破国外技术垄断，有效降低列车制造、运用维护成本，中国直线电机地铁列车的自主研制水平迈进世界先进水平。

【更高速度试验列车落成】 12月23日，公司举行自主创新研制的更高速度试验列车落成仪式。试验列车的车头、尾车造型各异，车头造型犹如宝剑出鞘，充溢着力与美，设计灵感来源于中国古代的兵器“剑”，突出尖楔形结构，强调“锐”意进取，尾车造型则沿袭CRH380A动车组的“火箭”造型。更高速度试验列车按照科学严谨的研发流程层层推进，历经大量数据分析、仿真计算、方案比选和零部件试验、系统试验以及系统间匹配试验。科技部和铁道部联合组织7名院士及14名行业专家，评审通过更高速度试验列车总体方案及工程技术方案。该试验列车以CRH380A创新成果为基础，以更高速条件下安全、可靠运行为首要目标，围绕提升临界速度、牵引能力，降低阻力等，对系统集成、头型、车体、转向架、牵引、制动等系统进行全面创新，列车的关键技术在中国南车实现自主化和产业化。

【重要纪事】 1月16日，公司2011年工作会议暨纪检监察工作会议召开。2月22日，公司研制的CRH400A高速综合检测车竣工出厂，赴京沪高铁对线路状态进行一系列检测。2月，科技部正式批准公司建设国家高速动车组总成工程技术研究中心，同时，公司获科技部颁发的“十一五”国家科技计划执行优秀团队奖，公司总经理王军获国家科技计划执行突出贡献奖。3月8～14日，公司制作高速动车组转向架、高速动车组模型和新一代高速动车组技术创新展板参加在北京国家会议中心举行的“十一五”国家重大科技成就展。4 月，公司获国家标准化管理委员会颁发的国家级标准化良好行为 AAAA 级企业证书，这是国内铁路轨道交通行业企业首次获得国家 AAAA 级证书。5 月 11 日，京沪高速铁路全线试运行展开，公司时速 200～250 公里、300 公里动车组，CRH380A 高速动车组等多种车型投入拉通试运行。5 月 20 日，全国政协副主席、科技部部长万钢乘坐公司研制的 CRH380AL 新一代高速动车组，考察京沪高铁试运行工作。5 月 27 日，武汉南车四方维保中心有限责任公司在武汉动车基地全面开始异地动车组四级检修新业务。6 月 18 日，中共中央政治局常委李长春到公司视察。7 月 1 日，京沪高铁正式开通运营，公司 46 列和谐号新一代高速动车组投入运营。8 月 20—21 日，国务院高速铁路安全检查组到公司进行质量安全工作大检查。10 月 10 日，公司获准建立“院士专家工作站”。10 月 13 日，公司召开第二届监事会第十二次会议、第二届董事会第十二次会议和 2010 年度股东大会。11 月 1 日，公司研制的北京地铁 8 号线地铁车辆、直线电机地铁转向架实物以及 CRH380A 高速动车组模型和部分地铁产品模型参展 2011 北京国际城市轨道交通建设运营及装备展览会（METRO CHINA 2011）。11 月 10 日，在北京世纪坛当代艺术馆剧场举行的 2011 年中国创新设计红星奖颁奖典礼上，公司设计生产的 CRH380A 高速动车组获得 2011 年中国创新设计红星奖至尊金奖。公司工业设计团队获 2011 年中国创新设计红星奖最佳团队奖。11 月 16 日，公司工会第三次会员代表大会召开，选举产生第三届委员会和公司工会经费审查委员会委员。11 月，公司员工张合礼代表中国南车参加在德国吕内堡举办的“嘉克—LVM”杯国际焊接大赛，获得高级组 135（MAG）项目第 1 名。12 月 2 日，公司举行中国首列自主知识产权直线电机地铁车辆竣工下线仪式。12 月 23 日，公司举行更高速度试验列车落成剪彩仪式。12 月 24 日，公司召开“十二五”经营与发展研讨会，研究公司内外环境，制定“十二五”乃至更长时期内公司经营和发展要实现的主要目标、重点工作和关键措施。

【企业主要领导】

董事长	江　靖
副董事长 总经理	王　军
副总经理	张在中　龚　明 张　敏　赵家舵 王日钢　田学华 倪胜义　罗　斌 马云双
总工程师	龚　明（兼）
财务总监	张　敏（兼）
党委书记	江　靖
党委副书记	王　军（兼） 王成龙
纪委书记	王成龙（兼）
工会主席	王成龙（兼）

（四方股份公司　供稿）

地　　址　青岛市城阳区锦宏东路 88 号
邮　　编　266111
电　　话　0532-87801188
传　　真　0532-87801688

南车四方车辆有限公司

（工商登记营业执照编号：370200018030200）

执行董事、总经理　夏春生

党委书记　王海玉

【概述】　2011 年，四方有限公司经营规模持续增长，盈利能力稳步提升，实现销售收入同比增长 27.7%，实现利税同比增长 42.86%。生产高速动车组 22 列；新造各型客车、回送车 150 余辆，其中出口客车 142 辆；新造铁路公路两用车 6 台；检修客车 537 辆，涉及 6 种车型 30 多个品种；完成动车组五级修 2 列车（8 辆编组）；修造各型路用和出口轮对 7884 条；完成为各类高速动车组、轻轨地铁和机客车配套的铝合金、碳钢、不锈钢及电气等产品 130 万件套；生产大型风电结构件 2000 件套、各类铸锻产品 16426 吨。

年内，公司继续保持山东省文明单位称号，公司位列 2010 年青岛市百强企业第 64 位和工业系统主要经济指标 50 强第 13 位，公司所辖物流公司再次被评为综合类 4A 级物流企业。

【企业管理】　根据公司发展规划及经营思路的要求，调整公司组织架构，将原事业部制运营管理模式改为直线职能制，共设置 18 个职能部门、6 个制造分厂、1 个辅助分厂、3 个参控股公司。

按照现代企业规范化管理要求，开展规章制度和业务流程建设，共修订、发布各类管理制度 217 项。建立经营计划管理制度，实施全员绩效考核管理，全面启动精益生产，实现运营过程的动态控制。建立一体化生产指挥系统，对重点新业务实施项目制管理。确立新的财务管控机制，建立统一的价格管理体系，实现资金统一收支管理。加强风险管控，开展内控体系审计和效能监察，编发《内控控制手册》，更新了风险控制矩阵。推进安全生产与环境保护工作，全面实现安全生产“三零”（零重伤、零死亡、零新增职业病）目标，节能减排目标也达到了中国南车和青岛市的要求。公司对专业管理体系进行整合和理顺，先后通过 ISO9001、ISO14001 和 OHSMS18001 认证。

【市场开拓】　重点拓展铁路客车整车新造业务，成功取得中东和非洲客车新造订单。扩大铁路客车修理业务，在巩固传统高档客车检修市场的同时，新拓展了青藏车检修、特种车检修改造和动车组检修拆解业务，产品范围同时向高端和普通产品领域延伸。延伸轨道交通配套产业，拓展国内主要轨道交通装备制造企业的配套业务，产品种类和规模大幅提升。优化风电装备配套业务结构，重点发展大型高附加值产品，2.5兆瓦、3兆瓦、5兆瓦风机配件研制取得新的突破，巩固了与国内外知名风电设备制造企业的合作关系。物流产业，在立足于为轨道交通装备制造企业提供优质仓储、准时化配送服务的基础上，不断探索新的服务和经营模式，纸业、油品、钢材销售业务实现持续增长。

【科技创新】 开展设计、制造、产品三大技术平台建设，实施技术标准化管理，推进技术研发和技术创新工作。全年确定科技开发项目71项，其中中国南车级7项、青岛市级3项，结题发布54项。年内，新增有效专利5项，新增授权专利11项，新提报专利申请14项。

完成出口客车6种车型、淋浴车、回送车等特种客车的开发设计与制造。完成公铁两用钢轮驱动高空作业车（SRS）的技术方案、垂直上道公铁车、SYTG6型公铁两用叉车及SYTG7型公铁两用快速牵引车的设计。完成沙特机车电机室、电气室及宝鸡时代GBM多功能作业车转向架的变更设计。新获得DC600V电源装置检修、转K2摇枕侧架新造等产品的资质认证。

【人力资源管理】 结合企业组织架构调整，稳步推进e-HR人力资源管理信息系统建设，人力资源管理和建设进一步规范和加强。全年招聘各类人员217人，其中社会成熟工程技术、管理人员29人，大学本科及以上学生76人，为企业发展注入新的活力。开展精益生产、质量管理、安全管理、内部控制、职责权限及岗位适应性培训，全年累计培训各类人员7103人次。加强公司各类人才的培养与选树，年内培养拔尖人才17人，其中，2人被评为“中国南车科技拔尖人才”，3人被评为“中国南车技能拔尖人才”，2人被评为“公司管理专家”，5人被评为“公司技术专家”，5人被评为中国南车高级工程师。2011年公司员工持证上岗率达到了97.4%。

【党群工作】 围绕创先争优，结合庆祝建党九十周年，以新组织架构的调整为依托，优化党组织设置，完善规章制度体系，深入开展党风廉政和惩防体系建设，严格落实“三重一大”制度，形成常态化、制度化、有效化的思想政治工作和精神文明建设新模式，有效保证企业的健康发展。先后开展“大干60天，实现双过半，为建党90周年献礼”劳动竞赛、“大干四季度”劳动竞赛、“三亮一树”等系列主题活动，有效促进企业生产经营工作的顺利进行。持续强化企业文化建设，立足企业生产经营实际和目标任务要求，全面深入开展宣传报道，在思想宣传、舆论引导、标杆选树和氛围营造等方面发挥了重要作用。编发员工行为规范，统一明确了员工行为准则。继续保持山东省文明单位称号。积极开展形式多样、内容丰富的文体活动，增强企业凝聚力。落实“三关心、三保证”措施，大力开展帮扶救助活动，促进企业和谐发展。

【重要纪事】 4月1日，公司新的组织机构和管控模式正式运行。6月29日，公司圆满完成SFK335A项目10辆新造回送车任务，这是公司2002年改制后，第一次独立承制新造普通客车整车项目。8月23日，编号为CRH2-052A的200公里动车组完成解编后调入公司新建的动车组检修厂房，开始进行五级检修正式试修，标志着公司在铁路车辆修理水平方面的较大提升。10月21～25日，公司成功承办中国南车第六届职业技能竞赛。11月，公司承接的6辆神华25G淋浴车项目正式启动。12 月 19 日，物流公司在北京“2011 中国物流企业家年会和 A 级物流企业授牌仪式”上，再次被授予“4A 级物流企业”称号。12 月 23 日，中国南车四方“南车小镇”奠基仪式，在公司棘洪滩宿舍区隆重举行。12 月，公司圆满完成自主设计制造出口津巴布韦客车整车项目，共计 6 种车型 29 辆整车。

【企业主要领导】

执行董事 总经理　夏春生
副总经理　王海玉（兼）　姚林强　姜　炯　张　军　颜　强　尹建忠　臧庆春
总工程师　臧庆春（兼）

党委书记　王海玉
党委副书记　夏春生（兼）　高明义
纪委书记　高明义（兼）
工会主席　高明义（兼）

（四方有限公司　供稿）

地　　址　山东省青岛市城阳区宏平路 9 号
邮　　编　266111
电　　话　0532-68017018
传　　真　0532-68017212
网　　址　//www.csrsf.com.cn

南车南京浦镇车辆有限公司

（工商登记营业执照编号：320191000201102170001N）

执行董事、总经理 楼齐良

党委书记 陶云南

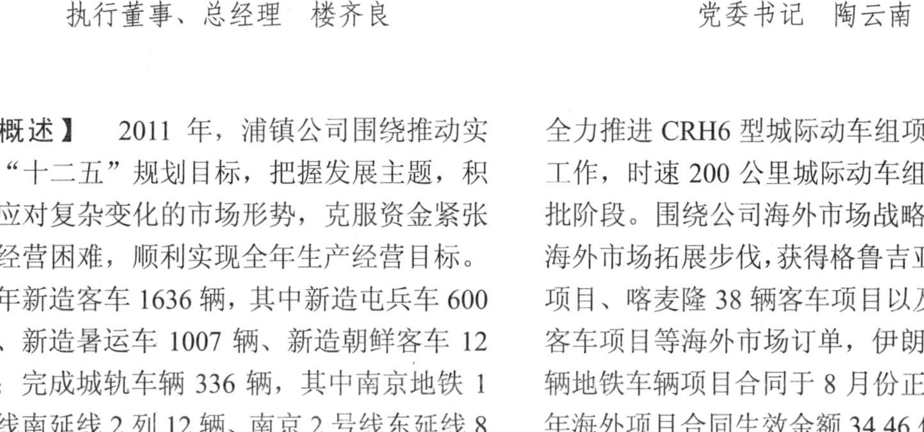

【概述】 2011 年，浦镇公司围绕推动实现“十二五”规划目标，把握发展主题，积极应对复杂变化的市场形势，克服资金紧张等经营困难，顺利实现全年生产经营目标。全年新造客车 1636 辆，其中新造屯兵车 600 辆、新造暑运车 1007 辆、新造朝鲜客车 12 辆；完成城轨车辆 336 辆，其中南京地铁 1 号线南延线 2 列 12 辆、南京 2 号线东延线 8 列 48 辆、上海 2 东线 3 列 24 辆、上海 10 号线 3 列 18 辆、深圳 4 号线 17 列 68 辆、苏州 1 号线 20 列 80 辆、杭州 1 号线 9 列 54 辆、自主集成四列车 4 列 24 辆、孟买地铁 2 列 8 辆；修理客车 498 辆；完成 EMU 构架 370 个、轴承 52700 套。

【市场营销】 大力拓展城轨市场，密切跟踪北京 14 号线、无锡 2 号线、东莞 R2 线、南京 11 号线及机场线、苏州 2 号线、杭州 2 号线以及南昌、合肥、温州等项目，积极主动做好用户交流及技术和商务准备，并顺利中标南京地铁 3 号线、10 号线和苏州 2 号线等项目。加强与铁道部以及业主的密切联系，全力推进 CRH6 型城际动车组项目合同谈判工作，时速 200 公里城际动车组合同进入审批阶段。围绕公司海外市场战略布局，加快海外市场拓展步伐，获得格鲁吉亚 20 辆 EMU 项目、喀麦隆 38 辆客车项目以及朝鲜 12 辆客车项目等海外市场订单，伊朗三城市 315 辆地铁车辆项目合同于 8 月份正式生效，全年海外项目合同生效金额 34.46 亿元。

【科技创新】 稳步推进三大技术平台建设，设计技术平台、PDM 系统应用手段持续改进提高，通过规范流程，强化节点，提升设计控制水平。制造平台不断完善，城轨全焊接铝合金生产线完成建设，形成日产 2 辆车的能力，转向架组装流水线建成并实现节拍式生产。全年申报专利 138 项，其中发明专利 35 件，获得国家第 13 届专利奖优秀奖 1 项，专利授权 79 项，软件著作权 8 项。

完成自主集成项目 4 列车研制并实现交付，采用自主网络技术的深圳 4 号线项目车辆实现批量交付，苏州、杭州项目 B 型车及孟买地铁、突尼斯内燃动车组等项目车辆研制成功并批量交付。优化完善时速200客车总体设计方案及工业设计方案、车体内装和各系统方案设计，并完成首辆时速200不锈钢车体、新型铝合金车体试制和上海13号线项目车辆设计。自主A型地铁转向架研制通过中国交通运输协会城市轨道交通专业委员会专家评审，杭州项目B23型转向架研制通过动力学性能试验。加快推进以太网试验验证平台和基于MVB总线的列车网络试验平台建设以及信号系统集成设计研究，完成系统解决方案、技术方案、需求规范的制定，并与相关技术合作方签订合作协议。开展地铁列车运营速度对列车能耗影响研究以及列车谐波及电流控制技术研究，完成牵引试验平台建设。加强全焊接铝合金B型车车体焊接保护气体更换工艺研究，降低制造成本。开展全焊铝合金A型车体工艺研究以及地铁车辆三维布线研究和温湿度对地板布施工影响的研究应用，编制完成《电气压接技术规范》，搭建电气标准化控制及验证体系。

【质量管理】 确定以“五抓五推”为重点的年度质量工作思路，围绕抓体系建设、抓安防深化、抓要素执行、抓供方管理、抓技能提升开展各项工作。深入开展国际铁路行业标准（IRIS）体系宣贯认证工作，对照国际先进标准，加强项目管理、知识管理、可靠性管理，建立故障报告分析及纠正措施（FRACAS）系统，运用故障模式影响分析（FMEA）管理工具，强化源头质量控制，全面提升质量管理水平，新老厂区分别以63分、64分通过法国贝尔国际验证机构认证审核。开展铝合金焊接管理体系建设并通过德国杜伊斯堡焊接研究所认证，实现欧洲焊接标准（EN15085）的全面覆盖。组织开展工位质量达标评价活动，将工位质量六要素分解成为38个条款，量化评价细则，建立自评、复评、监督三级评价机制及工位日点检制度，评价结果纳入月度绩效考核，实现工位质量管理标准化、规范化、目视化，全年组织对161个工位开展285次监督评价，评出优秀工位35个，达标工位116个。修订完善防控管理文件，开展防控项点识别，编制系统完整、层次清晰的三级防控框图，同时逐步将安防体系建设向改制单位推进，不断完善质量安全防控体系建设。修订完善《供方管理程序》，强化供方能力评审，老厂区对16家供应商进行能力评审和39次过程能力审核，给予5家质量不稳定供应商黄牌警告，新厂区26家供方因质量问题被清除出合格供方名单。加快推进质量信息化建设，以新厂区苏州和杭州项目为试点，在总装车间和转向架车间实现生产、质量、工艺、设备等信息化现场管控，完成新厂区质量信息化系统平台建设并投入使用。

【精益管理】 严格贯彻公司“系统串联、重心下移、工位深化、人才育成”总体推进方针，根据精益三期规划，确立实现全系统、全流程改善目标，并按照打造精益工位、打造部门支撑系统、打造部门内部精益流程、打造系统间无缝联接等四个可量化、可实施阶段有序开展各项工作。现场作为公司管理的落脚点，秉承以点到线到面的工作原则，把打造“标准工位”“示范区（线）”作为重中之重，梳理现场管理31项表单，规范工区、工位现场七大任务管理要素，实现新造车14辆/日最高产能，生产现场标准化管理不断提升。贯彻重心下移的方针，拉动七大任务职能部门人员对现场工位进行支撑，初步完成公司部门支撑系统。年内，建设完成中国南车精益示范线5条，获得三星级、二星级示范线各1条。注重人才育成工作，建设完成浦镇公司精益管理道场、技术管理道场，全年精益管理道场举行14期培训，毕业学员约280余人，转训人数达890人；设计道场完成5期培训，约100人次；工艺道场完成2期培训，共53人，道场培训为公司培养人才、规范管理流程提供平台。

【党群工作】 公司党委围绕实现百亿、打造世界行业一流企业目标，坚持“融入中心谋发展，有效切入争一流，全面深化重实效，着眼全局促和谐”的工作要求，以实施“先锋先行”五项工程为重点，深化“创先争优”活动，不断加强和改进公司党的建设和思想政治工作。通过学习型组织建设强化思想优势，切实推动公司科学发展水平的提升。坚持两级中心组学习制度，把学习优势转化为开创科学发展新局面的本领。深化“四好”班子创建，提升各级领导班子思考力、执行力。开展“四讲”教育活动，营造健康向上、团结奋进氛围。通过“创先争优”活动强化队伍优势，推动生产经营中心任务的落实。以“先锋先行”精益、质量、育人三项工程为载体，指导基层支部紧贴中心工作和重大项目、重大工程、重要关键，开展“承诺、定诺、践诺”活动。按照“三同时”要求，优化组织设置，并将党小组建在工位上。围绕紧缺工种和岗位，结合精益道场培训，不断深化党员名师带徒、多能工、青年党员率先成才活动，有效满足新项目的执行，年轻党员加快成长、具备独立定岗或承担项目的能力。以“三个统一”“四不六要”为基本要求，以公司新厂区为试点，开展员工形象素质工程，员工着装、行走、用餐、语言、打电话、工间操等规范迅速推广，文明风尚蔚然成风。深化品牌建设，在坚持制度、拓展领域、提升意识、巩固成果、长效管理等方面狠下功夫，实施“四个落地”即规范制度管理落地、整改实施落地、形象传播落地、精益文化落地。深化反腐倡廉建设，强化监督优势，抓实科学管控与惩防体系建设，通过廉洁从业教育，提升基础保障力；通过惩防体系建设，提升组织保障力；通过制度建设，提升制度执行力；通过抓效能监察，提升监察效益。全年公司降低物资配件采购成本7292万元，占同期物资配件采购成本1.82%。

工会坚持以员工为本，切实履行各项职能。以“八比八创”劳动竞赛为载体，组织开展1007辆新造车竞赛、科技项目攻关竞赛、物资配件采购降本竞赛、优胜精益工位和优胜工位长竞赛等17大项劳动竞赛活动，共有10000余人次员工参与，表彰奖励2200余名员工。规范行使职权的民主程序，坚持公司改革发展的重大决策、生产经营的重大问题和涉及员工切身利益的重要事项，按照规定程序和表决方式提交职代会审议通过。深化厂务公开，完善公司厂务公开的制度和运作办法，并加强对厂务公开、单位事务公开、班务公开实施情况的监督检查和通报，年内重点开展对“三重一大”情况的检查和公开。落实“三关心三保证”工作，加大对患大病员工帮扶力度，医保范围内10种大病扩大到18种大病，并将一次性补助费用由2万元提升到3万元，全年对14名患大病员工补助42万元。走访慰问特重困员工、生病住院员工、生活困难劳模先进、工伤死亡职工遗属等5000余人次，对65名特重困员工人均补助金额达4000元。

团委以共青团“创先争优”为主线，深入开展“增强组织活力、增强团员意识”主题实践活动，大力加强团的自身建设，推动组织青年、引导青年、服务青年等各项重点工作实现新发展，努力发挥团组织和团员青年在公司又好又快发展中的生力军作用。

【南京南车浦镇城轨车辆有限责任公司】 是由浦镇公司联合新加坡麦达斯控股有限公司设立的中外合资企业。2006年10月18日注册成立，注册资本34000万元，主要经营范围是从事城轨地铁车辆、转向架及有关配件的研发、制造和销售。

年内，深入推进精益生产工作，积极开展工位制建设，不断优化工艺流程，加强精益物流配送，抓好精益示范线建设，切实提高生产效率，苏、杭项目实现日产2辆车节拍式生产目标。修订完善《项目管理办法》，明确职责分工，理顺接口关系，强化项目计划和执行管理，保证城轨各项目稳步推进。加强预算管控，确保年度预算目标有序可控。加大对应收账款、关联交易的管理力度，提高资金使用效率，节约资金成本。加强采购管理，实行招议标采购竞争模式，有效控制采购成本。开展IRIS质量管理体系建设，努力实现与国际先进管理方法的接轨，提高质量管理水平。强化供方能力评审，不断规范供方管理，杜绝源头质量问题。强化风险管理，按照风险自评、确定风险自评分值、计算风险评分、确定风险等级、撰写风险报告等程序，完成公司风险评估，并优化内部控制及风险管理体系，编写20项内部控制矩阵，完成136个项点穿行测试，构建多层次、全方位风险管理动态防控机制。

拓展国内市场，密切关注城轨A、B型车辆、低地板有轨电车、APM（旅客自动运输）系统、单轨列车以及城际列车等市场动态，并制定长三角、珠三角、和环渤海地区市场战略规划。积极参与各地城轨项目投标，成功中标南京3号线、10号线和苏州2号线地铁项目，合同总金额38.4亿元。重点抢占时速120公里B型车、低地板车市场，取得阶段性成果，为调整公司产业结构奠定基础。

坚持引进消化吸收再创新和自主创新相结合，加强与法国阿尔斯通公司、加拿大庞巴迪公司、德国西门子公司、瑞士ABB公司等国际制造商项目合作和技术合作，成功攻克现代轨道交通的系统集成、车体制造、高速客车转向架、制动系统、网络控制系统等核心技术，初步搭建具有自主知识产权的城轨车辆制造平台。

【广东南车轨道交通车辆有限公司】 2010年5月31日注册成立，注册资本人民币10亿元，由浦镇公司和广东省铁路建设投资集团有限公司出资组建。公司经营范围为轨道交通车辆制造、维修及相关产业服务和轨道交通车辆的进出口业务。

年内，公司加快项目建设进程，修造基地一期软基处理工程（约1000亩）所有分区开工，完成软基处理及填土工程约18万平方米，完成回填土施工至标高约合32.5万平方米，进行真空预压施工约合14.5万平方米、回填土施工约合3.2万平方米。完成基地新造部分建设项目招标，调试厂房、动调线等开工建设，同时推进基地工艺设备采购和安装调试工作。完善《修造基地项目可行性研究报告（修编）》，完成相关评审、上报手续，获得中国南车批复。完成新建动静态调试试验及基地铁路线接入江门南站建设项目建议书的编制，基地铁路线接入江门南站项目初步设计通过广铁集团评审。

全力做好城际市场、城市地铁市场和国际市场开拓工作，积极参与穗莞深-莞惠时速160公里以及200公里城际动车组项目的合同谈判工作，200公里车辆的采购合同已上报铁道部审批。加强与东莞、深圳、广州等城市地铁公司和相关主管单位沟通，建立业务联系，宣传江门基地，收集市场信息，开展业务交流。成立东莞办事处，密切跟踪东莞地铁R2线项目，实时反馈市场信息。秉承“立足珠三角、依托粤港澳、面向全世界”的市场定位，开展海外业务，跟踪马达加斯加内燃动车组、迪拜低地板车项目，编制技术方案及初期报价。与浦镇公司签订《珠三角CRH6城际动车组项目—制造技术平移协议》，成立技术平移专职小组，并联合完善技术平移实施方案，推进技术平移工作。

【南京浦镇海泰制动设备有限公司】 2005年8月注册成立，注册资本3000万元，公司股东为浦镇公司、戚墅堰所、常州昕开投资有限公司、常州多维电器有限公司，国有股份占51%，私营股份49%。主要从事铁路客车制动系统及铁路配件设计、制造、修理、销售、租赁和相关服务。

强化质量管理，开展工位达标建设和安全质量防控体系建设工作，明确产品实现过程需要采取的防护措施，提高产品安全质量可靠性。开展大检查大整治质量专项活动，对质量管理体系运行及产品质量控制情况进行全面检查，全年未发生因产品问题造成的铁路交通一般D类、C类及以上行车事故。

加大科技研发力度，全年开展研发项目24项，研发投入2383.8万元，占销售收入3.17%。动车关键技术研发主要完成BCU研制、系统集成设计及部件的工作图设计等国产化工作，地铁关键技术制动控制器和风源系统等研发取得突破。结合中国南车平台建设要求，完成仿真平台一、二期建设和验收工作。全年申请专利16件，其中13件实用新型专利，3件发明专利。

加强与四方股份公司沟通，争取到CRH380A项目的追加订单，增购至100列。成立CRH6时速200公里项目组，推进执行CRH6型城际动车项目的技术交流和商务对接工作。实施售后服务站点区域化建设，由专人负责协调各站点工作，强化与顾客的联系沟通，顾客满意度达到98.235%。同时，新增17名售后服务人员，确保新增站点售后服务工作的开展。

全面推进精益管理，在生产上向自动化方向推进，设计自动化产线6条，自动化设备实验与生产设备8台，有效提高生产效率，降低工人的劳动强度。在产品上全新设计物料的定制与防护容器，切实保障产品质量。持续完善体系建设，顺利获得测量管理体系AAA认证、EN 15085认证、环境管理体系认证和职业健康安全管理体系认证。

【杭州南车城市轨道交通车辆有限公司】 2011年3月5日,召开创立大会，15日召开首届股东会，成立董事会和监事会，审议通过公司《章程》和相关议事制度，选举产生主要高管，批准2011年重点工作计划。2011年3月22日注册成立并举行揭牌仪式，注册资本3亿元,浦镇公司占注册资本51%，浙江省经济建设投资有限公司占注册资本49%。主要经营城市轨道交通车辆总装、维修、相关服务；车辆零部件研制、销售；自产产品的出口及自用产品的进口业务等。

完成厂房建设的初步规划，建成后包括表面处理厂房、调试厂房、组装厂房等，规划辅助生产设施包括降压站、牵引变电所、污水处理站等。积极开拓市场，主动地与杭州地铁集团、宁波轨道交通集团、温州铁投公司商洽，在部分关键问题上形成初步共识，同时，与绍兴、金华等地市铁路及轨道交通集团进行深入接触，并借助中国南车与温州市政府的战略合作关系，进一步提升在温州市场的参与度。多渠道开展业务，向浦镇公司上报杭州1号线车售后服务方案，争取与浦镇城轨公司开展售后服务合作。逐步完善内部管理，按照精简高效的原则，建立健全组织架构，并启动管理制度建设，下发财务审批管理办法等20个制度文件。积极推进人力资源体系建设，完成18个人力资源体系文件拟定工作。公司用友财务软件系统正式上线运行，财务核算和管理水平得到提升。严格控制内部各项成本费用支出，严把财务审批关，在物料采购、外部咨询评审服务等商务谈判中，坚持“货比三家”的原则，保证公司利益最大化。

【南京南车海达铁路服务有限公司】 2009年9月注册成立，注册资本500万元人民币，主要从事轨道交通车辆翻新、维护、备品备件供应、服务咨询及其他轨道相关服务业务。年内，与格鲁吉亚国家铁路公司签订SIV采购合同，合同总金额2082900瑞士法郎。全年营业总收入27.87万元，均为出口收入，其中几内亚售后服务236978.00元，出口马来西亚配件41759.21元。

【重要纪事】 1月25日，依据ISO17025标准建立的实验室管理体系通过中国合格评定国家认可委员会审核组评审。2月23日，阿根廷圣克鲁斯省政府代表团到公司访问。2月26日，公司被评为“2007-2010年度全国机械行业文明单位”。3月22日，杭州南车城市轨道交通车辆有限公司在杭州市萧山空港经济区揭牌。4月7日，公司获160辆阿根廷国家铁路客车订单。5月9日，中国南车精益生产培训及经验交流会在南京浦镇召开。5月，突尼斯国营铁路公司（SNCFT）代表团到公司考察突尼斯内燃动车组执行情况。6月16日，公司自主研发的深圳地铁4号线列车正式上线运营。6月30日，公司召开庆祝中国共产党建党90周年暨“七一”表彰大会。7月27日，南京3号线和10号线地铁车辆签约仪式在南京举行。8月12日，杭州地铁1号线首列车交接仪式在杭州隆重举行。9月15日，中国南车“目前市场形势下经营策略”研讨会在南京召开。10月10日，公司测量管理体系通过国家中启计量体系认证中心江苏分中心年度监督审核。10月，公司在第八届中国制造业管理国际论坛中获2011年度中国精益大奖。12月8日，港铁轨道交通有限公司深圳香港5家媒体记者到公司采访。12月21日，公司国际铁路行业标准（IRIS）体系通过法国标准协会贝尔国际验证机构认证。12月22日，上海13号线首辆全焊接车体试制完成。

【企业主要领导】

执行董事 总经理	楼齐良
副总经理	陶云南（兼） 赵大斌　王晓阳 李定南　忻　群 施青松　余　江 吕任远
财务总监	忻　群
总工程师	赵大斌（兼）
总工艺师	吕任远（兼）
党委书记	陶云南
党委副书记	楼齐良（兼） 胡耀华
纪委书记	胡耀华（兼）
工会主席 监事会主席	胡耀华（兼）
浦镇厂厂长	陶兆山

（浦镇公司　供稿）

地　址　南京高新开发区泰山园区浦珠北路68号
邮　编　210031
电　话　025-85847402、85847433
传　真　025-58604655
网　址　www.csrpz.com
电子邮箱　csrpz@csrpz.com.cn

南车眉山车辆有限公司

（工商登记营业执照编号：511400000001304）

执行董事、总经理　孟维新

党委书记　郑　平

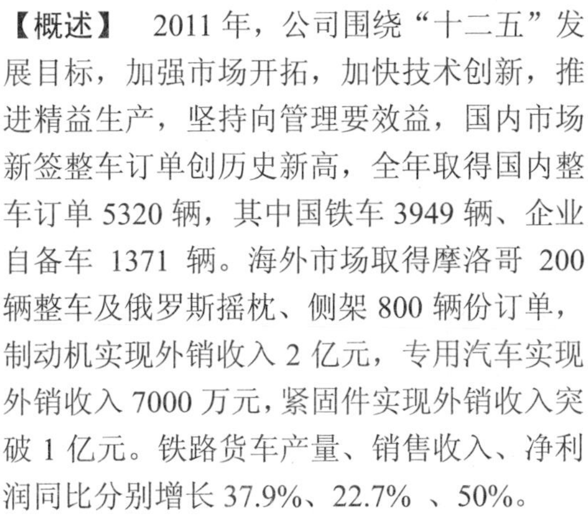

【概述】 2011年，公司围绕“十二五”发展目标，加强市场开拓，加快技术创新，推进精益生产，坚持向管理要效益，国内市场新签整车订单创历史新高，全年取得国内整车订单5320辆，其中国铁车3949辆、企业自备车1371辆。海外市场取得摩洛哥200辆整车及俄罗斯摇枕、侧架800辆份订单，制动机实现外销收入2亿元，专用汽车实现外销收入7000万元，紧固件实现外销收入突破1亿元。铁路货车产量、销售收入、净利润同比分别增长37.9%、22.7%、50%。

全年投资5077万元，实施技术改造96项，购置各类先进配套设备201台（套）。继续实施铁路重载快运货车及零部件关键技术改造和技术研发中心建设，完成风缸焊接生产线、大轴重转向架实验台及铸钢专项改造，下侧门、侧开门生产线投入应用。实施紧固件项目扩能改造。落实精益理念，针对影响质量、生产保证能力的环节制订解决措施，快速提升货车制造工艺水平，以制造工艺水平的提升带动质量、生产保证能力的提升。全年完成工艺研究和新产品工艺研发17项，其中10项投入生产应用。强化生产组织，加强异常处置，全年新造货车15个品种4917辆；在铁道部组织的三项检查中，质量保证能力审核排名第二、铸钢件行业检查排名第二。安全生产保持稳定，杜绝了重伤和死亡事故，无环境污染事故和新增职业病例，发生轻伤事故4起，轻伤4人，千人负伤率0.89，实现“三零”目标，通过安全生产标准化一级企业现场评审。

针对国家实施宏观调控及大用户迟滞付款，拓宽融资渠道，采用银行承兑、商业票据、抵账等多种无息结算方式，缓解资金压力，同时加快货款回收，保证资金链正常运转。加大预算执行力度，强化重大项目的预算管控，细化成本费用控制，实现内源增效。开展行业对规对标工作，加强指标体系的分析研究，以先进的指标统领各项经营管理工作，敞车、棚车等主产品的材料综合利用率进一步提升，存货资金占用、总资产周转率、存货周转率等运营指标持续改善。完善《成本费用节约奖惩试行办法》，调动各单位降本增效的积极性，全年节约直接材料、动力费近2000万元。围绕减少能源损耗，理顺供应机制，实施生活区及周边企业、商户供电系统改造，同时加强动能供应管理，扭转动能供应亏损局面。完善内控制度，健全风险管理机制，促进内控健全有效。实施岗位绩效工资改革，强化薪酬分配的激励作用。加强管理制度建设，清理、修订、完善各项管理制度151项，管理流程109项。

【科技创新】 推进新一代重载货车为研发，全年完成新产品研发33项，申报专利30项，获得专利授权23项。完成新型80吨级通用敞车、通用棚车方案设计和C70E型敞车配装改进型转K7型转向架设计、试制及试验，配装改进型车通过装备部技术审查，定型为C70EF型敞车。按照新铁路货车技术规范，完成自主研发C70C型焦炭车和GHB70型黄磷罐车改进设计。完成80吨级通用敞车、C70E型高边敞车技术转化、样机试制，C70E型敞车通过铁道部组织的生产质量认证并实现批量生产。利用自身研发优势研发市场产品，研制出口澳大利亚K72A-AUS型不锈矿石漏斗车，实现签约出口42辆。完成攀钢项目5种货车研制，实现销售21辆。开展大轴重货车转向架技术研制，完成27吨、32.5吨轴重副构架式转向架、转K7型转向架改进方案设计，并通过铁道部方案审查，同时完成HZ18-TZR型铸钢转向架研制以及改进型转K7转向架和27吨、32.5吨轴重副构架式转向架的样机试制。

【质量管理】 加强质量管理体系建设，完善各项质量管理考核制度，强化过程质量控制，推行标准化检查作业流程，提升计量检测软、硬件水平，主动做好售后服务。持续推进IRIS质量体系建设，修订完善体系文件，提高IRIS体系运行有效性，并通过IRIS体系审核。加强质量保证能力建设，成为铁道部组织评定的质量保证能力一级企业。推行标准化作业流程，建立标准化检查作业规范，提高产品质量检验控制的有效性，整车一次交验拒收率为1.25%，较上年下降0.55%。将公司各质量检查点划分为11个片区，推行检查技术人员分片负责制，实行一对一服务，提高检查技术服务质量和工作效率。完善规章制度，制定《质量管理考核办法》，修订质量管理业务流程3个。加强售后服务，制定技术保障应急响应措施，确保铁路货车运行安全。全年公司无质量重大、大事故发生，产品质量监督抽查合格率为100%，无批量返厂及批量质量事故。

【党群工作】 公司党委以深化“创先争优”活动为主线，以实施党建“精益双目标”管理为抓手，创新提升党建工作，加强党的基层组织建设、干部队伍建设和党风廉政建设，增强各级党组织的凝聚力、战斗力，保证企业经营目标的实现。

参与重大问题决策，贯彻落实民主集中制，建立健全党委议事规则、职工代表大会实施细则等管理制度，规范“三重一大”问题的内容、程序、责任，把民主讨论、集体决策与明确分工、落实责任制结合起来，党委的政治核心作用得到充分发挥。优化领导人员选拔任用及管理制度体系，完善领导人员的绩效和综合考核评价机制，深化“四好”领导班子创建活动。加强党风廉政建设和作风建设，坚持领导干部签订廉洁从业承诺书和廉洁自律报告，实施领导干部包保联系制度和服务基层签到制度。融入中心，构建创先争优活动长效机制，开展以“四强四好四优”为主要内容的创先争优活动，全年共评选表彰创先争优“四好”党小组77个，“四优”党员168名。实施党建“精益双目标管理”，引入“精益”和“绩效”理念，公开承诺和量化动态绩效考核目标，建立党支部、党小组、党员考核评价体系，加强基层党组织建设。开展党建课题实践和“党建创新成果评比”活动，形成43项课题实践成果。推进“堡垒工程”“阵地标杆工程”“党员先锋工程”“双培养工程”四大工程建设，夯实党建工作基础，加强思想政治工作，建立党员领导人员定期讲党课和撰写调研报告制度，开展“每年读两本管理好书、撰写两篇心得体会，坚持半月一次自学，中心组每月一次集中学习，每年写一篇调研报告”为内容的“2111”学习工程。强化形势任务教育，开展“新目标、新任务、新作为”主题形势任务教育宣讲活动。加强企业文化建设，组织品牌宣讲推广，举办“提升品牌，推动发展”品牌知识竞赛，营造出“心齐、气顺、劲足”的企业氛围。

工会按照“发展为先、员工为本、基层为重”工作原则，开展党工共建创先争优活动，全面推进“八比八创”“三关心三保证”“素质提升”“目标管理”四项精品工程。履行维护参与职能，落实职代会职权，先后召开7次职工代表团（组）长会议，审议通过《加班管理办法》等涉及员工切身利益的重大事项。坚持厂务公开，推行工资集体协商，参与公司物资采购招标。开展“建功十二五 实现开门红”专题劳动竞赛、悬赏攻关竞赛9项，促进员工建功立业、岗位成才。开展精益改善提案征集评审，共征集创意改善提案691份，有628份提案通过评审。开展“三关心三保证”工作，组织员工健康体检1326人，并安排7批次395名员工、家属参加健康休养；加大对大病员工帮扶力度，对101名符合条件的员工给予每人1万元大病救助金；两节“送温暖”走访慰问困难员工527人次，发放慰问金32万余元，其他慰问困难员工174人次，发放慰问金35.5万元。此外，为278名困难员工发放补助金9万元，为65名困难员工子女发放助学金5万元，为275名会员办理各类补偿6.61万元。

团委不断完善多层次的青年思想政治工作体系，多样化的青年品牌活动体系，多渠道的青年事务参与体系，多形式的组织建设体系。以培养和造就青年人才为着力点，开展多层次理论学习，针对不同青年群体制定个性化学习计划。开展“双岗”“青年科技创新”等活动，并创新青年网络学习家园活动，促进青年团员岗位建功成才。持续推进员工技能大赛，开展6大类10项专项主题系列活动，辅助公司青年技能人才开发。完善组织建设，修订共青团工作制度，实施基层团组织项目制。坚持目标管理考核，对“推优”工作实行动态管控。

【四川制动科技股份公司】 系眉山公司控股子公司，在册员工806人，其中技管人员131人，中高级工程技术管理人员93人，工人技师77人。占地面积80000平方米，拥有各类设备1119台，资产总额22834万元。主营业务为轨道交通装备制动产品、公路车辆制动产品及配件的研发、制造和销售。

年内，公司秉承“造一流制动装备，保铁路行车安全”宗旨，巩固和开拓国内外市场，加快新产品和专有技术延伸产品研发，推进工艺技术进步，全面实施精益生产，强化管理，降本增效，为实现生产经营目标奠定基础。

经营管理方面。将预算管理与司绩效考核相结合，细化《财务类绩效指标管理奖罚办法》，建立收入、利润、费用、成本、资金占用、运营管控等100余项财务指标考核体系，使财务预算管控延伸到管理各个环节。根据生产经营情况变化，按月编制滚动预算，按季度对预算执行情况进行分析、反馈，全年期间费用、制造费用实际支出分别较预算费用节约220万元、85万元。加强存货管理，完善存货指标体系、制度建设，资金占用从上年的765万元降至120万元。建立主产品材料消耗定额成本，实现材料节约114万元。健全价格管理管控机制，通过招标采购，降低采购成本70万元。建立生产信息反馈系统，应用ERP生产信息异常发布及查询，及时检查各项工作进程，实现生产异常闭环管理。定期分析资金占用，控制存货资金，提高存货周转率，处置账龄在1年以上的1719项呆滞物资约455万元。强化质量管理，以质量管理体系IRIS及TS16949为工作标准，从入厂到落成检查及过程控制、售后服务工作全面把关，重点在中间工序产品环节，设置终检站，确保流入下工序的产品合格。

产品研发方面。完成大轴重货车制动系统150套样机试制及单机性能试验、150辆列车静置试验。UIC标准制动系统研制完成89辆列车试验台试验用样机的试制、组装、调试。完成供东电风电制动器的样机开发，济南北车的风电制动器样机进入试验阶段。完成新一代工程车制动机的工艺设计、交大105辆列车试验台研制、大型养路机械车用系列制动缸优化设计和104分配阀提高可靠性设计研究。全年申报33项专利，获授权实用新型专利31项。

市场开拓方面。发展路内市场，全年参与相关配件招议标47次，销售120分配阀24490套，KZW-A空重车自动调整装置13954套，旋压缸18487套，防脱轨自动制动装置2249套。开拓国际、路外市场及延伸产品市场，向大连中集公司销售155辆份出口车制动配件，销售额100万元，并向长江公司、包头北创、北车济南公司等企业销售出口车制动配件。完成四川德力铁道科技公司、成都三三实业公司，眉山乾运工贸有限公司等企业螺栓达克罗表面处理，加工手制动主轴5532件，汽车发动机缸体销售13762台，收入543万元，销售滑阀圆盘研磨机4台，机器人清洗机2台。

【重要纪事】2月17日，公司自主研发的转K7型转向架改进设计方案和27吨、32.5吨大轴重货车转向架设计方案通过铁道部技术审查。6月18日，公司灾后重建项目同升苑二期员工住宅小区落成。6月20日，公司试制的C_{70EF}型敞车通过铁道部生产质量认证。8月5日，公司通过EN15085焊接企业认证。11月14日，四川省委书记刘奇葆到下属四川制动科技公司视察。

【企业主要领导】

执行董事 总经理	孟维新
副总经理	郑　平（兼） 雷自原　孟庆远 吴岱滨 肖　颖（4月任） 潘树平（4月任）
总工程师	肖　颖（兼，4月免） 潘树平（兼，4月任）
财务总监	吴岱滨（兼）
党委书记	郑　平
党委副书记	孟维新（兼） 王志强
纪委书记	王志强（兼）
工会主席	王志强（兼）
眉山厂厂长	王云东

（眉山公司　供稿）

地　　址　四川眉山市东坡区崇仁镇
邮　　编　620032
电　　话　0833-8502013
传　　真　0833-8502046
电子信箱　cb@msrsco.com

南车成都机车车辆有限公司

（工商登记营业执照编号：510100000083143）

执行董事、总经理　赵晓谦

党委书记　曾继宗

【概述】　2011 年，成都公司建立较为完善的全面预算指标体系，使预算管理向“全额、全员、全过程”覆盖与渗透。加强降本增效工作，细化指标，确保年度总体目标的分解落实。深化现金流管理，加强资金统筹力度，确保运营顺畅。推进会计内控制度建设，制定完善《会计基础工作管理办法》《财务报告管理规定》等 9 项制度。加强库存管理，公司总资产周转率为 1.02 次，同比提高 10.87%。实施风险管理，共查出问题 20 项，制订改进措施 30 项，整改关闭 28 项。不断优化体系管理，质量\环境\职业健康安全\测量管理体系通过认证公司年度监督审核。加强信息化管理，实施电机 ERP 二期项目、文档加密项目建设，并开发设计 e-HR 系统，该系统测评成绩在中国南车排名第一。持续强化人才队伍建设，开展各岗位选拔 82 人/次，全年投入培训经费 188.1 万元，开设培训班 335 个，培训达 1693 学时。开展以 KKPI、GS 为基础的考核考评，实施“薪酬包”，健全岗位绩效薪酬体系审核管理办法。

全面推进精益生产，先后建成 9 条精益生产示范线，均运行良好，新增客车总组装示范线为中国南车二星级精益生产示范线。4S 达标区域 143 个，达标率为 102.1%，491 台生活设备达标，达标率为 103.6%，以上两项均超额完成任务。各生产单位以精益理念为先导，以均衡化生产为目标，以疏通生产瓶颈为重点，狠抓产品实物质量和生产计划兑现率。全年完成机车修理 226 台，其中内燃机车 141 台、电力机车 85 台。完成客车修理 717 台，制造各类电机 3295 台。

【市场营销】加强营销队伍建设和大客户管理，强化市场营销。在稳定和发展国铁市场的同时，扩大地方铁路机、客市场份额，开展了客车轮对、DC600V 电源装置等大部件检修，石油电机实现自主品牌销售。与四方股份公司签订《成都地铁售后服务合作协议》，地铁售后服务项目第一阶段前期准备工作全部完成。积极拓展海外市场，跟进新造主机公司海外市场营销，巩固出口电机市场，抓好中国南车出口沙特、伊朗、澳大利亚机车配套电机营销。完善售后服务体系，以客户为中心，采取分片责任，驻点服务模式，推行标准化、程序化服务流程，通过优质服务提升企业信誉。铁道部大修机车综合评价，成都公司售后服务评价得分位列第一名。年内，签订机车大修、中修合同4.67亿元，市场占有率为13.6%。签订客车大修合同3.39亿元，市场占有率为14.77%，国铁市场份额首次达到业内第一。签订电机合同2.21亿元，国贸市场占有率为52%，地方铁路市场占有率为43%。

【基建与技改】 全年累计完成技改投资2991万元，新增设备仪器69台/套。完成7200KW交流传动电力机车（HX_D1C）牵引电机平移项目技术改造，总投资为891万元，年内投资491万元，新增设备仪器15台/套，并对嵌线清洁度厂房进行改造，形成年产150台份HX_D1C牵引电机的制造能力。实施机车转向架技改项目和客车解体线建设项目，年内投资分别为463万元、393万元。

【科技创新】 完成DF_{8B}型机车中修、DF_5型机车中修、SS_{4G}型机车中修、DF_5型机车改大修产品的开发，取得铁道部SS_{7E}机车资质并具备批量生产能力。完成资阳公司出口土库曼斯坦机车 ZD109-TK 型、ZQDR410-TK型直流牵引电机，出口澳大利亚机车CDJF201L型主发电机、ZQF405A型直流启动发电机，出口乌兹别克斯坦机车（八轴大牵引力）CDJF208E 型主发电机开发试制。完成戚机公司出口沙特机车CDJF208A1型主发电机、CDJD401型散热器冷却风扇电机等产品开发试制。组织实施4400马力大功率交流传动内燃机车配套电机的自主创新，开展CDJF212型主发电机、CDJD113型交流牵引电机、CDJD402型散热器冷却风扇电机的设计开发工作。完成红柠地方铁路内燃机车无刷励磁JF204DG型主发电机、CDJD105型石油钻井交流电机的开发试制。

【质量管理】 坚持“夯基础、抓‘八防’、保安全”质量工作总体思路，全面开展公司质量管理工作。成立质量管理部，明确质量体系运行和质量责任追究考核主体。建立完善IRIS质量管理体系文件，强化资源管理和采购、外包、产品设计与开发以及产品实现过程的质量控制。完善“八防”质量控制项点及领导包保管理，不断优化质量安全防控体系，质量安全项点的控制进一步加强。对关键部件及关键工序进行模拟CRCC检查，并开展各类质量专项检查及整改，产品质量保证能力得到提高。开展安全质量大检查，发现问题205项，制订整改措施313项，整改关闭310项。推行QC攻关，持续改善惯性问题。全年机车业务一般D类事故9件，同比降低57.1%，重大部件破损事故下降7.9%。电机业务用户满意度提升4.5个百分点，客车厂外平均责任故障件数降低15%。

【党群工作】 党委注重抓好中心组学习及干部理论学习，推进领导班子建设和管理工作科学化，将“四好”领导班子创建活动与争创“四强”党组织活动相结合，完善领导班子创建及综合考核评价体系，增强领导班子整体功能与合力。组织中层领导后备干部选拔，结合中国南车万名核心人才队伍建设工程，加强核心人才队伍培养与建设。深入开展创先争优活动，制定《南车成都机车车辆有限公司基层党组织、共产党员岗位公开承诺评价实施细则》，对各级组织公开承诺事项进行细化、量化，并对践诺情况进行季度督查，强化过程落实。推进党建创新活动，完成党建活动创新课题申报41项。完善导视系统建设，全面实施VI标准，把握重点加强外宣，稳步推进品牌建设。深入开展党风廉政和反腐倡廉建设，完善制度，分解目标、落实责任，健全党组织参与重大问题决策领导体制。持续深化党风廉政和反腐倡廉教育，倡导廉洁文化，增强拒腐防变能力。加强工资分配、价格管理等效能监察，实施招投标、合同管理、小金库治理等专项监察。

工会全面推进“八比八创”精品工程，大力开展建功立业劳动竞赛和群众性经济技术创新活动。组织公司创意提案活动，全年征集创意提案 2408 条，人均提案 0.84 件，员工参与率 83.04%，创造效益 237.87 万余元。针对生产经营的重点、难点，开展“奋战两个月，确保‘双过半’”主题劳动竞赛等系列活动。贯彻依靠方针，有效落实以职代会为基本形式的企业民主管理制度。修订下发《厂务公开控制程序》，不断完善厂务公开制度。健全完善帮扶维权机制，拓宽救助渠道，修改员工互助合作基金会章程，组织员工参加成都市总工会职工医疗互助保障计划。全年为员工提供“三关心三保证”各项救助 687 人次，总支出 40.7 万元。筹集资金 92.55 万元用于送温暖活动，对困难员工、职业矽肺病人、孤独老人等进行慰问。关爱员工健康，组织 1177 名员工进行体检。

团委成功组织召开公司第一次团代会，选举产生第一届委员会委员 5 名。以推进精益生产、精细管理为重点，开展“确保‘双过半’，青年做贡献”“我的青春.我做主”“我为节能减排做贡献”等多种主题活动，并组织 “按规矩办事，强化执行力，践行‘质量=生命’理念”演讲比赛。坚持党建带团建，加强团的自身建设。

【CDJF208A1 型主发电机开发】 4 月 29 日，公司专为戚墅堰公司出口沙特内燃机车而设计开发的 CDJF208A1 主发电机通过型式试验。该电机为卧式单轴承（单轴伸、单支撑）结构的三相无刷励磁凸极同步发电机，在轴伸端装有 E32626QTY 单列圆柱滚子轴承，轴伸为 1:10 锥度，用于辅助传动，另一端通过弹性连轴器与柴油机连接。电机为防护式轴向自通风，冷却风由端盖的进风口进入，由（靠柴油机端的）机座周向排风口排出。该电机在设计过程中充分考虑到沙特特有的地理环境，确保电机能在高粉尘，沙土及含有高盐雾气体的环境中良好运行。

【成都南车通力铁道车辆有限责任公司】 2002 年 1 月注册成立，注册资本 1905 万元人民币，当时属国有控股企业，股本结构为成都厂占总投资额 53.07%，集体股占 16.17%，自然人股占 30.76%。主要经营范围是机车、客车、特种车及零配件，一、二类压力容器，锅炉，铆焊结构件以及环保设备制造、加工、安装、修理。2007 年 10 月，集体股权及 23 名自然人股东将各自持有的公司股权全部转让给公司法人股东成都厂，公司类型变更为法人独资的一人有限责任公司。2011 年，公司固定资产为 8082471.42 元，设备台数为 531 台，在岗员工人数为 847 人。主要经营范围增加“设备租赁、自有房屋出租”业务。

年内，公司加强降本增效工作，将成本管理覆盖到经营业务各个环节。以精益为理念，科学组织生产，通过划分工位、设立 2.5 小时生产节拍、推行“一个流”拉动式生产等措施，基本实现均衡生产。客车总组装示范线获得“中国南车二星级精益生产示范线”称号。全年检修各型客车 717 辆，客车在修周期 22.32 天，同比缩短 1.08 天；实现营业收入 3.65 亿，同比增长 23.26%；实现净利润 1220.82 万元，同比增长 19.26%；人均收入 4.1 万元，同比增长 12.2%。各项指标均创历史最好水平。

加强市场营销，在国铁客修数量稳步增长的同时，大力开拓地方铁路、邮政车厂修市场及大部件修理市场。全年签订 666 辆客车厂修合同，其中国铁 550 辆，市场占有率达 14.77%（含第三标追加的 105 辆厂修客车），合同总金额为 27598.42 万元；地方铁路 79 辆，合同总金额为 4676.49 万元；改造车 24 辆；邮政 13 辆，合同总金额为 741.71 万元。此外，签订轮对新造、大修 683 条，合同总金额为 969.533 万元。

加大新品开发力度，推进蒙诺格真空集便器开发、检修工作，完成试修方案、工艺文件、技术标准的编制。开展客车轮对段修试修及新组装工作，完成西安局、呼局包段、成局贵段段修轮对试修方案、工艺文件、技术标准的制定，“轮对段修”和“轮对轴箱装置段修” 分别通过成都公司首件评审，形成批量生产能力。完成移动宿营列车多功能上水系统、客车轮对轴箱前盖上电子防滑器安装孔堵头设计、206G 转向架电机吊架补强等 28 项专利申报，其中发明专利 5 项。

基建与技改方面，解体精益线新建，先后完成四个解体台位、小管检修、防寒材检修、玻璃检修、墙板清洗厂房建设，投入使用。同时，完成西山坡土方工程、西山坡新铺铁路线安装、解体精益线解体棚建设、解体线挡土墙工程、机车油漆房至焊接基础道路施工等项目。全年技术改造总投资 643.7 万元，新增设备 28 台/套。

【重要纪事】 1 月 28 日，公司一届四次职工代表大会召开。2 月 27 日，JD160A（7200kW）型样机通过型式试验。5 月 17 日，成都公司第一次团代会召开。6 月 22 日，在成都铁路局 SS_4 型电力机车中修招标会上，公司首次中标 2 台，成功挤进 SS_4 型电力机车中修领域。6 月，公司首批次 3 台 GEB30 电机机座样件全面通过 GE 公司位于墨西哥 MTY 工厂的最终装配测试，同时，GE 方向公司发出第一批 25 台机座订单。8 月 28 日，CDJF208E 无刷励磁主辅发电机通过型式试验。10 月 21 日，四方股份公司、成都公司与成都工业投资集团有限公司三方在西博会上签署《关于设立成都南车轨道车辆有限公司合作框架协议》。11 月 29 日－12 月 1 日，公司管理体系通过方圆标志认证集团有限公司对 GB/T19001、GB/T24001、GB/T28001 标准的认证。12 月 15 日，公司大修的 SS_7 型电力机车在兰州局质量评价中名列第一。12 月 22 日，公司首次以自主品牌与宝鸡石油机械制造有限责任公司签订一套石油电机销售合同。

【企业主要领导】

执行董事 总经理	赵晓谦
副总经理	曾继宗（兼） 危　勇　杨　明 杨　松　蔡德权
财务总监	危　勇（兼）
总工程师	胡　彬
党委书记	曾继宗
党委副书记	赵晓谦（兼） 曾得江
纪委书记	曾得江（兼）
工会主席	曾得江（兼）
成都厂厂长	曾得江（兼）

（成都公司　供稿）

地　址　成都市二仙桥北路 31 号
邮　编　610057
电　话　028—84113424
　　　　061—48222（路电）
传　真　028—84128984
电子信箱　cdc@cdjcc.com

南车洛阳机车有限公司

（工商登记营业执照编号：410300110053423）

执行董事、总经理　王官成

党委书记　高　亢

【概述】　2011年，洛阳公司启动并实施纵向一体化，实现对公司领导管控、管理团队和组织结构的优化。完成公司“十二五”发展规划编制，明确公司“十二五”发展目标。积极开展管理创新活动，“基于造修一体化思想的和谐型电力机车二年检平台建设”获得中国南车第四届企业管理创新二等奖。规范月度生产经营计划的制定，实现财务预算与生产经营计划无缝衔接。强化生产经营计划执行的权威性与严肃性，确保生产经营、管理活动有序进行。开展“ACCS2011：融冰行动”，提升各职能系统工作策划能力，调动全员参与到公司事务中来，培育战略引领下的“动力分散型”管理决策机制。强化项目制管理，丰富目标管控体系，通过“春雷行动计划”“四大工程30个重点项目”的实施，有效促进各项重点工作的落实。按照中国南车要求，强化内控机制建设和审计职能，深入开展“三重一大”制度建设监督检查，重点对物资采购、工程建设、设备采购等项目进行效能监察，有效降低防范风险，促进管理效能提高。

面对市场投放机车数量减少局面，转观念、变机制，不断巩固和开发业务市场，年内国铁市场承揽机车检修331台，市场占有率为24.1%，同行业排名第一。同时，积极拓展地方铁路机车检修市场，新开发地方铁路市场客户17家，地方铁路机车承揽148台，同比增加29台，有效弥补国铁机车市场的不足。和谐号机车检修方面，HXD1型机车二年检市场实现重大突破，全年承揽HXD1型机车二年检60台，在此基础上，与武汉局和成都局合作，拓展HXD1B型和HXD1C型机车二年检市场。工程机械整机及关键大部件制造方面，承揽广州地铁轨检车和朔黄综合检测车，同时，与南车时代宝工形成转向架配套，全年承揽工程机械转向架53台套，并与金鹰公司实现合作模式的转变，业务有较大幅度增长。全年洛阳公司完成机车检修538台，其中大修内电机车395台，大修电力机车55台，中修机车88台。实现销售收入15.2亿元，净利润3061万元。

【人力资源管理】 强化中层领导班子建设，结合纵向一体化项目实施，对中层管理岗位实行重新聘任，不断补充新鲜血液，一批富有朝气、具有现代管理理念、掌握现代管理工具的80后技术、管理骨干走上中层管理岗位，占中层以上管理团队的比例达 13.6%。按照“工作有标准、管理全覆盖、考核无盲区、奖惩有依据”原则，实施以岗位绩效工资制为基础的薪酬分配制度，有效调动员工积极性。充分利用中国南车资源开展员工培训活动，选拔18名中层管理者及骨干人员赴株机公司进行为期半年的随岗培训，选拔21名新入职的大学毕业生参与和谐机车联合运营服务，组织赴株机公司、湖东机务段进行理论和实践学习，为公司开展和谐系列机车检修储备力量。

【技术进步】 既有机车检修方面，完成 GKD_{3B} 型和 SS_{4G} 型网络机车试修、神朔 SS4G 型万吨牵引系统改造；按照“洛电襄内”的产品结构格局，分公司完成 DF_{7G} 型、DF_{12} 型、DF_{4DD} 型、DF_{7} 型、DF_{7B} 型、DF_{5C} 型、DF_{10D} 型等车型的平移和技术筹备，并实现 DF_{7G} 型机车首台试修。和谐号机车检修方面，完成 $HX_{D}1$ 型机车试修及批量检修、$HX_{D}1B$ 型机车二年检试修、DJ1 型机车换轮修及 T2 检，并完成 $HX_{D}1C$ 型试修技术筹备。工程机械整机及关键大部件制造方面，完成广州地铁轨检车研制，并联合北京启帆公司开展朔黄综合检测车研制；进行铁路架桥机组车辆维修技术研究，并开展铁路架桥机组车辆维修工作；完成与南车时代宝工配套的转向架的工艺平台建设，分公司完成转向架、轨道车大修、工程车轮对等多项产品拓展。全面平移和谐型电力机车制造平台，在和谐号机车二年检中实施工序化检修和标准化作业，分公司在 DF_{8B} 机车检修、金鹰公司转向架组成和工程车制造中实施工序化检修和标准化作业，均取得较好成效。

【质量管理】 根据铁道部电视电话会议和中国南车文件精神，结合 SS_{8} 机车齿轮销移位的质量事故和铁道部大修机车走行部质量现场会要求，以“工艺在执行、质控在进行、体系在运行”为主题，在全公司广泛开展产品质量“大反思、大检查、大整改”活动。切实推行检查员交班制度，合理编制检验作业指导书，实施“八防项点”和“四不放过”专项整治活动，不断强化质量过程控制和质量改进。和谐型电力机车二年检增加机车静态预检和机能试验，将质量管控体系前移，实现质量管控全工序覆盖，并通过以“转序零缺陷、交验零回修、整备零反馈”为核心内容的“三零榜”实施，提高检修过程的可控性。开展直供电机车、机车走行部、机车线路等关键和重点产品专项检查，有效提升产品可靠性。发挥驻厂验收室监督作用，以“八防工序”为主线，以质量控制为重点，厂验联合开展“三对三查”活动，促进质量管理水平提升。积极开展 QC 活动，获得部级优秀 QC 小组 1 个，获得中国南车级优秀 QC 小组 4 个。启动 IRIS 标准贯标认证工作，完成程序文件的初稿编制。全年机车一般 D21 及以上事故 3 件，同比减少 1 件。和谐号机车检修实现百万公里无机破。

【党群工作】 公司党委深入学习和贯彻党的十七届六中全会精神，认真贯彻落实科学发展观，坚持“三心一确保”的工作思路，不断加强和改进党建和思想政治工作，为推进发展规划落实，加速企业转型及产业布局调整，实现企业精益发展，提供坚强思想和组织保证。加强领导班子建设，增强引领企业科学发展能力。强化理论学习，把握企业发展大局。坚持中心组学习，拓宽视野，达成共识，促进决策层目标明确和意志统一。开展发展规划研讨，深入分析面临的严峻形势和发展机遇，探求企业发展方向，明晰企业发展方向和目标。结合创先争优活动，围绕精益管理、质量提升和人才育成，开展“先锋先行”创先争优主题实践活动，增力公司发展。组织和谐号机车批量检修专题宣传，促进新业务发展。开展质量安全“大反思”、“大检查”、“大整改”主题教育活动、夯实基础管理等专题活动。召开公司第一次党员代表大会，对过去几年的工作进行系统回顾和总结，对公司今后工作及目标提出系统安排。结合“ACCS2011：融冰行动”开展，系统谋划2012年党群工作，提高党建整体工作能力，并在工作过程中，主动创新尝试，确保工作充满活力。

【重要纪事】 1月16日，2011年工作会议暨一届一次职代会召开。1月28日，首台HXD1型0049号电力机车二年检竣工。3月6日，和谐型电力机车驻洛阳机务段联合运营服务站成立。3月9日，国际铁路行业标准认证启动大会召开。4月21日，中国南车在洛阳召开“创先争优”活动推进交流会。4月28日，召开庆祝“五一”表彰大会。6月16日，中国南车宣传工作研讨会在洛阳公司襄樊分公司召开。6月30日，召开纪念建党90周年暨“七一”表彰大会。7月8日，铁道部机车大修走行部质量现场会在洛阳召开。7月13日，2011年度上半年经营活动分析会暨一届二次职代会召开。9月22日，铁道部和谐机车二年检工作会议在洛阳召开。11月17日，河南省省长郭庚茂到公司考察。11月22日，张素丽技能大师工作室被评为全国首批50个技能大师工作室。11月26日，纵向一体化启动大会召开。12月2日，洛阳公司第一次党代会召开。中国南车党委副书记、纪委书记、工会主席陈大洋，中共洛阳市委常委、组织部部长李少敏出席大会，会议选举产生中共洛阳公司新一届委员会和纪律检查委员会。12月24日，公司开展“ACCS2011：融冰行动”会话活动。

【企业主要领导】

执行董事 总经理	王宫成
副总经理	高　亢（兼） 黄建东　王　淼 王永和　杜志品 李　涛
财务总监	黄建东（兼）
总工程师	陈东平
党委书记	高　亢
党委副书记	王宫成（兼） 邱立成
纪委书记	邱立成（兼）
工会主席	邱立成（兼）
洛阳厂厂长	邱立成（兼）

（洛阳公司　供稿）

地　址　河南省洛阳市启明东路2号
邮　编　471002
电　话　0379－62635310
传　真　0379－63570296
网　址　http://www.lylw.com
电子信箱　bgsh@lylw.com.cn

南车二七车辆有限公司

（工商登记营业执照编号：1101066010299723）

执行董事、总经理　史硕致

党委书记　饶　庶

【概述】　2011年，公司新造货车4119辆，检修货车2322辆，生产货车配件13万套（件）。营业收入增长率21.8%，利润总额增长率14%。

不断完善各项管理。以月度滚动预算为控制手段，细化管控项目，提升预算执行力与管控水平。积极应对货币紧缩及用户迟滞付款的不利形势，合理筹划资金，以基准利率融资3.6亿元，缓解资金紧张压力。开展税收筹划，实现财务创造价值，税收减免480万元。深化风险控制，落实“三重一大”决策程序，健全重大事项、合同等审核流程，同时，外聘法律顾问，建立总法律顾问制度，推动风险管理融入公司重大经营活动。加强物资管理，降低采购成本。深化ERP应用，完成合同管理、精益班组管理看板、TFDS和加密系统等实施工作。推进组织架构和业务整合，完成物流、机加工业务重组，优化企业资源配置。推进车间三室达标活动，明确工作规范与标准，提升管理执行力。深入开展精益生产，围绕品质、效率、效益提升，加强精益生产示范区（线）建设，突出“工位制节拍化生产”等工具的应用效果，逐步由精益现场向精益管理转变，精益管理推行成果获第26届北京市企业管理现代化创新成果一等奖，备件车间“备件制作生产区”获中国南车二星级精益生产示范区称号。投资2500余万元，实施厂区环境治理和目视化效果改造。全面贯彻南车17项工艺管理标准，将标准中要求的执行表单全部转化，并固化成执行模板。通过工艺调整，SQ_6型车达到单班日产4台能力，NX_{70A}型、C_{70}型、X_{70}型等车辆产品并行生产创单班日产23台新纪录。开展焊接质量对规、探伤、制动、钩缓、轮轴等专项检查活动，编制可视化工艺文件，建立铁路货车产品不合格数据库，工艺管理水平有效提升。

按照“一业为主、多元发展”的“1+X”战略模式，注重新产业发展顶层设计，强化领导负责机制，组建新产业部，配齐补强各项资源，积极寻找项目信息，推动新产业项目调研、论证和落地实施，各关联多元产品有序推进。轨道装备大部件制造（丰华实）中心、机械加工（隆长泰）中心、橡塑产品制造（隆轩）中心、物流（二七储运）中心完成重组整合，步入发展轨道。成立北京诺安舟应急缓降装置有限公司，开启新产业实施序幕，传感器、压力罐车制造、长纤维复合材料、再制造技术等项目按计划推进。

【市场营销】 积极应对货车市场的新需求、新变化，加大市场开拓力度，全年签订新造车合同 4396 辆，检修车合同 2554 辆，其中自备车市场订单达 930 辆。针对配件市场转向开放、自由竞争的情况，不断提升竞争与服务意识，配件自销大幅增长，实现销售收入 1.4 亿元。主动参与多项国际铁路项目竞标，持续跟踪泰铁车项目与海外建厂。开拓延伸产品市场，卷钢座架、JC 旁承检测机和散堆箱等产品实现销售收入 5384 万元。引入售后服务规范化、统一化、程序化管理，制定售后服务人员业绩与个人薪酬联动机制，完善全国范围内的售后服务通讯网络平台，有效推进售后服务工作的开展。

【人力资源管理】 举办中层团队 IRIS 体系、财务知识等培训，拓宽管理思路与视野。强化员工培训，全年完成一级培训班 98 期，培训 3183 人次；组织开办二级培训班 135 期，培训 6185 人次。完成一体化、系统化、规范化薪酬制度改革，构建包括岗位绩效工资制、计件工资制、年薪制、项目工资制、营销工资制等为主的企业薪酬体系。完善绩效管理，持续提升组织和个人绩效。规范用工形式，优化结构，规避风险，实现人力资源在企业内部的优化配置。推进自控型班组建设，完善班组长津贴制度。积极吸纳社会人才，为公司发展积蓄力量。全面应用 e-HR 系统，提高人力资源信息化管理水平。

【科技创新】 加快科技创新步伐，持续优化、重点提升三大技术平台建设。完成 80 吨级共用平车设计与样机试制，设计方案在铁道部组织的 80 吨级铁路货车各种车型所有设计方案比选中排名第二。开展载重 92 吨单层集装箱专用车、关节式双层运输汽车专用车组、变层式运输汽车专用车、快捷集装箱运输车、时速 160 公里货车转向架等重点产品研制，取得阶段性成果。此外，开展了系列转向架和缓冲器研制，公司研制的可拆卸式卷钢座架、载重 62 吨改进型散堆箱等产品获得良好经济与社会效益。全年申报 94 项专利项目。X_{6K} 型专用集装箱车、NX_{70} 型共用车分获年度中国铁道学会科学技术二等奖和三等奖。NX_{70A} 型共用车获北京市“金桥工程”项目一等奖。公司通过北京市高新技术企业复评认定，并被评为丰台区专利试点合格企业。

【质量管理】 推进质量管理体系建设，IRIS 管理体系以 70%的得分率高分通过认证审核，并顺利通过 EN15085 焊接体系复评。铁道部组织的铁路货车造修企业质量保证能力审核评价，公司获评一级企业。TFDS 系统正式上线运行，并建立起铁路货车质量缺陷库、产品质量信息库。开展货车“质量年”活动，吸取“7.23”铁路交通事故教训，按照铁道部、中国南车要求，开展系列、专项质量安全大检查活动，实施问题清单化管理。践行“零缺陷管理、商品化交验”理念，强化“八防”教育，开展岗位练兵技术比武、“三不”承诺及质检人员岗位交流等活动。

【党群工作】 党委坚持“融入中心谋发展，有效切入争一流，全面深化重实效，着眼全局促和谐”的工作要求，以“凝聚力工程”为主要载体，深入开展创先争优活动。以企业文化建设为重点，创新和改进党建工作。开展“四好”领导班子创建，着力打造能担当企业发展重任的领导干部队伍。开展“四强、四优”为主题的争创活动，力争造就一批“政治引领力强、推动发展力强、改革创新力强、凝聚保障力强”的党组织，培养众多“政治素质优、岗位技能优、工作业绩优、群众评价优”的优秀共产党员。各级党组织紧扣“凝聚力工程”的总体目标，以创业工程、形象工程、先锋工程、文化工程、素质工程等“五大工程”为工作要求，定课题、立项目、攻难关、解难题，全年党建立项目42项、课题181个，均按照“选题要调研，立项要审批，实施有举措，过程要控制，评价有标准，结果要考核，成果要发布”的要求组织实施。开展争创“党员先锋岗”和“红旗责任区”活动，做到“关键岗位有党员，关键项目有表率”，进一步增强党员的作用力、影响力。将“品牌贡献率考核指标”和“提升公司形象，创建企业文化”纳入公司经营计划体系考核指标，并结合“全面提升目视化效果，倾力打造中国南车在北京的窗口企业”目标，深化VI应用，切实推进中国南车品牌建设。制定《构建惩防体系2011～2012年工作规划制度建设分解任务表》，明确年度惩防体系制度建设分解任务的具体目标，把构建惩防体系纳入创建“四好”领导班子和党支部工作竞赛考核，定期召开构建惩防体系工作小组会议研究工作进展和落实情况，确保惩防体系构建工作有序推进。采取多种形式提高党风廉政教育效果，组织收看反腐倡廉教育片27场，收看人数897人。开展“非公司招标物资配件采购”“物资配件采购价格”“三重一大”“能源管理”和“制度体系建设及执行力”等项效能监察工作，对检查中发现的问题及时纠正。开展“两节”和“七一”期间慰问老党员和困难党员工作，全年向54名党员送去29400元慰问金。

工会围绕中心，全面推进“八比八创”精品工程。结合生产经营特点，开展形式多样的竞赛活动。完善救助机制，规范操作管理，加大救助力度，切实做好困难员工帮扶工作。组织开展质量、工艺专题报告评选及交流活动，共征集报告204篇。开展先进操作法征集活动，评选出公司级先进操作法2项、车间级先进操作法13项。组织年度精益生产改善提案活动，评选优秀组织单位和“改善明星”个人。修订《优秀技师评选办法》，组织公司“十佳”技师评选、表彰工作。

各级团组织坚持从青年人力资源开发入手，以提高青年员工职业技能为目标，继续深入组织开展了拜师学技、青年文明岗和青年岗位能手评选、青年安全生产示范岗创建等活动。积极动员广大团员青年投身创新创效实践，通过开展“拜师学技”活动，营造尊师重教、崇尚技能、岗位成才的氛围，为公司培养造就一批优秀技能人才。

【北京丰华实机械有限公司】 2001年8月成立，为中外合资企业，现有职工168人。主要从事铁路车辆配件的生产和服务。公司具备年生产转K2型转向架交叉杆组成6万辆份、L-B型组合式制动梁3万辆份、120防护罩2万辆份能力。

年内，公司以安全标准化建设为切入点，投资500多万元对生产现场、环境进行集中改造，改善现场作业环境。公司试制的120阀防护罩通过二七公司级鉴定，投入批量生产。全年生产销售转K6交叉杆17915辆份，制动梁7311辆份，8G交叉杆7431辆份，货车防脱轨装置1159台，SQ_6大、小侧墙375辆份，C_{70E}侧墙213辆份，NX_{70A}侧梁719辆份，X_{70}枕横梁199辆份。

【北京隆长泰工程机械有限公司】 1994年7月成立，占地面积约7000平方米，拥有大中型冲剪铣加工中心等设备120余台，轴承清洗流水线2条。主要从事铁路机车车辆配件、轴承辅件、金属冲压件等机电产品的制造。具备年生产密封罩30万件、前盖后挡4.2万套、TZD脱轨自动制动装置2万套、缓冲器2.5万套能力。2005年，成立控股合资企业北京隆轩橡塑有限公司，主要产品有铁路车辆轴承用工程塑料保持架、塑钢隔圈、注塑心盘磨耗盘、磨耗板等。

年内，二七公司进行机加工整合，公司员工人数增加到190人。投入400多万元对生产车间及办公室进行改造装修，为员工创造良好工作环境，提高公司对外形象。全年生产密封罩184464件，前盖后档33310套、缓冲器2092套，实现年度各项目标。

公司通过质量体系认证，获北京市工业企业安全生产标准化“达标企业”称号，被评为北京市丰台区“优秀工业企业”。

【北京二七储运公司】 2011年5月1日成立，注册资金1850万元，为全资子公司。现有员工150余人，拥有仓库面积34000平方米，硬件设施配置齐全。主营业务为仓储、运输、配送、装卸、采购，兼营其它商业储存、配送、运输业务。

2011年，公司完成物料配送任务8.6万余次，物料收发作业频次19万余次，出入库吞吐量63万余吨。圆满完成各项经营目标，未发生大及重大工伤事故，未发生因物资供应不及时影响生产投诉现象。

【重要纪事】 1月26日，公司一届五次职代会暨公司工作会议召开。3月14日，下发《关于深入开展“凝聚力工程”的实施意见》，结合建党90周年和创先争优活动，全面实施以提升公司核心竞争力为目标的“凝聚力工程”。4月7日，公司与中铁联合物流股份有限公司等单位举行“第一批卷钢座架交付使用”剪彩仪式。公司研制的可拆卸式卷钢座架获专利权和唯一生产厂家制造权。5月，公司试修的X1K型集装箱专用平车通过铁道部生产质量鉴定。6月30日，公司举行七一表彰暨纪念建党90周年大型庆祝活动。8月19日，公司第一次团员代表大会召开。9月15～16日，公司建立和实施的IRIS管理体系通过第一阶段审核。11月1～4日，莱茵公司对公司IRIS管理体系进行第二阶段审核，公司以70%的评分通过现场审核。10月27日，公司X1K型车手制动机改造和加装电线防护管座方案、X_{70}型集装箱专用车装用压紧式快装管接头方案通过铁道部审查。11月8～14日，公司以953.39分通过一级安全生产标准化企业复评审核。11月21～24日，公司综合管理体系通过监督审核。

【企业主要领导】

执行董事 总经理	史硕致
副总经理	饶　庶（兼） 杜向东　杨瑞欣 戴志勇　安　卫 孙　斌
总工程师	兰　叶
党委书记	饶　庶
党委副书记	史硕致（兼） 胡朝晖
纪委书记	胡朝晖（兼）
工会主席	胡朝晖（兼）

（二七公司　供稿）

地　　址　北京市丰台区张郭庄甲1号
电　　话　010-83804071
传　　真　010-83876184
邮　　编　100072
网　　址　http://www.eqc.com.cn
电子邮箱　cb@eqc.com.cn

南车石家庄车辆有限公司

（工商登记营业执照编号：130100000081406）

执行董事、总经理　赵维宗

党委书记　王合法

【概述】 2011年，公司货车检修日产由36辆提升并稳定至43辆，提前1个月完成国铁车检修中标任务，全年检修货车11440辆，其中国铁车10997辆，异地检修210辆。货车新造产能大幅提升，代表车型C_{70E}日产达到7辆水平，全年新造货车961辆，实现销售1014辆，首次突破千辆大关。公司年度营业收入首次突破20亿元，同比增长31.5%，利润同比增长543%。

年内，公司着力推进搬迁再造，先后促成中国南车与石家庄市政府、河北省政府签署战略合作框架协议。公司整体搬迁暨中国南车石家庄产业园项目被列入河北省重点项目，新厂区开工奠基仪式的举行，拉开公司实施整体搬迁的序幕。公司作为总包方，成功在蒙古国市场签订出口合同。

【科技创新】 年内，P_{64G}型系列、X_{1K}型、C_{64H}型、NX_{70}型、大容量缓冲器等7种新车型及重大配件检修通过部级生产质量鉴定，形成批量检修能力，产品品种进一步丰富。完成TJ165型架桥机组车辆试修，通过部级生产质量鉴定。蒙古车项目设计技术方案通过中国南车评审，GDU宽轨敞车车体基本完成研制，为公司打开巴西市场奠定基础。依托信息化建设，实施数据仓库与决策支持系统开发应用，为及时分析生产经营情况提供信息支撑。完善PDM及三维设计系统，启动三大技术平台建设，促进产品研发和科技管理能力提升。全年专利申报受理39项，21项实用新型专利获得授权。

【质量安全管理】 深化制度建设，坚持召开月度质量分析会，不断增强领导干部质量危机意识和责任意识。完善考核机制、强化自检互检，推行“零缺陷”管理，营造“第一次就做正确”的理念。稳步推进零故障交检交验，注重责任追溯，进一步强化过程控制。开展多角度、多层次质量竞赛和评选，加强业务交流，切实提高员工素质。创新工作方法，实施制动组装工序检查后移至完工整备线等新措施，传递质量压力，有效保证工作质量。启动IRIS和EN15085贯标认证工作，推动管理体系升级。深化QC小组活动，8 项成果获国优、部优、省优荣誉，公司获河北省质量管理小组活动优秀企业称号。开展安全生产“四个标准化”创建并逐步推广，加强隐患排查，深化 5S 现场管理，全年安全形势稳定，实现“三零”目标。

【精益生产】 制定《提案改善管理办法》《关于公司精益供应链建设的暂行规定》《优秀操作法和绝招绝技命名管理办法（试行）》《制动组装生产线物料异常管理责任追究暂行规定》等管理制度，促进精益生产制度化、规范化。系统开展 TPM 设备润滑专项、设备微缺陷集中改善、职能办公室 5S 活动、“学典型、促改善、我行动”班组提案改善劳动活动、一线班组“3S 达标竞赛等专项管理工作，进一步深化精益生产工作。推进新造车“工位制节拍化”生产模式，有效提升产能。钢结构精益示范区推行错时节拍化生产，日产由 36 辆提升至 43 辆。在制动组装精益示范线推进准时化和自动化改善，同时深化模块化组装作业模式，并推行物料异常管理机制、零缺陷组装等措施，异常次数降低 80%，A 类缺陷同比降低 70%。C_{70} 型、C_{70E} 型敞车主要配件精益示范区，实现工位制节拍化流水线生产改善目标，生产能力比上年提高 40%，换产时间由 2 天降至 1.5 天，被中国南车评为精益生产三星级示范区。

【党群工作】 公司党委将理论学习与货车造修、新产业拓展、搬迁再造等实际工作紧密结合，系统掌握新思想、新观点，以最新理论成果武装头脑、指导实践、促进工作，全年组织党委中心组学习 46 次，二级中心组学习 45 次，检查理论学习记录 9 次，组织理论考核 2 次。以增强两级领导班子整体合力为重点，将两级“四好”领导班子创建活动内容具体化，紧密结合公司生产经营实际，形成推动领导班子建设的长效机制。严格贯彻《党风廉政建设责任制实施细则》，认真落实领导人员廉洁自律承诺、廉洁自律自查等制度。完成 18 项党风廉政制度的修订工作，并纳入党群制度汇编。加大创先争优活动检查督导力度，促进创先争优活动全面均衡开展。运用精益生产思想和工具，结合公司党建工作实际，探索开展“精益党建”工作。梳理与修订党群制度，按照“精炼”和“规范”的基本标准，编制印发《党群制度汇编》。通过政务会对“诚信，敬业，创新，超越”的企业精神和“求新，求快，求实，求优”的工作作风逐一进行宣讲，要求中层领导干部，结合本职工作撰写心得体会，并在《石车天地》上择优刊登。

工会深入推进工会工作目标管理，与各分会签订目标分解责任书，以书面形式明确目标管理内容，促进分会目标管理扎实开展。修订《厂务公开控制程序》，从规范班务公开入手，将车间（部室）、班组厂务公开纳入程序管理，形成完整的厂务公开三级网络体系。坚持树旗帜、育标杆，促进全员练兵、技术比武深入开展。组织以“激发凝聚合力，助推转型发展”为主题的文化系列活动，激发员工爱岗敬业精神。开展节日慰问困难员工和劳模等送温暖活动，全年为 1143 名困难员工、劳动模范、生产骨干、专业人才，送发慰问金、慰问品共计 51 万元，并下拨“送温暖”基金及应急救助备用金 18 万余元。

公司团委策划“我身边的好青年、好员工”选树活动，首次将故事创作、表演和人物评选三种形式结合，探索尝试选树先进榜样、弘扬优秀文化途径和载体。开展“百问百查”青年安全知识竞赛、青工焊接技能大赛，青年机械制图基础标准知识竞赛等活动，促进团员青年岗位成才。以“争做魅力团干部，打造活力团支部”为主题，举办团干部培训班，着力培养青年干部，切实发挥生力军作用。开办礼仪课堂、摄影讲座，提升青年素质，丰富。开展“青年读书月”活动，以“图书漂流”、“美文共赏”、“读书竞猜”、“读书话心得”等读书形式，吸引团员青年积极参与，有效提升综合素质。举办首届公司青年吉尼斯挑战赛，创造多项“石车吉尼斯纪录”。

【重要纪事】 1月19日，中国南车董事长、党委书记赵小刚到公司慰问困难员工。2月16日，河北省省委常委、石家庄市市委书记孙瑞彬到国祥公司调研指导工作。6月21日，中国南车石家庄产业园开工奠基仪式在石家庄装备制造基地举行。河北省委常委、石家庄市市委书记孙瑞彬，铁道部运输局副局长、装备部主任陈伯施，中国南车总裁郑昌泓，石家庄市市委常委、常务副市长栗进路，石家庄市副市长刘明轩，中国南车执行董事、副总裁唐克林，以及铁道部运输局装备部、铁道部北京区域验收办事处、石家庄市政府和栾城县政府有关领导出席奠基仪式。7月17日，公司与石家庄市装备制造基地（栾城）签订《中国南车石家庄车辆有限公司入驻石家庄市装备制造基地栾城县协议书》。9月21日，中国南车总裁郑昌泓在石家庄会见市委书记孙瑞彬，就如何加快石家庄公司的发展充分交换意见。12月30日，公司举行TQ50、TQ80型履带式起重机首台下线仪式。

【企业主要领导】

执行董事 总经理	赵维宗
副总经理	王合法（兼） 耿祥建　张建武 孙瑞林　王宏斌 陈伟京　唐绍明
总工程师	陈伟京（兼）
财务总监	唐绍明（兼）
党委书记	王合法
党委副书记	赵维宗（兼） 贾海林
纪委书记	贾海林（兼）
工会主席	贾海林（兼）
石家庄厂厂长	贾海林（兼）

（石家庄公司　供稿）

地　址　河北省石家庄市车辆厂前街125号
邮　编　050000
电　话　0311-87637642
传　真　0311-87023570
电子信箱　szgs@sjzclc.com

南车株洲电力机车研究所有限公司

（工商登记营业执照编号：430200000006791）

执行董事、总经理　丁荣军

党委书记　邓恢金

【概述】　2011年，株洲所紧扣“科技化、高效化、全局化、人本化”发展理念，围绕“资源效率、经营质量、产业规模”三大主题，实施“发展提质、平台优化、管理升级、惠民保障”四大工程，规模效益持续增长，运营状态总体安全可控，全年实现营业收入140亿元，同比增长34%，圆满完成各项经营指标。在轨道交通装备产业稳步增长的同时，路外新产业发展迅速，经营规模在株洲所整体产业体系中所占比例不断提升，销售收入近全所收入的60%。海外市场快步迈进，业务收入较上年翻了一番。

【科技创新】成立研究院，导入集成产品开发（IPD）思想及体系，强化矩阵式管理模式，研发组织实现重大变革，产业控制能力和新产业突围能力增强，技术标准、知识产权和项目质量管理三角支撑，研发基础平台不断夯实。三大平台持续优化、重点突破，向全所范围平移推广。时代新材大型交电复合材料国家地方工程研究中心成为株洲所第三个国家级创新研发平台，轨道交通领域首项由中国主导起草的国际标准在时代新材完成。技术创新多点突破，重大项目取得成果，永磁驱动控制系统顺利装车考核，基于以太网的新一代网络控制系统相关核心技术研发实现阶段性突破。2.5兆瓦风机、500千瓦光伏逆变器成功并网发电，低电压穿越技术、大功率IGCT变流装置技术研究取得重大突破。自产IGBT实现小批量装车考核。纯电动乘用车电驱动系统研制加快推进，电动汽车产品攻关获得批量成果。联合格力电器创造空调技术新模式，机载式变频器填补国内空白。世界最大吨位旋挖钻机TR550C研制成功。

全年有473个科研项目全面推进，结题完成率达90%。获国家和省部级奖励9项，其中国家科技进步二等奖2项、技术发明专利优秀奖2项。申报专利390项，获得授权专利214件，知识产权拥有量位居行业前列。时代电气以高分获评AAAA级标准化良好行为企业，

【市场开拓】　巩固和拓展轨道交通装备市

场，城轨装备产业步入发展新阶段，牵引系统业务取得国内自主企业领军地位，城轨信号与制动系统市场初步开拓，多市场区域和多产品线领域的组合市场开发格局初步形成。工程机械产业市场迅速拓展，同时加快轨道工程机械"走出去"步伐，时代电气国际化布局铺开，为后续多业务进军海外市场奠定基础。时代新材成功通过法铁和德铁认证，打进欧洲铁路主流市场，获得批量订单。路外新产业市场取得突破，风电装备、电动汽车产业稳步增长，高原风机市场份额全国第一，混合动力公交车成为国内单一车型产品市场销量冠军，工业变流与传动产品围绕重点行业加速向船舶、石油领域拓展，光伏产业成功起步，成为株洲所同心多元化产业布局新亮点。

【管理创新】逐步理顺母子公司管控流程体系，有效改善组织运营效率。构建投资项目选择与评估指引体系应用，出台投资风险管理工作指引，不断强化战略与投资管控。区域营销办事处试点运行，为产业协同发展搭建起公共支持平台。优化财务管控手段和能力，资金集中管理创造效益。增强人力资源规划引导性，构建"乔"型多维成才机制，切实推进人才建设，干部管理及后备人才培养更趋体系化。信息化建设按照阶段目标强力推进，ERP、PLM、CRM、QMS、HRM、SPM、预算费控等重要业务信息化平台全面应用，IT 服务进入先进行列，通过 ISO20000 论证。加强保密管理工作，计算机加密系统大范围上线运行。加大知识产权保护力度，对侵犯公司商业秘密行为实施司法维权。优化物资采购管理，全年降本总额达 2 亿元。深化精益管理，大力推进精益生产示范线建设。层层加强内控体系与效能监察，风险管理逐步"常态化"。结合质量年活动，不断强化质量管理，持续改进质量管理体系。安全生产标准化建设覆盖全所生产型产业单元，有 5 家单位通过一级认证，安全预防体系初步形成。时代电气先后获首届省长质量奖和国家管理创新一等奖。

【资本运作】 落实中国南车部署，整合襄阳电机公司，株洲所产业发展平台再添生力军。与台湾 AVC 公司合资，探索散热技术产业发展新路径。完成上海汉格并购项目，借力拓宽工业变流产业领域。时代电气相继与美国西屋公司、广州地铁设计院、浙江铁投"牵手"，合资合作，联手开拓国内城轨市场。时代新材并购澳大利亚 DELKOR 公司，整合全球资源，打造国际业务平台。与内蒙一机公司成功合作，向军工和重卡等产业领域快速延伸。北京时代收购重组襄樊专汽公司，完成混凝土机械产业布局。推进时代高新投资业务，成功搭建创投新平台。

【投资建设】围绕能力建设主线布局，稳步推进全所重大投资项目，能力布局和基地建设更加注重结合市场项目推进节奏，合理调配固定资产投入规模。新增 9 个专业化制造基地，天津风电和非金属汽车零部件产业化基地、昌平试制示范厂房、散热厂房等竣工投产，昆明和广州电气基地完工在即，大功率 IGBT 产业化基地奠基，变流器产业化提升项目厂房主体封顶。

【党群工作】党委围绕"再续百亿激情、争当开局先锋、对标行业先进、争创卓越企业"主题，深入推进创先争优活动，公司先后获"全国先进基层党组织"、"全国文明单位"等称号，党群类国家级荣誉实现"大满贯"。围绕"巩固、延伸、拓展"思路，持续推进企业品牌建设。突出专题特色，加大宣传工作力度，增强企业凝聚力，提升公司形象。强化效能监察，狠抓工作落实，促进管理规范。工会结合中心工作，组织"攻难关、保效益、降成本、提质量”主题劳动竞赛，促进公司实现各项经营目标。团委搭建展示平台，激发青年员工成才创业活力。

【南车电气技术与材料工程研究院】 2011年5月成立，以“实现整个公司资源协同、战略支撑、管理提升”为目标，强力推进组织调整与流程建设，实现资源初步融合和体系试点运行，集约效应初显。

引入IPD（集成产品开发）思想，结合原有产品开发体系，建立集成产品开发体系主体框架，制定产品从战略规划到市场退出的全过程管理体系，同时搭建以共性/基础技术研究和以行业/产品应用技术研究为主的两大平台及完整的研发职能管理体系，构建适合公司多元化业务需求、共性与个性相结合的矩阵式管理体系。

不断推进科技创新，机载式变频器平稳驱动永磁同步电机填补国内空白，通用工业传动变频器在试验轧机系统中首次轧出合格钢带。光伏并网逆变器主型产品通过低电压穿越认证实验，加快了光伏市场的开拓。科技创新成果在机车、动车以及城轨列车上得到广泛应用。对外科技申报取得突破，“纯电动乘用车电机共性技术项目”通过央企电动汽车联盟评审，“中央国有资本经营预算重大技术创新项目”获财政部资金大额补助。

持续推进三大平台建设，不断丰富平台建设内涵。三维协同设计工程项目、软件测评体系建设、协同仿真平台建设项目更加统一、高效试验资源体系初成。设计知识分类树平台上线试运行，知识工程建设取得阶段性成果。

【株洲南车时代电气股份有限公司】 2011年，针对复杂多变的外部环境，围绕“产业突破”和“精益管理”两大主题，不断推动企业快速健康发展。公司产业实现多维突破，机车、动车两大主导产业均超过20亿元大关，城轨地铁、轨道工程机械、安全信号等产业稳步发展，以IGBT、高压晶闸管、复合母排等传感器为代表的高端零部件产业显露良好发展势头，全年完成销售收入71亿元。

巩固自主开发平台，推进基础研究与行业应用深度结合，快速提升核心技术的综合实力，引领产业向高端系统集成方向迈进。“特大功率电力电子器件技术研发及推广应用”获国家科学技术进步二等奖，“大功率电力机车交流传动电气系统研究与应用”获湖南省科技进步一等奖，获得中国南车和株洲市科技进步奖各3项，并新增两个省级重点实验室。全年完成标准制修订229项，其中1项国际标准和12项国家及行业标准获得报批。完成专利申报175件，专利授权69件。

持续提升公司管理水平，公司荣获湖南省首届“省长质量奖”、“中国财务价值优秀品牌”等称号。创新性构建卓越管理模型，公司项目首次获得全国管理创新奖一等奖。顺利通过“安全生产一级企业”考评和“标准化良好行为企业”创建工作。

与美国西屋、英国英维斯、美国SPERRY、法国阿尔斯通、中科院微电子所、浙江铁投等国内外知名企业开展范围广泛的合作，创造价值、分享价值，共同推动行业技术进步和发展。

【株洲时代新材料科技股份有限公司】 2011年，公司大力推进并购重组，加速技术突破，实施降本增效，并依托信息平台建设，落实“大道为简”，优化管理流程，改善运营效率，全年实现销售收入34.28亿元，较上年增长47.76%。

年内，积极推进并购重组，完成对澳大利亚DELKOR公司的收购，成功增资控股中国兵器集团旗下力克橡塑公司。大力开拓国际市场，成为得到欧美主机厂认可的相关供应商。加速科技突破，完成沉管隧道止水带产品、42.8m加长型叶片、CRH3动车组橡胶件产品、螺旋式结构有机硅高分子单面聚酰亚胺薄膜粉云母带等产品开发。“大型交电装备复合材料国家地方联合工程研究中心”获国家发改委批准并在深交会授牌，成为新材第二个、株洲所第三个国家级创新研发平台。

持续提升品牌影响，南车时代新材成功入围最新世界非轮胎橡胶制品行业前50强榜单，成为首次进入该榜的中国两家企业之一。起草发布IEC62621《轨道交通地面装置电力牵引架空接触网用复合绝缘子的特殊要求》，成为轨道交通领域第一项由中国主导起草的国际标准。

【风电事业部】 2011年，风电产业内部产业链基本打造完成，形成包括发电机、叶片、变流器、齿轮箱、轮毂、主框架的完整内部产业链，风电产业集群的整机竞争实力不断提升，全年销售收入突破20亿元，同比增长超过60%，产业规模不断壮大，市场排名进入国内前十。

年内，加强产品研发，2.5MW样机成功并网发电并获得GL认证，运行情况良好。开展潮间带及海上5MW风机研发，同时发挥电气、变流方面的技术优势，结合中国国情，自主研发高原风机，在云南、贵州等西南地区实现大批量装机和取得国内市场份额第一的好成绩，为继续推出适合中国国情的特色风机，实现技术引领的差异化竞争奠定基础。风电事业部产品体系基本完善，低电压穿越方面获得东北电科院认证，并着手中国电科院认证。大力开发海外市场，先后与北美、巴西、新西兰、澳大利亚等地签订合作协议。

积极推进精益制造体系建设，提高生产效率，提升产品专业化制造水平、有效控制成本。打造全链条质量管控体系，有效提升产品质量和提高产品可靠性。完善售后服务工作机制，提高服务响应度，维护各风场项目平稳运行，切实促进质量和品牌形象提升。

【北京南车时代机车车辆机械有限公司】 2011年，经营业绩大幅增长，实现营业收入6.84亿元，同比增长51.15%，完成全年各项经营指标。

按照“十二五”规划，基本完成更具发展活力、竞争实力和持续成长性的产业布局，实现两大转变，即由以华北为主的区域供应商转变为面向全国的主流供应商和由小批量生产模式向规模化、批量化工业制造模式的转变。打造一支目标明确、团结协作的领导班子和中层管理者核心团队，一批年轻的中层管理者走上生产经营一线，奠定公司专业化、规模化发展的技术积累和市场基础。

【襄阳南车电机技术有限公司】 2011年，公司坚持“立足路内、开拓路外、适应市场、快速发展”的思路，以企业重组为契机，以谋划“十二·五” 发展为主题，以精益生产为抓手，以市场拓展和管理对接为重点，有效推进各项工作的开展，全年实现销售收入5.75亿元，全面完成主要经营目标。

年内，全面推进企业重组整合，公司成为株洲所九大业务主体之一。召开新一届股东会、董事会，聘任组成新领导班子，并完成组织架构调整、中层干部竞聘上岗、管理人员的定岗定编以及E-HR、金蝶ERP和OA系统平移上线等工作。成功托管机电事业部，调整配备事业部新的经营班子，实现工作平稳交接，并按要求完成全资子公司宏吉公司与南车时代新材的重组工作。强化基础管理，推行精益生产，持续改进物流、财务、风险等内部管控模式，不断提升质量管理水平，顺利通过二级安全生产标准化认证和铁道部机车质量安全专项检查组的评审。开展百日生产攻坚活动，确保全年目标的实现。制定VI、BI实施、整改计划推进表，有效开展品牌建设。完善班组管理机构、健全班组考核机制，有序推进班组建设。

积极开拓市场，成功获得出口哈萨克斯坦机车36节份电机、VESTAS风机定子及冲片订单。积极推进与南阳防爆集团的合作，该板块业务成为公司主要支柱。获得地铁直线电机、感应板等订单，电抗器、变压器业务快速增长。

加快科技创新步伐，大力推进产品开发，成功试制JD146C型、JD146D型、JD163型等电动汽车电机和ZD109E型、JF204D1型、JD165型等铁路机车电机，开发制造的GCD-1000型轨道车电传动系统顺利通过用户验收并交付使用。城轨地铁电机方面，完成MB7-7009-A2型直线电机国产化项目方案设计、制造及装车考核以及JX104型磁悬浮直线电机和CMS04电磁铁项目样机开发。电抗器及变压器方面，完成LKSG-550A光伏发电用电抗、SG-250/0.27-0.4变压器、铁芯电抗器（LKSG-1600A）箔式线圈、三相漏磁变压器等产品试制，并完成基于光纤通讯的变电站微机综合自动化系统研发、国家变流中心配套的网侧、均流电抗器研发等项目的结题。公司获得“国家高新技术企业”认定。

【湖南南车时代电动汽车股份有限公司】 2011年，公司坚持“技术领先为抓手、市场先导为指针、人才支撑为根本、资本运作为手段、科学管理为依靠”的指导思想，积极推动各项工作有效开展，顺利完成年度经营目标，全年实现销售收入5.4亿元，同比增长32%。

加强市场市场开发，全年实现混合动力客车销售649台，稳步提升混合电动客车市场占有率。积极拓展省外市场，公司产品再度中标昆明市场。不断提高系统产品终端客户认可度，无轨电车系统成功获得北京、广州市场订单。混合动力系统中标南昌，增程式系统中标成都，再次实现公司系统产品的“点单化”。

大力推动技术升级，AMT系统的可靠性等得到提升，混联系统和整车综合性能达到国际领先水平，TEG6129PEV增程式城市客车在中国（昆明）新能源公交客车大赛中获得冠军。纯电动乘用车驱动电机系统首台样机研制成功，有望在下年形成批量销售。

【株洲变流技术国家工程研究中心有限公司】 2011年，公司开展战略整合和管控模式调整，逐步形成“三大产业”“两高两新”重大产业和产品线布局。公司业务获得稳步发展，新产业实现重大突破，全年共实现销售收入25279万元。

深入推行产品平台战略，基本实现高压变频器、电铁功补阀组、地铁整流器等的型谱化、标准化设计，成功完成城轨供电系统新型再生制动回馈节能技术系统的样机试制和试验，并稳步推进电力系统柔性直流输电技术研究及样机研制。公司申报的“新型电力电子器件产业化专项”“工程中心创新能力建设”以及“电机系统节能与大功率变流技术研究与工程化”项目均获得国家发改委千万级资金支持。

公司工业变流产品在钢铁、煤炭、电铁、城轨、石化等重点行业，建立重大市场业绩。工业传动成功收购上海汉格公司，开辟跨行业发展新途径。光伏产业实现总体规模100%以上增长，全年签订合同12份，合同额突破5000万元，并与中节能集团、中广核集团等中国南车重大客户签订战略合作协议。公司产品系列不断完善，技术逐步成熟，在拥有“金太阳”TUV、CE认证的基础上，500千瓦产品成功通过国网低电压穿越试验，117.6千瓦国家示范项目顺利通过验收，提出申请的1兆瓦光电建筑示范项目和8.2兆瓦金太阳示范工程项目均获国家批复。

【株洲南车时代高新投资担保有限责任公司】 2011年，南车时代高新与中国南车集团投资管理有限公司共同发起设立北京南车创业投资管理有限公司，搭建新的投资和基金管理平台，专业从事股权投资、基金管理、新型投行、融资担保、管理咨询等业务。

公司投资业务快速发展，全年实施投资超亿元。在中西部多个省市成功举办“绿色新兴产业——对话中西部”系列活动，与国内同行建立广泛联系，提升了公司知名度。完成新能源基金二期募资，为投资业务持续发展提供资金保障。稳健开展融资担保业务，为服务地方经济、促进中小企业发展发挥应有的功能作用。

【重要纪事】 1月10日，南车时代电动TEG6119SHEV串联式混合动力城市客车获“2011年度中国市场推荐客车奖”。1月10日，南车时代新材收购澳大利亚代尔克公司。1月13日，公司十届五次职工代表大会召开。1月28日，举行百亿庆典，庆祝公司成为湖南省第10家，株洲市第3家过百亿企业。3月21日，中共中央政治局常委、国家副主席习近平同志莅临公司视察。3月31日，公司重组整合襄樊牵引电机有限公司。4月11日，公司与中国科学院微电子研究所共建的新型电力电子器件联合研发中心正式揭牌。4月25日，南车时代电气与美国西屋制动公司制动系统项目合资经营合同签字仪式举行。5月25日，公司“南车电气技术与材料工程研究院”成立。5月25日，中国南车大功率半导体器件产业化基地在株洲田心工业园奠基，正式启动中国首条8英寸IGBT芯片生产线建设。5月27日，自主研制的新一代2.5兆瓦风机在内蒙古华电库伦风场成功吊装，实现并网发电。7月21日，公司与西南交通大学“研究生联合培养基地”揭牌。8月，公司自主研制的首台GTI-500光伏并网逆变器在青海锡铁山中广核一期光伏电站实现高海拔（海拔3100米）并网发电。10月18日，公司研制的世界最大吨位旋挖钻机TR550C在第十一届中国（北京）国际工程机械展览会上推出。11月3日，南车时代新材与内蒙古一机集团合作，向军工与重卡等产业领域拓展。11月，大型交电复合材料“国家地方联合工程中心”获国家发改委批复。12月8日，公司执行董事、总经理丁荣军当选为中国工程院院士。

【企业主要领导】

执行董事 总经理	丁荣军
副总经理	邓恢金（兼） 刘连根　贺文成 冯江华　曾鸿平 范宝林（4月任）
财务总监	贺文成（兼）
技术总监	冯江华（兼）
党委书记	邓恢金
党委副书记	丁荣军（兼） 杨首一
纪委书记	杨首一（兼）
工会主席	杨首一（兼）

（株洲所　供稿）

地　址　湖南省株洲市石峰区
邮　编　412001
电　话　0733-8498304
传　真　0733-8432946
电子信箱　suoban@zeiri.com.cn

南车戚墅堰机车车辆工艺研究所有限公司

（工商登记营业执照编号：320400000000790）

执行董事、总经理　刘　杰

党委书记　王　奇

【概述】　2011年，戚墅堰所切实贯彻中国南车“十二五”发展战略，结合自身实际，研究制定“十二五”发展规划，并积极推进实施。以激发发展活力、提高经营灵活性为出发点，加大管理创新，推进运营管控模式由相对集中型向适度分权型转变，强化总部战略规划、统筹协调、平台搭建、风险管控等职能，并完成市场营销、生产组织、质量控制等日常经营管理职能向基层单位转移，两级管理能力不断加强，集团化管理初现雏形。以提高产业内相关单位协同作战能力为目标，加快推进产业一体化管理整合，完成汽车零部件产业深度整合并组建常州南车汽车零部件有限公司，同时完成车钩及缓冲装置等轨道交通装备关键零部件产业向铁马公司整体注入，产业发展合力有效提升。

以应对成本高企风险、提高企业经营效益为落脚点，加快精益理念向基础管理的导入。开展管理国际对标，顺利通过IRIS体系认证。推进制度流程再造，累计建立和完善规章制度60余项。实施资金集中管理，加大资金筹划力度，有效保证资金需求。加强国家政策研究，项目补贴和财税优惠申请取得明显成效。严格设计变更管理，进一步规范基地建设过程管理。深化内控体系建设，加强经济责任离任审计，开展委外协作管理、非公开招标采购物资配件等专项效能监察，建立法律风险预警机制，不断加强风险管理。加快信息化建设，完成委外加工管理平台、财务EAS客户端建设，并开展产品编码、物资编码标准化建设。扎实推进精益生产示范线建设，提高生产效率效益，CRH380A齿轮箱组装试验线单班日产量提高200%，被评为中国南车精益生产三星级示范线。深入开展降本增效和合理化建议等活动，管理改善取得实实在在的经济效益。加大集中采购力度，开展委外协作降价谈判，试点推行易耗品VMI采购模式，有效降低采购成本。完善安全管理组织体系，落实安全生产责任，成功创建江苏省健康促进示范企业，获得国家安全生产标准化一级企业称号。

进一步夯实公司持续快速发展基础，戚墅堰产业化基地二期工程无箱铸造车间、制芯车间完成建设并投入使用，有箱铸造车间、精密锻造车间进入设备安装阶段。江苏省轨道交通养路机械工程技术研究中心、江苏省高速列车基础制动系统关键部件工程技术研究中心挂牌成立，铁马公司、资阳传动公司通过省级企业技术中心认定。年内，公司销售收入同比增长 26.7%，顺利完成公司各项经济指标。公司被评为国家级高新技术企业、常州市科技进步先进企业、常州市领航企业。

【市场营销】 强化市场延伸开拓，城轨地铁用齿轮传动系统成功取得西安、成都、伊朗德黑兰等国内外多个城市新订单，销售同比增长 74.5%。风电齿轮箱取得装机突破，实现并网发电，并与中航工业、英国 Romax 公司等知名企业签订战略合作协议。煤炭、船舶、石油等延伸领域市场开拓取得进展，与三一重工、徐工等大型企业建立业务关系。商用车涡壳在全球需求下滑情况下，仍保持平稳增长。乘用车涡壳获得霍尼韦尔全面准入资质，成功争取到博格华纳多个项目，为进军高端汽车零部件市场奠定基础。

加大拓展国际市场力度，与美国 GE 公司合作取得重大进展，出口齿轮既有项目销售同比实现翻两番，并一举获得 9 个新项目，成功签订总金额近 1000 万美元的供货合同，创公司出口单笔金额之最。成功开发美国应用材料公司等新客户，形成新的经济增长点。内燃机车柴油机配件出口增长迅速，成为海外业务重要组成部分。

加快市场布局步伐，株洲、青岛等两个客户服务工作站投入运营，美国、南非等两个海外办事处筹建工作基本到位。优化用产品检修和售后服务工作，不断提高主机厂和用户满意度。

【科技创新】 全年开展科研项目研究 211 项，其中国家科技支撑计划项目 1 项，国家火炬计划项目 2 项。承担标准制订 39 项，其中铁道行业标准 21 项。完成专利申请 139 项，其中国际专利 1 项。取得授权专利 94 项，其中发明专利 6 项。CRH380A 动车组用齿轮传动系统完成小齿轮、集电环箱等零部件的国产化并实现批量装车。CRH2、CRH3 型动车组用齿轮传动系统国产化项目完成试制及相关试验，CRH6 型城际动车组、时速 500 公里试验列车等项目稳步推进，2.5 兆瓦风电齿轮箱通过 GL 认证，5 兆瓦风电齿轮箱进入施工设计，美国 GE 新的 9 个项目部分进入批量交付，美国应用材料项目通过首件鉴定。100%低地板车转向架，水泥、煤炭、矿山等延伸领域大型机械以及纯电动汽车用齿轮箱启动研究。时速 350 公里动车组用基础制动系统完成主要零部件试制及相关试验，CRH2 型动车组用锻钢制动盘、神华货运机车用制动盘进入试制，轻轨用制动闸片取得装车突破。移动式钢轨直流焊机完成样机试制并成功实现联机调试，成为国内首家掌握该技术的企业。既有线钢轨感应正火热处理作业车通过铁道部产品质量监督检验中心检验，轮对组装生产资质与生产质量认证项目完成技术文件编制、工艺布局和全套生产设备调试。不锈钢涡壳项目完成材料标准制订和新铸造线的方案设计，实现小批量供货。完成连体涡壳样品试制。开展 ADI 材料、深层渗碳工艺、铸件焊补工艺以及高速动车组用齿轮传动系统试验技术、高速动车组用关键零部件无损检测工艺等研究。全年取得科技成果 16 项，其中国家重点新产品 2 项，江苏省科技进步奖三等奖 1 项，常州市科技进步奖一等奖 1 项。

【人力资源管理】 以服务企业、助推员工成长为工作方向，大力推进人力资源管理创新。建立"岗位、能力、绩效"三位一体职业发展机制，全面构建党群经营管理、工程技术、技能操作等三类专业人才发展通道，打造员工可以依托能力晋升的多通道、多维度职业发展平台。加快推进核心人才队伍建设，系统规划培养目标，积极组织选拔推荐，全年有48人获评中国南车首届核心人才，其中首席技术专家、技能大师各1名。加快人才培训体系建设，制定实施“十二五”人才培训开发规划，完成内部培训师首次选拔，全年累计培训3000余人次。深化岗位绩效工资制改革，加快推进全面绩效管理、全员绩效管理，加强人力资源成本与效率对标分析，进一步提高工资与效率效益的匹配性。积极开展学习型班组创建工作，建立班组建设交叉考核及“示范班组”评选机制，班组建设不断深化。完善用工管理机制，在汽车铸造业务成功引入劳务派遣和业务外包等新的用工方式。推进e-HR系统建设，完成各功能模块的开发并实现相关业务在线管理。

【质量管理】 深入推进质量安全防控体系及“达标工位”建设，关键工位实现操作目视化和标准化。完善质量信息管理功能开发，不断提高平台适用性。开展质量安全大检查、质量月、机车质量年以及高铁质量专项整治等巩固提升活动，进一步夯实质量管理基础。加强过程质量监督、实施产品专项审核、扩大产品内部FAI覆盖范围、定期组织召开质量分析会，切实改善产品实物质量。开展并通过IRIS认证，获得国际铁路行业通行证。顺利通过质量/环境/职业健康安全体系、TS16949、ISO10012测量管理体系监督审核，体系运行有效性进一步提高。

【品牌建设】 将品牌管理工作纳入日常管理体系，加大培训力度，加快品牌管理向子公司延伸，推进品牌管理的制度化、规范化、长效化建设，初步搭建品牌管理架构。利用各种宣传载体，采取多种形式，有效传播中国南车品牌核心理念。结合建党90周年，大力开展员工主题教育活动，增强企业凝聚力。突出先进典型的光辉形象，强化劳模形象，以身边事教育身边人，不断促进品牌理念植根于每名员工。完成公司展厅建设以及总体宣传册、各产业宣传册、宣传片等大批宣传物料的更新，形成规范的品牌形象体系。抓住领导来访、京沪高铁开通等时机，在《人民铁道报》《新华日报》等媒体发表稿件数十篇，并在常州电视台播发公司形象宣传片，有效提升品牌知名度、认知度、美誉度。

【党群工作】 党委围绕中心工作，深入推进创先争优活动，积极探索新时期企业党建工作新思路、新方法，为公司发展提供政治、思想和组织保证。开展“明确目标、提升素质、增强能力、促进发展”主题教育活动，提高广大员工对形势的认识和发展的信心。开展“深入推进创先争优，向建党90周年和公司第一次党代会献礼”活动，将“戚墅堰产业基地二期工程建设”等53项工作作为各基层党组织重点献礼项目，有效促进全年目标任务的完成。召开公司第一次党代会，选举产生第一届中共南车戚墅堰机车车辆工艺研究所有限公司委员会和纪律检查委员会。加大中层管理者选用力度，不断完善干部队伍建设，全年新聘20位年轻干部，40名中层干部进行岗位交流。适时调整公司基层党组织设置，在有关单位配备专职党务干事，加强基层党组织委员的培训工作，增强党组织工作的规范性和有效性。开展“学制度、保廉洁、促发展”廉政主题教育活动，明确“三重一大”决策范围，对权力进行有效约束和监督，同时建立纪检监察干部联系点制度和廉政保证金制度，进一步强化和完善党风廉政建设。

工会不断完善以职代会为基本形式的企业民主管理制度，支持和保证职代会依法行使各项职权，进一步丰富了所务公开的内容，提高了所务公开的力度。加强困难员工保障体系建设，全面推进“三关心、三保证”工程。深化各类技能竞赛、岗位练兵、评先树模活动，不断强化员工队伍素质。

团委组织开展“青年与党政领导面对面活动”“铁马杯青年才艺大赛”等系列品牌活动，激发团员青年活力，有效发挥青年突击队作用，。

【常州市瑞泰工程机械有限公司】 2000年6月成立，由原铁道部戚墅堰机车车辆工艺研究所工程机械开发部改制而来，是戚墅堰所全资子公司，目前产品重点涵盖捣固装置、稳定装置、走行装置、焊轨车等铁路大型养路机械产品。

年内，完成正火热处理样车研制，产品质量性能通过铁道部产品质量监督检验中心检验。开展动力稳定作业进行理论研究，完成能够兼顾正线和道岔作业的稳定装置设计，并编写道岔稳定作业指导书。完成时速160公里内燃交流传动快速轨道车齿轮传动系统的型式试验，参加了整车铁道部的阶段评审准备会。完善《工程机械技术标准体系表》，制定企业标准6项，修订技术条件3项。多项产品获国家、江苏省、常州市高新技术产品认定，为公司长远发展奠定基础。通过中质协质量保证中心的质量体系（ISO9001：2008//GB/T19001-2008）认证审核，取得质量体系认证证书，公司质量管理步入规范化管理轨道。全年完成专利申请20项，授权6项。完成科技项目复审、认定、验收9项。

通过参与新产品调研、参加各类商展、利用客户资源丰富现有产品种类、探索焊轨车以租代买销售模式等措施，不断扩大市场份额。年内与公司有业务往来的单位有89家，总数超上年4家，新增单位业务量超千万元的1家，超500万元的3家，超百万元的客户数量稳定，市场运转基本正常。

【常州南车铁马科技实业有限公司】 2000年成立，是戚墅堰所全资子公司，中国南车重点二级子公司，国家高新技术企业，江苏省创新型企业。

年内，启动城市轨道交通基础制动装置研发，完成轻轨闸片、制动盘首件鉴定，轻轨制动闸片在长春1、2号线上投入装车试验。同时，蠕铁制动盘通过中国铁路产品认证中心的CRCC认证，CRH2型动车组用锻钢制动盘国产化通过来自同济大学、四方股份公司、浦镇公司、铁科院等单位7名专家的技术设计评审，CRH3型动车组用浮动闸片完成研制工作。

积极开展精益生产四大基础建设，夹钳组装精益生产示范线被评为南车集团二星级精益生产示范线。公司IRIS体系通过德国莱茵认证。

【常州南车汽车零部件有限公司】 注册资本3000万元，系戚墅堰所全资子公司，主要产品为汽车零部件的精密铸件和机加工。公司下辖铸造生产一部、铸造生产二部、铸造生产三部、铸造生产四部和机加工生产部等五部分，拥有8条铸造生产线，280余台数控机床，铸造年产能12万吨，机加年产能1400万件。

年内，铸造基地无箱铸造车间开始调试生产，铸件的浇铸量、入库量、成品铸件发交量稳步提升。整合汽车产业板块，实施产业板块一体化管理。成立汽车零部件公司，实行独立经济实体运作。积极开拓康明斯发动机和发电机市场，与卡特彼勒、伊顿、浙江环球合金等公司达成合作共识，进入乘用车和高端商用车市场。全年汽车产品数量销售超过650万件，开发各类新产品总计约520余项。

【常州朗锐活塞有限公司】 1994年成立，系戚墅堰所全资子公司，是中国南车唯一的中低速内燃机活塞的研究开发与生产基地，江苏省高新技术企业，产品运用范围涵盖机车柴油机、船舶柴油机、空压机组、燃气机组、油田机械等领域。获得国家技术专利20余项，先后通过BV、GL、LR等船级社认证，满足中国机车客运提速、货运重载快速发展要求。产品广泛应用于DF4型、DF8型、DF11型、ND5型、HXN5型机车柴油机，EMD型、ALCO型、GE型柴油机等，目前具备年生产各类大缸径活塞40，000件的产业化能力。

年内，先后顺利通过中国船级社CCS质量认证中心的三体系年度审核、德国劳氏工厂认证、沪东军品检验、GE和MAN公司审核，产品一次交验合格率达100%。完成江苏省常州市武进高新技术企业科技项目3项，其中专利申报5项，发明1项，实用新型4项。全年累计完成各类活塞产品（含活塞顶、活塞裙）及其它零部件超过46000件，其中机车用活塞12469件，与上年基本持平，船用活塞16311件，较上年增长50%。

【常州乐泰贸易有限公司】 1993年成立，注册资金3000万元，系戚墅堰所全资子公司。主要从事工业生产资料、钢材、有色金属、有色金属矿产品及原辅材料销售，机车辆辆配件加工、制造、销售，铁路废旧物资再生利用（限戚墅堰所内经营），机械技术开发、技术服务等。

【资阳南车传动有限公司】 原系铁道部资阳内燃机车厂液力传动分厂。2008年6月2日，按照中国南车实施产业结构调整的统一规划，组建成立国有控股专业从事机械制造的股份制企业。目前是戚墅堰所下属控股子公司。产品主要涉及轨道交通、建材机械、石油钻机等领域，传动箱、减速箱、齿轮装置、万向轴是公司的代表产品。

年内，公司第一次党代会召开，选举产生公司第一届党委会。金蝶ERP项目上线，实现物料BOM的分层分级管理，建立以生产任务为核心，各生产业务过程流程化管理，物流、生产、成本一体化管理模式，实现信息集成、业务共享、集中控制的信息化管理要求。

完成澳大利亚机车抱轴箱、联接箱，斯里兰卡动车启动变速箱、偶合器传动箱，钻机减速箱的生产试制。完成大连所传动箱工作轮、成都电机厂转轴、永济电机厂减速箱，五粮液喀麦隆箱体等6种新产品试制加工。自行设计的利君万向轴、武汉晨风车轴箱投入批量生产。《工程机械用万向轴联轴器研发》项目获得四川省工业设计发展专项资金项目。公司获得四川省省级技术中心授牌。

【江苏朗锐茂达铸造有限公司】 2006年11月成立，系戚墅堰所与江阴茂达铸造有限公司合资建立的专业铸钢生产基地，属于国有控股企业。公司通过ISO9001-2000质量体系认证，为江苏省高新技术企业。主要生产CRH2型动车组用密接式车钩钩体、缓冲器、制动夹钳本体、支持架；铁路、公路工程机械铸钢件、铸钢制动盘等。

年内，申报专利项目3项，科研项目地方备案4项，计354万元。在江阴市申报四个地方科技项目，科技投入近400万元，为公司减免税收40余万。全年累计开发新品百余种，涉及轨道交通、工程机械、汽轮机等多个领域。其中成都电机座、CRH6轴箱体、160牵引电机系列、4400牵引电机系列铸钢件、地铁车钩及钩座等部分新品通过质量部组织的FAI。造型二班获中国南车“安全喊话先进单位”称号。

【重要纪事】 1月10日，公司调整组织机构，成立材料工艺研发中心，对产业实行一体化管理，并重新任命中层干部。1月，公司时速160公里轨道车齿轮传动系统完成交付，公司全面掌握包括液力、液压、电力传动类型在内的各型齿轮传动系统的设计制造技术。2月，“大功率重载电力机车牵引齿轮传动系统”通过江苏省高新技术产品认定。2月，公司多项管理论文获中国职协表彰，其中《试论企业薪酬制度的创新——宽带薪酬制的导入》获优秀科研成果一等奖。3月11日，公司与西南交通大学合作培养项目管理工程硕士班开班。4月7日，时速500公里试验列车齿轮传动装置研制项目通过技术设计评审。5月6日，戚墅堰产业化基地二期工程无箱铸造车间生产线热调试工作启动。5月31日，戚墅堰所共青团第二次代表大会召开，选举产生新一届委员会。5月，公司技术中心郑剑云获“全国五一劳动奖章”、汽车零部件公司芮晓霞获“全国五一巾帼标兵”荣誉称号。6月21-22日，公司召开工会第一次代表大会，选举产生公司工会第一届委员会和经费审查委员会。6月，瑞泰公司首次承接的高铁线路焊轨工程顺利完工。6月，公司成立北京商务中心和株洲、青岛2个客户服务工作站。7月30日，1.65MW风电齿轮箱研制项目通过江苏省成果鉴定。8月22日，2.5MW风电齿轮箱首台样机完成组装。8月25日，中国机械科学研究总院、韩国生产技术研究院专家到公司参观交流。9月23日，公司获国家一级安全生产标准化企业称号。9月29日，戚墅堰所第一次党代会召开，选举产生第一届党委、纪委委员。9月，公司与沈阳三一重装签订采煤机销轨轮试制合同，在延伸产业领域取得突破。10月11日，GE运输系统全球采购总监Alex R. Artman来公司参观交流。10月11日，Honeywell集团全球副总裁Gerry Stewart到公司参观交流。11月19日，公司与英国Romax公司签署战略合作框架协议。10月，公司通过IRIS认证。10月，公司获评“2011年国家火炬计划重点高新技术企业”称号。11月7日，公司重组整合成立常州南车汽车零部件有限公司。11月，公司出口业务喜获美国GE近千万美元大单，创公司出口史上单笔金额之最。11月，公司首件国际专利申请（PCT）获受理。12月5日，公司组织召开人才工作会议暨首届中国南车核心人才表彰大会。12月，试验检测中心通过德国TUV（莱茵）公司EN473无损检测人员资格鉴定与认证审核，公司无损检测培训业务迈向国际化，培训市场从路内延伸至路外。

【企业主要领导】

执行董事 总经理	刘　杰
副总经理	王　奇（兼） 王文虎　孙周明 罗玉红　陈　伟 周　平　李培顺
财务总监	罗玉红（兼）
总工程师	周　平（兼）
党委书记	王　奇
党委副书记	刘　杰（兼） 陈智芳
纪委书记	陈智芳（兼）
工会主席	陈智芳（兼）

（戚墅堰所　供稿）

地　址　江苏省常州市戚墅堰区五一路258号
邮　编　213011
电　话　0519-89808888
传　真　0519-89808889
网　址　www.leadrun.com
电子信箱　szb@leadrun.com

南车株洲电机有限公司

（工商登记营业执照编号：430000000021082）

执行董事、总经理　胡　洋

党委书记　周军军

【概述】 2011年，电机公司围绕“十二五”发展战略及企业年度经营目标，结合国家宏观经济政策，针对铁路行业变化和风电行业调整局面，调整发展思路，持续提升科学管理水平、完善精益体系建设、强化新产业市场开拓，实现企业平稳持续发展。

结合精益生产推进，不断强化企业管理。围绕降本增效，推出多项内部管理提升举措，切实提高经济效益。加大精益生产投入力度，全面启动标准作业，加快精益生产示范线建设步伐，积极开展精益改善提案，有效推动降本增效工作。通过开展电磁线价值链管理和风电定子降成本活动，全面推进动车组产品和风电产品降成本工作，全年节约成本约3544万元。大力开展全员培训和班组建设，提升人才储备质量和厚度，夯实企业发展后劲，全年培训员工22600余人次。实施品牌建设，开展《员工手册》宣贯工作，从价值观、行为规范及礼仪等方面对员工进行引导。组织“同心之歌”合唱艺术节、竹竿舞大赛、气排球等文体活动，营造健康向上氛围，增强企业凝聚力，激发员工工作热情。

成立首届标准化委员会，组织编制《南车电机“十二五”标准化工作规划》《设计管理企业标准汇编》，建立标准化信息管理平台。制定完善《专利工作管理办法》，启动专利申报的初审和评审制度，保证专利申报质量持续提升，全年完成专利申报86项，其中发明专利20项。加大科技成果省级鉴定，一次性完成6项省级科技成果鉴定，3项获国际领先、3项获国际先进的鉴定。

积极拓展产品市场，夯实企业生存基础。年内，动车领域市场占有率实现10%增长，城轨地铁市场实现销售收入同比增长200%，在风电领域市场和联合动力、大唐华创、美国GE等主要风电厂商初步形成合作意向，工特市场形成油田电机、防爆电机、高效节能电机等领域多点切入。产品成功打入美国、希腊、南非、印度等国家和地区市场，营业收入实现翻番。

【科技创新】 完成时速500公里高速试验检测车、时速400公里综合检测车用牵引电机、牵引变压器的研制。开展CRH6惠莞深城际动车组牵引电机和牵引变压器研制工作，完成格鲁吉亚牵引电机和辅助变压器的技术设计和施工设计，并进入试制。完成澳大利亚SCT内燃机车用牵引电机、中低速磁悬浮列车用直线电机和电磁铁产品的研制以及时速160公里六轴交流传动客运机车、时速200公里六轴交流传动客运机车、7200千瓦高原机车用牵引电机、牵引变压器等产品的开发和样机试制。完成3MW永磁直驱风力发电机、3MW水冷双馈风力发电机、2.5MW高速永磁风力发电机的研制，商用空调用12000转/分高速永磁同步电机的开发，并开展牵引电机200级绝缘国产化、高速铁路机车牵引抗风沙尘型绝缘结构、风电用绝缘漆环保化与简统化、变频牵引电机老化机理与绝缘寿命的评定试验研究等。电机型式试验站顺利通过了国家实验室资质认证，成功搭建电机公司第一个国家级科技平台。

【质量管理】 围绕公司“质量年”活动，结合质量安全大检查，从公司内外两个方面，不断强化质量管理。在公司内部，从产品设计、工艺验证到供应商管理，从制造、例行试验到型式试验，全过程开展质量反思和检查，强化对产品质量和安全的再认识。通过调整组织架构，建立起三级质量控制体系，并通过开展“三直三现”贴近现场的质量管控，成功将直线制质量管理模式应用推广。不断完善质量管理体系，顺利通过IRIS（国际铁路行业标准）认证，EN15085焊接体系认证。启动RAMS技术系统和管理体系构建工作，制订项目实施计划并开展培训，顺利完成FRACAS系统的构建，同时聘请行业内专家，开展可靠性技术系统和管理体系咨询，将RAMS相关技术成功应用于公司新项目，满足客户技术要求，提高产品可靠性。全工序开展标准作业活动，将覆盖663个工序的作业文件，通过“工艺一口清，操作一手精”，在员工中形成一致要求。推行“三直三现”管理活动，重在强调发生质量问题时，工艺和质量人员直达现场、直面现物，从人、机、料、法、环、测全面查证问题的真实原因，并制定解决和预防方案，有效提升产品质量。在公司外部，为保证产品服务成为产品质量的有机整体，大力开展客户服务重要性引导及实践活动。精心组织机车检修，全年完成HXD1机车两年检等82台车。实施中层以上领导全员动车包保流程，强化质量服务意识。组建武汉、上海等动车检修基地，抽调骨干力量，充实检修队伍，编制检修基地质量工艺规范，提升检修基地服务质量。丰富完善产品故障词典，及时分析产品可能发生问题的原因并形成整改措施，在生产过程中进行控制。

【党群工作】 公司党委围绕年度经营目标，不断加强和创新党建工作，为公司发展提供组织和政治保障。强化理论知识教育，提高思想政治素质，组织党委会、党委中心组多次研讨发展形势，并2次组织论坛探讨发展战略，同时组织党员干部认真学习上级党委重要精神指示，确保上级党委有关部署在公司的贯彻与落实。开展“四好”领导班子创建工作，坚持“三重一大”的集中决策，促进班子间的团结协作，同时，加强两级班子作风建设，通过召开民主生活会，着力营造两级班子“锐意进取、敬业守职、精诚团结、廉洁奉公、勤奋工作”的环境氛围，提高班子成员的决策能力、管理能力、应变能力、创新能力和风险防范能力。开展MBA及工程硕士学历深造项目，组织中国南车核心人才申报评审工作，搭建公司后备人才资源库。夯实党建基础工作，加强组织自身建设，创新性设置“一岗双责”的支部书记岗位，推广“党务+业务”“行政+思政”紧密结合的“双目标”管理模式，有效促使党政工作的紧密结合。构建起以目标管理体系和绩效评价体系为核心的管理框架，增强党群工作者责任心，提升执行力和绩效。成功召开首次党代会，选举产生新一届两委班子，谋划公司未来四年发展蓝图。围绕精益落实改善，坚持“以学习型党组织建设促动学习型企业建设”的活动主题，扎实开展创先争优活动。制定下发《南车电机学习型组织中期建设规划纲要》，明确创建思路、目标和措施，着力提升组织绩效，推进学习型组织建设。发挥两级中心组学习的示范、引领、带动作用，鼓励员工以自学、参加团队学习和培训等方式开展学习活动，努力构建多层次、多样化学习平台。召开学习型组织建设论坛，总结创建经验，并就“百亿战略、技术先导地位的确立、精益企业的市场目标认识”展开研讨，系统思考企业发展模式。不断深化惩防体系建设，坚持以落实“工作规划”为主线，构建反腐倡廉体系，并开展廉洁文化大家谈等宣传教育工作，有效落实党风廉政建设责任制，全年无违反廉洁从业情况发生。

工会围绕自身职能服务公司中心工作。按照“大型活动公司办，小型活动基层办，特色活动协会办”的工作思路，组织举办公司周年庆典文艺晚会、“元宵节”千人祈福活动、首届员工运动会和纪念建党90周年合唱艺术节等文体活动，在丰富群众文化生活的同时，增强企业的凝聚力和员工的向心力。团委围绕“融入中心、发挥作用、服务青年”的核心主题，扎实开展多种形式青年创新创效活动，切实发挥团员青年的主力军和突击队作用，为企业生产经营建功立业。

【重要纪事】 1月9日，公司第一届职工代表大会第二次全体会议召开。3月15日，公司综合实验站封顶，在提升绝缘基础试验和计量理化试验能力方面迈出重要一步。4月28日，公司第一次党代会召开，选举产生第一届党委会和纪委会。4月29—30日，公司举行“锁定百亿目标，拓展经营思路”战略研讨会。10月15日，公司通过法国贝尔国际验证机构的IRIS标准质量管理体系认证。10月16日，江苏南车电机项目一期主体工程落成庆典仪式举行。12月25日，公司电机型式试验站通过国家实验室资质认证，成功搭建公司第一个国家级科技平台。

【企业主要领导】

执行董事 总经理	胡　洋
副总经理	周军军（兼） 李　瑾　肖安华 王小方　江有名 李敏良　胡雄辉
党委书记	周军军
党委副书记	胡　洋（兼） 余　斌
纪委书记	余　斌（兼）
工会主席	余　斌（兼）

（电机公司　供稿）

地　址　株洲市石峰区田心高科园
邮　编　412001
电　话　0731-28441308
传　真　0731-28441530
网　址　http://www.csrelectric.com/
电子信箱　ncdj@csrelectric.com

广州电力机车有限公司

（工商登记营业执照编号：01111001582）

总经理　朱龙驹

党委书记　皮国萍

【概述】 广机公司由中国南车股份有限公司、广州铁路（集团）公司、广州交通投资集团有限公司根据三方签订的《出资设立广州电力机车有限公司合同》依法出资设立，纳入中国南车一级子公司管理。2011 年 1 月 24 日召开创立大会并正式运营，3 月 1 日正式注册成立，主要从事电力机车的研发、制造、维修、销售及售后服务。

广机公司项目总规模满足年检修 500 台二年修机车、200 台六年修机车以及年制造 200 台新车能力，并预留年检修 500 台二年修机车的能力。项目工程征地约 1186.6 亩，工程总投资约 32 亿元，其中新造板块总投资约 14 亿元，资本金为 10 亿元，中国南车出资 4 亿元占 40%；广州铁路（集团）公司代表铁道部、广州交通投资集团有限公司代表广东省分别出资 3 亿元各占 30%；检修板块则由铁道部出资建设，并委托公司管理和运营。广机公司是全国铁路线网六家检修基地之一，主要承担广铁（集团）公司、柳州铁路局、南昌铁路局运用的和谐型大功率电力机车检修任务。该项目是部省合作项目，并列为广东省现代产业 500 强项目和广东省、广州市重点项目。

年内，公司围绕完善企业组建、推进项目建设、做好生产准备、研发新型产品等方面全面开展各项工作。公司正式成立，相关组建工作不断完善。新车制造板块建设已基本完成，初步具备整车组装生产能力，同时，和谐型机车二年检项目也在陆续进行，正推进生产前的各项准备工作，2012 年实现正式生产运营。大力开展新产品研发工作，寻求业务发展的新突破。

【基本建设】 年内，项目建设完成土地预审、环境评估、水土保持方案的批复以及地质灾害评估、压覆矿产评估、地震安全评估、附着物清点、主厂区征拆协议签署、厂外道路与专用铁路的房屋拆除评估、建设项目选址意见书的批复和林地报批、建设用地规划证的报批等工作。项目用地获国土资源部批复，项目红线内既有房屋拆除全部完成，项目用地约 1150 亩交付施工单位开工建设。

项目设计房屋建筑面积 22 万平米，分为新造区和检修区两大区域，其中新造区房屋建筑面积10.5万平米，检修及公共区房屋建筑面积11.5万平米。新造区厂房主要由组装联合厂房、车体联合厂房、调试涂装厂房、预处理厂房和移车台雨棚组成，上述建设全面进入收尾施工阶段。检修区厂房主要由解体组装及零部件检修库、转向架检修库、高低压调试库、整车试验库、喷漆库、物流中心、设备车间、110kV牵引降压混合变电站、污水处理站等组成，检修厂房主体结构基本完成，地面待设备基础完成后进行施工。至年末，项目累计完成投资约15.76亿元。

【企业管理】 注重公司建章立制工作，制定专门工作计划，开展规章制度建设，全年完成《公文处理办法》《合同管理办法》《财务会计制度》《劳动合同管理办法》《技术标准化管理办法》等行政、企业管理、财务、人力资源、技术等方面31项规章制度的编制发布工作。

财务管理及会计核算工作主要围绕公司初创期相关工作展开。督促各股东按时出资，根据股东出资到位情况及时验资。结合公司实际情况，迅速展开企业建账、财务决算管理、资金管理、银行管理、现金管理、税务管理、社保核算管理、薪酬核算管理、期间费用管理等工作，并建立健全一系列财务制度，逐步规范公司财务管理体系。组织财会人员参加国税地税申报系统、金蝶财务系统等各类培训，有效提升工作能力和业务能力。

结合实际引进人才，加强人力资源储备，通过社会招聘，聘用部分紧缺的管理岗位和技术岗位员工，并通过高校招聘与6名2012届大学毕业生签订就业协议，解决公司运转的基本人力资源需求和新产品开发的技术力量。创造条件开展员工培训，通过新入职员工基本教育、招聘技巧培训、项目管理技巧培训、质量管理标准培训等系列培训活动，培养员工的职业素养。树立绩效管理观念，明确绩效导向，采取年度工作述职、员工自评和领导考评相结合的办法，落实员工绩效考核。努力与地方政府部门构建有效的沟通管理机制和沟通平台，做好户口迁移、员工社会保险和住房公积金、集体户口的落实等人才后勤保障工作。

【发展规划】 围绕行业发展和市场现状，结合公司实际，初步拟定“立足铁路、开拓新业”的主要业务发展规划和思路。立足铁路，主要从矿山市场、国外市场入手，开展电力机车新造业务，“十二五”期间实现出口零的突破；开展电力机车大修业务，2015年实施国铁六年检；开展电力机车中修业务，2012年实施国铁二年检；树立以可靠性为中心的维修理念，开发信息化技术手段，建立全寿命服务和远程服务商业模式，实现海外服务项目零的突破。开拓新业，发挥机车修理技术和中国南车品牌优势，寻求地方政府支持，努力开拓城轨车辆或部件检修业务；争取地方政府支持开拓有轨电车新造与全寿命服务业务；在中国南车和地方政府支持下，从超大载重电动轮自卸车的开发与制造入手，推进矿山重大装备制造业务的开拓；研究《我国国民经济和社会发展十二五规划纲要》及国务院《装备制造业调整和振兴规划》有关精神，从中发掘介入其它新型装备业务的可能性，努力在1—2个行业寻求突破。

【生产技术准备】 按照公司建设纲领，公司应具备新造200台HXD1C型大功率交流传动电力机车的年产能，围绕形成机车制造能力和进行工艺技术准备，开展机车制造设备安装调试以及平移电力机车设计图纸和制造工艺工作。新造区移车台、天车、平车等运输设备安装完毕，机车总组装和试验以及车体制造所需要的设备、工装及工位器具基本到位，转向架构架制造、轮对生产线和整车室内试验等装备尚在进行制造和安装调试，在装备上基本具备机车制造能力。公司接收株机公司提供的制造图纸3641张，工艺文件295份，检验记录103份，采购技术规范96份，上述图纸和技术文件基本满足HXD1C型电力机车试制要求。根据从株机公司接收的HXD1C型电力机车工艺文件，公司针对设备实际情况，组织编写工艺文件，包括焊接、机加工、电器、转向架、总组装、试验及涂装等相关工序，共编制完成工艺文件电子版178份。根据铁路运输需要，铁道部安排公司综合利用已建成的新造区和检修区资源，开展和谐型电力机车的二年检工作。完成电力机车二年检可行性分析、初步方案设计等技术准备工作。公司电力机车二年检工艺布局及工艺流程方案通过中国南车组织的专题讨论会确认。

【科技创新】 以矿山市场和其他轨道交通延伸产业市场为重点，开展新产品研发工作。根据对矿山运输设备的市场调研，完成对电动轮自卸车的技术调研报告、可行性分析报告和设计任务建议书，确定开发220吨级和300吨级电动轮自卸车。电动轮自卸车开发，以国际先进的标杆车型为目标，采取产学研相结合和国际技术合作的方式，注重发挥中国南车的技术优势，首台样机计划于2012年上半年下线。开展矿山电力机车、单节八轴电力机车、桥式起重机等新产品前期技术调研、技术方案设计等工作，为公司下步发展进行必要的技术储备。

【重要纪事】 1月24日，公司创立大会在广州召开，同时召开第一届董事会和第一届监事会。3月1日，公司在广州市工商局领取营业执照正式成立。12月12日，公司2012年经营工作研讨会召开，就2012年公司经营工作及“十二五”发展目标进行研究和探讨。12月23日，中国南车组织株机公司、洛阳公司相关专家以及中铁四院、中铁工程设计院等设计单位，就广机公司二年检工作召开专题讨论会，会议对广机公司二年检工艺布局及工艺流程方案进行了确认。

【企业主要领导】

董事长　徐啸明
副董事长　朱龙驹　何健桦
董事　李国强　孙　景
　　　李悠盛　金　彪

总经理　朱龙驹
副总经理　金　彪　李悠盛
　　　　李　略　刘桂军
　　　　刘曙蓉　林良荣
总工程师　金　彪（兼）
财务总监　李　略（兼）

党委书记　皮国萍
党委副书记　王建平
纪委书记　王建平（兼）

监事会主席　张文燕

（广机公司　供稿）

地　　址　广州市花都区山前旅游大道西18号
邮　　编　510850
电　　话　020-32278999（未正式开通）
传　　真　020-37728888
网　　址　www.csrgz.com.cn(审核中)
电子邮箱　gzloco@gzloco.com

南车投资租赁有限公司

（工商登记营业执照编号：100000000031587）

董事长　肖孝州

总经理　王石山

【概述】　2011年，公司继续保持快速发展势头，全面完成中国南车下达的资产经营责任制考核指标，全年实现营业收入26.7亿元、净利润1300万元，经营目标完成率达113.54%。

强化内部管理，推进供应链建设。选定四方股份公司、株机公司、株洲所公司开展供应链管理模式的研究和试点，从总部和子公司两个层面，探索建立优质、高效、富有竞争力的供应链管理体系的具体方案。针对上年中国南车效能监察报告中指出各子公司在采购及招标中的各类问题，与宝钢等国内先进企业进行对口交流，学习其在采购、招标管理及电子商务方面的成功经验，为提高中国南车采购及招标管理水平做准备。

不断完善价格信息平台，提高信息服务专业水平。与中国钢铁联合网合作，利用专业网站收集、提取市场价格及相关信息，并从宏观经济形势、国际国内市场动态、供求关系、成本变化等角度，分析主要原材料价格走势，对中国南车各子公司提出采购建议。开展货车主要用料的价格对标，按季度、半年对货车修造企业主要用料的平均价格进行汇总和对比分析，有效促进各子公司降低采购成本、提高管理水平。继续开展货车定额对标，组织中国南车相关子公司对C_{70C}型、P_{70}型、NX_{70A}型、X_{70}型四种车型的主要原材料进行定额对标，将整体材料利用率提升1～3个百分点。建立废钢资源及价格信息平台，积极探讨内部调剂合作模式，按月度统计、发布中国南车各子公司废钢资源量和购销价格。进一步完善库存信息平台，协调解决经营管理信息系统物资管理模块的运用问题，督促中国南车各下属企业按月上报重点物资收、发、存及周转天数等库存信息，同时，持续做好超储积压物资信息服务。

【集中采购】　年内，针对市场环境变化大，新增订单减少，采购需求量有所降低的状况，积极采取措施，切实推进集中采购工作。拓展集中采购的用户和品种，用户新增襄阳南车电机技术有限公司、青岛四方机车车辆铸锻有限公司、北京南车时代机车车辆机械有限公司等单位，品种新增了生铁、电缆等种类。涉足国家重点铁路工程领域，在新建兰新铁路第二双线红柳河至乌鲁木齐区间工程甲控物资招标中，一举中标各型钢材两万余吨，实现销售收入上亿元。

建立与重要供应商长期密切合作关系，中国南车先后与宝钢、马钢、太重等重要供应商进行战略会谈，并与宝钢、马钢签署战略合作框架协议。进一步推进中国南车与中国普天战略合作的深度，组织总部相关部门和中国南车部分子公司主管人员与中国普天深入开展技术和业务交流，同时，与马钢、宝钢、八钢、武钢等单位展开业务联系，推进株洲所变频设备的产品销售，促进其开拓市场，为进一步深化合作奠定基础。

【物资管理】 加强物资业务数据的统计分析，为相关经营决策提供可靠依据。对上年末物资大清查的四个专项报表进行汇总，从采购金额、库存水平、库存结构、周转速度、仓储能力、供应商构成、采购额分布等多方面进行深入分析，全面掌握整体情况，及时发现存在的问题，提出管理建议，促进各企业不断优化供应链活动，降低采购、物流成本，提高物资与供应链管理水平。

【租赁业务拓展】 稳步推进公司融资租赁业务。目前，签订并在执行的昌平融资租赁项目14个，租赁合同金额5200万元，其中2011年签订11个，合同金额3746万元。与唐山鑫汇机械设备制造有限公司签订设备售后回租合同1个，租赁合同金额1500万元。预计今年租赁收入为967万元，利润273万元。协助北京南车时代机车车辆机械有限公司建立融资租赁销售平台。

【物流基地筹建】 为提高中国南车整体资源利用效率，降低建设费用和运营成本，提高物流管理水平，提升核心竞争力，公司决定筹建株洲地区物流中心，并召开了项目启动大会，成立了项目领导小组和筹备组，由租赁公司、长江公司、株机公司、株洲所公司、电机公司共同出资成立株洲南车物流有限公司。公司领导就物流基地项目与株洲市政府签订合作框架协议，三年后，中国南车将建成装卸、仓储、配送、电子商务、增值服务为一体的中国南车株洲物流基地，这是中国南车在现代物流业发展方面所做出的大胆尝试和重要措施。

【企业主要领导】

董事长　肖孝州
总经理　王石山
副总经理　王国靖　赵世军
财务总监　赵世军（兼）

书记　王国靖
监事会主席　徐伟锋

（租赁公司　供稿）

地　址　北京市海淀区西四环中路16号院5号楼
邮　编　100036
电　话　010-51862267
传　真　010-51862265

中国南车（香港）有限公司

总　裁　李志轩

【概述】 2011年，公司不断拓展业务领域，全面建设贸易、投资、融资三大商业平台，充分利用区位优势和经贸资源，在H股资金代付款业务、进口贸易、实体企业和股票投资以及贸易融资等方面积极开展工作，取得良好成果和效益。全年，实现营业收入7834万港元，同比增长2.6倍。实现净利润2284万港元，同比增长31.0%，扣除中国南车运作项目（中国中冶H股减值、股息收入，购买华能新能源股票贷款费用、利息支出和收入），账面净利润为1105万港元，超额完成中国南车下达的考核指标。

【贸易业务】 利用H股资金代付款业务，2008年至本年底，中国南车累计向香港公司拨款41.24亿港元，香港公司对外支付预付款5.09亿港元、尾款0.29亿港元，开立信用证35.68亿港元,信用证已付款34.73亿港元，合计41.07亿港元，其中进口设备11.07亿港元，进口配件29.64亿港元，技术合作0.36亿港元。2011年香港公司向南车有关子公司共结算代付款手续费1139万港元。

开展进口贸易业务，公司签订广州、昆明、宁波、上海等五个地铁车辆采购项目进口合同，作为进口配件供货商全年与境外制造商签订采购合同16项，金额1936万欧元、121万美元，共向制造商支付货款341.1万欧元（累计支付782.0万欧元）,实现营业收入3876万港元。

【投资工作】 实体企业投资方面，在中国南车批准下，公司投资683万美元参股昆明南车城市轨道车辆有限公司，新成立的昆明公司成功夺得昆明地铁线车辆项目，南车城轨车辆业务市场占有率进一步提高。先后接待来港考察的辽宁省铁岭市、铁岭开原市及朝阳市市长等一行，协助助株洲所获得风力发电装备市场竞争优势，同时，做好华能盘锦、铁岭、铁岭大兴、铁岭开原风力发电有限公司和昆明南车城市轨道车辆有限公司等公司投资企业有关财务报表的衔接工作。

股票投资方面，根据中国南车安排，继续持有600万股中国中冶H股，中国中冶H股股价连续三年表现劣于整体股市（2011年恒生指数下降19.97%，而中国中冶却下降了48.69%），其业绩持续低于券商预期，公司也因此在公允价值上减值1002万港元。根据中国南车安排，与高盛签订基石投资协议，认购15554.2万股华能新能源H股，投资39277万港元。

【融资工作】 公司多次就在香港融资的方式、难易、途径、成本等进行调研，完成《中国南车在港融资方案的研究报告》并上报中国南车。年内，为北京南车时代签订5项贸易融资合同，共融资535.2万美元、7650万日元，折合港元4931万，实现贸易融资零的突破，缓解了部分企业资金紧张的压力，降低了融资成本，并在人民币升值预期下，节约了企业的采购资金。

【重要纪事】 4月13日－15日，中国南车董事长赵小刚等领导在香港举办2010年业绩公告会。7月12日－15日，中国南车董事长赵小刚、总裁郑昌泓及副总裁刘化龙、詹艳景等领导到港参加南车股份A股增发路演。11月24日，中国南车董事长赵小刚在港出席"2011中国证券金紫荆奖颁奖盛典"。5月16日，中国南车总裁郑昌泓到香港地铁公司访问考察。12月8日，中国南车总裁郑昌泓等领导出席由香港上市公司商会和香港浸会大学合办的"香港公司管治卓越奖"颁奖典礼。9月8日，公司代表中国南车出席在香港举办的第六届亚洲品牌盛典颁奖晚会并领奖。

【企业主要领导】

总　　裁　李志轩
副 总 裁　杨　理
财务经理　王佳欣

（香港公司　供稿）

地　址　香港湾仔港湾道1号会展广场办公大楼41楼4112室
电　话　852 25981959
传　真　852 28779375

南方汇通股份有限公司
（中国南车集团贵阳车辆厂）

（工商登记营业执照编号：5200001205272）

董事长、党委书记　黄纪湘

总经理　周家干

【概述】 2011年，南方汇通公司围绕“立足铁路市场，有限多元经营”发展战略，抓住国家宏观经济形势好转和铁路货运需求旺盛的机遇，利用公司在货车厂修方面的地域优势、扩能改造后的产能优势和投资企业股权优化后的结构优势，通过开展“抓机遇、保目标、打好‘十二五’开局攻坚战”主题活动，狠抓市场开拓，加强生产组织，完善工艺流程，强化质量控制，规范基础管理，圆满完成年度经营目标，全年实现营业收入17.5亿元、利润5600余万元。

年内，公司铁路产品创历史新高，检修车年度订单首次突破万辆，达到11000辆，国铁车市场占有率从上个10年平均10.65%提高到15.9%。新造货车签约订单1979辆，比上年增加756辆，超过历史最高峰值704辆。全年检修货车11000辆，新造货车1529辆，货车修造合计12529辆，同时增长20.65%。此外，全年铁路配件实现销售收入2.27亿元（其中铸造产品1.21亿元，弹簧产品1.06亿元），比上年翻一番以上，超额完成年度预算目标。

新产业快速发展，全年实现销售收入6.65亿元，完成年度预算目标的106%，同比增长37.8%；实现利润7290万元（股权折算利润3338万元），完成年度预算目标的125.7%，同比增长28%。其中时代沃顿实现销售收入2.35亿元、利润4150万元，分别比上年增长33.4%和5.8%（去除补贴后同口径增长33.9%）；大自然实现销售收入1.7亿元、利润1500万元，分别比上年增长21.4%和33.7%；申发钢结构实现销售收入2.06亿元（含内销收入）、利润1597万元，分别比上年增长60%和178.2%；宇宙钢丝绳实现销售收入5300万元、利润50万元。

【科技创新】 铁路产品方面。成功开发C_{70E}型敞车1个新造车型和J5SQ型双层小汽车运输专用车、X_{1K}型集装箱专用平车、P_{64GK}型棚车、NX_{70}型共用车、P_{64GT}型棚车、JSQ2K型双层小汽车平车等6个检修车型，并取得关键零部件RE2B（A）型轮轴厂修、353130B

型轴承一般修的检修资质。铸造事业部开发了乌克兰1750型摇枕侧架、联结器、GE公司定子架、杰西博公司小臂轴套等市场新产品，弹簧事业部完成机车、城轨、工程机械、汽车弹簧等10多种产品的开发工作。

新产业方面。时代沃顿公司开展配方、工艺、膜元件结构、装备研究等方面工作，并成功开发抗污染膜、100GPD膜片。大自然公司编制的《软体家具·棕纤维弹性床垫标准》升级为国家标准，并开发“尚境”“梦境品逸”“大自然·婴堡”、青少年床垫、波浪型床垫等系列产品。

【经营管理】 完善绩效指标，关注过程，提高绩效考核的准确性、科学性。强化成本控制，加快现金周转，有效提高资金使用效率。克服存款准备金和贷款利率连续上调、货币政策和信贷额度收紧、主要客户资金紧张等困难，采取各种有效措施，加大应收账催收力度，使应收账款大幅下降，年末余额为1.43亿元，较年初下降37.41%，比年内最高峰值降低73.81%，保证了公司所需资金正常供应。开展财务滚动预算编制、执行、监督和考核工作，强化动态控制，预算管理不断完善。开展现场写实、定额核销、物料调剂使用工作，强化物资库、车间二级库及生产现场监管，减少库存和浪费，提高经济效益。采取出租等方式大力盘活闲置资产，提高资产使用效率。完善设备管理奖惩考评体系，开展红旗设备、先进单位及先进个人评比工作，促进设备管理水平提高。制定《董事会秘书工作规则》《内幕信息知情人登记管理制度》等规定，不断规范公司治理。积极应对重大法律风险，取得公司投资纠纷案的完全胜诉，避免了系列连锁法律风险事件，同时成功化解贵阳问题风险，缓解案件对企业的冲击，为妥善处理问题赢得时间。重新辨识评估风险事件，结合公司实际设计制作内控模板，内控管理得到增强。围绕成本效益，开展采购渠道、采购价格、非公开招标物资配件等项目效能监察，取得实际成效。加强劳务用工招聘，解决生产任务高峰时期人力缺口问题。规范劳务用工合同，优化进入、流转、辞职等流程，防范用工风险。加大改制企业扶持力度，帮助改制企业完善法人治理结构，促进其良性发展。

【人力资源管理】 秉承“以人为本，人尽其才”的人才观，以提高待遇、优化配置、加强培训等措施为手段，加强员工队伍建设。按照中国南车变革培训要求，不断优化内训师选聘机制，持续推进培训课程开发，逐步搭建起完善的培训体系，全年参培人员7138人次，培训规模不断扩大，培训层次进一步提高，班组长、中高层管理人员培训成为常态。按照“优员增效”要求，采取切实措施，建立灵活的用工机制，有效降低员工总量。全面推进以岗位绩效工资制为基础的薪酬分配制度改革，调动员工积极性，缓解公司“留人难”“引人难”的问题，实现“薪酬改革平移，企业和谐稳定”目标。实施e-HR系统建设，提高人力资源管理效率。

【精益生产】 完善货车检修“大流水”作业方式，加快生产节拍，降低检修车在厂周期和在修周期，生产效率不断提高。稳步推进精益生产示范线建设，有效运用和推广精益工具，示范线在环境、效率、效益、品质等方面得到提升，弹簧精益生产示范线被中国南车评为二星级精益生产示范线。广泛开展精益改善工作，全年精益改善提案1773件，比上年增长40%。加强库存物资的监控和管理，基本杜绝新的积压物资产生，库存结构得到优化，库存资金得到有效控制。

【质量工作】 通过提高员工质量意识和责任意识，加强对关键工序、关键项点的控制，狠抓质量整改措施的落实，强化员工队伍培训，提高售后服务工作质量，使公司产品质量基本保持稳定。致命缺陷、重缺陷比上年有所降低，没有发生C类以上质量事故，主产品无批量返厂。在铁道部货车修造质量保证能力检查中成为唯一进入A级的货车修理企业，在一、二、三季度典型故障排名中，公司检修车和新造车分别获得第3、第5、第4名和第14、第3、第6名，连续实现第二十一个质量安全年。年内，公司通过欧洲轨道车辆焊接体系EN15085-2认证审核。

【安全环保】 通过加强安全巡视、强化制度执行等措施，杜绝了重伤及以上重大安全事故，工伤频率为5.8‰，实现零重伤、零死亡、零新增职业病的“三零”目标，达到了集团公司的要求，连续实现了第十二个安全生产年。坚持安全质量标准化长效管理，顺利通过“二级安全生产标准化企业”换证审核。大力推进节能减排工作，加强环保设施的使用管理，公司主要污染物排放总量控制在政府规定的范围之内，无污染事故发生，全面完成年度安全环保指标。

【民生工程】 利用国家优惠政策开展廉租房建设，修建房屋600余套，其中200套竣工交验。开展厂区、家属区环境改造工程，实施主要道路“白改黑”工程，并对道路两旁环境进行优化改造，美化员工生产生活环境。先后对员工食堂、招待所、医院、幼儿园、大学生宿舍进行完善改造，改善员工就餐、就医和居住环境。利用贵州省优惠政策，为原工厂大集体家属工办理社会养老保险，解决历史遗留问题。规划设计大学生公寓建设，解决后顾之忧，吸引和留住人才，增加凝聚力和向心力。员工收入持续稳定增长，实现增长10%目标。加强凝冻天气应急处理，提高危机处理能力，有效保证公司生产和员工生活正常进行。

【党群工作】 公司党委围绕中心工作，组织开展贯穿全年的“抓机遇、保目标、打好‘十二五’开局攻坚战”主题活动，各单位以“抓保打”主题活动为载体，结合生产经营实际，积极抓好各项工作的落实，为公司经营目标的实现奠定基础。以“组织创先进、党员争优秀、公司上水平、员工提素质”为目标，围绕企业“科学发展、和谐发展、又好又快发展”这条主线，组织基层支部和广大党员广泛开展创先争优活动。公司领导班子被中国南车评为“四好领导班子”，公司党委被中国南车党委授予“先进基层党委”称号。以开展“爱护公司环境、争做文明员工”“文明纠风”等活动为载体，深入推进企业文化和精神文明建设，进一步规范员工行为，提高员工素养，提升公司形象。以“党建带工建、党建带团建”为抓手，全力支持工会、共青团独立开展工作。工会以“抓保打”主题活动为载体，切实开展“八比八创”活动，取得实际成效。加大“送温暖”力度，全年共看望、走访、慰问离退休员工及特困、重困、工伤、职业病员工和劳模3000多人次，慰问金达130多万元。团委结合青年特点，在加强青年员工理想信念教育的同时，围绕生产经营积极开展形势任务教育进车间进班组、形势任务报告会、创建青年文明号、青年质安岗和青年创新创效等系列活动，有效促进共青团生力军和突击队作用的发挥，展现汇通青年精神风貌。

【贵州大自然科技有限公司】 前身为南方汇通公司棕纤维事业部，2010年1月4日注册成立，由南方汇通股份有限公司、广州市乾鑫财税咨询有限公司等多家股东共同投资，注册资本为3000万元。占地 5.5万平方米，现有员工400余人，其中高级职称12

人，中级职称31人，技师11人。公司先后通过ISO9001质量管理体系、ISO14001环境管理体系、OHSAS18001职业健康安全管理体系和ISO10012测量管理体系认证，产品获得中国环境十环认证标志。

公司是贵州省家具协会理事长单位，中国家具协会副理事长单位，中国睡眠研究会单位会员、消费日报社理事会理事单位、中国质量万里行委员单位，贵州省质量检验协会常务理事单位。“大自然”棕床垫“大自然”棕床垫在全国各大中城市设有600多个销售网络，有150多个经销商，在全国植物纤维弹性床垫行业中产量和销量均居第一，市场占有率为60%。

2011年，公司加强品牌策划和推广，提高品牌知名度、美誉度和特色度。开展品牌形象升级工作，设计具有大自然特色的新LOGO、产品应用资料改版及大自然新一轮主题画面，并将新设计应用于销售终端，通过广播电台、电视台、报纸、网络媒体以及户外广告、路牌等方式，广泛进行品牌宣传和推广，受众遍及各大中小城市。

开发新产品，满足市场需求。开发出“尚境”及“梦境品逸”产品，丰富产品系列，扩大消费群体。开发“大自然·婴堡”婴幼儿系列产品，制定技术工艺、完成产品试制，并形成小批量生产投放市场。完成“大自然青少年床垫”系列产品的技术工艺开发及样品制作，并完成波浪型床垫开发工作，进入小批量生产试销阶段。开发四款大自然枕头，其中两款已实现批量生产。完善翡洛奇系列产品的生产工艺及装备，提升生产能力。

加强产学研合作 推动大自然跨越式发展。与国家聚合物研究中心合作开展新配方的开发及除味研究，与暨南大学合作进行植物纤维弹性包装材料的研究及开发，与西南大学合作进行植物纤维防虫研究。与贵州大学林学院合作，开展棕榈培育技术研究开发，为棕基地的发展提供技术支持。组织完成《剑麻纤维分离改性制备弹性材料及其应用》科技成果鉴定，该成果获得“贵阳市科技进步二等奖”。由公司主持编制的《软体家具 棕纤维弹性床垫》国家标准于2011年6月发布，2011年12月1日正式实施。

加强内部管理，夯实基础工作。完善各项规章制度并组织实施，规范公司管理。完成员工岗位协议的签订，使公司用工合规化。调整生产部内部组织结构，保证安全生产，为提高产品质量和劳动效率创造条件。加强培训工作，分班组、分工序举办三批次生产工艺培训，提高生产工人技能和质量意识。实施公司内部岗位职称评聘制度，激发技术人员工作积极性。加强生产工艺纪律监督管理和生产工艺关键控制点的监督管理，严把生产工序的每个质量控制关。推进5S管理，不断优化和深化现场管理工作。持续开展精益化生产工作，从生产各个环节杜绝浪费，降低成本，提高质量。

【贵州汇通申发钢结构有限公司】 2011年末，公司有员工246人，其中职工82人，临时用工164人，管理人员38人。全年生产钢结构产品9115吨、造修货车配件17146吨，实现销售收入2.06亿元、利润1597万元。

完善内部管理、提升盈利能力。进一步理顺各项工作管理流程，修订完善《钢结构加工合同》《钢结构加工来料合同》《钢结构加工安装总承包合同》《钢结构生产工艺工序流程》《合同评审制度》《质量奖罚管理制度》等管理制度。加强生产成本控制，不断优化材料、耗材成本核算,并建立成本考核制度，从制度上确保综合盈利能力提高。全面开展“质量管理办法”活动，重点强化车辆配件、钢结构产品在生产过程中的自检互检制度、项目负责人的首件鉴定制度以及质检人员的专检制度等，切实提高公司产品质量，返工率及客户反馈率大幅下降。完善薪酬管理，制定薪酬结构分配制度，特别是对部分管理、工程技术人员实行固定分配模式，打破平均分配方式，体现薪酬分配的公平性和竞争性。

强化市场开拓，加快各项业务发展。根据年度企业发展目标，对业务发展指标进行分解，将指标分解落实到人，并出台相关营销措施和考核办法，加大考核力度，有效挖掘市场潜力，不断拓展市场。建立客户信息档案，优化营销环境，加强与客户沟通联系，建立良好合作关系，巩固并发展新、老客户的业务。年内开发贵州电力建设第二工程公司、四川正恒工程项目管理有限公司、贵州省冶金建设公司七分公司、贵阳市修文县葆润钢结构有限公司、贵州顺和建筑工程有限责任公司、东莞市百鞍钢构工程有限公司、贵州省建工集团第一建筑工程有限责任公司、徐州宏桥钢结构建筑工程有限公司、贵州凯兰德煤机制造有限公司、贵阳高科控股集团有限公司等10余家新客户。

实施技改扩能和工艺调整，切实提升效率、质量。建成箱型柱生产线、重钢生产线、管桁架生产线各1条，完成铜厂厂房工艺布局并安装调试投入试生产，同时新增10吨桥式起动机及过栋无绳平车各1台，并自制相应工装，理顺生产工艺，有效改善重钢生产环境，提高重钢生产能力。理顺轻钢生产工艺，完成150线轻钢生产线工艺调整，并制作配备相应工装设备，轻钢结构产品生产的效率及质量得到较大提高。

适应市场需求、抓好新产品开发。针对管桁架生产线相关建设，成立“型材弯曲机”研发小组，跟踪行业技术发展的新趋势，应用引进新技术，研发制作1台“型材弯曲机”，满足管桁架生产要求，为公司今后新产品的开发积攒后劲。开展相关钢结构市场产品研发，完成钢结构支撑梁、新型钢结构用六角扭剪型螺栓、钢结构连接装置、建筑防火钢结构、改进型钢结构厂房结构、新型钢结构防火门等实用新型产品开发，并展开专利申请的办理。

【北京时代沃顿科技有限公司】 公司主要从事反渗透和纳滤膜元件的研发、制造和服务，拥有膜片制造的核心技术和规模化生产能力，是国内最大的复合反渗透膜专业化生产企业，也是拥有强大技术支持的系统设计与应用服务的提供商。公司下辖贵阳时代沃顿科技有限公司，股东构成为南方汇通公司、株洲所、管理层团队。公司在北京和贵阳都设有生产基地，拥有年产750万平方米复合反渗透膜和纳滤膜的生产能力，其中北京基地年产150万平方米，贵阳基地年产600万平方米。

年内，贵阳研发中心为了满足市场需求，对北京原有纳滤膜后处理工艺进行大规模调整，重新开发包括高脱盐高脱钙型和低脱盐高脱钙型两款纳滤膜，两款纳滤膜均投入商业化生产，其中高脱盐高脱钙纳滤膜在茶浓缩和其他特种浓缩上有市场前景，低脱盐高脱钙型纳滤膜在海水淡化系统上有较好应用需求。通过优化工艺、设备局部改良、加强质量管理等三方面工作，膜及元件制备技术、膜片及膜元件性能得到大幅度提升。全年主营业务收入2.3亿元，净利润（经营性）3500万元，完成董事会制定的各项经营指标。

【宇宙钢丝绳公司】 2011年末，公司有员工210 人（女员工 35 人），其中管理及技术人员 25 人，操作服务类人员 185 人。公司下设6 个部门，共 6 个行政单位。

年内，加强体系建设，成功通过美国石油协会（API）质量体系换证审核。完善技术标准，制定下发《钢丝绳麻芯技术要求》《钢丝绳润滑油脂技术要求》《生产钢丝绳用高碳盘条技术要求》等技术文件。开展“全员行动抓质量、大打质量翻身战”活动，为后续市场拓展奠定基础。开展压实股钢绳的开发，为市场拓展创造条件。根据国外客户要求，完成八股绳开发与生产。实施 F-2 大铅锅冷却水管改造，提高该热处理线的产量、质量。完成 F-2 热处理线 42 英寸工字轮放线架设计制作，解决工字轮轴孔磨损问题。

针对粗绳订单不足状况，采取系列措施，在合理调整粗绳售价的同时，加大对上海、重庆片区、越南等客户走访和沟通交流力度，市场订单得到一定恢复。根据马来西亚政府限制中国钢绳进口的情况，积极与经销商研究相应对策，有效维护新辟的该国市场。全力巩固即有市场，着力开发新市场，公司产品成功进入陕西西安，湖北等市场，并在广州港成功中标，重新进入该市场。处理历史积压库存次品绳近 100 吨，回笼资金近 60 万元，盘活了资金。

克服困难，积极开展生产自救活动，钢绳产量同比增长 9.5%。制定实施细绳生产激励措施，调动细绳捻股工积极性，在提升细绳生产产量的同时增加了捻股工收入。全年安全投入近 60 万元，改善现场环境及防护设施，轻微伤事故为 1%。

【重要纪事】 5 月 16 日，公司试做厂修的 J5SQ 型双层小汽车运输专用车及 X_{1K} 型集装箱平车通过部级厂修生产质量鉴定。6 月 3 日，公司 C_{70E} 型敞车试制通过铁道部生产质量认证。6 月 28 日，公司试做厂修的 NX_{70} 型平集共用车样车及 RE2B（A）型轮轴厂修、353130B（A）型轴承一般修样件通过铁道部生产质量鉴定。9 月 6 日，公司质量、环境、职业健康安全管理三体系通过中国质量认证中心的审核。10 月 8 日，公司通过欧洲轨道车辆焊接体系 EN15085-2 认证，获得欧洲轨道车辆及其部件焊接体系认证证书。11 月 21 日，公司举办以《公司发展与薪酬管理》为主题的 2011 高峰论坛。12 月 2 日，中国工程院院士马克俭负责的“新型钢结构建筑体系研究开发与应用院士工作站”揭牌仪式在公司控股企业贵州汇通申发钢结构有限公司举行。12 月 17 日，“中国南车集团贵阳新产业基地”在贵阳国家高新技术产业开发区沙子哨生态工业园奠基。

【企业主要领导】

董事长　黄纪湘
总经理　周家干
副总经理　张万军　许国梁　刘火长
总会计师　张英凯
总工程师　张晓南

党委书记　黄纪湘
党委副书记　周家干（兼）　崔景泉
纪委书记　崔景泉（兼）
工会主席　崔景泉（兼）

贵阳厂厂长　胡鹏飞

（南方汇通公司　供稿）

地　址　贵州省贵阳市白云区都拉营
邮　编　550017
电　话　0851-4470382
传　真　0851-4470141
网　址　http://www.southhuiton.com
电子信箱　nfht@southhuiton.com

常州铁道高等职业技术学校

（事业单位法人证书编号：46728393-X）

党委书记　史小余

校长　曾传金

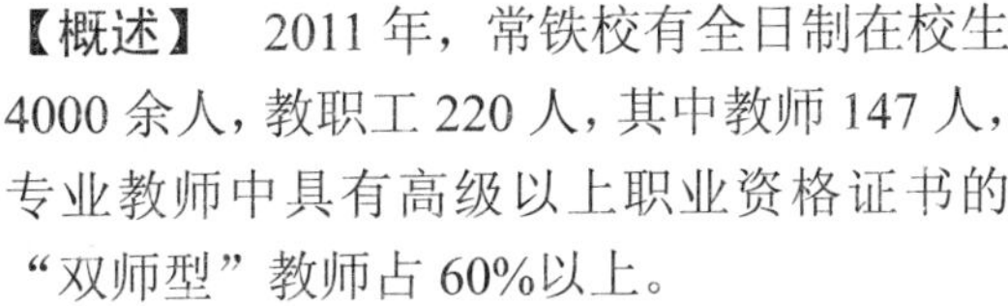

【概述】 2011 年，常铁校有全日制在校生 4000 余人，教职工 220 人，其中教师 147 人，专业教师中具有高级以上职业资格证书的“双师型”教师占 60%以上。

年内，常铁校以创建国家示范（特色）学校为目标，围绕提高办学质量开展各项工作，不断强化学校内涵建设。全年学校录取新生 719 人，毕业生数 900 人，一次性毕业率达到 99%以上。学校设材料工程系、机械工程系、电气工程系、信息工程系、基础部和成教部，开设机电一体化技术、计算机网络技术、机械制造与自动化、数控设备应用与维护、焊接技术及自动化、电子商务等 10 多个高、中职专业。

【第二次党员大会召开】 11 月，常铁校第二次党员大会召开。会议回顾了五年来学校在党委领导下的主要工作，总结了基本经验，确定了今后四年学校的奋斗目标，为学校“十二五”发展指明方向。会议选举产生中共常州铁道高等职业技术学校第二届委员会和新一届纪律检查委员会。

【省级焊接技能大赛】 3 月，常铁校圆满承办江苏省职业学校焊工技能大赛，在准备过程中，严格按照大赛组委会要求，以高度的责任感、强烈的责任心，高标准、高要求完成各项组织工作。学校派出的参赛选手最终夺得 3 金 1 银 1 铜的成绩。

【专业建设】 12 月份，焊接专业及自动化专业接受江苏省教育厅职业学校特色专业建设视导组的视导，并被评为江苏省五年制高职特色专业。积极开展新专业开发工作，完成城市轨道交通控制专业的申报工作。

【行业培训】 2011 年，常铁校发挥企业办学的优势，不断强化校企合作的办学特色，被评为“全国职业技能竞赛活动优秀组织奖”。服务行业企业，有效开展各类人才培训工作，全年为中国南车承办焊接技师、车间主任、班组长等各类培训班 10 期，共计 487 人。大力开展社会培训及服务，为地方企业进行员工培训 9 期计 569 人，承担再就业培训班和农村劳动力转移培训班 20 期，共计 1398 人次。抓好成人学历教育，稳定与上海交大、河海大学和常州信息职业技术学院等高校的联合办学关系，成人学历教育招生226余人。加强与企业合作，推进“工学结合”的教学新模式。

【重要纪事】 3月15日，学校三届四次教职工代表大会召开。3月28日，江苏省职业学校焊接技能大赛在学校举办。10月27日，股份公司董事长赵小刚到学校检查指导工作。11月29日，学校第二次党员大会召开。12月6日，江苏省教育厅五年制高职特色专业建设视导组到学校视导。

【学校主要领导】

党委书记　史小余
党委副书记　苗　苗
纪委书记　苗　苗（兼）
工会主席　苗　苗（兼）

校长　曾金传
副校长　朱月红　赵太平
　　　　俞永清
校长助理　丁　说　郭秀华

（常铁校　供稿）

地　址　江苏省常州市戚墅堰区工房10区1号
邮　编　213011
电　话　0519-85052428
传　真　0519-88358832
网　址　http://www.cztljx.org
电子信箱　ctx1958@163.com

中国南车集团投资管理公司

（工商登记营业执照编号：110000005012255）

总经理　赵　蔚

书　记　么治森

【概述】　2011 年，投资公司按照中国南车“十二五”战略部署，以管好经营好国有资产为目标，切实加强内控制度建设，不断提高服务水平，努力开创资本运营新局面，全年实现销售收入 4390 万元，利润 150 万元。

作为中国南车投资平台之一，投资公司积极探索资本运营新领域。确定“一个”定位，解决方向问题，理清投资公司的定位、任务目标、投资领域等。成立“一个”创投公司，解决人才和项目信息问题，确保合适项目来源的持续不断。投资“三个”项目，完成航天精工项目部分股权收购、投资北京二七厂的诺安舟应急缓降机械装置项目、参股 5%飞鹿涂料项目，资本运营工作实现零的突破。

加强制度建设，提高公司管理水平。按照中国南车关于建立健全内部控制体系工作计划和实施方案，建立和梳理制度 86 个，修改制度 9 个，新制订制度 8 个，确保公司各项经营管理规范运行。强化财务管理，推行财务预算监控和滚动预算管理，完善应收账款责任制，并对公司现有资金进行有效理财，为公司发展提供支撑。完成 e-HR 系统上线工作，实现与中国南车总部同步管理，为进一步深化管理奠定基础。统筹协调，深化公司安全管理，理清资产关键项点，坚持关键项点日常必查，并与公司所辖资产管理人签订租赁资产安全、消防协议，确保安全责任落实到位。此外，完成公司 1993 年成立至今的大事记编制工作，为查找资料、了解历史提供便利。

发挥党支部的保证监督作用，加强理论建设和党员队伍建设，促进中心工作的开展，在“创先争优”党员活动中，注重发挥党员模范带头作用，充分调动员工工作积极性，团结协作的风气成为公司文化“团结的集体，和谐的团队”的主旋律。

【资产管理】　完善资产监督架构，确保国有资产保值增值。按照监管责任制和合同条款，落实日常管理责任。加强巡视、检查，督促整改资产出租后再装修出现的问题，对违反合同条款的问题，即时制止，立即整改，并积极帮助承租方解决经营中出现的实际困难，确保年租金足额上缴。理清资产权属，做好资产处置准备，完成中车大厦、白纸坊楼、泰山疗养院和海南鑫源酒店的权属证照名称变更工作，并督促承租方协调泰山市政府推进泰山疗养院资产处置工作。

【物业管理】完善物业功能，提高服务水平。与园区大物业建立及时通报机制，确保与大物业信息畅通。认真落实设备维保计划，履行好大厦的日常维修、养护、服务职责，确保大厦功能正常。逐步整改解决大厦装修、施工遗留的问题，积极与集团公司相关部门密切配合，开展现场调查和议标研究，并落实房屋评估鉴定单位，年内中国南车办公楼装饰装修、设施设备及系统评估工作全面展开。加强对服务人员中式和西式餐饮服务培训，适应中国南车国际化的需要。做好餐饮服务工作，满足员工正常就餐需求。

【海南鑫源置业发展有限公司】 鑫源温泉大酒店是鑫源置业发展有限公司下属酒店。2011年，酒店继续实行承包经营管理模式。

在中国南车内控审计督导下，制订内控制度，出台《海南鑫源温泉大酒店内部控制制度汇编》，为酒店强化内部控制，防范风险奠定基础。年内，加大硬件设施升级改造力度，共投入240余万元资金分别对15楼客房、酒店大堂等处进行改造和重新装修，其中重点对十五楼进行新增木桶温泉浴的升级改造，为客人提供更加舒适的住宿和休闲娱乐的环境，提升酒店形象。全年实现营业收入2222万元，完成全年计划的107.9%。其中客房收入1604万元，租赁收入186万元，其它收入432万元。全年客房平均出租率为72.13%，平均房价为182.57元/间·天。全年上交回报710万元，设备完好率平均为96%，全年无重大安全事故，并顺利通过海南旅游局年度“四星”复评工作，继续保持四星级酒店资格。

【泰安傲徕峰山庄】 年内，泰安傲徕峰山庄协同承租人对资产进行了一定程度的改造建设，达到资产保值增值的目的。对院内西山沟小水库进行清淤，共清理淤泥500余立方，扩大了库容量，同时对破损部位进行维修，使旧水库重新发挥蓄水及美化环境的功能。加强院内安全工作，将各楼房加装防护围栏，增强了安全感，提升了品位。完善税费收缴制度，按合同要求及时收缴承租人的应付税金。监管承租人对餐饮楼、四号楼、六号楼进行装修改造，及时弥补对方在装修改造过程中对资产的损伤及破坏。加强安全消防工作，协助承租人与泰山管理委员会进行及时沟通，配合泰山管理委员会制定安全消防工作规范。

【企业主要领导】

总 经 理 赵 蔚

副总经理 顾建勇

书 记 么治森

（投资公司 供稿）

地 址 北京市海淀区西四环中路16号院5号楼

邮 编 100036

电 话 010-51862231

传 真 010-51862172

存续企业

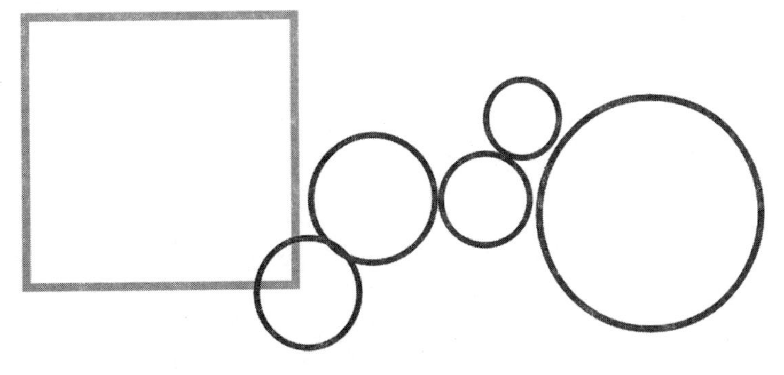

中国南车集团株洲电力机车厂

中国南车集团资阳机车厂

中国南车集团戚墅堰机车车辆厂

中国南车集团南京浦镇车辆厂

中国南车集团株洲车辆厂

中国南车集团眉山车辆厂

中国南车集团武昌车辆厂

中国南车集团铜陵车辆厂

中国南车集团成都机车车辆厂

中国南车集团洛阳机车厂

中国南车集团襄樊机车厂

中国南车集团北京二七车辆厂

中国南车集团石家庄车辆厂

中国南车集团武汉江岸车辆厂

中国南车集团（青岛）四方机车车辆资产管理有限公司

中国南车集团株洲电力机车厂

2011年，株机厂综合管理一部盈利70.02万元，控制在南车集团批复不亏损的目标范围内。综合管理二部即株洲所存续部分盈利10.64万元，达到南车集团批复不亏损目标。两部门汇总报表数共盈利80.66万元，完成南车集团预算批复的任务。

资产处置方面，遵照国务院国资委、财政部令第3号《企业国有产权转让暂行办法》和南车资〔2008〕114号《中国南车集团存续企业产权、资产转让规程》文件精神，完成南车集团下达的30项固定资产报废及拆除出售工作。完成工厂持有深圳通业科技发展有限公司10%股权的转让，成交金额632.5万元。田心医院整体移交工作完成初步审计和评估。北海九方投资开发有限公司注销工作，已委托律师对北海工银的一项债权官司进行收回，2012年初可完成该项工作。工厂持有株洲九方制动设备有限公司34.91%股权转让工作完成审计及评估前期准备工作。同时，健全完善资产监督管理体系，有效管理存续资产，年内收回应收款项1041.98万元，对尚未收回的款项均取得债务人确认并出具相关函证及签订还款协议。

落实并解决主辅分离改制预留费用不足问题，完成建安公司职工原始股195万股退股转让工作和田心馨柳楼房产证196户分户证办理及发放工作，积极办理社区住宅分户证工作，并完成7238户房改房住宅的的土地使用证办理工作。

中国南车集团资阳机车厂

2011年末，资阳机车厂资产总额16014万元，主要是原企业改制时剥离留存的非经营性资产。年内，通过控制费用支出，增加租赁收入和资产处置收入等措施，实现净利润1.07万元，超额完成南车集团下达的净利润预算指标（0万元）。

按照国有资产处置规程，有序推进存续企业股权处置工作，完成对资阳晨风天勤科技有限公司17.49%的股权、资阳晨风工业公司2.439%的股权、四川省资阳新源压缩天然气有限公50%的股权处置。通过转让、报废等方式，处置固定资产44项。按照资阳市政府要求，配合黄泥巴山拆迁改造规划，妥善处置对涉及工厂土地及房屋（建筑物）资产项目的征收。

对主辅分离辅业改制企业运行情况进行调研，采取必要的扶持政策和适当的方式，加强对改制企业的后续管理。按国办发〔2011〕18号文件和南车集团有关文件精神，对改制大集体企业改制遗留问题，拟定处置方案，确保改制企业稳定和生产经营工作正常进行。

根据国家《关于推进城市和国有工矿棚户区改造工作的指导意见》，推进黄泥巴山职工旧房改造工作，在完成征收补偿安置方案征求意见工作的基础上，启动签订征收补偿与安置协议的工作程序。

按照市场化原则，加强生活后勤项目服务合同管理，并根据合同履行情况考核结算费用，所有项目费用均控制在预算范围之内。

中国南车集团戚墅堰机车车辆厂

戚墅堰机车车辆厂包括戚机厂和戚研所非上市部分，生产经营以自有房屋、自有设备租赁为主。2011 年资产总额为 10577 万元，负债总额 1759 万元，所有者权益 8818 万元，实现营业收入 271 万元。

管理好存续企业的各项资产,确保国有资产保值增值。合理预计年度经营情况，编制年度财务预算，并严格控制各项费用。做好资产处置计划上报和资产处置工作，对外转让股权投资，对部分无使用价值资产作报废处理，完成戚机厂兴力实业公司股权转让工作。

根据南车集团《关于戚墅堰厂新建科技人员公寓项目的批复》（南车划〔2010〕105 号），组织做好新建戚机厂科技人员公寓相关工作，及时办理工程各种报批手续，做好工程施工招议标和合同的签订，确保该项目的施工进度及质量，并努力将此项目列入常州市公共租赁住房，减免各种规费，共节约支出约 400 万元。

加快老旧住宅区改造。公司领导与戚墅堰区政府多次磋商，促使工房区改造地块正式启动，开始对工房区十一区黄房子、十一区平房和北 99 幢入户调查登记。

完成将影剧院改建员工食堂的改造，做好该项目招标、施工、竣工验收工作。同时，按食堂经营社会化要求，会同公司工会、财务部、纪委等对食堂经营单位招标，做好食堂的资产清点交接工作及员工食堂营业、安全、卫生等相关管理工作。

中国南车集团南京浦镇车辆厂

2011 年，浦镇车辆厂实现营业收入 590 万元，净利润 6 万元，资产总额 15561 万元，负债总额 1465 万元，净资产 14097 万元。

分离企业办社会职能。实施供水系统改造移交工程，完成工厂南苑、浦西、厂西等区域居民用户6059户、企事业单位36户改造通水。经与地方主管部门多轮交流协商，初步形成医院整合移交方案。

做好存续资产管理与处置工作。完成固定资产大维修 19 项。经与南京市物管办协商，开启工厂已售公房公共维修基金使用通道，并完成对 2 幢已售公房屋面实施大修。完成交通银行股票等资产处置，取得投资收益 92 万元。组织开展企业国有资本产权登记工作，完成浦镇厂产权变更登记和 10 个改制企业国有产权注销登记。

制定老职工住房补贴与老旧住宅区改造捆绑运作方案，得到南车集团认同并通过国资委备案。依据房改政策和企业实际，制订老职工住房补贴实施办法与 2011 年度发放方案，首批发放 87 名离退休人员住房补贴 405 万元。同时，推进老旧住宅区改造工作，与浦口区政府联合成立顶山南门片区改造指挥部，统筹规划，使南厂区两家改制企业在浦口桥林新区的新厂区建设初步成型，加油站、消防队、制氧站的搬迁安置基本完成。

根据上级政策文件和工作部署，对所属两家大集体企业开展现状调查和历史问题梳理，为大集体企业改革改制做好准备。

深入贯彻南车集团主辅分离改制分流后续工作指导意见，加强对改制企业的管理。对改制企业财务成本管理、合同管理和物资采购管理等工作进行专项检查，制定浦厂医院、工业公司、改制单位绩效评价标准及办法，对其领导班子实施绩效考评。会同浦镇公司精益管理部在改制企业推行精益生产，提升企业管理水平与效率。

中国南车集团株洲车辆厂

2011年，株洲车辆厂设有存续企业管理部门综合管理处，管理及服务人员共21人。年内，工厂围绕存续资产管理和处置，认真做好存续资产租赁经营工作，加快小产权处置进度，加速处置低效、无效资产，积极推进厂办大集体改制、生活用水改造移交、棚户区改造等工作。完成存续企业房屋确权办证工作。全年共签订租赁合同25份，共收租赁费392万元，并对国资委监事会检查组提出的个别改制公司租金偏低问题进行了整改。完成星联、锦云两公司股权处置及飞鹿、春华、燃化等3个公司股权审计、评估，并在北京产权交易所挂牌转让。完成3栋共计10000平方米经济适用房建设和两栋60户廉租房改造。成立厂办大集体企业改制领导小组和工作小组，完成厂办大集体企业资产清查、改制初步方案的编制等工作。积极推进生活用水改造和移交工作，已启动生活供水系统改造工程。实物资产处置方面，全年处置实物资产26项，原值54万元，净值3万元。

2011年末，全部存续企业总资产为19104万元，其中流动资产为3180万元，可供出售金融资产8570万元，长期股权为780万元，固定资产净额5774万元。负债为2188万元，其中流动负债485万元，递延所得税负债2003万元。净资产为16615万元。实现净利润8万元。资产保值率（剔除可供出售金融资产公允价值变动因素）0.4%。

中国南车集团眉山车辆厂

2011年，眉山车辆厂共完成两类七大项存续资产处置工作。处置同升建筑公司、四川天华股份有限公司股权，取得投资收益30万元。完成将“工厂区域供水工程”中工厂出资形成资产1834万元和工厂原自供水系统资产294万元移交地方政府管理工作。以公开拍卖方式，对同升小区部分商业铺面进行处置，拍卖总收入1955万元，实现资产大幅增值。完成厂内运输设备、职工食堂资产报废及核销工作，处置资产75项，原值185万元，净值45万元，获得收入25万元。完成华洋木业公司设备资产处置工作，处置资产70项，原值628万元，净值50万元，获得收入73万元。此外，生活区电改造工程完成主线路建设、分户电缆地沟开挖。全年资产租赁获益177万元，投入维修资金100万元，确保工厂文化、娱乐、交通、照明等设备设施正常使用和运转。

积极推进老旧住宅改造工作。累计拆除老旧住宅16幢共计452户，拆除建筑面积12741平方米。完成200户员工住户临时安置工作。新建住宅项目争取到国家财政补贴资金650万元，各项政府应收建房税费全部减免，减免总金额64万元。员工集资新建的碧江馨苑小区主体工程完工，基础配套设施工程完成项目招标。在旧住宅拆除后的原址上建设的绿化景观工程已完工。

中国南车集团武昌车辆厂

2011年，武昌车辆厂下设综合管理处和社会事务处，共有员工44人。武昌厂围绕存续资产管理和处置，认真做好存续资产租赁经营工作，全年共签订租赁合同16份，共收租赁费402万元。按南车集团要求，完成原武昌厂所持改制企业股权的转让工作。追回外单位拖欠原武昌厂账款计40万元。年末，存续企业总资产为21267万元，其中流动资产为19225万元，固定资产为1314万元。负债为22991万元，净资产为－1724万元，实现净利润4.5万元，资产保值率10.08%。

中国南车集团铜陵车辆厂

2011年，铜陵车辆厂有员工11人，全部是主辅分离辅业改制内部退养人员。占地面积51.7万平方米，固定资产净值1052万元，实际盈利0.3万元。

年内，根据国资委、南车集团统一部署，启动厂办大集体的改革改制工作。按照南车集团老旧住宅改造要求，获得2010年安徽省廉租住房建设中央预算内投资计划项目300套，项目建筑占地面积12000平方米，实际建造总建筑面积12600平方米，住宅252套（另48套为现有空闲住房），获中央和地方补助资金共计900万元（其中地方财政配套资金300万元）。3月10日，项目正式开工建设，年底主体工程完成。逐步移交生活区水电气，在南车集团支持下，生活区水电气改造移交工作于2010年初启动，截止2011年底，天然气、长江引水入户工程已完成，资产移交正在实施，电移交方案也已启动。推进对外投资处置工作，截止2011年底，工厂对外投资由年初的207万元减至89万元，对外投资单位由年初的11家减至6家，在北交所挂牌转让收回对五家公司的投资。做好离退休人员管理服务，工厂荣获2009～2010年度铜陵市老干部工作先进集体称号。

中国南车集团成都机车车辆厂

2011年，成都厂实现营业收入82.18万元，较上年增加34.76万元。实现利润13.77万元，超额完成南车集团下达的年度预算指标（0万元），较上年同期减亏230.55万元，减亏106.35%。年末，资产总额5712万元，其中流动资产2376万元（货币资金451万元，其他应收款1925万元），非流动资产3336万元（长期股权投资14万元，固定资产净额3094万元，在建工程213万元，固定资产清理15万元），负债总额3778万元，净资产1934万元。年末货币资金为451万元，来源主要是收取职工的购房款和累计结余的住房维修基金，其中集资修建经济适用房专户为237万元，住房专户197万元，其余资金17万元属于旧房购房款和住房维修基金等。按照《关于对非整建制存续企业实行资金集中管理的通知》要求，全年向南车集团上划资金1573万元。

年内，根据南车集团2010年资产处置计划的要求,向南车集团上报《关于我厂申请批准启动职教楼资产处置工作的请示》并获得批复。根据南车集团《关于成都厂拟转让职教楼的批复》（南车资〔2010〕39号）的要求, 经亚洲北京资产评估有限公司对该资产初步评估,评估价为948万元。因历史遗留问题,该资产未办理产权证,本次评估是以账上的建筑面积进行评估,但根据成都市房管局办理产权证的规定,须由它指定具有资质的测绘单位重新对该资产的建筑面积测量后,才能办理产权证。经过一年多的努力和多次与地方房管局沟通，此产权证办理的相关问题已得到解决。

按照国有资产管理规定程序和方法，规范资产处置业务和账务管理，确保国有资产保值增值。全年实现租金收入55万元，其中出租固定资产房屋建筑物30项（原值733万元），出租机器设备3项（原值3.78万元），出租办公设备以及其他1项（原值0.62万元）。

继续推进老旧住宅区改造工作。2011年6月，“灾后重建”第五期经济适用房交付使用，272户住户领取新房钥匙。该工程是在原“5·12”地震中倒塌的三幢职工住宅旧址上修建而成，建筑规模为36693.9平方米。此外，2月启动后四坪、五坪改造工程，6月底竣工。规范机动车辆的管理，新建停车区域8处，建停车位280余个，新建挡车器6个。加强生活小区环境建设，敷设排污下水管道2000余米，扩宽道路2000余米，新增庭院灯30处，启动家属区燃气改造工程，已完成庭院管、立管、户表的改造。清理家属区旧房产权遗留问题，经与成都市房产管理局协调，完成对83户员工购房手续的完善补充及购房合同的签订。

中国南车集团洛阳机车厂

2011年，洛阳机车厂实现营业收入92万元。资产总额为13023万元，其中流动资产总额为6468万元，较计划2747万元增加3721万元，增长率为1135.46%，增长原因主要是收到南车株洲电力机车研究所有限公司股权转让款5055万元。非流动资产总额为6555万元，较计划10238万元减少3683万元，降低率为35.97%，原因是转让持有中国南车集团襄樊牵引电机有限公司的股权获得4700万元。

年内，及时准确与改制单位签订资产租赁协议，保证应收尽收，确保资产保值增值。规范改制公司业务委托协议的签订，使关联交易价格逐年与市场价格趋向一致，同时督促改制公司提高对主体企业的产品质量和服务水平。落实企业年度资产处置计划，处置完毕全部可处置资产，存续资产得到优化。规范资产处置流程，促使安和物业、机车宾馆两家参股企业长期股权投资完全退出。顺利完成襄牵公司的股权整体转让工作。

积极推进西区改造，从项目立项、各种手续审批、费用预算、销售控制、工程质量和大宗材料采购等方面参与管理，全面降低成本费用，促进此项目顺利实施，并获得政府下拨以奖代补资金162.40万元，做到专户存储专用。此项目一期工程是在拆除公建基础上进行住宅建设，共拆除公建10019平方米，新建7栋楼（6层）多层建筑，建筑面积为25215平方米，其中住宅面积24723平方米（安置246户居民），商业门面房492平方米。4月主体工程封顶完工，年底竣工交付。二期工程完成游泳池项目文物普探、地下隐蔽工程改造、施工场地准备、土地性质变更，按洛阳市大改办意见进行基础开挖和施工。饮食城项目已着手地面建筑物和构筑物拆迁。

推进“1123”工程，实现社区品质提升。机车社区配套改造工程项目组与瀍河区政府多次进行专题研讨，双方就机车社区品质提升涉及的一规划（机车社区新规划）、一改造（西区旧房改造）、二场（中门广场、东菜市场）、三路（30米景观大道、60米应门大道及机车大道）（简称“1123”工程）达成合作共识，且启明东路建设已进入全面施工阶段。

根据国务院办公厅、国资委和南车集团有关开展厂办大集体改革改制工作的文件精神和工作部署，积极实施公司非相关产品退出战略，全面启动工业公司整体改革改制工作。对工业公司业务、资产和人员进行初步梳理，制定《恒佳公司股权转让实施方案》，并按流程形成《关于同意处置恒佳公司股权的决议》上报工厂，获得工厂《关于工业公司拟转让所持恒佳公司全部股权的批复》，并参照国有资产处置的相关规定，进行财务审计和资产评估工作。通过公开挂牌转让方式，恒佳公司股权转让事宜经公示后召开专项拍卖会，经公开竞价拍卖完成了股权转让和标的交割工作。随后，制定并经公司职代会通过《恒佳公司职工安置方案》，完成了营业执照工商变更登记和税务登记证的变更登记。

中国南车集团襄樊机车厂

2011年，襄樊机车厂针对园区改制单位普遍存在的治理结构权责不清晰、基础管理工作弱化、员工队伍建设不足等问题，召开园区改制企业座谈会，就园区各改制企业提出的疑问进行解疑，对参股企业的股权退出进行沟通交流，促进园区改制企业与工厂和谐发展。

根据《国务院办公厅关于在全国范围内开展厂办大集体改革工作的指导意见》（国办发〔2011〕18号）和国务院国资委《关于推动中央企业规范做好厂办大集体改革工作有关事项的通知》（国资发分配〔2011〕111号）及《中国南车集团厂办大集体改革改制实施意见》（南车资〔2011〕133号）文件精神，结合工厂实际情况，8月对综合加工厂2008年4月至2010年底的财务情况、人员结构情况、产品结构情况、固定资产情况、社保情况等进行摸底，并按照南车集团资产运营管理中心要求提报厂办大集体摸底表。11月，在工厂原改制基础上，对综合加工厂改制情况、面临困难、下一步改制思路进行调研并形成汇报材料。

根据国家住房和城乡建设部等五部委《关于推进城市和国有工矿棚户区改造工作的指导意见》及湖北省发改委《关于中国南车集团襄樊机车厂棚户区改造项目初步设计批复》，结合工厂现有需拆除还建实际，积极与地方政府及有关部门沟通，使工厂被确定为襄阳市第一批棚户区改造单位。11月28日，棚户区改造项目正式奠基。

根据南车资〔2010〕140号《关于襄樊机车厂生活区供水系统改造并移交地方管理的批复》文件精神，对生活区供水系统实施改造移交，并于7月22日正式启动工厂生活区供水系统改造工作，年内完成主管网络铺设、户表工程及家庭主网络对接工作。供水改造项目的实施完成有效改善了员工及家属的生活用水质量。

中国南车集团北京二七车辆厂

2011年，北京二七车辆厂总资产9560万元，负债2612万元，所有者权益6948万元，流动资产6507万元，长期股权投资2015万元。固定资产净值1038万元，主要由土地、房屋建筑物、住宅区公共设施组成。全年实现营业收入158万元，实现利润7.5万元。

根据南车集团对工厂资产处置的要求，编制资产处置计划，推进持有股权撤出的处置工作。完成所持有的北京二七宏业汽车运输有限公司股权上市挂牌交易工作，竞得交易款34.15万元，实际投资15万元，实现投资收益127.67%。启动工厂所持北京二七车辆物业管理有限公司股权处置的前期准备工作。协助完成工厂投资的大同铁工煤炭运销有限公司清算工作，并收回所有清算款项。根据工厂原医院转让时的合同规定，积极推动土地、房屋的产权证移交，及时收回受让方北京世泰康业经贸有限责任公司所欠的全部资产转让余款500万元，全面完成了医院转让的收尾工作。同时，规范存续企业出租资产管理，确保资产使用在受控状态。

中国南车集团石家庄车辆厂

2011年，石家庄厂资产总额17356万元，较上年减少8735万元。负债总额11095万元，较上年减少1642万元。所有者权益总额6261万元，较上年减少7093万元。实现利润3万元，超额完成南车集团下达的1万元利润目标，首年实现扭亏为盈。

年内，托管公司各部门不断加强存续企业资产管理，积极推进存续资产处置工作，确保存续企业各项工作平稳运行。按照南车集团《关于加快处置无效低效存续资产的通知》要求，全面梳理资产状况，通过报废等形式共处置39台固定资产。通过在北京产权交易市场挂牌方式，转让所持有的河北国孚服务有限公司14.18%的股权和河北欧瑞特铝合金有限公司15.19%的股权，收回投资144万元，取得投资收益142万元，工厂在这两个改制企业的股权全部退出。积极推进南戴河职工培训中心整体资产的处置，资产处置方案报请南车集团并获批复，已完成处置前的资产清查和更名手续。

严格执行南车集团资金集中管理的有关规定，加强存续资金管理和财务预算管理，建立健全相关资金统计台账，积极做好债权清收和资金回笼。将存续企业全部经济业务纳入预算管理，不断完善预算指标体系。加强预算执行情况的动态跟踪、监督，及时查找和修正预算偏差，杜绝无预算或超预算列支费用现象发生。

继续关注主辅分离改制分流企业的发展，重视改制企业对主体企业资产的使用情况。对石铜公司使用的资产进行清查并提交清查报告，保证存续资产的安全与保值。为解决企业遗留问题，实现产权的房地合一，购买生产性房屋建筑物 34027.86 平方米。

中国南车集团武汉江岸车辆厂

2011 年，武汉江岸车辆厂优化存续资产结构，以重点项目处置为重点，加大存续资产处置力度，认真履行存续企业的职责。

完成五家改制公司的国有股退出工作。按照南车集团南车资〔2011〕82 号《关于改制公司国有股权退出的批复》和北交所的要求，整理相关挂牌、备案资料，10 月正式在北京产权交易所挂牌，12 月完成五家改制公司的国有股权交易工作，国有股权转让共计收入 628 万元，增值 21 万元。

做好土地处置工作。根据南车资〔2011〕29 号《关于下达 2011 年各存续企业资产处置计划的通知》，工厂 11 月 17 日将位于武汉市黄陂区滠口镇冯岭村神骏专汽公司租用的工厂土地和厂房（土地面积约 30 亩）在北交所进行挂牌出售处置，12 月 14 日签订实物资产转让协议，交易价格为 748.36 万元，增值 143%。

做好应收账款清收工作。制冷公司在改制前销售产品形成的应收账款至 2010 年 12 月底原值高达 617 万，是工厂最大的欠款者，其中制冷公司委托回收欠款约 290 万，制冷公司欠工厂共计 327 万，年内工厂已收回欠款 111 万，其余欠款已与制冷公司签订还款计划，力争 2014 年全款收回。关于山西汇凌公司以应收账款 175 万抵三套房屋的事宜，10 月底，工厂派人员前往山西太原，找到其欠债人，收回 60 余万元和两套房屋的钥匙，使此笔应收账款得到落实。

积极推进老旧住宅改造工作。老旧住宅改造工作一期工程即“为群一村危房改造项目”已于 2011 年底顺利封顶，同时着手解决老旧住宅改造工作的后期项目。

中国南车集团（青岛）四方机车车辆资产管理有限公司

2011 年，四方资产管理公司注重盘活存量资产，加强财务预算管理，积极卸解历史负担，完善公司整体功能，全年实现营业收入 270 万元，实现营业利润 5 万元。

积极处置低效、无效资产，盘活存量资产。先后组织完成对兴隆商厦 2 至 4 层和永昌路 8-7 号房产的评估、拍卖转让，增收 900 余万元。全年共签订房屋 、土地租赁合同 8 份，实现租赁收入 113 万元。

按照南车集团的批复意见，积极组织移交公益性资产，将杭州路人行过街天桥移交给四方区政府，将升平路宿舍变电所、瑞昌路变电所移交给青岛供电公司。

推进房产证办理和宿舍改造工作，完成原四方工厂遗留的李沧、四方等地区的 1000 余户房产证办理工作。根据青岛市房改办要求，对公司 92 处自管房全部进行备案管理。

制订适合存续企业发展的运营监管制度，建立预算管理和计划实时跟踪机制，使存续企业经营情况较上年有较大突破，其中技术学校年度收入完成 2100 万元，职工医院年度收入完成 2600 万元，幼儿园年度收入完成 178 万元，均超额完成计划指标。

（南车集团资产管理中心　供稿）

合资合作经营企业

青岛四方-庞巴迪铁路运输设备有限公司

南京浦镇恩梯恩铁路轴承有限公司

株洲西门子牵引设备有限公司

株洲时菱交通设备有限公司

石家庄国祥运输制冷设备有限公司

常州朗锐东洋传动技术有限公司

常州朗锐凯迩必减振技术有限公司

株洲斯威铁路产品有限公司

青岛四方-庞巴迪铁路运输设备有限公司

青岛四方-庞巴迪铁路运输设备有限公司是由四方机车车辆有限责任公司和庞巴迪公司于 1998 年设立的中外合资企业，总投资约 7300 万美元，双方各占 50%股份。该合资企业主要经营范围是设计和生产高档客车、普通客车车体、电动车组、豪华双层客车、高速客车及城市轨道车辆等，销售自产产品，提供相关售后服务。2011 年营业收入约 42.6 亿元。

南京浦镇恩梯恩铁路轴承有限公司

南京浦镇恩梯恩铁路轴承有限公司是南京浦镇车辆有限公司和恩梯恩(中国)投资有限公司于2007年12月设立的中外合资企业。其主要经营范围是机车车辆主要零部件设计与制造，铁路高速客车车轴用精密轴承及其零部件的开发、生产和销售。2011 年营业收入约 5000 万元。

株洲西门子牵引设备有限公司

株洲西门子牵引设备有限公司是由西门子（中国）有限公司、株洲南车时代电气股份有限公司和南车株洲电力机车有限公司于 1998 年 11 月组建的中外合资企业，投资总额约 3.4 亿元人民币。该合资企业主要经营范围是设计、开发、制造交流传动电力机车和其他交流传动轨道车辆及其关键部件，销售公司自产产品，提供相关售后服务。2011 年营业收入约 5.6 亿元。

株洲时菱交通设备有限公司

株洲时菱交通设备有限公司是南车时代电气股份有限公司和日本三菱电机株式会社于 2005 年 4 月 8 日成立的中外合资企业，投资总额约 2300 万美元。其主要经营范围是轨道交通车辆用电气部件和机械部件的设计、开发、制造、销售及售后服务。2011 年营业收入约 3 亿元。

石家庄国祥运输设备有限公司

石家庄国祥运输设备有限公司是由南车石家庄车辆有限公司与台湾国祥股份有限公司共同出资组建的中外合资企业。公司成立于2003年7月，注册资本约1050万美元。该合资企业主要经营范围是设计、生产和人修采暖设备、运输设备、电子设备、制冷空调通风设备等轨道车辆专用设备及零备件。2011年营业收入约10亿元。

常州朗锐东洋传动技术有限公司

常州朗锐东洋传动技术有限公司是南车戚墅堰机车车辆工艺研究所有限公司与日本东洋电机制造株式会社于2006年8月成立的中外合资企业，注册资金为1000万元人民币。其经营范围是城市轨道交通车辆用齿轮传动系统以及其他相关产品的设计开发、生产制造、销售以及售后服务等。2011年营业收入约1亿元。

常州朗锐凯迩必减振技术有限公司

常州朗锐凯迩必减振技术有限公司是由南车戚墅堰机车车辆工艺研究所有限公司和日本KYB株式会社于2008年8月成立的中外合资企业，公司注册资本4000万元人民币。其经营范围是机车、车辆用油压减振器、高度阀、差压阀及其他相关产品的设计开发、生产制造、销售与服务等。2011年营业收入约1亿元。

株洲斯威铁路产品有限公司

株洲斯威铁路产品有限公司是南车长江车辆有限公司和美国ABC铁路产品中国投资公司于2001年9月共同组建的中外合资企业，公司总注册资本约1亿元人民币。其经营范围是设计开发、加工制造、购买、组装并在国内及国际市场上营销整套铸钢转向架及转向架部件，其他铸钢产品及相关铁路工业产品，并为上述产品提供售后服务，排他地向中国境内第三方及关联单位提供分许可技术和商标。2011年营业收入约3亿元。

（战略和发展部　供稿）

人物与荣誉

先进人物

先进集体

先进人物

【中国工程院院士】
株洲所 丁荣军

【全国五一劳动奖章】
四方股份公司 石中年
戚墅堰所 郑剑云

【全国五一巾帼标兵】
四方股份公司 鄢桂珍
戚墅堰所 芮晓霞
南方汇通公司 张生香

【全国会计领军(后备)人才】
株机公司 周 俊

【全国优秀工会工作者】
株机公司 郭鹏飞

【中央企业优秀共产党员】
戚墅堰公司 吴淑玄
株洲所时代电气技术中心 荣智林

【中央企业优秀党务工作者】
株机公司 刘 宁
四方股份公司 张瑞亭

【中央企业职工技能竞赛优秀工作者】
长江公司 毛琍玲

【第一届中央企业青年五四奖章】
株洲所 黄燕艳

【火车头奖章】
长江公司
周 斌 马长春 柳杨辉 王 博
株机公司
冯立平 谢 贤 王 波
资阳公司
都玉梅 罗德明 杜绍贵
戚墅堰公司
周学成 张大中
四方股份公司
李德利 田学华 陶桂东
四方有限公司
刘明收 艾 斌
浦镇公司
柯用明 许善忠
眉山公司
雷自原 陈志强
成都公司
王成利 刁明长
洛阳公司
由建栋 关小锋 赵红军
二七公司
刘 军 金 锋
石家庄公司
王彦合
株洲所
李东林 胡家喜 陈向阳
戚墅堰所
郭晓晖 唐远能
电机公司
唐晓虎
南方汇通公司
王金安

【全国铁路优秀工会工作者】
戚墅堰公司 史小余
南方汇通公司 崔景泉
二七公司 胡朝晖

【全国铁路先进女职工工作者】
株洲所 汪田英
眉山公司 苏 枋

【全国铁路先进女职工】
四方股份公司 董力群
浦镇公司 陈美霞
株机公司 黄晓蓉

【省级青年岗位能手】

石家庄公司

刘　辛　李裕飞

株洲所

赵广宁　龚高科

【省级优秀共青团员】

电机公司　周　键

浦镇公司　陈月园

【中国南车核心技术人才】

首席技术专家

株机公司

彭奇彪

四方股份公司

张　洪

浦镇公司

楚永萍

株洲所

郭淑英　何多昌　路向阳

戚墅堰所

王有虹

电机公司

李进泽

技术专家

长江公司

李加良　焦　辉　刘文亮　林量才

姜瑞金　汤楚强

株机公司

刘豫湘　兰　雄　袁立祥　杨　颖

高春宏　陶功安　林文君　柳晓峰

李希宁　刘厚林　张彦林

资阳公司

方桂明　何国福　谢　青　彭长福

孟玉发　李　刚　王坤全

戚墅堰公司

王　龙　薛良君

四方股份公司

宋晓文　李言义　杨基宏

浦镇公司

汤恒舟　唐永明　黄文杰　王　卫

刘文平

眉山公司

王爱民　刘映安　王　璞

二七公司

于世明　关雪梅

株洲所

王　奇　刘建勋　郭知彼　荣智林

陈高华　程海涛　张元林　姚晓阳

刘国友　陈文光　尚　敬　马世宏

刘　凌　贺才春　姜其斌　吕浩炯

吴　强　王益民

戚墅堰所

李　胜　夏青顺　徐贵宝　董　雯

刘忠伟　常安全　黄智勇

电机公司

吴顺海　龙谷宗　钟福兵

南方汇通公司

吴宗策

科技拔尖人才

长江公司

王文峰　景传峰　王宝磊　王　剑

王　高　雷青平　严志雄

株机公司

陈陟悠　刘进华　罗华军　段怡雄

颜　罡　袁　顺　佟来生　蓝正升

王　位　李　骏　刘健平　饶勇高

陈　晓　王雪芳　周安德　胡　彬

魏衍成　李耘茏　廖志伟　陈珍宝

资阳公司

钱纪富　俊　彦　范祖和　廖忠文

王平华　杨　波　滕　超　卓文俊

黎焕先　杜绍贵　栗韶毅　陈　强

戚墅堰公司

芮孟寨　李　化　张松杨　胡华林

王敏鸿　张晓芳　沈新建　高福斌

段晓华　杨雪莉　潘晓松

四方股份公司

刘玉文　张　安　李　莉　杨　浩
陈文宾　雷　达　刘韶庆　敬俊娥
周平宇　张克姝　王万静　王文健
陈大伟　耿义光　韩晓辉　程建峰
苗新芳　徐宏伟　刘　泰

四方有限公司

贾海燕　安海亮

浦镇公司

董德洪　印建明　温爱国　陈美霞
吴利民　王爱武　杜彦品　朱信科
何伯庆　刘满华　金　伟　徐锦标

眉山公司

李　竹　陈建德　林结良　杨诗卫
周　凌　朱　宇　邓成尧

成都公司

赵临琛　陈　琳　邓惠斌　霍万明
管　风

洛阳公司

袁其刚　吴龙发　赵红军　邹家龙

二七公司

王武建　孙晓云　张四梅　廖小平
范振合

石家庄公司

许秀峰　高志刚

株洲所

贺　文　赵清良　李均良　刘保良
黄燕艳　单　晟　龚　军　胡家喜
蹇　芳　李华湘　李世平　李　杨
刘海涛　唐国平　王忠民　吴正平
许峻峰　刘护林　周　升　邓凯桓
张亚新　郭红锋　刘　刚　黄自华
黄友剑　李强军　黄良平　卜继玲
杨十力　晏红文　王立鹏　伍理勋
蒋时军　李　昂　罗仁俊　高首聪
彭淼淼　刘智聪　熊　颉　王雪飞

戚墅堰所

张勋林　翁敏红　金景云　郭晓晖
刘玉生　封雪平　谭勇敢　王东道
滕青龙　王起梁　袁礼彬　曾定文
高　华

电机公司

周黎民　曹翰清　朱利湘　肖连新
邓尧强　龚天明　晏才松　曾美扬
黄细友　杨夏沙

南方汇通公司

赵　文　戴正烈

【中国南车核心管理人才】

管理专家

株机公司

李　扬　廖洪涛　丁有军　张旻宇

资阳公司

林　忠

戚墅堰公司

王延花

四方股份公司

管玉山　兰玉贞　张忠敏

浦镇公司

黄声国　陈　峰　张　强

眉山公司

伏　凯

成都公司

陈义全

株洲所

杨　军　梁裕国　袁志刚　申宇翔
陈明军

电机公司　彭　乡

管理拔尖人才

长江公司

赵小龙　许国亚　向　鹏

株机公司

刘继元　刘志平　王巧林　李呈祥
毛军明　何德军　卢雄文　傅冠生

资阳公司

丁　健　蒋国成　杨　燕　甘　文

王　澈

戚墅堰公司

徐永根　李听初

四方股份公司

柳少华　郇群亮　王洪志　郭太吉

浦镇公司

陶良麒　赵小文　余宏伟　刘志虹

眉山公司

曹　平

成都公司

范益人　晋　军

二七公司

何　山

石家庄公司

李彦坤　温学春　张增良

株洲所

靳勇刚　杜劲松　马文俊　王卫安

肖绍平　方光华　陈文劼

戚墅堰所

范鹏程　金国宝　刘晓峰　张　萍

电机公司

余　乐　臧苗苗　范庆锋　王怀中

南方汇通公司

辛延东

【中国南车核心技能人才】

技能大师

长江公司

童明德

株机公司

赵　卫　罗　斌

戚墅堰公司

张　忠　潘德昌　李　春

四方股份公司

郭　锐　周　勇

浦镇公司

孟　亚　王　强

洛阳公司

张素丽

戚墅堰所

陈士华

技能专家

长江公司

杨卫东　李践桥　邹长青　楚　进

邓星火

株机公司

陆　斌　聂　毅　任　颖　张佐时

资阳公司

钟俊林　毛文军　彭永建　黄贵林

戚墅堰公司

杨　一　袁志伟　牟毅敏　袁志刚

邵国春　董志坚　张佐华　朱可承

四方股份公司

张德明　管益辉

浦镇公司

孙景南　姚光虎　王一宝

眉山公司

伍鸿斌　张志发　廖仲宾

成都公司

罗郭君　鲍克坚

洛阳公司

张　景　李　勇　张洪建　闫伟强

二七公司

辛小龙　刘　江

石家庄公司

乔　东　张　志

戚墅堰所

张学斌　莫俊超

电机公司

文照辉

技能拔尖人才

长江公司

易　冉　李继平　耿　宏　黄　谦

罗云富　刘朝晖　甘　毅　戚健东

向　明　郁兆明　尹　力　黄　祎

曹莉洁　沈贻苏　胡献军　朱剑涛

尹　敏　马锦源　余秉智　宾树平
沈海全　王福东　陈　涛　胡兴明
李振东

株机公司

武　忠　罗　锋　李忠辉　唐亚红
彭茂龙　桂志红　杨和仲　蒙柱田
梁　涛　谢　贤　沈政清　苏　权
谢光明　蒙　骞　李　祯　彭　建
李思敏

资阳公司

陈学勇　李　彬　吴永鹏　杨永涛
邓江华　何　卫　罗金龙　熊文杰
谭　伟　李　军　李小刚

戚墅堰公司

刘传云　徐　照　朱国华　姚　俊
石海英　丁　京　章　琳　周学成
何耀忠　孙海峰　刘　军　谢赛栋
吴建民　何东英　陈　洁　黄晓东
丁有华

四方股份公司

仲积峰　李文龙　毛贵森　刘永杰
黄青建　李德利　矫尊田　尹正军
宋金祥　高思军　姜宏明　史可俭
孙正夏　杜永进　王宝昌　张合礼
张振宇　鲍明春　孙代涛

四方有限公司

王召善　尉建军　丁颖杰

浦镇公司

卞康明　尹正宏　张洪逵　周聚强
李　俊　栾必利　童　宙　王　宁
杨晓石

眉山公司

毕永邦　张正军　陆沛治　陈立祥
季志强　赵树林　虞　志　贺才建
杨永祥　李建东　陈志强　邓燕东
王　勇

成都公司

申　硕　张广川　曾春华　戴自文
包志源　周相麟

洛阳公司

贾少伟　徐　伟　张振宇　李万坤
李高峰　周宝遂　方　猛　王宏伟

二七公司

张安明　黄宝军　李森权　马　凯
刘绍文　张连生　谢玉峰

石家庄公司

陈兴国　刘志彬　周彦平　彭惠杰
李高明　郭素兰　王立军

株洲所

刘闽盛　陈向阳　郅建国

戚墅堰所

丁　忠　李　敬　王思忠　陈琦晖
杨余明　蔡卫彬　蒋友强　涂立新
郭学庆　张剑云　刘寿华

电机公司

孙　田　吴细坤

南方汇通公司

代顺生　杨　丽　张豫筑

【中国南车优秀共产党员】

中国南车总部

孙学军

长江公司

闫贵安　汪　义　金水汉　刘克斌
何朝军　张旭波　易实伟　杨宝庆
向　明　张雨顺　董中友　张学明
戴金兴　胡忠民

株机公司

方长征　姜　建　李启华　梁朝晖
马晓宁　苏继红　杨和仲　张　方
周立毅

资阳公司

余　理　肖　艳　彭长福　毛文军
邓　华　邓迪夫

戚墅堰公司

吴淑玄　张　忠　陈玉华　潘德昌

汪如月　张和良　曹兴贵
四方股份公司
吴冬华　孙孝彦　杨维平　曲成琥
李守律　管玉山
四方有限公司
李杰功　杨成文　石殿山　张艳萍
浦镇公司
张永财　董　斌　范东明　黄德顺
薛全亮　姚仁琛
眉山公司
李春梅　刘　兵　张志发　廖仲宾
朱　姣
成都公司
韩　军　高少华　殷庆国　朱　明
洛阳公司
李高峰　郭光强　张　辉　陈良保
曾仲超　方宝信
二七公司
万　平　杨　斌　马　凯　黄宝军
石家庄公司
荣　海　王吉杰　许长军　张　志
株洲所
荣智林　周万红　张　敏　刘郑辉
郭　锐　刘顺明　陈学荣
戚墅堰所
蒋田芳　彭学锋
电机公司
谢　欣　文照辉
南方汇通公司
候邕生　刘汉斌　罗黔江
常铁校
施伯华

【中国南车优秀党务工作者】

中国南车总部
熊纯浩
长江公司
罗谦勇　菊周奇　陈广辉　金亮群
余英杰　裴新华　刘俊德
株机公司
韩　军　陈　平　刘长文　唐明春
资阳公司
陈　伶　徐光华　简东林
戚墅堰公司
李维鹏　叶晓江
四方股份公司
张瑞亭　王正强　谭　山
四方有限公司
张　斌　曹文学
浦镇公司
陶良麒　郑志平
眉山公司
袁　义　吴存喜　黄念池
成都公司
文　凭　张　伟
洛阳公司
王建民　张朝晖　梅　进　王江华
二七公司
张卫红　陆　宏
石家庄公司
赵连锁　汪永清
株洲所
董树云　彭忠红　李群波
戚墅堰所
金国宝
电机公司
董元彪
南方汇通公司
许　立　姜　涛
常铁校
朱月红

【中国南车技术标兵】

戚墅堰公司　何东英　第六届职业技能竞赛电焊工第一名
浦镇公司　孙景南　第六届职业技能竞赛

电焊工第二名

四方股份公司 张合礼 第六届职业技能竞赛电焊工第三名

四方股份公司 宋　凯 第六届职业技能竞赛维修电工第一名

株洲所 肖乾亮 第六届职业技能竞赛维修电工第二名

石家庄公司 郭　磊 第六届职业技能竞赛维修电工第三名

浦镇公司 屠跟林 第六届职业技能竞赛涂装工第一名

四方股份公司 顾培军 第六届职业技能竞赛涂装工第二名

洛阳公司 李玉涛 第六届职业技能竞赛涂装工第三名

【中国南车技术能手】

长江公司 江小山 第六届职业技能竞赛电焊工第四名

戚墅堰公司 巢　杰 第六届职业技能竞赛电焊工第五名

四方有限公司 袁敬芳 第六届职业技能竞赛电焊工第六名

四方股份公司 何建英 第六届职业技能竞赛电焊工第七名

四方有限公司 丁颖杰 第六届职业技能竞赛电焊工第八名

石家庄公司 谢丽贤 第六届职业技能竞赛电焊工第九名

浦镇公司 卢　斌 第六届职业技能竞赛电焊工第十名

浦镇公司 周如金 第六届职业技能竞赛维修电工第四名

四方有限公司 倪树友 第六届职业技能竞赛维修电工第五名

石家庄公司 杨永华 第六届职业技能竞赛维修电工第六名

四方有限公司 赵希军 第六届职业技能竞赛维修电工第七名

戚墅堰公司 刘传云 第六届职业技能竞赛维修电工第八名

浦镇公司 赵　杰 第六届职业技能竞赛维修电工第九名

四方股份公司 方普军 第六届职业技能竞赛维修电工第十名

株机公司 盛　福 第六届职业技能竞赛涂装工第四名

四方股份公司 王春源 第六届职业技能竞赛涂装工第五名

戚墅堰公司 沈　伟 第六届职业技能竞赛涂装工第六名

株机公司 李　琼 第六届职业技能竞赛涂装工第七名

先进集体

【全国先进基层党组织】

株洲所

【全国文明单位】

四方股份公司

株洲所

【广州亚运会创先争优先进基层党组织】

株洲所

【全国模范职工之家】

中国南车集团公司工会

南车长江车辆有限公司工会

株洲时代新材料科技股份有限公司工会

【全国工人先锋号】

株机公司项目管理中心

【全国青年文明号】

四方股份公司技术中心车外开发部车下设计组

【全国五四红旗团支部】
株洲所南车时代新材弹性元件事业部制造团支部

【全国青年安全生产示范岗】
戚墅堰公司柴油机分厂配件一车间 GE 班

【中国职协优秀科研单位奖】
中国南车集团公司

【中国职协科研工作组织奖】
中国南车人力资源开发与管理研究会

【中央企业先进基层党组织】
浦镇公司党委
眉山公司党委
长江公司株洲分公司台车车间党支部

【中央企业职工技能竞赛先进单位】
浦镇公司

【中央企业党建带团建工作先进单位】
株机公司

【火车头奖杯】
长江公司产品研究所
株机公司技术中心
戚墅堰公司钢结构事业部
四方股份公司转向架分厂动车侧梁四班
浦镇公司客车设计部
株洲所电动汽车售后服务团队

【全国铁路模范职工之家】
洛阳公司工会
成都公司工会

【全国铁路工人先锋号】
株机公司机车事业部试验班
四方股份公司总装分厂地铁配管班

【全国铁路先进女职工组织】
二七公司工会委员会

【全国铁路先进女职工集体】
戚墅堰公司巾帼天车工队
洛阳公司洛阳分部柴油机车间三八班
南方汇通公司财务部

【全国铁路巾帼标兵岗】
戚墅堰公司巾帼天车工队

【全国铁路工会财务工作先进集体】
浦镇公司工会
长江公司工会

【省级青年文明号】
株洲所
　南车时代电气制造中心工程技术部
　南车时代电气电力电子事业部
南方汇通
　铸造事业部机加三班
　顺络迅达电子市场部
　幼儿园特色教育实验班

【省级五四红旗团委】
　长江公司常州分公司团委
　资阳公司团委
　眉山公司团委
　株洲所团委
　南方汇通公司团委

【省级五四红旗团支部】
　戚墅堰公司机车分厂电机电器车间
　资阳公司南车隧道公司团委

【省级青年志愿服务行动组织奖】
　浦镇公司团委

【中国南车先进基层党组织】
先进党委
　浦镇公司党委
　四方股份公司党委
　株洲所党委
　株机公司党委

眉山公司党委

戚墅堰公司党委

南方汇通股公司党委

先进分党委、党（总）支部

中国南车总部

人力资源部党支部

长江公司

武汉分部武装保卫处党支部

武汉分部台车二车间党支部

株洲分公司台车车间党支部

株洲分公司人事财务党支部

铜陵分公司车轴车间党总支部

常州分公司分解车间党支部

总部机关生产运营党支部

株机公司

电气设备分公司党委

制造服务中心党委

财务资产部党支部

采购与物流总支部

资阳公司

机车事业部党委

晨风电气公司加工一车间党支部

曲轴事业部水压机作业区党支部

戚墅堰公司

铸铁事业部党支部

机车分厂党委

四方股份公司

检修服务事业部党支部

技术工程部党总支部

转向架分厂党总支部

四方有限公司

客修分厂党支部

铝合金分厂党支部

浦镇公司

动转设计党支部

客车车间党总支部

眉山公司

备料车间党支部

货一车间党支部

产品开发部党支部

成都公司

南车通力铁道车辆有限责任公司党委

电机公司总装车间党支部

洛阳公司

洛阳分部转向架车间党支部

洛阳分部机车组装车间党支部

襄樊电机公司元件车间党支部

襄樊分公司电机车间党支部

二七车辆公司

机械车间党支部

动能车间党总支部

石家庄公司

钢结构车间党支部

策划财审党支部

株洲所

南车时代电动汽车公司党总支部

南车时代新材绝缘产品事业部党总支部

南车时代电气制造物流党总支部

戚墅堰所

机关党支部

电机公司

技术中心党总支部

南方汇通公司

总装车间党支部

申发钢结构公司党支部

常铁校

机械工程系党支部

【中国南车一级单位“四好”领导班子表彰名单】

株机公司

四方股份公司

浦镇公司

电机公司

眉山公司

株洲所
戚墅堰公司
南方汇通公司
成都公司
四方有限公司

【中国南车一级单位“四好”领导班子表扬名单】

石家庄公司

【中国南车基层单位“四好”领导班子表彰名单】

长江公司
　　工艺研究所
　　武汉分部落车车间
　　株洲分公司台车车间
　　铜陵分公司铸造车间
　　常州分公司台车车间
株机公司
　　海外市场营销中心
　　城轨车辆与轨道工程车营销中心
资阳公司
　　晨风电气公司
　　物流事业部
戚墅堰公司
　　机车分厂总装二车间
　　柴油机分厂配件一车间
四方股份公司
　　技术中心
　　转向架分厂
四方有限公司
　　物流公司
　　转向架分厂
浦镇公司
　　海泰公司党支部
　　动转设计党支部
眉山公司
　　产品开发部
　　货一车间
成都公司
　　电机公司
　　机车公司电机检修车间
洛阳公司
　　洛阳分部解体车间
　　襄樊分公司电器车间
　　襄牵公司元件车间党支部
二七公司
　　工艺技术部
　　转向架车间
石家庄公司
　　锻造车间
　　新造车间
株洲所
　　南车时代电气公司
　　时代新材料科技公司弹性元件事业本部
戚墅堰所
　　工程机械党支部
　　汽车配件党支部
电机公司
　　技术中心
　　风力发电机分厂
南方汇通公司
　　总装车间
　　申发钢结构公司
常铁校
　　电气系党支部

【中国南车第六届职业技能竞赛团体优胜奖】

四方股份公司	团体总分第一名
浦镇公司	团体总分第二名
戚墅堰公司	团体总分第三名

统计资料

2011 年中国南车主要经营指标完成情况综合表（表 1）

2011 年股份公司各业务板块收入分析表（表 2）

2011 年股份公司主要资产构成及同比变动情况表（表 3）

2011 年股份公司主要负债构成及同比变动情况表（表 4）

2011 年中国南车设备汇总表（表 5）

表 1　**2011 年中国南车主要经营指标完成情况综合表**

名　　称	单位	实际完成	名　　称	单位	实际完成
营业收入	万元	8263113	期末手持未完成生产订单	万元	8182796
其中：主营业务收入	万元	8169348	其中：股份公司	万元	8181716
利润总额	万元	539822	员工人数	人	91628
归属母公司净利润	万元	205535	其中：股份公司	人	86058
资产总计	万元	10132195	工业总产值	万元	9065689
负债总计	万元	6910037	工业增加值	万元	1877094
所有者权益合计	万元	3222157	新造及修理机车产量	台	1994
净资产收益率	%	16.10	新造及修理动车组产量	辆	2732
总资产周转率	次	0.91	新造及修理城轨、地铁产量	辆	1296
固定资产投资完成额	万元	512633	新造及修理客车产量	辆	3494
当年新签生产订单合计	万元	7534663	新造及修理货车产量	辆	55448
其中：股份公司	万元	7309177	其中：股份公司	辆	43279

表2

2011年股份公司各业务板块收入分析表

业务板块	2011年度		2010年度		增长率 %
	金额 （千元）	占比 %	金额 （千元）	占比 %	
机车	17904611	22.19	18130810	27.84	−1.25
客车	6378284	7.90	4236121	6.50	50.57
货车	9726232	12.05	7286746	11.19	33.48
动车组	21106756	26.15	14684310	22.55	43.74
城轨地铁	8255432	10.23	7190610	11.04	14.81
新产业	11681531	14.47	8629725	13.25	35.36
其他	5657961	7.01	4974890	7.63	13.73
合计	80710807	100.00	65133212	100.00	23.92

表 3　　2011 年股份公司主要资产构成及同比变动情况表

项　　目	2011 年 12 月 31 日		2010 年 12 月 31 日		增长率 %
	金额（千元）	占比 %	金额（千元）	占比 %	
流动资产合计	63607344	68.55	50277749	68.16	26.51
其中：货币资金	23730328	25.58	14540603	19.71	63.20
应收票据	4201451	4.53	1720935	2.33	144.14
应收账款	13689416	14.75	11179240	15.16	22.45
存货	17841991	19.23	17793573	24.12	0.27
非流动资产合计	29179047	31.45	23482793	31.84	24.26
其中：固定资产	17820180	19.21	14732108	19.97	20.96
在建工程	3554151	3.83	2368411	3.21	50.06
无形资产	4814041	5.19	4380690	5.94	9.89
资产总额	92786391	100.00	73760542	100.00	25.79

表 4　　2011 年股份公司主要负债构成及同比变动情况表

项　　目	2011 年 12 月 31 日		2010 年 12 月 31 日		增长率 %
	金额（千元）	占比 %	金额（千元）	占比 %	
流动负债合计	59184932	91.48	42815092	85.82	38.23
其中：短期借款	9889169	15.29	5296222	10.62	86.72
应付账款	21238995	32.83	18044142	36.17	17.71
预收款项	7408657	11.45	8163821	16.36	−9.25
非流动负债合计	5513542	8.52	7076866	14.18	−22.09
其中：长期借款	325097	0.50	203724	0.41	59.58
其他非流动负债	2329541	3.60	2404248	4.82	−3.11
负债总额	64698474	100.00	49891958	100.00	29.68

表 5

2011 年中国南车设备汇总表

序号	项目 / 设备分类		保有总台数	固资原值（万元）	主要生产设备台数	其中				完好率 %	利用率 %
						一级	二级	三级	四级		
一	金属切削设备		3736	155972.3	3558	1331	2056	144	27	96.5	74.7
	其中：大型、精密		1031	104357.1	972	482	446	37	7	97.7	75.5
二	锻压、剪冲设备		1414	105438.5	1250	397	775	71	7	96.1	74.6
	其中：大型、精密		362	68773	336	120	204	12		96.8	77.2
三	动力设备		5426	38038.8	1778	826	892	47	13	97.9	83.1
	其中	锅　炉	57	3761.2	51	21	28	2		99.4	35.3
		空压机	617	9390.7	477	283	175	5	4	97.9	56.8
		制氧机	3	162.5	3	1	2			100	88
四	电器设备		18896	198539.5	13821	5216	8018	409	178	96.6	72
	其中：变压器		749	12235.3	710	389	302	15	4	99	87.8
五	起重、运输设备		6512	109763.5	4878	1618	2966	237	57	95.9	62.5
	其中	载重汽车	317	4527.4	278	86	182	10		97.7	47.8
		起重机含（1、2 类）	2958	51737.5	2607	904	1557	136	10	95.9	52.3
六	工作炉、金属处理设备		1286	36795.7	1006	423	501	77	5	94.8	58.2
七	木工、铸工设备		422	33172.4	366	72	275	15	4	96.7	49.5
八	试验设备		3569	66419.5	2275	1101	1040	123	11	97.2	48.7
九	工程机械		30	236	26	4	20	1	1	97.1	48.1
十	杂项设备		14346	162382.9	5139	3037	1767	230	105	95.4	45.3
	合　计		61731	1161703.8	39531	16311	21206	1571	433	97.1	63.2
	其中：精密设备		305	67541.8	299	156	126	17		97.6	63.6
	大型设备		2085	250323.5	2085	1239	671	168	7	95.1	66.4

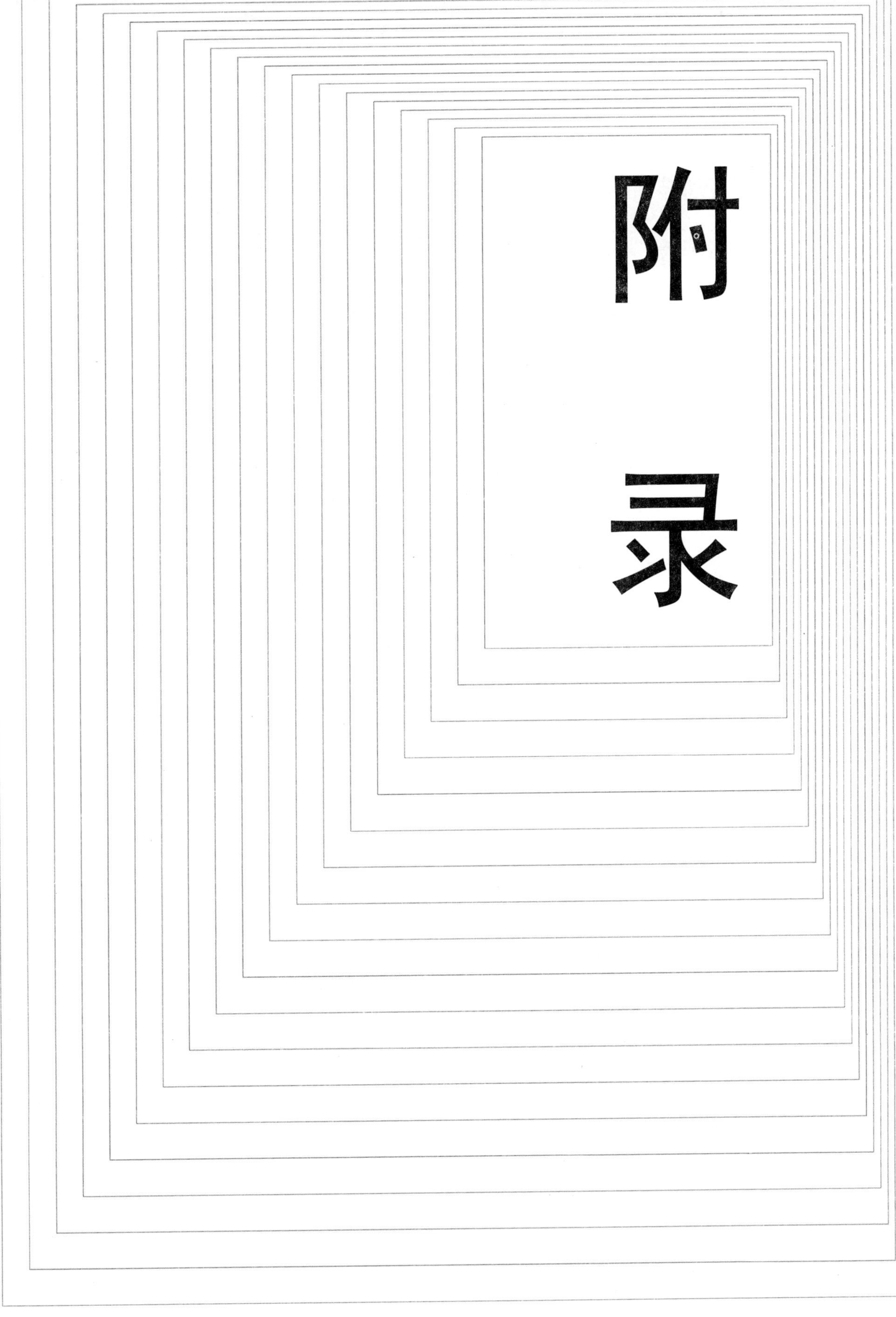

附录

轨道交通装备产业“十二五”发展规划

中国南车股份有限公司未来发展展望

2011 年铁道统计公报

研制更高速度试验列车的科学意义

中国铁路现状及发展分析

铁路新型材料应用和发展趋势

轨道交通装备产业“十二五”发展规划

铁路是国民经济的交通大动脉，城市轨道交通是大中城市的基础性公共交通设施。轨道交通装备是铁路和城市轨道交通运输所需各类装备的总称，主要涵盖机车车辆、工程及养路机械、通信信号、牵引供电、安全保障、运营管理等各种机电装备。发展“技术先进、安全可靠、经济适用、节能环保”的轨道交通装备，是提升交通运输人流物流效率的保证，是实现资源节约和环境友好的有效途径，对国民经济和社会发展有较强的带动作用。

轨道交通装备产业是《国务院关于加快培育和发展战略性新兴产业的决定》确定的高端装备制造业中的五个重点发展方向之一。为贯彻落实国务院有关决定，进一步明确产业升级方向和转型重点，加快推动产业发展方式转变，提高产业核心竞争力，特制定本规划，规划期为2011～2015年。

一、发展现状及面临形势

（一）发展现状

中国轨道交通装备产业经过多年的发展，已形成较为完整的研发、制造和服务体系，产业规模不断扩大、研发能力显著提升、技术创新体系初步形成，为中国轨道交通运输业提供重要的装备支撑与保障。

1. 产业规模不断扩大

随着中国铁路和城市轨道交通的快速发展，轨道交通装备产业规模不断扩大，2010年实现工业销售产值2477.3亿元，出口交货值84.1亿元，“十一五”期间中国轨道交通装备产业销售产值年平均增长率约为31.9%。已建成一批具有国际先进水平的制造基地，生产能力已居世界领先地位。形成以主机企业为核心、以配套企业为骨干，辐射全国的轨道交通装备制造产业链。现已拥有年新造大功率机车2000台，动车组、铁路客车和城轨车辆8000辆，各型货车60000辆，大型养路机械500台套能力以及年大修机车2000台，动车组及各类轨道客车5000辆，各型货车70000辆的能力。

2. 研发能力显著提升

轨道交通装备产业通过引进消化吸收再创新，整体研发能力和产品水平大幅提升，初步掌握高速动车组、大功率交流传动机车、重载和快捷货运列车、城轨车辆、大型养路机械、列车运行控制、行车调度指挥、计算机联锁、综合监控等产品制造技术。大功率交流传动机车、高速动车组、城轨A型车等产品已批量投放市场并稳定运行，2010年实现新产品产值869.9亿元，新产品产值率达到35%。动车组、城轨车辆、内燃机车、大型养路机械等轨道交通装备产品已出口到俄罗斯、澳大利亚、巴西、印度、阿根廷、土耳其、伊朗、马来西亚等国家。

3. 技术创新体系初步形成

中国轨道交通装备产业已初步建立国家轨道交通装备技术创新框架，已建成以现代轨道交通国家实验室为代表的国家级研发机构10家，国家创新型企业5家，国家认定企业技术中心13家。2010年，产业整体研发投入已接近产品销售收入的4%、部分企业已超过10%。形成以国家工程技术研究中心、国家工程研究中心、国家实验室、国家重点实验室、国家工程实验室、国家认定企业技术中心为骨干，覆盖基础技术、共性技术、产品实现技术的研发创新体系。

4. 发展中存在的主要问题

中国轨道交通装备产业在主要产品领域取得突破，基本满足中国铁路和城市轨道交通建设的需要，部分产品已达到世界先进水平。但在研发能力、标准体系建设、产业配套和国际化能力等方面还不够完善，行业管理体系不健全，重复建设和无序竞争等问题日益显现，制约着中国轨道交通装备产业的进一步发展，主要表现在：

一是产业研发能力不强。虽然机车车辆等主机产品取得显著成效，但关键系统和核心零部件研发基础薄弱，缺乏深入系统的理论研究，难以满足主机发展的需要，还未完全摆脱对国外核心技术和关键零部件的依赖，产品的安全性、可靠性和使用寿命等方面与发达国家相比仍存在一定差距。设计、仿真、分析、计算和试验验证等产业技术开发条件不足，技术创新体系建设和人才队伍培养亟待加强。

二是产品技术标准体系有待完善。轨道交通装备在设计、制造和认证等方面缺乏规范、统一和完善的适合于中国轨道交通运输特色的装备标准体系，标准的适用性、配套性和时效性有待进一步提高。

三是产业配套能力薄弱。轨道交通装备的基础零部件、基础制造工艺、基础材料的发展水平相对较低，配套产品性能质量和可靠性与国外差距明显，基础工业体系对轨道交通装备产业的支撑不足，产业基础配套能力不能适应轨道交通装备的发展。

四是国际化能力有待提高。轨道交通装备产品目前主要以国内市场为主，企业参与国际竞争的意识和能力与国际竞争对手相比还存在较大差距，国际营销网络构建仍处于起步阶段。在全球范围内配置人才、技术、研发、制造等能力不足，制约着中国轨道交通装备产业的发展。

五是行业管理体系不健全。随着国家投资体制改革和城市轨道交通建设的快速发展，轨道交通装备制造业重复建设、无序竞争的现象时有发生，产品质量稳定性和可靠性差的问题影响着装备的信誉，不利于行业的可持续发展。

（二）面临形势

“十二五”期间，是中国建设装备制造强国的重要战略机遇期，作为战略性新兴产业中高端装备制造业的重要组成部分，必须深刻认识并准确地把握轨道交通装备产业发展面临的新趋势、新变化、新特点，加快产业调整提升，转变发展方式，实现新跨越。

1. 市场需稳定增长

随着中国国民经济的发展和城市化进程加快，中国轨道交通在未来5～10年仍将保持较快发展，为轨道交通装备产业的发展提供较大的市场空间。

根据国家《中长期铁路网规划（2008年调整）》，中国铁路建设仍将保持较快发展，为铁路装备提供较大的市场需求，不仅新建铁路和既有线改造为高速动车组、大功率机车、重载货车提供新的市场需求，而且在役装备的更新换代也要求装备制造业能提供良好的服务。预计“十二五”期间， 动车组需求量约为1000列以上，大功率交流传动货运电力机车和内燃机车需求量约5000台以上，客货车辆、通信信号、大型养路机械等装备也有较大市场需求。

近年来，中国大中城市以改善城市交通状况、减少环境污染为主导，积极发展城市轨道大众交通体系，中国城市轨道交通平均建设速度约为每年270公里，建设规模已位居世界首位。截至2010年底，中国已有13个城市开通49条城市轨道交通线路，运营里程达1425.5公里；另有16个城市96条在建城市轨道交通线路，共计里程超过2200公里。根据国家已批复的城市轨道交通建设计划，到2015年，将有超过30个城市建设85条轨道交通线路，总长度达2700公里以上。

目前，美国、俄罗斯、印度、巴西、沙特、伊朗、越南等国家和地区，也陆续推出轨道交通建设及设备更新换代计划。按照欧洲铁路行业协会（UNIFE）等机构分析预测，到 2015 年，全球轨道交通装备市场将保持年均 3%的增长，年均需求达 1000 多亿欧元。

2. 市场竞争日趋激烈

经济全球化促使轨道交通装备产业国际一体化进程加快，跨国公司加紧整合和重组，向系统集成和为用户提供全面解决方案方向发展，同时利用全球资源和战略布局，优化研发、生产、采购、销售及售后服务等环节，形成以全球化布局为特征的产业链。采取掌控核心技术和关键产品，加强供应链管理，深化属地化经营的模式，强化目标市场的开发，加快先进适用产品的开发以适应不同的市场需要。

金融危机后，随着工业发达国家再工业化的兴起，国际分工与合作进入新阶段，贸易保护主义有所抬头，利用环保、安全等手段保护本国市场。经济实力雄厚和技术平台先进的跨国公司，利用知识产权、技术标准、品牌和资本优势，加大对中国市场的开发，挤压中国轨道交通装备产业的发展空间，对中国轨道交通装备制造企业提出新的挑战。同时，随着国内企业制造能力的不断提升和生产企业数量的增加，国内市场需求饱和度进一步加大，企业间的竞争将更为激烈。

3. 轨道交通运营方式转变对产业提出新的要求

随着中国铁路和城市轨道交通建设进程的加快，路网规模迅速扩大，产品技术不断升级，系统集成度提高，轨道交通运营方式正向网络化和多样化发展，对轨道交通运营管理和设备的安全性、可靠性提出更高、更苛刻的要求，推动轨道交通装备向高安全性和可靠性、易维护方向发展，也将带来运营管理模式的深刻变化。要求轨道交通装备制造企业改变传统的外延式发展模式，注重增长质量和水平，加强产品研发，改善试验验证和检测条件，提升内部管理水平，加快由单一制造型企业向提供全面解决方案的服务型企业转变。

二、发展思路及目标

（一）指导思想

深入贯彻落实科学发展观，遵循“转型升级、创新发展、夯实基础、提升服务”的基本原则，把握中国轨道交通运输发展的机遇，加快产业结构调整和产业发展方式转变，技术创新与国际合作相结合，加强技术创新体系建设，推动主机与关键系统协同发展，突破制约中国轨道交通装备产业发展的列车运行控制系统、安全监控等核心技术和关键零部件，完善试验验证、认证检测等公共服务平台建设，全面提升产业核心竞争力，将中国轨道交通装备产业打造成国际领先的高端产业。

（二）基本原则

1. 加快转型升级

以市场需求为导向，加快中国轨道交通装备产业的转型升级和产品结构调整。引导轨道交通装备制造企业改变传统的外延式发展模式，加强创新能力建设，提升内部管理水平，注重增长质量和效益。围绕中国铁路和城市轨道交通建设的需求，研发适应不同地域、不同文化、不同环境的新型轨道交通装备，提升产品的安全性和可靠性。

2. 加强技术创新

加强创新，突破关键核心技术，研制具有知识产权的高端轨道交通装备，实现产业健康可持续发展。发挥企业创新主体作用，鼓励企业加大创新投入，开展产学研用相结合的技术创新，提升企业技术水平。鼓励企业与国外研究机构开展合作研发，引进国外先进技术和人才资源。加快推进轨道交通装备的轻量化、模块化、标准化、信息化、网络化和智能化发展，不断提升轨道交通装备的安全性、可靠性、舒适性和环境友好性，满足市场个性化需求。

3. 夯实产业基础

加强资金和政策引导，发挥市场机制作用，鼓励企业开展产业关键技术创新，攻克一批制约产业发展的共性关键技术，实现重点装备的技术突破。坚持整机装备与关键系统及核心零部件协同发展，进一步加强基础性、通用性、前瞻性研究和产品应用性研究。发展一批高起点、专业化、具有国际竞争力的配套企业，开发与研制一批有高技术含量的基础元器件、关键核心技术的部件及系统，提高产品技术水平和可靠性，为中国轨道交通装备产业的创新发展夯实产业基础。

4. 提升现代服务

加快发展生产性服务业。引导企业在研发、设计、试验验证、系统集成、认证、监理咨询、运营维护、工程承包、维修、维护保养、物流、租赁等产业链前后端开展增值服务，逐步实现由“生产型制造”向“服务型制造”的转变，不断提升现代制造服务的能力和水平，打造提供全寿命周期服务的企业集团。

（三）发展目标

1. 2015 年目标

以“技术先进、安全可靠、经济适用、节能环保”为方向，以提升技术创新和产业化能力为重点，中国轨道交通装备产业转型升级取得明显效果：产业保持较快增长、技术创新能力显著增强、产品水平迈上新台阶、海外市场拓展力度加大、产业技术结构和企业组织结构进一步优化、发展质量和效益稳步提高，主要产品实现由价值链低端向高端的跃升，中国轨道交通装备产业发展成为国际先进的高端产业。

—轨道交通装备产业年销售产值超过 4000 亿元，产品满足中国轨道交通建设需要。

—行业研发投入占产品销售收入比重达到 5%以上，主要产品达到国际先进水平，并批量进入国际市场。

—建设牵引传动、走行、制动、列控、安全保障关键技术、系统集成、试验验证、认证认可等国家级公共服务平台，以企业为主体的技术创新体系进一步健全。

—现代制造服务业快速发展，占全行业销售收入的比重达 20%以上。

—全要素生产率明显提高，经济效益综合指数高于全国工业平均水平。

2. 2020 年展望

中国轨道交通装备产业年销售收入超过 6500 亿元，研发投入占销售收入比重超过 6%，形成完善的、具有持续创新能力的技术创新体系，主要产品达到国际领先水平，掌握一批核心技术，拥有一批知识产权，形成一批国际知名品牌和专利，标准及认证体系与国际全面接轨，造就具有国际竞争力的跨国企业，中国轨道交通装备实现全球化发展，产业整体水平进入国际先进行列。

三、发展重点及产业布

（一）重点方向

1. 动车组及客运列车

全面掌握动车组及客运列车技术，提高客运轨道交通装备的可靠性、舒适性、可维护性，完善时速 300 公里以上新一代高速动车组研制，开发适应高寒、高热、高风沙、高湿、广域等不同系列的谱系化动车组，满足跨线、跨网的旅客运输提速提效需要。以高速动车组技术为基础，结合城际交通实际，形成城际轨道交通装备产品技术平台与产业化体系，满足城际轨道交通需要。

2. 重载及快捷货运列车

全面突破 30 吨及以上轴重重载机车和

货车技术、时速160公里快捷货运机车和货车技术，深入研究轴重与线路桥梁匹配关系、速度与牵引质量匹配关系、车辆与站场匹配关系等，开展全系列大功率交流传动机车、大轴重重载货车、快捷货运列车的配套研发，研发制造满足国际市场不同限界要求、不同供电制式的，覆盖全部货物运输需求的系列货运列车。

3. 城市轨道交通装备

进一步加强城轨车辆系统集成技术研发，完善城轨车辆产品技术平台，形成适应各个国家不同技术标准要求的、满足全球市场不同性价比、文化、环境等需要的多系列城轨车辆产品谱系，保持多样性发展。

开发低噪、低振动、节能产品，加强关键核心部件，如牵引系统、制动系统、转向架、运控系统等，以及车辆车站机电设备、灭火系统、列车自动防护系统、列车自动驾驶系统等的技术研发与产业化。

4. 工程及养路机械装备

全面突破工程及养路机械装备关键技术，向性能优异化、效率高效化、品种多元化、产品系列化、工作智能化、作业环保化发展，加快研制、批量制造高精度和高效捣固稳定车、高效清筛机、带道砟分配功能的配砟整形车、道床综合处理车、钢轨打磨和铣磨车、综合巡检车、高精度测量车、高速轨检车、钢轨探伤车、物料运输车、接触网综合作业车、轨道吸污车、轨道除雪车等新产品，研制轨道电力牵引双源制、高原型和多功能组合式工程及养路机械装备。

5. 通信信号装备

全面建成覆盖高、中、低速铁路和城际铁路的中国列车运行控制系统技术体系、实现关键技术和装备的研究开发，开展高速铁路宽带通信的关键技术、智能化高速列车系统数据传输与处理平台研究，开发先进的城际铁路列控系统和城市轨道交通控制系统。开展基础设备设施领域的铁路地质灾害预报警系统研究。

6. 综合监控与运营管理系统

开展轨道交通客站综合自动化系统研究。完善大型数据采集与监控系统平台关键技术，突破基于一个信息共享平台的行车监控应用技术，实现行车、供电、机电、通信、防灾、工务、车辆等综合监控信息集成，形成综合调度指挥系统。开发城市轨道交通防灾报警系统，客流预测、疏散和应急指挥一体化联动系统。

7. 关键核心零部件

重点开展为高速铁路客车、重载铁路货车、新型城市轨道交通装备等配套的轮轴轴承、传动齿轮箱、大功率柴油机、转向架、钩缓、减振装置、列车牵引控制单元、牵引及辅助变流器、大功率绝缘栅双极型晶体管（IGBT）器件、大功率盘型制动装置、制动控制装置、供电高速开关、信号继电器等关键零部件的研发，提升轨道交通装备配套产品的技术水平、安全性和可靠性。

（二）优化产业布局

结合中国轨道交通装备产业现有分布情况及面临形势，坚持政府引导与市场运作相结合、产业转移与调整升级相结合、优势互补与互利共赢相结合，统筹规划产业布局，抑制产业盲目发展，推进产业组织结构进一步优化调整，形成布局合理、特色鲜明、优势互补的区域协调发展格局。

依托既有的高速列车及城轨车辆制造、大功率机车制造、货车制造、工程及养路机械制造、列车运行控制系统制造等基地，突出重点和特色，促进形成具备研发设计、系统集成、现代制造、维护检修、关键系统及部件配套等能力，形成以产业链为纽带的产业资源要素集聚，形成规模化和专业化。加强牵引与网络控制系统、制动系统等关键系统和部件基地建设。整合既有制造、维修等资源，加强轨道交通装备维修服务基地建设。

结合中国轨道交通装备产业比较优势，加大海外投资力度，形成全球化优势资源配置格局。

四、主要任务

（一）实施“先进轨道交通装备及关键部件”创新发展工程

围绕高速重载的铁路客货列车、低噪低振动的城际及城轨车辆等轨道交通装备的发展需求，加快推进先进轨道交通装备关键零部件及系统创新发展。

开发高寒及城际动车组、交流传动快速机车及客货车、30吨及以上轴重重载机车与货车、新型城轨车辆、大型多功能高效率工程及养路机械等装备。

深化研究列车运行控制技术，安全信息传输技术，移动装备和基础设施安全监控技术，风、雨雪、异物、地震等灾害监测系统等核心技术，提升中国轨道交通运输的安全性和可靠性。

突破重载列车及重联技术，摆式车辆技术，低地板车辆技术，中低速磁悬浮关键技术，永磁电传动技术，养路机械作业模式与系统集成、控制及传感、综合检测、巡检和数据分析决策技术，无砟轨道养护技术，高速铁路工务安全风险控制技术。

研发牵引传动与控制系统、列车网络控制系统、制动系统、列车运行控制系统、城际铁路列控系统、城市轨道交通控制系统、信号系统、面向行车的综合监控系统、专用宽带无线移动通信系统等关键系统。

研制配套柴油机、轮轴轴承、传动齿轮箱、转向架、钩缓、减振装置、牵引变流器、绝缘栅双极型晶体管（IGBT）器件、供电高速开关等关键零部件。

通过工程实施，突破制约轨道交通装备发展的牵引传动、制动、控制系统等关键系统和核心部件的技术瓶颈，进一步提高装备的可靠性、安全性、舒适性、经济性等性能要求，提升装备的轻量化、标准化、模块化、信息化、网络化、智能化水平，建立完善的现代轨道交通装备核心技术和关键零部件及系统的研发、试验验证、标准及知识产权保护体系，加强产业化，提升核心部件及系统创新能力，到2015年，形成具有世界先进水平的轨道交通装备发展能力。

（二）加强创新能力建设

加强技术创新与体制机制创新，解决创新人才短缺、创新投入不足等矛盾与问题，强化企业在技术创新中的主体地位，提高企业知识产权的创造、保护、运用和管理能力。

建立和完善国家重点实验室、国家工程实验室、国家工程研究中心等国家级研发基地，依托企业技术中心，集合产业各种科技资源与研发力量，加速推进研发及产业化进程，提升行业创新能力。充分发挥制造企业、高校、研究院所与用户的作用，高度重视用户企业的全程参与，开展联合攻关，一揽子解决技术难题。

鼓励上下游企业广泛开展合作、联合研发，逐步完善以企业为主体、市场为导向、政府持续推动、产学研用合作的技术创新体系，实现创新资源的最大化。

（三）加强产业公共服务平台建设

加强对已有轨道交通装备公共服务平台的管理，通过项目引导、多单位合作、产学研用相结合、以及新的运行机制和考核办法，充分发挥其基础性、应用性和开放性作用。建立健全国家级轨道交通装备基础性和共性关键核心技术研发体系，进一步完善轨道交通装备研发设计和试验验证能力，夯实产业技术创新与可持续发展的基础。集中人才、技术和实验条件等资源，建立创新能力强、运行机制灵活、能为产业提供强有力技术支撑的产业公共服务平台，对高端轨道交通装备的技术研发形成有效和可靠的支撑。

统筹创新资源，加大创新投入，充分利用现有高校和科研院所的优势资源，加快推进牵引传动、走行、制动、列控、安全保障关键技术、系统集成等研发设计、试验验证、检测认证等公共服务平台的能力建设。逐步建立和完善轨道交通装备产品认证制度，加强轨道交通装备产品质量管理。

（四）优化产品结构

依托中国铁路快速客运网络、大运量货运通道和城市轨道交通建设，优化现有产品结构，开发应用技术先进、安全可靠、经济适用、节能环保的新型轨道交通装备产品，逐步替代性能落后、安全水平低的老式轨道交通装备，实现产品升级换代。

根据环境条件、地域特性、经济条件等差异形成的不同需求，完善和细化整机、基础元器件、系统和重要部件产品系列，研制系列产品形成型谱系列化的产品参数数据库，实现快速定制，以适应多层次、多类型需求，建设具有国际竞争力的产品供应链，不断提高产品附加值和竞争力，逐步形成居世界领先水平谱系化的轨道交通装备。

（五）完善标准体系建设

整合产学研用标准化技术力量，发挥企业参与制定修订标准的积极性，加强轨道交通装备标准的研究、制定和修订工作，加快与国际标准接轨，提高标准的先进性、适用性、配套性和时效性，进一步完善轨道交通装备产品技术标准体系。

支持以产业链为纽带，联合制定标准，加强产需企业的沟通交流，实现上下游产品标准对接，保证标准的协调性和一致性。鼓励有实力的单位参与国际标准制定，促进标准走向国际。研究建立轨道交通装备产业服务标准体系，促进并保障现代制造服务业健康有序发展。

加强标准的宣传贯彻和企业标准化工作，促进新产品、新技术、新材料、新工艺的推广应用。

（六）优化企业组织结构

加快推进轨道交通装备制造企业间的兼并重组，集聚研发力量和制造资源，提高产业集中度，降低重复投入造成的资源浪费，推进龙头企业整合产业链条，优化生产力布局，培育形成具备成套和总承包能力、国际竞争力强的大型企业集团。

大力发展与主机技术水平相协调的专业化、规模化配套企业，鼓励配套企业向“专、精、特”方向发展，提升基础元器件、核心零部件及关键系统的配套能力，满足轨道交通装备的发展需求。打造一批具有优势的、专业化、特色化的生产和服务企业。

（七）发展现代制造服务业

延伸产业链，建设产品全寿命周期的服务体系和服务网络，发展具有轨道交通装备特色的现代制造服务业，形成制造与服务相互促进的机制，打造拥有总承包商资质、具有国际竞争力的大企业集团。

围绕产业转型升级，支持骨干企业在轨道交通建设与运营方面提供全面解决方案，开展工程承包、系统集成、试验验证、认证、监理咨询、维护保养、物流、运营维护、维修改造、再制造、备件供应、设备租赁、培训等方面的增值服务。促进企业由单一提供设备向提供成套设备、工程承包等转变，产业链延伸至下游运营服务领域，逐步实现由生产型制造转向生产服务型制造。

（八）加快实施“走出去”战略

支持有实力的企业“走出去”，大力开拓海外市场，积极参与国际竞争，创立具有国际影响力的世界级品牌，打造具有全球配置资源能力的跨国企业，全面提升企业的国际竞争力。

鼓励企业加强国际交流，通过联合开发、合资合作、人才交流、兼并重组等多种方式与国外企业和研发中心进行合作。支持企业在境外注册商标和申请专利，促进具有知识产权的技术和产品出口。推进企业由产品、技术出口向资本、管理输出转变，在全球建立一批具有影响力的研发设计、生产制造、销售服务基地，实现轨道交通装备产业的全球化。

五、政策措施

（一）加强宏观引导和统筹协调

有关部门要加强沟通协商，密切配合，积极探索和完善规划实施机制，加强宏观调控和引导，建立健全相关法律法规、制定完善轨道交通装备产业政策、落实和强化企业技术创新政策、支持企业技术改造和兼并重组、营造公平竞争的环境等，加强规划宣传，保障规划的顺利实施。

地方政府主管部门要加强规划实施的组织领导，加强信息沟通和政策协调，统筹考虑部署产业的有序发展，形成产业发展合力。

（二）加大政策支持力度，提升技术创新能力

加大“先进轨道交通装备及关键部件”创新发展工程支持力度，引导和支持企业开展产业基础共性技术、工程化关键技术和重点装备技术的研究开发，提高行业技术创新能力，推进创新成果的产业化。支持研发设计、试验验证、认证检测等公共服务平台建设，营造良好的创新服务外部环境。

进一步落实财税、投资、金融等政策，制定鼓励发展的产品和技术目录，引导社会资金、人才等创新要素向行业聚集。鼓励企业与高校、研究院所、用户组建产学研用联盟。鼓励有条件、有技术和品牌优势、实力强的企业与国外研发机构和境外企业合作，掌握先进技术和产品的知识产权。

（三）逐步建立轨道交通装备产品认证制度

加强产品质量检验检测能力建设，逐步建立与国际接轨的轨道交通装备产品认证制度。在轨道交通装备产业的关键设备和产品方面加快培育建立第三方的专业检验检测和认证机构，加强对进口关键设备和产品的入境验证和后续监管，降低业主采购设备的风险，保障人民群众的生命财产安全。

（四）加强轨道交通装备人才队伍建设

积极营造人才竞争环境，实施高层次人才培育计划。以重点项目、创新工程、研发基地为依托，培养和汇聚一批具有国际领先水平的专家和学术带头人，培养和锻炼一批优秀的技术研发和创新团队，培养和造就大量面向高层次需求的工程技术人才。依托国家重大项目、高层次人才引进计划，积极引进海外领军人才回国创新创业，支持企业通过团队引进、核心人才带动引进、项目开发引进等方式吸引和招聘海外高端人才，扩大轨道交通装备高端人才队伍。

（五）发挥行业协会作用

充分发挥协会在行业协调、行业自律、信息交流、政策研究、咨询评估、国际交流与合作以及维护企业合法权益、维护市场公平竞争、反映企业实际问题、推动行业健康发展等方面的桥梁和纽带作用，成为政府实施宏观调控的有力助手。及时向政府行政主管部门反映行业动态，提出政策建议，帮助企业协调解决有关问题。

（六）建立行业运行监测体系

建立轨道交通装备行业运行监测、信息发布、分析评估和风险预警体系，根据运行情况，及时制订相关政策和技术标准，加强与财税、金融、贸易、土地、环保、安全生产等政策衔接。

六、规划实施

工业和信息化部牵头负责本规划的实施，建立各部门分工协作、共同推进的工作

机制。地方工业主管部门要结合本地区的实际情况，制订与本规划相衔接的实施方案。相关行业协会及中介组织要发挥桥梁和纽带作用，及时反映规划实施过程中出现的新情况，新问题，提出政策建议。

（摘自《工信部网站》）

中国南车股份有限公司未来发展展望

一、行业趋势及市场竞争格局

根据中国铁路"十二五"规划，预计2012年全国铁路营业里程将达到10万公里，复线率和电气化率分别达到50%以上；2015年，全国铁路营业里程达到12万公里以上，率和电气化率分别达到50%以上；2015年，全国铁路营业里程达到12万公里以上，其中客运专线1.6万公里以上，复线率和电气化率分别达到50%和60%以上；主要繁忙干线实现客货分线，主要技术装备达到或接近国际先进水平，铁路行业仍有较大市场发展空间。城市轨道交通行业也面临良好的发展机遇，截至2011年，国内40余城市在建或筹建地铁和轻轨等城市轨道交通设施，"十二五"末运营总里程将达3000公里以上，投资总规模超过1万亿元。中国已成为世界最大的城市轨道交通市场，城轨地铁车辆的需求将快速增长。

中国南车经过引进技术消化吸收和自主创新，轨道交通装备的研发、制造实力雄厚，产品水平、经营规模进入世界先进水平。随着行业的发展，未来竞争有可能加剧。伴随着国际化战略实施步伐加快，中国南车在海外市场的参与程度将不断提高，与国际竞争对手的直接竞争局面也将不断出现。

二、中国南车面临的机遇与挑战

企业发展面临良好机遇：第一，为促进铁路建设与中国国民经济和社会发展水平相适应，铁道部继续实施铁路"十二五"规划，这将带来机车车辆装备品种、质量和数量的高水平持续需求，为轨道交通装备业的发展提供机遇。第二，城市化进程加快，特别是长三角、珠三角、环渤海、长株潭、成渝以及中原城市群、武汉城市圈、关中－天水、海峡西岸城镇群等区域经济的快速发展，将促进城市／城际轨道交通的迅猛发展，进一步拓展轨道交通装备业的发展空间。第三，国家强力实施节能减排战略，大力扶持具有绿色、环保优势的轨道交通运输方式，增强轨道交通装备业在国民经济中的产业地位，有利于轨道交通装备制造业持续快速发展。第四，国家实施《加快装备制造业调整振兴计划》等产业振兴规划以及一系列区域振兴规划，并且在重大装备制造企业进口免税、出口退税等方面推出诸多优惠扶植政策，推动轨道交通制造企业进一步发展。第五，国务院出台《关于加快培育和发展战略性新兴产业的决定》，加快培育和发展战略性新兴产业，中国南车从事的高端轨道交通装备、风力发电整机、电动汽车、高分子材料等分别属于七大战略性新兴产业中的高端装备制造、新能源、新能源汽车和新材料产业；同时随着实体经济的复苏，汽车、发电、石油、船舶等行业的规模扩张和产业升级带来对高水平机电产品的需求，为中国南车发展壮大带来商机。第六，全球许多国家的轨道交通装备正在或将要进入更新期，中国高铁在全球的崛起和国内日益完善的制造产业链所带来的竞争优势，为轨道交通装备业“走出去”开展国际化经营提供有利时机。

企业发展面临系列挑战：第一，铁道部对铁路发展思路有所调整，在铁路具体建设项目安排上，要“保在建、上必需、重配套”，在建设规模控制上适度超前，而不能过度超前。第二，金融危机的冲击尚未消除，欧债危机进一步发展，世界经济的进一步复苏有待时日，轨道交通装备国际市场和专有技术延伸业务拓展仍有一定难度，履约和汇兑风险增加。第三，用户要求的提高和市场格局的变化，对企业的持续发展带来一定挑战。第四，全球流动性过剩可能带来的油、水、电、钢材、有色金属等基本生产资料的价格波动预期增大，企业经营成本控制难度加大。第五，中国轨道交通装备企业面临的国际竞争将越来越激烈，中国轨道交通装备企业的市场竞争能力、技术创新能力、公司治理能力、抗御风险能力及国际化经营能力等面临更大考验。

三、中国南车战略及经营计划

“十二五”期间，中国南车将加大科研投入力度，建立国际先进水平的产业发展研究、产品研究开发、生产制造体系，努力成为世界500强企业，“中国南车”成为全球有较高知名度的品牌。中国南车中长期发展目标，是打造具有国际竞争力的轨道交通装备全面解决方案供应商。中国南车在世界500强的地位稳步提升，“中国南车”成为全球知名品牌。主要各业务单元发展规划如下：

机车业务：根据未来铁路机车的发展趋势，高速、重载的大功率机车将成为发展主导。中国南车将大力发展电力机车，尤其是高速、重载的大功率电力机车；电力机车研发、试验和制造水平保持国际一流。内燃机车将按照调整规模与结构、提高水平的原则规划，继续保持在国内大功率内燃机车、工矿和调车机车方面的制造规模、技术领先以及出口优势，实现与国际先进水平接轨。

动车组业务：动车组是未来发展的一个重点方向，中国南车将对动车组按扩大规模、提高水平、优化结构、发挥优势的原则进行统一规划，保持高速动车组研发制造领先地位，大力发展城际动车组。

客车业务：保持客车业务现有制造能力和领先优势，大力发展时速200公里速度等级客车，优化产品结构、不断“做优”客车业务，通过精益生产提升生产效率和产品质量。

货车业务：保持现有制造能力，针对铁路客货分流、重载货运、快捷货运带来的大轴重货车、快捷货车等新产品需求，加强技术改造和水平提升，国内技术主导地位迈上新台阶，积极推进资源整合，“做强做优”货车产业，货车研发、试验和制造水平达到国际一流。

城轨地铁业务：以市场为导向，新建组装维修基地，优化产业布局、提升整体产能，“做强做大”城轨地铁业务。加快科技创新步伐，健全自主化发展格局，完整以铝合金、不锈钢等车体技术和不同速度等级转向架技术为基础的各型城轨车辆技术平台，加强协作配套，实现资源共享，打造世界一流的城轨车辆研发、试验和制造基地。积极参与城轨地铁车辆的修理和部件翻新改造等业务，形成并扩大中国南车新的产业。

新产业业务：未来几年，中国南车除重点发展上述轨道交通装备传统产品，并进行创新外，还将利用技术能力及优势，发展轨道交通装备专有技术的延伸产品，包括风力发电设备、电动汽车、齿轮传动系统、电机、工程机械、发动机及其部件、工业变流及电气装置、大功率电力电子器件、汽车配件、弹性元件等专有技术延伸产品，扩大收入来源，提升业务发展潜力，提高盈利能力和整体竞争力。

2012 年中国南车实现营业收入增长幅度将力争超过 10%。为此，将重点做好以下工作：把握市场变化，创新营销模式；推进自主创新，适应市场需求；调整业务结构，优化产业布局；深化精益管理，推动管理升级；提升产品品质，完善服务体系；强化财务和资金管理，增强资本运作能力；加强集团管控，完善管控体系建设。

根据中国南车发展战略和生产经营的需要，2012 年计划安排固定资产投资 66.42 亿元，主要投向对中国南车发展战略具有重大支撑作用的动车组及城轨地铁车辆维修服务网络建设和轨道交通装备专有技术延伸产业等项目。中国南车将主要使用再融资募集资金、中期票据融资、自有资金和银行货款等方式满足资金需求。

四、中国南车面临主要风险及其对策

产品质量风险：中国南车为轨道交通装备企业，产品多数与社会公众的利益相关。尤其是随着大量动车组的投入使用，产品质量和运用安全将会成为社会持续关注的焦点，产品的质量问题可能会导致社会公众的财产损失或人员伤亡事故的发生。出现任何问题都可能对企业产生不利影响，甚至在一定时间内对行业的发展造成冲击。

应对措施：严格执行企业工艺标准，加强工艺控制；持续推进精益生产活动，加强规范化操作管理；建立产品安全评估体系，从源头控制质量风险；不断提高检测验证技术和手段，提高检验水平；推进对供应商产品质量的控制工作，加强现场监造、首件鉴定、质量审核等，延伸质量管理；持续推进标准化售后服务，维护产品运用质量；持续进行质量知识培训、现场事故案例宣贯和质量评比等活动，提高员工质量意识。

市场竞争风险：国内轨道交通装备市场竞争日趋激烈，中国南车面临的竞争压力越来越大。中国南车需要巩固机车、客车、高速动车组、城轨地铁等方面的既有优势，加快缩小在货车板块的差距。中国南车与国际著名公司对标，在国际化经营和市场开拓等方面存在一定差距。

应对措施：及时、有效地收集国内外政治、经济、法律、自然环境以及竞争对手的信息，准确分析国内外市场需求的变化，做好市场走向预测；进一步加大科研投入力度，延伸产业价值链，不断增强产品的技术和成本优势，进一步保持中国南车行业领先的市场竞争地位。

宏观政策风险：主要表现为企业所处的轨道交通装备制造行业受到国家产业和行业政策的监管，铁道部及其所属的铁路局是中国南车最主要的客户。随着国家铁路体制改革的推进，国家宏观政策一旦改变，将直接影响到公司产业结构的调整、市场份额的占有、经营目标的实现，对企业的发展将有较大影响。

应对措施：加强对国家宏观经济政策、产业政策的信息收集与研究，加强对宏观政策趋势预测、判断，建立和发展与轨道交通装备相关多元化的产业和产品结构，增强企业抵御宏观政策变动风险的能力。

自然灾害风险：地震、台风、海啸、洪水等自然灾害以及突发性事件会对企业的财产、人员造成损害，并有可能影响企业的正常生产经营。

应对措施：建立和完善自然灾害应急预案，组织各企业进行灾害应急演练，提高企业人员灾害风险防范意识，最大限度减小灾害可能造成的损失和影响。

（摘自《中国南车 2011 年度报告》）

2011年铁道统计公报

2011年，全国铁路系统以科学发展观为指导，认真贯彻落实胡锦涛总书记考察铁路时的重要指示精神和党中央、国务院关于铁路工作的部署，振奋精神，迎难而上，开拓创新，铁路各项工作取得新的成绩。

一、运输生产

旅客运输。全国铁路旅客发送量完成186226万人，比上年增加18617万人、增长11.1%。其中，国家铁路179199万人，增长8.8%；非控股合资铁路991万人，下降18.2%；地方铁路528万人，增长10.8%。全国铁路旅客周转量完成9612.29亿人公里，比上年增加850.12亿人公里、增长9.7%。其中，国家铁路9582.71亿人公里，增长9.8%；非控股合资铁路22.97亿人公里，下降23.8%；地方铁路6.62亿人公里，增长5.0%。

全国铁路客运量

指　标	单位	2011年完成	比上年±%
旅客发送量	万人	186226	11.1
国家铁路	万人	179199	8.8
非控股合资铁路	万人	991	-18.2
地方铁路	万人	528	10.8
旅客周转量	亿人公里	9612.29	9.7
国家铁路	亿人公里	9582.71	9.8
非控股合资铁路	亿人公里	22.97	-23.8
地方铁路	亿人公里	6.62	5.0

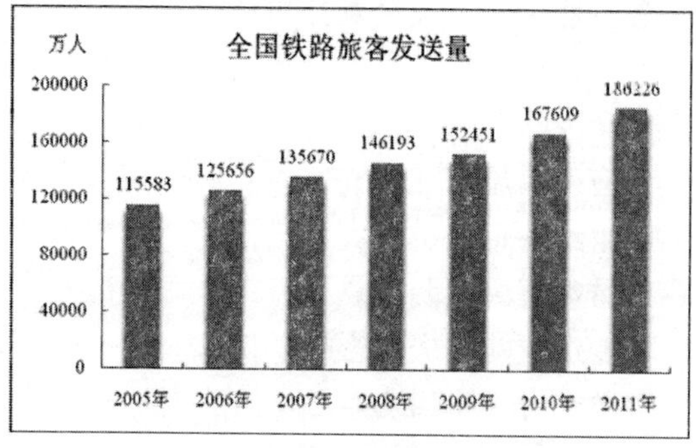

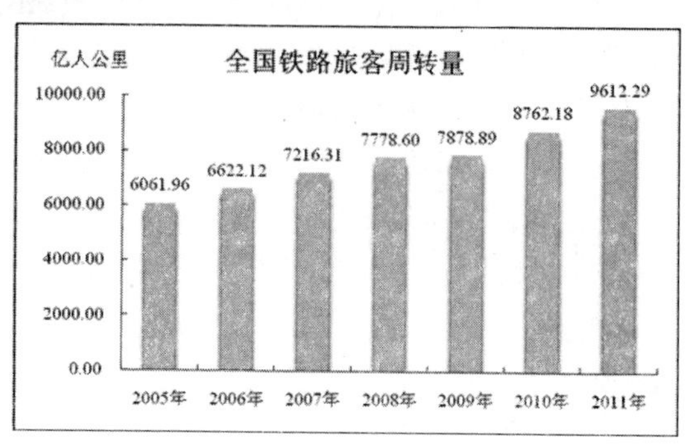

货物运输。全国铁路货运总发送量（含行包运量）完成393263万吨，比上年增加28992万吨、增长8.0%。其中，国家铁路329535万吨，增长6.5%；非控股合资铁路41549万吨，增长16.6%；地方铁路22179万吨，增长16.2%。全国铁路货运总周转量（含行包周转量）完成29465.79亿吨公里，比上年增加1821.65亿吨公里、增长6.6%。其中，国家铁路27631.67亿吨公里，增长6.5%；非控股合资铁路1695.40亿吨公里，增长6.6%；地方铁路138.72亿吨公里，增长19.5%。

全国铁路货运量

指　标	单位	2011年完成	比上年±%
货物发送量	万吨	391852	8.0
国家铁路	万吨	328136	6.5
非控股合资铁路	万吨	41537	16.6
地方铁路	万吨	22178	16.2
货物周转量	亿吨公里	29130.30	6.6
国家铁路	亿吨公里	27296.49	6.5
非控股合资铁路	亿吨公里	1695.10	6.6
地方铁路	亿吨公里	138.71	19.5

全国铁路货物发送量完成391852万吨，比上年增加28923万吨、增长8.0%。其中，

国家铁路328136万吨，增长6.5%；非控股合资铁路41537万吨，增长16.6%；地方铁路22178万吨，增长16.2%。全国铁路货物周转量完成29130.30亿吨公里，比上年增加1797.62亿吨公里、增长6.6%。其中，国家铁路27296.49亿吨公里，增长6.5%；非控股合资铁路1695.10亿吨公里，增长6.6%；地方铁路138.71亿吨公里，增长19.5%。

全国铁路行包发送量完成1411万吨，比上年增加69万吨、增长5.1%。其中，国家铁路1399万吨，增长5.0%；非控股合资铁路11.97万吨，增长16.6%；地方铁路0.3万吨，下降18.1%。全国铁路行包周转量完成335.49亿吨公里，比上年增加24.04亿吨公里、增长7.7%。其中，国家铁路335.17亿吨公里，增长7.7%；非控股合资铁路0.31亿吨公里，增长13.7%；地方铁路0.01亿吨公里，下降57.9%。

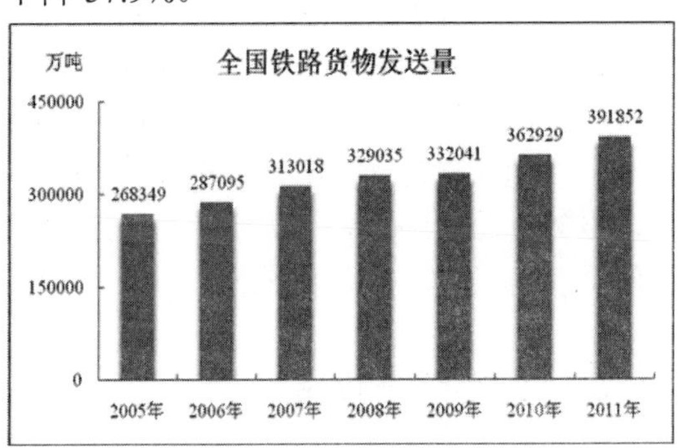

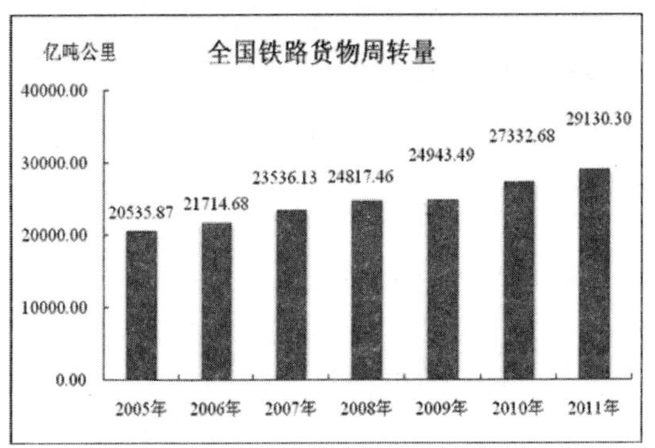

重点运输。全国铁路**煤炭**运量完成227026万吨，比上年增运26983万吨、增长13.5%。**冶炼物资**运量完成87022万吨，比上年增运1522万吨、增长1.8%。**粮食**运量完成9946万吨，比上年减少163万吨、下降1.6%。**石油**运量完成13552万吨，比上年减少281万吨、下降2.0%。**化肥及农药**运量完成8666万吨，比上年增运48万吨、增长0.6%。**集装箱**运量完成9351万吨，比上年增运739万吨、增长8.6%。全国铁路口岸共完成进出口货物运量4989.5万吨，比上年减少196.6万吨，下降3.8%。其中：满洲里、绥芬河、二连、阿拉山口四大口岸站共完成进出口货物运量4872.7万吨，比上年减少188.0万吨，下降3.7%。

全国铁路主要品类

指 标	单位	2011年完成	比上年±%
煤	万吨	227026	13.5
冶炼物资	万吨	87022	1.8
粮食	万吨	9946	-1.6
石油	万吨	13552	-2.0
化肥及农药	万吨	8666	0.6
集装箱	万吨	9351	8.6

换算周转量。全国铁路总换算周转量完成39078.08亿吨公里，比上年增加2671.77亿吨公里、增长7.3%。其中，国家铁路37214.37亿吨公里，比上年增长7.4%；非控股合资铁路1718.37亿吨公里，比上年增长6.0%；地方铁路145.34亿吨公里，比上年增长18.8%。

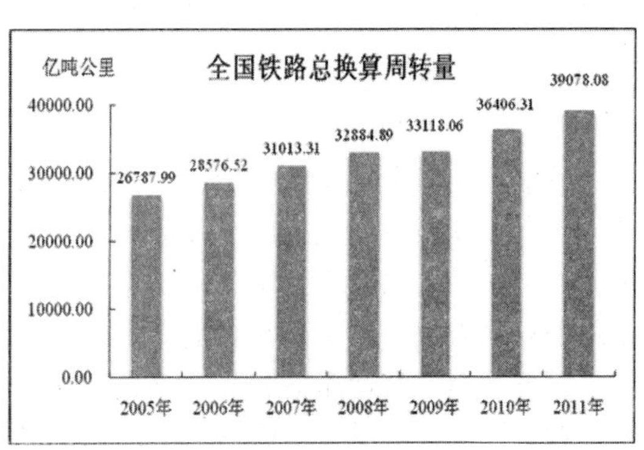

运输收入。国家铁路完成运输总收入5035.8亿元，比上年增加545.0亿元、增长12.1%。其中：货物运费收入2211.1亿元，比上年增加213.4亿元、增长10.7%；旅客票价收入1607.0亿元，比上年增加262.1亿元、增长19.5%；其他收入533.8亿元，比上年增加39.1亿元、增长7.9%；建设基金683.9亿元，比上年增加30.4亿元、增长4.7%。

运输效率。国家铁路（不含控股合资铁路）日均运用机车14859.6台，比上年增加591.0台、增长4.1%；机车总走行公里29.85亿公里，增加0.79亿公里、增长2.7%；货运机车日车公里494公里，延长5公里、增长1.0%；货运列车平均总重3508吨，提高41吨、增长1.2%；货运机车日产量138.5万吨公里，提高3.5万吨公里、增长2.6%。全国铁路日均装车完成168663车，比上年增加11386车、增长7.2%；国家铁路货车平均静载重完成63.6吨，提高0.5吨；货车周转时间完成4.45天，缩短0.03天。

主要运输效率指标

指　标	单位	2011年完成	比上年±%
日均运用机车	台	14859.6	4.1
机车总走行公里	亿公里	29.85	2.7
货运机车日车公里	公里	494	1.0
货运列车平均总重	吨	3508	1.2
货运机车日产量	万吨公里	138.5	2.6
全国铁路日均装车	车	168663	7.2
国家铁路货车平均静载重	吨	63.6	0.8
货车周转时间	天	4.45	-0.7

运输安全。全年发生特别重大铁路交通事故1件，未发生重大铁路交通事故，未发生旅客列车较大铁路交通事故，铁路交通事故路外死亡人数同比下降5.4%。

服务质量。**客运服务方面**：开通互联网售票业务，扩大电话订票服务范围，推出银行卡购票刷卡支付业务，在全路开办发售学生往返票业务，在务工人员集中的75个车站提前办理节后农民工返程票。在全路动车组列车停靠站实行购票实名制。4条客运专线实现旅客刷身份证直接进出站。推出下调退票费新举措。春暑运和小长假期间，集中整修4100多辆临客车底的服务设施，在客流较大、购票和候车能力不足的车站搭建临时候车和购票场所32.5万平米，组织青年志愿者在主要客运车站开展重点旅客服务。组织开通了18个铁路客服中心，统一12306客服号码，采取电话语音查询、人工在线服务和12306网站信息查询、客户信箱等方式，为客户提供信息查询，受理旅客投诉、建议和咨询。春运期间通过12306网站和运营商手机报每天定时发布春运动态和旅客出行提示信息，为社会媒体宣传提供权威信息来源。组织全路狠抓客车上部设施整治、集便装置推广、残疾人设施改造、站车卫生环境改善、普通旅客列车卧具备品更新、餐饮服务规范、站车服务标准完善、客服中心建设等工作。**货运服务方面**：深化星级优质货场创建，改进保价理赔工作，提高服务水平。

二、固定资产投资

通过铁路系统和地方政府有关部门共同努力，铁路建设投资“十二五”平稳开局。全国铁路固定资产投资（含基本建设、更新改造和机车车辆购置）完成5906.09亿元。

基本建设。全国铁路共完成投资4610.84亿元。国家铁路和合资铁路完成投资4597.32亿元。路网大中型项目310个，完成投资4594.12亿元。其中，新建铁路完成投资3899.05亿元，既有线扩能改造完成投资695.07亿元，分别占84.9%和15.1%。地方铁路完成投资13.52亿元。

基本建设全年共投产新线2167公里，其中高速铁路1421公里、复线1889公里、电气化铁路3398公里。完成新线铺轨3387公里、复线铺轨2616公里。

新开工项目情况

项　目	项目个数	投资总规模（亿元）	建设总规模（公里）		
			Ⅰ线	Ⅱ线	电气化
总计	15	1217.49	1079.1	823.7	823.7
新建铁路	3	1126.75	1079.1	823.7	823.7
复线	1	24.52			
枢纽	11	66.22			

—新线建设。新建铁路完成投资3899.05亿元。建成京沪、广深等高速铁路共1421公里；张家口至集宁、黄桶至织金铁路建设完成。新开工拉萨至日喀则、成都至兰州、吉林至珲春等铁路，建设规模1079公里。

—既有线改造。既有线增建复线和电气化改造完成投资392.55亿元。西格、嘉红、京九等电气化改造项目部分投产。

—枢纽建设。枢纽及客站建设完成投资302.52亿元。成都新客站、贵阳改貌货运中心建成投产。新开工11个项目。

更新改造。国家铁路更新改造完成投资245.76亿元。国家铁路完成投资中，运输设备更新改造完成投资199.94亿元。部管项目完成39.40亿元；局管项目完成160.53亿元，生产性投资占95.7%。

路网规模。全国铁路营业里程达到9.3万公里，比上年增加2071.1公里、增长2.3%，里程长度居世界第二位。路网密度97.1公里/万平方公里，比上年增加2.1公里/万平方公里。其中，复线里程3.9万公里，比上年增加2012.5公里、增长5.4%，复线率42.4%，比上年提高1.3个百分点；电气化里程4.6万公里，比上年增加3599.7公里、增长8.5%，电化率49.4%，比上年提高2.8个百分点。西部地区营业里程达到3.6万公里，比上年增加342.2公里、增长1.0%。

国家铁路机、客、货车拥有量

指　标	单位	数量	比上年±%
机车	台	19590	6.8
客车	辆	52838	4.9
货车	辆	649495	4.4

移动设备。机车车辆购置完成投资1049.49亿元。“和谐号”动车组累计投用652组、6792辆，比上年增加205组、2384辆。国家铁路机车拥有量达到1.96万台，比上年增加1241台，其中和谐型大功率机车5052台，比上年增加1680台。注：不含控股合资铁路。

内燃机车占53.6%，电力机车占46.4%，电力机车比重比上年增加3.3个百分点。国家铁路客车拥有量达到5.28万辆，比上年增加2447辆；其中空调车3.90万辆，占73.8%，比上年提高3.6个百分点。国家铁路货车保有量达到649495辆，比上年增加27211辆。

三、科技创新

高速铁路技术。依托京沪高铁等重大工程开展技术创新和综合试验工作，掌握复杂地质路基、长大桥梁、大断面隧道、新型客站建设技术，在高速铁路无砟轨道、通信信号、牵引供电等技术创新方面取得重要进展，系统验证主要行车设备的功能性、匹配性和适用性。

机车车辆装备技术。开展铁道部与科技部两部联合行动计划，推进新一代高速列车、综合检测列车科研攻关及综合试验工作。组织时速160公里/小时交流传动客运电力机车和高原电力机车研制。推进大功率机车、新型货车关键技术及运用维护技术创新。开展多种大型养路机械关键技术攻关，成功研制道床吸污车。

重载运输技术。深化大秦线重载机车互联互通技术，推进延长钢轨和道岔修理周期、桥隧整治技术深化研究等。积极开展新建煤运通道关键技术攻关。完成重载货车制动机技术、车钩疲劳寿命及可靠性、车轮制动热负荷试验深化研究。

安全科研方面。组织开展高铁及重载主要设施设备技术掌握情况调查，研究分析高铁技术风险，启动了铁路产品第三方认证，强化技术管理，研究规范科研程序。启动防灾系统总体技术方案研究，组织实验牵引供电接触网防融冰装置，开展动车组追踪接近预警系统、安全服役及疲劳可靠性、碰撞被动防护、高铁地震监控预警、雷电防护等技术研究。启动机车车载安全防护系统（6A 系统）研制，推进装车试验。

运营科研方面。开展新一代客票系统总体技术方案研究和评审工作，开展铁水联运和铁路货运电子商务平台相关研究工作。

科技基础建设和合作交流。推进已立项的实验平台建设，积极参与国家自主创新能力规划编制，高铁勘察设计、轨道交通通信信号、重载机车车辆试验、高铁基础设施耐久性评价、高铁产品质量检测检验等研究实验平台获准纳入国家规划。

科学技术专利及获奖成果。获得高铁技术专利授权 604 项，正在受理的 72 项。截止 2011 年底，在国外申请的 PCT 专利 21 项，其中 8 项通过国际初步审查。2011 年多项成果获得科技奖励，“烟大铁路轮渡系统集成技术与应用”项目获得 2011 年度国家科技进步二等奖。220 项科技成果获中国铁道学会科技奖，其中特等奖 5 项、一等奖 30 项、二等奖 81 项、三等奖 104 项。

四、合资合作

合资建路。截至 2011 年底，已成立合资铁路公司 180 家，铁路建设规模 5 万多公里，投资总额近 4 万亿元，资本金近 2 万亿元，吸引社会资本协议出资 6500 亿元。

五、劳动效率

劳动用工。国家铁路从业人员为 214.39 万人，同比增加 2.98 万人。其中，运输业从业人员为 156.32 万人，同比增加 5.83 万人。

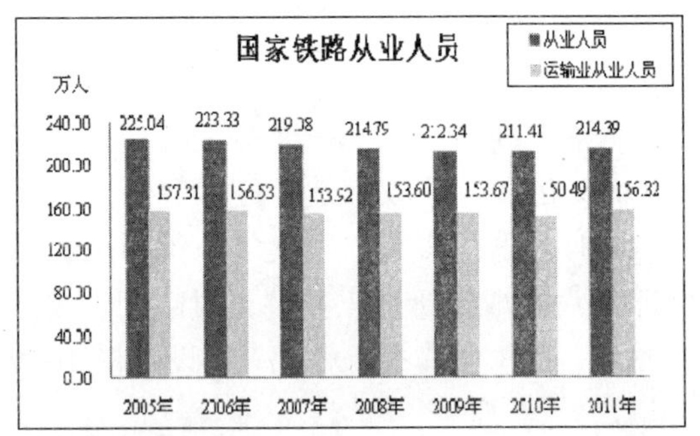

劳动生产率。国家铁路运输业劳动生产率分别完成 33.31 万元/人、246.18 万换算吨公里/人，同比分别增长 12.1%、7.3%。

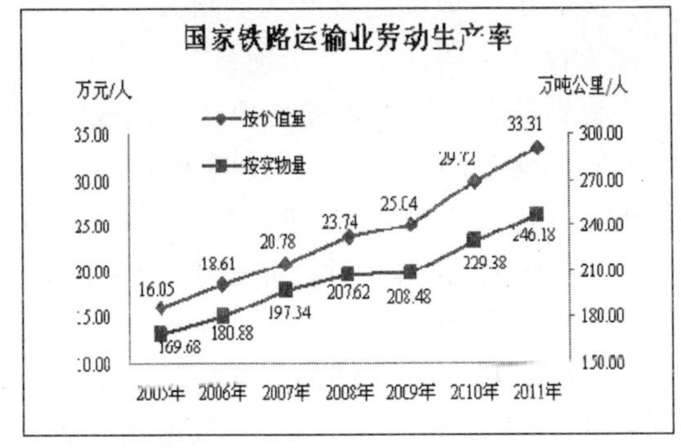

六、节能减排

综合能耗。国家铁路能源消耗折算标准煤 1772.5 万吨，比上年增加 35.2 万吨、增长 2.0 %。单位运输工作量综合能耗 4.76 吨标准煤/百万换算吨公里，比上年减少 0.25 吨标准煤/百万换算吨公里、降低 5.0%。单位运输工作量主营综合能耗 3.90 吨标准煤/百万换算吨公里，比上年减少 0.22 吨标准煤/百万换算吨公里、降低 5.3%。

主要污染物排放量。国家铁路化学需氧量排放量为 2195.9 吨，比上年减少排放 83.8 吨、降低 3.7%。二氧化硫排放量为 4.01 万吨，比上年减少排放 0.02 万吨、降低 0.5%。

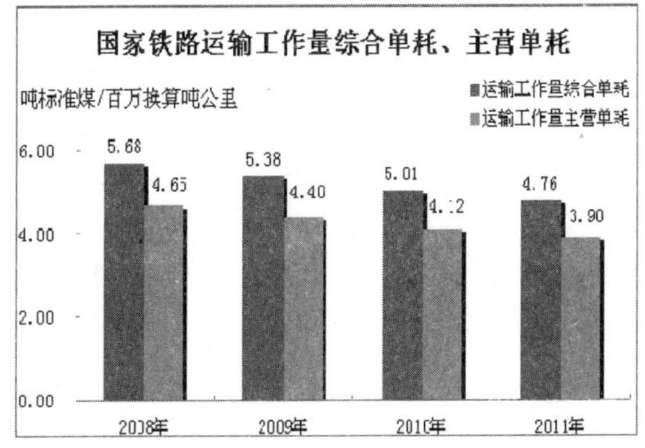

沿线绿化。国家铁路绿化里程已达 4.26 万公里，比上年增加 0.25 万公里、增长 6.1%。

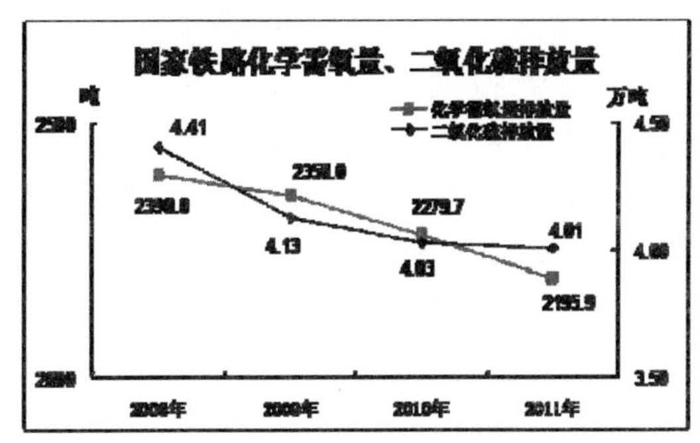

七、非运输业经营

非运输业期末从业人员为 28.85 万人，同比减少 9.22 万人。企业法人减少至 1328 个。全年非运输业务完成营业收入 3441.2 亿元，比上年增长 29.6%。实现利润总额 63.0 亿元，同比增长 64.9%。

注：1. 除注明的以外，国家铁路含控股合资铁路。

2. 运输、设备、劳动、节能、环保为确报数，其余为速报数。

3. 统计范围不含港澳台。

（《人民铁道》报 2012 年 4 月 13 日刊发）

研制更高速度试验列车的科学意义

2011 年 12 月 25 日，更高速度试验列车在四方股份公司落成。近日，参与该项研究工作的四方股份公司、中国科学院力学研究所、北京交通大学、西南交通大学、中国铁道科学研究院的有关专家，就研制更高速度试验列车的目的、意义等问题专门进行解读。

一、研发更高速度试验列车目的和意义是什么

开发更高速度试验列车不是为了实现商业运行，而是探索高速列车系统在极限速度条件下的临界值，针对时速 500 公里条件下高速列车系统、结构、材料的安全性、可靠性等开展前瞻性、基础性、理论性研究。主要围绕以下三个科学目标：

一是持续深入研究高速列车安全性。安全性是高速列车技术发展的决定性指标。希望通过探索更高速度条件下高速列车的运行稳定性、结构强度、车－线－网匹配关系等安全保障系统，进一步提高安全冗余；在更宽的速度范围内进行高速列车前瞻性基础问题的研究，揭示高速列车动力学行为、特征和规律，研究关键结构部件在更高速度条件下的强耦合作用响应特征，以更好地指导商业运营列车的工程实践和工程运用。

二是为基础性科学问题研究提供试验平台。更高速度试验列车将为中国进行高速列车应用基础理论研究提供试验基础，为国家重点基础研究发展计划（973 计划）项目“时速 500 公里条件下的高速列车基础力学问题研究”提供试验载体，为进一步强化产学研用的研究体系、建立可持续发展的创新环境提供有力保障。

三是为新材料、新技术的应用提供验证平台。通过各种新材料、新技术的应用研究和测试，进一步丰富和完善高速列车技术体系，为保持中国高速列车技术可持续发展、加快人才队伍培养、完善标准体系奠定基础。

二、中国研发更高速度试验列车已具备哪些前期技术基础

中国铁路机车车辆行业通过几十年的发展以及对高速列车技术的探索，在基础理论、研究方法、技术标准等方面积累了一定的技术基础。2004 年，引进成熟的时速 200～250 公里动车组技术，结合既有技术，通过联合设计、线路试验以及运用中的考核验证，初步构建高速动车组的研发平台。在随后进行的不同速度等级高速列车研发过程中，通过理论模型分析论证、实车试验验证、理论模型的修正循环迭代，逐步完善高速列车研发的理论模型。以此为基础，通过技术外推，研发更高速度的试验列车。开展更高速度等级试验，将进一步完善理论模型，为后续运营动车组的研发提供更为坚实的理论支撑。

三、更高速度试验列车是如何研制的

四方股份公司以 CRH380A 新一代高速列车自主创新成果为基础，以更高速度条件下安全、可靠运行为首要目标，重点围绕提升临界速度、提高牵引能力，降低阻力等方面，对系统集成、头型、车体、转向架、牵引、制动等系统进行创新研究。

在运行安全性方面，转向架设计轴重余量提升约 10%，试验列车的临界失稳速度超过设计速度的 20%以上；在头型设计方面，试验列车采用不同于商业运营列车的气动布局，头车采用气动阻力最小的“宝剑”外形，尾车采用气动升力最小的“火箭”外形，实现列车在更高速度条件下的气动性能和气动安全的最佳匹配;在列车网络控制方面，引入实时以太网技术，通过搭建专用试验台进行长达 10 个月的系统匹配和可靠性试验，完成试验列车网络控制系统研制和验证。

该试验列车由四方股份公司承担，采用产学研用的研发模式，联合国内优势科研资源，通过仿真计算、数值分析、样机试制、地面型式试验及可靠性试验等一系列严谨科学流程，历时二年完成更高速度试验列车的研制。其中，株洲所、电机公司负责牵引系统及网络控制技术，浦镇公司负责制动技术，中国铁道科学研究院、西南交通大学、北京交通大学、中科院力学所、同济大学等科研院所提供技术支持。

四、更高速度试验列车将开展哪些科学试验

该试验列车将主要用于以下四个方面的科学试验研究：

一是高速列车关键力学问题研究。结合国家重点基础研究发展计划（973 计划）项目“时速 500 公里条件下的高速列车基础力学问题研究”任务内容，开展轮轨关系、弓网关系和流固耦合关系真实线路试验研究，获取气动、结构、轮轨、弓网等关键力学参数随速度的变化规律，建立真实列车试验数据与台架和风洞试验数据的关联，修正力学建模，发展适合于高速列车基础力学特性分析方法，掌握在更宽速度范围内高速列车基础力学规律，提升中国高速列车基础研究能力。

二是关键系统的结构可靠性研究。在更高速度条件下对车辆进行测试，为转向架、

车体、车下设备和设备舱等关键结构的安全可靠性提供数据支撑。通过振动模态测试，研究转向架、车体、车下设备和车内装饰之间的振动匹配；通过动态应力测试，研究关键承载部位的疲劳强度；通过气动载荷测试，研究气流作用下不同振动激扰形式对车辆结构的影响规律。

三是新材料、新技术等前瞻性技术的验证。通过牵引性能、制动性能、运行阻力、运行控制等试验项目，完成自主牵引系统、风阻制动装置、实时以太网等新技术的试验验证工作；通过明线和隧道运行条件下的气动阻力、气动噪声、气动升力、交会压力波等各项气动性能研究，全面验证试验列车头尾不同头型方案；通过跟踪碳纤维、镁铝合金、新型纳米隔音材料等新材料的发展和应用，分析评估新材料的应用前景。

四是综合舒适度和噪声研究。通过开展试验列车在运行时振动、噪声、空气压力、温度、湿度和照度等因素对乘客舒适度的影响研究，掌握车内、外的噪声压强及频谱特性随速度提升的变化趋势，探索不同运行条件下列车模态、振动与噪声及乘坐舒适度间的变化规律，为动车组舒适性设计提供重要依据，并通过试验研究建立中国高速列车乘坐舒适性的评价指标和评价方法。

五、国外在试验列车研制和科学试验研究方面的情况如何

世界上掌握高速铁路技术的国家在其发展高速列车技术的过程中都十分重视高速试验列车的研制，并以此开展科学研究和新技术验证。1988 年德国研制的 ICE/V 高速试验列车最高试验时速达到 406.9 公里。日本自 1964 年新干线开通运营以来，陆续开发 WIN350、STAR21、300X、FASTECH360S 等高速试验列车，其中 1996 年研发的 300X 高速试验列车最高试验时速达到 443 公里。2007 年法国研发的 V150 高速试验列车创造时速 574.8 公里的世界最高试验速度。这些国家依托高速试验列车围绕速度、安全及可靠性指标开展大量基础理论和应用技术的研究工作，所取得的研究成果有效促进高速列车技术与装备的发展。

六、更高速度试验列车采用哪些新技术、新材料

试验列车采用大量信息技术、控制技术和材料科学的先进成果。在新技术应用方面，试验列车采用与飞机类似的“风阻制动”装置，该装置采用计算机并网同步控制，可以通过增加空气阻力的方法辅助制动；在牵引系统中采用高压大功率 IGBT；在信息技术应用方面，试验列车采用实时工业以太网网络控制技术、数字广播技术和车地无线传输等新技术；在新材料应用方面，试验列车在车体头罩和车内部分设备上采用碳纤维、镁铝合金，以及新型的纳米隔音材料以提升车辆降噪隔音的性能。

（摘自《中国南车报》第229期）

中国铁路现状及发展分析

中国铁路作为国家重要基础设施和经济动脉，在路网质量、技术装备水平等方面与世界发达国家铁路存在较大差距，技术创新是缩小这一差距的根本途径。当前，引进消化吸收是中国铁路产业创新的主要任务，就整个铁路产业的创新能力来说仍然较弱，必须在此基础上大力发展自主创新。通过引进、消化、吸收进而自主创新，拥有自主知识产

权，具有十分重要意义。技术水平提高会带来更多经济利益，同时还会引起产业结构变革，推动产业进一步发展；产业链上其他科学技术发展，需要拥有自主产权的核心产品。

一、铁路行业技术引进、消化吸收创新现状

（一）技术积累仍显薄弱，技术引进仍占据主要地位

中国虽然在铁路技术方面具备一定技术积累，但仍不成熟，缺乏大规模商业应用。技术引进仍是中国铁路产业推动技术进步的主要途径之一，因此就整个铁路产业自主创新能力来说仍处于基础阶段。

（二）科研投入偏低，对基础研究和应用研究投入不足

铁路科研机构从事科技活动人员数量，呈减少趋势，铁路科技人才面临流失；科研机构科研经费虽然逐渐增加，各工业企业也加强对科研经费的投入，但就投入强度而言仍然偏低；铁路科研经费来源主要由企业和政府出资，其中企业资金所占比重逐渐递减，经费来源较为单一；经费投入倾向于试验发展，对基础研究和应用研究重视度不够；同时在一定程度上也说明，在当前技术引进过程中，偏重于“干中学、用中学”，对“研究开发中学”重视不够。

（三）集成创新扮演着十分重要的角色

中国在高速动车组、信息技术领域已经表现出一定的集成创新潜力。集成创新是自主创新比较主要的创新形式，是形成自主技术子轨道、打造自身品牌、提升创新能力的必经之路，因此在对技术进行引进消化吸收时，就应根据技术特点积累系统知识、培育集成能力。

（四）企业R&D投入不足

企业R&D状况主要表现在R&D水平和技术吸收能力方面。中国铁路R&D物力投入整体水平仍然较低，落后于日本、德国、法国等发达国家。从中国铁路发展状况来看，还有较大差距。中国铁路R&D经费投入低，与国家R&D经费投入强度相差很多，制约着铁路技术创新速度。

二、促进技术引进、消化吸收发展对策分析

中国铁路产业的发展紧紧把握住世界铁路发展的脉搏，将铁路发展的目标锁定在高速、重载、信息化领域，所引进技术均集中在各领域的世界先进技术，在很大程度上缩短与世界先进铁路技术的差距。为加快引进技术的消化吸收，形成自己的创新能力，需要从以下方面加强。

（一）强化政府引导，整合多方资源

通过政府立项、联合等措施，发挥政府引导作用，整合多方资源，对已掌握技术的再创新和集成创新，是规避后发陷阱，形成技术子轨道的重要举措。因此，中国铁路自主创新路径实质上是政府主导的、大规模的集成创新和再创新，进而形成自身技术子轨道。铁路产业创新路径是根据自主创新演进规律，明确产业内各技术轨道所处阶段，针对创新各部门适时调整职能，使其形成和完善自身的技术子轨道，并沿技术轨道分阶段演进的过程。

（二）构建适合中国自主创新机制

中国铁路技术的自主创新活动，必须形成自主创新机制。一要针对既有线提速要求，进行引进吸收消化创新；二要针对客运专线建设，进行广泛的集成创新和再创新。基于中国铁路自主创新仍基本处于基础阶段这一现状，如何规避后发陷阱，使铁路尽快形成自身的技术子轨道，中国高铁自主创新面临重大挑战。

（三）高起点引进铁路装备制造技术，完善铁路技术创新重要途径

高起点引进新装备、新工艺、新技术，可以使铁路装备制造和运输企业具有一个较高起点，通过新技术引进和传统产业的嫁接，改进中国铁路装备制造技术，提高运输装备技术水平，增加运输装备技术附加值，改进、提高运输装备和基础设施维护水平，把铁路对技术装备的市场需求，转化为企业新产品开发的动力。

铁路行业重大项目，如青藏铁路建设、中华之星及其他动车组研制、动车组引进消化吸收和线路改造等，集中相关领域内的最优秀资源，均是中国铁路发展的核心领域，直接反映中国铁路未来的发展。技术创新成果代表中国铁路行业发展的技术进步，如何加快消化吸收技术成果，则是推动中国铁路发展的关键所在。

三、中国高速铁路概况

高速铁路作为现代社会新的运输方式，具有极为明显优势。高速列车不断在相继铺通高速铁路上刷新纪录。“和谐号”新一代高速动车组是目前世界上运营速度最快，科技含量最高的高速列车，最高运营时速为380 公里，持续运营时速 350 公里，在气密强度、旅客界面、智能化等多个方面进行系统创新，达到世界领先水平。

京沪高铁开通，与京津、武广、郑西、沪杭等高铁形成中国高速铁路网。投入运营高速铁路营业里程居世界第一位，成为世界上高速铁路系统技术最全、集成能力最强、运营里程最长、运行速度最高、在建规模最大的国家。

高速铁路技术是人类文明的共同财富，中国愿意与国际铁路同行共享高铁技术成果。中国铁路坚持互利共赢原则，加快实施“走出去”战略。中国铁道部已经成立中美、中俄、中巴、中沙、中委、中缅、中吉乌、中波、中印等境外合作项目协调组，组织国内有关企业开拓境外铁路工程承包和装备出口市场。

（株洲所　供稿）

铁路新型材料应用和发展趋势

铁路发展对材料要求越来越高，一些技术难题也在期待材料技术的进步而获得进展。在对铁路历来应用材料、使用方法进行改进、开发的同时，要求开发环保、纳米等新型材料及其应用技术。铁路材料应以实用材料为基础，针对高效率、高性能、高经济性，切实地降低环境负担，替代有害物质，考虑新能源、节能等环保要求进行研究。

一、新型材料铁路应用研究

（一）环保材料

环保材料是指将保护地球环境问题置于重要位置的材料，具有如下特征：可以再生利用；生物分解性；长寿命；无毒性；具有自然亲和性等；能被再生利用；能利用再生资源制成等的材料。

硅聚合物混凝土是用火电站燃煤灰为原料制成的混凝土，是一种环保材料，与普通水泥混凝土相比，能减少约 80%的 CO_2 排放量。利用硅聚合物混凝土试制的 PC 轨枕，通过性能测试，确认其性能超过标准值；与普通 PC 轨枕进行性能对比，确定其制造技术。

（二）智能材料

智能材料也称为智慧材料，是具有自我诊断性、自我调节性、自我修复性的自律性

材料或产品。

压电陶瓷具有应变或使电压相互转换的性能，除用于制作传感器外，还可用于隔音、减振等振动控制方面。但由于其脆性，要将其成形为任意形状是困难的。现已将压电陶瓷粒子混合到橡胶中，利用激振试验，测定载荷与发生的电荷，确认配合压电陶瓷粒子的橡胶材料具有压电性能，通过增大压电陶瓷粒子的直径，可提高压电性能，现在已找到容易成形橡胶材料制成压电材料的可能性。

（三）纳米材料

纳米材料是具有纳米（10^{-9} 米）尺寸的结构材料，碳纳米管（CNT）等碳材料是其典型实例。

车辆地板等用的高分子材料，为确保难燃性(阻燃性)，可添加含氯的卤化物，但从燃烧时气体稳定性考虑，要求脱卤化。通过添加少量无机物纳米复合材料，可以兼顾脱卤与难燃的要求。通过对纳米复合材料特性研究、层叠结构、机械强度、难燃性的评价，确认这是一种适用于车辆地板的材料。

通过制作碳系新材料—分散碳纳米管的润滑脂，来评价其摩擦特性及导电性，发现分散碳纳米管的润滑脂比分散石墨的润滑脂显示高的导电性，可作为导电性润滑脂使用。

（四）高温超导材料

在超导材料整体开发方面，正在致力于研究大型化、大批量生产的方法。为使其用于各种机器，正在推进树脂浸渍、提高材料机械、磁力性能的研究，超导线材的研究，针对直流馈电导线的应用，试制铋系线材的电缆，测试各项特性。此外，为将下一代超导线材—钇系（Y 系）等稀土类（RE 系）线材应用于各种机器，正在致力于防止陶瓷、金属间的层间剥离，用于线材之间的接合和绕组化等方面的研究。

二、铁路新型材料研发方向

（一）可靠性

将进一步对揭示车轮、钢轨、制动装置、滑板等滚动、滑动摩擦构件的破坏机理进行研究，开发各材料的高强度和寿命预测技术，通过提高损伤诊断、防止损伤等技术水平来提高铁路系统的可靠性。

（二）环保性

在铁路噪声静音化方面，通过使用组合的新型隔音材料、吸音材料，革新降噪技术，攻克降噪难关，减小噪声。

（三）节能化

对于馈电系统节能化，通过开发超导线材和馈电线路的超导化，降低馈电损耗。在铁路车辆节能化方面，随着轻量金属、轻量CFRP(碳纤维增强塑料)以及高分子材料在车辆构件上的应用，实现车辆轻量化和节能。

（四）高效化

随着铁路用材料自我诊断、自我修复技术的开发以及新材料的引进，可以大幅度降低维修工作量，延长维修周期，既实现维修的高效化，提高可靠性。

（五）高速化

通过应用新型隔音材料及减振材料，降低随着高速化而加剧的噪声；通过低频噪声域的降噪技术和轻型制动盘的开发，应对进一步的高速化，并获得稳定的制动力。

（戚墅堰所　供稿）

索 引

使用说明：

1. 本索引采用主题分析法编制，年鉴中具有实质检索意义的类目、条目列入索引范围；综述类条目因重复出现不列入，“下属单位”栏目中只列类目。

2. 本索引标引按照现代汉语拼音音序排列，同音字依据声调顺序排列，首字相同则以第二个字排列，以此类推。

3. 索引标目后的数字表示内容所在的页码。

A

B

C

D

F

G

H

I

J

K

L

M

N

P

Q

R

S

T

W

X

Y

Z

图书在版编目（CIP）数据

中国南车年鉴．2012/《中国南车年鉴》编委会编．北京：中国铁道出版社，2012.10

ISBN 978-7-113-15297-0

Ⅰ．①中…　Ⅱ．①中…　Ⅲ．①机车－车辆工厂－中国－2012－年鉴　Ⅳ．①F426.472-54

中国版本图书馆 CIP 数据核字（2012）第 208181 号

书　　名：《中国南车年鉴》（2012）
作　　者：《中国南车年鉴》编纂委员会

责任编辑：罗桂英　　　电话：51873027
责任校对：张玉华
责任印制：李　佳

出版发行：中国铁道出版社（100054，北京市西城区右安门西街 8 号）
网　　址：http://www.tdpress.com
印　　刷：大连内燃机车研究所科技服务公司印刷厂
版　　次：2012 年 10 月第 1 版　　2012 年 10 月第 1 次印刷
开　　本：787 mm×1092 mm　1/16　印张：25.5　插页：72　字数：586 千
印　　数：0001～1000 册
书　　号：ISBN 978-7-113-15297-0
定　　价：200 元